CONTABILIDADE CUSTOS

José Antônio Stark Ferreira

CONTABILIDADE CUSTOS

PEARSON

© 2008 by José Antônio Stark Ferreira

Todos os direitos reservados. Nenhuma parte desta publicação poderá ser reproduzida ou transmitida de qualquer modo ou por qualquer outro meio, eletrônico ou mecânico, incluindo fotocópia, gravação ou qualquer outro tipo de sistema de armazenamento e transmissão de informação, sem prévia autorização, por escrito, da Pearson Education do Brasil.

Gerente editorial: Roger Trimer
Editor sênior: Sabrina Cairo
Editor de desenvolvimento: Marco Pace
Editora de texto: Eugênia Pessotti
Preparação: Marilu Tassetto
Revisão: Maria Alice Costa
Capa: Alexandre Mieda
Projeto Gráfico: ERJ Composição Editorial e Artes Gráficas Ltda.

Dados Internacionais de Catalogação na Publicação (CIP)
(Câmara Brasileira do Livro, SP, Brasil)

Ferreira, José Antonio Stark

Contabilidade de custos / José Antonio Stark Ferreira. -- São Paulo: Pearson Prentice Hall, 2007.

ISBN 978-85-7605-118-3

1. Contabilidade de custos I. Título.

07—5181   CDD-657.42

Índices para catálogo sistemático:
1. Contabilidade de custos 657.42
2. Custos : Contabilidade 657.42

7ª reimpressão – junho 2013
Direitos exclusivos para a língua portuguesa cedidos à
Pearson Education do Brasil Ltda.,
uma empresa do grupo Pearson Education
Rua Nelson Francisco, 26
CEP 02712-100 – São Paulo – SP – Brasil
Fone: (11) 2178-8686 – Fax: (11) 2178-8688
vendas@pearson.com

*À minha esposa, Georgiana, permanente fonte de inspiração,
com quem compartilho a emoção de divisar a autoria
de minha maior criação, a chegada de nosso primeiro filho,
que está a caminho, para quem também dedicarei,
não somente esta obra, mas toda a minha vida.*

Agradecimentos

É com muita gratidão que reconheço as contribuições feitas pelos professores da Fundação Getulio Vargas, em especial, ao professor Istvan Karoly Kasznar, pelas sugestões e aperfeiçoamentos. Não poderia deixar de agradecer aos meus colegas professores da Universidade Católica de Petrópolis e da Faculdade Arthur Sá Earp.

Também agradeço a todos os meus alunos da Universidade Católica de Petrópolis e da Faculdade Arthur Sá Earp, que contribuíram com o convívio e o debate em sala de aula, fazendo com que as minhas notas de aula fossem a cada dia se aperfeiçoando mais, e, ao final de vários anos, constituíssem esta obra que ora se finaliza.

Devo agradecer, também ao Conselho Federal de Contabilidade, ao Banco Nacional de Desenvolvimento Econômico e Social – BNDES, à Comissão de Valores Mobiliários – CVM, à Gerência de Informações – Gerin, do Banco Central do Brasil, à Secretaria da Receita Federal, ao Serviço Brasileiro de Apoio às Micro e Pequenas Empresas – Sebrae, e ao Instituto de Pesquisas Econômicas Aplicadas – IPEA, pelos valorosos documentos e informações de extrema utilidade que me foram enviados e utilizados para enriquecimento desta obra.

Antecipadamente, gostaria de agradecer, também, a todos os leitores que enviarem sugestões e observações, que, tenho certeza, farão melhorar sobremaneira esta obra.

Gostaria de agradecer o empenho dos editores da Pearson Prentice Hall, em especial, a Sabrina Cairo, Eugênia Pessotti, Marco Pace e Marileide Gomes, que enriqueceram este trabalho com suas intervenções pontuais.

Sumário

Prefácio XV
Introdução XVII

Parte 1: Fundamentos da contabilidade de custos

Capítulo 1 Histórico da contabilidade de custos e dos métodos de custeio 3
1.1 Histórico e contextualização da contabilidade de custos 3
1.2 Contextualização da contabilidade moderna 7
1.3 Obsolescência dos sistemas de custeio tradicionais 9
    1.3.1 Sistemas de custeio tradicionais 9
    1.3.2 Alterações no cômputo dos custos de produção 10
    1.3.3 Inadequação da apuração e o sistema de custeio moderno 11
1.4 Mudanças em relação à abordagem 12
    1.4.1 JIT – *Just-in-time* 13
    1.4.2 Gestão pela qualidade total 13
1.5 Abordagens contemporâneas dos sitemas de custeio 14
    1.5.1 TOC – Teoria das restrições 14
    1.5.2 EVA – *Economic value added* 15
    1.5.3 *Backflush costing* 15
    1.5.4 Custeio pelo ciclo de vida do produto 16
Resumo 16
Exercícios propostos 17

Capítulo 2 Conceitos, princípios e práticas contábeis aplicadas aos custos 18
2.1 Conceitos gerais 18
2.2 Princípios e práticas contábeis 20
    2.2.1 Fundamentos dos princípios contábeis 20
    2.2.2 Práticas contábeis 21
    2.2.3 Diferenças entre custo, despesa, preço, gasto e desembolso 24
2.3 Contabilidade de custos 25
    2.3.1 Subsistemas de custos 27
    2.3.2 Sistemas de contabilidade 29
2.4 Contabilidade de gestão 29
    2.4.1 *Markup* 30
2.5 Fabricação – conceitos 31
    2.5.1 Fabricação múltipla conjunta 32
    2.5.2 Coeficientes de acabamento 36
    2.5.3 Contas de Fabricação 37
Resumo 38
Exercícios propostos 40

Capítulo 3 Classificação dos custos 43

3.1 Determinação dos custos 43
    3.1.1 Formação dos preços 43
    3.1.2 Valorização da produção 44
    3.1.3 Informação para a gestão da empresa 47
3.2 Classificação dos custos 48
    3.2.1 Dimensão temporal 48
    3.2.2 Natureza dos custos 49
    3.2.3 Critério funcional 50
    3.2.4 Variabilidade dos custos 50
    3.2.5 Forma de imputação 51
    3.2.6 Custos necessários e desnecessários 52
3.3 Custos diretos e indiretos 52
    3.3.1 Custos diretos 53
    3.3.2 Custos indiretos 53
3.4 Custos fixos e custos variáveis 54
3.5 Custo fabril dos produtos fabricados e dos produtos vendidos 55
Resumo 56
Exercícios propostos 57

Parte 2: Determinação dos custos de produção

Capítulo 4 Alocação dos custos indiretos de fabricação 63

4.1 Conceitos gerais 63
4.2 Métodos alternativos de aplicação e rateio de custos indiretos 66
4.3 Despesas departamentais indiretas 70
    4.3.1 Taxas para toda a fábrica *versus* taxas departamentais 70
    4.3.2 Bases diferentes para departamentos diferentes 71
    4.3.3 Custos de departamentos de serviço 73
4.4 Departamentos de serviços e critérios de rateio 74
    4.4.1 Critérios para a seleção das bases de rateio 74
    4.4.2 Rateio direto 75
    4.4.3 Método gradual 75
    4.4.4 Metodologia de cálculo 77
    4.4.5 Métodos alternativos de rateio 78
    4.4.6 Método gradual e método direto 79
4.5 Taxas duplas para o rateio 81
4.6 Controle dos custos dos departamentos de serviço 82
4.7 Mensuração da atividade para aplicação dos custos indiretos 84
    4.7.1 Características da capacidade 84
    4.7.2 Aplicação de custos indiretos: atividade normal *versus* atividade anual esperada 85
    4.7.3 Seleção da base de atividade 87
    4.7.4 Capacidade normal 88
    4.7.5 Base de atividade para custeio de produto e controle 89
Resumo 89
Exercícios propostos 90

Capítulo 5 Custo de material, gastos gerais de fabricação e centros de custo 97

5.1 Conceitos de gastos gerais de fabricação 97
    5.1.1 Cotas reais e cotas teóricas 98
    5.1.2 Centros de custo 98
    5.1.3 Método das seções homogêneas 100

5.2 Custo de material: classificação 100
    5.2.1 Formulários de controle e apuração 102
5.3 Métodos de valorização dos estoques 103
    5.3.1 Custo específico 104
    5.3.2 FEPS – futuro valor a entrar é o primeiro a sair 105
    5.3.3 Sistemas de controle de estoque 105
Resumo 106
Exercícios propostos 107

Capítulo 6 Custo de pessoal 109
6.1 Conceitos gerais 109
6.2 Classificação 112
6.3 Mensuração dos custos com pessoal 118
6.4 Tratamento da mão-de-obra direta 121
Resumo 121
Exercícios propostos 122

Capítulo 7 Custo tributário – Sistema tributário nacional 125
7.1 Tributos e competências tributárias 125
    7.1.1 Transferências intergovernamentais 130
7.2 Administração tributária 133
    7.2.1 Secretaria da Receita Federal 134
7.3 Carga tributária no Brasil 135
    7.3.1 Instrumentos de política fiscal 138
    7.3.2 Evolução e composição da carga fiscal 139
    7.3.3 Distribuição por principais bases de incidência 141
    7.3.4 Evolução da carga tributária sobre as vendas de bens e serviços 149
Resumo 153
Exercícios propostos 154

Parte 3: Sistemas e métodos de custeio

Capítulo 8 Custeio por absorção 157
8.1 Conceitos de sistemas de custeio 157
8.2 Vantagens e desvantagens do sistema de custeio por absorção 160
8.3 Apropriação dos custos indiretos 160
8.4 Distribuição dos custos aos produtos 163
    8.4.1 Esquema de custeio por absorção 164
    8.4.2 Recomendações para a aplicação 164
Resumo 165
Exercícios propostos 165

Capítulo 9 Custeio direto ou variável 166
9.1 Conceito 166
9.2 Características 169
9.3 Margem de contribuição por unidade 170
    9.3.1 Conceito e análise de ponto de equilíbrio ou *break-even point* 171
    9.3.2 Análise comparativa dos pontos de equilíbrio 181
9.4 Esquema de custeio direto 183
Resumo 184
Exercícios propostos 184

XII   Contabilidade de Custos

Capítulo 10 Custeio ABC – *Activity-based costing* 186
10.1 Conceitos 186
10.2 Características 187
10.3 Vantagens e desvantagens do ABC 191
10.4 Elementos de um sistema ABC 192
    10.4.1 Conceito de indutor de custo 193
10.5 Atividades e identificação das atividades 195
    10.5.1 Conceito de atividades 195
    10.5.2 Identificação das atividades 196
    10.5.3 Hierarquização das atividades 197
    10.5.4 As macroatividades e os centros de atividades 199
10.6 Análise das atividades 200
    10.6.1 As técnicas baseadas em atividades 201
10.7 Apropriação dos custos às atividades e aos produtos 205
    10.7.1 Custeio de processo baseado em atividades 205
    10.7.2 Custeio de objetos baseado em atividades 206
    10.7.3 Recomendações para aplicação 207
Resumo 207
Exercícios propostos 208

Capítulo 11 Custo-alvo e Custo – *kaizen* 211
11.1 Introdução 211
11.2 Método do custo-alvo 213
    11.2.1 Conceito 213
    11.2.2 Características 213
    11.2.3 Objetivos do custo-alvo 216
    11.2.4 Metodologia do custo-alvo 218
11.3 Método do custo *kaizen* 220
    11.3.1 Custo *kaizen* para produtos específicos 220
    11.3.2 Custo *kaizen* departamentalizado 222
Resumo 223
Exercícios propostos 223

Capítulo 12 Método da contabilidade de ganhos 224
12.1 Conceitos 224
12.2 Características 226
12.3 Vantagens e desvantagens 228
12.4 Contabilidade de ganhos e ABC: curto prazo *versus* longo prazo 229
    12.4.1 A teoria das restrições (TOC) e o enfoque sistêmico 229
    12.4.2 Crítica à contabilidade de ganhos 230
    12.4.3 Diferença entre TOC e ABC 232
    12.4.4 Aplicação prática comparativa 233
    12.4.5 Análise crítica 238
    12.4.6 Os fatores determinantes em cada metodologia 239
Resumo 240
Exercícios propostos 241

Capítulo 13 Método de custeio por processo 243
13.1 Conceitos 243
13.2 Características do custeio por processo 245
    13.2.1 Utilização de medidas de produção 245
    13.2.2 Conceito de unidades equivalentes 246
    13.2.3 Estimativa do nível de acabamento 247

13.3 Método da média ponderada 247
    13.3.1 Cálculo das transferências interdepartamentais 247
    13.3.2 Lançamentos contábeis 250
    13.3.3 Cálculo utilizando o custo-padrão 251
13.4 Método FIFO departamental 253
    13.4.1 Cálculo das transferências interdepartamentais 253
    13.4.2 Comparação entre os dois métodos 253
Resumo 256
Exercícios propostos 257

Capítulo 14 Outros sistemas de custeio 264

14.1 Sistema de custo-padrão 264
    14.1.1 Conceito 264
    14.1.2 Cálculo 267
    14.1.3 Aplicabilidade 268
14.2 Método de custeio por encomenda 269
14.3 Método dos centros de custo 271
    14.3.1 Conceitos 271
    14.3.2 Características 272
    14.3.3 Vantagens, desvantagens e recomendação para aplicação 273
14.4 Método da unidade esforço de produção (UEP) 274
    14.4.1 Conceito 274
    14.4.2 Características 275
    14.4.3 Vantagens e desvantagens 275
    14.4.4 Implementação do método das UEP 276
    14.4.5 Cálculo do custeio da produção 278
Resumo 278
Exercícios propostos 279

Parte 4: Gestão do custo dos produtos vendidos

Capítulo 15 Custo de oportunidade 283

15.1 Conceitos 283
15.2 Contextualização do custo de oportunidade 284
    15.2.1 Conceito 283
    15.2.2 Enfoque econômico e contábil do custo de oportunidade 285
15.3 Custo financeiro de estoque 289
    15.3.1 Taxa de oportunidade 289
    15.3.2 Cálculo do custo financeiro do estoque 290
    15.3.3 Aspectos relevantes a serem considerados 291
15.4 Custo da venda perdida 292
15.5 Custo do excesso *versus* custo da falta 292
15.6 Impacto do estoque no modelo estratégico de resultado 295
15.7 Aplicação do conceito 296
Resumo 299
Exercícios propostos 300

Capítulo 16 Resultado na venda de produtos 304

16.1 Conceitos 304
16.2 Estrutura, custos, despesas e margens 305
    16.2.1 Estratégia da formação de preço 305
16.3 Fixação do preço de venda 307

16.4 Análise das relações custo-volume-lucro 308
    16.4.1 Custos sobre o ativo circulante 309
    16.4.2 Custos sobre o passivo circulante 310
16.5 Preço de venda a prazo 310
16.6 Aplicação do custo de oportunidade às decisões de preço 311
    16.6.1 Modelo para simulação de resultados de preços de venda 313
Resumo 315
Exercícios propostos 316

Capítulo 17 Gestão do sistema de custos 321

17.1 Orçamento empresarial 321
17.2 Passos para implantação de um sistema de custos 322
17.3 Sistemas de informações de custos 324
17.4 Custo da qualidade 327
17.5 Lote econômico 328
    17.5.1 Conceitos gerais 328
    17.5.2 Lote econômico de compra 331
17.6 *Balanced scorecard* 332
    17.6.1 Conceito 332
    17.6.2 Filosofia do balanced scorecard 333
    17.6.3 Indicadores de desempenho 335
    17.6.4 Balanced scorecard como sistema de gestão estratégica 337
    17.6.5 A contabilidade e o balanced scorecard 338
    17.6.6 Visão da contabilidade gerencial 339
    17.6.7 Aplicação estratégica do balanced scorecard 339
Resumo 340
Exercícios propostos 342

Capítulo 18 Implantação de um sistema de custos ABC

18.1 Modelo ABC 344
    18.1.1 Modelos iniciais 346
    18.1.2 Modelo Two-stage 347
    18.1.3 Modelo bidimensional 349
18.2 Dificuldades para implementação 352
    18.2.1 Decisão de implementar 353
18.3 Planejamento 354
18.4 Concepção do modelo 355
    18.4.1 Implementação do modelo 357
18.5 Cômputo dos custos 359
    18.5.1 Cálculo dos custos por atividade 359
    18.5.2 Cálculo dos custos por objeto de custo 360
18.6 Indutor de recurso-produto 361
    18.6.1 Exemplo 362
Resumo 364
Exercícios propostos 365

Bibliografia 367
Índice Remissivo 375
Sobre o autor 379

Prefácio

Reputo como demasiadamente honrosa a tarefa de prefaciar um livro. Ao aceitar este convite, além de lisonjeado, senti-me na obrigação de contribuir. Primeiramente incentivando tal tipo de iniciativa, em uma área da contabilidade tão carente de bons profissionais e de mestres, a área de Custos. Parabenizo o autor e a editora por esta realização. Em seguida, devo contribuir mencionando algumas particularidades deste verdadeiro compêndio sobre custos, em sua amplitude e vastidão. Não tenho dúvidas da dedicação do Prof. José Antonio Stark na elaboração cuidadosa de seu texto. Este livro servirá de modo especial a todos os que se interessam pela área de custos, sejam iniciados ou não na matéria. Sua abordagem é diversificada e os temas relacionados são contemplados com maestria, permitindo até mesmo ao conhecedor do tema uma rara oportunidade para reflexão e estudos.

A obra aborda desde os aspectos históricos da contabilidade de custos e seus métodos, contextualizados no mundo fenomênico empresarial. Os conceitos são próprios e facilitam o entendimento do leitor pela forma como são apresentados. As classificações dos custos, as formas de sua determinação e os cálculos envolvidos são exemplificados e muito bem ilustrados. Cada capítulo se traduz em uma aventura pelo mundo dos custos, envolvendo o leitor e facilitando sua compreensão. Há um destaque na segunda parte do livro para os custos de pessoal e para o custo tributário, pouco relatado em obras similares. A terceira parte do livro aborda ainda os sistemas e métodos de custeio com muita propriedade e firmeza conceitual, utilizando uma linguagem adequada e agradável. Tecnicamente irrepreensível. Ainda na terceira parte avança-se em ferramentas como o custeio ABC, o custo-alvo e a teoria das restrições, além do método de custeio por processo e outros sistemas. Por fim, a gestão do custo e do sistema de custos, incluindo aplicações com *Balanced Scorecard* e sob outras perspectivas são demonstradas de forma exemplar. Além de todo este conteúdo, o livro ainda conta com uma série de tópicos especiais e com diversos anexos (disponíveis no site de apoio), tornando-o um referencial para cursos de graduação, pós-graduação e para profissionais que labutam na área.

Vale destacar, entre as formas didáticas encontradas pelo autor para ilustrar e exemplificar os diversos temas relacionados, a utilização de fórmulas e cálculos avançados, devidamente retratados, que permitem o avanço e instigam o estudioso na busca de novos horizontes.

Para concluir, reforço minha estima e consideração pelo autor e pela editora, sugerindo a todos a leitura desta obra, para conhecimento e aprofundamento em tão relevante área da contabilidade, a contabilidade de custos.

Saúde, Força e União!

Prof. Dr. Aderbal N. Müller
Perito contador, professor e coordenador do curso de ciências contábeis da Unifae em Curitiba/PR, diretor da Câmara de Perícias do Sescap/PR, autor do livro Contabilidade básica (Editora Pearson, 2006)

Introdução

Hoje, mais do que nunca, conhecer contabilidade de custos ajuda a adicionar valor às organizações. Utilizando a cadeia de valor e as informações a respeito de custos de atividade, as empresas podem identificar vantagens estratégicas no mercado em que atuam. Se uma empresa puder eliminar atividades que não agregam valor, poderá reduzir custos sem ter de reduzir sua margem de lucratividade. Ao reduzir custos, ela pode baixar o preço que cobra dos consumidores, passando a ter uma vantagem sobre seus concorrentes. Ou, ainda, pode utilizar os recursos economizados eliminando atividades que não adicionam valor para aprimorar o serviço prestado à clientela.

Esta obra foi elaborada nesse contexto, tendo sido aperfeiçoada por uma pesquisa realizada com professores de contabilidade de custos de várias instituições no Brasil, que sugeriram e comentaram os tópicos e questões que consideravam mais importantes no ensino da disciplina. O feedback obtido nesse trabalho contribuiu para formar as características distintivas e as vantagens deste livro em comparação com seus similares.

A pesquisa apontou que um livro sobre contabilidade de custos deve atender a três requisitos principais: (1) cobrir mais extensamente tópicos contemporâneos, como medidas não financeiras de desempenho e usos estratégicos da análise de custos; (2) dar enfoque especial à adição de valor para o cliente — da organização e da contabilidade de custos; e (3) enfatizar usos gerenciais e análise crítica.

Em todos os capítulos, são apresentados casos e exemplos de contabilidade de custos do mundo real, além de pesquisas e aplicações gerenciais que desafiam os estudantes a conceber maneiras de adicionar valor às empresas em que atuam.

Assim, *Contabilidade de custos* reúne uma série de características que o diferenciam positivamente da bibliografia disponível. Seu conteúdo apresenta:

1. ***Abordagem apropriada à realidade brasileira.*** O livro está voltado às situações típicas observadas no país, seus institutos legais e as condições organizacionais prevalecentes no meio empresarial. Assim, ao tratar dos critérios técnicos e legais relacionados, por exemplo, à contabilização dos custos da mão-de-obra e dos impostos, este livro refere-se explicitamente às condições brasileiras, destacando os principais aspectos relacionados aos encargos sociais, bem como à elevada carga tributária e aos custos implícitos, que nem sempre são detectáveis, como é o caso da ineficiência e das sobras e desperdícios.

2. ***Análise dedicada ao uso da contabilidade de custos como instrumento para fins gerenciais.*** Outra característica a destacar é o enfoque dado à utilização da contabilidade de custos para as funções de planejamento e controle, relacionadas ao estabelecimento de padrões, orçamentos e outros tipos de previsão, com vista no subseqüente acompanhamento e análise das variações observadas. Além dos critérios usuais dos sistemas de custo padrão, são desenvolvidos modelos para fixar padrões de custos

indiretos por unidade. Com base em uma abordagem realística, foram destacadas as principais barreiras e reações comportamentais às tentativas de implantação e os custos e benefícios dos diferentes sistemas disponíveis.

3. **Conceitos, instrumentos e casos práticos necessários para uma gestão lucrativa do negócio.** A forma de apresentação dos capítulos facilita a compreensão da metodologia baseada no custeamento para apuração do lucro marginal de cada produto vendido, a fim de mensurar e analisar com maior propriedade o desempenho do negócio.

Finalmente, todas informações disponíveis neste livro contribuirão para auxiliar professores, estudantes e profissionais, em geral, no estudo da apuração e do gerenciamento do lucro marginal obtido na venda *diária* de produtos. O aprendizado dessa metodologia permitirá que não seja mais necessário aguardar pelo fechamento dos resultados mensais, que ocorrem no mês seguinte, para a obtenção do feedback instantâneo do resultado das vendas realizadas.

Estudar contabilidade de custos é um dos melhores investimentos que qualquer aluno pode fazer, porque o sucesso de uma organização, da menor loja à maior corporação multinacional, depende do uso de conceitos e práticas dessa disciplina.

Tendo em vista esse enfoque, esta obra está dividida em quatro partes, além de apresentar um material complementar para professores e estudantes no Companion Website. As partes que compõem o livro são:

Parte 1: Fundamentos da contabilidade de custos
Parte 2: Determinação dos custos de produção
Parte 3: Sistemas e métodos de custeio
Parte 4: Gestão do custo dos produtos vendidos

Os assuntos são apresentados em uma seqüência lógica e gradativa de conhecimentos, partindo da fundamentação da contabilidade de custos, passando pela determinação dos custos e pelos sistemas e métodos de custeio, e concluindo com a gestão dos custos.

 A Sala Virtual (sv.pearson.com.br), oferece a professores e estudantes materiais adicionais considerados de fundamental importância para o aprendizado da obra e da disciplina, tais como:

- *Estudo de caso*: um caso prático permite a compreensão do processo de gestão de custos com a aplicação de conceitos e metodologias.
  - *Tópicos especiais*: abordam temas discutidos nas quatro partes do livro. O Tópico 1, por exemplo, apresenta os conceitos de perda de produtividade e é complementar às partes 1 (Fundamentos), 2 (Determinação dos custos), 3 (Sistemas e métodos) e 4 (Gestão). Os temas abordados ajudarão os alunos a terem uma compreensão maior da complexidade de uma contabilidade de custos moderna, bem como serão de grande valia aos profissionais da área de custos para tomarem suas decisões.
  - Glossários de contabilidade de custos.
  - Glossário do sistema ABC.
  - *E mais*: modelos de fluxogramas de operações, modelos de planejamento e de implementação de custo ABC, e elementos de álgebra matricial, de fundamental importância para a sistematização e apuração real dos custos de produção e para a estratégia empresarial.

Parte 1

Fundamentos da Contabilidade de Custos

1. Histórico da contabilidade de custos e dos métodos de custeio
2. Conceitos, princípios e práticas pontábeis aplicadas aos custos
3. Classificação dos custos

Histórico da contabilidade de custos e dos métodos de custeio

CAPÍTULO 1

Objetivos de aprendizagem

Após estudar deste capítulo, você deverá:

- Ser capaz de contextualizar a contabilidade de custos
- Estar consciente da necessidade de apuração adequada dos custos de produção
- Compreender a evolução das correntes de pensamento
- Saber destacar as diferenças entre a contabilidade de custos em relação à abordagem dos sistemas de custeio
- Compreender as práticas contábeis atuais

1.1 Histórico e contextualização da contabilidade de custos

A contabilidade de custos surgiu com o advento do sistema produtivo, ou seja, com a Revolução Industrial, na Inglaterra, no final do século XVIII. As empresas que surgiram em decorrência dessa profunda modificação no sistema produtivo necessitavam de informações contábeis diferentes daquelas desenvolvidas pelas empresas comerciais da era mercantilista, porque passaram a transformar os insumos, que antes eram comprados. Assim, surge a demanda por indicadores, para determinar o preço do produto que era obtido nas operações internas. O sistema desenvolvido nessa época visava avaliar os custos de transformação de cada processo e da mão-de-obra empregada, com o objetivo de fornecer referência para medir a eficiência do processo de produção.

Com o surgimento da ferrovia e do telégrafo, foram necessárias modificações no sistema de contabilidade, para registrar as diversas atividades então existentes, de conversão e de distribuição das empresas, bem como para fornecer indicadores de desempenho dos gerentes descentralizados e dispersos. As empresas ferroviárias desenvolveram o conceito de margem operacional (razão entre receitas e custos operacionais) com objetivo de medir a rentabilidade de vários segmentos do negócio. Nessa mesma época, as grandes empresas varejistas desenvolveram indicadores de margem bruta por departamento (receita das vendas menos custos operacionais e de compras) e de giro de estoques.

Pode-se dizer que todas as técnicas de contabilidade industrial desenvolvidas referiam-se às práticas utilizadas nas empresas. Essas práticas foram sendo aperfeiçoadas e resultaram em publicações, que, de certa forma, moldaram "padrões" amplamente difundidos.

As teorias e técnicas de custos entraram em grande desenvolvimento da década de 1890 até a virada do século XIX. Nesse período, foram desenvolvidos:

1. a mecânica de integração da contabilidade industrial à contabilidade geral;
2. os detalhes envolvidos na movimentação e registro das matérias-primas; e
3. o registro e a determinação dos custos da mão-de-obra e a inclusão de itens representativos de produção no custo industrial da produção iniciada. Cabe ressaltar, também, que foi aí que surgiram os fragmentos dos custos fixos, custos variáveis e custos-padrão.

No início do século XX, por volta de 1915, a estrutura básica da contabilidade de custos havia sido completada com o aperfeiçoamento das técnicas do fluxo de custos e com o uso apropriado de taxas de rateio. Ressalte-se que o método de custeio por absorção estava sendo amplamente utilizado por grande parte das empresas no mundo. Contudo, nessa mesma época, na Alemanha, o método de custeio pleno também foi desenvolvido com objetivo de estabelecer preços de venda para os produtos.

Com o desenvolvimento da chamada administração científica, foi necessária uma busca por maior eficiência, baseada na utilização de matérias-primas e mão-de-obra, o que causou a transformação dos padrões físicos desenvolvidos por esses administradores em padrões de custos. Pode-se dizer que esse foi o início do sistema de custeio-padrão.

Todos os indicadores de contabilidade praticados até então estavam voltados para avaliar a eficiência de processos internos, e não para medir a lucratividade da empresa ou de determinada atividade. Constata-se que, por volta de 1925, possivelmente, todas as práticas de contabilidade gerencial hoje utilizadas já haviam sido desenvolvidas. Elas foram elaboradas com o intuito de atender às necessidades de informação e controle dos gerentes de empresas que estavam crescendo e se tornando cada vez mais complexas e diversificadas. O ritmo das inovações nas empresas estava aumentando rapidamente e a criação de técnicas e sistemas de contabilidade não estava acompanhando esse ritmo. Isso gerou uma incapacidade desses sistemas para acompanhar a evolução das tecnologias de produtos e processos, o que acabou acarretando problemas como:

1. custos distorcidos dos produtos;
2. informações demoradas de controle de processos e excessivamente agregadas; e
3. informações de desempenho de curto prazo sem refletir a variação da posição econômica da empresa e de seus processos produtivos.

As empresas, nessa época, estavam em pleno crescimento, e o público externo adquiria cada vez mais títulos das corporações. Nesse período, houve grande pressão dos investidores, dos organismos regulamentadores e dos governos sobre as sociedades anônimas, para que elas divulgassem dados financeiros de suas empresas, por meio de auditorias externas independentes. Com isso, a contabilidade, que até então estava voltada para informações de eficiência produtiva interna, foi obrigada a produzir informes financeiros, que se destinavam a avaliar custo de estoque e determinação de lucro. Um acontecimento importante dessa fase foi a crise de 1929, que acabou por desacreditar a contabilidade, obrigando as empresas a padronizar as metodologias contábeis, que deveriam ter o objetivo de informar os investidores.

Os gerentes, então, poderiam ter mantido ambos os sistemas de contabilidade funcionando, porém o custo da tecnologia de informação era impeditivo, o que acarretou a substituição de um sistema pelo outro.

A preocupação dos contadores, auditores e fiscais foi fazer da contabilidade de custos uma forma de resolver os problemas de mensuração monetária dos estoques e dos resultados, e não transformá-la em um instrumento de administração.

Os custos que os contadores calculavam absorviam todos os recursos destinados pela empresa no período, ainda que de forma arbitrária (rateios, de maneira geral, eram baseados na mão-de-obra direta empregada nas tarefas), pela relação entre o que foi vendido e o que permanecia no estoque, sem que se soubesse, no entanto, qual a fração do custo do produto final que correspondia a mão-de-obra, material e despesas gerais. Por causa dessas características, esse custo calculado pelos contadores, ainda de forma bastante simplista, não servia para fornecer dados confiáveis à administração.

Esse tipo de contabilidade de custos com objetivos financeiros permaneceu em uso nas corporações até os anos 80, quando voltou-se a discutir a necessidade de uma contabilidade gerencial, para geração de informações que apoiassem a tomada de decisões internas pela empresa.

Apesar de a contabilidade gerencial ter sido esquecida pelas empresas por cerca de sessenta anos, vários trabalhos realizados por pesquisadores desenvolveram inovações nesse campo.

Entre os anos 20 e 40, surgiu a discussão sobre o custeio variável, ficando restrita, porém, aos meios acadêmicos. Podem ser destacados os trabalhos realizados por J. Maurice Clark, que foi um dos primeiros e mais influentes autores a defender a distinção entre a parcela das despesas que variava na proporção direta das mudanças de produção (custos variáveis), e os custos que não são afetados por aumentos ou decréscimos na produção (custos fixos). Outros acadêmicos dessa época também apresentaram inovações para a contabilidade gerencial, por meio de incursões em outras áreas de conhecimento, como pesquisa operacional, economia da informação e teoria do agente. Para exemplificar seus pontos de vista, os acadêmicos utilizavam modelos simples de tomada de decisões em empresas de pequeno porte, ou seja, não procuraram estudar os problemas enfrentados pelos gerentes das corporações que estavam produzindo centenas de produtos, mediante complexos processos de produção. Assim, os executivos, ainda que entendessem e concordassem com as recomendações dos acadêmicos, sabiam que encontrariam muitas dificuldades na aplicação dos modelos acadêmicos em empresas que operavam com alto grau de complexidade.

Depois dos anos 40 até a década de 1980, nenhuma inovação importante ocorreu em relação à contabilidade gerencial, seja por parte dos pesquisadores, seja por parte dos profissionais da área.

Mesmo com o problema do custo da tecnologia de informação resolvido, as empresas não passaram a utilizar a contabilidade gerencial para fornecer as informações para avaliação de desempenho interno, mas apenas informatizaram o sistema que era manual. As companhias que tinham um sistema de contabilidade gerencial operando em paralelo ao sistema de contabilidade com objetivos financeiros utilizavam instrumentos de medição que estavam defasados em relação à complexidade das atividades praticadas, grandes e muito diversificadas, nas quais as informações obtidas não refletiam as necessidades gerenciais, uma vez que o sistema gerencial era o mesmo de trinta ou quarenta anos atrás.

Assim, por meio da informatização, mesmo sem promover modificações nos procedimentos, os sistemas, que antes eram rodados manualmente, foram incorporados ao sistema digital, e as simplificações, necessárias para que o sistema manual pudesse operar, foram realizadas.

O método de custeio típico das empresas nos anos 80 era o método por absorção, e o critério de distribuição dos custos indiretos dos departamentos para os produtos era a mão-de-obra direta. Em virtude dessa distribuição, os gerentes se esforçaram para reduzir os custos da mão-de-obra direta e, com isso, as despesas gerais foram legadas a segundo plano, ocasionando grande distorção no resultado dos cálculos dos custos dos produtos fabricados. Portanto, a imprecisão do método utilizado levou grande parte dos gerentes a tomar decisões errôneas que não ajudaram a melhorar a situação das empresas.

Dessa maneira, os sistemas de contabilidade de custos e de controle gerencial não forneciam, com a precisão necessária, medidas da eficiência e rentabilidade das transações internamente administradas. Em conseqüência disso, as grandes empresas tornaram-se vulneráveis à competição das empresas menores e mais focadas, que conseguiam maior controle de suas poucas atividades e não eram tão dependentes de sistemas de informações complexos como as grandes empresas, ocasionando a quebra de muitas delas.

O mundo dos negócios, a partir da segunda metade da década de 1980, tornou-se mais competitivo, o que ocasionou profundas implicações sobre os sistemas de gerência de custos. Nesse novo ambiente, os sistemas tradicionais de custeio não encontravam mais lugar seguro, pois não se adequavam mais à nova realidade empresarial. Todavia, a demanda das empresas por métodos de custeio para o cálculo mais preciso dos custos dos produtos, controle efetivo dos custos e medição precisa do desempenho das atividades se tornava cada vez maior.

A inadequação dos métodos tradicionais de custeio ocorreu por terem se tornado obsoletos, já que a nova empresa da década de 1980 possuía características bem diferentes daquelas do passado. A filosofia da integração vertical e da rigidez dos processos produtivos evoluiu para uma filosofia de horizontalização, flexibilidade de processos, diversidade de produtos e procedimentos. Podem ser destacadas outras mudanças, tais como: melhorias de qualidade, estoques reduzidos, processo de produção mais eficiente e crescente automação.

Todas essas mudanças acabaram por modificar os componentes dos custos das empresas, podendo ser destacados:

- a mão-de-obra direta, que era o principal componente dos custos, agora representa um índice de apenas 10% em muitas corporações, sendo considerada um custo fixo e não mais variável;
- os custos indiretos passaram a representar uma fração bem maior dos custos totais, devendo, portanto, ser controlados de modo mais rigoroso;
- os estoques se tornaram cada vez mais baixos, em função do custo financeiro de seu carregamento, passando a ter um acompanhamento mais detalhado.

Essas mudanças, acrescidas da necessidade das empresas de controlar cada vez mais os custos, contribuíram para o desenvolvimento de novos métodos de custeio que respondessem às necessidades emergentes, ou seja, a obsolescência dos sistemas de mensuração dos custos até então praticados foi resultante da mudança das condições de mercado, que forçaram as empresas a modificar suas estruturas produtivas e, conseqüentemente, suas estruturas de custos.

Os métodos desenvolvidos a partir daí, que continuam em uso até os dias de hoje, tentam acompanhar as necessidades das empresas de controlar melhor as despesas gerais e os custos indiretos, alocando esses últimos aos custos dos produtos, da maneira menos arbitrária possível, tendo, ainda, um sistema dinâmico ajustável às constantes mudanças de processos e à complexidade dos produtos fabricados.

Em decorrência disso, surgiu um método de custeio baseado em atividades (ABC – *activity-based costing*). Como será discutido no Capítulo 10, esse sistema surgiu das pesquisas do grupo Cami (*computer-aided manufacturing international*), em 1986, que era formado por um consórcio de corporações industriais, empresas de consultoria contábil e agências governamentais. Esse grupo teve como meta redefinir o papel do gerenciamento dos custos em indústrias de tecnologia avançada. O grupo de pesquisadores do Cami constatou que os gestores necessitavam de informações mais precisas, atualizadas e devidamente formatadas, para atendê-los no processo de tomada de decisões, verificando, também, que os métodos de gerenciamento de custos deviam ser reformulados, para fornecer informações sobre custos, não somente no nível operacional, mas também – e principalmente –, no nível estratégico.

Outro método de custeio surgido na década de 1980 foi o sistema das UEP (unidades de esforço de produção). Esse sistema tem suas origens no método GP, que foi desenvolvido após a Segunda Guerra Mundial, período no qual o francês Georges Perrin dedicou-se ao estudo de uma unidade única para medir produções diversificadas, denominando-o GP, letras de suas iniciais.

Nesse contexto, outro método de custeio foi recentemente desenvolvido: o da contabilidade de ganhos. Criado por Eliyahu M. Goldratt, nos Estados Unidos, na segunda metade da década de 1980, toma como base a teoria das restrições (TOC – *theory of constraints*). A contabilidade de ganhos só é implementada pelas empresas que utilizam a filosofia do TOC. Esse método calcula o ganho do produto – um índice parecido com a margem de contribuição do custeio variável.

Essa revisão histórica da contabilidade de custos e dos métodos de custeio evidencia que a primeira é um sistema de informações que possui vários objetivos em uma empresa, e que o segundo foi desenvolvido para atender a diferentes necessidades das empresas. Entretanto, devem definir exatamente o que é contabilidade de custos e o que é método de custeio, para que nos próximos capítulos seja possível fazer a descrição do funcionamento dos vários métodos de custeio e a discussão de seus pontos fortes e fracos.

1.2 Contextualização da contabilidade moderna

A contabilidade ainda preserva as características oriundas do século XVI, expressas pelo conceito das partidas dobradas, que surgiu na Itália por volta de 1300 d.C., sendo eminentemente cartesiana e newtoniana, e, conseqüentemente, linear. Mas, apenas em 1494, Luca Pacioli escreveu e publicou, pela primeira vez, a descrição desse sistema. Nessa época, o objetivo do método era registrar os volumes de transações que eram realizadas, facilitar as transações de créditos e avaliar o desempenho dos gestores. As companhias que o utilizavam eram empresas comerciais e instituições financeiras. Porém, registraram-se evoluções, que vêm ocorrendo a um ritmo cada vez mais acelerado.

Desde a Revolução Industrial, as empresas têm acesso à informação útil sobre os processos que permitem transformar os *inputs* (entradas) em *outputs* (saídas). No entanto, durante grande parte do século XX, essa informação privilegiada não foi convenientemente explorada na contabilidade e na gestão de custos. As decisões de gestão eram tomadas atendendo, sobretudo, à informação de caráter financeiro originada nos sistemas de contabilidade.

Nas décadas de 1950 e de 1960, o esforço foi essencialmente o de aproveitar a informação de caráter financeiro para a tomada de decisão. Assim, desenvolveram-se vários conceitos: custo-padrão, análise dos desvios, distinção entre fixos e variáveis e análise do ponto de equilíbrio.

Nos anos 70 e 80, desenvolveram-se sistemas de informação sobre os custos independentes do sistema financeiro – era um retorno às origens e também o surgimento do ABM (*activity-based management*) e do ABC. Desse modo, pode-se dizer que a contabilidade de custos conheceu diferentes fases ou estágios durante o século XX, ainda que alguns autores afirmem que houve poucas evoluções a serem registradas. Em verdade, constata-se que, nesse período, a contabilidade e a gestão de custos evoluíram e caracterizaram-se por quatro estágios distintos, integrados em quatro paradigmas diferentes.

O primeiro paradigma (paradigma A) durou até a década de 40, precisamente até ao início da Segunda Grande Guerra, sendo conhecido como "The Era of the Industrial Revolution Plus" (Era da Revolução Pós-Industrial). Nessa época, foi dada importância ao caráter real dos custos, o que constituiu uma clara referência ao conceito de custos-padrão. Esse fato pode ser atribuído à noção de eficiência técnica e normalidade de condições de produção, que resultaram da universalização dos métodos de trabalho e da produção em massa.

Os custos mais significativos nesse período estavam relacionados aos materiais diretos, à mão-de-obra e ao equipamento de produção. O procedimento mais utilizado era acrescentar uma margem (*markup*) ao custo unitário, para obter o preço de venda. Essa metodologia suscitava algumas questões como: qual o nível de atividade industrial como medida para se calcular o custo unitário? E, não menos importante, qual a margem a considerar para definir o preço de venda?

Entre a década de 1940 e a de 1980 perdurou o paradigma B, chamado *cost volume – profit analysis and direct costing*. Nesse mesmo período, foi introduzida a distinção entre custos variáveis e fixos, sendo enfatizado o custeio variável em detrimento do custeio por absorção. As diferenças da fase anterior para esta não são muito significativas, além da institucionalização da dicotomia fixo/variável. Os custos variáveis eram determinados com base em considerações técnicas e o volume da atividade estava associado, essencialmente, aos custos fixos. Contudo, a maneira de calcular o lucro ou a margem pretendidos permanecerá uma questão latente, quer nestes quer nos paradigmas seguintes.

O terceiro paradigma (paradigma C) surgiu no final dos anos 80 e perdurou durante os primeiros anos da década seguinte, denominado *activity-based costing* (ABC). Neste, os custos variáveis podem ser de três tipos: custos que variam com cada unidade produzida, custos que variam com a complexidade (como o número de lotes) e custos que variam com a diversidade (em função do número de produtos).

O paradigma D iniciou-se na década de 1990, sendo intitulado por *market drive*. Ganha relevância o conceito de *price-led costing* em detrimento do *cost-led pricing*. Atualmente, as empresas trabalham, sobretudo, em função dos preços ditados pelo mercado e menos em função dos preços fornecidos internamente. A utilização de preços-alvo e dos conceitos que lhes estão associados parece inevitável. O Quadro 1-1 mostra a evolução histórica da contabilidade de custos.

Quadro 1-1 Evolução histórica da contabilidade de custos

	Paradigma A Revolução Industrial	Paradigma B *Cost volume profit*	Paradigma C ABC	Paradigma D *market drive*	B + C + D
		Markup Custos-padrão	*Direct costing* Custeio variável	Sistema de informação de custos	*Target cost*	
Século XVIII – século XIX	1900	1940	1980	1990	Século XXI
	Revolução Industrial	Eficiência técnica Normalidade das condições de produção Custos: materiais e MOD	Aumento da procura	Pressão da oferta	Pressão da procura	

Capítulo 1 Histórico da contabilidade de custos e dos métodos de custeio

Quadro 1-2 Três perspectivas em relação ao cálculo de custos

	Perspectiva financeira	Perspectiva operacional	Perspectiva estratégica
Propósito	Registrar	Executar	Planejar
Dimensão temporal	Ontem	Hoje	Amanhã
Usuárias da informação	Agentes externos	Gestão das operações	Investidores Plano estratégico
Função da informação	Financeira	Análise de valor Gestão das atividades	Custo-alvo Preços Contratos
Nível de agregação da informação	Informação agregada	Informação detalhada	Informação específica
Freqüência de relatórios	Espaçada	Imediata	Quando necessária
Tipo de medidas	Financeira	Física	Financeira e física

A evolução da contabilidade de custos e as alterações que foram ocorrendo são apresentadas no Quadro 1-2, confrontando três perspectivas diferentes em relação ao cálculo dos custos. Assim, do ponto de vista meramente financeiro, evoluiu-se para custos de natureza mais operacional e, posteriormente, para sua inclusão em um nível mais estratégico e de planejamento.

Assim, a evolução da contabilidade de custos foi mais acelerada quando se tornou perceptível que existia grande inadequação entre os conceitos e as práticas no que se refere ao cálculo dos custos e à realidade das próprias empresas.

1.3 Obsolescência dos sistemas de custeio tradicionais

1.3.1 Sistemas de custeio tradicionais

Os sistemas de custeio tradicionais começaram por ser concebidos em ambientes nos quais a mão-de-obra direta e os materiais predominavam na construção do custo dos produtos. Tal situação acabava, na maior parte das vezes, por se refletir em uma sobrecarga dos custos dos departamentos produtivos, em detrimento dos departamentos auxiliares. Conseqüentemente, a mão-de-obra, por estar relacionada aos custos diretos e indiretos, aparecia superdimensionada em termos de custos. Supondo que a taxa de custos indiretos se situava, por exemplo, na ordem dos 250% do custo em mão-de-obra direta e, se essa última diminuísse 10%, então, deveria haver uma redução de 25% nos custos indiretos.

Entretanto, se o menor emprego de mão-de-obra fosse reflexo da utilização de equipamento mais sofisticado, na realidade, isso implicaria um aumento dos custos indiretos e não uma diminuição. Portanto, esse tipo de medida pode não auxiliar os processos de redução de custos. Considerando esse aspecto, podem-se explicar alguns dos processos de *downsizing*, porque os custos de mão-de-obra, ao ficar sobrecarregados, são vistos como o alvo principal de corte. Contudo, sabe-se que os custos com o pessoal são cada vez menos significativos na estrutura das empresas e uma estratégia de redução não pode ser iniciada pela mão-de-obra.

A política de redução de custos, apoiada nos sistemas tradicionais, envolve normalmente, as seguintes medidas:

1. reduções gerais nos orçamentos dos departamentos;
2. congelamento do crescimento dos salários;
3. congelamento das atividades que geram custos indiretos;
4. políticas de reformas antecipadas;
5. cortes na formação; e
6. cortes nos investimentos.

Entretanto, essas medidas dão início, às vezes, a ciclos de decadência competitiva, que, em vez de conduzirem à redução de custos desnecessários, podem afetar fatores importantes de competitividade da empresa. Nesse enfoque, observa-se que as empresas fazem cortes e reduções para salvaguardar as atividades necessárias no curto prazo, o que pode prejudicar as atividades essenciais em uma perspectiva de longo prazo. É, muitas vezes, a luta pela sobrevivência em detrimento de maior racionalidade econômica.

Nos modelos tradicionais, constitui regra a distribuição dos custos indiretos para cada unidade produzida na proporção de uma medida de base temporal ou de volume, como o número de horas de trabalho direto, horas-máquina ou unidades produzidas. Como essas medidas variam conforme os níveis de produção ou volume de produção, os modelos tradicionais são vistos como modelos baseados no volume.

1.3.2 Alterações no cômputo dos custos de produção

Com o aumento da complexidade da produção, foi crescendo a proporção dos custos que não variam diretamente com o volume, o que provocou distorções nos resultados obtidos pelos sistemas de custeio tradicionais, particularmente, no que se refere aos custos dos produtos. Nota-se, atualmente, que os custos indiretos são cada vez menos afetados por alterações do volume de produção e mais em decorrência de transações específicas ou de atividades relativamente independentes do volume de produção.

Na verdade, observa-se um aumento dos custos indiretos, ou *overhead*, sobretudo nos casos de pequenas produções. E isso se deve, entre outros aspectos, a maiores períodos de ajuste, a um apoio mais intensivo da engenharia, a programas de controle numérico mais pesados, a estruturas de vendas mais dispendiosas, a maior número de ordens de produção, a um controle mais rigoroso da qualidade e a mais horas de inspeção e controle. Em sua maior parte, esses custos não eram imputados aos produtos, por serem indiretos. Mas os custos indiretos assumiram tal dimensão que se tornou impossível desconsiderá-los.

Por outro lado, também são constatadas alterações em relação à procura dos bens. Os consumidores foram se tornando mais exigentes, quer com o preço quer com a qualidade. Em um contexto de competição de escala global, as empresas viram suas margens diminuírem, obrigando-as a aumentar a produtividade, a reduzir custos e a introduzir alterações nos produtos.

Essa nova realidade pode ser sintetizada em um conjunto de pontos-chave. Assim, e no contexto da competição atual, verifica-se enorme diversificação e personalização dos produtos, que apresentam ciclos de vida progressivamente mais curtos. Desse modo, a elevada informatização e automatização dos processos produtivos tornou obsoletos os antigos indutores de custo baseados no volume de trabalho direto. Sendo importante reconhecer que os custos não relacionados diretamente com a produção aumentaram de modo significativo. São exemplos disso os custos de marketing, comerciais, de logística, de engenharia, de distribuição etc., em detrimento dos custos de mão-de-obra direta, que representam, agora, apenas uma pequena fração dos custos nas empresas.

1.3.3 Inadequação da apuração e o sistema de custeio moderno

Ao longo dos anos, os sistemas de custeio foram se tornando inadequados à realidade das empresas e desenquadrando-se do contexto de competição atual. As principais razões para a obsolescência dos sistemas de custeio tradicionais podem ser as seguintes:

1. o custo dos produtos não é calculado de maneira correta, o que pode levar a decisões erradas;
2. a informação não é obtida em tempo útil para tomada de decisão;
3. a informação gerada não se assume como a mais adequada em termos de controle; e, por último,
4. os sistemas estão orientados para a apresentação de resultados financeiros e não de gestão.

Na verdade, pode-se dizer que um sistema de custeio deixa de cumprir suas funções, quando os gestores não confiam plenamente na informação que recebem, ou quando a área comercial não utiliza essa mesma informação para a definição de suas estratégias comerciais. Estes e outros sinais indicam a necessidade de um novo sistema de custeio.

As críticas aos sistemas tradicionais sugerem que eles se tornaram incapazes de assumir o seu papel, principalmente, no que se refere à competitividade das empresas, que têm, atualmente, de ser *world class*, com elevados níveis de desempenho no negócio e um esforço de melhoria contínua, satisfazendo as necessidades e preferências dos clientes.

Um sistema de custeio moderno, que auxilie na obtenção da capacidade competitiva de uma empresa, terá de reunir todo um conjunto de características, tais como:

- fornecer informação sobre aquilo que realmente interessa ao cliente, assim como ser capaz de medir a rentabilidade dos produtos e clientes;
- apresentar um custo compensador e ser de fácil utilização; e
- gerar informação que suporte a melhoria contínua dos produtos e processos.

As principais características que devem estar associadas a sistemas de custeio modernos são:

- identificar os custos dos diferentes objetos de custo relevantes;
- refletir o comportamento do custo ante aos diferentes fatores que o influenciam;
- permitir identificar as atividades que não geram valor agregado para o cliente; e
- evidenciar a estrutura de custos e seu desempenho. O Quadro 1-3[1] sintetiza essas características.

Quadro I-3 Atributos de um sistema de custeio moderno

Informação sobre o que interessa ao cliente	Medir rentabilidade dos objetos de custo	Conhecer a estrutura de custos
Quais os fatores causadores do custo	Deve ser atrativo em uma análise custo/benefício	Suportar melhoria contínua

---

[1] Baseado em Peter B. B. Turney. *Activity-based costing – the performance breakthrough*. Londres: Kogan Page, 1996.

Podem ser considerados, ainda, outros aspectos na procura de informação mais precisa e útil sobre o custo dos produtos, como:

1. a necessidade de se pensar em termos de custos de conversão e não apenas em custos diretos, visto que estes estão perdendo relevância no nível da produção;
2. mais importante que distinguir custos indiretos de custos diretos importa conhecer os custos dos produtos;
3. as empresas devem centrar seus sistemas de custos em quem, realmente, é capaz de controlá-los e conhecê-los, ou seja, os engenheiros e o pessoal da produção; e
4. a rentabilidade do equipamento utilizado, salientando que o investimento em equipamento deve ter um retorno calculado em relação à produção. Esse é o conceito que se conhece como EVA (*economic value added*).

Nesse contexto de contestação aos sistemas de custeio tradicionais e surgimento de novas funções para eles, brotam um conjunto sugestões desde a década de 1980, a que alguns autores denominaram sistemas contemporâneos.

Contudo, muitos desses sistemas não são mais que meros conceitos que, ao ser aplicados, têm de se valer das técnicas e dos princípios que eles próprios determinaram como tradicionais. Porém, essas novas abordagens surgiram para suprir lacunas importantes dos sistemas de custeio tradicionais e algumas delas estão diretamente relacionadas ao desenvolvimento de técnicas de produção e de engenharia, como se observa, principalmente, nos sistemas conhecidos no mercado como MRP II (*manufacturing resources planning*), o JIT (*Just-in-Time*) e a Gestão pela qualidade total ou TQM (*total quality management*), o CAD (*computer-aided-design*), o CAM (*computer-aided-manufacturing*), bem como o CIM (*computer-integrated manufacturing*).[2]

No que se refere à contabilidade, propriamente dita, também se verificaram algumas contribuições importantes, como o ciclo de vida do produto, o *backflush costing* (em ambientes JIT), o custo-alvo, o EVA, a TOC (teoria das restrições) e o custeio ABC.

1.4 Mudanças em relação à abordagem

Durante os últimos anos, os métodos e processos de produção desenvolveram-se significativamente, de tal modo que os sistemas de custeio em determinadas empresas tiveram de se ajustar às características desses processos. A par do desenvolvimento tecnológico e organizacional, surgiram novas abordagens para o custeio industrial. O MRP II, a utilização dos computadores na produção, o CAD, o CAM e o CIM são provas evidentes do estreitar de relações entre o componente tecnológico e a dimensão dos custos nas empresas.

Por sua vez, o JIT e o TQM constituem técnicas de gestão industrial que se universalizaram rapidamente e estão associadas ao sucesso de muitas empresas no contexto de competição atual. Contudo, essas técnicas trouxeram implicações importantes para os métodos de custeio e a informação que os suporta. Drumheller Jr. (1993), por exemplo, associa o JIT, o TQM e o ABC por estarem centrados no processo produtivo. Adicionalmente, Roztocki e Needy (1999) referem a existência de casos em que o ABC foi implementado em

---

[2] As empresas que adotaram o CAD (*computer-aided-design*) e o CAM (*computer-aided manufacturing*) integraram os dois em um sistema denominado CIM (*computer-integrated manufacturing*).

conjunto ou utilizando como suporte o JIT e o TQM. Goldratt e J. Cox, autores da teoria das restrições, divulgada por volta de 1992, analisaram também as insuficiências dos sistemas tradicionais e desenvolveram alternativas para os sistemas de custeio, descrevendo com particular incidência o JIT e o TQM.

1.4.1 JIT – *Just-in-time*

Criado no Japão, o JIT é, essencialmente, uma filosofia de gestão com dois grandes objetivos: reduzir o tempo de produção e eliminar o tempo que os produtos perdem em atividades que não acrescentam valor. Inicialmente, o JIT pretendia apenas que os insumos estivessem disponíveis na quantidade necessária, porém esse conceito de otimização de recursos foi ampliado, adquirindo formato de filosofia de produção e de gestão. No JIT, a produção e as compras só ocorrem quando há necessidade acoplada ao processo produtivo, isto é, as atividades ao serem realizadas puxam as que lhes estão acima e somente nessa altura essas últimas devem ser feitas (sistema *pull*). Quanto à estrutura de produção, está baseada em células produtivas e não em departamentos.

Cada uma dessas células está dotada de um conjunto de equipamentos que podem desempenhar diversas tarefas e o pessoal em atividade também é suficientemente flexível para operar com qualquer uma delas. Foi esse sistema de trabalho, aliado a uma otimização de todo o processo produtivo, que permitiu melhorias significativas na qualidade, na produtividade e na redução de custos.

Em suma, o JIT é um processo baseado em "zero defeitos" e não apenas em um conjunto de medidas, e, sendo um processo, está associado a um esforço de melhoria contínua.

1.4.2 Gestão pela qualidade total

O TQM (gestão pela qualidade total) enfatiza a necessidade de haver qualidade nas diversas operações e em todos os seus aspectos, sendo suportado por dois objetivos: 1) fazer bem desde a primeira vez; e 2) adotar sempre uma postura de melhoria contínua.

No TQM, não se separa a mão-de-obra direta dos materiais, porque o processo é visto como um conjunto de fatores. Em contrapartida, os programas de implementação da qualidade requerem grande conhecimento da produção e dos processos, exigindo-se uma adaptação a cada caso particular. Assim, o TQM requer um conhecimento bastante profundo do processo produtivo e dos custos associados às diferentes operações. Em muitas empresas, foi a implementação de programas pela qualidade total que permitiu um conhecimento mais apurado dos custos incorridos.

A melhoria contínua que caracteriza o TQM associa, essencialmente, os objetivos de eliminar o desperdício e as atividades sem valor agregado e aumentar o desempenho das atividades de valor agregado.

Esse processo inclui mais qualidade e a simplificação das atividades, eliminando todas as perturbações que possam existir no processo produtivo. Entretanto, esses processos estão demasiadamente centrados nos custos de produção diretos, o que implica menor importância aos custos de natureza indireta. O Quadro 1-4 apresenta as contribuições dos JIT e do TQM para o sistema de custeio moderno.

Quadro 1-4 Contribuições do JIT e do TQM para um sistema de custeio moderno

Proporcionar grande conhecimento da produção e dos processos produtivos	Avaliar o desempenho das atividades
	Identificar atividades que não acrescentam valor
Suportar o esforço de melhoria contínua	
	Considerar os custos de manuseio, deslocamento e transporte
Dar importância à cadeia de valor	Conhecer e eliminar ou reduzir o desperdício

1.5 Abordagens contemporâneas dos sistemas de custeio

A concorrência acirrada entre as empresas, as novas exigências que se apresentam aos sistemas de custeio e a evolução tecnológica precipitaram novas abordagens dos sistemas de custeio, dentre as quais se destacam as seguintes: 1) o conceito do ciclo de vida do produto; 2) o custos com produção completa (*backflush costing*); 3) o custo-alvo; 4) o EVA; 5) a teoria das restrições ou TOC e o sistema ABC. Nenhuma delas pode ser vista como a solução definitiva ou completa, e todas são contribuições interessantes para melhor compreensão dos custos e, conseqüentemente, melhor gestão do processo produtivo.

1.5.1 TOC – Teoria das restrições

A teoria das restrições teve sua origem nos trabalhos de Eliyahu Goldratt, no início da década de 1980, e o termo substituiu, em 1987, o conceito de *synchronous manufacturing*, também um conceito de Goldratt. Esse princípio, desenvolvido por Goldratt e Robert Fox, está voltado à tomada de decisões no dia-a-dia das empresas e se apóia em um conjunto de pressupostos relativamente simples.

Essa teoria considera que a produção seja alterada por constrangimentos ou restrições que a impedem de ser máxima. Nesse sentido, o objetivo da TOC passa pela identificação das restrições e pela procura por soluções para minorar ou ultrapassar esses obstáculos.

As restrições devem ser hierarquizadas, da maior para a de menor impacto e, uma vez identificada a maior restrição, devem ser desenvolvidos esforços para que os recursos que ela absorve possam ser mais bem utilizados. Na TOC, pretende-se otimizar a utilização dos recursos no curto prazo incidindo sobre as restrições. O objetivo de longo prazo será eliminar a restrição. A TOC desenvolve-se em torno de três aspectos:

1. o *throughput* [3];
2. os estoques; e
3. os custos operacionais.

---

[3] O *throughput* é a diferença entre as vendas e os custos variáveis dos materiais e da energia.

Os objetivos da empresa, segundo a TOC, contempla os três aspectos mencionados:

1. aumentar o *throughtput*;
2. minimizar os estoques; e
3. reduzir os custos operacionais.

Constata-se que existe certa relação entre a TOC e o JIT, bem como divergências entre a TOC e o ABC, dado que esse último exerce papel de mais longo prazo, enquanto a teoria das restrições atua ao nível do curto prazo. Porém, o ABC e a TOC, mais que duas vertentes antagônicas, são duas faces da mesma moeda, complementando-se entre si. Aliás, para alguns, o ABC e a TOC são as duas grandes respostas aos sistemas de custeio tradicionais, apesar de partirem de princípios distintos.

Para a teoria das restrições, o processo de produção é interdependente e determinado pelo processo mais lento. Nesse sentido, o papel dos gestores de custos será o de eliminar os obstáculos que se verifiquem ao longo do processo produtivo, sabendo que haverá sempre algo a eliminar ou a otimizar.

A contabilidade de *throughput*, que se baseia nos princípios da TOC, é diferente do custeio variável. Neste, a margem de contribuição é dada pela diferença entre as vendas e o custo dos materiais diretos, mão-de-obra direta e gastos gerais. Na TOC, o *throughput* é apenas a diferença entre as vendas e os custos variáveis associados aos materiais utilizados.

Na teoria das restrições, os custos imputados aos produtos são apenas os que se referem aos custos dos materiais diretos. Os restantes, sendo custos fixos, não devem ser considerados na tomada de decisão. Esse princípio torna o exercício de custeio bem mais simples.

1.5.2 EVA – *Economic value added*

As informações sobre os custos não podem ser restringidas ao custo dos materiais empregados e da força de trabalho utilizada. Será necessário considerar que o investimento feito em capital tem de ser remunerado. Dito de outro modo, as empresas devem gerar lucros suficientes para assegurar a remuneração do capital empregado pelos investidores. É esse o enfoque do EVA (valor econômico agregado). Assim, o EVA serão os resultados operacionais menos a taxa média ponderada do custo do capital em função do capital empregado, conforme demonstra a fórmula a seguir:

$$EVA = \text{Resultados operacionais} \; (-) \begin{bmatrix} \text{Taxa média ponderada capital} \\ \times \\ \text{Capital total empregado} \end{bmatrix}$$

1.5.3 *Backflush costing*

O *backflush costing* é um sistema de contabilidade passível de ser aplicado em ambientes de produção JIT, aplicando os custos aos produtos apenas quando sua produção está completa.[4] Não havendo estoques, todos os custos podem ser imputados aos produtos vendidos, o que simplifica o processo de contabilização dos custos.

---

[4] Charles T. Horngren et. al. *Introduction to management accounting*, 11. ed. Nova Jersey: Prentice Hall, 1999.

As empresas com sistemas JIT não possuem estoques ou os mantêm extremamente reduzidos, podendo-se aplicar o *backflush costing*. Nele, apenas existem duas categorias de custos: 1) custos dos materiais; e 2) custos de conversão, não sendo considerados os produtos em processo. Os custos passam diretamente da conta de insumos ou da conta de custos de conversão para a de produtos acabados. Em alguns casos, o *backflush costing* não considera a conta de produtos acabados, passando os custos para a conta de produtos vendidos.

1.5.4 Custeio pelo ciclo de vida do produto

O custeio pelo ciclo de vida do produto teve suas origens no início dos anos 60, tendo sido criado pelo Departamento de Defesa norte-americano. Está baseado em um princípio de longo prazo e, por isso, considera todos os custos associados ao produto, durante as quatro fases do seu ciclo de vida:

1. desenvolvimento;
2. crescimento;
3. maturidade; e
4. declínio.

Ao considerar a vida total do produto, estima a produção total e imputa a essa produção os custos iniciais de concepção e de projeto, assim como distribui outros custos que surgem posteriormente, por exemplo, o serviço pós-venda.

Tal como o EVA, esse conceito não encerra em si um modo de custeio, mas assume-se como um princípio que pode ser incluído no modelo de custeio adotado. As abordagens contemporâneas sobre custeio apresentam grande variedade de aspectos a ser considerados na concepção de modelos e sistemas de apuração de custos modernos.

Resumo

O desenvolvimento das práticas contábeis surgiu na Itália por volta de 1300 d.C. e começou com a utilização do método das partidas dobradas, tendo por objetivo registrar os volumes de transações que eram realizadas, facilitar as transações de créditos e avaliar o desempenho dos gestores. Os métodos desenvolvidos naquela época continuam sendo aplicados nos dias de hoje, tentando acompanhar as necessidades das empresas de controlar melhor as despesas gerais e os custos indiretos, alocando-os aos custos dos produtos da maneira menos arbitrária possível e tendo um sistema dinâmico ajustável às constantes mudanças de processos e à complexidade dos produtos fabricados.

Um sistema de custeio moderno, que auxilie na obtenção da capacidade competitiva de uma empresa, terá de reunir várias características, tais como:

1. fornecer informação sobre aquilo que realmente interessa ao cliente, assim como ser capaz de medir a rentabilidade dos produtos e clientes;
2. apresentar um custo compensador e ser de fácil utilização;
3. gerar informação que suporte a melhoria contínua dos produtos e processos;
4. identificar os custos dos diferentes objetos de custo relevantes;
5. refletir o comportamento do custo ante aos diferentes fatores que o influenciam;
6. permitir identificar as atividades que não geram valor agregado para o cliente; e
7. evidenciar a estrutura de custos e seu desempenho.

O acirramento da concorrência entre as empresas, as novas exigências aos sistemas de custeio moderno e a evolução tecnológica precipitaram novas abordagens, dentre as quais se destacam:

- o conceito de ciclo de vida do produto;
- o *backflush costing*;
- o custo-alvo;
- o EVA;

- a teoria das restrições ou TOC e o sistema ABC. Nenhuma dessas abordagens deve ser vista como a solução definitiva ou completa, e todos eles são contribuições interessantes para melhor compreensão dos custos e para melhor gestão do processo produtivo.

O custeio pelo ciclo de vida do produto teve suas origens no início dos anos 60, e foi criado pelo Departamento de Defesa norte-americano. Está baseado em um princípio de longo prazo e considera todos os custos associados ao produto, durante as quatro fases do seu ciclo de vida:

1. desenvolvimento;
2. crescimento;
3. maturidade; e
4. declínio.

Considera a vida total do produto, estima a produção total e imputa a essa produção os custos iniciais de concepção e de projeto, além de distribuir outros custos que surgem posteriormente, por exemplo, o serviço pós-venda.

Assim como o EVA, esse conceito não encerra em si um modo de custeio, mas assume-se como um princípio que pode ser incluído no modelo de custeio adotado. As abordagens contemporâneas sobre custeio apresentam grande variedade de aspectos a ser considerados na concepção de modelos e sistemas de apuração de custos modernos.

Exercícios propostos

1. Comente a seguinte frase:

    "Pode-se dizer que todas as técnicas de contabilidade industrial desenvolvidas referiam-se às práticas utilizadas nas empresas. Essas práticas foram aperfeiçoadas e se tornaram publicações, que de certa forma começaram a se tornar padrões amplamente difundidos."

2. Você concorda com o argumento de algumas correntes que estabelecem que a contabilidade no Brasil, por adotar o critério de apresentação econômica das demonstrações financeiras, estaria mais vulnerável do que, por exemplo, a contabilidade norte-americana (Fasb), que adota o critério financeiro?

3. É possível conjugar os objetivos dos administradores das corporações que consideram a contabilidade de custos um instrumento de tomada de decisão (instrumento gerencial), com o objetivo dos contadores e estudiosos da contabilidade que consideram a contabilidade de custos um instrumento de mensuração monetária dos estoques e do resultado?

4. Qual foi a conseqüência direta da inadequação dos métodos de custeio tradicionais dos anos 50 em relação às novas exigências das empresas dos anos 80?

5. Faça um breve comentário sobre os seguintes métodos alternativos surgidos como decorrência das necessidades adicionais da empresas dos anos 80:

    a) ABC
    b) UEP
    c) TOC

6. Quais foram os quatro estágios pelos quais passou a contabilidade e a gestão de custos entre os anos 70 e 80?

7. Pode-se considerar que, atualmente, os sistemas contábeis se encontram obsoletos? Justifique sua resposta.

8. Discuta os atributos de um sistema de custeio moderno apresentados no Quadro 1.3.

9. Comente as contribuições do JIT e do TQM para um sistema de custeio moderno apresentado no Quadro 1.4.

10. Comente as abordagens contemporâneas dos sistemas de custeio apresentadas na Seção 1.5, mostrando suas principais características, bem como sua funcionalidade nos dias de hoje.

CAPÍTULO 2

Conceitos, princípios e práticas contábeis aplicadas aos custos

Objetivos de aprendizagem

Após estudar este capítulo, você deverá:

- Saber a definição de custo
- Compreender os principais princípios e práticas contábeis adotadas
- Conhecer a aplicação dos conceitos contábeis aos custos
- Entender as práticas contábeis
- Saber verificar a adequação dos princípios e práticas contábeis adotadas

2.1 Conceitos gerais

O custo dos produtos fabricados pode ser considerado uma parcela do gasto que é aplicada na produção ou em qualquer outra função de custo. Em outras palavras, o custo de produção é o gasto incorrido na fabricação de bens e serviços destinados à venda.

Dentro de uma empresa, o responsável pela tomada de decisões necessita de dados e informações apropriadas para cumprir propósitos distintos, portanto, o custo é necessário para atender a objetivos diferentes. O objeto a ser custeado será chamado objeto de custeio, sendo definido como qualquer atividade ou item para o qual se deseja uma avaliação específica de seu custo. O objeto de custeio é um núcleo central do custo gerencial. Pode ser uma operação, uma atividade ou um conjunto de atividades ou operações que consomem recursos. O tema custo, por si só, não possui nenhum significado se não fizer referência a algum objeto, que habitualmente é o produto.

Custo é um conceito que pode ser definido como a aplicação de recursos para se conseguir atingir um objetivo definido. Todos os custos referem-se a uma base de cálculo que se denomina objeto de custo, titular de custos ou portador de custos. O objeto de custo é o foco do cálculo do custo, a entidade a que o custo diz respeito, algo para o qual é desejada uma medição separada dos custos.[1]

---

[1] Charles T. Horngren. et. al. *Cost accounting: a managerial emphasis*. 9 ed. Nova Jersey: Prentice Hall, 1997, p. 26; Charles T. Horngren. *Introduction to management accounting*, 11. ed. Nova Jersey: Prentice Hall, 1999, p. 126.

No que se refere aos custos do produto, Horngren et al. (1997) define-os como "o somatório dos custos imputados a dado produto, tendo subjacente determinado objetivo" (p. 45). Portanto, diferentes objetivos conduzirão necessariamente a diferentes custos do produto, conforme ilustra a Figura 2-1.

```
┌─────────┐  ┌──────────┐  ┌──────────┐     ┌──────────┐  ┌──────────┐  ┌──────────┐
│ Custo   │  │ Custos de│  │ Custos de│     │ Custos de│  │ Custos de│  │ Custos de│
│ de I & D│  │ concepção│  │ produção │     │ marketing│  │distribuição│ │ serviços │
│         │  │          │  │          │     │          │  │          │  │ao cliente│
└─────────┘  └──────────┘  └──────────┘     └──────────┘  └──────────┘  └──────────┘
```

Custos para efeitos financeiros

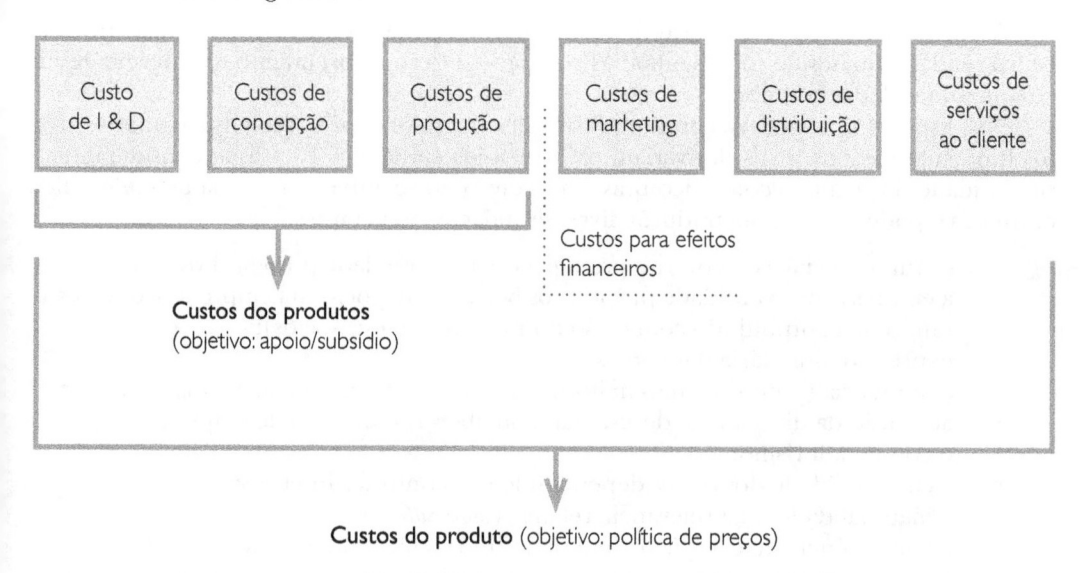

Custos dos produtos
(objetivo: apoio/subsídio)

Custos do produto (objetivo: política de preços)

Figura 2-1 Custos do produto.

A inclusão ou não de outros elementos (como encargos financeiros, custos de captação de recursos etc.) ou a adoção de um critério de avaliação dos bens e serviços (preço de compra, preço atual, entre outros) dependerá, obviamente, dos objetivos do cálculo.

É importante realçar que o cálculo dos custos tem de parecer compensador na análise custo *versus* benefício, ou seja, o custo da obtenção da informação não pode ultrapassar o benefício dela resultante. Conclui-se, então, que a obtenção de custos mais precisos não pode constituir um objetivo em si mesma e que, para determinadas empresas, não se justificam processos onerosos de cálculo dos custos.

No Quadro 2-1 são apresentadas as fases ou estágios na apuração do custo na indústria de transformação.

Quadro 2-1 Apuração do custo na indústria de transformação

Custo primário = Σ MP + Σ MO
Custo industrial = Σ MP + Σ MO + Σ GGF
Custo complexivo = custo industrial + gastos de vendas + gastos administrativos

Os conceitos apresentados no Quadro 2-1 baseiam-se na repartição dos custos em três classes, segundo sua natureza: matérias-primas (MP), mão-de-obra (MO) e gastos gerais de fabricação (GGF). Porém, outros critérios poderão ser utilizados para a classificação dos custos, como será discutido ao longo dos próximos capítulos.

2.2 Princípios e práticas contábeis

2.2.1 Fundamentos dos princípios contábeis

Os princípios contábeis aplicáveis às empresas mercantis assentam-se sobre alguns conceitos fundamentais, que representam as condições e o comportamento que devem existir em quaisquer dados contábeis.

Nos Estados Unidos, o Accounting Principles Board[2] elaborou uma lista de dez conceitos fundamentais dos quais derivariam os princípios contábeis. Essa lista, considerando a similaridade do regime econômico brasileiro com o norte-americano, seria também válida entre nós e poderia, em uma tradução livre, ser relacionada como segue:

- estrutura social e de governo prestigiando a propriedade privada (livre iniciativa);
- a empresa como entidade própria (os bens e os negócios da empresa não se misturando ou confundindo com os do dono ou os de seus sócios);
- expressão monetária das contas;
- consistência (procedimentos uniformes nos vários exercícios, uma mesma empresa);
- aceitação da diversidade de sistemas contábeis no universo de empresas;
- o conservadorismo;
- a confiabilidade dos dados dependendo dos controles internos;
- a materialidade ou a relevância relativa (*materiality*);
- a competência de exercícios (enquadrando os fatos no exercício em que se manifestam economicamente, mesmo que seu reflexo financeiro se dê em outra data; é o chamado regime de competência).

Deve-se entender, portanto, que certos conceitos que regem a contabilidade são mutáveis, parcial ou totalmente, no tempo e no espaço, adaptando-se às peculiaridades econômicas, institucionais, políticas e sociais de cada época e, às vezes, observando peculiaridades de cada país. É claro que há princípios imutáveis, como o princípio da dualidade, cuja evidenciação contábil se resume no método das partidas dobradas.

Com base nesses conceitos fundamentais, surgem os princípios de contabilidade geralmente aceitos, que podem ser caracterizados como normas que, por convenção, decide-se adotar como apropriadas para demonstrar os componentes patrimoniais e os resultados de uma empresa/entidade.

A formação dos princípios contábeis pode ser considerada como as respostas graduais que os contadores foram desenvolvendo, ao longo dos séculos, para problemas e desafios formulados pelas necessidades práticas. Na verdade, muitos princípios representam a "explicação científica" de normas e procedimentos que foram, primeiro, utilizados na prática, para, em seguida, ser racionalizados na teoria. Em épocas recentes, procura-se usar o axioma da teoria contábil em uma série de premissas básicas que, apenas posteriormente, serão testadas na prática.

Assim, a prática e utilidade de um princípio, convenção ou procedimento configuram os elementos fundamentais para ser "geralmente aceito" e, como tal, deve ser reconhecido pelo consenso profissional (e legal) como:

- útil
- objetivo
- praticável

---

[2] Órgão que, nos Estados Unidos, tem funções semelhantes ao nosso Ibracon – Instituto Brasileiro dos Contadores, porém, diferentemente do Ibracon, possui poderes coercitivos e de legislação.

2.2.2 Práticas contábeis

As práticas contábeis nada mais são que a aplicação prática dos "princípios", que, de empresa para empresa, podem receber tratamento ou "práticas" diferentes.

Por exemplo: há o princípio que estabelece que "os estoques de matérias-primas, produtos em elaboração e produtos acabados devem ser avaliados pelo custo (ou pelo mercado, se este for mais baixo)", no entanto, esse "custo" pode ser estabelecido de várias maneiras:

- custo médio;
- UEPS (último que entra, primeiro que sai);[3]
- PEPS (primeiro que entra, primeiro que sai);[4]
- custo identificado;

Essas formas de determinação do custo seriam as práticas contábeis.

A companhia adota o regime contábil de competência, observando ainda os seguintes princípios e práticas contábeis:

1. estão considerados como realizável e exigível a longo prazo os direitos realizáveis e as obrigações vencíveis após os doze meses subseqüentes à data de balanço;
2. os estoques são avaliados ao custo médio de aquisição ou produção, exceto as importações em andamento, que são avaliadas ao custo individual de compra. Essas bases de avaliação não excedem o valor de mercado;
3. os investimentos em controladas e coligadas são ajustados pela equivalência patrimonial, com base nos patrimônios líquidos das investidas. Os outros investimentos estão no custo de aquisição, deduzido da provisão para perdas, não excedendo o valor de mercado;
4. o imobilizado é depreciado pelo método linear, com base na vida útil estimada dos bens. A exaustão das jazidas é contabilizada com base na relação entre sua produção e a capacidade estimada;
5. os gastos pré-operacionais, incluindo os encargos administrativos e juros vinculados à implantação, são diferidos para amortização em um período de cinco a dez anos, a partir do início da operação do projeto;
6. os direitos e obrigações em moeda estrangeira são demonstrados com base nas taxas de câmbio vigentes na data do balanço. Os direitos e obrigações em moeda nacional, sujeitos à correção monetária, são atualizados segundo os coeficientes aplicáveis na data do balanço;
7. o lucro líquido do ano e os lucros acumulados são alocados nas demonstrações financeiras, de acordo com a destinação proposta pela administração da companhia à Assembléia Geral Ordinária, no pressuposto de sua aprovação.

Na Tabela 2-1, a seguir, estão elencados os Princípios Fundamentais de Contabilidade, conforme a Resolução nº 750, de 29 de março de 1993, do Conselho Federal de Contabilidade (CFC).

---

[3] Ou LIFO (*last in, first out*), que não é permitido pela nossa legislação.
[4] Ou FIFO (*first in, first out*).

Tabela 2-1 Princípios fundamentais de contabilidade

Elementos	No que consiste	Validade atual	Conseqüências	Observações
Princípios	Premissas básicas sobre os fenômenos econômicos contemplados pela contabilidade	Para alguns, há discussão	Maneira de ser da prática contábil	Derivam do consenso profissional (útil, prático e objetivo)
Entidade	Contabilidade executada para entidades como pessoas distintas dos sócios. A soma ou agregação de um patrimônio autônomo não resulta em nova entidade, mas em uma unidade de natureza econômico-contábil	Total	Proteção com malversações e confusões	Antigamente, a contabilidade era direcionada para o proprietário
Continuidade	Presume-se, em geral, que a empresa operará indefinidamente	Boa, apesar do ciclo de vida de uma empresa não ser perpétuo	"Custo como base de valor"	Provavelmente, sem esses dois princípios, entidade e continuidade, não haveria razão da existência da contabilidade
Registro pelo valor original	O que vale são os preços originais de aquisição ou fabricação	Discutível para apresentação nas demonstrações	Balanços irreais e demais demonstrações contábeis	Custos, no caso, igual a custos históricos
Atualização monetária	a) A contabilidade só registra eventos avaliáveis em moeda (dinheiro) b) Poder aquisitivo é constante	Limitada, dependendo de como é utilizada	Pode acarretar distorções nos demonstrativos	Foi alterado recentemente (correção monetária integral)
Competência	Receitas e despesas atribuídas de acordo com o "fato gerador" e não pelo pagamento ou recebimento	Boa, apesar de algumas correntes contrárias	Ajustes e provisões necessários para melhor evidenciar a situação patrimonial	É muito difícil obter exatidão total, mas coloca o patrimônio mais perto de sua realidade
Prudência	Ex.: Custo ou mercado, dos dois o mais baixo	Muito discutível	Demonstrações irreais para não fornecer uma situação otimista aos usuários externos	Vem de longa data, mas não deve ser empregado na contabilidade gerencial
Oportunidade	Do registro das mutações patrimoniais ser feito de imediato, integralmente, desde que tecnicamente estimável, compreendendo os elementos quantitativos e qualitativos e os aspectos físicos e monetários	Muito boa, apesar do seu título não refletir corretamente seus objetivos	Melhor delimitação dos registros contábeis	Engloba as convenções da objetividade, materialidade e consistência até então utilizadas na teoria contábil no Brasil
Conclusão	Conhecendo-se os princípios, as suas limitações e o que se vem fazendo para adequá-los à realidade, teremos condições de entender melhor o verdadeiro sentido da contabilidade			

Outro aspecto merecedor de atenção, quando se trata de custos de produção, está relacionado ao sistema de avaliação dos estoques. Nesse sentido, a Tabela 2-2 apresenta os principais critérios para avaliação dos estoques, bem como algumas peculiaridades de interesse gerencial para os administradores.

Tabela 2-2 Critérios para avaliação dos estoques

Critérios	Característica	Estoque	Imposto de renda	Lucro	Gerencial
Preço específico	Controle por unidade	Valorizado pelo custo específico de cada unidade	Aceita	Lucro histórico real	É pouco utilizado na prática
PEPS (FIFO)	As primeiras unidades que entram são as primeiras a sair	Valorizado pelas últimas entradas remanescentes	Aceita	Em economias inflacionárias, proporciona maior lucro	Inadequado
UEPS (LIFO)	As últimas unidades que entram são as primeiras a sair	Valorizado pelas primeiras entradas remanescentes	Não aceita	Em economias inflacionárias, o lucro é menor que o do critério PEPS e o do custo médio	Satisfatório
Custo médio	A média ponderada de diversas compras	Valorizado pelo preço médio do mercado	Aceita	O lucro fica entre o UEPS e o PEPS	Inadequado
Reposição	Preço corrente de mercado para repor o estoque	Valorizado pelo preço corrente de mercado	Não aceita	Em economias inflacionárias, apura o menor lucro	O mais adequado
Custo-padrão	Valores cientificamente predeterminados	Valorizado pelo custo pré-calculado	Não aceita	O lucro é estimativo	Muito bom, pois mostra o custo do produto antes de ser fabricado
Histórico corrigido	Valores atualizados de acordo com seu preço de mercado	Valorizado pelo índice de inflação do período	Não aceita até 1995, podia contabilizar e oferecer a CM à tributação	O lucro normalmente é menor que no histórico em correção	Ideal para informações ao público externo
Valor de venda		Valorizado pelo preço de venda no mercado	Aceita	Lucro fica mais bem distribuído, pois está de acordo com o regime de competência	Adequado, porque o lucro não fica para ser apurado todo na ocasião da venda

2.2.3 Diferenças entre custo, despesa, preço, gasto e desembolso

Visando a perfeita alocação dos recursos que serão utilizados na fabricação de determinado produto, é necessário distinguir custo, despesa, preço, gasto e desembolso, conforme demonstrado a seguir. Ressalte-se, ainda, que, no meio acadêmico, existe uma discussão acirrada em relação à conceituação das terminologias de custos. A conceituação e a nomenclatura adotadas serão explicadas adiante. Segundo Martins (1996), essas nomenclaturas são as de maior correção do ponto de vista técnico:

Custo: Gasto relativo a um bem ou serviço utilizado na produção de outros bens ou serviços. Portanto, pode-se dizer que o custo é também um gasto, reconhecido como custo no momento da utilização dos fatores de produção (bens e serviços), para a fabricação de um produto ou execução de um serviço. Em outras palavras, é o somatório do esforço físico ou financeiro despendido na produção de um bem ou serviço.

Despesa: Bem ou serviço consumido direta ou indiretamente para a obtenção de receitas. As despesas são itens que reduzem o patrimônio líquido e têm a característica de representar sacrifícios no processo de obtenção de receitas. Sendo assim, pode-se dizer que a despesa é o dispêndio ocorrido fora da área de produção de um bem ou serviço. É o esforço financeiro relativo à realização de uma venda.

Gasto: Sacrifício financeiro que a entidade faz para a obtenção de um produto ou serviço qualquer, representado por entrega ou promessa de entrega de ativos. Só existe gasto no ato da passagem para a propriedade da empresa do bem ou serviço, ou seja, no momento em que existe o reconhecimento contábil da dívida assumida ou da redução do ativo dado em pagamento. Assim, pode-se considerar o gasto como o sacrifício financeiro para obter um produto ou serviço ou qualquer outro bem, independentemente da finalidade. Ainda, são os valores pagos ou assumidos para obter a propriedade de um bem, ou a totalidade do valor despendido para a aquisição de um bem.

Desembolso: Pagamento resultante da aquisição de bens ou de serviços.

Preço: Valor estabelecido e aceito pelas partes (comprador e vendedor) para transferir a propriedade de um bem ou para prestar um serviço.

Investimento: É o gasto com bens e serviços para aumentar sua vida útil, podem ser também os benefícios atribuíveis a períodos futuros.

Perda: Trata-se de um gasto não intencional decorrente de fatores externos ou da atividade normal da empresa (por exemplo, perdas normais de matéria-prima). É incorporado ao custo da produção.

Considerando os conceitos expostos, pode-se chegar às seguintes conclusões:

1. custo ou despesa para o adquirente é o preço para o vendedor. Gerencialmente, não se faz distinção entre custo e despesa;
2. o preço e o custo podem ser iguais, o preço da ótica do vendedor e o custo da do comprador;
3. considerando-se apenas o vendedor, o custo é menor e o preço é maior, por conter o lucro;
4. aquisição de matéria-prima ou de um bem do ativo permanente, por determinado preço estabelecido pelo vendedor, é um gasto que se transformará em custo no momento da aplicação na produção para a obtenção de um novo bem;
5. o custo pode ser o gasto total ou apenas parte dele;
6. gasto é genérico, é o preço para o vendedor ou o custo para o comprador, independe da ótica do vendedor e da do comprador.

A denominação mais genérica de uma transação para a aquisição de qualquer bem é um gasto, podendo ou não constituir custo, porém, ele terá um preço e acarretará um desembolso imediato ou futuro.

Custo significa o total de recursos, medido em termos financeiros, sacrificados ou previstos para alcançar um objetivo específico. Na Figura 2-2, é apresentada uma visão geral dos custos, despesas e gastos.

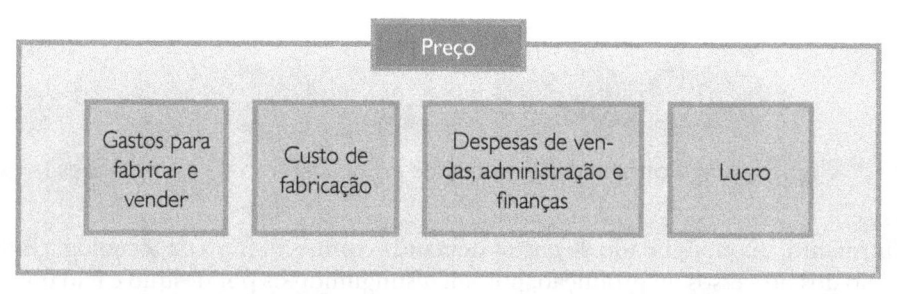

Figura 2-2 Visão geral dos custos, despesas e gastos.

2.3 Contabilidade de custos

A contabilidade de custos nasceu da contabilidade geral que havia sido desenvolvida na era mercantilista. Surgiu da necessidade de avaliar desempenho de processos e de gestores na indústria, mas perdeu o enfoque gerencial, com a padronização dos processos contábeis voltados para informes financeiros, exigências decorrentes da crise de 1929. No período posterior à crise, a contabilidade voltou-se apenas para os informes financeiros externos. Porém, com o passar dos anos, a necessidade de geração de relatórios para fins administrativos aumentou e, assim, a contabilidade voltou-se ao atendimento dos gestores. Portanto, podem-se destacar três objetivos principais da contabilidade de custos: 1) determinação do lucro da empresa; 2) auxílio ao controle; e 3) ajuda às tomadas de decisões.

Para cobrir esses três objetivos, a contabilidade de custo é constituída pelo chamado sistema de custos. O sistema de custos é formado por três grandes subsistemas: 1) sistema de custeio; 2) sistema de acumulação de custos; e 3) método de custeio. Sua função é identificar, acumular e processar os dados, gerando informações de custos.

A contabilidade de custos é um processo de obtenção de custos e pressupõe a contabilização e registro de informação. Contudo, o que de fato caracteriza a contabilidade de custos são as técnicas empregadas para a sua determinação. Essas técnicas são a razão de ser da contabilidade de custos e poderão se enquadrar naquilo que se entende por engenharia de custos.

Com isso, pode-se dizer que a contabilidade de custos é essencialmente uma engenharia de custos, englobando, secundariamente, também os processos de mensuração, processamento e disponibilização de informação sobre os custos dos produtos industrializados. Assim, pode ser realizada em conjunto com as demais tarefas de um departamento de contabilidade. A engenharia de custos, por outro lado, será responsável por toda a estrutura que suporta o cálculo desses custos e deverá ser empreendida por quem conheça as especificidades do processo produtivo e as diferenças entre o nível dos produtos.[5]

---

[5] As definições e os conceitos mais relevantes sobre a contabilidade de custos estão reproduzidas no Companion Website, nos Anexos 2 e 3, sob a forma de glossário.

A contabilidade de custos é a base de informação para o *financial accounting*, bem como para o *managerial accounting*, ou seja, é a base de informação para a contabilidade de gestão e para a contabilidade geral, conforme ilustra a Figura 2-3

```
   ┌─────────────────────────┐      ┌─────────────────────────┐
   │ Contabilidade de gestão │      │  Contabilidade geral    │
   └─────────────────────────┘      └─────────────────────────┘
                ▲                               ▲
   ┌──────────────────────────────────────────────────────────┐
   │                 Contabilidade de custos                  │
   └──────────────────────────────────────────────────────────┘
```

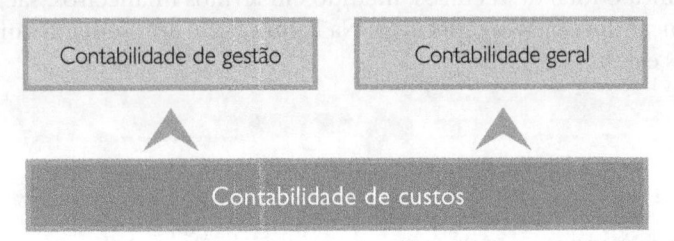

Figura 2-3 Contabilidade de custos como sistema de informações.

Entretanto, a contabilidade de custos demanda conhecimentos da tecnologia industrial e domínio dos processos de produção, porém, distinguindo-os por destino e não por natureza, como acontece na contabilidade geral. Genericamente, nos planos de contas[6] largamente utilizados pelas empresas, o grupo 9 é usado pela contabilidade analítica, enquanto, no grupo 6, os custos são classificados por natureza.

Confrontando-a ainda com a contabilidade geral, é pertinente mencionar que a contabilidade de custos é essencialmente uma contabilidade *ex-ante*, isto é, que determina antecipadamente os custos, atendendo às restrições de caráter técnico e comercial, e projeta variações nos fatores que influenciam o processo produtivo. A contabilidade geral é uma contabilidade *ex-post*, pois trata de fatos passados de caráter iminentemente histórico e comparativo.

No entanto, é importante afirmar que, apesar de seu caráter mais específico, a contabilidade de custos deverá contribuir para que o sistema de contabilidade, em sua totalidade, cumpra os objetivos que permitiram a sua construção.

Com o advento da Revolução Industrial (século XVIII), a contabilidade se deparou com o problema de adaptar os procedimentos, até então utilizados somente nas empresas comerciais cuja função era tão-somente a avaliação dos estoques, para as empresas industriais, que passaram a comprar matéria-prima e transformá-la em produtos a serem vendidos.

Foi a partir daí que substituiu-se o item "Compras" das empresas comerciais pelos fatores que entraram na produção, denominados custos de produção: matéria-prima, salários, enfim todos os gastos da atividade industrial para produzir. Calculavam-se custos, até então, para avaliação de estoques e fornecimento de informações para a contabilidade financeira sobre os resultados.

Entretanto, as mudanças ocorridas com a globalização obrigou as empresas a administrar de maneira diferente as informações, criando novos sistemas de custeio para responder aos desafios de mercado, onde quem dita os preços são os clientes.

Sendo assim, faz-se necessário buscar um enfoque gerencial para o sistema de custos, transformando a prática tradicional, apoiada em um sistema voltado somente para o aspecto contábil/fiscal, em um novo modelo, focado em informações para a tomada de decisões gerenciais.

---

[6] Os planos de contas são elaborados pelas empresas de forma a serem registradas todas as transações pertinentes às suas atividades. Todas as contas são divididas em grupos. Nos grupos 1e 2, são registradas as contas patrimoniais, isto é, as contas de ativos e passivos, respectivamente. Nos grupos 3 e 4, são registradas as contas de resultado, isto é, as contas de despesas e de receitas, respectivamente. Os grupos 5 a 9 são utilizados para registrar contas de transferência e de orçamento. No presente caso, estão sendo sugeridas a utilização das contas dos grupos 6 para registro da formação dos custos de produção e as contas do grupo 9 para transferência de atividades intermediárias.

Com isso, a contabilidade de custos pode ser concebida como um instrumento desenvolvido com o objetivo de atingir finalidades específicas, que podem estar relacionadas ao fornecimento de dados de custos para a medição dos lucros, à determinação de rentabilidade e de avaliação de patrimônio, identificando métodos e procedimentos para o controle das operações e atividades executadas, de modo a prover informações sobre custos, para a tomada de decisões e de planejamento, por meio de processos analíticos.

2.3.1 Subsistemas de custos

Desses processos analíticos citados anteriormente decorrem alguns sistemas para mensuração e análise dos custos, conforme exposto a seguir:

Sistema de levantamento das informações de custos (sistema de custeio): o sistema de custeio tem a responsabilidade de realizar a mensuração monetária das ocorrências que afetam o patrimônio da empresa, ou seja, é a base de dados que a empresa utiliza para levantar as informações sobre custos. Essa base de dados, que constitui o sistema de custeio, pode ser: real ou padrão. As empresas utilizam-na para realizar a apuração dos custos (método de custeio) e a acumulação (sistema de acumulação de custos).

Na literatura, há muitas referência aos denominados sistemas de custeio, atribuindo-lhes propósitos e significados distintos. Porém, um sistema de custeio terá de satisfazer três objetivos básicos: acumulação, medida e imputação de custos.

Por acumulação de custos entende-se o reconhecimento e registro dos custos, enquanto a medida pressupõe a classificação dos custos nos suas diversos componentes e o montante de cada um deles utilizado na produção.

Após serem acumulados e medidos, os custos terão de ser relacionados ou imputados aos produtos. Assim, os sistemas de custeio podem ser classificados segundo duas perspectivas distintas: **1.** quanto ao processo de obtenção dos custos; e **2.** quanto à natureza desses mesmos custos.

Em relação ao processo utilizado para obter os custos, pode-se falar em dois métodos: **1.** por encomenda (ou tarefa) e por processo; ou **2.** por método direto e indireto, respectivamente. No primeiro, os custos são imputados a uma unidade ou lote e no segundo, os custos do produto são calculados pela média dos custos globais, face à produção no período.

Os objetivos principais dos sistemas de custos são: avaliação dos estoques, apoio ao controle e apoio na tomada de decisões.

- **Avaliação dos estoques**: por meio dos custos dos produtos, a contabilidade de custos avalia os estoques da empresa permitindo a definição dos seus resultados. Por determinação da Receita Federal, a avaliação dos estoques deve seguir as regras definidas pela legislação do Imposto de Renda (art. 235 e 237), que, muitas vezes, não oferecem subsídios para a Contabilidade de Gestão.
- **Apoio ao controle:** tem como objetivo explicitar a realidade operacional, controlar custo, qualidade e performance necessários à comparação do padrão estabelecido com o real ocorrido, procurando as causas das variações para a correção das falhas, objetivando o desempenho desejado.
- **Apoio às decisões:** permite, por meio de informações, a criação de um mecanismo para melhorias contínuas e de dispositivos estratégicos para alcançar vantagens competitivas.

Sistema de identificação e acumulação de custos: o sistema de identificação e acumulação de custos identifica valores e os acumula de acordo com alguns critérios preestabelecidos. A identificação dos custos é realizada de acordo com o sistema de custeio (real e/ou padrão). O modo de acumulação depende do objeto de custeio.

Quando o objeto de custeio são produtos/serviços, o tipo de acumulação é normalmente derivado do tipo de produção da empresa. Os tipos básicos de acumulação, nesse caso, são:

- por produto;
- por ordem de produção.

Existem também outros tipos de acumulação que estão ligados a objetos de custeio diferentes:

- por cliente;
- por departamento etc.

Sistema de apropriação de custos (métodos de custeio): o método de apropriação de custos faz a seleção (diferente de identificação) dos custos e/ou despesas e os apropria ao objeto de custeio. Assim, os métodos de custeio visam determinar os critérios para apuração dos custos dos fatores produtivos em determinados níveis de interesse das entidades (produto, atividade, departamento, empresa etc.), ou seja, os métodos de custeio contemplam a problemática da atribuição de custos e despesas indiretos aos produtos respondendo à questão: "como deve ser rateado?".

Partindo dessas definições, nota-se que os métodos de custeio representam a parte da contabilidade de custos em que os dados são processados, gerando informações para os administradores. Na Figura 2-4, estão demonstradas as inter-relações existentes entre os subsistemas de custos.

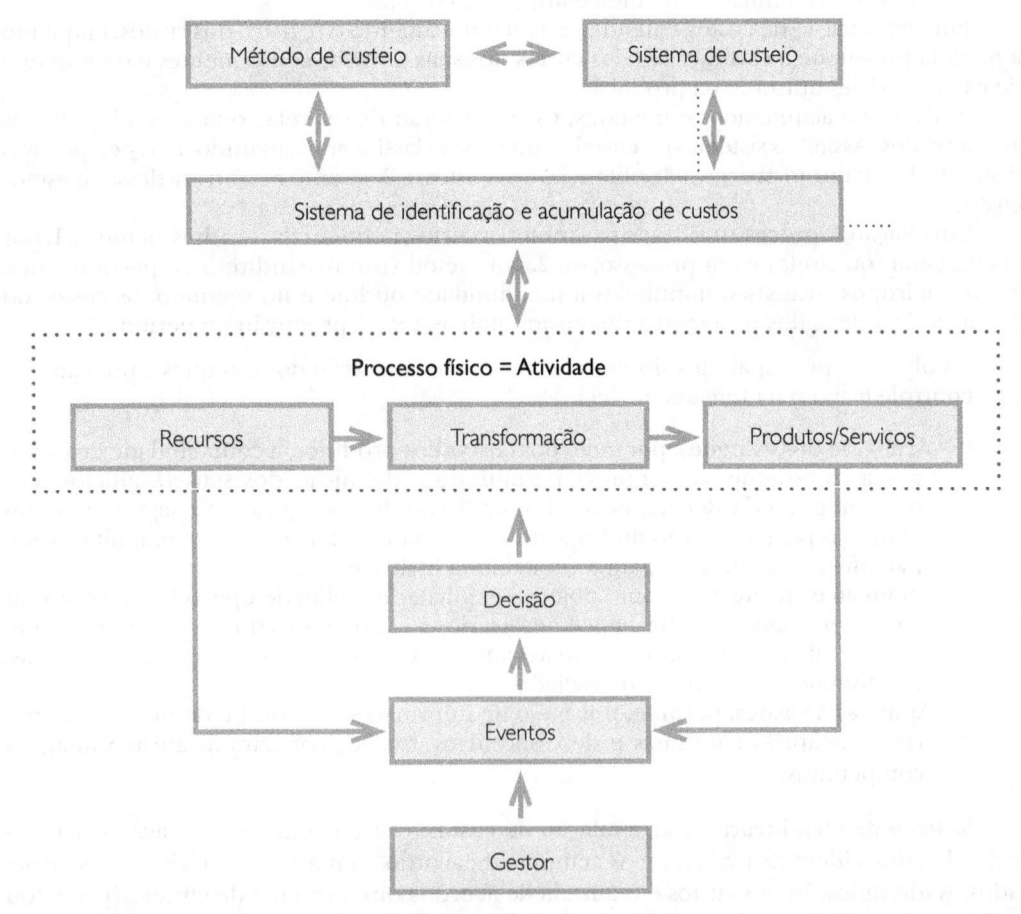

Figura 2-4 Inter-relação dos subsistemas do sistema de custeio.

Observa-se, claramente, que o método de custeio interage com o sistema de custeio e com o sistema de identificação e acumulação de custos por meio da lógica de identificação e acumulação e à luz do sistema de custeio, o método faz a alocação dos custos para conhecer os valores dos diversos objetos de custeio.

2.3.2 Sistemas de contabilidade

O sistema de contabilidade é um mecanismo formal que permite obter, organizar e disponibilizar informações sobre as atividades da empresa. Fazem parte de um sistema de contabilidade, essencialmente, dois tipos de processos: 1) acumulação; e 2) alocação de custos aos objetos de custeio, sejam produtos, atividades, sejam departamentos, clientes etc.

Esse sistema de contabilidade gera informação para atingir quatro grandes propósitos: a obtenção de informação que permita o planejamento e controle dos custos e a avaliação do desempenho das pessoas e das atividades; fornecer informação que permita analisar a rentabilidade dos objetos de custeio; gerar informação precisa para questões de ordem estratégica, notadamente, o desenvolvimento de novos produtos, investimento em novos equipamentos etc.; e disponibilizar informação financeira para os investidores, governos e outros avaliadores externos.

Um sistema de contabilidade de custos está também associado a cinco atividades principais, sendo influenciado por um conjunto de fatores, como mostra a Figura 2-5, baseada em Heitger et al. (1992, p. 19).

Atividades desenvolvidas

- Obter informações sobre custos
- Registrar a informação
- Analisar a informação obtida
- Gestão estratégica dos custos
- Disponibilizar a informação

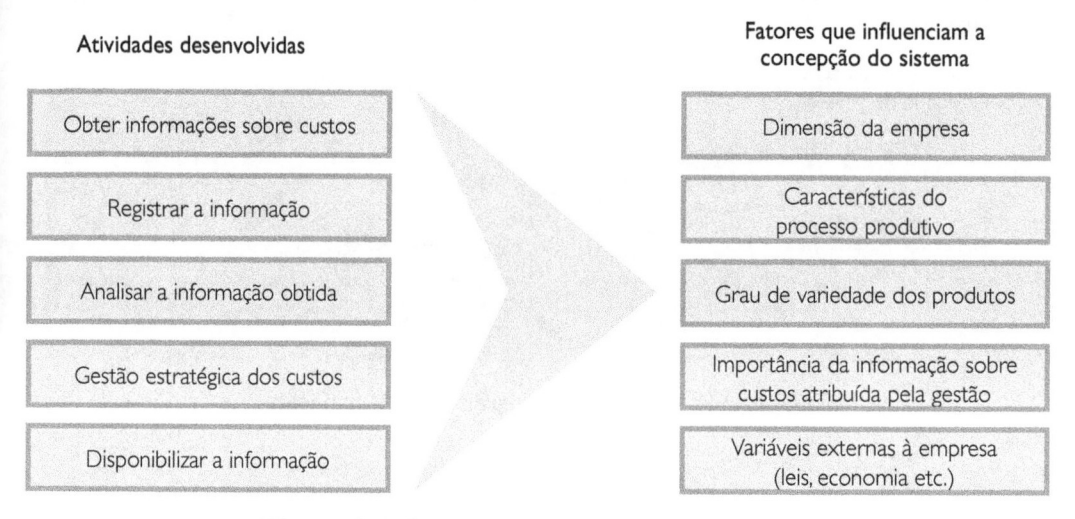

Fatores que influenciam a concepção do sistema

- Dimensão da empresa
- Características do processo produtivo
- Grau de variedade dos produtos
- Importância da informação sobre custos atribuída pela gestão
- Variáveis externas à empresa (leis, economia etc.)

Figura 2-5 Sistema de contabilidade de custos.

2.4 Contabilidade de gestão

A contabilidade de gestão está diretamente relacionada a uma atitude dinâmica e a um aproveitamento da informação e dos meios disponibilizados pela contabilidade analítica. Isso faz sentido se imaginarmos que uma empresa pode ter contabilidade interna e não desenvolver uma contabilidade de gestão, pois esta representa um sistema de informação que permite elaborar um quadro de comando e adotar medidas de desempenho dirigidas a cada um dos elementos que compõem a empresa.

A Associação Espanhola de Contabilidade e Administração de Empresas distingue a contabilidade de gestão da de custos afirmando que a primeira surgiu da segunda, já que o papel da contabilidade de custos é, basicamente, o fornecimento de informação. A contabilidade de gestão, além da análise de custos e de rendimentos, elabora análises mais completas para a tomada de decisão.

A *American Accounting Association* (AAA) enumera os seguintes objetivos para a contabilidade de gestão: planificação, empresa, controle e gestão do sistema de informação sobre custos. Heitger et al., citando o plano de contas francês, faz a distinção entre a contabilidade analítica, definindo-a como uma forma de tratamento dos dados com os seguintes objetivos: identificar custos, determinar bases de valorização, apurar os resultados por produto, estabelecer previsões de custos e verificar a realização do orçamento, explicando os desvios. Na verdade, o objetivo básico da contabilidade de gestão é apoiar a gestão na tomada de decisão.

Em suma, a contabilidade de custos é um processo de tratamento de informação que reúne técnicas e metodologias de mensuração e tratamento dos custos (engenharia de custos) e, quando se circunscreve à análise dos custos de produção, pode ser descrita como contabilidade industrial.

A contabilidade de custos inter-relaciona-se perfeitamente com a contabilidade industrial, reunindo um conjunto de técnicas que compõe a engenharia de custos. Por sua vez, a contabilidade analítica é essencialmente uma contabilidade de custos, mas não só restrita a isso. A contabilidade de gestão é algo mais que a contabilidade analítica e a contabilidade de gestão quando devidamente interligada com a contabilidade geral, pois formam o sistema de informação global da empresa. Na Figura 2-6, é mostrado um exemplo de sistema integrado de informações.

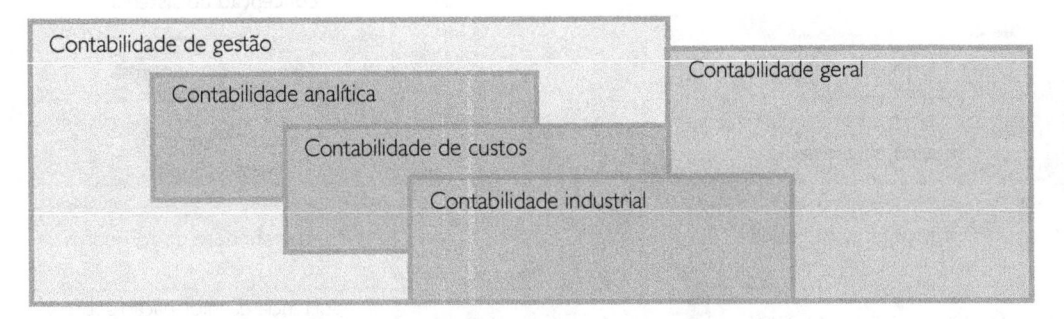

Figura 2-6 Sistema integrado de informação.

2.4.1 Markup

Markup, ou margem de cobertura, é um modelo que as empresas utilizam para a formação de preços dos seus produtos. Contata-se que há significativa parcela de empresas que calculam o preço de seus produtos aplicando uma margem sobre os custos diretos, que serve para cobrir os custos operacionais e proporcionar o lucro desejado.

Contudo, a maioria das empresas, senão quase a totalidade, não possui o poder de determinar ou impor seus preços no mercado e, portanto, acabam considerando um preço que ele oferece, aplicando uma margem, ou coeficiente, para determinar seus lucros e a parcela que cobrirá seus custos indiretos de produção, deixando evidente o dispêndio máximo que poderá incorrer nos custos diretos. Essas margens são conhecidas como *markup*. De acordo com essas definições, podem-se distinguir dois tipos de *markup*: 1) o *markup* sobre custos; e 2) o *markup* sobre preço.

Capítulo 2 Conceitos, princípios e práticas contábeis aplicadas aos custos

O *markup* sobre custos caracteriza-se pela aplicação de uma taxa sobre os custos diretos ou variáveis, dependendo do método de custeio utilizado, determinando dessa forma o preço do produto. Portanto, a taxa aplicada sobre os custos diretos inclui os custos operacionais e a margem de lucro da empresa. A expressão matemática do *markup* sobre custos pode ser apresentada assim:

$$P = \sum_{i=0}^{n} C_i Z_c$$

Onde:

P = preço unitário ou receita de vendas
C_i = custos diretos ou custos variáveis, dependendo do método utilizado pela empresa
Z_c = *markup* sobre custos, com $Z_c = (1+r)$ e r é uma taxa positiva

O *markup* sobre preço é a aplicação de uma margem sobre o preço dado pelo mercado, obtendo-se assim a parcela que cobre os lucros e os custos operacionais. A expressão matemática do *markup* sobre preço pode ser dada da seguinte maneira:

$$P = \frac{L_b}{Z_v}$$

Onde:

P = preço praticado pelo mercado
L_b = lucro bruto da empresa
Z_v = *mark-up* sobre preços, com $Z_v = (1+r)$ e r é uma taxa positiva.

2.5 Fabricação – conceitos

Pode-se conceituar fabricação como elaboração de produtos, ou seja, a transformação de matéria-prima em produto acabado.

Os produtos podem ser classificados em simples ou compostos. Em relação aos compostos, eles podem ser particionados, quando as diversas partes têm valor econômico, ou não particionados, quando as diversas partes não têm valor econômico isoladamente.

Outra classificação merecedora de destaque é quanto às empresas de produção contínua e às empresas de produção descontínua. Nas primeiras, a produção segue um nível regular e não depende de nenhuma ordem de fabricação específica, podendo ser denominada, também, de produção por processo. No segundo caso, a empresa produz em função de uma encomenda específica. Essa distinção entre produção por processo e por encomenda (ou por tarefa) suportará dois sistemas de custeio distintos.

Há empresas que produzem um único produto, compondo uma fabricação uniforme e empresas que produzem produtos distintos, na chamada fabricação múltipla,[7] também denominada conjunta ou disjunta. Se os diferentes produtos forem obtidos pelo mesmo processo de fabricação, trata-se de fabricação múltipla conjunta. Se produtos diferentes são obtidos por processos de fabricação independentes, a fabricação denomina-se múltipla disjunta.

A fabricação dos produtos poderá ser classificada, portanto, atendendo a dois fatores: 1) as operações que os compõem; e 2) a variedade de bens que produzem, conforme demonstrado na Figura 2-7.

---

[7] A distinção também poderá ser feita entre produção homogênea e heterogênea.

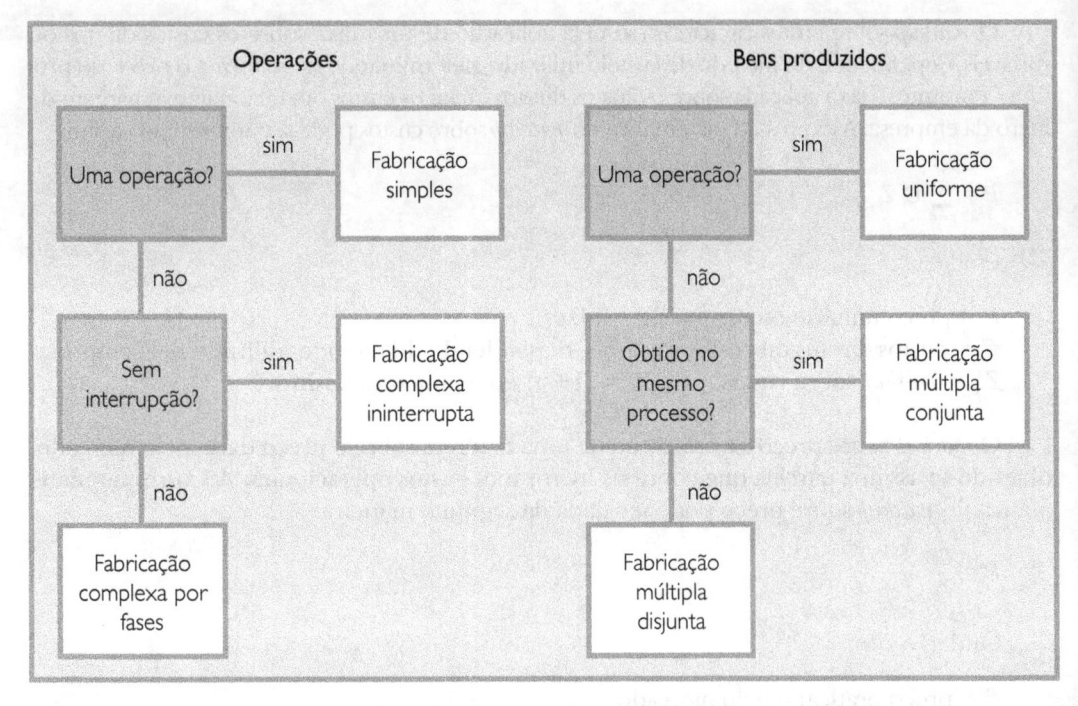

Parte 1 Fundamentos da Contabilidade de Custos

```
                    Operações                                    Bens produzidos

    ┌─────────────┐  sim  ┌─────────────┐        ┌─────────────┐  sim  ┌─────────────┐
    │ Uma         │───────│ Fabricação  │        │ Uma         │───────│ Fabricação  │
    │ operação?   │       │ simples     │        │ operação?   │       │ uniforme    │
    └─────────────┘       └─────────────┘        └─────────────┘       └─────────────┘
         │ não                                         │ não
    ┌─────────────┐  sim  ┌─────────────┐        ┌─────────────┐  sim  ┌─────────────┐
    │ Sem         │───────│ Fabricação  │        │ Obtido no   │───────│ Fabricação  │
    │ interrupção?│       │ complexa    │        │ mesmo       │       │ múltipla    │
    │             │       │ ininterrupta│        │ processo?   │       │ conjunta    │
    └─────────────┘       └─────────────┘        └─────────────┘       └─────────────┘
         │ não                                         │ não
    ┌─────────────┐                              ┌─────────────┐
    │ Fabricação  │                              │ Fabricação  │
    │ complexa por│                              │ múltipla    │
    │ fases       │                              │ disjunta    │
    └─────────────┘                              └─────────────┘
```

Figura 2-7 Regimes de fabricação.

2.5.1 Fabricação múltipla conjunta

Na produção múltipla conjunta, a produção de um bem implica obter, simultaneamente, e com as mesmas matérias-primas, outro ou outros produtos.[8] Os custos resultantes da transformação da matéria-prima até o ponto de produção, a partir do qual se podem distinguir os diversos produtos, são definidos como custos conjuntos, como mostrado na Figura 2-8.

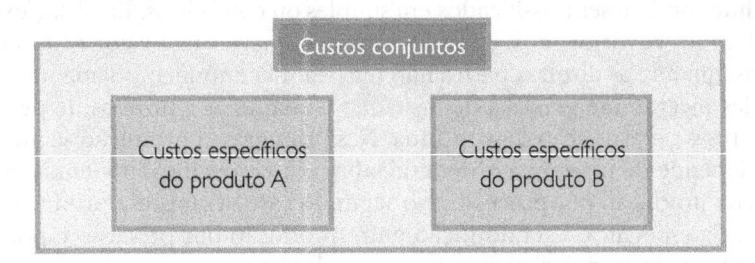

```
    ┌─────────────────────────────────────────────────┐
    │           Custos conjuntos                      │
    │  ┌───────────────────┐  ┌───────────────────┐   │
    │  │ Custos específicos│  │ Custos específicos│   │
    │  │   do produto A    │  │   do produto B    │   │
    │  └───────────────────┘  └───────────────────┘   │
    └─────────────────────────────────────────────────┘
```

Figura 2-8 Ponto de separação na produção múltipla conjunta.

Da produção conjunta podem resultar co-produtos, subprodutos ou resíduos, bem como desperdícios, e estes só deverão ser considerados como custo quando seu montante atingir valores anormais elevados.[9]

---

[8] Um exemplo de produção múltipla conjunta seria a produção de vinho e de aguardente
[9] Relativamente a valores anormais elevados, pode-se tomar como parâmetro, por exemplo, o conceito de desvio padrão. O desvio padrão é uma medida do grau de dispersão dos valores em relação ao valor médio (a média).

Os co-produtos são produtos de valor relativo semelhante. Os subprodutos, por sua vez, possuem um valor menor em relação ao produto principal e os resíduos apresentam um valor econômico muito reduzido ou mesmo nulo para a empresa.

Sendo assim, em um processo de produção conjunta, no ponto de separação, podem ser obtidos vários co-produtos, um produto principal e um ou mais subprodutos, ou ainda, um produto principal, subprodutos e resíduos, concomitantemente.

Os custos conjuntos serão repartidos de formas distintas, consoante se tratem de co-produtos, subprodutos ou resíduos. No caso dos co-produtos, os gastos industriais podem ser repartidos pelos vários produtos proporcionalmente às quantidades ou aos preços médios de venda de cada um deles, processo conhecido como método de distribuição.

Os custos conjuntos poderão ser repartidos de cinco formas distintas, como demonstrado no Quadro 2-2 (Heitger et al., 1992, p. 759): 1) atendendo às unidades produzidas; 2) com base no valor de venda; 3) considerando a margem bruta; 4) com base no valor comercial líquido; ou 5) atendendo a um valor de mercado estimado.

Quadro 2-2 Métodos de repartição dos custos conjuntos

1. Com base nas unidades produzidas
2. Com base no valor de venda
3. Com base na margem bruta
4. Com base no valor comercial líquido
5. Com base no valor de mercado estimado

Segundo o critério das unidades produzidas, os custos são repartidos proporcionalmente às unidades produzidas de cada produto. Em uma segunda alternativa, os custos são repartidos proporcionalmente ao valor das receitas obtidas com cada produto, ou seja, relativamente ao seu valor de venda. Conforme o critério da margem bruta, os custos conjuntos são distribuídos de maneira que cada um dos diferentes produtos consiga obter a mesma margem bruta em termos relativos. Nesse sentido, a adoção do quarto método pressupõe que os co-produtos tenham valor de mercado logo após o ponto de separação. Sendo possível tal tarefa, toma-se o valor comercial, deduzido de eventuais custos de venda, como método de repartição dos custos conjuntos. Não sendo possível identificar um valor de mercado para os produtos, adota-se o mesmo procedimento do quarto método, porém utilizando valores estimados, processo que seria uma quinta alternativa de repartição dos custos conjuntos.

Heitger et al. (1992)[10] fazem referência a outro método de aplicação não tão simples quanto os anteriores, mas que pode ser útil em casos particulares. No método do custo marginal, todos os custos são imputados a um único produto, cabendo aos produtos restantes apenas os custos adicionais diretamente relacionados a eles.

Esse conceito é explicado pelos autores da seguinte forma: se uma empresa de Chicago tiver de visitar dois clientes, um deles em Los Angeles e outro em São Francisco, e o bilhete para Los Angeles custar US$ 650 e, dessa cidade para São Francisco, custar mais US$ 250, o custo total será de US$ 900. Assim, ao cliente de Los Angeles serão imputados US$ 650 e ao de São Francisco, o custo marginal que lhe está associado, ou seja US$ 250.

---

[10] Lester Heitger et.al. *Cost accounting*, 2. ed. Cincinnatti, South-Western Publishing, 1992, p. 766.

Heitger et al. (1992) definem, como alternativa para isso, o *shapley value*, que parte do conceito do método do custo marginal, mas, nesse caso, consideram-se todas as possibilidades e calcula-se o custo marginal médio. No exemplo dado anteriormente, pressupõe-se que a viagem tanto podia ser feita primeiro para Los Angeles como para São Francisco. A opção não era, obviamente, indiferente, visto que o primeiro cliente ficaria sempre com a maior parte dos custos. Nessa situação, deveriam ser calculados os custos marginais das duas opções, para obter um custo marginal médio a ser imputado.

Suponha que determinada empresa tenha na linha de produção os produtos A, B e C. Estes resultam de um processo de produção conjunta, que depois é afetado por custos específicos. Os custos conjuntos montam US$ 100 e os custos específicos de cada produto são US$ 10, US$ 20 e US$ 50, para os produtos A, B e C, respectivamente. A quantidade produzida do produto A foi 100 unidades; do produto B, 200 unidades; e do produto C, 500 unidades. O preço unitário de venda de cada produto é: US$ 0,25, US$ 0,3 e US$ 0,28 para os produtos A, B e C, respectivamente.

Nesse caso, os custos específicos por unidade produzida são iguais (US$ 0,10), de modo que as diferenças resultarão da forma como sejam imputados os custos conjuntos.

Os métodos das unidades produzidas e do valor de venda são fáceis de aplicar. O custo conjunto atribuído ao produto A (*CCjA*) será uma fração do custo conjunto total (*CCjT*), que resultará da proporção da produção do produto A (QA) na produção total (ΣQ_j). Assim ocorrerá de maneira idêntica para qualquer outro produto *i*, conforme demonstra a seguinte expressão matemática:

$$CC_j = CC_jT \times \frac{Q_j}{\Sigma Q_j}$$

Caso opte pelo método do valor de venda e com pv_i significando o preço de venda do produto *i*, ter-se-á:

$$CC_ji = CC_jT \times \frac{pv_iQ_i}{\Sigma pv_iQ_i}$$

Considerando o método da margem bruta, tem-se um sistema de três equações a ser resolvido. Nesse método, pretende-se que todos os produtos tenham a mesma margem bruta em termos proporcionais. Se:

A = 10 + a   (1)
B = 20 + b   (2)
C = 50 + c   (3)

Ou seja, o custo total de cada produto *i* será dado pela soma dos seus custos específicos e custos conjuntos, atribuídos a esse mesmo produto:

$$CT_i = CEsp_i + CC_ji$$

Então, a adoção do método da margem bruta implicará que:

$$\frac{0,25 \times 100}{A} = \frac{0,3 \times 200}{B} = \frac{0,28 \times 500}{C}$$

$$\frac{25}{A} = \frac{60}{B} = \frac{140}{C} \qquad (4)$$

Alternativamente, generalizando:

$$\frac{pv_iQ_i}{CT_i} = \frac{pv_jQ_j}{CT_j} = \frac{pv_kQ_k}{CT_k}$$

Capítulo 2 Conceitos, princípios e práticas contábeis aplicadas aos custos

Sabendo que,

$$\Sigma CC_j i = CC_j T$$

Nesse caso:

$$a + b + c = 100$$

Substituindo (1), (2) e (3) em (4) e resolvendo o sistema:

$$\begin{cases} \dfrac{25}{(10+a)} = \dfrac{60}{(20+b)} = \dfrac{140}{(50+c)} \\ a + b + c = 100 \end{cases}$$

Assim, obtém-se a distribuição dos custos conjuntos pelos diferentes produtos, que está demonstrada na Tabela 2-3, que representa uma margem bruta igual para os três produtos de 25%. Nessa tabela, são apresentadas as diversas possibilidades, utilizando diferentes métodos de distribuição dos custos conjuntos. Os US$ 100 de custos conjuntos são distribuídos pelos três produtos, com evidentes diferenças.

Tabela 2-3 Critérios para distribuição dos custos conjuntos

a) Com base na produção

Produtos	Custos conjuntos	Custos específicos	Produção quant.	Distrib.	Custo conj. distribuído
A		$ 10,0	100	12,5%	$ 12,5
B	$ 100,0	$ 20,0	200	25,0%	$ 25,0
C		$ 50,0	500	62,5%	$ 62,5
Total			800	100,0%	$ 100,0

b) Com base no valor de venda

Produtos	Custos conjuntos	Preço unit. venda	Quant.	Valor venda	Distrib.	Custo conj. distribuído
A		$ 0,25	100	$ 25,0	11,1%	$ 11,1
B	$ 100,0	$ 0,30	200	$ 60,0	26,7%	$ 26,7
C		$ 0,28	500	$ 140,0	62,2%	$ 62,2
Total			800	$ 225,0	100,0%	$ 100,0

c) Com base na margem bruta

Produtos	Custos conjuntos	Valor venda	Custos específicos	Custo distribuído	Distrib.	Custo conj. distribuído
A		$ 25,0	$ 10,0	$ 15,0	10,3%	$ 10,3
B	$ 100,0	$ 60,0	$ 20,0	$ 40,0	27,6%	$ 27,6
C		$ 140,0	$ 50,0	$ 90,0	62,1%	$ 62,1
Total		$ 225,0	$ 80,0	$ 145,0	100,0%	$ 100,0

Por se tratar de subprodutos, os custos podem ser distribuídos de duas maneiras distintas. Em primeiro lugar, podem-se imputar todos os custos ao produto principal, assumindo um custo nulo para os subprodutos. Nesse caso, uma eventual venda dos subprodutos geraria um lucro adicional. Assim, surge a indagação: como seriam inventariados os subprodutos, visto possuírem valor zero? A segunda possibilidade refere-se à assunção de um custo para os subprodutos igual ao seu valor de venda.

Os resíduos geralmente têm um valor reduzido ou mesmo nulo, sendo considerados, na maior parte das vezes, como se não existissem, fazendo-se os registros quando há despesas relacionadas. De maneira geral, quando vendidos, são realizados a um preço inferior ao próprio custo, o que, por outro lado, impõe à empresa uma obrigação de registro dos custos de armazenamento, entre outros.

Outro ponto a ser analisado é a existência de produtos defeituosos. Um produto é defeituoso se não cumprir as especificações de produção. Os custos da produção defeituosa podem ser incluídos nos custos do produto. Porém, se o nível de defeituosos for anormal, esse excedente deverá ser considerado custo do período. O custo de um produto defeituoso poderá, portanto, ser encarado como um encargo geral de produção ou como um prejuízo. No primeiro caso, vai sobrecarregar o custo dos produtos, no segundo, diminuir os resultados.

2.5.2 Coeficientes de acabamento

O coeficiente de acabamento, ou produção equivalente acabada, é o cálculo da quantidade da produção que se encontra efetivamente finalizada, isto é, em determinado momento do processo, a produção terminada será contada (100% de acabamento) em paralelo à produção em curso de fabricação (que não está acabada), apresentando um coeficiente de acabamento.

O coeficiente de acabamento de um produto, em relação a um fator de produção, é dado pelo quociente entre a quantidade desse fator já incorporada ao produto e a quantidade total desse fator que é necessária para o produzi-lo, podendo ser apurado pela fórmula a seguir:

$$Coeficiente = \frac{Quantidade\ do\ fator\ já\ incorporado}{Quantidade\ total\ necessária\ desse\ fator}$$

Pode-se usar, como exemplo, a seguinte situação: para fabricar um produto X são necessárias 20 horas de mão-de-obra direta e, em dado momento, o produto já tem 5 horas de mão-de-obra, então o coeficiente de acabamento desse produto em relação ao fator mão-de-obra direta será de 25%, pois

$$Coeficiente = \frac{5}{20} = 0,25 = 25\%$$

O grau do coeficiente de acabamento físico e do coeficiente de acabamento temporal,[11] assim como os objetivos do cálculo estão associados a diferentes conceitos de produção: produção terminada, produção equivalente à acabada, produção diferenciada, produção homogeneizada, produção efetiva, produção útil e, ainda, produção defeituosa.

---

[11] Está sendo considerada a expressão coeficiente de acabamento temporal para indicar o ponto do processo produtivo, no qual dado estoque de produtos está localizado. Nesse ponto, deverão ser analisados e calculados os coeficientes de acabamento referentes a cada fator de produção.

Quando se trata de coeficientes de acabamento, surgem outros dois conceitos, de igual importância, relativos à produção diferenciada e à produção homogeneizada.

Produção diferenciada é a produção de diferentes produtos, sendo cada um medido na sua unidade de medida. Por exemplo, P1 medido em caixas, P2 em latas, P3 em sacos etc.

A produção homogeneizada é a produção de diferentes produtos, medida numa unidade comum. Essa unidade é chamada unidade homogeneizadora. A produção homogeneizada é calculada utilizando-se coeficientes de homogeneização. Esses coeficientes representam os consumos por unidade de dado fator pelos diferentes produtos. Por exemplo, se em determinado mês foram produzidos os produtos P1, P2 e P3, que consumiram a matéria-prima M2, e o P1 gasta 5 kg; o P2, 2 kg; e o P3, 8 kg, então, 5, 2 e 8 podem ser utilizados como coeficientes de homogeneização em relação à matéria-prima M2.

Nesse contexto, pode-se dizer que o processo de homogeneização da produção implica escolher um critério, uma unidade homogeneizadora e, por último, determinar os coeficientes de homogeneização.

Suponha o caso em que a produção seja composta por três tipos de vergalhões de alumínio com as seguintes dimensões: vergalhões de ½', 1' e 1,5' (polegadas). Em determinado período, a produção foi de 100, 200 e 50 unidades, respectivamente, de cada um dos tipos de vergalhões. Como a produção é diferenciada, pode ser refletida em uma unidade homogeneizada. Por exemplo, em termos de vergalhões médios (1 polegada). A produção total seria equivalente a 315 vergalhões médios,[12] ou 325 unidades equivalentes (u.e.). Utilizando os outros produtos como unidades homogeneizadoras, os resultados seriam obviamente diferentes, conforme demonstrado na Tabela 2-4.

Tabela 2-4 Produção homogeneizada (em unidades)

	Produção diferenciada	Produção homogeneizada vergalhões		
		1/2'	1'	1,5'
Vergalhão 1/2'	100	100	50	33
Vergalhão 1'	200	400	200	133
Vergalhão 1,5'	50	150	75	17
Total		650	325	183

Como pudemos observar na Tabela 2-4, diferentes critérios de homogeneização conduzem a diferentes resultados. Assim, pode-se dizer somente que seria conveniente usar essa agregação da produção quando não for relevante fazer a análise da produção e da rentabilidade por tipo de produtos.

2.5.3 Contas de fabricação

A estrutura da contabilidade industrial resulta da percepção das características próprias de cada sistema de fabricação. Sendo assim, as contas de fabricação assumem uma relevância especial, pois permitem a contabilização, o registro e a apuração dos custos industriais. O objetivo consistirá em apresentar tantas contas de fabricação quantos forem os principais elementos de custo, permitindo melhor controle deles.

---

[12] Considere 200 vergalhões médios mais 100 vergalhões pequenos, que só equivalem à metade (50) de vergalhões de dimensão média e 50 vergalhões grandes, que são equivalentes a 75 vergalhões de 1 polegada: 200 + 50 + 75.

Podem-se sintetizar as diversas situações em duas hipóteses. Tratando-se de produção uniforme e contínua, basta considerar uma única conta de fabricação, na qual serão registrados a débito o valor das matérias-primas, da mão-de-obra e dos gastos gerais de fabricação. O segundo caso é o da produção de diferentes produtos, quanto às dimensões ou às diferenças de natureza qualitativa (diferentes matérias-primas, tratamentos diferentes ou processos de fabricação distintos). Nesses casos, é conveniente criar uma conta de fabricação para cada categoria de produtos homogêneos ou para cada processo produtivo.

A fabricação pode ser analisada de outro enfoque: a produção em processo contínuo (em escala) ou por encomenda. A produção em escala caracteriza-se por um conjunto de operações seqüenciais, nas quais, ininterruptamente, é produzido um bem. É o caso das cervejarias e das indústrias químicas. A produção por encomenda é aquela em que a produção é feita para satisfazer demandas específicas, podendo variar as características do produto de uma encomenda para outra, como o caso dos vergalhões de alumínio, que poderão conter diversas ligas diferentes, conforme a necessidade do cliente.

Na fabricação em escala, o cálculo dos custos é realizado periodicamente e em termos médios. Nessas situações, torna-se difícil apurar o grau de acabamento do produto e utiliza-se, na maior parte das vezes, o método das unidades equivalentes, para apurar a porcentagem do custo já despendido com o produto em relação ao seu custo total terminado.

Na produção por encomenda, são determinados os custos específicos e não os custos médios. Nesses casos, haverá apenas uma conta de fabricação na qual surgem o valor dos fatores consumidos, o valor das encomendas terminadas e o valor das encomendas em fabricação. As planilhas de custo dos produtos ou lotes de produtos em curso fornecerão as indicações necessárias para a apuração do custo dos produtos em fabricação.

Resumo

O custo dos produtos fabricados é uma parcela do gasto que é aplicada na produção ou em qualquer outra função de custo ou seja, o custo de produção é o gasto incorrido na fabricação de bens e serviços destinados à venda. Temos as seguintes nomenclaturas:

O objeto de custo é aquilo de que se calcula o custo, a entidade a que o custo corresponde ou algo para o qual se deseja uma medição separada dos custos.

Custo: É o gasto relativo a bem ou serviço utilizado na produção de outros bens ou serviços. Pode-se dizer que o custo é também um gasto, só que reconhecido como custo no momento da utilização dos fatores de produção (bens e serviços) para a fabricação de um produto ou execução de um serviço. Ou seja, é o somatório do esforço físico ou financeiro despendido na produção de um bem ou serviço.

Despesa: Corresponde ao bem ou serviço consumido direta ou indiretamente para a obtenção de receitas. As despesas são itens que reduzem o patrimônio líquido e têm a característica de representar sacrifícios no processo de obtenção de receitas. Pode-se dizer que a despesa é o dispêndio ocorrido fora da área de produção de um bem ou serviço. É o esforço financeiro despendido na realização de uma venda.

Gasto: É o sacrifício financeiro feito pela entidade para a obtenção de um produto ou serviço qualquer, representado por entrega ou promessa de entrega de ativos. O gasto só existe a partir do ato da passagem para a propriedade da empresa do bem ou serviço, ou seja, no momento em que existe o reconhecimento contábil da dívida assumida ou da redução do ativo dado em pagamento. Dessa forma, pode-se considerar que o gasto é o sacrifício financeiro para obter um produto, um serviço ou qualquer outro bem, independentemente da finalidade. São valores pagos ou assumidos para obter a propriedade de um bem ou a totalidade do valor despendido para a aquisição de um bem.

Desembolso: É o pagamento resultante da aquisição de bens ou de serviços.

Preço: Corresponde ao valor estabelecido e aceito pelas partes (comprador e vendedor) para transferir a propriedade de um bem ou para prestar um serviço.

Investimento: É o gasto com bem e serviço em função da manutenção de sua vida útil ou os benefícios atribuíveis a períodos futuros.

Perda: Trata-se de um gasto não intencional decorrente de fatores externos ou da atividade normal da empresa (como perdas normais de matéria-prima). É incorporado ao custo da produção.

A contabilidade de custos pode ser definida como um instrumento desenvolvido para atingir finalidades específicas, que podem estar relacionadas ao fornecimento de dados de custos para a medição dos lucros, à determinação de rentabilidade e à avaliação de patrimônio, identificando métodos e procedimentos para o controle das operações e atividades executadas, de modo a fornecer informações sobre custos para a tomada de decisões e planejamento, por meio de processos analíticos.

O sistema de custeio tem a responsabilidade de mensurar monetariamente as ocorrências que afetam o patrimônio da empresa, ou seja, ele compõe a base de dados que a empresa utiliza para levantar suas informações sobre custos. Essa base de dados pode ser real ou padrão. As empresas utilizam-na para realizar a apuração dos custos (método de custeio) e a acumulação (sistema de acumulação de custos).

O sistema de identificação e acumulação de custos identifica e acumula os valores de acordo com alguns critérios preestabelecidos. A identificação dos custos é realizada de acordo com o sistema de custeio (real e/ou padrão). O modo de acumulação irá depender do objeto de custeio.

O método de apropriação de custos faz a seleção dos custos e/ou despesas e os apropria ao objeto de custeio. Portanto, os métodos de custeio visam determinar os critérios para apuração dos custos dos fatores produtivos, em determinados níveis de interesse das entidades (produto, atividade, departamento, empresa etc.), ou seja, os métodos de custeio contemplam a atribuição de custos e despesas indiretos aos produtos respondendo à questão sobre como devem ser rateados.

O sistema de contabilidade é um mecanismo formal que permite obter, organizar e disponibilizar informações sobre as atividades da empresa. De um sistema de contabilidade fazem parte, essencialmente, dois tipos de processos: 1) acumulação e; 2) alocação de custos aos objetos de custo, sejam produtos, atividades, sejam departamentos, clientes etc.

Mark-up, ou margem de cobertura, é um modelo que as empresas utilizam para a formação dos preços de seus produtos. Há uma significativa parcela de empresas que calculam seus preços aplicando uma margem sobre os custos diretos, que serve para cobrir os custos operacionais e proporcionar o lucro desejado.

A fabricação pode ser conceituada como a elaboração de produtos, ou seja, a sua transformação de matéria-prima em produto acabado. A fabricação poderá ser subdividida em complexa e simples. Dentro desse conceito, a utilização de diversas operações para transformar as matérias-primas se define como fabricação complexa. A fabricação simples, ao contrário, exige uma só operação. Da mesma maneira, quando as operações ocorrem sem interrupções, trata-se de fabricação ininterrupta. Caso contrário, se estiverem separadas por intervalos de tempo, será fabricação por fases.

A estrutura da contabilidade industrial resulta da percepção das características próprias de cada sistema de fabricação. Assim, as contas de fabricação assumem uma relevância especial, pois permitem a contabilização, o registro e a apuração dos custos industriais. O objetivo será o de em apresentar tantas contas de fabricação quantos forem os principais elementos de custo, permitindo melhor controle deles.

A fabricação pode ser analisada de outro enfoque: a produção em escala ou por encomenda. A produção em escala caracteriza-se por um conjunto de operações seqüenciais, nas quais um produto é produzido ininterruptamente. É o caso das cervejarias e das indústrias químicas. A produção por encomenda é aquela em que a produção é feita para satisfazer demandas específicas, podendo variar as características do produto de uma encomenda para outra.

Na fabricação em escala, o cálculo dos custos é realizado periodicamente e em termos médios. Assim, torna-se difícil apurar o grau de acabamento do produto e utiliza-se, na maior parte das vezes, o método das unidades equivalentes, para apurar a porcentagem do custo já despendido com o produto, em relação ao seu custo total quando terminado.

Na produção por encomenda, são determinados os custos específicos e não os custos médios. Haverá apenas uma conta de fabricação, na qual surgem o valor dos fatores consumidos, o valor das encomendas terminadas e o valor das encomendas em fabricação. As planilhas de custo dos produtos ou lotes de produtos em curso fornecerão as indicações necessárias para a apuração do custo dos produtos em fabricação.

Exercícios propostos

1. Qual é a importância do conhecimento dos princípios e das práticas contábeis na determinação dos custos de produção?

2. Disserte acerca da aplicabilidade dos critérios para avaliação dos estoques dispostos na Tabela 2-2.

3. Pode-se dizer que a contabilidade de custos e a contabilidade de gestão permeiam o mesmo conceito?

4. O que se pode dizer sobre a Figura 2-1?

5. Conceitue os seguintes termos:
   1. custo
   2. despesa
   3. gasto
   4. desembolso
   5. investimento
   6. perda
   7. lucro
   8. preço

6. Quais são os principais objetivos da contabilidade de custos? Explique cada um deles.

7. Caracterize a contabilidade de custos como sistema de informações, conforme apresentado na Figura 2-3.

8. O que se entende por:
   1. sistemas de custeio;
   2. métodos de custeio;
   3. sistema de identificação e acumulação de custos;
   4. explique a Figura 2-4.

9. Disserte sobre os sistemas de contabilidade, e mencione os principais fatores que influenciam a concepção de um sistema, bem como as principais atividades nele desenvolvidas

10. Considerando os dados a seguir, calcule:
    1. o custo primário de fabricação dos produtos;
    2. o custo industrial;
    3. o custos complexivo.

Custo da matéria prima A	$ 1.130
Custo da matéria prima B	$ 1.370
Custo da matéria prima C	$ 790

Capítulo 2 Conceitos, princípios e práticas contábeis aplicadas aos custos

Custo da mão-de-obra direta	$ 1.190
Custo da mão-de-obra indireta	$ 660
Gastos gerais de fabricação	$ 840
Gastos com vendas	$ 430
Custos financeiros	$ 1.490
Outros custos administrativos	$ 950

11. Considerando as respostas do problema anterior, o que se pode dizer acerca dos custos calculados?

12. O gerente de planejamento estratégico de Cia. XYZ está trabalhando no lançamento de um novo produto. Sabendo-se que o preço máximo estimado que o mercado aceita pagar pelo produto é US$ 150, e que os custos de produção são US$ 130, qual será o *markup* desse produto?

13. Considerando-se que o preço máximo praticado pelo mercado para o produto da Cia. XYZ, mencionado na questão anterior, seja US$ 160 e que o lucro bruto da operação seja de US$ 140:
    1. calcule o *markup* por esse enfoque;
    2. o que mudou em relação ao enfoque da questão anterior?
    3. explique o porquê da diferença apurada no *markup* entre os dois enfoques;
    4. qual dos conceitos seria o mais aceitável pela administração da Cia. XYZ?

14. Qual é o conceito de fabricação?

15. Como os produtos fabricados podem ser classificados?

16. Caracterize os regimes de fabricação apresentados na Figura 2-7

17. Considerando as Figuras 2-7 e 2-8, caracterize a fabricação múltipla de produtos e os métodos de repartição dos custos conjuntos

18. A Cia. XYZ fabrica quatro produtos (A, B, C e D). Considerando os dados apresentados na Tabela E-1, efetue a distribuição dos custos conjuntos da seguinte forma:
    1. com base na produção;
    2. com base no valor de vendas;
    3. com base na margem bruta;
    4. Quais as conclusões que se pode tirar sobre os critérios de distribuição e os valores apresentados para cada um deles?

Tabela E-1 Distribuição dos custos

Produtos	Custos conjuntos	Custos específicos	Preço unit. venda	Quantidade
A		$ 15,0	$ 0,75	100
B	$ 530,0	$ 25,0	$ 0,80	200
C		$ 40,0	$ 0,92	500
D		$ 55,0	$ 1,00	700

19. A Cia. XYZ fabrica cinco produtos (A, B, C, D e E). Considerando os dados apresentados na Tabela E-2, efetue a distribuição dos custos conjuntos da seguinte forma:
    1. com base na produção;
    2. com base no valor de vendas;
    3. com base na margem bruta;
    4. Quais são as conclusões possíveis sobre os critérios de distribuição e os valores apresentados para cada um deles?

Tabela E-2 Distribuição dos custos

Produtos	Custos conjuntos	Custos específicos	Preço unit. venda	Quantidade
A		$ 23,0	$ 1,10	220
B		$ 19,0	$ 2,20	110
C	$ 970,0	$ 21,0	$ 1,50	350
D		$ 32,0	$ 0,85	200
E		$ 12,0	$ 3,00	120

20. A Empresa ABC, fabricante de vergalhões de alumínio, fabrica quatro tipos diferentes de produtos. Considerando os dados discriminados na Tabela E-3, responda às seguintes questões:
   1. O que é produção homogeneizada?
   2. Qual é a importância da produção homogeneizada para as áreas de custos e de orçamento de uma empresa?
   3. Qual é a produção homogeneizada (em unidades) para cada um dos produtos da Empresa ABC?

Tabela E-3 Tipo de produção

Produto	Pol	Produção diferenciada
Vergalhão	½	150
Vergalhão	1	220
Vergalhão	1,5	130
Vergalhão	2	350

21. Cia. Tubular fabrica tubos galvanizados de diversas bitolas. Com base nos dados da Tabela E-4, calcule a produção homogeneizada (em unidades) para cada um dos produtos fabricados pela empresa.

Tabela E-4 Tipo de produção

Produto	Bitola	Produção diferenciada
Tubulação	1/8	60
Tubulação	2/8	90
Tubulação	3/8	50
Tubulação	4/8	120
Tubulação	1	240
Tubulação	1 4/8	320
Tubulação	2	350

CAPÍTULO 3

Classificação dos custos

Objetivos de aprendizagem

Após estudar este capítulo você deverá:

- Conhecer os objetivos da determinação dos custos.
- Compreender os mecanismos da formação de preços.
- Classificar os vários tipos de custo.
- Distinguir os custos de produção e custos de produtos vendidos.

3.1 Determinação dos custos

Na determinação dos custos, pretende-se atingir, basicamente, três objetivos: 1) definir preços de venda; 2) fornecer elementos para a apuração dos estoques; e 3) disponibilizar informação para a gestão. Outro aspecto importante associado ao cálculo dos custos corresponde à identificação e à concretização de medidas que permitam reduzi-los.

3.1.1 Formação dos preços

A formação dos preços está diretamente relacionada às noções de custo. A Figura 3-1[1] apresenta os diferentes conceitos de custo e os respectivos processo de construção.

Além dos fatores mencionados na Figura 3-1, para a perfeita apuração dos custos dos produtos vendidos, deve-se considerar, ainda, três elementos: 1) a remuneração do capital próprio (pelo custo de oportunidade);[2] 2) remuneração do capital de terceiros (também pelo custo de oportunidade); e 3) o prêmio pelo risco.[3] Esses fatores podem ser classificados como custos financeiros.

---

[1] Baseado em Fernando V. Gonçalves da Silva. *Contabilidade industrial*, 9 ed. Lisboa: Livraria Sá da Costa Editora, 1991, p. 117.
[2] Custo de oportunidade é o custo da não opção, é o custo de escolher "a" e deixar de receber "b".
[3] Relativamente ao prêmio pelo risco, esse assunto está fartamente abordado no livro de José Antonio Stark Ferreira. *Finanças corporativas: conceitos e aplicações*, São Paulo: Pearson/Prentice-Hall, 2005.

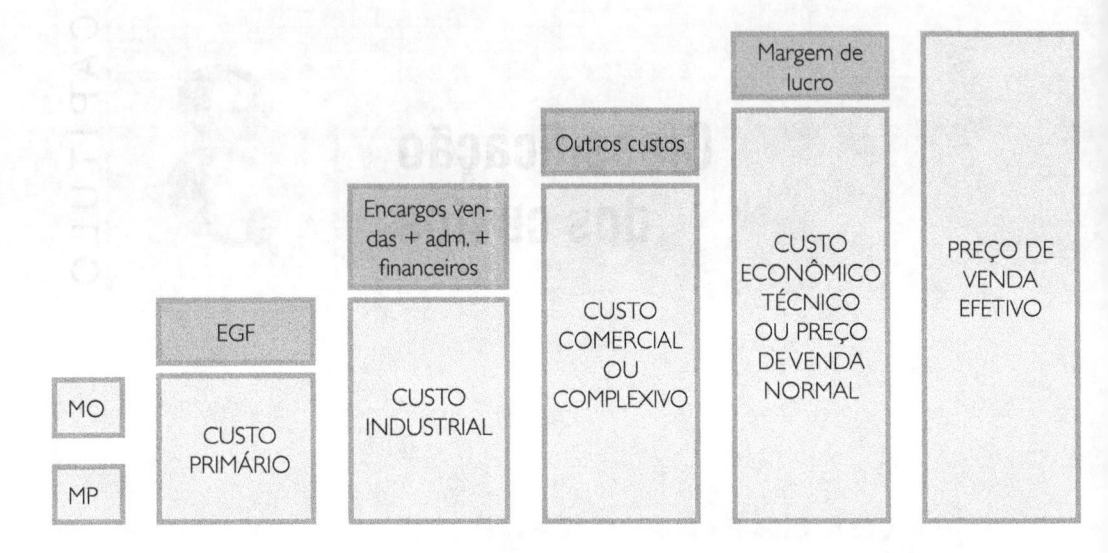

Figura 3-1 Processo de elaboração do custo.

Se o preço de venda real for superior ao preço de venda normal, que deve cobrir os custos de produção e os custos financeiros, obtém-se um lucro puro (no sentido dado pelos economistas).[4]

3.1.2 Valorização da produção

O custo é o fator principal no que se refere à valorização dos materiais utilizados na produção. As entradas de materiais serão registradas pelo preço de custo. Quanto às saídas de materiais, podem ser usados vários critérios, sendo os mais utilizados os seguintes: 1) PEPS – Primeiro que Entra Primeiro que Sai (*First In First Out* – FIFO); 2) UEPS – Último que Entra Primeiro que Sai (*Last In First Out* – LIFO); 3) o custo médio (ponderado), o valor corrente ou ainda um custo-padrão.

Segundo o critério PEPS, os materiais são valorizados aos preços mais antigos. No critério UEPS, por sua vez, os materiais são valorizados aos preços mais recentes. Exemplificando: o almoxarifado da Cia. XYZ recebe duas encomendas de matérias-primas (alumínio primário para industrialização de vergalhão). Na primeira, são recebidas mil toneladas a um preço por tonelada de US$ 900 e, na segunda, 2 mil toneladas a um preço por tonelada de US$ 980. Houve uma requisição para produção de 2.500 toneladas dessa matéria-prima. Conforme o método de avaliação dos estoques utilizado, o custo de matérias será diferente, o mesmo acontecendo com o saldo final dos estoques.

Consoante o critério PEPS, o custo em matérias-primas utilizadas no período será de US$ 2.370.000. Nesse caso, mil toneladas serão baixadas do estoque pelo preço mais antigo (US$ 900) e as 1.500 toneladas restantes serão baixadas do estoque pelo preço da segunda encomenda (US$ 980). Na hipótese do critério UEPS, a requisição da produção seria baixada da contabilidade considerando 2 mil toneladas ao preço unitário de US$ 980, as 500 toneladas seriam baixadas pelo preço unitário de US$ 900.

---

[4] Ou seja, o lucro após a remuneração de todos os fatores envolvidos, incluindo o custo de oportunidade do capital e do trabalho não remunerado da administração.

Na hipótese de se utilizar o critério do custo médio (ponderado), o custo médio por unidade será de US$ 953. Qualquer unidade que seja requisitada pela produção dessas duas encomendas será baixada dos estoques de matérias-primas pelo valor de US$ 953 e a produção das 2.500 toneladas implicaria um custo em materiais de US$ 2.383.333. Apesar de se tratar do mesmo produto, passando pelos mesmos processos, a simples adoção de um critério diferente resulta em um custo diferente, bem como em um saldo final de estoques diferente. A valorização dos estoques está relacionada à valorização da própria produção. Porém, o custo total incorrido pela empresa (custos de produção e de estoques em conjunto) terá de ser igual nos dois casos.

Nos quadros 3-1, 3-2 e 3-3,[5] demonstra-se o efeito das hipóteses levantadas, considerando um saldo inicial de matérias-primas igual a *zero*. Conforme esses quadros, o custo de produção varia de US$ 2.370.000 a US$ 2.410.000, segundo o método de avaliação de estoques utilizado. Podem ainda ser verificados os seguintes aspectos:

- A utilização do sistema PEPS implica um custo de produção menor, com a apuração de um estoque final maior. Considerando-se que toda a produção do período tenha sido vendida, o custo dos produtos vendidos estaria "menor". Como conseqüência, o lucro do período estaria "maior", sujeitando a empresa ao pagamento de mais impostos (imposto de renda e contribuição social, por exemplo). Essa opção poderá provocar um desequilíbrio no caixa da empresa.[6]
- A utilização do sistema UEPS implica um custo de produção maior, com a apuração de um estoque final menor. Considerando-se que toda a produção do período tenha sido vendida, o custo dos produtos vendidos estaria "maior". Como conseqüência, o lucro do período estaria "menor", sujeitando a empresa a questionamento pela autoridade fiscal, em razão de um eventual pagamento "menor" de impostos (imposto de renda e contribuição social, por exemplo). Essa opção poderá ser questionada, também, pelos acionistas e investidores por considerarem uma redução na distribuição dos dividendos.
- A utilização do sistema MÉDIO é mais freqüente pelas empresas no Brasil, por considerar uma posição intermediária entre o PEPS e o UEPS. Contudo, este pode não ser o melhor indicativo para mostrar a verdadeira situação econômico-financeira da empresa.
- O administrador, contador, *controller* ou responsável pela apuração dos custos de produção deverá considerar a volatilidade (flutuação) dos preços dos principais insumos utilizados na fabricação dos produtos da empresa, antes de adotar determinado sistema de valorização dos estoques, de forma a não provocar distorções na apuração dos custos dos produtos vendidos e, conseqüentemente, no lucro líquido da empresa.

---

[5] Os Quadros 3-1, 3-2 e 3-3 são conhecidos no jargão industrial como Ficha Kardex, e apresentam a movimentação dos estoques de dado período. Essa ficha é utilizada tanto para a movimentação de matérias-primas como para a movimentação de produtos em processo e produtos acabados. Nos quadros, p. u. representa preço unitário.
[6] Este assunto é amplamente abordado em: José Antonio Stark Ferreira. *Finanças corporativas: conceitos e aplicações*. São Paulo: Pearson/Prentice-Hall, 2005.

Quadro 3-1 Método PEPS de valorização dos estoques

CIA. XYZ									
FICHA DE MOVIMENTAÇÃO DE ESTOQUES									
Matéria-prima: alumina									
Mês: Janeiro/X0									
Data	Histórico	Entradas			Saídas			Saldo		
		Quant.	Valor	p.u.	Quant.	Valor	p.u.	Quant.	Valor	p.u.
02/01	Aquisição	1.000	$ 900.000	$ 900				1.000	$ 900.000	$ 900
03/01	Aquisição	2.000	$ 1.960.000	$ 980				2.000	$ 1.960.000	$ 980
04/01	Requisição/produção				1.000	$ 900.000	$ 900	0	$ 0	$ 900
04/01	Requisição/produção				1.500	$ 1.470.000	$ 980	500	$ 490.000	$ 980
	Totais	3.000	$ 2.860.000		2.500	$ 2.370.000				

Quadro 3-2 Método UEPS de valorização dos estoques

CIA. XYZ									
FICHA DE MOVIMENTAÇÃO DE ESTOQUES									
Matéria-prima: alumina									
Mês: Janeiro/X0									
Data	Histórico	Entradas			Saídas			Saldo		
		Quant.	Valor	p.u.	Quant.	Valor	p.u.	Quant.	Valor	p.u.
02/01	Aquisição	1.000	$ 900.000	$ 900				1.000	$ 900.000	$ 900
03/01	Aquisição	2.000	$ 1.960.000	$ 980				2.000	$ 1.960.000	$ 980
04/01	Requisição/produção				2.000	$ 1.960.000	$ 980	0	$ 0	$ 980
04/01	Requisição/produção				500	$ 450.000	$ 900	500	$ 450.000	$ 900
	Totais	3.000	$ 2.860.000		2.500	$ 2.410.000				

Quadro 3-3 Método MÉDIO de valorização de estoques

CIA. XYZ									
FICHA DE MOVIMENTAÇÃO DE ESTOQUES									
Matéria-prima: alumina									
Mês: Janeiro/X0									
Data	Histórico	Entradas			Saídas			Saldo		
		Quant.	Valor	p.u.	Quant.	Valor	p.u.	Quant.	Valor	p.u.
02/01	Aquisição	1.000	$ 900.000	$ 900				1.000	$ 900.000	$ 900
03/01	Aquisição	2.000	$ 1.960.000	$ 980				3.000	$ 2.860.000	$ 953
04/01	Requisição/produção				2.500	$ 2.383.333	$ 953	500	$ 476.667	$ 953
	Totais	3.000	$ 2.860.000		2.500	$ 2.383.333				

3.1.3 Informação para a gestão da empresa

A informação sobre os custos dos produtos fabricados é muito importante para a gestão de uma empresa, pois possibilita acompanhar os gastos efetivos, realizar cálculos prospectivos, orçar resultados, regular a produção, definir a política de investimentos, a política de vendas, a política de compras e ainda a gestão dos estoques.

Cabe ressaltar que, com base na informação dos custos, poderão ser estudadas pela administração da empresa várias medidas visando a redução dos custos, notadamente no que se refere a estratégias para a compra de matérias-primas,[7] de utilização da mão-de-obra, bem como no que concerne aos gastos gerais de fabricação.

O custo com matérias-primas pode ser reduzido, entre outras maneiras, pela escolha dos materiais, otimização dos processos de fabricação, redução de estoques, contenção de custos de aprovisionamento e pelo aumento da eficiência do consumo, aproveitamento dos resíduos, modernização do parque fabril (máquinas e equipamentos).

Com relação à mão-de-obra, esta também poderá ter seus custos reduzidos, fazendo-se melhor seleção do pessoal, proporcionando aperfeiçoamento técnico, melhorando o planejamento do trabalho, criando incentivos à produção, aperfeiçoando as ferramentas empregadas, organizando mais eficientemente os processos e fiscalizando e controlando o trabalho.

Em síntese, os custos gerais de fabricação podem ser reduzidos, observando-se os seguintes aspectos: 1) elaboração de orçamentos e de maior discriminação dos gastos; 2) realização de análises e comparações; 3) elaboração e acompanhamento das informações estatísticas; e 4) maior controle e maior fiscalização.

---

[7] Como exemplo, podem ser citados a aquisição no mercado nacional, no mercado internacional, a utilização de instrumentos financeiros para a manutenção dos preços dos insumos e margem de lucro, negociação de prazos de pagamentos com fornecedores, entre outros. Esses assuntos também são abordados no livro de José Antonio Stark Ferreira. *Finanças corporativas: conceitos e aplicações*. São Paulo: Pearson/Prentice-Hall, 2005.

3.2 Classificação dos custos

A classificação dos custos apresentada neste capítulo tem caráter acadêmico, de forma a nortear o administrador ou responsável pelos custos de uma empresa. Dentro desse prisma, podem ser estabelecidos os seguintes critérios para a classificação dos custos:

1. Período de contabilização a que os custos se referem.
2. Natureza dos bens ou serviços consumidos.
3. Funções ou serviços a que se referem.
4. Grau de variabilidade relativamente a certos fatores.
5. Forma de imputação.
6. Possibilidade de serem evitados ou reduzidos.

Em relação aos produtos fabricados, os custos podem ser diretos ou indiretos.

Os **custos diretos** são os que podem ser apropriados diretamente aos produtos fabricados. Como exemplo, podem ser citadas a matéria-prima, a embalagem, as horas-máquina e de mão-de-obra despendidas na fabricação de determinado produto, entre outras.

Os **custos indiretos** são aqueles que, para serem apropriados ao produto, dependem de cálculos ou estimativas por meio de critérios de rateio. Este é o caso do aluguel das instalações e de equipamentos de multiuso, salários dos gerentes de produção, depreciação de máquinas e equipamentos utilizados na produção de vários produtos, entre outros.

No que se refere aos níveis de produção, a importância da classificação dos custos reside no fato de ser um indicativo do quanto será necessário vender para cobrir os gastos despendidos na produção dos bens fabricados pela empresa.

Considerando-se os aspectos mencionados em relação aos produtos, os custos podem ser fixos ou variáveis.

Os **custos fixos** são aqueles que não se alteram qualquer que seja o volume de produção. Porém, os custos fixos unitários se alteram em relação ao volume produzido. Podem ser citados como exemplos de custos fixos: o salário dos operadores das máquinas, o aluguel das instalações, custos de manutenção de máquinas e equipamentos, entre outros.

Os **custos variáveis** são aqueles que se alteram em relação ao volume de produção. O principal exemplo de custo variável são os insumos consumidos no processo de produção. Outros exemplo seriam a energia elétrica consumida na fábrica, a comissão de vendedores etc.

3.2.1 Dimensão temporal[8]

A questão da dimensão temporal está muito ligada ao tipo de atividade econômica que é desenvolvida pela empresa. Dependendo dessa atividade, os insumos (matérias-primas, por exemplo) poderão ser consumidos em um espaço maior ou menor de tempo. Por exemplo, o polietileno utilizado na fabricação de brinquedos será de consumo rápido, ao contrário das chapas de aço utilizadas na fabricação de um navio, que terão um consumo mais lento.

De modo semelhante, os bens e serviços que resultam como contrapartida dos gastos ou saídas de caixa podem ser utilizados dentro do período em que são adquiridos ou consumidos posteriormente. Para registrá-los, existem várias rubricas na contabilidade geral da empresa.

---

[8] Este capítulo não tem como objetivo enfocar os custos financeiros de carregamento dos estoques nem as conseqüências para o resultado da venda dos produtos, nem tampouco quanto isso afeta o resultado da empresa como um todo ou o retorno do investimento dos acionistas e/ou investidores.

Cabe ainda ressaltar que os pagamentos feitos em dado período podem corresponder a gastos que não lhe são referentes. Sendo assim, os gastos do período não precisam, necessariamente, coincidir com os pagamentos realizados na mesma época, pois a contabilidade geral registra os fatos no período de sua competência, independentemente de serem ou não consumidos.

Os gastos realizados que sejam de natureza extraordinária não devem, a princípio, ser imputados ao custo dos produtos. Conseqüentemente, os custos do período são dados pela parcela de gastos comuns relacionados ao processo produtivo, mais os custos incorridos na produção e comercialização dos diferentes produtos. Na Figura 3-2, está demonstrada a dimensão temporal dos custos de produção.

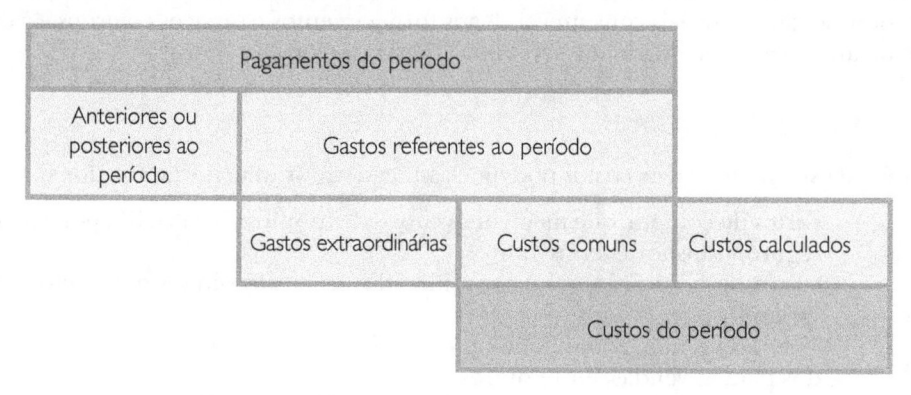

Figura 3-2 Dimensão temporal dos custos.

3.2.2 Natureza dos custos

Cabe, inicialmente, esclarecer que a natureza pode variar em função da quantidade e complexidade das atividades que forem necessárias para a produção de determinado bem.

Como regra, quando classificados segundo sua natureza, os custos podem ser de matérias-primas,[9] materiais subsidiários, gastos com o pessoal, amortizações, impostos e taxas ou ainda gastos financeiros.

Sinteticamente, pode-se dizer que, quanto à natureza, os custos estão relacionados a:

- custos de matérias-primas;[10]
- custos de mão-de-obra; e
- gastos gerais de fabricação.

As matérias-primas podem ser classificadas do ponto de vista tecnológico ou na perspectiva contábil. Do aspecto tecnológico, elas incluem:

- as matérias-primas incorporadas ao produto (por exemplo: o alumínio utilizado na fabricação do vergalhão);
- os materiais subsidiários não incorporados no produto (como a água utilizada no resfriamento das peças de vergalhão);

---

[9] Erroneamente, utiliza-se a expressão insumo para designar as matérias-primas utilizadas em um processo produtivo. Contudo, os insumos são mais abrangentes, pode-se dizer que insumo é o todo no qual as matérias-primas estão inseridas.

[10] Para facilitar o entendimento, englobou-se, no conceito de matéria-prima, as matérias-primas propriamente ditas e os materiais subsidiários utilizados no processo produtivo.

- os materiais de consumo corrente que são necessários para o funcionamento do processo produtivo, mas não para a fabricação dos produtos (por exemplo, cabos e metais para transmissão de corrente elétrica).

Na perspectiva contábil, as matérias podem ser de dois tipos: matérias-primas diretas (matérias-primas subsidiárias e de consumo relacionadas com o objeto de custo) ou matérias-primas indiretas. Essas últimas podem também ser matérias-primas subsidiárias e de consumo, mas não estão relacionadas aos objetos de custo.

A mão-de-obra pode ser direta (MOD) ou indireta (MOI), sendo essa última associada ao funcionamento da unidade industrial.[11]

Os gastos gerais de fabricação referem-se à mão-de-obra indireta (MOI) não relacionada à produção, aos materiais consumíveis,[12] aos fornecimentos e serviços externos e à depreciação do ativo não relacionado diretamente à fabricação dos produtos.

3.2.3 Critério funcional

Além da sua natureza, os custos podem classificados por um critério funcional em:

- custos de compra, que incluem os custos de tributos (ICMS e IPI, por exemplo), seguro, transporte, entre outros;
- custos de fabricação, sendo considerados os custos diretos e indiretos, fixos e variáveis;
- custos de venda, computados as comissões de vendedores, telefonemas utilizados para as vendas, entre outros;
- custos financeiros, contemplando os juros pagos no financiamento da compra de matérias-primas, máquinas e equipamentos etc; e
- custos de administração, todos os custos para o gerenciamento do sistema de produção.

3.2.4 Variabilidade dos custos

Levando-se em conta a variabilidade dos custos diante do nível de atividade, os custos podem ser considerados como fixos, semifixos ou variáveis.

Os custos fixos, ou custos de estrutura, são independentes do nível de atividade. Horngren et al. (1999) consideram que os custos fixos ainda podem ser evitáveis ou inevitáveis. Os primeiros são aqueles que desaparecem se uma operação é eliminada, já os inevitáveis permanecem mesmo que a operação seja suprimida. Os custos inevitáveis incluem, na sua maior parte, custos comuns, partilhados por diferentes departamentos.

Os custos serão evitáveis ou inevitáveis em relação ao objeto de custo a que se referem. Por exemplo, Sharp e Christensen (1991) defendem que, para efeitos de gestão, os modelos de custos devem alocar apenas os custos que possam ser eliminados se a atividade for suprimida. Esse é o conceito de custo imputável (*attributable cost*), que pode ser eliminado se determinada atividade for descontinuada.[13]

---

[11] Assim como ocorre com as matérias-primas, para a mão-de-obra também deverão ser considerados os custos relativos ao seu manuseio e aprovisionamento, e não somente os custos de aquisição. No que concerne à mão-de-obra, esta também deve incluir todos os custos associados ao trabalhador: Custo do trabalhador = Salários + Subsídios + Encargos trabalhistas + Previdência privada + Seguros etc.

[12] Materiais consumíveis são todos os materiais subsidiários, secundários, material de desgaste etc. consumidos durante a produção sem que se possam assumir como matéria-prima do produto.

[13] No Brasil, não é costume as empresas apresentarem seus resultados segmentados por atividades, áreas de negócio ou produtos, o que é obrigatório em outros países, como os Estados Unidos.

Os custos variáveis são influenciados pelo nível de atividade e podem ser proporcionais, regressivos e progressivos. Os custos proporcionais variam linearmente com o nível de atividade, os regressivos crescem menos que proporcionalmente e os progressivos, mais rapidamente que o nível de atividade.

É importante salientar que os custos fixos não são imutáveis, mas independentes do nível de atividade. Assim como nem todos os gastos variáveis são de imputação direta, nem todos os gastos fixos são gerais de imputação indireta. Considerando-se o longo prazo, todos os custos são variáveis.

3.2.5 Forma de imputação

Considerando-se a forma de imputação, os custos podem ser de imputação direta ou indireta.

Os **custos diretos** resultam da fabricação de um produto ou de um lote de produtos determinado, sendo possível imputar em separado os gastos de produção em relação direta ao objeto de custo. São custos que não ocorreriam se essas operações não fossem realizadas.

Os **custos indiretos** são gastos que contribuem para a produção cuja imputação aos produtos não é feita diretamente. Conforme Silva (1991), esses custos também podem ser chamados especiais ou discrimináveis, como aqueles que dizem respeito a um único objeto de custo, distinguindo-se dos custos gerais ou comuns (ou conjuntos), que são os que reportam a mais do que um objeto de custo. Facilmente se identificam os primeiros como de imputação direta e os segundos como de imputação indireta.

Cabe, ainda, a distinção entre os custos gerais dos custos conjuntos. Enquanto os custos gerais são de estrutura, os conjuntos são custos de produção, que se caracterizam por não possibilitar a separação física dos produtos até determinado ponto de produção.

Outra forma de imputação dos custos está relacionada ao seu estágio, no qual os custos podem ser primários e de transformação. O custo primário representa os materiais diretos empregados e a mão-de-obra direta despendida. O custo de transformação das matérias-primas é constituído pela mão-de-obra direta e pelos demais custos, tidos como indiretos. Os custos de conversão são, portanto, a soma dos custos de mão-de-obra direta com os custos indiretos de produção necessários direta ou indiretamente para a transformação dos materiais e componentes em um produto final, como demonstrado na Figura 3-3.

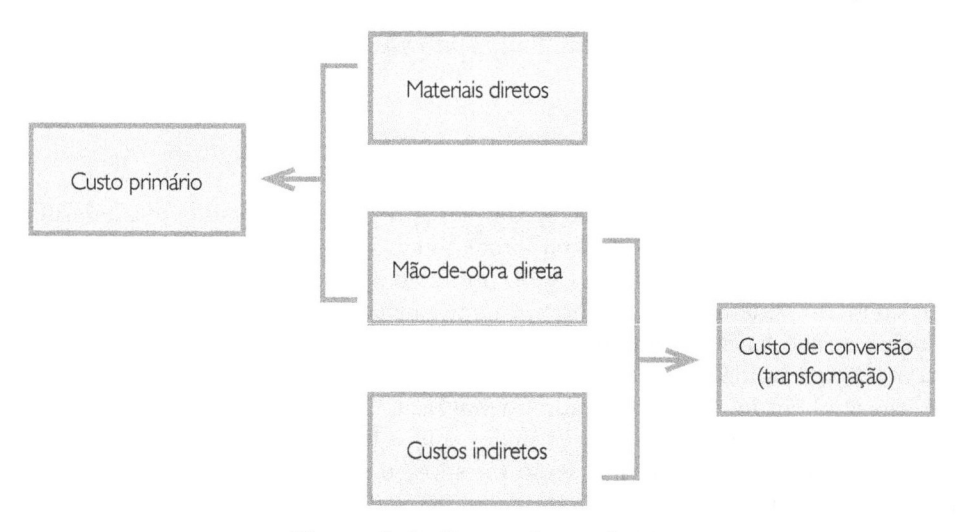

Figura 3-3 Custos de produção.

Nos custos de conversão estão incluídos os do trabalho direto e o denominado *factory overhead*, ou custo de distribuição (rateio) da fábrica. Este, por sua vez, subdivide-se em variável e fixo. Na parte variável, encontram-se os materiais indiretos, o trabalho indireto, os custos semivariáveis e outros. Na parte fixa, encontram-se a depreciação de máquinas e equipamentos, o trabalho indireto, os impostos e taxas, os seguros, os custos semifixos e outros que eventualmente possam existir.

3.2.6 Custos necessários e desnecessários

Atualmente, as correntes doutrinárias já não se prendem tanto à discussão da dicotomia entre custos fixos e custos variáveis. O foco está mais voltado para o conceito de custos necessários e custos desnecessários, considerando-se que estes reflitam um valor adquirido para o produto e que seja repassado para o cliente.

Assim, os custos necessários são aqueles que resultam da utilização plena e correta dos recursos. Nos casos em que a quantidade produzida é inferior à capacidade potencial, ocorrem custos desnecessários. Ressalte-se que uma parte dos custos suportados pela empresa diz respeito à capacidade desperdiçada (complementada pela capacidade utilizada).

Em síntese, os critérios de classificação dos custos são seis e podem ser apresentados como indicado no Quadro 3-4.

Quadro 3-4 Critérios de classificação dos custos

1.	Considerando os períodos de contabilidade a que os custos se referem	Custos do período e custos extraordinários
2.	Considerando a natureza dos bens consumidos	Matérias-primas; matérias secundárias, MOD, MOI e GGF
3.	Considerando um critério funcional	Custos de compra, de fabricação, de venda financeiros
4.	Considerando o grau de variabilidade dos custos	Custos fixos, semivariáveis e variáveis
5.	Considerando a forma de imputação	Custos diretos e custos indiretos
6.	Considerando a possibilidade de os evitar	Custos necessários e custos desnecessários

3.3 Custos diretos e indiretos

Os custos diretos são aqueles que podem ser apropriados diretamente a determinados objetos de custeio, bastando haver uma forma objetiva e economicamente viável para isso. Quando os custos não podem ser alocados, por meio de uma medida objetiva, a dado objeto de custeio, ou podem, mas é economicamente inviável, são chamados custos indiretos.

Portanto, não basta que alguns custos possam ser identificados como associados diretamente a determinado objeto de custeio para serem tratados como custo direto. É necessário também que sua alocação seja viável economicamente. O custo para alocar itens de valores desprezíveis pode ser maior que o benefício resultante da informação obtida, se isso ocorrer, esses custos serão tratados como indiretos, apesar de ser possível identificá-los diretamente.

Até a criação dessa classificação, todos os estudos e análises de custos eram desenvolvidos nas empresas em função do resultado global, sem possibilidade de ser avaliada a participação de cada produto ou de cada atividade específica nesse resultado global. Não era possível definir o produto mais e o menos vantajoso, ou a atividade mais e a menos eficiente para o resultado da empresa.

De maneira geral, as empresas apuram custos diferentes para cada tipo de produto ou de serviço, ou para cada tipo de atividade. Contudo, a classificação sempre será por:

- custos diretos; ou
- custos indiretos.

Ressalte-se que o ideal de toda estruturação de custos é caminhar pela possibilidade de classificá-los, o máximo possível, como diretos. Evidentemente, não deve ser desprezado o custo resultante da adoção dessa decisão. Não se deve montar uma estrutura pesada de controle de custos apenas visando a possibilidade de classificar o máximo de custos como diretos, sem considerar as conseqüências dessa opção.

3.3.1 Custos diretos

Como custos diretos entendem-se aqueles que podem ser imediatamente apropriados a um só tipo de produto ou a um só tipo de serviço. Especificamente, são aqueles que podem ser apropriados diretamente a uma função de acumulação de custos, seja um produto, um serviço, uma ordem de produção, um centro de custo, uma atividade, seja um departamento da empresa. Exemplos: matéria-prima direta, mão-de-obra direta etc.

Em algumas condições especiais, todos os custos podem ser classificados como diretos. Assim, se determinada empresa só fabrica um tipo de produto, não havendo variação de qualidade, tamanho ou qualquer outra, ou executa um só tipo de serviço, pode-se considerar que somente existem custos diretos.

O aluguel de um galpão pode ser classificado como custo direto se, nesse local, apenas um tipo de produto for elaborado. Todo custo, cuja parcela pertencente a uma função de custo possa ser separada e medida no momento da sua ocorrência, classifica-se como direto.

Um custo que é classificado como direto em uma empresa, pode ser classificado como indireto em outra ou em outras circunstâncias, tudo depende da situação e da empresa.

O custo direto pode não ser exclusivo apenas de uma função de custo e não será aplicado somente naquela função de custo. A chapa de aço com determinada especificação não é exclusiva do produto refrigerador modelo X em uma indústria metalúrgica, mas é empregada também na elaboração dos demais produtos, tais como refrigeradores de outros modelos, lavadoras de roupas e fogões, além dos demais produtos de todos os modelos diferentes que são fabricados nessa metalúrgica. O que define a classificação desse custo como direto é a possibilidade de se conhecer a parcela aplicada em cada um dos diferentes produtos que o recebem, no momento da sua aplicação.

3.3.2 Custos indiretos

Os custos indiretos são aqueles que ocorrem genericamente em um grupo de atividades, ou em um grupo de departamentos, ou na empresa em geral, sem possibilidade de apropriação direta em cada uma das funções de acumulação de custos.

O custo indireto aparece quando determinada empresa fabrica mais de um tipo de produto, ou mais de uma qualidade ou tamanho de um só produto, ou quando a empresa executa mais de um tipo de serviço e, mesmo assim, quando ele é atribuível a mais de um tipo de produto ou a mais de um tipo de serviço, sem possibilidade de segregar a parcela pertencente a cada produto ou serviço de tipo diferente, no momento da aplicação do custo.

Geralmente, quanto maior o número de tipos de produtos e serviços, maior será a quantidade dos custos indiretos e menor será a quantidade dos diretos. O contrário ocorre quando diminui a quantidade de tipos de produtos e serviços de uma empresa, isto é, aumenta o número de custos diretos e diminui o de indiretos.

Como custos indiretos entendem-se aqueles que dependem de rateios, parâmetros, cálculos ou estimativas para serem alocados aos diferentes tipos de produtos ou de serviços, ou a cada função diferente que pode acumular custos. Exemplos: aluguel, supervisão, energia elétrica, combustíveis, água, material consumido na limpeza.

Exemplos:	Aluguel
	Supervisão
	Energia elétrica
	Combustíveis
	Água
	Material consumido na limpeza

Cabe ressaltar que não se pode afirmar que os exemplos mencionados sempre serão classificados como indiretos, tendo em vista que, em determinadas circunstâncias, eles podem se transformar em custos diretos.

3.4 Custos fixos e custos variáveis

Esses dois tipos de custo são definidos de acordo com sua variação em relação ao volume de produção, admitindo-se um período fixo. O custo é determinado como variável, se o total variar em proporção direta ao volume de produção. Um custo é denominado fixo quando seu total não varia com o volume de produção.

Partindo-se dessas definições, e considerando-se o curto prazo sem modificações na capacidade produtiva, conclui-se que os custos variáveis das empresas industriais se resumem ao material direto. Muitos autores colocam a mão-de-obra direta como um custo variável, porém esse custo não varia com as flutuações de volume de produção, uma vez que o total gasto é um valor constante mensal.

Quando as empresas remuneravam sua mão-de-obra pelo volume fabricado, esse custo era variável, porém, nos tempos atuais, é fixo.[14] Seu aspecto característico é o volume de atividade do período.

Os custos de estrutura da empresa, que não guardam qualquer relação com o volume de atividade do período são denominados fixos. Os custos diretamente relacionados ao volume de atividade são chamados variáveis. Exemplificando:

Custos fixos: Aluguel mensal
Supervisão
Depreciação em linha reta
Energia elétrica para iluminação

---

[14] Em alguns países, como a China, por exemplo, a mão-de-obra é remunerada em função da produção. Assim, pode-se considerar que, nesse caso, o custo com a mão-de-obra é variável.

Custos variáveis: Matéria-prima
Mão-de-obra direta
Combustíveis de máquinas
Energia elétrica (força)
Mercadorias
Comissão de vendedores
Impostos proporcionais ao volume de atividade

3.5 Custo fabril dos produtos fabricados e dos produtos vendidos

Trata-se de uma classificação que leva em consideração o estágio de sua ocorrência cujo ponto característico é o saldo dos estoques no final de cada estágio, como segue:

1. Custo da matéria-prima aplicada (CMP)

   Representa a soma dos valores das requisições feitas ao almoxarifado, podendo também ser obtido pela fórmula

   CMP = AMP + EIMP − EFMP

   Onde
   A = Aquisição (compras)
   EI = Estoques inicial
   EF = Estoque final
   MP = Matéria-prima
   EI + A = Disponibilidade total
   Custo do período = Disponibilidade total, se EF = zero

2. Custo de transformação (CTR)

   É o custo dos fatores de produção aplicados sobre a matéria-prima, também chamado básico, para transformá-la, sendo apurado pela fórmula:

   CTR = MOD + CIF

   Onde   MOD = Mão-de-obra direta
   CIF = Custos indiretos de fabricação

3. Custo fabril (CFA)

   É o total dos custos de produção, independentemente do acabamento total ou parcial, no período. Pode-se dizer que é o custo do material direto mais as agregações necessárias para transformá-lo.
   Esse custo será mensurado pelas seguintes fórmulas:

   CFA = MPD + MOD + CIF
   CFA = MPD + CTR
   CFA = CDF + CIF

Onde   MPD = Matéria-prima direta
MOD = Mão-de-obra direta
CDF = Custos diretos de fabricação
CIF = Custos indiretos de fabricação

4. Custo dos produtos fabricados (CPF)

Esse custo pode representar uma das parcelas do custo fabril, quando também existem produtos em elaboração no período. Em outras palavras, são os custos aplicados somente sobre os produtos elaborados, acabados ou processados no período.

Ele pode ser determinado pela seguinte fórmula:

$$CPF = \frac{Custo\ total\ envolvido}{Quantidade\ equivalente} \times Quantidade\ acabada$$

Outra maneira de se obter esse custo é por meio da adição do custo fabril ao estoque inicial dos produtos em elaboração no início do período, com a dedução o estoque dos produtos em elaboração no final do período cuja fórmula é análoga à do CMV (Custo das Mercadorias Vendidas).

CPF = CFA + EIPEl − EFPEl

Onde:

PEl = Produtos em elaboração

5. Custo dos produtos vendidos (CPV)

Esse é o custo dos produtos entregues ao mercado (vendidos aos clientes) no período, ou seja, o custo apenas das unidades fabricadas que foram vendidas cujo valor é determinado pela multiplicação das quantidades vendidas pelo seu custo unitário.

Pode-se considerar também como resultado da adição do custo dos produtos fabricados ao estoque de produtos acabados no início do período, com a dedução o estoque de produtos acabados no final do período cuja fórmula, também análoga à do CMV, é a que segue:

CPV = CPF + EIPAc − EFPAc

Onde:

PAc = Produtos acabados

Se não houve estoques finais ou se eles forem iguais, os três últimos custos são iguais

CFA = CPF = CPV

Resumo

Na determinação dos custos, pretende-se atingir, basicamente, três objetivos: 1) definir preços de venda; 2) fornecer elementos para a apuração dos estoques; e 3) disponibilizar informação para a gestão. Outro aspecto importante associado ao cálculo dos custos corresponde à identificação e concretização de medidas que permitam reduzi-los.

A formação dos preços está diretamente relacionada às noções de custo. A Figura 3-1 apresenta os diferentes conceitos de custo, assim como seu processo de construção. Além dos fatores mencionados nessa figura, para a perfeita apuração dos custos dos produtos vendidos, há que se considerar, ainda, três elementos: 1) a remuneração do capital próprio (pelo custo de oportunidade); 2) remuneração do capital de terceiros (também pelo seu custo de oportunidade); e 3) o prêmio pelo risco. Fatores classificados como custos financeiros.

A utilização do sistema PEPS implica um custo de produção menor, com a apuração de um estoque final maior. Considerando-se que toda a produção do período tenha sido vendida, o custo dos produtos vendidos estaria "menor". Como conseqüência, o lucro estaria "maior", sujeitando a empresa ao pagamento de mais impostos. Essa opção poderá provocar um desequilíbrio no caixa da empresa.

A utilização do sistema UEPS implica um custo de produção maior, com a apuração de um estoque final menor. Considerando-se que toda a produção do período tenha sido vendida, o custo dos produtos vendidos estaria "maior". Conseqüentemente, o lucro do período estaria "menor", sujeitando a empresa a questionamento pela autoridade fiscal, em razão de um eventual pagamento "menor" de impostos. Essa opção poderá ser questionada também pelos acionistas e investidores por considerarem uma redução na distribuição dos dividendos.

A utilização do sistema MÉDIO é mais freqüente pelas empresas no Brasil, por considerar uma posição intermediária entre o PEPS e o UEPS. Contudo, pode não ser o melhor indicativo para mostrar a verdadeira situação econômico-financeira da empresa.

Custos diretos: podem ser apropriados diretamente aos produtos fabricados. Exemplos: matéria-prima, embalagem, horas-máquina e de mão-de-obra despendidas na fabricação de determinado produto, entre outros.

Custos indiretos: dependem de cálculos ou estimativas por meio de critérios de rateios para serem apropriados ao produto. É o caso do aluguel das instalações e de equipamentos de multiuso, salários dos gerentes de produção, depreciação de máquinas e equipamentos utilizados na produção de vários produtos etc.

Custos fixos: não se alteram, qualquer que seja o volume de produção. Mas os custos fixos unitários alteram-se em relação ao volume produzido. Exemplos: salário dos operadores das máquinas, aluguel das instalações, custos de manutenção de máquinas e equipamentos, entre outros.

Custos variáveis: alteram-se em relação ao volume de produção. Principal exemplo: insumos consumidos no processo de produção, energia elétrica consumida na fábrica, comissão de vendedores etc.

Considerando-se o custo pelo critério funcional: 1) custos de compra, incluídos os custos de tributos (ICMS e IPI, por exemplo), seguro, transporte, entre outros; 2) custos de fabricação, sendo considerados os custos diretos e indiretos, fixos e variáveis; 3) custos de venda, computados as comissões de vendedores, telefonemas utilizados para as vendas, entre outros; 4) custos financeiros, contemplando os juros pagos no financiamento da compra de matérias-primas, máquinas e equipamentos; 5) custos de administração, todos os custos para o gerenciamento do sistema de produção.

Exercícios propostos

1. Quais são os três principais objetivos na determinação dos custos de produção?

2. Explique a importância da Figura 3-1 na formação do preço e no controle dos custos de produção.

3. Quais são os principais métodos utilizados para a valorização da produção? E qual a utilidade específica de cada um deles?

4. Explique os efeitos apontados na Ficha de Movimentação de estoques apresentados nos quadros 3-1, 3-2 e 3-3.

5. Como podem ser classificados os custos de produção? Dê as principais características de cada um deles.

6. A Tabela E-1, a seguir, apresenta a ficha de movimentação de estoques do mês de março/X6 para a matéria-prima alumina da produção da Companhia ABC. Com base nesses dados, apure os saldos de estoques pelos métodos PEPS, UEPS e Médio e responda às seguintes questões:
   1. A que conclusões se pode chegar?
   2. Suponha que o departamento de orçamento da empresa esteja orçando o caixa para os próximos meses, tendo detectado uma tendência de alta dos preços desse insumo. Qual método mais se adequaria a essa situação? Fundamente sua resposta.
   3. E se, ao contrário, houvesse uma tendência de baixa de preços desse insumo, o que poderia ser dito sobre esses métodos? Fundamente sua resposta.

Tabela E-1 Companhia ABC – insumo: alumina

FICHA DE MOVIMENTAÇÃO DE ESTOQUES											
Matéria-prima: alumina											
Mês:	Março/X6											
Data	Histórico	Entradas			Saídas			Saldo		
		Quant.	Valor	p.u.	Quant.	Valor	p.u.	Quant.	Valor	p.u.
01/03	Aquisição	2.500	$ 125.000	$ 50						
02/03	Aquisição	3.800	$ 209.000	$ 55						
03/03	Aquisição	4.000	$ 208.000	$ 52						
04/03	Requisição/produção				2.200					
05/03	Aquisição	4.000	$ 212.000	$ 53						
06/03	Requisição/produção				4.100					
07/03	Aquisição	2.600	$ 140.400	$ 54						
08/03	Requisição/produção				8.500					
	Totais		$ 894.400		14.800	$ 0				

7. Considerando-se os dados apresentados na Tabela E-2, apure os saldos de estoques pelos métodos PEPS, UEPS e Médio e responda às seguintes indagações:
   1. A que conclusões se pode chegar?
   2. Compare com os dados apresentados na Tabela E-1 do exercício anterior. Quais conclusões são possíveis?
   3. O que fundamentou a diferença, uma vez que as quantidades requisitadas são as mesmas, dentro do próprio mês de apuração dos custos?
   4. Quais cuidados você recomendaria ao almoxarife, ao contador de custos e ao gerente de produção de uma fábrica?

Tabela E-2 Companhia ABC – insumo: alumina

FICHA DE MOVIMENTAÇÃO DE ESTOQUES

Matéria-prima: alumina
Mês: Março/X6

Data	Histórico	Entradas			Saídas			Saldo		
		Quant.	Valor	p.u.	Quant.	Valor	p.u.	Quant.	Valor	p.u.
01/03	Aquisição	2.500	$ 125.000	$ 50						
02/03	Requisição/produção				2.200					
03/03	Aquisição	3.800	$ 209.000	$ 55						
04/03	Requisição/produção				4.100					
05/03	Aquisição	4.000	$ 208.000	$ 52						
06/03	Aquisição	4.000	$ 212.000	$ 53						
07/03	Aquisição	2.600	$ 140.400	$ 54						
08/03	Requisição/produção				8.500					
	Totais	16.900	$ 894.400		14.800	$ 0				

8. Considerando-se os dados constantes da Tabela E-3, calcule:
   a) O custo básico.
   b) O custo direto de fabricação.
   c) O custo de transformação.
   d) O custo fabril.
   e) O custo dos produtos fabricados.
   f) O custo dos produtos vendidos.

Tabela E-3 Custos de produção

1 – MPD	
Compras	$ 10.000
Estoque inicial	$ 1.000
Estoque final	$ 2.000
2 - Mão-de-obra	
Disponível (total)	$ 10.000
Apropriada (direta)	$ 8.000
3 - Outros custos indiretos	$ 5.000
4 - Produtos em elaboração	
Estoque inicial	$ 2.000
Estoque final	$ 1.000
5 - Produtos acabados	
Estoque inicial	$ 5.000
Estoque final	$ 3.000

Parte 2

Determinação dos Custos de Produção

4. Alocação dos custos indiretos de fabricação
5. Custo de material, gastos gerais de fabricação e centros de custo
6. Custo de pessoal
7. Custo tributário – Sistema tributário nacional

CAPÍTULO 4

Alocação dos custos indiretos de fabricação

Objetivos de aprendizagem

Após estudar este capítulo você deverá:

- Saber como determinar os custos indiretos de fabricação.
- Conhecer as bases de produção para aplicação dos custos indiretos.
- Saber identificar custos indiretos e as despesas departamentais indiretas.
- Conhecer os critérios para rateio dos custos indiretos.

4.1 Conceitos gerais

A contabilidade de custos é uma ferramenta gerencial de relevante importância para a administração de qualquer empresa, principalmente as industriais.

A contabilização dos custos indiretos de fabricação é um dos instrumentos gerenciais fundamentais em uma empresa industrial que fabrique dois ou mais produtos. Esse instrumento serve para apropriar corretamente os custos aos diversos produtos, bem como para avaliar a manutenção de sua viabilidade financeira. Com isso, o custo de produção retrata a apropriação de seus elementos diretos e indiretos, em que os primeiros ocorrem quando se tem condições de definir quantitativamente o que for empregado na sua fabricação. Pelo processo indireto tal definição torna-se difícil. Conforme o Conselho Regional de Contabilidade do Estado de São Paulo (1995), os custos indiretos, para serem apropriados aos produtos, devem ser rateados, sendo esses rateios artifícios para distribuir os custos que não se consegue distinguir com objetividade e segurança. Ressalte-se a necessidade de análise dos custos indiretos, pois eles só podem ser apropriados, pela sua própria definição, de forma indireta aos produtos, isto é, mediante estimativas, critérios de rateio, previsão de comportamento de custos etc.

A utilização de critérios de rateio dos custos indiretos de fabricação pode provocar análises distorcidas, diminuir o grau de credibilidade sobre as informações de custos e prejudicar o desempenho mercadológico de uma empresa.

Pesquisas realizadas sobre a gestão de custos indiretos de fabricação na elaboração de um mix de produtos reforçam a necessidade de estudos científicos sobre essas questões, e sugerem o direcionamento de todos os esforços para aprimorar a competitividade das indústrias de maneira geral, de modo que sua produção seja mais bem planejada, para oferecer aos consumidores produtos cada vez melhores com preços mais competitivos. Vale dizer que, com o efeito da globalização, é importante que as empresas primem pela perfeita apuração dos custos de produção, a fim de conseguir "brigar" por uma fatia maior no mercado internacional.

Torna-se cada vez mais imperioso que as indústrias, dentro de suas atribuições administrativas, obtenham e coordenem informações sobre estimativas de vendas, capacidade financeira, estoques, prazos de entrega e custos de fabricação. Essas informações são subsídios fundamentais para a elaboração de um planejamento da produção que explore as potencialidades disponíveis no mercado.[1]

A apropriação dos custos indiretos de fabricação dos diversos produtos constitui um dos principais aspectos estratégicos para uma empresa industrial. Apropriações inadequadas podem prejudicar sensivelmente o comportamento das vendas de seus produtos e até reduzir sua participação relativa no mercado.

A crescente competitividade, os reflexos da abertura de mercado para os produtos estrangeiros e a necessidade de otimizar resultados demandam procedimentos de apropriação de custos indiretos que tornem os preços dos diversos produtos fabricados mais competitivos e explorem as tendências do mercado consumidor.

Neste capítulo, procurou-se desenvolver um caso prático, no qual são aplicados métodos alternativos de distribuição dos custos indiretos. Trata-se de uma empresa industrial que, entre outros aspectos, produz 95 produtos diferentes que são comercializados no território nacional. A fábrica tem aproximadamente cem empregados. Três de seus produtos são responsáveis por mais de 90% de seu faturamento mensal.

Essa fábrica possui uma característica peculiar relacionada ao seu processo produtivo, que está montado dentro de um layout industrial composto por uma única linha de fabricação. Assim, todos os produtos são fabricados com a mesma matéria-prima e sofrem os mesmos processos de transformação e acabamento, percorrendo os mesmos caminhos de trabalho. Seus respectivos tempos de fabricação são utilizados como parâmetro diferencial para definir os preços de venda.

A empresa estudada apresenta os seguintes custos diretos de fabricação relativos aos produtos:

- matéria-prima;
- materiais secundários;
- peças e componentes; e
- embalagem.

Os custos indiretos de fabricação são compostos pelos seguintes elementos:

- mão-de-obra; e
- energia elétrica.

O parâmetro utilizado para a elaboração do modelo de projeção de custos indiretos de fabricação foi a estruturação de custos dos produtos, definida por meio dos valores obtidos pelas médias das distribuições normais de freqüência dos diversos produtos da

---

[1] A esse respeito e visando apresentar mais instrumentos voltados para a mensuração de custos e bases para sua orçamentação, apresentam-se, no Anexo 21, no Companion Website, noções de matrizes que é um instrumento da matemática voltado à estimativa de valores.

empresa, apresentadas no Quadro 4-1, em função de percentuais sobre seus respectivos preços de venda.

O mesmo procedimento foi adotado para a definição das margens de contribuição dos diversos produtos. Para identificar a participação relativa dos diversos elementos formadores dos custos de fabricação foi adotado um sistema padronizado, baseado em uma equivalência percentual em relação aos preços de venda dos 95 produtos da empresa.

Com referência à classificação dos custos de fabricação da empresa, foi considerada a alocação de cada um dos itens para os diversos produtos. Essa atividade corresponde ao melhor procedimento para facilitar a identificação dos custos nos produtos por uma medição precisa dos insumos utilizados. A relevância do seu valor ou da apropriação dos gastos por rateio considerou os seguintes elementos:

Diretos: são identificados com precisão no produto acabado, por meio de um sistema de medição cujo valor é relevante.

Indiretos: são aqueles relativos a vários produtos, sendo alocados por intermédio de sistemas de rateio, estimativas ou outros meios.

Sobre a estruturação dos custos para os 95 produtos, verificou-se que o comportamento dos custos diretos de fabricação mostrou uma participação média de 57,9 % em relação aos respectivos preços de venda, apresentando:

- uma variância (S^2) de 0,51;
- um desvio padrão (S) de 0,71.

Os mesmos resultados relativos à variância e ao desvio padrão foram encontrados para as participações dos custos indiretos, dentro da estruturação dos custos de fabricação, e apresentaram uma média de 19,9 % em relação aos preços de venda dos diversos produtos.

Quadro 4-1 Custos em função do preço de venda (%)

Custos diretos	57,9%
Custos indiretos de fabricação	19,9%
Custos totais	**77,8%**
Tributos	7,0%
Margem de contribuição	15,2%
Preço de venda	100,0%

A estruturação de custos dos três produtos responsáveis por, aproximadamente, 90% do faturamento registrado ao longo de todo o período observado apresentou valores percentuais quase idênticos aos encontrados nas diversas distribuições normais. Considerando que a empresa usa um padrão percentual específico para determinar a participação dos custos indiretos de fabricação, podem-se utilizar esses percentuais como um critério alternativo para a definição do rateio desses valores, tomando por base a participação dos diversos produtos da empresa dentro do mix de produção e vendas orçadas.

A empresa utiliza como parâmetro de aceitação sobre determinado mix de vendas orçadas um raciocínio semelhante ao método da análise do ponto de equilíbrio, no qual são avaliados os resultados das receitas em função das vendas esperadas e comparados os valores percentuais obtidos sobre os valores relativos aos custos diretos e indiretos de fabricação.

4.2 Métodos alternativos de aplicação e rateio de custos indiretos

Os custos indiretos de fabricação são os custos de fabricação necessários à produção, mas não convenientemente alocáveis nas unidades físicas específicas. De maneira geral, os contadores somam todos os itens indiretos e os aplicam ao produto, fazendo uso de uma média. Exemplificando: supondo um total de US$ 100.000 de custos indiretos a serem distribuídos por 100 mil unidades à taxa de US$ 1,00 por unidade. Nesse caso, o custo total do produto poderia se apresentar bastante distorcido, pois não é real afirmar que um produto que tem maior custo de produção deve arcar com uma parcela maior de custos indiretos. Essa análise também se torna importante, à medida que se poderia tomar uma decisão errada de descontinuar um produto que fosse lucrativo. A própria natureza da relação entre os custos indiretos e as unidades físicas do produto exige certos pressupostos para a apuração de taxas de custos indiretos. Contudo, a escolha desses pressupostos é muito importante, porque os cálculos individuais para custeio de produto, certa ou erradamente, influenciam as políticas de preços em muitas empresas, principalmente naquelas que trabalham por encomenda, bem como o lucro por produtos e a avaliação dos estoques.

Considerando-se que os custos indiretos individuais não podem ser aplicados às unidades físicas, é necessário arbitrar um fator comum tanto às unidades físicas quanto às flutuações nos custos indiretos como base para a sua aplicação. Esse denominador comum difere de empresa para empresa, porém as bases mais freqüentemente usadas são:

- os fatores associados aos produtos individuais ou às ordens de serviço (por exemplo, material ou mão-de-obra diretos);
- o custo e o esforço necessários à aplicação, e
- as diferenças nos resultados finais.

Deve ser ressaltado que o critério mais importante para a seleção da base é relacionar os custos indiretos ao seu fator mais causal. Isso não significa dizer que uma empresa deve utilizar somente uma base para o rateio. Poderá usar duas ou mais para a aplicação de diferentes tipos de custos indiretos. A seguir, são apresentadas algumas dessas bases.

1ª Unidades físicas produzidas

A fórmula usada é a seguinte:

$$\text{Taxa de custos indiretos} = \frac{\text{Custos indiretos totais}}{\text{Total de unidades produzidas}}$$

Essa base é válida somente quando as unidades produzidas são homogêneas e recebem tratamento e esforço semelhantes.

2ª Horas de mão-de-obra direta

Constata-se que a maioria dos custos indiretos tem relação direta com fatores de duração mais que com qualquer outro. Os custos fixos, como depreciação, aluguel, impostos e seguros, relacionam-se com o fator duração do tempo. O uso de mão-de-obra indireta e de suprimentos tem maior relação com o fator horas de esforço.

Com isso, o fator tempo é aplicado aos produtos específicos, considerando-se as fichas de trabalho da mão-de-obra direta. As taxas de custos indiretos são apuradas pela divisão desses custos indiretos estimados pelas horas estimadas de mão-de-obra direta. Assim, o montante dos custos indiretos aplicados a qualquer produto dependerá do montante de tempo destinado a uma operação ou produto.

A sua mensuração será feita pela fórmula a seguir:

$$\text{Taxa de custos indiretos} = \frac{\text{Custos indiretos estimados}}{\text{Horas estimadas de MOD}}$$

3ª Horas-máquina

Considerando-se que a produção seja mecanizada, o tempo de máquina pode ser o melhor indicador para distribuição dos custos indiretos. De maneira geral, a depreciação, o consumo de matérias-primas e a mão-de-obra indireta possuem uma relação mais estreita com a utilização do maquinário do que com a mão-de-obra direta. Sendo assim, teoricamente, o tempo de máquina pode ser um excelente parâmetro para a aplicação de custos indiretos.

No entanto, na prática, nota-se que o tempo de máquina não é usado com a mesma freqüência que o tempo de mão-de-obra direta. Isso se deve ao fato de que não é cultura das empresas no Brasil efetuar apontamentos precisos de utilização de maquinário, o que levaria a um "custo burocrático" adicional, pois seria necessário o cálculo do tempo de máquina para serviços individuais.

Vale ressaltar que o tempo de máquina pode ser desprezado nos casos em que a relação entre os custos ou o tempo de mão-de-obra e o tempo de máquina permanecer a mesma de uma ordem de serviço para outra. Como exemplo pode ser citado a MOD que opera duas máquinas similares.

4ª Custo de mão-de-obra direta

A utilização da taxa de mão-de-obra pode trazer alguns transtornos, principalmente se a empresa tiver uma política de diferenciação salarial. Por exemplo, um operário mais antigo, ou com diferenciação salarial por maior qualificação que receba US$ 3,00 por hora, enquanto outro, com menos tempo ou menos qualificação receba US$ 2,00. Se for considerada uma taxa de 200% do custo de mão-de-obra direta, o custo indireto de determinada ordem de serviço que exija uma hora de mão-de-obra direta seria US$ 6,00, se fosse usado o empregado com mais tempo de serviço, e US$ 5,00 se fosse usado o outro. De forma alternativa, a empresa poderia adotar uma taxa-padrão (*standard*) de US$ 2,50. Mas, mesmo nesse caso, ocorreriam distorções, se fosse mais utilizada a mão-de-obra de um em detrimento da mão-de-obra do outro.

Contudo, se as taxas de mão-de-obra forem uniformes para todas as operações, o uso desse cálculo para aplicação dos custos indiretos trará o mesmo resultado que a aplicação de horas de mão-de-obra.

A taxa de mão-de-obra direta, como base para os custos indiretos, pode ser conceitualmente melhor do que o cálculo das horas, nos casos em que os custos indiretos representam custos adicionais de mão-de-obra, que estão relacionados ao custo de mão-de-obra direta, ou quando operários com maior taxa fazem o maior uso de instalações caras e maquinário complexo.

5ª Material direto

Como regra, o material direto poderá ser utilizado como base para o rateio, sempre que for considerado como principal item na composição dos custos de produção de uma indústria.

Entretanto, na hipótese de a mesma matéria-prima ser utilizada na fabricação de produtos diferentes, a taxa poderá provocar grandes distorções no rateio dos custos indiretos.

Na hipótese de a mão-de-obra e o equipamento necessários para o manejo de matérias-primas formarem componente significativo dos custos indiretos, a utilização da taxa ou do peso do material direto não será uma base consistente para a aplicação dos custos indiretos. Ocorre com freqüência nas fábricas a distinção dos custos indiretos do almoxarifado e de manejo de materiais dos custos indiretos de fabricação, nos quais as ordens de serviço consideram como base o peso ou o volume da matéria-prima direta empregada.

6ª Comparação das bases

É importante ressaltar que, ao utilizar determinada base na distribuição dos custos indiretos, deve-se ter a certeza de que esta foi objeto de uma pesquisa intensa, e seus indicativos estão perfeitamente correlacionados com o principal fator do custo de produção da fábrica, ou de determinado produto. Da mesma forma, essa taxa a ser utilizada representa a maior freqüência de casos, ou possui o menor desvio padrão em relação aos demais fatores de produção.

Quadro 4-2 Comparação da base de rateio dos custos indiretos: bases proporcionais

	Valores do orçamento anual dos custos indiretos			
	$	Horas	Taxas possíveis	
Custos indiretos totais	150.000,00		50,0%	Do custo de mão-de-obra direta
Custo de mão-de-obra direta	300.000,00	150.000	$ 1,00	Por hora de mão-de-obra direta
Consumo de material direto	600.000,00		25,0%	Do material direto
Horas-máquina		30.000	$ 5,00	Por horas-máquina

Dados das ordens de serviço (OS)			Rateio possível dos custos indiretos			
OS nº 1	$	Horas	MOD	Horas MOD	MD	Horas-máquina
Horas de mão-de-obra direta		5	0,50	$ 1,00	0,25	1
Horas-máquina		1	$ 10,00	5	$ 20,00	$ 5,00
Material direto	20,00		$ 5,00	$ 5,00	$ 5,00	$ 5,00
Custo de mão-de-obra direta	10,00					
Custo primário	30,00					
Custos indiretos	5,00					
Total do custo da OS	35,00					
OS nº 2	$	Horas	MOD	Horas MOD	MD	Horas-máquina
Horas de mão-de-obra direta		25	0,50	$ 1,00	0,25	5
Horas-máquina		5	$ 50,00	25	$ 100,00	$ 5,00
Material direto	100,00		$ 25,00	$ 25,00	$ 25,00	$ 25,00
Custo de mão-de-obra direta	50,00					
Custo primário	150,00					
Custos indiretos	25,00					
Total do custo da OS	175,00					

Quadro 4-3 Comparação da base de rateio dos custos indiretos: bases não proporcionais

Valores do orçamento anual dos custos indiretos				
	$	Horas	Taxas possíveis	
Custos indiretos totais	200.000,00		57,1%	Do custo de mão-de-obra direta
Custo de mão-de-obra direta	350.000,00		$ 1,33	Por hora de mão-de-obra direta
Consumo de material direto	500.000,00		40,0%	Do material direto
Horas-máquina		30.000	$ 6,67	Por hora de máquina

Dados das ordens de serviço (OS)			Rateio possível dos custos indiretos			
OS nº 1	$	Horas	MOD	Horas MOD	MD	Horas-máquina
Horas de mão-de-obra direta		5	0,57	$ 1,33	0,40	2
Horas-máquina		2	$ 10,00	5	$ 20,00	$ 6,67
Material direto	20,00		$ 5,71	$ 6,67	$ 8,00	$ 13,33
Custo de mão-de-obra direta	10,00					
Custo primário	30,00					
Custos indiretos	13,33					
Total do custo da OS	43,33					
OS nº 2	$	Horas	MOD	Horas MOD	MD	Horas-máquina
Horas de mão-de-obra direta		25	0,57	$ 1,33	0,40	6
Horas-máquina		6	$ 50,00	25	$ 100,00	$ 6,67
Material direto	100,00		$ 28,57	$ 33,33	$ 40,00	$ 40,00
Custo de mão-de-obra direta	50,00					
Custo primário	150,00					
Custos indiretos	40,00					
Total do custo da OS	190,00					

Assim, partindo-se do pressuposto de que todos os fatores foram utilizados adequadamente proporcionais às respectivas ordens de serviço, cada ordem, por sua vez, também receberá a parcela adequada dos custos indiretos. Os Quadros 4-2 e 4-3 apresentam um exemplo[2] comparativo da apuração da base de rateio dos custos indiretos, considerando-se bases proporcionais e bases não proporcionais.

Analisando-se os Quadros 4-2 e 4-3, são possíveis as seguintes conclusões:

- No Quadro 4-2, pode-se observar que tanto a mão-de-obra medida em tempo quanto a medida em valor podem ser usadas para a aplicação de custos indiretos, enquanto forem diretamente proporcionais, isto é, enquanto as taxas de mão-de-obra forem uniformes em ordens de serviço semelhantes.
- No Quadro 4.3, nota-se que o fator horas-máquina prepondera sobre os demais. Nesse caso, deverá ser utilizado o tempo de máquina, em vez do tempo de mão-de-obra, caso não flutuem de modo proporcional. Em outras palavras, se um

---

[2] Esse exemplo foi adaptado de Charles Horngren. *Contabilidade de custos: um enfoque administrativo*. São Paulo: Atlas, 1978, v. 2, p. 724.

operário operar uma máquina para uma ordem de serviço e três máquinas similares em outra ordem, considerando-se constantes os outros fatores, a base de tempo de máquina é mais precisa como base do que o tempo de mão-de-obra.
- Se o tempo de mão-de-obra tiver relação proporcional ao tempo de máquina, não é necessário usar o tempo de máquina, visto que os custos finais de cada serviço não vão diferir.
- O fator-base que for mais fácil e barato de aplicar deve ser selecionado, desde que os custos das ordens de serviço individuais não sejam significativamente afetados.

Cabe observar, ainda, que os resultados finais apontados no Quadro 4-2 são os mesmos em cada ordem específica. Isso se deve ao fato de que os fatores básicos são usados proporcionalmente. O mesmo não ocorre no exemplo indicado no Quadro 4-3, pois as bases não foram usadas proporcionalmente nas ordens de serviço individuais. Assim, conforme o critério a ser utilizado, algumas ordens de serviço poderão receber valores maiores de custos indiretos que outras, causando uma distorção no resultado das vendas da empresa. Ressalte-se que a distorção aqui mencionada não se refere ao lucro líquido para o acionista, que será o mesmo, mas ao resultado de cada produto, distorcendo sua análise gerencial individualizada.

4.3 Despesas departamentais indiretas

4.3.1 Taxas para toda a fábrica *versus* taxas departamentais

A maioria das fábricas produz mais que um produto. Essa variedade faz que haja ou seja exigido maior controle e complexidade operacionais, diferentes consumos de material e diferentes rotinas de produção. Torna-se desnecessário dizer que, nesses casos, a aplicação do rateio dos custos indiretos, imputável aos vários departamentos, áreas de produtos ou centros de custos terá uma importância substancial na apuração dos custos de fabricação.

Suponha que uma ordem de serviço passe por dois departamentos – usinagem e acabamento –, como demonstrado no Quadro 4-4. O departamento de usinagem é totalmente mecanizado com máquinas e equipamentos automáticos. O departamento de acabamento utiliza algumas ferramentas e depende, principalmente, de mão-de-obra qualificada. Sendo assim, os custos indiretos tendem a ser mais altos na usinagem que no acabamento.

Considere duas ordens de serviço, a primeira despende duas horas de usinagem e 12 horas de acabamento. A segunda despende nove horas de usinagem e duas horas de acabamento. Se for empregada uma única taxa de custos indiretos, para toda a fábrica, baseada nas horas de mão-de-obra, ambas receberiam o mesmo valor de custos indiretos. Mas essa aplicação provocaria uma distorção, pois a OS nº 1 fez pouco uso dos fatores de maiores custos indiretos, ao passo que a OS nº 2 fez maior uso de fatores de menor taxa. Com isso, as taxas departamentais, como mostradas no Quadro 4-4, seriam consideradas mais aceitáveis para fins de rateio dos custos indiretos, levando-se em conta as taxas específicas de cada uma das OS.

Ressalte-se, ainda, que na hipótese de utilização das taxas de mão-de-obra como base para o rateio, a utilização da taxa geral da fábrica implicaria a apuração de um custo de fabricação maior (US$ 198,00) do que se fossem usadas as taxas departamentais (US$ 184,50), o que proporcionaria uma redução real nos custos dos produtos fabricados, em torno de 7,3%.

Assim, pode-se dizer que, na hipótese de os produtos serem heterogêneos, recebendo fatores diferentes pelos departamentos ou centros de custos em que transitarem, será mais conveniente e mais preciso aplicar, para fins de apuração do rateio dos custos indiretos, as taxas correspondentes aos respectivos departamentos ou centros de custos, de forma a obter um custo de fabricação com maior grau de precisão.

Quadro 4-4 Taxa geral da fábrica versus taxas departamentais – base: horas de MO

	Taxa geral fábrica			Taxas departamentais		
	Usinagem	Acabamento	Total	Usinagem	Acabamento	Total
Custos indiretos anuais orçados	$ 150.000	$ 15.000	$ 165.000	$ 150.000	$ 15.000	
Horas de mão-de-obra direta	10.000	10.000	20.000	10.000	10.000	
Taxa de horas de MO			$ 8,25	$ 15,00	$ 1,50	
Rateio dos custos indiretos						
OS nº 1						
Horas de mão-de-obra			12	2	10	
Taxa de horas de MO			$ 8,25	$ 15,00	$ 1,50	
Custo indireto			$ 99,00	$ 30,00	$ 15,00	$ 45,00
OS nº 2						
Horas de mão-de-obra			12	9	3	
Taxa de horas de MO			$ 8,25	$ 15,00	$ 1,50	
Custo indireto			$ 99,00	$ 135,00	$ 4,50	$ 139,50
Custo total das OS			$ 198,00	$ 165,00	$ 19,50	$ 184,50
Variação em relação à taxa geral da fábrica						−7,3%

4.3.2 Bases diferentes para departamentos diferentes

Constata-se que algumas empresas utilizam bases diferentes para cada departamento ou centro de custo para fins de distribuição dos custos indiretos. O Quadro 4-4 usou como padrão as horas de mão-de-obra direta como base para o departamento de usinagem, uma vez que partiu-se da premissa de que o tempo de mão-de-obra é proporcional ao de máquina.

Nesse mesmo exemplo, se o tempo de mão-de-obra não fosse proporcional ao de máquina, as horas-máquina seriam preferíveis como base de rateio dos custos indiretos de fabricação nos departamentos de usinagem e de acabamento, como mostra o Quadro 4-5.

Poderá ser criticada a adoção da taxa de máquina para o departamento de acabamento, por ser mais afim da utilização da mão-de-obra do que de máquinas. Contudo, observa-se que a utilização das horas-máquina são mais dispendiosas que a mão-de-obra. Enquanto a taxa da mão-de-obra, para o departamento de acabamento, pelo critério do Quadro 4-4, é de US$ 1,50, pelo critério da taxa de máquina é de US$ 5,00. Todavia, o principal fator encontra-se na preponderância das horas-máquina em relação às horas de mão-de-obra (Tabela 4.1).

Tabela 4-1 Relação máquina-mão-de-obra

	Horas-máquina	Mão-de-obra	Total
Departamento de usinagem	10.000		10.000
Departamento de acabamento	3.000	7.000	10.000
Total	13.000	7.000	20.000
%	65,0%	35,0%	

No Quadro 4-5 estão demonstrados os valores comparativos entre a taxa geral da fábrica e as taxas departamentais em relação ao critério de horas-máquina.

Quadro 4-5 Taxa geral da fábrica versus taxas departamentais – base: horas-máquina

	Taxa geral fábrica			Taxas departamentais		
	Usinagem	Acabamento	Total	Usinagem	Acabamento	Total
Custos indiretos anuais orçados	$ 150.000	$ 15.000	$ 165.000	$ 150.000	$ 15.000	
Horas-máquina	10.000	3.000	13.000	10.000	3.000	
Taxa de horas-máquina			$ 12,69	$ 15,00	$ 5,00	
Rateio dos custos indiretos						
OS nº 1						
Horas-máquina			12	2	10	
Taxa de horas-máquina			$ 12,69	$ 15,00	$ 5,00	
Custo indireto			$ 152,31	$ 30,00	$ 50,00	$ 80,00
OS nº 2						
Horas-máquina			12	9	3	
Taxa de horas-máquina			$ 12,69	$ 15,00	$ 5,00	
Custo indireto			$ 152,31	$ 135,00	$ 15,00	$ 150,00
Custo total das OS			$ 304,62	$ 165,00	$ 65,00	$ 230,00
Variação em relação à taxa geral da fábrica						−32,4%
Variação em relação ao critério de MO			53,8%	0,0%	233,3%	24,7%

Observa-se que, no Quadro 4-5, a variação percentual do total das taxas departamentais em relação à taxa geral da fábrica (32,4%) é maior que a apresentada no Quadro 4-4 (7,3%), em que se considerou como fator determinante as horas de mão-de-obra. Isso reforça a importância da utilização das horas-máquina. Entretanto, na hipótese de se adotar o critério da taxa de máquinas como balizador, o efeito em relação ao da mão-de-obra seria um custo de produção 24,7% maior.

Alternativamente, seria possível adotar um critério misto, que contemplaria o reconhecimento pelo departamento de usinagem da taxa de horas-máquina e para o departamento de usinagem, a taxa de horas de mão-de-obra. O efeito está representado no Quadro 4-6, a seguir.

Esse critério poderia ser considerado mais justo por algumas empresas, e menos justo por outras. Conforme apresentado no Quadro 4.6, de modo geral, o custo de produção seria menor que o apurado pelos outros dois critérios anteriores. No entanto, na hipótese de a empresa operar com grande flutuação de fatores, esse critério poderia gerar distorção bastante acentuada no resultado final. De qualquer forma, qualquer que seja o critério adotado, deverá ser fruto de uma análise profunda por parte dos responsáveis pela área de custos de uma indústria, com o intuito de apurar, com a maior precisão possível, o custo de produção, peça fundamental na formação do preço de venda dos produtos.

Capítulo 4 Alocação dos custos indiretos de fabricação 73

Quadro 4-6 Taxa geral da fábrica versus taxas departamentais: critério misto

	Taxas departamentais		
	Usinagem	Acabamento	Total
Custos indiretos anuais orçados	$ 150.000	$ 15.000	
Horas-máquina	13.000		
Horas de mão-de-obra		7.000	
Taxa por hora	$ 11,54	$ 2,14	
Rateio dos custos indiretos			
OS nº 1			
Horas despendidas na produção	2	10	
Taxa por hora	$ 11,54	$ 2,14	
Custo indireto	$ 23,08	$ 21,43	$ 44,51
OS nº 2			
Horas despendidas na produção	9	3	
Taxa por hora	$ 11,54	$ 2,14	
Custo indireto	$ 103,85	$ 6,43	$ 110,27
Custo total das OS	$ 126,92	$ 27,86	$ 154,78
Variação em relação ao critério de MO	−23,1%	42,9%	−16,1%
Variação em relação ao critério de máquina	−23,1%	−57,1%	−32,7%

4.3.3 Custos de departamentos de serviço

Os departamentos de serviço têm como função auxiliar os departamentos de produção de uma indústria. Podem ser classificados como técnicos e administrativos. Os departamentos técnicos estão relacionados aos de produção, como é o caso dos departamentos de engenharia, manutenção, controle de produção, planejamento de produção, almoxarifado, ferramentaria, compras, vendas, entre outros. Os departamentos administrativos, também importantes, não estão diretamente ligados à produção, mas contribuem para o funcionamento da fábrica como um todo. Como exemplos desses departamentos, podem ser citados o restaurante, a enfermaria, o departamento de pessoal etc. Esses departamentos prestam serviços que beneficiam as operações em geral, embora os produtos não passem fisicamente por eles. Sendo assim, os custos dos departamentos de serviço serão:

- acumulados por responsabilidade departamental para fins de controle; e
- redistribuídos aos departamentos de produção para fins de custeio de produto.

Com isso, as taxas de custos indiretos totais serão baseadas nos custos indiretos dos departamentos de produção, agregando também a parcela relativa aos departamentos de serviços. A inclusão da parcela dos departamentos de serviço ocorre porque esses departamentos igualmente contribuem para o bom funcionamento da fábrica. Por isso, e atentando ainda o fato de que eles concorrem para os gastos gerais de fabricação, nada mais justo que considerar suas respectivas parcelas nas taxas dos custos indiretos.

4.4 Departamentos de serviços e critérios de rateio

Pode-se constatar, na prática, que as relações entre os diversos itens dos custos indiretos com os produtos físicos são as mais variadas possíveis. Essa diversidade se torna ainda maior quando se refere, principalmente, a determinados departamentos de serviços, como é o caso dos departamentos administrativos.

O pensamento moderno é no sentido de que a fábrica funciona como um todo. Assim, todos os seus custos, quer tenham origem nos departamentos de produção quer nos departamentos de serviços, devem ter reconhecidas suas respectivas parcelas nos departamentos de produção.

4.4.1 Critérios para a seleção das bases de rateio

Entre uma variedade grande de critérios para a seleção das bases de rateio, os mais comuns são:

1. uso ou identificação física, por exemplo, a quantidade de pedidos de conserto, requisições e medidores de consumo de energia;
2. instalações fornecidas, como a área ocupada e a capacidade rateada do equipamento elétrico; e
3. quantidade alocada de funcionários, como o caso dos departamentos de pessoal, enfermaria e restaurante.

Apesar de essas alternativas serem aceitáveis, pode-se dizer que o critério mais correto seria o apontamento da dedicação de determinados departamentos administrativos aos departamentos técnicos, como é o caso da enfermaria ou de pessoal, por exemplo. Contudo, deve-se considerar outro fator mais importante que é o custo benefício desse controle.

Na Tabela 4-2 podem ser encontradas algumas sugestões de bases para critérios que podem ser utilizados para o rateio dos custos indiretos dos departamentos de serviço.

Tabela 4-2 Critérios para o rateio dos custos dos departamentos de serviço

Departamento de serviços	Base para o rateio dos custos
Restaurante	Número de funcionários, área ocupada
Contabilidade	Horas de mão-de-obra, área ocupada
Engenharia	Horas de mão-de-obra, área ocupada, quantidade de requisições, valor do projeto
Manutenção	Débitos diretos com base no material usado mais horas trabalhadas para cada departamento
Almoxarifado	Unidades transportadas, tonelagem, horas de serviço
Enfermaria	Número de funcionários; horas de mão-de-obra; número de casos, área ocupada
Pessoal	Número de funcionários, taxa de rotatividade de mão-de-obra; número de funcionários admitidos; análise do tempo despendido com cada departamento
Planejamento e controle da produção	Horas-máquina; horas de mão-de-obra
Energia	Consumo de material; capacidade do equipamento; horas-máquina; área ocupada por departamento
Ferramentaria	Quantidade de requisições

Na Figura 4-1, é mostrado um esquema para distribuição dos custos indiretos aos custos de produção finais. Suponha uma fábrica que possua departamentos em três tipos de serviços distintos (engenharia, administração geral da fábrica e enfermaria) e dois departamentos de produção (usinagem e montagem). Os custos indiretos são orçados ao final de cada exercício e acumulados por responsabilidade departamental. Para fins de custeio de produto, os custos dos departamentos de serviços são rateados aos departamentos de produção, considerando a atividade normal de produção da fábrica. A base para a realização do rateio é o fator que melhor indicar os benefícios incorporados aos produtos fabricados.

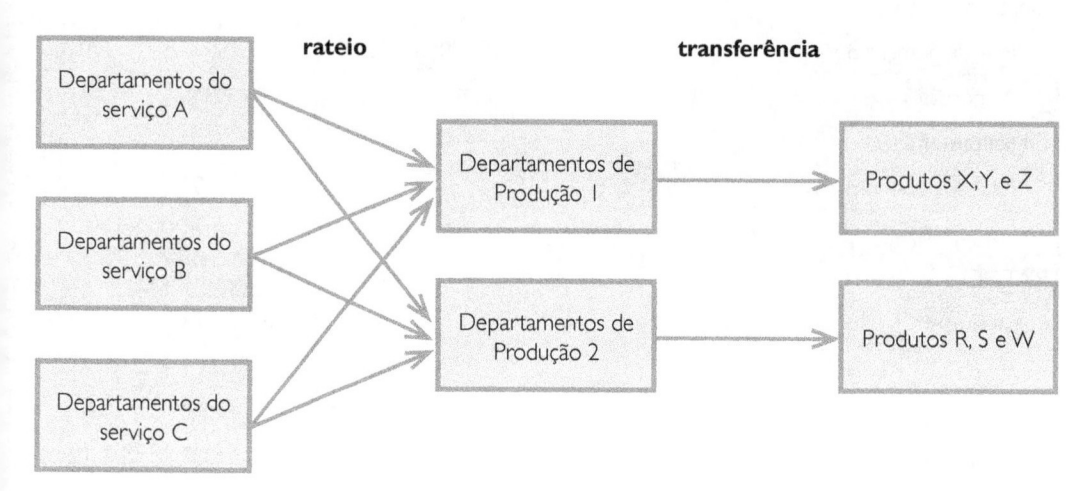

Figura 4-1 Bases para o rateio dos custos.

4.4.2 Rateio direto

O rateio direto é o método mais utilizado para a distribuição dos custos dos departamentos de serviço. Esse método não considera os serviços prestados por um departamento de serviços a outro; distribuindo os custos de cada departamento de serviços diretamente aos departamentos de produção. Como demonstrado no Quadro 4-7, não foram considerados os serviços prestados pelo departamento de administração geral da fábrica ao departamento de engenharia. Também não foram levados em conta os serviços prestados pelo departamento de engenharia ao departamento de administração geral. A base usada para o rateio dos custos da administração geral da fábrica são as 55 mil horas-homem trabalhadas pelos departamentos de produção. Nesse caso, deve-se fazer a distinção entre horas totais de mão-de-obra (incluindo as horas indiretas) e horas de mão-de-obra direta. As horas totais de mão-de-obra são, muitas vezes, usadas como base para redistribuições, enquanto as horas de mão-de-obra direta são, geralmente, utilizadas como base para a apuração de taxas de custos indiretos, predeterminadas, nos departamentos de produção, para fins de custeio de produto.

4.4.3 Método gradual

No método de rateio gradual, são reconhecidos os serviços prestados por um departamento de serviços a outro. Sendo assim, pode-se considerar esse método mais complexo, visto que será necessário escolher uma seqüência de rateios. Como regra, essa seqüência

Quadro 4-7 Rateio direto

	Departamentos de serviço		Departamentos de produção		Totais
	Adm. geral da fábrica	Engenharia	Usinagem	Montagem	
Custos indiretos (antes do rateio)	$ 530.000	$ 210.000	$ 460.000	$ 240.000	$ 1.440.000
Serviços prestados					
Departamento 1					
Total de homens-hora		15.000	20.000	35.000	70.000
Proporção		21,4%	28,6%	50,0%	
Departamento 2					
Total de hora-homens	2.000		16.000	2.000	20.000
Proporção	10,0%		80,0%	10,0%	
RATEIO					
Departamento 1	−$ 530.000		$ 192.727	$ 337.273	$ 530.000
			20.000	35.000	55.000
			36,4%	63,6%	
Departamento 2		−$ 210.000	$ 186.667	$ 23.333	$ 210.000
			16.000	2.000	18.000
			88,9%	11,1%	
Totais			$ 839.394	$ 600.606	$ 1.440.000
			36.000	37.000	73.000
Taxa			$ 23,32	$ 16,23	

tem início com o departamento que presta serviços ao maior número de departamentos de serviço. A seqüência continua de forma gradativa e termina com o rateio dos custos do departamento que presta serviços ao menor número de departamentos de serviços. Assim, departamentos como o de manutenção[3] e o de pessoal teriam seus custos distribuídos antes dos custos dos departamentos de controle de produção e de engenharia de produto, por exemplo.

O método gradual está demonstrado no Quadro 4-8. Nota-se que os custos do departamento 1 são rateados para o outro departamento de serviços, e deste aos departamentos de produção. Observa-se ainda que, com a distribuição dos custos do departamento 1, os custos do departamento 2 absorvem uma parcela dos primeiros. E o novo total do departamento 2 é rateado para os departamentos de produção.

---

[3] No caso do departamento de manutenção, considera-se não somente a manutenção das máquinas e dos equipamentos utilizados na produção, mas também a manutenção da instalações das áreas administrativas.

Quadro 4-8 Rateio gradual

	Departamentos de serviço		Departamentos de produção		Totais
	Adm. geral da fábrica	Engenharia	Usinagem	Montagem	
Custos indiretos (antes do rateio)	$ 530.000	$ 210.000	$ 460.000	$ 240.000	$ 1.440.000
Rateio					
Departamento 1	-$ 530.000	$ 113.571	$ 151.429	$ 265.000	$ 530.000
		15.000	20.000	35.000	70.000
		21,4%	28,6%	50,0%	
Departamento 2		-$ 323.571	$ 287.619	$ 35.952	$ 323.571
			16.000	2.000	18.000
			88,9%	11,1%	
Totais			$ 899.048	$ 540.952	$ 1.440.000
			36.000	37.000	73.000
Taxa			$ 24,97	$ 14,62	

4.4.4 Metodologia de cálculo

Pode-se dizer que qualquer metodologia de cálculo que seja aplicada para fins de rateio dos custos dos departamentos de serviços estará apoiada em premissas arbitradas, utilizadas para agregar os custos dos departamentos de serviço aos de produção. Contudo, cabe ressaltar que a arbitrariedade das premissas não significa sua aleatoriedade. O método a ser adotado deve ser consistente com os fatores de produção da fábrica.

Sendo assim, os custos do departamento de pessoal podem ser rateados considerando-se o número de funcionários de cada um dos outros departamentos. A premissa arbitrária, nesse caso, seria a de que todos os funcionários da empresa recebem a mesma requisição do departamento de pessoal. Essa seria, talvez, uma constatação prática difícil. Somente a título de exemplificação, a rotatividade de pessoal[4] nos departamentos de serviço dificilmente será a mesma que nos de produção, o que certamente acarretará mais tempo de dedicação do departamento de pessoal para o que possuir maior rotatividade de pessoal. Mas esse seria um controle de difícil apontamento, e talvez de difícil justificação, se comparado seu custo com seu benefício. Assim, a simplificação da premissa de que todos os departamentos recebem as mesmas requisições do de pessoal poderia ser um critério de sustentação aceitável.

A metodologia de rateio torna-se complicada à medida que exige muitos cálculos e, em certos casos, bem complexos. Sendo assim, o administrador deve estar ciente de que o rateio só é necessário para fins de custeio de produto. Por sua vez, o controle dos custos indiretos individuais dificilmente é influenciado pela maneira com que é rateado. Portanto, o grande ponto a ser discutido não reside na quantidade de planilhas elaboradas, de casas decimais na apuração dos cálculos, mas sim na metodologia que foi adotada e na sua sustentabilidade e critérios de razoabilidade.

---

[4] Esse termo também é conhecido na prática de pessoal como *turnover*.

4.4.5 Métodos alternativos de rateio

No Quadro 4-9, são apresentados outros critérios para rateio de custos indiretos. Inicialmente, os custos são considerados de acordo com suas origens departamentais. Posteriormente, os custos dos departamentos de serviços são rateados para os departamentos de produção, conforme critérios próprios.

No exemplo do Quadro 4-9, a primeira dificuldade reside em pesquisar se todos os departamentos de serviços são utilizados por outros departamentos. A segunda dificuldade está no critério a ser adotado para rateio dos valores, principalmente, qual departamento deve ter seus custos rateados primeiro.

Quadro 4-9 Orçamento de custos indiretos de fabricação: rateio gradual

	Departamento de serviço			Departamento de produção			Total
	Manutenção	Pessoal	Adm. da fábrica	Usinagem	Montagem	Acabamento	
Custos indiretos							
Mão-de-obra indireta	430	920	2.450	5.030	1.000	360	10.190
Adicional de horas extras	120		90	630	140	50	1.030
Encargos sociais	176	294	813	1.811	365	131	3.590
Insumos	670	725	220	4.250	400	1.400	7.665
Energia elétrica	180	750	165	2.920	1.640	930	6.585
Usinagem adicional				440	150	40	630
Combustível/transporte	120	15	23				158
Custos indiretos variáveis	1.696	2.704	3.761	15.081	3.695	2.911	29.848
Impostos	339	541	752	3.016	739	582	5.970
Depreciação	136	135	376	1.508	369	291	2.816
Supervisão	129	276	1.470	2.012	400	144	4.431
Total	$ 2.300	$ 3.657	$ 6.359	$ 21.618	$ 5.203	$ 3.929	$ 43.065
RATEIO							
Manutenção	-2.300	338	54	1.150	460	298	2.300
Quantidade de ordens de pedidos		25	4	85	34	22	170
		14,7%	2,4%	50,0%	20,0%	12,9%	
Subtotal		$ 3.995	$ 6.413	$ 22.768	$ 5.663	$ 4.226	$ 43.065
Pessoal		-3.995	246	2.520	768	461	3.995
Utilização em m²			8.000	82.000	25.000	15.000	130.000
			6,2%	63,1%	19,2%	11,5%	
Subtotal			$ 6.659	$ 25.287	$ 6.431	$ 4.687	$ 43.065
Administração da fábrica			-6.659	3.913	2.025	721	6.659
Horas de MOD				25.500	13.200	4.700	43.400
				58,8%	30,4%	10,8%	
Total do custo indireto				$ 29.200	$ 8.457	$ 5.408	$ 43.065

O critério, nesses casos, é bem subjetivo, porém deverá ser consistente e sustentável. Algumas empresas adotam o critério de valor, no pressuposto de que maior valor representa maior quantidade de requisições, por exemplo. Esta não é uma verdade absoluta.

O rateio feito no Quadro 4-9 considerou que o departamento de manutenção, embora de menor valor, prestou serviços integrados e recebeu o maior número de ordens de pedidos.

O Quadro 4-9 também mostra que a base de rateio pode diferir, dependendo das características específicas de cada departamento de serviços. A metodologia a ser empregada é uma questão de se estabelecer qual fator (por exemplo, número de empregados, horas-homem diretas, número de ordens de serviço ou requisições, utilização de espaço) representa a melhor mensuração em relação aos benefícios relativos recebidos.

Seguindo esse conceito, alternativamente, adotou-se o critério de rateio dos custos do departamento de pessoal pela utilização do espaço nas edificações da fábrica. Com relação ao departamento de administração, o critério adotado foi as horas de mão-de-obra direta.

Além de demonstrar como os custos dos departamentos de serviço são redistribuídos, o Quadro 4-9 também ilustra como são apuradas as taxas de custos indiretos dos departamentos de produção. As bases usadas nesse modelo são as horas-padrão de mão-de-obra direta em cada departamento. Ressalte-se que as taxas de custeio de produto são usadas apenas pelos departamentos de produção, uma vez que os produtos passam somente por intermédio desses departamentos.

Ressalte-se ainda que o termo direto, no sentido aplicado pela contabilidade de custos indiretos, refere-se à melhor alocação de um custo indireto a determinado departamento. Por exemplo, os insumos apontados no Quadro 4-9 serão diretos em relação ao departamento que os requisitar; o salário do superintendente da fábrica terá uma alocação direta no custo da administração da fábrica, mas indireto no departamento de montagem. O salário do superintendente é agregado aos outros débitos da administração. O total dos débitos da administração é rateado entre os departamentos de produção.

Alguns tipos de custos indiretos podem ser parcialmente indiretos e parcialmente diretos. Por exemplo, a depreciação de algumas máquinas e equipamentos pode ser debitada diretamente ao departamento de usinagem, enquanto a depreciação do galpão de manutenção será debitada ao departamento de manutenção e, posteriormente, rateado como parte dos custos totais do departamento.

Importante lembrar que as técnicas de rateio poderão ser as mais diversas possíveis, sempre mantendo uma relação direta com o fator preponderante do objeto do departamento ou centro de custos. Como exemplo, no Quadro 4-9, utilizou-se a metragem quadrada das instalações totais da fábrica, encontrando-se a fração correspondente ao departamento de pessoal. Outra hipótese seria considerar a quantidade de pessoas que trabalham no departamento de pessoal em relação à quantidade de pessoas dos demais departamentos. Poder-se-ia, ainda, considerar a quantidade de horas trabalhadas etc.

Sendo assim, volta-se a frisar que as técnicas poderão ser variadas, porém consistentes e afins com o propósito e a vocação do departamento objeto do rateio, evitando sempre que a preferência pessoal determine o método aritmético a ser usado em cada caso.

4.4.6 Método gradual e método direto

O método gradual não é teoricamente uma alternativa mais perfeita, pois muitos departamentos de serviço prestam-se serviços reciprocamente. Por exemplo, o departamento de administração da fábrica serve aos funcionários do departamento de manutenção, ao passo que a administração ocupa uma área e requisita os serviços do pessoal de limpeza. Quando os serviços recíprocos entre departamentos são significativos, podem ser adotados esquemas elaborados de rateio, que envolvem equações simultâneas. De maneira geral, o método gradual não distorcerá os débitos finais dos departamentos de produção, conseqüentemente, na prática, os métodos elaborados não serão tão aplicados. O método gradual é considerado aceitável na maioria dos casos, mas, atualmente, por meio do sistema de computadores, é possível o uso do método recíproco. Na prática, entretanto, o alto grau de precisão resultante pode ser enganador, se não for cuidadosamente avaliado em relação à finalidade do cálculo.

No método direto, os custos totais de cada departamento de serviços são rateados com os departamentos de produção, sem que esses custos tenham de passar primeiro por uma série de outros departamentos de serviço. A adoção desse método é mais simplificada e preferível em relação ao método gradual, enquanto as taxas finais dos custos indiretos não forem significativamente afetadas.

No Quadro 4-10, é demonstrado um modelo do método direto de rateio. Por exemplo, a comparação das taxas de custos indiretos, nos quadros 4-9 e 4-10, demonstra somente uma pequena diferença entre as taxas de custos indiretos finais para custeio de produto. O custo indireto final no departamento de usinagem pelo método gradual é US$ 29.200, enquanto, pelo método direto, é US$ 29.198. Vale reforçar que neste exemplo o efeito foi muito pequeno, mas recomenda-se que as empresas analisem os efeitos caso a caso antes de optar pela utilização de um ou outro método. A forma mais simples de cálculo apresentada pelo método direto é mais atraente, mas todos os fatores deverão ser analisados antes da decisão final.

Quadro 4-10 Orçamento de custos indiretos de fabricação: rateio direto

	Departamento de serviço			Departamento de produção			Total
	Manutenção	Pessoal	Adm. da fábrica	Usinagem	Montagem	Acabamento	
Custos indiretos	$ 2.300	$ 3.657	$ 6.359	$ 21.618	$ 5.203	$ 3.929	$ 43.065
RATEIO							
Manutenção	−2.300			1.386	555	359	2.300
Quantidade de ordens de pedidos				85	34	22	141
				60,3%	24,1%	15,6%	
Subtotal				$ 23.004	$ 5.758	$ 4.287	$ 33.049
Pessoal		−3.657		2.458	749	450	3.657
Utilização em m²				82.000	25.000	15.000	122.000
				67,2%	20,5%	12,3%	
Subtotal				$ 25.462	$ 6.507	$ 4.737	$ 36.706
Administração da fábrica			−6.359	3.736	1.934	689	6.359
Horas de MOD				25.500	13.200	4.700	43.400
				58,8%	30,4%	10,8%	
Total do custo indireto				$ 29.198	$ 8.441	$ 5.426	$ 43.065

4.5 Taxas duplas para o rateio

Nos itens anteriores, os custos indiretos foram considerados de forma global, independente do seu comportamento ser fixo ou variável. Essa forma de cálculo é mais simples para a determinação dos custos de produção, para fins de valorização dos estoques, e mesmo para a formação do preço de determinado produto. Entretanto, algumas empresas, em razão da complexidade da produção ou da necessidade de maior exatidão ou diferenciação na produção, utilizam duas taxas de custos indiretos: uma para a aplicação das parcelas variáveis de custos indiretos e outra para a aplicação das parcelas fixas. Essas taxas não são difíceis de apurar quando a empresa tem orçamento flexível de custos indiretos. Elas fornecem dados úteis, porque os custos dos produtos podem ser desdobrados mais minuciosamente para diversas finalidades, principalmente para a tomada de decisões, notadamente aquelas que digam respeito ao controle do volume. Além disso, as taxas duplas permitem maior transparência na contabilidade de custos voltada para custeio de produto e controle orçamentário.

Outrossim, as taxas duplas permitem o uso de diferentes bases para o rateio dos custos dos departamentos de serviços. Embora esse refinamento possa não ter importância em alguns casos, pode se justificar em outros. A Tabela 4-3 mostra um detalhamento comparativo das horas de energia elétrica entre a capacidade máxima e a o gasto segmentado em determinado mês.

Tabela 4-3 Demonstrativo de horas de energia

	Total	Deptos. de produção		Deptos. de serviço	
		A	B	X	Y
Capacidade máxima	58.700	15.200	26.400	9.500	7.600
		25,9%	45,0%	16,2%	12,9%
Utilizados durante o mês	46.600	12.500	22.300	6.100	5.700
		26,8%	47,9%	13,1%	12,2%

Durante determinado mês, os custos de operação de energia elétrica foram de US$ 18.100, desse montante, US$ 10.300 foram considerados custos fixos e o estante (US$ 7.800) atribuídos aos custos variáveis.

A utilização da taxa dupla para o rateio considera os US$ 10.300 de custos fixos como o custo que provê a capacidade de servir a todos os outros departamentos à plena produção. O custo fixo não guarda relação com o serviço prestado em mês algum. A base correta para o rateio dos custos fixos são as horas de energia necessárias à plena capacidade. Os US$ 7.800 de custos variáveis têm relação direta com os serviços prestados. Portanto, sua base correta para o rateio são as horas de energia realmente utilizadas. O rateio por taxas duplas está mostrado no Quadro 4-11, que apresenta três alternativas: a alternativa nº 1, na qual o rateio é realizado conforme a energia utilizada e a capacidade fornecida, conjuntamente. Na alternativa nº 2, é considerada a energia utilizada e na alternativa nº 3, a capacidade fornecida. Considera-se a alternativa nº 1 como a mais correta.

Quadro 4-11 Alternativas para o rateio do custo de energia

	Total	Deptos. de produção		Deptos. de serviço	
		A	B	X	Y
Alternativa nº 1:					
Custo variável	$ 7.800	$ 2.092	$ 3.733	$ 1.021	$ 954
Energia utilizada	46.600				
Custo/hora	$ 0,17				
Custo fixo	$ 10.300	$ 2.667	$ 4.632	$ 1.667	$ 1.334
Capacidade máxima	58.700				
Custo/hora	$ 0,18				
Total	$ 18.100	$ 4.759	$ 8.365	$ 2.688	$ 2.288
Alternativa nº 2:					
Custo total	$ 18.100	$ 4.855	$ 8.662	$ 2.369	$ 2.214
Energia utilizada	46.600				
Custo/hora	$ 0,39				
Alternativa nº 3:					
Custo total	$ 18.100	$ 4.687	$ 8.140	$ 2.929	$ 2.343
Capacidade máxima	58.700				
Custo/hora	$ 0,31				

4.6 Controle dos custos dos departamentos de serviço

O administrador dos custos deverá realizar uma avaliação de desempenho e a análise de custos identificando de forma bem criteriosa onde os custos serão alocados, pois, conforme o critério adotado, os valores apurados nos custos de produção poderão sofrer significativas alterações.

Os métodos de rateio de custos entre departamentos que visem o custeio de produto não fornecem, necessariamente, dados significativos para controle de custos. A distinção entre custos fixos, variáveis, controláveis e incontroláveis é sempre difícil, mas as dificuldades dos conjuntos de custos aumentam quando se leva em conta os departamentos de serviço. Por exemplo, o departamento de manutenção pode prestar serviços para toda a empresa, quando solicitado. Sendo assim, será necessário estabelecer um responsável pelo controle desses custos. Ao usuário, é importante a quantidade desses serviços e ao fornecedor é essencial a qualidade e o custo unitário. De maneira geral, as empresas atribuem ao usuário a responsabilidade de debitar alguma taxa unitária-padrão ou estimada. Assim, o usuário é o primeiro responsável pela quantidade, e o fornecedor é o primeiro responsável pela qualidade e controle do custos. O conceito de orçamento flexível pode ser facilmente integrado em um sistema desse tipo.

No controle dos custos dos departamentos de serviços, é importante verficar alguns aspectos que devem ser abordados.

1. Os departamentos de produção exercem pouca ou nenhuma influência sobre os custos dos departamentos de serviço. Como exemplos podem ser citados os serviços que são altamente arbitrários, tais como a contabilidade de custos, pessoal, planejamento e controle de produção, engenharia, entre outros serviços similares. A administração geral costuma decidir qual vai ser a extensão desses serviços. Os responsáveis por departamento de serviços, geralmente, elaboram um orçamento, que, em grande parte, é estático, ou seja, válido para determinado período de planejamento. Esses custos podem ser rateados para fins de custeio de produto e formação de preços, mas normalmente não são controláveis pelos departamentos de produção.
2. Os custos dos serviços que estão permanentemente disponíveis, como energia elétrica, manutenção, depreciação de máquinas e equipamentos, entre outros, cuja utilização varia com a atividade produtiva, são debitados ao departamento consumidor a uma taxa-padrão. Os custos de prestação desses serviços são habitualmente estipulados nos orçamentos flexíveis do departamento de serviços. A exatidão das estimativas do orçamento depende do tipo de serviços. Por exemplo, a energia pode ser orçada com precisão, porém os serviços de mecânicos e eletricistas são mais difíceis de serem estimados, pois, muitas vezes, não é possível estimar quanto custará um reparo, daí a dificuldade de padronização.
3. Nos casos em que os preços de mercado são fáceis de obter, podem ser utilizados como padrão para transferência no sistema dado. Essa prática torna os departamentos de serviço centros de lucro, permitindo uma avaliação da eficiência, em relação ao orçamento flexível e aos concorrentes externos, e uma avaliação regular das vantagens de se adquirir os serviços externa ou internamente.
4. Quando as custos indiretos dos departamentos de serviço são grandes, é necessário tomar cuidado com o rateio. Geralmente, esses custos representam um conjunto de serviços disponíveis cujos custos são pouco influenciados pelas mudanças de curto prazo no volume de produção. Portanto, se a atividade ou volume dos serviços forem utilizados como base de rateio, poderão ocorrer algumas distorções, já que o montante do débito rateado depende diretamente das mudanças nos níveis de atividade dos departamentos de produção entre si. Por exemplo, considerando-se que os custos do departamento de pessoal sejam rateados entre três departamentos de produção com base nas horas totais trabalhadas em 20X1 (ver Tabela 4-4).

Tabela 4-4 Custos do departamento de pessoal em 20X1

	Departamento de pessoal	Departamentos de produção		
		A	B	C
Custo departamento de pessoal	$ 750.000	$ 250.000	$ 250.000	$ 250.000
Total de horas trabalhadas		300.000	300.000	300.000

Pode ocorrer de a atividade do departamento A ser sensivelmente reduzida em meados de 20X2, exigindo redução drástica de funcionários e serviços. Contudo, ao final de 20X2, as operações retornam ao normal. Se for adotada a mesma base para o rateio, os departamentos B e C receberão uma parcela maior dos custos do departamento de pessoal, a despeito do fato de que mais tempo do departamento de pessoal foi dedicado ao Departamento A em 20X2 do que em 20X1 (Consulte a Tabela 4-5).

Tabela 4-5 Custos do departamento de pessoal em 20X2

	Departamento de Pessoal	Departamentos de produção		
		A	B	C
Custo departamento de pessoal	$ 670.000	$ 70.000	$ 300.000	$ 300.000
Total de horas trabalhadas		100.000	300.000	300.000

A parcela fixa dos custos dos departamentos de serviço, muitas vezes, é distribuída por valores globais aos diversos departamentos de produção, em relação ao consumo individual previsto dos custos fixos incorridos. Esse sistema de rateio possibilita o débito de um montante estável, minimiza a possibilidade de distorções dos débitos departamentais e é um sinalizador de avaliação da lucratividade do produto.

A utilização de uma única taxa de rateio para satisfazer tanto às necessidades de custeio de produto quanto as de controle, de modo geral não são bem-sucedidas, pois os departamentos de produção não poderão ser responsáveis pelos custos dos departamentos de serviços, uma vez que não controlam os custos desses departamentos. Sendo assim, a boa prática recomenda que os critérios de rateio sejam adotados após ampla discussão entre os responsáveis pelos departamentos envolvidos, sejam de produção sejam de serviços.

4.7 Mensuração da atividade para aplicação dos custos indiretos

4.7.1 Características da capacidade

A escolha de uma capacidade, geralmente, é o resultado de decisões de orçamento de capital, que são resultado do estudo do impacto esperado dessas aplicações de capital em um determinado tempo. A escolha em geral é influenciada por uma combinação de dois fatores principais, como descrito a seguir, cada um deles envolvendo decisões de *trade-off*, e cada uma delas dependendo das previsões de demanda, custos de material e custos de mão-de-obra de longo prazo.

1. Provisão para flutuações sazonais e cíclicas na demanda. O *trade-off* está entre (a) custos adicionais de capacidade física versus (b) custos de estoques zero e/ou custos de manutenção de estoques de segurança de magnitude tal que compense as variações sazonais e cíclicas, os custos de horas extras, subcontratos e assim por diante.
2. Provisões para as tendências de alta na demanda. O *trade-off* está entre (a) os custos de construir capacidade excessiva para as necessidades iniciais versus (b) os custos extras posteriores, necessários à satisfação da demanda por outros meios

Embora possa ser definida e medida em uma situação individual, a capacidade é um conceito não muito preciso.

Considere, por exemplo, o seguinte:

O planejamento de capacidade exige a definição e medição da capacidade de maneira relevante às questões que surgem no processo de planejamento. Este problema tem dois aspectos. Primeiro, é necessário especificar a capacidade em termos da quantidade que a empresa deseja fabricar e vender. Em segundo lugar, deve-se determinar a capacidade das instalações específicas disponíveis ou a serem adquiridas. Geralmente, há diversas combinações possíveis de capacidade e padrões operacionais.[5]

Da citação dada, é possível entender que a capacidade pode significar tanto um limite superior quanto uma restrição. Como exemplo, é comum ouvir dos empresários: "Estou trabalhando à plena capacidade. Não dá para fazer mais". Estas palavras denotam claramente um limite superior, no qual se está produzindo tudo o que se pode produzir, como também denota uma limitação causada por vários fatores, normalmente ligados ao orçamento da fábrica.

Embora o termo capacidade seja aplicado à fábrica e ao equipamento, é igualmente aplicável a outros recursos, tais como pessoal e matéria-prima. A escassez de mão-de-obra direta, tempo dos executivos ou matéria-prima podem ser fatores determinantes na limitação das vendas ou produção de uma empresa.

Como regra, o limite superior da capacidade quase nunca é absolutamente rígido do ponto de vista do engenheiro. Isto é, sempre é possível dar um jeito de aumentar a produção com horas extras, subcontratação etc. Mas esses "jeitos" podem comprometer o ponto de vista econômico. Por essa razão, o limite superior da capacidade é estabelecido pela administração da fábrica para fins de planejamento e controle, após a consideração dos fatores técnicos e econômicos.

A palavra capacidade pode representar a capacidade utilizável (às vezes, chamada capacidade prática atingível), ou seja, o nível máximo com que a fábrica ou departamento pode operar da maneira mais eficiente. A capacidade utilizável leva em conta as interrupções de operações inevitáveis, tais como tempo de reparos ou tempo ocioso. Ela pode ser apresentada sob dois aspectos:

1. Atividade normal – o nível de utilização de capacidade que satisfará a demanda média do consumidor durante determinado tempo, incluindo fatores sazonais, cíclicos e tendências.
2. Atividade anual esperada – o nível previsto de utilização de capacidade para o ano seguinte.

4.7.2 Aplicação de custos indiretos: atividade normal versus atividade anual esperada

Habitualmente, a atividade anual esperada é a base para a aplicação de todos os custos indiretos fixos aos produtos em determinado ano, enquanto a taxa dos custos indiretos baseada na atividade normal é aplicada aos custos indiretos fixos para uma atividade média esperada de prazo mais longo. Conceitualmente, a taxa normal, quando comparada à esperada, ocasiona superaplicações em alguns anos, contrabalançadas por subaplicações em outros.

Para exemplificar, consideram-se os dados da Tabela 4-6, que apresenta os custos indiretos fixos de 20X1.

---

[5] Accounting for costs of capacity, N. A. A. *Research Series*, Report n° 39. New York: National Association of Accountants, 1963, p. 10.

Tabela 4-6 Custos indiretos fixos de 20X1

Custos indiretos de fabricação fixos	$ 850.000
Capacidade anual MO (horas)	220.000
Utilização anual MO (horas)	176.000
Taxa custos indiretos esperados	$ 4,83

O Quadro 4-12 demonstra a comparação da atividade anual com a atividade normal. Como se pode observar, para a atividade normal utiliza-se a taxa de custos indiretos de US$ 4,83 (US$ 850.000/US$ 176.000) para fins de custeio dos estoques. No segundo ano, observa-se um saldo de custos indiretos fixos subaplicados de US$ 4,83 multiplicado por 17.600 horas (158.400 – 176.000), cujo montante final é de US$ 85.000. Nesse caso, os administradores da fábrica considerariam a atitude de não produzir, pois ocorreria um prejuízo decorrente da capacidade ociosa. Os estoques seriam custeados à taxa de US$ 4,83, quando a taxa-padrão trabalhada é de US$ 5,37. Com isso, verifica-se que a variação do volume de um ano para o outro fez que ocorresse uma variação nos custos dos produtos e dos estoques.

Quadro 4-12 Comparação da atividade anual esperada com a normal

Ano	Horas-padrão trabalhadas	Atividade anual esperada			Atividade anual normal		
		Taxa de custos indiretos	Total aplicado	Sub(super) aplicado	Taxa de custos indiretos	Total aplicado	Sub(super) aplicado
1	176.000	$ 4,83	$ 850.000	$ 0,00	$ 4,83	$ 850.000	$ 0
2	158.400	$ 5,37	$ 850.000	$ 0,00	$ 4,83	$ 765.000	–$ 85.000
3	193.600	$ 4,39	$ 850.000	$ 0,00	$ 4,83	$ 935.000	$ 85.000
4	149.600	$ 5,68	$ 850.000	$ 0,00	$ 4,83	$ 722.500	–$ 127.500
5	202.400	$ 4,20	$ 850.000	$ 0,00	$ 4,83	$ 977.500	$ 127.500
6	211.200	$ 4,02	$ 850.000	$ 0,00	$ 4,83	$ 1.020.000	$ 170.000
Totais			$ 5.100.000	$ 0,00		$ 5.270.000	$ 170.000,00

Sobre o Quadro 4-12, é importante considerar, inicialmente, que a redução ou aumento das horas-padrão trabalhadas não significa, necessariamente, que a empresa produziu com maior ou menor eficiência. Essa variação pode ser decorrente, perfeitamente, de uma flutuação nas encomendas da fábrica, ou mesmo, como é o caso das empresas com periodicidade sazonal,[6] da utilização de indicador equivocado. Na hipótese do Quadro 4-12, utilizou-se o indicador do primeiro ano, quando se poderia usar uma média do ciclo, por exemplo.

Outro aspecto merecedor de destaque é que o Quadro 4-12 apresenta o cálculo das taxas de custos indiretos com bases de atividades diferentes. O quadro, deliberadamente,

---

[6] A empresa com características de sazonalidade apresenta uma flutuação na produção decorrente da flutuação nas suas vendas. Por exemplo, uma empresa que fabrique sorvete tem pico de produção e vendas no verão e redução no inverno.

evita a introdução de mudanças nos custos indiretos fixos orçados. Em vez disso, presume-se que os custos totais fixos sejam constantes em todos os anos. Na realidade, as mudanças de um ano para o outro nos preços pagos pelos itens e serviços de custos indiretos fixos podem afetar a taxa de custos indiretos, quer seja a atividade anual esperada quer a atividade normal ou qualquer outra atividade que seja usada para estabelecer a taxa. Isso merece um acompanhamento constante pela administração da empresa (departamento de orçamento e projeto), para corrigir eventuais desvios, sempre com o objetivo de apuração do custo de produção de forma mais realística.

4.7.3 Seleção da base de atividade

A base de atividade a ser usada depende, em grande parte, da natureza do negócio. Os custos fixos medem a capacidade de fabricar e vender. Esses custos geralmente incluem, pelo menos, a depreciação e os custos da folha de pagamento do pessoal assalariado. O total dos custos fixos é influenciado pela previsão de vendas de longo prazo. O conceito estabelece que todos os produtos devem receber uma parcela dos custos indiretos fixos.

Se o volume de vendas não sofrer grandes variações de um ano para o outro, a atividade anual esperada de cada ano poderá ser considerada uma base aceitável, pois tanto ela quanto a atividade normal serão consistentes. Nesses casos, mesmo quando as empresas têm padrões de vendas sazonais, todos os custos indiretos de fabricação fixos são aplicados ao produto no fim do ano, como é o caso dos custos apresentados no Quadro 4-12.

Contudo, há correntes de pensamento que não aceitam o critério de atividade normal e entendem que cada ano deve ser tratado individualmente, isto é, os custos indiretos de cada ano devem ser aplicados à produção desse mesmo ano. Assim, nesse caso, não faria sentido falar em ganhos ou perdas de produção. A linha de pensamento está baseada 1) na convicção de que o ano (tempo) é o fator-chave e 2) os custos indiretos de determinado ano devem ficar agregados às unidades produzidas durante o ano, qualquer que seja a relação entre as atividades do ano e as atividades médias a longo prazo.

Por outro lado, a utilização da taxa baseada na atividade anual esperada deve refletir a taxa média dos resultados previstos ao longo de determinado tempo. Presume-se que esse tempo tenha sido parte de um longo estudo orçamentário realizado pela administração da empresa, contemplando a taxa de retorno esperada em cada projeto,[7] isto é, o ponto de equilíbrio a partir do qual a empresa começará a ter retorno de seus investimentos.

As empresas que utilizam a taxa baseada na atividade normal têm como objetivo avaliar sua performance em um período mais elástico. Essa visão de longo prazo indica uma média das variações em volume que serão refletidas nas tendências de vendas. A taxa uniforme, decorrente desse critério, para a aplicação dos custos indiretos fixos possibilitará uma recuperação dos custos fixos de longo prazo. De maneira geral, a política de preços das grandes corporações utiliza esse critério. Sendo assim, pode-se dizer que a superaplicação, em alguns anos, será compensada pela subaplicação em outros anos, de forma que, ao final de dado período, se obtenha o equilíbrio desejado.

Do ponto de vista conceitual, quando a atividade normal é a base, os custos indiretos anuais superaplicados ou subaplicados devem ser transferidos para o balanço patrimonial. Na prática, entretanto, os saldos de fim de ano são encerrados diretamente na demonstração

---

[7] Mais detalhes, ver os capítulos 9 e 10 do livro de José Antonio Stark Ferreira. *Finanças corporativas: conceitos e aplicações*. São Paulo: Pearson/Prentice-Hall, 2005.

do resultado do período, considerando-se o período de competência em que os ganhos ou as perdas foram formados. No ano 2, do Quadro 4-12, o lançamento no final do exercício de 20X1, para encerrar as contas de custos indiretos de fabricação fixos, seria registrado nos livros da empresa da seguinte forma:

Tabela 4-7 Encerramento de contas

Custos fixos indiretos de fabricação	$ 765.000	
Capacidade ociosa	$ 85.000	
Custo indireto total		$ 850.000

O lançamento no Diário no fim do ano 3 apareceria da seguinte maneira:

Tabela 4-8 Encerramento de contas

Custos indiretos aplicados	$ 935.000	
Ganho na superutilização da capacidade		$ 85.000
Custo indireto total		$ 850.000

4.7.4 Capacidade normal

A capacidade normal de produção, no sentido considerado neste capítulo, significa a capacidade com que a empresa opera suas requisições de produção, ou seja, a capacidade normal sempre leva em conta uma margem de "ociosidade", não somente nas máquinas e equipamentos, como também na mão-de-obra disponível para a execução das tarefas de produção. Essa "obra" de tempo (de máquina e de mão-de-obra) é importante para que se possa efetuar eventuais ajustes na produção, geralmente, provocados por desvios naturais na orçamentação da tarefa.

Com certa freqüência, ouve-se dizer que a ordem na empresa é "produzir à plena capacidade, ou a todo vapor". Isso não é bom para a empresa, pois, qualquer problema que ocorra com o maquinário, ou mesmo uma greve, ou o atraso na entrega de insumo pelo fornecedor, férias de um operador de máquina e doença de seu substituto, entre outros fatores eventuais e imprevisíveis, poderá lhe custar não só a perda do cliente, como também pesados custos financeiros pelo não-cumprimento do contrato.

Assim, a atividade normal da empresa, para fins de aplicação de custos fixos, é a capacidade prática com a qual ela opera as tarefas para sua linha de produção. Portanto, verifica-se que as taxas de custeio dos custos indiretos são relativamente mais baixas do que se fosse usado um nível de atividade mais baixo como base.

Cabe ressaltar, ainda, que a fixação de um critério é muito importante para o resultado final do custo de produção e, conseqüentemente, para o lucro da empresa. Assim, na hipótese de uma empresa adotar o custo do produto como referencial para o estabelecimento de preços, não significa dizer que este é mais competitivo, sob a alegação de que maximiza tanto o volume quanto os lucros em boas ou em más épocas. Na verdade, os efeitos contábeis desse critério são custos unitários mais baixos para fins de estoques e o aparecimento quase permanente de "prejuízo em virtude da a capacidade ociosa" na demonstração de resultado do exercício.

4.7.5 Base de atividade para custeio de produto e controle

A escolha de uma base para rateio dos custos indiretos é importante nos casos em que os custos do produto têm grande influência nas decisões gerenciais, notadamente, naquelas que se referem a preços. Como exemplo, em uma atividade cíclica, a utilização da atividade anual esperada, em vez da atividade normal como base, faria que a empresa baixasse seus preços nas épocas de vendas altas e os aumentasse nas épocas de vendas baixas, o que traria conflitos com a prática comercial. Eis por que a capacidade normal faz mais sentido como base de custos indiretos, quando os negócios variam muito de um ano para outro, mesmo que os custos indiretos anuais superaplicados e subaplicados não sejam transferidos de um balanço para o outro.

No que se refere ao planejamento e controle, a atividade normal é um conceito sem muita expressividade. A atividade normal é usada como base para planejamento a longo prazo. Ela depende do intervalo de tempo selecionado, das previsões feitas para cada ano e da ponderação dessas previsões. No Quadro 4-12, uma comparação da atividade real esperada de 158.400 horas com a atividade normal de 176.000 horas no ano 2 pode ser considerada a melhor base para exame e avaliação do orçamento de longo prazo. Entretanto, a atividade normal é uma média que não tem significado específico em relação a um ano em particular. A comparação pertinente é a da atividade anual esperada para determinado ano, com o nível de atividade daquele ano utilizado na autorização para a aquisição das instalações. Essa comparação pode ser feita projeto por projeto. Não precisa ser integrada ao sistema contábil de maneira rotineira. Portanto, a utilização da capacidade normal como referência para o balizamento do desempenho de uma empresa pode se tornar totalmente equivocada quanto aos seus fins, uma vez que se está considerando uma medida de longo prazo para uma finalidade de curto prazo.

Com isso, pode-se dizer que a atividade anual esperada, mais que a atividade normal ou a capacidade prática, está mais relacionada à avaliação dos resultados correntes. A atividade anual esperada é a base para o orçamento global do ano, utilizado como principal objeto para planejamento e controle de curto prazo.

Resumo

A contabilização dos custos indiretos de fabricação é um dos instrumentos gerenciais fundamentais em uma empresa do ramo industrial que fabrique dois ou mais produtos. Serve para apropriar corretamente os custos aos diversos produtos, e também como instrumento de avaliação para a manutenção de sua viabilidade financeira.

A utilização de critérios de rateio dos custos indiretos de fabricação pode provocar análises distorcidas, diminuir o grau de credibilidade sobre as informações de custos e prejudicar o desempenho mercadológico de uma empresa.

A apropriação dos custos indiretos de fabricação aos diversos produtos é um aspecto estratégico dos mais nimportantes para uma empresa industrial. Apropriações inadequadas podem prejudicar o comportamento das vendas dos produtos e até reduzir a participação relativa que a empresa tem no mercado.

Como os custos indiretos individuais não podem ser aplicados às unidades físicas, é necessário arbitrar um fator comum tanto às unidades físicas quanto às flutuações nas custos indiretos. Esse denominador comum difere de empresa para empresa, porém as bases mais freqüentemente usadas são: 1) os fatores associados aos produtos individuais ou às ordens de serviço (por exemplo, material ou mão-de-obra diretos); 2) custo e esforço necessários à aplicação, e 3) diferenças nos resultados finais.

O rateio é o método mais utilizado para a distribuição dos custos dos departamentos de serviço é o do rateio direto. Esse método não considera os serviços prestados por um departamento de serviços a outro; distribuindo os custos de cada departamento de serviços diretamente aos departamentos de produção.

No método de rateio gradual são reconhecidos os serviços prestados por um departamento de serviços a outro. Assim, podemos considerar esse método mais complexo, uma vez que será necessário escolher uma seqüência de rateios. Como regra, essa seqüência tem início com o departamento que presta serviços ao maior número de departamentos. A seqüência continua de forma gradativa e termina com o rateio dos custos do departamento de serviços que presta serviços ao menor número de departamentos. Com isso, departamentos como o de manutenção e de pessoal teriam seus custos distribuídos antes dos custos dos departamentos de controle de produção e de engenharia de produto, por exemplo.

As técnicas de rateio poderão ser as mais diversas possíveis, sempre mantendo uma relação direta com o fator preponderante do objeto do departamento ou centro de custos.

A palavra capacidade pode representar a capacidade utilizável, ou seja, o nível máximo com o qual a fábrica ou departamento pode operar da maneira mais eficiente. Ela leva em conta as interrupções de operações inevitáveis, tais como tempo de reparos ou tempo ocioso. A capacidade inutilizável pode ser apresentada de dois aspectos: 1) atividade normal – o nível de utilização de capacidade que satisfará a demanda média do consumidor durante determinado tempo, incluindo fatores sazonais, cíclicos e tendências; 2) atividade anual esperada – o nível previsto de utilização de capacidade para o ano seguinte.

A escolha de uma base para rateio dos custos indiretos é importante nos casos em que os custos do produto têm grande influência nas decisões gerenciais, notadamente, as que se referem a preços. Por exemplo, em uma atividade cíclica, a utilização da atividade anual esperada, em vez da atividade normal como base, faria que a empresa baixasse seus preços nas épocas de vendas altas e os aumentasse nas épocas de vendas baixas, o que traria conflitos com a prática comercial. Eis por que a capacidade normal faz mais sentido como base de custos indiretos, quando os negócios variam muito de um ano para outro, mesmo que os custos indiretos anuais superaplicados e subaplicados não sejam transferidos de um balanço para o outro.

A metodologia do rateio dos custos dos departamentos de serviços é dificultada pela aplicação de um critério que seja unânime para toda a fábrica, evitando a adoção de regras práticas que podem provocar grandes distorções na alocação dos valores relativos aos custos de produção. Considere-se, ainda, que o rateio é complicado por muitos cálculos, mas necessário para fins de custeio do produto e controle dos custos indiretos individuais.

Exercícios propostos

1. Como pode ser conceituado o custo direto e o custo indireto?

2. Conceitue taxas de custos indiretos departamentais e taxas de custos indiretos para toda a fábrica. Explique em que situações cada uma poderá ser utilizada.

3. De maneira geral, os custos dos departamentos de serviço são redistribuídos. Relate vantagens e desvantagens na adoção desse procedimento. Haveria alternativas?

4. Quais são os critérios de seleção de bases para redistribuição dos custos dos departamentos de serviços?

5. Normalmente, percebe-se que as indústrias alocam todos os custos indiretos de fabricação aos departamentos produtivos. Assim, é necessário estabelecer uma taxa de distribuição dos custos indiretos para cada departamento produtivo com base no custo de mão-de-obra direta. Usando essa taxa, aplica-se então os custos indiretos às ordens de serviço ou aos produtos. Cite as vantagens e desvantagens do custo de mão-de-obra direta ser utilizado como base para a aplicação dos custos indiretos aos serviços ou produtos, em relação a outras bases de distribuição dos custos indiretos utilizáveis, tais como horas-máquina ou custo do insumo utilizado.

6. A Cia. XYZ pretende instalar um novo sistema de custos. As operações de manufatura da empresa apresentam as seguintes características:

   1. A empresa opera com três linhas distintas de produtos. O custo das matérias-primas para qualquer item particular varia entre 35% e 70% do custo fabril total, dependendo de material utilizado na fabricação do produto.
   2. A atividade da empresa está sujeita a grandes flutuações, uma vez que suas vendas oscilam em função da variação do poder aquisitivo das pessoas.
   3. Cerca de 60% da fabricação dos produtos é realizada nos quatro primeiros meses do ano.
   4. As taxas de mão-de-obra variam de US$ 2,50 a US$ 3,75 por hora. Entretanto, em cada departamento, a variação das taxas de mão-de-obra é inferior a 5%.
   5. Cada um dos produtos fabricados utiliza os serviços dos oito departamentos, mas a proporção varia.
   6. Nos departamentos de fabricação, individualmente, os custos indiretos de fabricação variam de 40% a 80% do custo de conversão.

   Com base nas informações anteriores, elabore suas respostas explicando qual dos seguintes sistemas a Cia. XYZ deve usar para seus custos:

   1. Uma taxa de custos indiretos normal ou uma taxa de custos indiretos anual de capacidade efetiva esperada.
   2. Uma taxa geral de custos indiretos ou uma taxa departamental de custos indiretos.
   3. Um método de aplicação de custos indiretos de fábrica baseado em: horas de mão-de-obra direta, custo de mão-de-obra direta, ou custo primário.

7. A Cia. ABC tem custos indiretos de fabricação fixos de US$ 500.000 por ano. A capacidade prática é de 100 mil horas de mão-de-obra direta padrão; a atividade normal de 90 mil horas e a atividade anual esperada é de 70 mil horas. Em 20X1, foram produzidas 70 mil unidades (em 70 mil horas-padrão) e foram vendidas 60 mil unidades. As horas-padrão trabalhadas foram 70 mil. Não há estoque inicial. Com base nessas informações:

   1. Preparar uma comparação em três colunas dos diversos métodos de aplicação de custos indiretos fixos ao produto. Determinar que métodos resultariam em lucro mínimo e máximo.
   2. Para cada método, mostre os montantes a serem debitados a: custo de vendas (despesa) prejuízo devido em virtude da capacidade ociosa, variação de volume (prejuízo) estoque final.
   3. Responda: por que a atividade anual esperada é melhor que a capacidade prática ou que a atividade normal para julgar o desempenho operacional real?

8. As operações fabris dessa empresa são altamente sazonais. Os grandes picos de produção ocorrem nos meses de abril, maio e junho de cada ano. Os dados típicos das atividades produtivas em um ano são apresentados na Tabela E-1. Considerando-se os dados constantes nessa tabela:

   1. Prepare taxas de aplicação dos custos indiretos utilizando três bases ou métodos diferentes.
   2. Calcule o custo total, de acordo com cada uma das taxas apuradas no item "a", para determinado lote de produto, no qual seja utilizado material direto ao custo de US$ 84, mão-de-obra

direta no montante de US$ 72, correspondendo a 40 horas de mão-de-obra direta e 20 horas de máquina.
3. Considerando-se o resultado do item "a", calcule qual taxa seria a mais apropriada para estabelecer o custo do produto para fins de determinação de lucros, presumindo um nível de preços constante para todos os fatores de custo? Responda: por quê?

Tabela E-1 Atividades produtivas em um ano

	Custos indiretos	Custo MOD	HH direta	Hora-máquina
Janeiro	$ 8.800	$ 8.000	6.500	3.600
Fevereiro	8.400	7.600	6.200	3.200
Março	9.600	8.600	7.400	3.800
Abril	11.200	10.000	7.800	4.600
Maio	12.000	11.600	8.100	6.000
Junho	11.600	12.000	8.500	7.800
Julho	10.000	9.000	7.500	5.600
Agosto	9.200	8.200	6.800	4.200
Setembro	9.400	8.600	7.200	5.000
Outubro	8.600	7.200	6.300	3.400
Novembro	8.000	6.000	6.000	3.300
Dezembro	7.200	4.000	5.000	2.500
Total	$ 114.000	$ 100.800	83.300	53.000

9. A empresa X preparou os orçamentos departamentais de custos indiretos para os níveis de atividade normal antes das redistribuições. A administração da empresa entende que o custo do produto que melhor se adéqüe às suas operações é atingido quando se usa as taxas departamentais de custos indiretos. Essas taxas são apuradas após a redistribuição dos custos apropriados dos departamentos de serviço aos departamentos de produção. As bases para redistribuição devem ser selecionadas entre as seguintes demonstradas na Tabela E-2.

Tabela E-2 Bases para a redistribuição

	$	Horas MO	Empregados	m²	Total de horas MO	Quantidade Requisições
Prédios e terrenos	10.000					
Pessoal	1.000			2.000		
Administração da fábrica	26.090		35	7.000		
Restaurante	1.640		10	4.000	1.000	
Almoxarifado	2.670		5	7.000	1.000	
Usinagem	34.700	5.000	50	30.000	8.000	2.000
Montagem	48.900	15.000	100	50.000	17.000	1.000
	$ 125.000	20.000	200	100.000	27.000	3.000

Considerando-se os dados apresentados na Tabela E-2:

1. Redistribua os custos dos departamentos de serviços pelo método gradual. Apure as taxas de custos indiretos por hora de mão-de-obra direta para usinagem e montagem.
2. Siga as orientações do item "a", porém usando o método direto.
3. Qual seria a taxa geral de aplicação das custos indiretos de toda a fábrica, presumindo-se o uso de horas de mão-de-obra direta como base?
4. Com base nas informações a respeito dos dois serviços contidas na Tabela E-3, prepare uma demonstração dos três custos indiretos totais para cada serviço, usando as taxas calculadas nos itens "1", "2" e "3".

Tabela E-3 Serviços de usinagem e montagem

	Horas MOD	
	Usinagem	Montagem
Ordem de serviço 01	18	2
Ordem de serviço 02	3	17
	21	19

10. A empresa Y fabrica os produtos A e B. Para fins de custeio de produto, a empresa usava uma taxa de custos indiretos de US$ 1,70 por hora de mão-de-obra direta, com base nos custos indiretos de fabricação orçados, que somavam US$ 340.000 e 200 mil horas orçadas de mão-de-obra direta. O número de horas de mão-de-obra necessário à fabricação de cada produto está apresentado na Tabela E-4. Considerando-se os dados constantes nessa tabela, responda às questões:

1. Qual é o efeito sobre os lucros da empresa causado pelo uso de uma taxa de custos indiretos geral em vez de despesas departamentais?
2. Considere-se que o custo de material e mão-de-obra por unidade do produto A seja de US$ 10 e que para a formação do preço de venda adiciona-se 40% aos custos indiretos de fabricação, de forma a contemplar o lucro e as despesas gerais e administrativas. Qual seria o impacto no preço de venda se fossem utilizadas as taxas departamentais de custos indiretos?
3. Que conclusão pode-se chegar sobre a utilização das taxas departamentais de custos indiretos em relação às taxas gerais de toda a fábrica?

Tabela E-4 Horas MO

	Orçamento		Horas MO	
	Desp. indir.	Horas	Prod. A	Prod. B
Departamento 1	$ 240.000	100.000	4	1
Departamento 2	$ 100.000	100.000	1	4
	$ 340.000	200.000	5	5

11. Na Tabela E-5, são encontrados os dados orçamentários para 20X5 relativos à empresa W. Os custos do departamento de pessoal são redistribuídos com base no número de empregados. Os custos do departamento de planejamento e controle de produção são distribuídos com base no número de ordens processadas. Para ambos os casos, utiliza-se o método gradual para a redistribuição. Essa empresa produz uma grande variedade de produtos à base de encomendas, utilizando uma única taxa de aplicação para a fábrica toda, com base nas horas de mão-de-obra direta.

Contudo, a administração da empresa W está disposta a mudar essa metodologia a partir de 20X5. As razões para a mudança residem no fato de se ter observado que se deve usar uma taxa de horas-máquina para a usinagem, pois esta utiliza maquinário e equipamentos automáticos e semi-automáticos de custo mais elevado, operados por um número reduzido de pessoas, que tendem a cuidar de várias máquinas ao mesmo tempo. Como a montagem exige muita habilidade e pouco equipamento, optou-se por considerar as horas de mão-de-obra direta como a melhor base para esse departamento. Os dados orçamentários de 20X5 são pouco diferentes daqueles de 20X4, de maneira que foram escolhidas cinco ordens de serviço representativas, processadas durante dezembro de 20X4, como base para a comparação da taxa geral com as taxas departamentais, conforme motra a Tabela E-6. Considerando-se os dados mencionados, elabore:

1. As taxas departamentais de custos indiretos;
2. A taxa geral da fábrica;
3. Um resumo detalhado por O.S. dos
    a) custos indiretos aplicados, utilizando as taxas departamentais;
    b) custos indiretos totais aplicados, utilizando a taxa geral da fábrica;
    c) as diferenças entre os itens "c.1" e "c.2".
4. Qual é a diferença total para as OS em conjunto?
5. Que base se recomendaria para a aplicação das despesas indiretas? Por quê?

Tabela E-5 Dados orçamentários para 20X5

	Pessoal Fábrica	Planej./contr. Produção	Usinagem	Montagem
	(S1)	(S2)	(P1)	(P2)
Despesas indiretas	$ 51.000	$ 198.500	$ 2.235.500	$ 755.000
Horas-máquina			300.000	
Horas MOD			40.000	500.000
Ordens a processar			8.000	2.000
Número de empregados		10	30	300

Tabela E-6 Dados orçamentários para 20X4

	Usinagem		Montagem
OS	Horas-máquina	Horas MOD	Horas MOD
300	5	2	10
301	40	4	40
302	10	2	30
303	7	1	5
304	15	11	30
	77	20	115

12. Na Tabela E-7 são apresentados os orçamentos departamentais de custos indiretos da empresa Z, para o nível de atividade normal, os custos indiretos redistribuídos por departamentos utilizando taxas predeterminadas, e algumas estatísticas da fábrica e de operações relativas ao período em questão. Considere que cada departamento produtivo tenha despendido 15 mil horas de mão-de-obra direta. Considerando-se os dados da Tabela E-7:

1. Determine as bases que maximizem a redistribuição.
2. Discrimine os custos totais redistribuídos a cada operação da fábrica.
3. Calcule as taxas de redistribuição (isto é, o serviço de zeladoria custa US$ 0,10 por m², e assim por diante).
4. Para cada operação da fábrica, apresente os seguintes dados:
   a) área ocupada em m²;
   b) número de empregados requisitados;
   c) número alocado de horas totais de mão-de-obra;
   d) número empregado de horas totais de mão-de-obra;
   e) número de requisições iniciadas.
5. Calcule a taxa de custos indiretos por hora de mão-de-obra direta para os dois departamentos.
6. Calcule a taxa geral de aplicação dos custos indiretos de fabricação, tendo como base as horas de mão-de-obra direta.

Tabela E-7 Orçamentos departamentais

		Redistribuição dos custos (método gradual)					
	Atividade	Serviço	Adm. geral				
	Normal	Admissão	Fábrica	Refeitório	Almoxarifado	Produção	Montagem
Serviço de zeladoria	$ 8.000	$ 300	$ 600	$ 900	$ 1.600	$ 2.300	$ 2.300
Serviços de admissão	3.700		300	200	200	1.300	2.000
Adm. geral da fábrica	19.100			1.000	750	8.250	10.000
Refeitório	1.400				200	1.300	2.000
Almoxarifado	250					2.100	900
Produção	14.750						
Montagem	22.800						
	$ 70.000	$ 300	$ 900	$ 2.100	$ 2.750	$ 15.250	$ 17.200
Metragem total	80.000						
Nº empregados	200						
Total horas MO	40.000						
Total horas MOD	30.000						
Nº total de requisições	1.000						

13. Na Tabela E-8 são mostrados os detalhes sobre o departamento de energia. No mês de abril, as despesas operacionais desse departamento somaram US$ 9.300. Desse valor, US$ 2.500 foram considerados custos fixos. Que montantes das despesas do departamento de energia devem ser redistribuídos a cada departamento de serviços e produtivo?

Tabela E-8 Departamento de energia

	Programa de horas de cavalo-vapor			
	Deptos. de produção		Deptos. de serviço	
	A	B	X	Y
Necessidade de produção máxima	10.000	20.000	12.000	8.000
Consumo mensal	8.000	13.000	7.000	6.000

14. O gerente de produção de uma empresa percebe que, embora seja possível usar várias bases para a aplicação dos custos indiretos de fabricação aos custos de produtos, como horas de mão-de-obra direta ou horas-máquina, há outro problema que é a maneira de expressar cada uma dessas bases. Isto é, deve-se expressar a base escolhida em termos de "atividade anual esperada", "atividade normal ou média" ou "capacidade prática". O gerente não está bem certo dos efeitos dos diferentes conceitos de utilização de capacidade sobre os resultados. Na Tabela E-9, são encontradas as informações relativas às operações planejadas da empresa para o ano de 20X5. Com base nos dados apresentados na Tabela E-9, explique por que se deve considerar ou não cada um dos três conceitos de utilização de capacidade já mencionados e por que causam diferentes variações totais entre os custos indiretos reais e aplicados ao ano de 20X5.

Tabela E-9 Operações planejadas para 20X5

	Horas
Utilização da capacidade máxima, com base no potencial físico absoluto	100.000
Utilização da capacidade prática, líquida de provisão para quebras normais, manutenção, tempo perdido	95.000
Atividade normal (média), baseada nas necessidades médias de produção de 5 anos	75.000
Atividade esperada, com base na necessidade de produção de 20X5	85.000

15. Na Tabela E-10, são apresentados dados pertinentes aos custos indiretos da empresa A. Com base nos dados indicados, qual seria a base de atividade mais apropriada para a distribuição dos custos indiretos nesse caso, considerando-se que a capacidade prática seja de 1,3 milhão de horas?

Tabela E-10 Custos indiretos da Empresa A

	Custos indiretos			Horas MOD
Anos	Variáveis	Fixos	Totais	Padrão
20X3	$ 500.000	$ 1.000.000	$ 1.500.000	500.000
20x4	$ 1.000.000	$ 1.100.000	$ 2.100.000	1.000.000
20X5	$ 800.000	$ 1.200.000	$ 2.000.000	800.000
Média	$ 766.667	$ 1.100.000	$ 1.866.667	766.667
Estimativas				
20X6	$ 88.000	$ 1.300.000	$ 1.388.000	800.000
20X7	$ 1.100.000	$ 1.300.000	$ 2.400.000	1.000.000
20X8	1.320.000	1.400.000	$ 2.720.000	1.200.000
Média	$ 836.000	$ 1.333.333	$ 2.169.333	1.000.000

CAPÍTULO 5

Custo de material, gastos gerais de fabricação e centros de custo

Objetivos de aprendizagem

Após estudar este capítulo, você deverá:

- Entender o conceito e a aplicabilidade dos gastos gerais de fabricação.
- Compreender o conceito e aplicabilidade dos centros de custos.
- Conhecer os métodos de apuração e controle dos estoques.
- Ser capaz de explicar os métodos de valorização dos estoques.
- Conhecer os sistemas de controle de estoques.

5.1 Conceitos de gastos gerais de fabricação

Como vimos e analisamos nos capítulos anteriores, de modo geral, existem duas grandes categorias de custos. De um lado, todos os custos que sejam ocasionados pela fabricação de um produto ou lote de produtos, bem-definido, cuja imputação não apresente dificuldades para sua classificação, como o caso dos materiais e dos salários diretos. Do outro, todos os custos que sejam resultantes de despesas gerais da empresa ou departamento e que não podem ser imputados diretamente a um produto específico, conhecidos como gastos gerais de fabricação.

Os gastos gerais de fabricação são os de mais difícil distribuição pelos objetos de custo. A forma como os custos são imputados aos produtos assume papel central em qualquer sistema de contabilidade de custos. As dificuldades estão associadas, basicamente, ao tratamento e à imputação dos GGF aos produtos, notadamente, no que se refere à heterogeneidade da natureza dos componentes dos GGF, à dificuldade de mensuração de certos encargos e à inclusão simultânea de encargos fixos e encargos variáveis.

Na contabilidade de uma empresa, os gastos gerais de fabricação tanto podem ser registrados em uma só conta, como em várias contas das demonstrações contábeis. Nos casos mais simples, os valores serão imputados em uma só conta de gastos de fabricação, registrando-se a débito os gastos efetuados e a crédito os gastos imputados.

Nesse caso, verifica-se o método das sobrecargas industriais. Ao final de cada período, o saldo da conta de gastos gerais de fabricação demonstra o erro das repartições. Se o saldo for credor, os custos apurados são superiores aos reais, significando gastos sobre absorvidos. Se o saldo for devedor, isso significa gastos subabsorvidos. Distinguem-se, assim, os custos suportados dos custos absorvidos. Os custos imputados não são exatamente iguais aos suportados, verificando-se diferenças de imputação.

O cálculo das sobrecargas industriais implica a seleção das bases de imputação e da opção entre cotas reais ou teóricas para a construção dos coeficientes de imputação.

As bases de imputação serão medidas do consumo indireto associado à produção de determinado bem.[1] O consumo do encargo indireto por produto será proporcional ao valor da base de imputação que lhe estiver relacionada. Esse coeficiente de proporcionalidade resulta da divisão pela base de imputação, do valor total de gastos do período considerado.[2] Esses coeficientes devem ser corrigidos periodicamente, porque as condições de trabalho também se alteram.

As bases de imputação podem ser expressas em quantidade, como a quantidade de unidades produzidas, de materiais utilizados, de horas-homem, de horas-máquina despendidas; ou em valor, como o custo dos materiais diretos, da mão-de-obra direta, o custo primário. A escolha da base de imputação deverá ser feita de modo que reflita da melhor forma o consumo do encargo indireto pelos diferentes objetos de custo, ou seja, respeitando a noção do coeficiente de proporcionalidade.

As bases de imputação podem ser fixas (por exemplo, as áreas de cada departamento) ou variáveis (como as horas de mão-de-obra direta despendidas). Ainda, podem-se adotar múltiplas bases de imputação ou uma base única. A repartição por meio de uma única base de imputação está associada a maiores diferenças de imputação.

5.1.1 Cotas reais e cotas teóricas

Quando se toma por base a atividade e os gastos efetivos de um período, as cotas (ou coeficientes) são cotas reais. As cotas reais são medidas *ex-post*, isto é, calculadas depois dos custos se verificarem. Nesse caso, no final de cada período, são apurados os gastos gerais de fabricação, que são imputados, na sua totalidade, aos produtos fabricados nesse mesmo período, de acordo com determinado critério.

Esse método apresenta algumas limitações, pois, se de um lado, o custo só for apurado no final de cada período e, do outro, se a atividade, durante o período, for mais reduzida do que o normal, os gastos gerais imputados por unidade de produto serão mais elevados. As cotas reais sendo calculadas no final do período não correspondem às condições típicas ou normais, variando de um período para o outro, ante ao nível produtivo.

Quando se considera por base a atividade prevista e os gastos futuros, as cotas são cotas teóricas e medidas *ex-ante*, isto é, com base em previsões de custos que ainda não ocorreram. No método das cotas teóricas, utiliza-se a mesma sobrecarga de custos indiretos durante o ano.

5.1.2 Centros de custo

Habitualmente, uma fábrica possui os seguintes departamentos: compras, produção, comercial e administração.

---

[1] Serão os indutores de custo como se definirá mais tarde.
[2] É a taxa de indutor de custo, aqui definida também por taxa ou coeficiente de imputação.

Para definir a metodologia de apropriação dos custos departamentais, geralmente, podem ser adotados os seguintes critérios: 1) topográfico, no qual o principal foco de cálculo é relativo ao local onde são realizadas as operações; 2) funcional ou tecnológico, em que os valores são agrupados por operações; e 3) critério administrativo, no qual os valores são registrados por responsabilidade. Destaque-se que esses três critérios podem ser aplicados em conjunto.

É importante distinguir os centros de custo principais dos centros de custo auxiliares. Esses últimos não estão relacionados diretamente à fabricação dos produtos, podendo ser dependentes ou comuns. Os centros de custo auxiliares dependentes estão relacionados diretamente a um centro de custo principal. Os centros de custo auxiliares comuns estão relacionados a um conjunto de outros centros de custo, como demonstra a Figura 5-1.

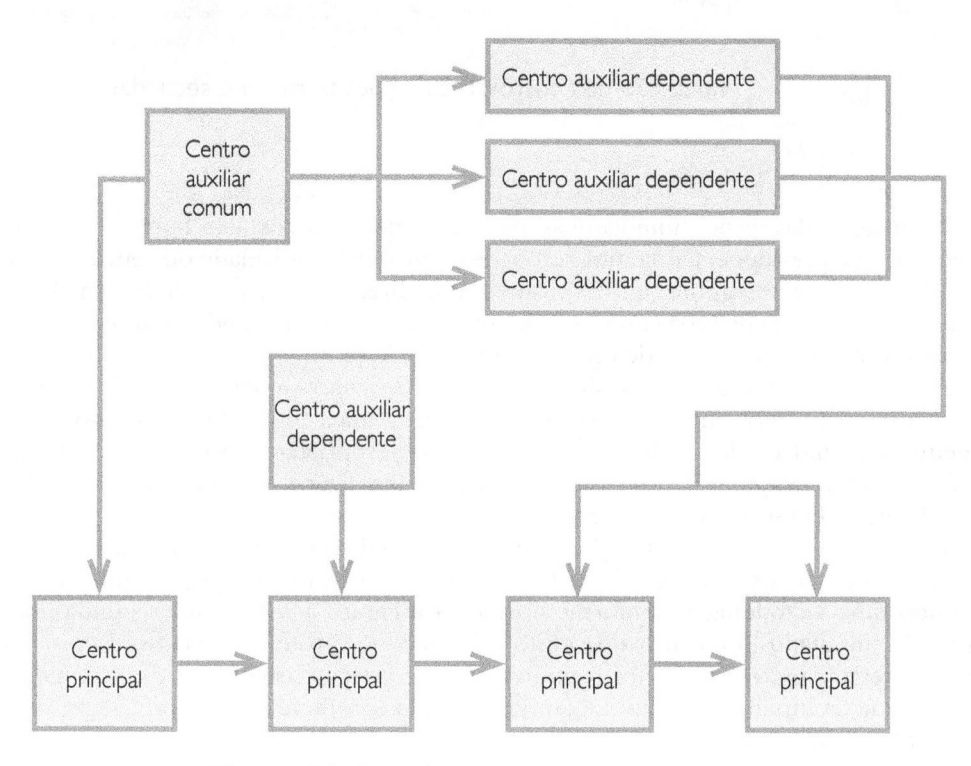

Figura 5-1 Relações entre os centros de custo.

A imputação dos custos está descrita na Figura 5-2. Os custos diretos são relacionados diretamente aos objetos de custo e os indiretos são imputados. Em um primeiro momento, os custos indiretos são repartidos pelos centros de custo, tratando-se, nesse caso, da repartição primária. Em uma segunda fase, o custo dos centros auxiliares é repartido pelos centros principais, sendo essa a repartição secundária, ou rateio de custos. Por último, o custo dos centros principais é imputado aos objetos de custo.

A apuração dos custos é realizada, então, seguindo os seguintes passos: distribuição primária e rateio ou distribuição secundária. E os custos imputados aos centros de custo principais são distribuídos pelos objetos de custo. Essa última fase é tão importante quanto as fases anteriores. Apesar de haver necessidade de alguns cálculos para a distribuição dos custos pelos centros de custo, a repartição pelos objetos de custo pode demonstrar enormes margens de erro.

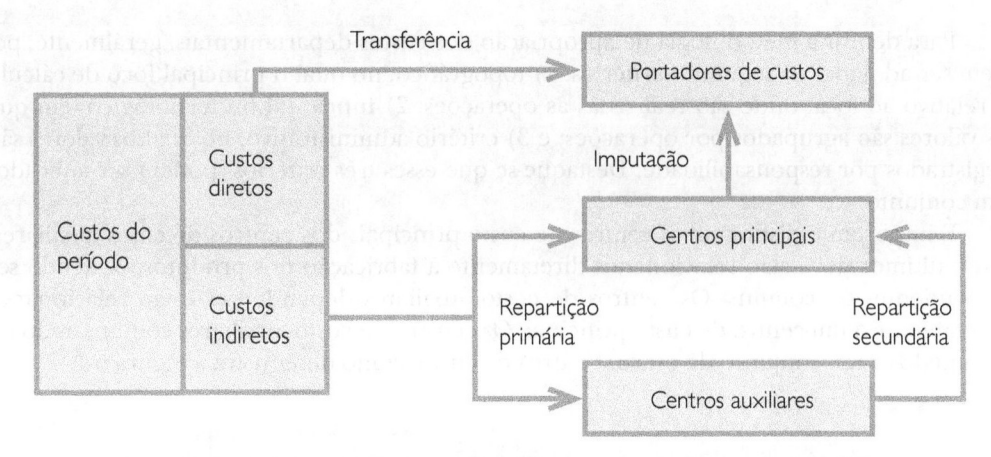

Figura 5-2 Imputação dos custos: repartições primária e secundária.

5.1.3 Método das seções homogêneas

No método das seções homogêneas, os centros de custo possuem homogeneidade de funções, o que pressupõe, ainda, uma unidade de medida da atividade do centro. A homogeneidade de funções significa que os custos devem dizer respeito a atividades semelhantes. A unidade de medida de cada centro servirá para imputar os custos pelos diferentes objetos de custo conforme o consumo de recursos por parte deles.

A utilização do método das seções homogêneas permitirá a obtenção mais correta dos custos, além de fornecer informações importantes para a sua gestão. Contudo, isso ocorrerá somente se a unidade de medida de cada seção for apropriada para refletir sua atividade. Também, a correta apuração dos custos está diretamente ligada ao grau de homogeneidade em cada seção. Ou seja, apesar de ser um instrumento para uma apuração mais precisa dos custos, o método das seções homogêneas não será sinônimo de custos mais corretos.

Nesse método, os gastos gerais de fabricação serão distribuídos pelos centros de custo seguindo uma metodologia, conforme apresenta a Figura 5-2. Em uma segunda fase, os custos são imputados dos centros de custo principais aos produtos. O custo do produto é obtido acrescentando-se os custos restantes que lhe estejam associados: diretos, indiretos e outros que, eventualmente, ainda não tenham sido distribuídos. A Figura 5-3 representa esquematicamente esse processo.

A apuração dos custos é feita, portanto, com base em um conjunto de conceitos e princípios, mas também utiliza técnicas e métodos, que serão analisados na Parte 3 deste livro.

5.2 Custo de material: classificação

Quanto à sua formação, os custos de material são classificados sempre como variáveis. Em relação à sua ocorrência, são classificados como diretos, podendo, em algumas circunstâncias, como em pequenas empresas, com valores imateriais de alguns itens, serem classificados como indiretos.

O custo de material é o componente do custo total dos bens que propicia a maior precisão na sua apuração. Seu custo é determinado pela soma dos valores de todas as requisições feitas durante o período para aplicação na produção.

Custo indireto	Valor total	Centros auxiliares			Centros principais			
		1	2	3	5	6	7	Repartição primária
Total								

1					Repartição secundária
2					
3					

Centros de custo	Total	Produtos	
		X	Y
5			
6			
7			
Total dos custos indiretos			

Centros de custo	Total	Produtos	
		X	Y
MP			
MOD			
Total dos custos diretos			

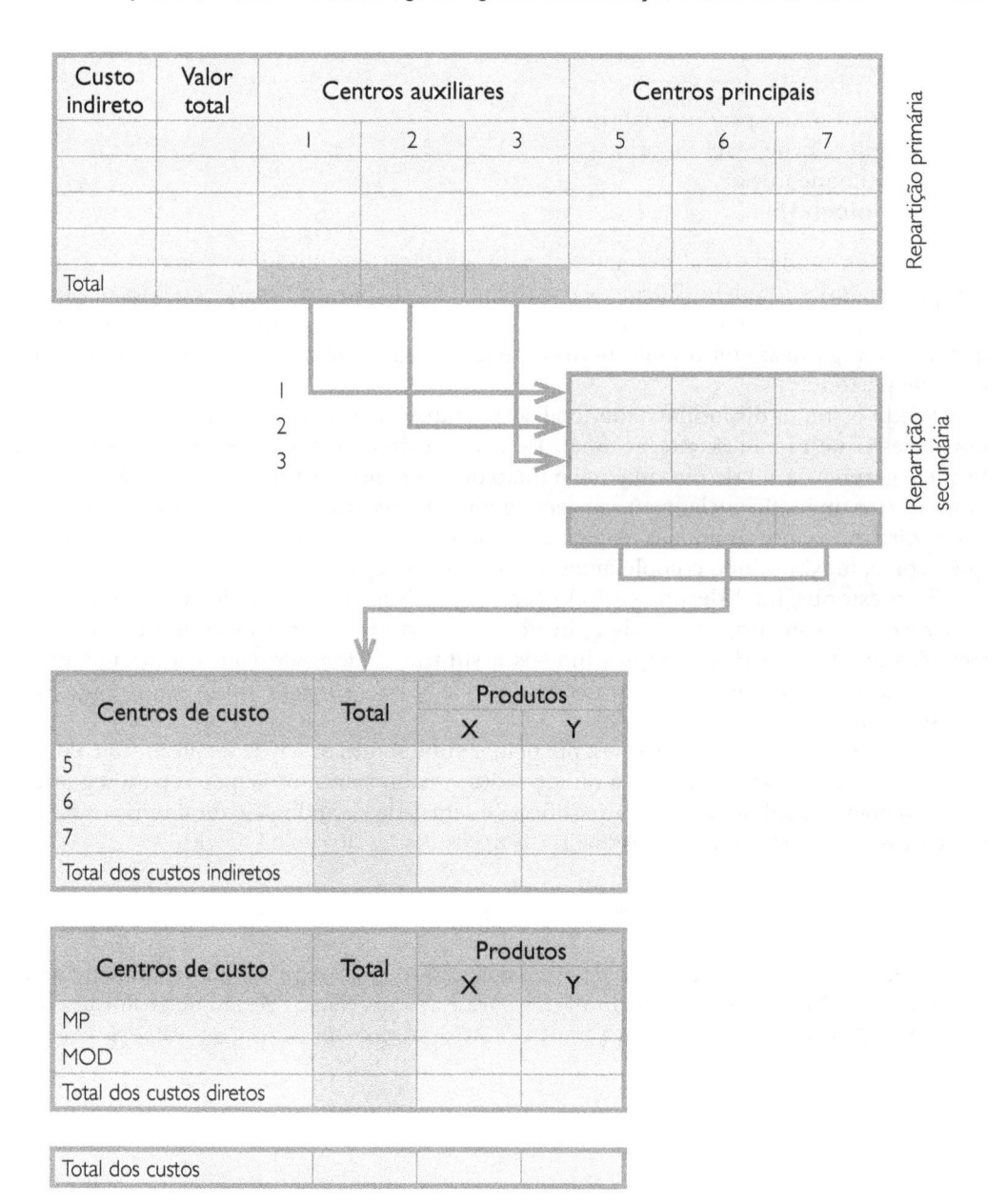

Total dos custos			

Figura 5-3 Distribuição dos custos: método das seções homogêneas.

É relevante destacar que apenas as quantidades requisitadas pela produção serão consideradas como custo e não a totalidade das compras efetuadas no período, pois podem existir quantidades em estoque no início e no final do período.

Nas empresas que não possuem controle de custos e de estoques integrados à contabilidade, esse custo pode ser ainda determinado pela fórmula:

CPF = EI + C − EF

Onde:

CPF = custo dos produtos fabricados
C = compras de matérias-primas
EI = estoque inicial
EF = estoque final.

A disponibilidade total de material para aplicação na produção é constituída pelas compras mais o estoque inicial, que é o estoque final do período anterior. Dessa disponibilidade total, parte é aplicada e o remanescente constituirá o estoque final, ou seja, aquele que será agregado às compras do período seguinte para constituir a disponibilidade total daquele período.

Sendo assim, a disponibilidade total só se transformará em custo do período, se não houver estoque remanescente no final. Essa será a situação ideal perseguida pelas novas técnicas gerenciais, tendo em vista que o fluxo de custo, nesse caso, é perfeito, não havendo desperdícios ou ineficiências com armazenamento de materiais. As aquisições do período se restringiriam exclusivamente às necessidades da produção, praticamente no momento em que ocorre, maximizando completamente a aplicação desse recurso.

Se o estoque final de um período for zero, o inicial do período seguinte também será zero. O custo dos materiais aplicados no período é igual às compras efetuadas, somadas aos valores dos estoques iniciais e subtraído dos valores dos estoques finais. Se esses últimos não têm valor, os resultados não se modificam e serão sempre iguais às aquisições do período.

Essa situação ideal não é possível, ou, pelo menos, muito difícil de ser alcançada. Porém, os estoques podem ser reduzidos a quantidades e valores mínimos, apenas para segurança do fluxo operacional, sem grandes modificações em cada período. Isso diminuiria os valores dos custos de armazenamento e reduziria as necessidades de capital de giro.

5.2.1 Formulários de controle e apuração

Como regra, o departamento de almoxarifado se encarrega da administração de material, utilizando uma série de formulários para esse controle. A gestão de custos usa basicamente a *ficha de controle de estoque*, a *nota de movimentação de material* e o *mapa de apuração de custo* como descrito a seguir.

1. Ficha de controle de estoque

Com os dados da nota fiscal de compra, é dada a entrada do material em estoque. Cabe ainda ressaltar que existem outros lançamentos de caráter tributário, independentemente dos controles realizados pelo departamento de almoxarifado ou pela produção da fábrica, para atender a obrigações fiscais. O lançamento pode ser feito em um dos seguintes livros: Livro de Controle da Produção de Estoque, Livro de Entrada de ICMS, Livro de Apuração de ICMS, Livro de Saídas, entre outros. Para registro da entrada, o material é lançado na ficha de controle de estoque, constituída por uma parte superior, na qual se registram os dados do material: discriminação, código, quantidades máxima e mínima em estoque; e de uma parte inferior, na qual se registra a movimentação do material, sendo ainda dividida em colunas de: data; quantidade, valor unitário e valor total das entradas; quantidade, valor unitário e valor total das saídas; quantidade, valor e valor médio do saldo.

2. Nota de movimentação de material

A apropriação de material deve ser feita por meio de um documento de requisição (também chamado requisição de material, requisição ao almoxarifado, solicitação de material ao almoxarifado) que será aqui denominado *nota de movimentação de material* (NMM).
Os requisitos mínimos de uma NMM são:

1. número de ordem;
2. nome do setor requisitante;
3. centro de custo do requisitante;
4. número da ordem de produção ou de serviço ou do centro de custo ou do produto onde o material será aplicado;
5. natureza da operação: requisição ou devolução;
6. indicação sobre o material: item; quantidade requisitada; discriminação do material; código do material; quantidade fornecida e recebida; valor do material (unitário e total); data e assinaturas (emitente, almoxarifado recebedor).

Ao necessitar de um material para aplicação em qualquer serviço, o requisitante emite uma nota de movimentação de material (NMM) e envia ao almoxarifado. Recebida a NMM, o almoxarifado entrega o material, anota a quantidade fornecida, devendo o receptor dar ciência por escrito do recebimento. Na ficha de controle de estoque, será anotada a quantidade fornecida ou recebida e preenchidas as colunas do valor para apuração do custo na contabilidade de custos e posterior contabilização.

Nas devoluções, o material faz o caminho inverso, isto é, o usuário emite a nota de movimentação de material e a envia ao almoxarifado, que recebe o material, anota na NMM a quantidade e assina como recebedor.

A seqüência seguinte é a mesma da requisição. A única diferença é que as colunas de valor já vêm preenchidas pelo departamento que está devolvendo o material. Nesse caso, o valor corresponde ao valor anotado por ocasião da requisição.

3. Mapa de apuração de custo de material

A apuração é feita em mapas, nos quais se reúnem todos os valores aplicados em cada requisição de produção ou centro de custo ou ordem de serviço ou produto. Esse formulário possui colunas onde são anotadas: as datas, as funções que recebem o custo e o total do custo aplicados nas diversas funções. Na última linha, apura-se o valor do custo aplicado em cada uma das funções no período.

5.3 Métodos de valorização dos estoques

Como explanado, o custo dos materiais aplicados na produção pode ser obtido pela soma do valor de todas as saídas do estoque, por requisições, ou, nas empresas que não possuem controle de estoques e de custos integrados à contabilidade, pela fórmula:

CPF = EI + C − EF

Em qualquer das duas hipóteses, é necessário optar por um dos métodos de avaliação, tendo em vista a possibilidade da existência de unidades de uma mesma mercadoria a valores unitários diferentes.

Entre os métodos utilizados, os mais conhecidos são:

PEPS   Primeiro a Entrar é o Primeiro a Sair
UEPS   Último a Entrar é o Primeiro a Sair
MÉDIO   Valor médio ponderado do saldo

1. PEPS – Primeiro a Entrar é o Primeiro a Sair (FIFO – *First In, First Out*)

Esse método significa que as primeiras unidades a entrar no estoque serão as primeiras a sair e, portanto, as que constituirão o custo dos produtos. Como conseqüência, as últimas entradas permanecerão no estoque e comporão o saldo final do período, que será o saldo inicial do período subseqüente.

2. UEPS – Último a Entrar é o Primeiro a Sair (LIFO – *Last In, First Out*)

Por esse método, as últimas unidades a entrar no estoque serão as primeiras a sair e, portanto, as que formarão o custo dos produtos. O estoque final, por conseguinte, será constituído pelas primeiras unidades a entrar no estoque e que comporão o saldo inicial do período subseqüente.

3. MÉDIO – Valor Médio Ponderado do Saldo

Este valor indica que tanto o custo dos materiais aplicados quanto os saldos serão compostos pelo valor médio.

As devoluções de material requisitado em excesso e não aplicado na produção entram no estoque pelo mesmo valor unitário da saída que o originou, na data que se efetuar a devolução, qualquer que seja o método que esteja em uso.

Elas devem funcionar como se fossem saídas negativas da empresa e, como conseqüência, devem ser registradas nas colunas de saídas da ficha de controle de estoque com sinal negativo ou entre parênteses, nas datas das devoluções, ou seja, nas datas do retorno ao almoxarifado.

Cabe lembrar que esses métodos são apenas escriturais, o que quer dizer que a movimentação física das unidades no estoque não obedece à sistemática de cada um dos diferentes métodos.

Deve ser destacado que, no Brasil, a legislação fiscal restringe o uso do método UEPS, privilegiando os métodos MÉDIO e PEPS.

Independentemente da obrigação fiscal, em épocas de taxas elevadas de inflação, bem como quando o custo de financiamento dos estoques for demasiadamente elevado, deve ser utilizado, gerencialmente, o valor de reposição, ou seja, o valor do material no mercado. Melhor ainda, seria a conversão do valor de aquisição para uma moeda estável ou para um índice, ou conjunto deles, que preserve e represente adequadamente o valor dos materiais consumidos por empresa.

5.3.1 Custo específico

Outro método, denominado custo específico, consiste na utilização do valor unitário real de aquisição de cada unidade específica do material a ser utilizado na produção.

Por esse método, a unidade e/ou unidades do material são retiradas aleatoriamente do depósito considerando-se o valor real da aquisição de cada uma como o custo a ser apropriado. Naturalmente, cada unidade tem uma identificação, como número de série, data de fabricação, data de aquisição, valor unitário, fabricante etc.

Esse método só pode ser utilizado em unidades de grande porte e de alto valor individual cuja quantidade armazenada é sempre muito pequena, adquirida, normalmente, para aplicação específica em uma ordem de produção ou em determinado produto. É mais utilizado em empresas cujo sistema de produção é feito por encomenda.

As revendedoras de automóveis utilizam esse método, tendo em vista o grande valor unitário do veículo. Ele é usado em combinação com um dos outros três, visto que toda empresa possui bens com grandes e pequenos valores unitários e com muita e pouca movimentação física.

5.3.2 FEPS – Futuro valor a entrar é o primeiro a sair

Existe, ainda, um método muito pouco utilizado e, contabilmente, não aceito no Brasil, que o método FEPS (Futuro Valor a Entrar é o Primeiro a Sair). Esse método tem o intuito de preservar a empresa das surpresas da inflação ou dos custos de carregamento dos estoques, porque a obriga a pesquisar o mercado fornecedor dos seus materiais e demais insumos de produção, em todas as épocas de fixação de preço dos seus produtos para os clientes ou consumidores. Assim, o custo a ser apropriado à produção e, como conseqüência, o custo a sair do estoque de material, deve representar seu valor real de mercado, naquele momento. É muito mais um método orçamentário e menos um método de custo. Apesar de o ideal do administrador de uma empresa ser determinar o preço de venda do seu produto em função do seu custo de produção, custo e preço não se correlacionam diretamente. O preço de venda deve ser o maior que o fornecedor consiga obter e o consumidor suportar, já o custo deve ser o menor que o fornecedor consiga formar e o consumidor encontrar.

Se esse método fosse considerado e aceito como válido, ter-se-ia uma distorção contábil, pois haveria saldos credores crescentes em contas tipicamente devedoras (estoques de matérias-primas), em épocas inflacionárias e saldos devedores crescentes nas mesmas contas, em épocas deflacionárias. Isso obrigaria à utilização constante dos lançamentos de ajuste das contas.

5.3.3 Sistemas de controle de estoque

1. Controle permanente dos estoques

O valor unitário obtido, por um dos métodos utilizados, multiplicado pela quantidade de material saída do estoque para aplicação, é um dos elementos que constituem o custo dos produtos. Essa sistemática é resultante do controle permanente dos estoques, pois possibilita, a qualquer momento, saber o custo dos materiais aplicados e o valor de estoque relativo a cada um deles.

O controle permanente dos estoques pode ser feito por meio do formulário ficha de controle de estoque, e o custo dos materiais aplicados pode ser obtido pelo formulário nota de movimentação de material.

2. Controle periódico dos estoques

Se o controle é feito apenas no final de cada período, o estoque final de materiais é obtido pela contagem física de cada um dos tipos de materiais. Essa operação é denominada *inventário de materiais*. Habitualmente, as atividades são suspensas durante o inventário ou fechamento do balanço. O inventário levantado significa a contagem física das unidades em estoque, com a determinação da quantidade de unidades de cada um dos tipos.

O valor do estoque final é facilmente determinável multiplicando-se cada quantidade obtida no inventário pelo valor unitário de cada um dos tipos. Posteriormente, somam-se todos os resultados das multiplicações. Essa simplicidade só pode ser aplicada quando, no momento do levantamento do inventário, todas as unidades de um mesmo tipo de material possuírem apenas um valor unitário de aquisição, ou seja, todas as aquisições efetuadas no período tiverem sido realizadas a um mesmo valor unitário. No caso de ocorrer aquisição de um mesmo material a valor unitário diferente no período, o que bastante comum, é necessário proceder diferentemente, observando as normas de cada um dos métodos de valoração de estoque de material.

O valor do estoque é determinado multiplicando-se a quantidade de cada tipo de material pelo valor unitário das últimas entradas registradas no Razão de compras, se o método utilizado for o PEPS, pois, por esse método, as primeiras entradas (compras) são totalmente esgotadas pelas primeiras requisições (saídas), ou seja, só serão retiradas as unidades de materiais de uma entrada quando as da entrada anterior forem esgotadas.

Ainda, se o método utilizado for o UEPS, a quantidade de cada material existente no final do período é multiplicada pelo valor unitário das primeiras entradas registradas no Razão de compras. Pelo controle periódico, considera-se a quantidade encontrada durante a contagem física constituída apenas por unidades das primeiras entradas no estoque, embora as requisições possam ocasionar redução na quantidade das primeiras entradas.

Se o método utilizado for o MÉDIO, será necessário o estabelecimento do total das quantidades entradas no Razão de compras, para que o valor do saldo da conta seja dividido pelo saldo da quantidade para a determinação do valor médio. Com o valor médio obtido, basta multiplicá-lo pela quantidade levantada fisicamente e obter o valor do estoque final.

Determinado o valor do estoque final, é simples a determinação do CMA (Custo dos Materiais Aplicados), bastando, para tanto, utilizar a fórmula seguinte, que sinaliza que o custo dos materiais aplicados (CMA) é igual ao estoque inicial (EI), mais compras (C), menos estoque final (EF).

$$CMA = EI + C - EF$$

Resumo

Os gastos gerais de fabricação são os de mais difícil distribuição pelos objetos de custo. A forma como os custos são imputados aos produtos assume papel central em qualquer sistema de contabilidade de custos. As dificuldades estão associadas, basicamente, ao tratamento e à imputação dos GGF aos produtos, notadamente, no que se refere à natureza heterogênea dos componentes dos GGF, à dificuldade de mensuração de certos encargos e à inclusão simultânea de encargos fixos e encargos variáveis.

Na contabilidade de uma empresa, os gastos gerais de fabricação podem ser registrados em uma só conta ou em várias contas das demonstrações contábeis. Nos casos mais simples, os valores serão imputados em uma só conta de gastos de fabricação, registrando-se a débito os gastos efetuados e a crédito os gastos imputados.

As bases de imputação podem ser fixas (considerando-se, por exemplo, as áreas de cada departamento) ou variáveis (como as horas de mão-de-obra direta despendidas). É possível também adotar múltiplas bases de imputação ou uma base única. A repartição por meio de uma única base de imputação estará associada a maiores diferenças de imputação.

É importante distinguir os centros de custo principais dos centros de custo auxiliares. Os auxiliares não estão relacionados diretamente à fabricação dos produtos, podendo ser dependentes ou comuns. Os centros de custo auxiliares dependentes estão relacionados diretamente a um centro de custo principal e os centros de custo auxiliares comuns, a um conjunto de outros centros de custo.

No método das seções homogêneas, os gastos gerais de fabricação serão distribuídos pelos centros de custo seguindo uma metodologia. Em uma segunda fase, os custos são imputados dos centros de custo principais aos produtos. O custo do produto é obtido acrescentando-se os custos restantes que lhe estejam associados: diretos, indiretos e outros.

No que se refere à sua formação, os custos de material são classificados sempre como variáveis. E quanto à ocorrência, são classificados como diretos, podendo, em algumas circunstâncias, tais como em pequenas empresas, com valores imateriais de alguns itens, ser classificados como indiretos.

A disponibilidade total de material para aplicação na produção é constituída pelas compras mais o estoque inicial, que é o estoque final do período anterior. Parte dessa disponibilidade total é aplicada e o remanescente constituirá o estoque final, ou seja, aquele que será agregado às compras do período seguinte para compor a disponibilidade total daquele período.

A apropriação de material deve ser feita por meio de um documento de requisição, aqui denominado nota de movimentação de material (NMM).

Entre os métodos utilizados, os mais conhecidos são:

PEPS   Primeiro a Entrar é o Primeiro a Sair,
UEPS   Último a Entrar é o Primeiro a Sair
MÉDIO Valor médio ponderado do saldo

Há, ainda, um método muito pouco utilizado e, contabilmente, não aceito no Brasil, que o método FEPS (Futuro Valor a Entrar é o Primeiro a Sair), o qual tem o intuito de preservar a empresa das surpresas da inflação ou dos custos de carregamento dos estoques. Esse método obriga a empresa a pesquisar o mercado fornecedor dos seus materiais e demais insumos de produção, sempre que houver necessidade de fixar preços. Assim, o custo a ser apropriado à produção e, conseqüentemente, o custo a sair do estoque de material, deve ser o valor real de mercado, naquele momento. É mais um método orçamentário e menos um método de custo. O ideal do administrador é determinar o preço de venda do seu produto em função do seu custo de produção, mas custo e preço não se correlacionam diretamente. O preço de venda deve ser o maior que o fornecedor consiga obter e o consumidor suportar, já o custo deve ser o menor que o fornecedor consiga formar e o consumidor encontrar.

Se o controle é feito apenas no final de cada período, o estoque final de materiais é obtido pela contagem física de cada um dos tipos de materiais. Essa operação é denominada inventário de materiais.

O grande problema encontrado no tratamento dos materiais diretos é que materiais adquiridos em datas diferentes entram no estoque com preços diferentes.

Exercícios propostos

1. Como é possível conceituar gastos gerais de fabricação? E qual é a sua importância na determinação dos custos de produção?
2. Conceitue centros de custo.
3. Qual é a finalidade da determinação dos centros de custo?
4. Cite exemplos de casos em que seja necessário a apuração rigorosa dos centros de custo.

5. Explique o conceito e dê exemplos dos esquemas apresentados nas Figuras 5-1 e 5-2.
6. Explique o conceito e dê exemplos da distribuição de custos apresentada na Figura 5-3.
7. Como é possível conceituar os custos com materiais?
8. Quais são os principais formulários para controle e apuração de materiais?
9. Quais são os métodos de valorização dos estoques?
10. O que são sistemas de controle de estoque? E qual é a sua utilidade?

CAPÍTULO 6

Custo de pessoal

Objetivos de aprendizagem

Após estudar este capítulo, você deverá:

- Saber como classificar os custos de pessoal.
- Determinar corretamente os custos de pessoal.
- Distinguir e apurar encargos sociais e encargos trabalhistas.
- Saber como mensurar adequadamente os custos de pessoal.

6.1 Conceitos gerais

Os encargos sociais têm um peso considerável nos custos de produção das empresas e no bolso dos trabalhadores. Apesar das discussões sobre o assunto, o Brasil ainda não encontrou uma fórmula capaz de reduzir seu impacto no custo do trabalho.

Enquanto nos países desenvolvidos o sistema tributário avança no sentido de arrecadar, sem causar danos à população, e oferece às pessoas a confiança de que seu imposto está sendo bem aplicado, no Brasil, a situação é bem diferente. Apesar de a arrecadação de impostos, em 2004 atingir, cerca de 37% do Produto Interno Bruto (PIB), os benefícios continuam reduzidos e o contribuinte brasileiro, tanto pessoa física quanto jurídica, suportam uma carga tributária cada vez maior. As empresas, por exemplo, além de pagar seus próprios tributos – imposto de renda, INSS, PIS, Cofins, ISS, ICMS, IPI, entre outros, ainda cobram de seus clientes e descontam dos trabalhadores alguns impostos que são repassados ao governo.

As empresas brasileiras reclamam da carga tributária e, na maioria das vezes, os trabalhadores pagam por isso. Os encargos sociais sobre a folha de pagamento, representados por custos diretos, como salário e rendimentos, férias, 13º salário, contribuição previdenciária e FGTS, acabam refletindo em cortes de pessoal. Como se observa na sistemática de reconhecimento dos custos de pessoal em relação aos salários pagos aos trabalhadores, em um salário mensal de R$ 100,00, os encargos trabalhistas e sociais médios normais representam um acréscimo de 66,27%, conforme demonstrado na Tabela 6-5. Isso significa um custo total para a empresa de R$ 166,27, não considerando o que o trabalhador deixa de produzir durante o repouso semanal remunerado e feriados.

Tabela 6-1 Encargos

Dias do ano	365	
Fins de semana	−52	
Férias	−30	
Feriados nacionais	−8	
	275	75,34%

Nesse caso, em 365 dias remunerados pela empresa, um empregado trabalha cerca de 275 dias[1] (75,34%), conforme demostrado na Tabela 6-1. Os dias não trabalhados representam um acréscimo no custo total do empregado de cerca de 87,95%. Portanto, quando somados os encargos e as horas não trabalhadas, o custo do trabalho em relação ao salário acaba quase dobrando, dificultando o planejamento de qualquer projeto, em razão das dificuldades de formação do preço final do produto, por exemplo (Ver a Tabela 6-2).

Tabela 6-2 Dias trabalhados

66,27%	=	75,34%
X	=	100,00
	X =	87,95

Sendo assim, mais importante que saber quanto pesam os encargos, é saber qual é o custo do trabalho, sendo fator primordial para a empresa, se analisado do ponto de vista da competitividade.

De acordo com estudos realizados pela Organização Internacional do Trabalho (OIT),[2] no Brasil, o custo total do trabalho no setor industrial (incorporando encargos e rendimentos) é de US$ 2,68 por hora, enquanto nos chamados de Tigres Asiáticos o custo/hora, no mesmo setor, varia entre US$ 5 e US$ 6. Nos países desenvolvidos, o custo total do trabalho na indústria varia entre US$ 14 e US$ 25. Isso não significa que os encargos sejam baixos no país. Na realidade, é a remuneração do trabalho que é baixa, inviabilizando a idéia de que a redução de salários vai gerar mais empregos ou elevar a competitividade.

Contudo, pode-se dizer que é possível reduzir o custo do trabalho com a retirada de alguns encargos, como o salário-educação. Porém, o que interessa é discutir a questão dos encargos no Brasil, não de forma isolada, mas considerando-se a reforma tributária e a mudança das relações de trabalho. No caso de se acabar com o salário-educação, por exemplo, é necessário encontrar outras formas de garantir a educação básica, que seria encargo dos governos.

A redução dos encargos deve corresponder a ganhos ao contribuinte e à sociedade, não simplesmente a retiradas de direitos das classes trabalhadoras. O aviso prévio, FGTS, as férias remuneradas e demais garantias fazem parte do processo de remuneração das demissões. Em contrapartida, há outros encargos, como o descanso semanal remunerado, que existem como forma de punição para o trabalhador, pois, na verdade, o descanso remunerado é um

---

[1] Nesse caso, não estão sendo considerados os feriados locais, municipais e estaduais, que aumentariam o custo.
[2] Dados relativos ao censo de 2003.

instrumento utilizado para punir faltas, ou seja, se o trabalhador ausentar um dia da semana, perde o direito à remuneração do sábado e domingo.

Diante de tais questionamentos, algumas correntes estão propondo que os encargos trabalhistas recaiam sobre a receita ou faturamento das empresas e não sejam mais fixos e centrados sobre a remuneração do trabalhador.

As várias contribuições obrigatórias que as empresas pagam para instituições como o Senai, Sesc e uma infinidade de outras têm de ser vinculadas ao faturamento e não serem fixas, porque uma pequena empresa pode estar pagando o mesmo que uma grande. Na verdade, existe certa confusão sobre o que são encargos sociais, como obrigações legais, e benefícios voluntários.

De acordo com o Departamento de Relações Trabalhistas da Ford, a questão não deve ser voltada para a redução de encargos como uma parcela de custos. A discussão poderia girar apenas em torno da definição dos encargos: se é um custo que cai sobre o preço final do produto ou um direito do trabalhador. Embora todos estejam cansados de ouvir falar que é preciso haver mudança na legislação para superar uma estrutura ultrapassada, que não combina com a época da globalização e abertura de concorrência com as empresas internacionais, os projetos continuam ainda sem soluções.

Contudo, cabe ressaltar que a diminuição dos encargos, pura e simples, não é suficiente para aumentar o número de empregos. De fato, o número de vagas cresce na medida que as empresas desenvolvem novos projetos. Isso depende da situação econômica do país e da sua possibilidade de investimentos.

Se a situação dos encargos no Brasil é complicada, a questão atingiu uma dimensão muito maior com a formação do Mercosul, já que há diferenças enormes nas legislações e relações de trabalho nos países que compõem esse bloco econômico. A duração da jornada de trabalho, por exemplo, espelha bem essas diferenças. Segundo dados da Câmara do Comércio do Mercosul, enquanto na Argentina e no Paraguai os trabalhadores cumprem uma jornada semanal de 48 horas, no Brasil, ela é de 44 horas e, no Uruguai, de 44 horas, no comércio e de 48 horas, na indústria. Estas são algumas diferenças que ainda precisam ser revistas para que haja uma uniformização entre esses países.

Em relação aos encargos trabalhistas, segundo dados da Associação de Empresas Brasileiras para Integração do Mercosul (Adebim), os encargos resultantes da relação trabalhista representam, em média, 31,5% para as empresas argentinas, 16% para as paraguaias, 20% para as uruguaias e 34,5% para as brasileiras. No que se refere ao valor pago pelos trabalhadores à previdência social: 17% na Argentina, 9,5% no Paraguai, 16% no Uruguai e de 8% a 10% no Brasil.

A não definição do que são encargos está criando problemas para as empresas e trabalhadores. Existe no país quase um consenso em estimar que, para cada real pago de salário, um real é pago como encargo social. O Dieese buscou informações no Bureau Estatístico do Trabalho, dos Estados Unidos, na OIT e no Cerc (Centro de Estudos sobre Renda e Custos), da França, e descobriu que existe uma metodologia internacional na qual o custo do trabalho se divide em contribuições sociais e rendimentos do trabalho.

De acordo com essa metodologia, as contribuições sociais são todas as imposições legais ou convencionadas por acordos que visam financiar fundos para as políticas públicas. Os outros seriam considerados rendimentos do trabalho. Adotada no Brasil, essa metodologia modificaria totalmente os conceitos sobre encargos. É que vários itens, como o FGTS, não são considerados encargos, mas rendimentos do trabalho. Isso porque os 8% retidos sobre determinado salário ficam em uma conta à disposição do trabalhador. Diferentemente do INSS, em que os 20% retirados do salário vão para a conta da Previdência para serem aplicados em saúde pública, aposentadorias e pensões, que, nesse caso, seriam considerados como encargo.

6.2 Classificação

Quando deseja definir os custos de pessoal aplicados sobre cada serviço ou produto, a empresa necessita da utilização de certos controles que permitam registrar, com fidelidade, o ocorrido. Tais controles podem ser efetuados pelo uso de formulários ou outros meios, de acordo com a atividade, que possibilitam segregar os custos de pessoal aplicados sobre cada tipo diferente de produto ou serviço oferecido pela empresa. Aqueles que não puderem ser segregados diretamente serão alocados posteriormente, por meio de um critério justo de rateio.

Assim, quanto à apuração, eles podem ser classificados em diretos (mão-de-obra direta) e indiretos (supervisão, pessoal de apoio); e quanto à formação em variáveis (mão-de-obra direta e mão-de-obra contratada por tarefa executada) e fixos (supervisão, pessoal de apoio).

1. Formulários de controle e apuração

Os formulários utilizáveis para controle e apuração são: cartão de ponto; cartão de apropriação; relatório de apropriação; folha de pagamento. O importante é que, no final de um período ou no final da execução de determinado serviço ou lote de produtos, determine-se o custo total de pessoal aplicado em cada um dos diferentes tipos de serviço ou produtos, ou em cada seção ou departamento, ou ainda em cada tipo de atividade ou centro de custos.

Há que se considerar todos os diferentes custos de pessoal, tais como:

- salários;
- encargos sociais e trabalhistas;
- benefícios diversos concedidos;
- serviços profissionais contratados; e
- outros.

2. Encargos sociais e trabalhistas

De modo geral, os custos de pessoal abrangem os encargos sociais e os trabalhistas, conforme as definições a seguir. Entendem-se, por encargos sociais, as taxas e contribuições pagas pelo empregador para financiamento das políticas públicas que beneficiam de forma indireta o trabalhador. Estas incluem:

- seguridade e previdência social – INSS;
- Plano de Seguridade Social PSS para o servidor público;
- FGTS;
- PIS/Pasep;
- salário-educação (emprego no setor privado empresarial);
- sistema S (emprego no setor privado empresarial).

Por encargos trabalhistas, entendem-se os valores pagos diretamente ao empregado, mensalmente ou no final de seu contrato de trabalho, contemplando também benefícios não expressos em valores. Nesse caso, podem ser citados:

- décimo terceiro salário;
- adicional de remuneração;

- adicional de férias;
- ausência remunerada;
- férias;
- licenças;
- repouso remunerado e feriado;
- rescisão contratual;
- salário-família ou auxílio creche;
- vale-transporte ou auxílio transporte;
- indenização por tempo de serviço;
- outros benefícios.

3. Encargos sociais

a) Seguridade e previdência social

A seguridade social compreende um conjunto integrado de ações de iniciativa dos poderes públicos e da sociedade, destinadas a assegurar os direitos relativos à saúde, à previdência e à assistência social. A previdência social, mediante contribuição, atenderá, nos termos da lei,[3] à:

1. Cobertura de eventos de doença, invalidez, morte, incluídos os resultantes de acidente do trabalho, velhice; e reclusão.
2. Ajuda na manutenção dos dependentes dos segurados de baixa renda.
3. Proteção à maternidade, especialmente à gestante.
4. Proteção ao trabalhador em situação de desemprego involuntário.
5. Pensão por morte de segurado, homem ou mulher, ao cônjuge ou companheiro e dependentes.

As contribuições dos segurados, empregados domésticos e trabalhadores avulsos são apresentadas na Tabela 6-3.

Tabela 6-3 Contribuições dos segurados

Salário-base	Alíquota (%)
Até 468,47	7,65
De 468,48 até 600,00	8,65
De 600,01 até 780,78	9,00
De 780,79 até 1561,56	11,00

A escala de salários-base para os segurados contribuinte individual e facultativo inscritos no RGPS (Regulamento Geral da Previdência Social) está representada na Tabela 6-4 até 28/11/1999. A partir da competência abril de 2002 até novembro de 2002 (Portaria MPAS nº 288, de 28/03/2002, DOU 02.04.2002), as empresas deverão arcar com 20% sobre os valores pagos aos trabalhadores, conforme mostra a Tabela 6-4.

---

[3] Artigos 194 a 202 da Constituição Federal de 1988.

Tabela 6-4 Regulamentação pela Portaria MPAS nº 288, de 28/03/2002, DOU 02/04/2002

Salário-base	Alíquota (%)	Contribuição
$ 200,00 a R$ 858,00	20	$ 40,00 a $ 171,60
$ 1.000,99	20	$ 200,20
$ 1.144,01	20	$ 228,80
$ 1.287,00	20	$ 257,40
$ 1.430,00	20	$ 286,00

b) FGTS – Fundo de Garantia por Tempo de Serviço[4]

O FGTS é constituído pelos saldos das contas vinculadas a que se refere lei específica e outros recursos a ele incorporados, devendo ser aplicados com atualização monetária e juros, de modo a assegurar a cobertura de suas obrigações.

São recolhidos 8% sobre a remuneração paga ao trabalhador.

c) PIS/Pasep[5]

As arrecadações decorrentes das contribuições do Programa de Integração Social (PIS) e do Programa de Formação do Patrimônio do Servidor Público (PASEP), financiam o Fundo de Amparo ao Trabalhador (FAT), destinado a promover a integração do empregado na vida e no desenvolvimento das empresas.

O FAT é um fundo formado com recursos de contribuições oriundas de alíquotas aplicadas sobre o faturamento das empresas privadas, receitas das empresas públicas, das sociedades de economia mista, da União dos Estados, Distrito Federal e dos municípios, e sobre a folha de pagamento de entidades sem fins lucrativos; além do retorno das aplicações realizadas pelo BNDES com os recursos desse fundo.

De acordo com a Constituição, que altera a Lei Complementar que criou o PIS/Pasep, o empregado poderá sacar o total da importância creditada na sua conta quando ocorrer um dos seguintes motivos: aposentadoria, reforma ou transferência para reserva remunerada (militares), morte (será paga a seus dependentes na forma de legislação específica, ou na falta destes, aos sucessores do titular, nos termos de lei civil) e invalidez permanente. Os recursos do Programa de Integração Social são usados para custear o seguro-desemprego e o abono de 1 (um) salário mínimo anual para os trabalhadores de empresas que contribuam com o programa.

O valor da arrecadação é correspondente a 1% sobre o faturamento da empresa.

d) Salário-educação[6]

São recursos aplicados na manutenção e desenvolvimento do ensino fundamental público e para a valorização do magistério.

São recolhidos 2,5% sobre a folha de pagamento.

---

[4] A legislação básica para o FGTS é a seguinte: Lei nº 5.170/66, Lei nº 7.839/89, Lei nº 8.036/90, Lei nº 8.678/93, Lei nº 8.922/94, Lei nº 9.491/97, Lei Complementar nº 110/2001, Decreto nº 99.684/90.

[5] A legislação básica para o PIS/Pasep é a seguinte: art. 239, da Constituição Federal de 1988, Lei Complementar nº 7, de 07/07/70, Lei Complementar nº 8, de 03/12/70, Lei Complementar 26/75, Lei nº 7.859/89, Lei complementar nº 26/75, Orientação Normativa nº 103 – DOU. de 06/05/91.

[6] A legislação do salário-educação é a seguinte: Lei nº 4.404/64, Lei nº 9.424/96, Lei nº 9.766/98.

e) Sistema S

O sistema S é um jargão de mercado que designa os encargos sociais pagos pelas empresas ao Senai, Senac, Sesc e Sesi.

Senai – Serviço Nacional de Aprendizagem Industrial[7]

O Senai se encarrega do papel de educador, isto é, da função de manter e administrar escolas de aprendizagem industrial, extensiva às áreas de transporte e de comunicações.

A contribuição básica é de 1% sobre o total da remuneração paga pelas empresas do setor industrial aos empregados.

Senac – Serviço Nacional de Aprendizagem Comércial[8]

O Senac se incumbe do trabalho de manter e administrar escolas de aprendizagem comercial, bem como de financiar atividades de empresas correlatas.

A contribuição básica é de 1,5% sobre o total da remuneração paga pelas empresas do setor industrial aos empregados e avulsos que prestem serviço durante o mês.

Sesc – Serviço Social do Comércio[9]

O Sesc visa a arrecadação de fundos para a aplicação em programas que contribuam para o bem-estar social dos empregados e suas famílias, das empresas relacionadas à atividade comercial.

A contribuição é de 1% sobre o total da remuneração paga pelas empresas comerciais aos empregados e avulsos que lhe prestem serviços.

Sesi – Serviço Social da Indústria[10]

O Sesi tem por objetivo a empresa e administração de escolas de aprendizagem industrial, extensiva às de transporte e de comunicações.

A contribuição é de 1,5% sobre o total da remuneração paga pelas empresas do setor industrial aos empregados e avulsos que prestem serviço durante o mês.

Outros

A partir da Constituição Federal de 1988, foram instituídos o Sebrae, Senar, Sest e Senat, que se destinam a financiar atividades de aperfeiçoamento profissional e melhoria do bem-estar social dos trabalhadores das empresas que contribuam para essas instituições.

4. Encargos trabalhistas

a) Décimo terceiro salário[11]

Benefício correspondente a 1/12 do salário mensal do trabalhador. O benefício será pago em duas parcelas: a primeira até o dia 30 de novembro, salvo se o empregado a recebeu por ocasião das férias; e a segunda parcela até o dia 20 de dezembro.

---

[7] Foi criado pela Lei nº 4.048, de 22/01/42.
[8] Foi criado pela Lei nº 8.621/46.
[9] Foi criado pela Lei nº 9.853, de 13/08/46.
[10] Foi criado pela Lei nº 9.403, de 25/06/46.
[11] A legislação relativa ao 13º salário é a seguinte: art. 63, do Regime Jurídico Único; Lei nº 4090/62; Lei nº 4749/65.

b) Adicional de remuneração[12]

É o adicional de remuneração para as atividades penosas, insalubres e perigosas, sendo o mais comum o que incide sobre periculosidade e insalubridade. Os percentuais variam entre 5% e 40%.

Ao adicional de periculosidade fazem jus os servidores que trabalham com habitualidade em locais perigosos. São consideradas atividades perigosas, na forma da regularização aprovada pelo Ministério do Trabalho, aquelas que, por sua natureza ou métodos de trabalho, impliquem contato permanente com inflamáveis ou explosivos em condições de risco acentuado.

O adicional de insalubridade refere-se àqueles que trabalham com habitualidade em locais insalubres ou em contato permanente com substâncias tóxicas, radioativas ou com risco de morte.

c) Adicional de férias[13]

O adicional de férias é um complemento salarial concedido ao trabalhador por ocasião do seu gozo de férias anuais remuneradas. O valor a ser pago corresponde ao pagamento de 1/3 do salário.

d) Ausência remunerada[14]

A ausência remunerada corresponde às situações em que o trabalhador pode faltar ao serviço sem ser descontado, como nas seguintes situações:

1. Por um dia, quando doar sangue, comprovado por atestado do banco de sangue ou hospital.
2. por dois dias, para tirar título de eleitor, comprovado por declaração da Justiça Eleitoral ou pelo próprio título.
3. por três dias corridos, em caso de casamento, falecimento de cônjuge, companheiro, pais, madrasta, padrasto, enteados, menor sob guarda ou tutela e irmão. Todos os casos devem ser comprovados com certidões de casamento e de óbito.
4. servidor estudante tem direito a horário especial quando comprovada a incompatibilidade entre o horário escolar e o do expediente, sem prejuízo do exercício do cargo.

e) Férias[15]

A cada 12 meses de trabalho, o trabalhador fará jus a trinta dias de férias. As férias podem ser acumuladas, até o máximo de dois períodos, no caso de necessidades do serviço, ressalvadas as hipóteses em que haja legislação específica.

Será concedido o adicional de férias ou abono constitucional, que é a complementação correspondente a 1/3 (um terço) do período de férias, calculado sobre a remuneração.

---

[12] A legislação relativa a esse assunto é a seguinte: art. 7º, da Constituição Federal de 1988; arts. 192 e 193, da Consolidação das Leis do Trabalho, arts. 68 a 72, do Regime Jurídico Único Lei nº 7.843/89, Lei nº 8.177/91.

[13] A legislação relativa a esse assunto é a seguinte: art. 7º da Constituição Federal de 1988, Arts. 130, 146 e 147, da Consolidação das Leis do Trabalho; art. 76, do Regime Jurídico Único; Instrução Normativa 01 de 12/10/88.

[14] Legislação: art. 473, da Consolidação das Leis do Trabalho; art. 97 e 102, do Regime Jurídico Único.

[15] Legislação: art. 77, do Regime Jurídico Único; art. 129, da Consolidação das Leis do Trabalho; Lei nº 9.525 de 03/12/97.

f) Licenças

Licença é o ato unilateral e vinculado pelo qual a empresa faculta ao trabalhador que preencha os requisitos legais o exercício de uma atividade. Dito de outra forma, as licenças, também denominadas afastamentos, são períodos em que o trabalhador deixa de exercer atribuições do seu cargo, função ou emprego, por razões apontadas na lei, podendo perceber ou não seus vencimentos.

As principais são licença-paternidade, licença-maternidade, licença para tratamento de saúde, entre outras.

g) Repouso remunerado e feriado[16]

Todo trabalhador tem direito a repouso remunerado de, no mínimo, 11 horas consecutivas para descanso, entre duas jornadas de trabalho, um descanso semanal de 24 horas consecutivas e nos feriados civis e religiosos de acordo com a tradição local.

Existem diversos acordos coletivos de compensação de horas para que o sábado seja livre, totalizando uma carga horária semanal de 40 horas.

h) Rescisão contratual[17]

A Constituição Federal garante ao trabalhador aviso prévio proporcional ao tempo de serviço.

No caso dos trabalhadores que recebem salários mensalmente, o aviso deverá ser de, no mínimo, 30 dias de antecedência.

i) Salário-família ou auxílio-creche[18]

Benefício concedido ao trabalhador para auxiliar nas despesas com creche de filhos ou dependentes na faixa etária compreendida do nascimento até 7 anos incompletos.

Deverá ser pago o valor de R$ 11,26 por dependente para salários até R$ 468,47.

j) Vale-transporte ou auxílio transporte[19]

Benefício concedido em dinheiro pela empresa, que se destina ao custeio parcial das despesas realizadas com transporte coletivo municipal, intermunicipal ou interestadual, nos deslocamentos de servidores de suas residências para os locais de trabalho e vice-versa.

Esse benefício é pago antecipadamente pela empresa ao trabalhador e corresponde ao valor do seu transporte que ultrapassar 6% do seu salário.

l) Indenização por tempo de serviço

No ato da demissão, o empregado tem direito a receber indenização pelos anos trabalhados.

---

[16] Legislação: art. 68, da Consolidação das Leis do Trabalho; art. 19, do Regime Jurídico Único; Decreto-lei nº 27.048/49, Enunciado 110 do TST.
[17] A legislação pertinente ao assunto é a seguinte: art. 7º, da Constituição Federal de 1988; arts. 487 a 491, da Consolidação das Leis do Trabalho.
[18] Legislação: Lei nº 8.213/91, Decreto nº 3.048/99, Instrução Normativa nº INSS 57/01.
[19] Legislação: Lei nº 7.418/85, Lei nº 7.619/87, Decreto nº 95.247, Decreto nº 2.880, Medida Provisória nº 2.077-30, de 22/03/2001.

Essa indenização corresponde aos valores decorrentes de:

- 13º salário proporcional, equivalente a 1/12 da remuneração mensal por mês de trabalho ou fração igual ou superior a 15 dias;
- férias vencidas e férias proporcionais, equivalentes a 1/12 da remuneração mensal por mês de trabalho ou fração igual ou superior a 15 dias.

m) Outros benefícios[20]

Podem ser agregados ainda outros benefícios oferecidos ao trabalhador, que não são considerados como salário:

1. Vestuários, equipamentos e outros acessórios fornecidos aos empregados e utilizados no local de trabalho, para a prestação do serviço.
2. Educação, em estabelecimento de ensino próprio ou de terceiros, compreendendo os valores relativos a matrícula, mensalidade, anuidade, livros e material didático.
3. Transporte destinado ao deslocamento para o trabalho, bem como retorno, em percurso servido ou não por transporte público.
4. Assistência médica, hospitalar e odontológica, prestada diretamente ou mediante seguro-saúde.
5. Seguros de vida e de acidentes pessoais.
6. Previdência privada.

6.3 Mensuração dos custos com pessoal

Uma empresa industrial pode considerar como normal, para fins de cálculo mensal de seu custo de pessoal, os seguintes percentuais sobre os salários pagos, conforme a Tabela 6-5.

Os custos totais com pessoal podem ser demonstrados de forma consolidada, como na Tabela 6-5.

A empresa industrial com mais de 500 empregados contribui com mais 0,2% (20% de 1% para o Senai). A provisão para o décimo terceiro salário pode ser demonstrada da seguinte forma:

- 1/12 sobre a remuneração de cada mês/calendário ou fração maior ou igual a 15 dias;
- cada mês/calendário é tratado independentemente;
- incidem as contribuições sociais;
- a incidência é sobre o maior salário percebido.

1/12 = 8,33%
Risco leve: 8,33% + (34,8% × 8,33%) = 11,23%
Risco médio: 8,33% + (35,8% × 8,33%) = 11,31%
Risco grave: 8,33% + (36,8% × 8,33%) = 11,40%

---

[20] A legislação pertinente a esse assunto é a seguinte: art. 458, da Consolidação das Leis do Trabalho; Lei nº 10.243/200.

Tabela 6-5 Custo de pessoal normal

	Risco da empresa		
	Leve	Médio	Grande
Previdência social	20,0%	20,0%	20,0%
Seguro de acidente do trabalho	1,0%	2,0%	3,0%
Salário-educação	2,5%	2,5%	2,5%
Sesi, Senai ou Sesc/Senai ou Sest/Senat	2,5%	2,5%	2,5%
Sebrae	0,6%	0,6%	0,6%
Fundo de garantia por tempo de serviço (FGTS)	8,0%	8,0%	8,0%
Subtotal 1	34,6%	35,6%	36,6%
Com incidência das contribuições sociais			
Décimo terceiro salário	11,2%	11,3%	11,4%
Abono constitucional das férias	2,8%	2,8%	2,8%
Subtotal 2	14,0%	14,1%	14,2%
Incidência sobre 13º salário e férias (com abono) sobre os demais itens grupo	6,1%	6,1%	6,2%
Subtotal 3	20,1%	20,2%	20,3%
Sem incidência das contribuições sociais			
PIS	0,7%	0,7%	0,7%
Confins	2,6%	2,6%	2,6%
Subtotal 4	3,3%	3,3%	3,3%
Incidência sobre acum. do subtotal 1 sobre o subtotal 3	6,9%	7,2%	7,4%
Total geral	64,9%	66,3%	67,6%
Média		66,3%	

Da mesma forma, a provisão para férias com abono constitucional pode ser demonstrada da seguinte forma:

- 1/12 sobre cada mês trabalhado ou fração maior ou igual a 15 dias;
- mês considerado no mesmo dia da admissão;
- incidem as contribuições sociais;
- a incidência é sobre o maior salário recebido.

$$1/12 + (1/3 \times 1/12) = 8,33\% + 2,78\% = 11,11\%$$

Risco leve: $11,11\% + (34,8\% \times 11,11\%) = 14,87\%$
Risco médio: $11,11\% + (35,8\% \times 11,11\%) = 14,98\%$
Risco grave: $11,11\% + (36,8\% \times 11,11\%) = 15,09\%$

Tabela 6-6 Custo de pessoal

	Risco da empresa		
	Leve	Médio	Grande
Previdência social	20,0%	20,0%	20,0%
Seguro de acidente do trabalho	1,0%	2,0%	3,0%
Salário-educação	2,5%	2,5%	2,5%
Sesi, Senai ou Sesc/Senai ou Sest/Senat	2,5%	2,5%	2,5%
Incra	0,2%	0,2%	0,2%
Sebrae	0,6%	0,6%	0,6%
Fundo de garantia por tempo de serviço (FGTS)	8,0%	8,0%	8,0%
Subtotal 1	**34,8%**	**35,8%**	**36,8%**
Com incidência das contribuições sociais			
Décimo terceiro salário	11,2%	11,3%	11,4%
Abono constitucional das férias	2,8%	2,8%	2,8%
Férias	11,2%	11,3%	11,4%
Licença-paternidade	0,2%	0,2%	0,2%
Auxílio-doença	1,4%	1,4%	1,4%
Licença por nojo[21]	0,1%	0,1%	0,1%
Licença por gala[22]	0,1%	0,1%	0,1%
Feriados	3,3%	3,3%	3,3%
Licença para o serviço militar	0,1%	0,1%	0,1%
Aviso prévio trabalhado	2,3%	2,3%	2,3%
Repouso semanal remunerado	16,7%	16,7%	16,7%
Subtotal 2	**49,3%**	**49,5%**	**49,6%**
Incidência sobre 13º salário e férias (com abono) sem demais itens grupo	6,1%	6,1%	6,2%
Subtotal 3	**55,4%**	**55,6%**	**55,8%**
Sem incidência das contribuições sociais			
Aviso prévio indenizado			
Adicional na rescisão sem justa causa	6,1%	6,1%	6,1%
Indenização adicional na rescisão	3,2%	3,2%	3,2%
PIS	0,7%	0,7%	0,7%
Cofins	2,6%	2,6%	2,6%
Subtotal 4	**12,6%**	**12,6%**	**12,6%**
Incidência sobre acum. do subtotal 1 sobre o subtotal 3	19,3%	19,9%	20,5%
Total geral	**122,0%**	**123,8%**	**125,7%**

---

[21] A licença por nojo é para a hipótese de morte de dependentes.
[22] A licença por gala é para a ocasião do casamento de trabalhador.

Como é possível verificar, observando as tabelas 6-5 e 6-6, os custos com pessoal podem variar de 64,9% até 125,7%. Essa variação é decorrente de diversas situações que podem ocorrer com o trabalhador e que são previstas na legislação mencionada nos diversos itens deste capítulo.

Constata-se, assim, a dificuldade que o administrador de custo pode encontrar para elaborar uma planilha de custos de produção, pelo menos no que se refere aos custos de pessoal. O mais razoável é a elaboração de uma planilha que contemple uma média de ocorrência de situações, que, infelizmente, deverá ser analisada individualmente por departamento (de produção e administrativos). Mais uma vez, constata-se a importância da utilização de métodos matemáticos para a apuração dos desvios e médias que serão de grande valia na mensuração dos custos de produção.

6.4 Tratamento da mão-de-obra direta

A mão-de-obra direta é representada pelo operário que trabalha um produto de cada vez, ou seja, seu trabalho está diretamente ligado ao produto. Um operário supervisionando várias máquinas que trabalham diversos produtos não pode ser considerado mão-de-obra direta, pois não é possível identificar quanto cada produto consumiu do total do trabalho da pessoa, assim, esse operário é mão-de-obra indireta.

No Brasil, existe outro problema relacionado ao custo da mão-de-obra direta: o custo dos encargos sociais que são incluídos no custo horário da mão-de-obra. Por essa razão, é preciso calcular, para cada empresa, o valor global a ser atribuído por hora de trabalho (incluindo gasto com 13º salário, descanso semanal remunerado, férias etc.). Deve-se verificar o total gasto pela empresa por ano e dividir pelo número de horas que o empregado efetivamente trabalhou.

Resumo

Os encargos sociais, no Brasil, têm um peso considerável nos custos de produção das empresas e no bolso dos trabalhadores, mas apesar das discussões sobre o assunto, ainda não encontramos uma fórmula capaz de reduzir o impacto do custo do trabalho

Nossas empresas reclamam da carga tributária e, na maioria das vezes, os trabalhadores pagam por isso. A questão dos encargos sociais sobre a folha de pagamento, representados por custos diretos como o salário e rendimentos, férias, 13º salário, contribuição previdenciária e FGTS, acaba refletindo em cortes de pessoal. Na sistemática de reconhecimento dos custos de pessoal em relação aos salários pagos aos trabalhadores, em um salário mensal de R$ 100,00, os encargos trabalhistas e sociais médios normais representam um acréscimo de 66,27%. Isso significa um custo total para a empresa de R$ 166,27, não considerando o que o trabalhador deixa de produzir durante o repouso semanal remunerado e feriados.

Assim, em 365 dias remunerados pela empresa, um empregado trabalha cerca de 275 dias (75,34%). Os dias não trabalhados representam um acréscimo no custo total do empregado de cerca de 87,95%. Quando somados os encargos e as horas não trabalhadas, o custo do trabalho em relação ao seu salário acaba quase dobrando, dificultando o planejamento de qualquer projeto, em razão das dificuldades de formação do preço final do produto, por exemplo.

São encargos sociais, as taxas e contribuições pagas pelo empregador para financiamento das políticas públicas que beneficiam de forma indireta o trabalhador. Incluem:

- seguridade e previdência social – INSS;
- Plano de Seguridade Social PSS (servidor público);
- FGTS;
- PIS/Pasep;
- salário-educação (emprego no setor privado empresarial);
- sistema S (emprego no setor privado empresarial).

Por encargos trabalhistas, entendem-se os valores pagos diretamente ao empregado mensalmente ou no final de seu contrato de trabalho, contemplando também benefícios não expressos em valores. Podem ser citados:

- décimo terceiro salário;
- adicional de remuneração;
- adicional de férias;
- ausência remunerada;
- férias;
- licenças;
- repouso remunerado e feriado;
- rescisão contratual;
- salário-família ou auxílio-creche;
- vale-transporte ou auxílio transporte;
- indenização por tempo de serviço;
- outros benefícios.

Como vimos, os custos com pessoal podem variar de 64,9% até 125,7%. Essa variação é decorrente de diversas situações às quais o trabalhador está sujeito e que são previstas na legislação mencionada nos diversos itens deste capítulo.

Exercícios propostos

1. Como é possível conceituar encargos trabalhistas? E qual é a importância de sua mensuração?
2. Conceitue o *trade-off* existente entre dias corridos e dias efetivamente trabalhados no ano. Como esse conceito deve ser considerado no planejamento ou na orçamentação do custo de um produto ou de uma atividade?
3. Qual é a classificação dos custos de pessoal? Conceitue e dê exemplos.
4. O que são formulários de controle e de apuração, e qual é a sua utilidade?
5. Conceitue encargos sociais e encargos trabalhistas. Quais são os encargos sociais e trabalhistas existentes no Brasil, bem como qual é o seu impacto no custo dos produtos fabricados?
6. Explique a utilidade das tabelas 6-5 e 6-6.
7. Suponha que determinado projeto necessite do trabalho de 15 homens. Considere, também, que a produção semanal do grupo exceda a um número-padrão de tarefas por hora, pagando-se a cada homem do grupo um prêmio pela produção excedente, adicionalmente ao seu salário. Calcula-se a quantia dos prêmios determinando-se a porcentagem pela qual a produção excede ao padrão. Aplica-se a metade dessa percentagem a uma taxa salarial de US$ 1,50 para determinar uma taxa hora de prêmio. Paga-se a cada trabalhador essa taxa de prêmio aplicada a seu total de horas trabalhadas

durante a semana. A taxa-padrão do empregado é de 60 peças por hora. Na Tabela E-1 são mostrados os registros semanais da produção. Considerando os dados dessa tabela, calcular:

1. A taxa e o montante do prêmio semanal.
2. Os salários totais de determinado trabalhador que trabalhou 190 horas à taxa de US$ 1 por hora e de outro trabalhador que trabalhou 130 horas à taxa de US$ 1,50 por hora.

Tabela E-1 Registros de produção

Dias	Quant. homens	Horas trabalhadas		Produção-padrão	Efetiva	Total
		Unitária	Total de horas			
Segunda-feira	15	12,0	180,0	60	72	12.960
Terça-feira	15	12,0	180,0	60	70	12.600
Quarta-feira	15	10,0	150,0	60	75	11.250
Quinta-feira	15	11,0	165,0	60	80	13.200
Sexta-feira	15	10,5	157,5	60	65	10.238
Sábado	15	9,0	135,0	60	60	8.100
Total		64,5	967,5	360	422	68.348

8. Você está analisando os custos de produção da Cia. ABC, e no que se refere ao custo de pessoal, foi percebido que o salário-mínimo do trabalhador é a sua taxa básica, que também é paga na hipótese de tempo ocioso (quando a máquina está em reparo ou falta de demanda de produção). A jornada semanal é de 40 horas, sendo as horas extras pagas à taxa de 50% da taxa básica em dias normais de trabalho, e à taxa de 100% nos casos de feriados e nos dias de repouso remunerado (sábados e domingos). Na Tabela E-2, são apresentadas as informações relativas à folha de pagamento semanal dos empregados de determinado departamento de produção. A empresa possui as seguintes características:

- Há casos de trabalhos por tarefa, para os quais é paga uma taxa de US$ 0,20 por peça produzida.
- O departamento de engenharia estabelece a quantidade-padrão de produção horária, dividindo a produção horária média do trabalhador, determinada por meio do total de horas trabalhadas em relação à sua produção, pela quantidade-padrão de produção, de forma a estabelecer sua taxa de eficiência. Essa taxa de eficiência é aplicada à taxa básica de cada trabalhador, determinando-se o rendimento horário por período.
- Paga-se um salário-base por produção, independentemente da taxa de eficiência de cada trabalhador, conforme Tabela E-3.

Tabela E-2 Trabalhadores, horas e tarefas desempenhadas

Trabalhador	Contrato de trabalho	Total de horas	Ociosidade	Unidades	
				Padrão	Produzidas
A	Trabalho por tarefa	40 h	5 h	400	400
B	Trabalho por tarefa	46 h		400	455
C	Trabalho por tarefa	44 h	4 h	400	420
D	Prêmio percentual	40 h		200	250
E	Prêmio percentual	40 h		200	180
F	Sistema de eficiência	40 h		300	240
G	Sistema de eficiência	40 h	2 h	600	590

Tabela E-3 Produtividade

Eficiência	Bonificação
Até 67,0%	0%
Entre 67,1% e 80%	10%
Entre 80,1% e 100%	20%
Entre 100,1% e 125%	45%

Com base nos dados constantes das tabelas E-2 e E-3:

1. Prepare demonstrativo do custo de pessoal para a produção daquele mês. Considere que as horas extras do trabalhador B foram de 50% e as do trabalhador C foram de 100%.
2. Responda: Os sistemas de contrato de trabalho apresentados na Tabela E-2 são eficazes para uma empresa com produção sazonal? Por quê?

9. Determinada empresa trabalha com uma folha bruta de pagamento de seus empregados na produção de US$ 50 mil por dia. Os custos sociais e previdenciários estão consoante com a média apresentada na Tabela 6-5. A empresa tem uma jornada de cinco dias semanais, com 40 horas de trabalho. O pagamento é semanal, ocorrendo na terça-feira da semana seguinte. Considerando os dados apresentados, responda às seguintes questões:

1. Qual é o saldo da folha da última semana do mês anterior que deverá ser pago amanhã?
2. Qual é o valor mensal da folha de pagamentos dessa empresa?
3. Calcule a folha para determinado mês, considerando-se que a empresa possui cem empregados com o mesmo salário, supondo os seguintes acontecimentos:
   a) na semana 1, de determinado mês, três empregados se ausentaram por licença-paternidade;
   b) na semana 2, dois empregados ficaram de licença por doença;
   c) na semana 3, quatro empregados estiveram de licença por gala;
   d) na semana 4, 10 empregados estavam cumprindo aviso prévio.
4. Refaça os cálculos dos itens "1" a "3", preparando um fluxo de caixa previsto para o exercício de 12 meses, que contemple os valores previstos para férias e 13º salário.

CAPÍTULO 7

Custo tributário – Sistema tributário nacional

Objetivos de aprendizagem

Após estudar este capítulo, você deverá:

- Conhecer os tributos vigentes no Brasil e a competência tributária.
- Entender a importância de ter um conhecimento preciso do Sistema Tributário Nacional.
- Entender a carga tributária no Brasil e seu impacto nos custos de produção.
- Conhecer a evolução da carga tributária sobre a venda de bens e serviços.

7.1 Tributos e competências tributárias

No Brasil, as principais diretrizes tributárias são estabelecidas pela Constituição Federal, que dispõe sobre os princípios gerais, as limitações do poder de tributar, as competências e também sobre a repartição das receitas tributárias.

Assim, o Sistema Tributário Nacional é instituído pela própria Constituição, estabelecendo que a União, os Estados, o Distrito Federal e os municípios poderão constituir tributos. A autonomia político-administrativa, característica essencial do nosso sistema federativo, concede a cada esfera de governo a possibilidade de instituir impostos, taxas (em razão do poder de polícia ou pela utilização de serviços públicos) e contribuições de melhoria (decorrentes de obras públicas). No que tange às contribuições sociais, em sua maioria, só podem ser instituídas pelo governo federal.

De acordo com a Constituição brasileira, a competência tributária pode ser compreendida conforme exposto no Quadro 7-1.

Igualmente, a Constituição permite à União instituir empréstimos compulsórios, sob condições especiais, por ela definida, e contribuições sociais, de intervenção no domínio econômico e de interesse das categorias profissionais ou econômicas. Os Estados, o Distrito Federal e os municípios somente poderão instituir contribuições, cobradas de seus servidores para o custeio, em benefício destes, de sistemas de previdência e assistência sociais.

Entre as contribuições sociais vigentes, as principais, todas de competência da União, são apresentadas no Quadro 7-2.

Quadro 7-1 Competência tributária conforme disposto pela Constituição

Competência	Tributos
União	• Sobre operações do comércio exterior – sobre importações (**II**) e exportações (**IE**) de produtos e serviços.
	• Sobre a renda e proventos de qualquer natureza (**IR**).
	• Sobre produtos industrializados (**IPI**): imposto sobre valor agregado incidente sobre produtos manufaturados.
	• Sobre operações de crédito, câmbio e seguro, ou relativas a títulos ou valores mobiliários (**IOF**).
	• Sobre a propriedade territorial rural (**ITR**).
Estados e Distrito Federal	• De transmissão causa mortis e doação de quaisquer bens ou direitos (**ITCD**).
	• Sobre operações relativas à circulação de mercadorias e sobre a prestação de serviços de transporte interestadual e intermunicipal e de comunicação (**ICMS**): imposto sobre valor agregado incidente sobre bens em geral e alguns serviços.
	• Sobre a propriedade de veículos automotores (**IPVA**).
Municípios e Distrito Federal	• De propriedade predial e territorial urbana (**IPTU**).
	• Sobre a transmissão intervivos, a qualquer título, por ato oneroso, de bens imóveis (**ITBI**).
	• Sobre serviços de qualquer natureza (**ISS**), excluídos aqueles tributados pelo ICMS.

Quadro 7-2 Contribuições sociais de competência da União

Competência	Contribuições
União	• Contribuição para o Financiamento da Seguridade Social – **Cofins**.
	• Contribuição para o Programa de Integração Social e para o Programa de Formação do Patrimônio do Servidor Público - **PIS/Pasep**.
	• Contribuição Social sobre o Lucro Líquido das Pessoas Jurídicas – **CSLL**.
	• Contribuição Provisória sobre Movimentação Financeira – **CPMF**.
	• Contribuição para o Seguro Social incidente sobre folha de pagamento (empregado/empregador) e sobre o trabalho autônomo – **INSS**.

A importância relativa de cada um dos tributos componentes do sistema tributário brasileiro pode ser mais bem visualizada pela sua representatividade econômica na carga tributária total, conforme demonstrado no Quadro 7-3. Não obstante a maioria dos tributos tenha finalidade precípua de arrecadar fundos para o financiamento das ações estatais (tributos arrecadatórios), alguns têm características que os colocam na condição de instrumentos de política econômica ou social (tributos regulatórios).

Quadro 7-3 Carga tributária bruta: 2001 a 2005[1] em R$ milhões

ANO	2001		2002		2003		2004		2005	
PIB	1.198.736		1.346.028		1.556.182		1.766.621		1.937.598	
	Valor	% PIB	Valor	% PIB	Valor	% PIB	Valor	% PIB	Valor	% PIB
UNIÃO	281.299	23,47	335.443	24,92	377.285	24,24	441.594	25,00	507.171	26,18
Orçamento fiscal	102.983	8,59	123.385	9,17	132.932	8,54	147.353	8,34	174.528	9,01
Imposto de Renda	70.126	5,85	90.673	6,74	100.053	6,43	109.622	6,21	132.287	6,83
Imposto sobre Produtos Industrializados	19.328	1,61	19.659	1,46	19.600	1,26	22.538	1,28	26.096	1,35
Imposto sobre Operações Financeiras	3.561	0,30	3.996	0,30	4.420	0,28	5.209	0,29	6.058	0,31
Imposto sobre o Comércio Exterior	9.107	0,76	7.970	0,59	8.144	0,52	9.181	0,52	9.062	0,47
Imposto Territorial Rural	197	0,02	191	0,01	234	0,02	245	0,01	276	0,01
Imposto Provis. Mov. Financ. (IPMF)	0,1	0,00	1	0,00		0,00		0,00		0,00
Taxas federais	342	0,03	354	0,03	345	0,02	371	0,02	323	0,02
Demais tributos	322	0,03	541	0,04	136	0,01	187	0,01	426	0,02
Orçamento seguridade	149.778	12,49	173.815	12,91	201.623	12,96	246.466	13,95	281.035	14,50
Contribuição previdência social	61.060	5,09	71.028	5,28	80.730	5,19	93.765	5,31	108.434	5,60
Cofins	45.507	3,80	50.913	3,78	58.216	3,74	77.593	4,39	86.794	4,48
Contrib. Prov. Mov. Financ. (CPMF)	17.157	1,43	20.265	1,51	22.987	1,48	26.340	1,49	29.150	1,50
Contribuição Lucro Líquido	9.016	0,75	12.507	0,93	16.200	1,04	19.575	1,11	24.189	1,25
PIS	9.999	0,83	11.219	0,83	14.654	0,94	17.116	0,97	18.570	0,96
Pasep	1.168	0,10	1.278	0,09	2.032	0,13	2.301	0,13	2.880	0,15
Contribuição Seg. Servidor Público	3.813	0,32	4.424	0,33	4.453	0,29	7.179	0,41	8.231	0,42
Outras contribuições sociais	2.058	0,17	2.181	0,16	2.351	0,15	2.597	0,15	2.787	0,14
Demais	28.538	2,38	38.243	2,84	42.730	2,75	47.775	2,70	51.608	2,66
FGTS	21.074	1,76	22.422	1,67	24.956	1,60	28.269	1,60	32.248	1,66
Cide combustíveis		0,00	7.583	0,56	8.406	0,54	7.816	0,44	7.681	0,40
Outras contribuições econômicas	1.106	0,09	1.231	0,09	1.460	0,09	1.917	0,11	1.376	0,07
Salário-educação	3.123	0,26	3.661	0,27	4.005	0,26	4.831	0,27	5.906	0,30
Sistema S	3.235	0,27	3.346	0,25	3.903	0,25	4.942	0,28	4.397	0,23
ESTADOS	108.066	9,01	123.683	9,19	142.285	9,14	165.324	9,36	186.493	9,62
ICMS	94.267	7,86	105.386	7,83	120.233	7,73	138.275	7,83	154.810	7,99
IPVA	6.287	0,52	7.017	0,52	7.740	0,50	8.910	0,50	10.497	0,54
ITCD	339	0,03	519	0,04	874	0,06	710	0,04	795	0,04
Taxas	1.659	0,14	1.963	0,15	2.281	0,15	2.881	0,16	3.458	0,18
Previdência estadual	5.139	0,43	7.971	0,59	10.008	0,64	11.688	0,66	13.402	0,69
Outros tributos	375	0,03	827	0,06	1.149	0,07	2.860	0,16	3.531	0,18
MUNICÍPIOS	18.303	1,53	20.244	1,50	23.774	1,53	26.891	1,52	30.448	1,57
ISS	6.865	0,57	7.886	0,59	9.130	0,59	10.844	0,61	12.879	0,66
IPTU	5.218	0,44	6.501	0,48	7.723	0,50	8.602	0,49	9.580	0,49
ITBI	1.064	0,09	1.422	0,11	1.508	0,10	1.608	0,09	1.715	0,09
Taxas	3.629	0,30	2.394	0,18	2.638	0,17	2.604	0,15	2.571	0,13
Previdência municipal	1.123	0,09	1.962	0,15	2.670	0,17	3.118	0,18	3.576	0,18
Outros tributos	404	0,03	79	0,01	105	0,01	115	0,01	127	0,01
TOTAL	407.668	34,01	479.370	35,61	543.344	34,92	633.809	35,88	724.112	37,37

---

[1] Dados extraídos do site da Secretaria da Receita Federal. Disponível em: www.receita.fazenda.gov.br.

Como exemplo de tributos regulatórios são citados o IOF e o IPI, que podem ser utilizados pelo governo federal como instrumentos auxiliares na condução de políticas monetária e industrial, respectivamente. Os Quadros 7-4 a 7-9 apresentam um resumo com as principais características de cada tributo previsto no sistema tributário brasileiro.

Quadro 7-4 Tributo federal: IR

Tributo	Imposto de Renda – IR				
	IRPF	IRPJ	Imposto de Renda Retido na Fonte – IRF		
			Trabalho	Capital	Outros
Tipo/Natureza	Renda	Renda	Renda	Renda	Renda
Base de cálculo	Salários e proventos	Lucros	Salários e proventos	Diferença entre o valor de compra e venda	Prêmios e sorteios; serviços de propaganda; remuneração de serviços profissionais
Contribuinte	Pessoa física	Pessoa jurídica	Pessoa física	Pessoa física ou jurídica	Pessoa física ou jurídica
Alíquotas	15% e 27,5%	15% e 25%	15% e 27,5%	10%, 15% e 20%	30% e 1,5%
Competência tributária	União	União	União	União	União

Quadro 7-5 Tributos federais: Cofins, PIS, Pasep, IPI, FGTS

Tributo	Cofins	PIS	Pasep	IPI	FGTS
Tipo/Natureza	Produção	Produção	Produção	Produção	Produção
Base de cálculo	Receita bruta (inclusive financeira)	Receita bruta (inclusive financeira)	Folha de pagamento	Produtos industrializados vendidos (valor agregado)	Folha de pagamento
Contribuinte	Pessoa jurídica	Pessoa jurídica	Pessoa jurídica de direito público	Pessoa jurídica	Pessoa jurídica ou física (empregador doméstico)
Alíquotas	3%	0,65%	1%	Diversas conforme Tipi	8%
Competência tributária	União	União	União	União	União

Quadro 7-6 Tributos federais: CSLL, ITR, IE, II, CPMF

Tributo	CSLL	ITR	IE	II	CPMF
Tipo/natureza	Renda	Patrimônio	Produção	Produção/consumo	Produção/consumo
Base de cálculo	Lucros	Valor do imóvel rural	Valor do produto ou serviço exportado	Valor do produto ou serviço importado	Débitos em contas correntes bancárias
Contribuinte	Pessoa jurídica	Pessoa física ou jurídica	Pessoa jurídica	Pessoa física ou jurídica	Pessoa física ou jurídica
Alíquotas	8%	0,03% a 20%	0% a 150%	0% a 35% conforme TEC	0,3%
Competência tributária	União	União	União	União	União

Quadro 7-7 Tributos federais: IOF

Tributo	IOF				
	Operações de crédito	Operações de câmbio	Títulos e valores mobiliários	Seguro	Ouro (ativo financeiro)
Tipo/natureza	Produção/consumo	Produção/consumo	Produção/consumo	Produção/consumo	Produção
Base de cálculo	Valor do crédito contratado	Compra e venda de divisas	Valor da aplicação financeira	Valor do seguro contratado	Aplicação financeira em ouro
Contribuinte	Pessoa física ou jurídica	Pessoa física ou jurídica	Pessoa física ou jurídica	Pessoa física ou jurídica	Pessoa física ou jurídica
Alíquotas	Até 1,5% por dia	Até 25%	Até 1,5% por dia	De 0% a 7%	1%
Competência tributária	União	União	União	União	União

Quadro 7-8 Tributos federais: INSS, Contribuição de Seguridade Social do Servidor Público

Tributo	Contrib. Seguro Social (INSS)			Contrib. Segurid. Soc. Servidor Público	
	Autônomo	Empregado	Patronal	União	Estados e municípios
Tipo/Natureza	Renda	Renda	Produção	Renda	Renda
Base de cálculo	Proventos	Salários	Folha de pagamento	Proventos	Proventos
Contribuinte	Pessoa física	Pessoa física	Pessoa jurídica ou física (empregador doméstico)	Pessoa física (servidor público federal)	Pessoa física (servidor público estadual ou municipal)
Alíquotas	20%	De 8% a 11%	15%, 17,5%, 20% e 22,5% ou 12% (empregada doméstica)	11%	Variável por estado ou município
Competência tributária	União	União	União	União	Estados e municípios

Quadro 7-9 Tributos estaduais e municipais: ICMS, IPVA, ITCD, ISS, IPTU, ITBI

Tributo	ICMS	IPVA	ITCD	ISS	IPTU	ITBI
Tipo/ Natureza	Produção/ consumo	Patrimônio	Patrimônio	Produção/ consumo	Patrimônio	Patrimônio
Base de cálculo	Valor da mercadoria e serviços vendidos (valor agregado)	Valor do veículo automotor	Valor do bem, móvel ou imóvel, doado ou transmitido	Valor do serviço prestado	Valor do imóvel urbano	Valor do bem imóvel vendido
Contribuinte	Pessoa jurídica	Pessoa física ou jurídica	Pessoa física	Pessoa jurídica ou física (prestador de serviço autônomo)	Pessoa física ou jurídica	Pessoa física ou jurídica
Alíquotas	4%, 7%, 12%, 17%, 18%, 21% e 25% (incidência por dentro)	De 1% a 4%	4%	De 0,55 a 10%	De 0,3% a 3%	2%
Competência tributária	Estados	Estados	Estados	Municípios	Municípios	Municípios

7.1.1 Transferências intergovernamentais

Reforçando a autonomia político-administrativa e financeira, a Constituição brasileira define um sistema de transferências "incondicionais" entre a União, Estados e municípios, que podem ser de dois tipos: diretas ou mediante a formação de fundos especiais (indiretas). Independentemente do tipo, as transferências sempre ocorrem do governo de maior nível para os de menores níveis, isto é, da União para os Estados, da União para os municípios, dos Estados para seus respectivos municípios.

As transferências diretas, constitucionalmente definidas, são as seguintes:

- Pertence aos estados e aos municípios o total da arrecadação do imposto de renda (IR), retido na fonte, sobre rendimentos pagos por eles, suas autarquias e pelas fundações que instituírem e mantiverem.
- Pertencem aos municípios 50% da arrecadação do Imposto Territorial Rural (ITR), relativo aos imóveis neles situados.
- Pertencem aos municípios 50% da arrecadação do Imposto sobre Propriedade de Veículos Automotores (IPVA) dos veículos licenciados em seus territórios.
- Pertencem aos municípios 25% da arrecadação do Imposto sobre Circulação de Mercadorias e Serviços (ICMS) (3/4, no mínimo, na proporção do valor adicionado nas operações realizadas em seus territórios, e até 1/4 de acordo com a Lei Estadual).
- O IOF-Ouro[2] (ativo financeiro) é transferido no montante de 30% para o estado de origem e de 70% para o município de origem.

---

[2] Tributação do IOF sobre operações que envolvem commodities, como ouro.

Os fundos, mediante os quais se realizam as transferências indiretas, são os seguintes:

- Fundo de Compensação de Exportações (FPEx): constituído por 10% da arrecadação total do IPI. Sua distribuição é proporcional ao valor das exportações de produtos industrializados, sendo limitada a participação individual a 20% do total do fundo.
- Fundo de Participação dos Estados e do Distrito Federal (FPE): 21,5% da arrecadação do IPI e do IR, distribuídos de forma diretamente proporcional à população e à superfície e inversamente proporcional à renda *per capita* da unidade federativa.
- Fundo de Participação dos Municípios (FPM): composto por 22,5% da arrecadação do IPI e do IR, com uma distribuição proporcional à população de cada unidade, sendo que 10% do fundo é reservado para os municípios das capitais.
- Fundos regionais: destinados a programas de desenvolvimento nas Regiões Norte, Centro-Oeste e Nordeste, seus recursos correspondem a 3% do IPI e do IR.

Verifica-se, assim, que as transferências constitucionais, via fundos, repassam aos Estados e municípios 47% do IR e 57% do IPI arrecadados pela União. O fluxo das transferências constitucionais, diretas e indiretas, encontra-se representado na Figura 7-1. A mesma informação também pode ser visualizada, na forma matricial, no Quadro 7-10, que contém a indicação dos percentuais partilhados dos impostos, sua origem e destino.

Fluxo das transferências constitucionais

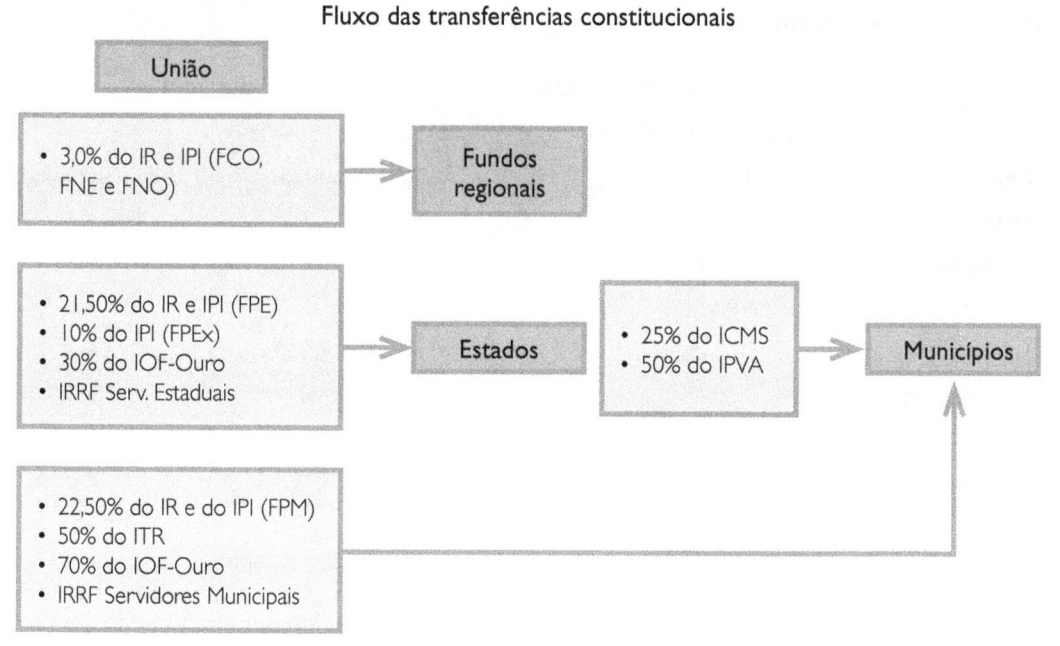

```
                          União
                            |
  ┌─────────────────────────┤
  │ 3,0% do IR e IPI (FCO,  │──▶ Fundos regionais
  │ FNE e FNO)              │
  └─────────────────────────┘
  
  ┌─────────────────────────┐
  │ 21,50% do IR e IPI (FPE)│
  │ 10% do IPI (FPEx)       │──▶ Estados ──▶ 25% do ICMS ──▶ Municípios
  │ 30% do IOF-Ouro         │              50% do IPVA
  │ IRRF Serv. Estaduais    │
  └─────────────────────────┘
  
  ┌─────────────────────────┐
  │ 22,50% do IR e do IPI (FPM)
  │ 50% do ITR              │────────────────────────────▶
  │ 70% do IOF-Ouro         │
  │ IRRF Servidores Municipais
  └─────────────────────────┘
```

Figura 7-1 Transferências da União para Estados e municípios.[3]

Os critérios de rateio das transferências do FPE e FPM são diretamente proporcionais à população e inversamente à renda, resultando em maior participação para os estados e municípios mais pobres da federação, e pouco representando para os estados do Sul e do Sudeste.

---

[3] Este gráfico foi reproduzido do site da Secretaria da Receita Federal. Disponível em: <http://www.receita.fazenda.gov.br>.

Quadro 7-10 Fluxo das transferências constitucionais

Distribuição da receita dos impostos partilháveis					
Competência	Impostos	Participação (%)			
		União	Fundos regionais	Estados	Municípios
União	IR[4]	53,0	3,0	21,5	22,5
	IPI	43,0	3,0	21,5 + 10,0	22,5
	IOF-Ouro			30,0	70,0
	ITR	50,0			50,0
Estados	ITCD			100,0	
	ICMS			75,0	25,0
	IPVA			50,0	50,0

A Constituição Federal determina que os critérios de rateio deverão ter o objetivo de promover o equilíbrio socioeconômico entre os estados e os municípios. Em 2001, obedecendo a esses critérios, a distribuição do FPE e do FPM pelas regiões geográficas brasileiras resultou nos percentuais apresentados no Quadro 7-11:

Quadro 7-11 Critérios de equilíbrio para distribuição de FPE e FPM

Percentual de distribuição dos fundos de participação[5]				
Região	FPE	FPM	População	Renda per capita
Norte	25,37%	8,53%	7,6%	R$ 3.447
Nordeste	52,46%	35,27%	28,1%	R$ 2.603
Sudeste	8,48%	31,18%	42,6%	R$ 7.706
Sul	6,52%	17,55%	14,8%	R$ 6.611
Centro-Oeste	7,17%	7,47%	6,9%	R$ 5.681

Os percentuais de distribuição do FPE e do FPM trazem implícito o objetivo de reversão das grandes disparidades regionais de renda existentes no país, isto é, são fixados de acordo com "critérios solidários".

Em decorrência do sistema de repartição de receitas tributárias, estabelecido pela Constituição Federal, a receita líquida disponível para a União, Estados e municípios, em 2005, correspondeu a, respectivamente, 57,9%, 25,8% e 16,3% da receita líquida total. O Quadro 7-12 apresenta a composição das receitas tributárias antes e depois das transferências. A União transfere cerca de 10% aos níveis subnacionais de governo. Fica claro que os grandes receptores das transferências são os municípios, pois os Estados têm uma perda pequena, de cerca de 1% com o mecanismo de transferência.

Essa realocação das receitas tributárias é complementada por transferências via convênios, isto é, transferências voluntárias que representam transferência federal de recursos a

---

[4] O imposto de renda (IR) retido na fonte dos servidores estaduais e municiais pertence 100% aos respectivos estados e municipios.
[5] Dados obtidos no site do Ministério da Fazenda. Disponível em: <http://www.fazenda.gov.br>.

Estados ou municípios (ou de recursos estaduais para os municípios), de modo que estes possam atuar em nome da União (ou do Estado) em atividades de responsabilidade federal (ou estadual). As transferências via convênio são normalmente determinadas por lei específica ou realizadas voluntariamente entre as diferentes esferas de governo.

Quadro 7-12 Composição das receitas tributárias antes e depois das transferências

Competência	Receita tributária disponível em 2005[6]			
	Receita tributária			
	Arrecadação total		Receita disponível	
	%	% PIB	%	% PIB
União	70,04	26,18	57,89	21,63
Estados	25,75	9,62	25,75	9,62
Municípios	4,20	1,57	16,35	6,11
Total	100,0	37,37	100,0	37,36

7.2 Administração tributária

O Brasil se caracteriza por uma multiplicidade de órgãos com funções típicas de administração tributária, fruto principalmente da sua estrutura federativa de organização política.

O principal órgão de administração tributária é a Secretaria da Receita Federal (SRF), que é responsável pela administração de todos os tributos de competência da União e das principais contribuições sociais para a seguridade social, à exceção das contribuições incidentes sobre folha de pagamento e sobre o trabalho autônomo.

A administração das contribuições sociais incidentes sobre o trabalho compete, no país, ao Instituto Nacional do Seguro Social (INSS), autarquia vinculada ao Ministério da Previdência e Assistência Social.

Os demais membros da Federação (Distrito Federal, Estados e Municípios) mantêm administrações tributárias próprias, no âmbito dos tributos de suas competências, exercendo cada uma delas todas as funções inerentes a esse tipo de controle. Ressalte-se que o Brasil possui um Distrito Federal, 26 Estados e mais de 5.500 municípios, o que dá uma idéia do que representa essa multiplicidade de instituições voltadas para a administração de tributos no país.

O sistema de retenção na fonte é também de largo uso no modelo tributário brasileiro. Por esse mecanismo, a legislação transfere a terceiros a responsabilidade pela cobrança de vários tributos, notadamente os relativos aos rendimentos do trabalho e do capital.

Para alguns produtos específicos (cigarros, bebidas, combustíveis, produtos farmacêuticos, automóveis e outros), é ainda usado, tanto pela SRF como pelos Fiscos estaduais, o instituto da "substituição tributária", por meio do qual a legislação elege, entre os vários agentes que interferem em determinada cadeia de produção/distribuição, aquele que, por oferecer maior segurança no cumprimento da obrigação tributária, será o sujeito passivo responsável pelo recolhimento de todo o tributo relativo àquela cadeia produtiva, inclusive sobre fatos geradores que devam ocorrer posteriormente. Pelo mecanismo de substituição tributária, a legislação converte tributos tipicamente plurifásicos (como o IPI e o ICMS) em monofásicos.

---

[6] Dados obtidos no site da Secretaria da Receita Federal. Disponível: <http://www.receita.fazenda.gov.br>.

7.2.1 Secretaria da Receita Federal

A Secretaria da Receita Federal[7] é o órgão central de direção superior da administração tributária, subordinado diretamente ao Ministro da Fazenda, exercendo as funções básicas de controle, normatização, arrecadação e fiscalização dos tributos, inclusive os aduaneiros e contribuições federais. Atua também assessorando a formulação da política tributária do país e é responsável, ainda, pelo julgamento, em primeira instância, do contencioso administrativo-fiscal.

Estrutura e funções

A estrutura básica da SRF é composta pelos níveis central e descentralizado. O primeiro envolve atividades normativas, de supervisão e de planejamento, enquanto o último é composto por órgãos regionais e locais, desenvolvendo as funções de execução e de operação, sob as diretrizes emanadas pelas unidades centrais (superintedências regionais).

A estrutura administrativa da SRF foi idealizada tendo em vista os seguintes objetivos:

- apresentar a administração tributária como uma representação única perante o contribuinte, com igualdade de procedimentos em todo o território nacional;
- dotar a organização de um estilo dinâmico de administração, capaz de gerenciar vários tributos, maximizando a utilização dos recursos humanos e materiais;
- definir critérios claros e eficientes de descentralização, com grande autonomia de execução dos órgãos locais de ponta.

A SRF mantém uma estrutura funcional e descentralizada, com cada um dos níveis hierárquicos desenvolvendo todas as funções típicas da administração tributária. Assim, cada um dos órgãos descentralizados possui suas próprias áreas especializadas em atendimento e cadastro, tributação, fiscalização, arrecadação e cobrança de tributos, e controle aduaneiro (quando cabível).

A gerência da Receita Federal é exercida de forma descentralizada, sob a direção geral do secretário da Receita Federal, por todos os titulares das unidades administrativas, dentro dos limites de suas competências.

Como exceção ou particularidade em relação ao modelo básico funcional da SRF, vale destacar:

- As **Delegacias da Receita Federal de Julgamento** (DRJ) são responsáveis pelo julgamento em primeira instância, na esfera administrativa, do contencioso fiscal. Estão organizadas por tributo, acompanhando o modelo de organização dos Conselhos de Contribuintes do Ministério da Fazenda.[8]
- As **Delegacias Especiais de Instituições Financeiras** (Deinf), organizadas por tipo de contribuinte (instituições financeiras) e com jurisdição definida por critério misto: geográfico (7ª ou 8ª Região Fiscal) + atividade econômica (atividades vinculadas ao sistema financeiro). Embora especializadas, as Deinf se organizam dentro do mesmo modelo funcional básico das demais delegacias. Dentro das respectivas jurisdições geográficas, as Deinf têm competência exclusiva sobre as pessoas jurídicas que atuam em atividades relacionadas/vinculadas ao sistema financeiro, definidas em Lei.

---

[7] A Secretaria da Receita Federal (SRF) foi criada pelo Decreto-lei nº 63.659/68. Sua estrutura atual é definida pelo Decreto-lei nº 3.786, de 24/07/2001.

[8] O Conselho é um órgão colegiado, diretamente vinculado ao Ministério da Fazenda, que tem por função o julgamento em segunda instância do processo administrativo-fiscal.

- A **Delegacia Especial de Assuntos Internacionais** (Deain), com jurisdição definida em bases geográficas (8ª Região Fiscal) como as demais unidades descentralizadas, mas especializada por natureza da ação fiscal: controle das operações de preços de transferência entre pessoas vinculadas; da tributação em bases mundiais; e da valoração aduaneira. A Deain não mantém estrutura funcional.

Autonomia e atuação

A SRF não possui total autonomia administrativa e financeira no desempenho de suas atividades. Ainda que boa parte dos seus dispêndios (em torno de 56%, em 1999) seja coberta pelo Fundaf (Fundo Especial para o Desenvolvimento e Aperfeiçoamento das Atividades de Fiscalização), a SRF necessita da anuência dos órgãos de administração/orçamento do Ministério da Fazenda para efetivar seus gastos.

Administrando seis impostos federais e cinco contribuições sociais para a seguridade social, a SRF tem a seu cargo a tributação e fiscalização de toda a atividade econômica e financeira do país (inclusive a realizada com outros países), por um PIB de R$ 1.184 bilhões. A Receita Federal tem responsabilidade sobre um contingente de aproximadamente 83,7 milhões de contribuintes pessoas físicas ativos (122,4 milhões registrados) e 10 milhões de registros de contribuintes pessoas jurídicas.

Em termos monetários, a receita administrada pela Receita Federal atingiu, em 2001, R$ 191,1 bilhões, representando em torno de 68,3% da arrecadação total da União. As receitas arrecadadas pela SRF, a título de contribuições sociais, responderam por cerca de 60% do total de ingressos da seguridade Social (incluídas as contribuições relativas aos servidores federais), como é possível observar no Quadro 7-13.

Quadro 7-13 Receitas administradas pela SRF – 2001

Principais tributos		Arrecadação		
Grupamentos	Base de cálculo	R$ bilhões	% PIB	% total
Renda + CSLL	I Renda/lucro	77,8	6,57	40,71
IPI	Valor agregado	19,3	1,63	10,10
Cofins + PIS/Pasep	Faturamento	56,6	4,78	29,62
CPMF	Mov. financeira	17,2	1,45	9,00
Comércio exterior	Importações/exportações	9,1	0,77	4,76
Demais tributos	Diversas	11,1	0,94	5,81
Total		191,1	16,14	100,0

7.3 Carga tributária no Brasil

A carga tributária brasileira, em 2005, foi de 37,37% do PIB, que corresponde, na parcela relativa à União, a um acréscimo de 1,18% em relação ao ano anterior, demonstrado no Quadro 7-15. Esse resultado não decorreu da criação de nenhum tributo ou contribuição, mas do acréscimo de alíquotas ou de ampliação da base de cálculo dos tributos e contribuições federais, bem como da adoção de algumas normas legais que proporcionaram uma desoneração fiscal da ordem de R$ 5,26 bilhões em 2004 e de R$ 13,10 bilhões em 2005, conforme apontado no Quadro 7-14.

Assim, o resultado da parcela correspondente à União pode ser atribuído, principalmente, à maior lucratividade de setores importantes da economia, observada especialmente no ano de 2005, com reflexo positivo no Imposto de Renda e na Contribuição sobre o Lucro Líquido, conforme indica o Quadro 7-15, ao grau de eficiência da administração tributária na cobrança e fiscalização dos tributos, à adoção de medidas legais que permitiram maior eficiência no controle, como a obrigatoriedade de retenção na fonte nos pagamentos efetuados a empresas prestadoras de serviços e à recuperação de débitos em atraso por conta do trabalho de fiscalização e cobrança.

Quadro 7-14 Relação de medidas de desoneração fiscal
(impacto fiscal estimado em R$ bilhões)[9]

Discriminação	Ato legal	2004		2005	
		valor	% PIB	valor	% PIB
Estímulo ao investimento produtivo		0,65	0,04%	3,4	0,18%
Regime Especial de Aquisição de Bens de Capital para Empresas Exportadoras (Recap)	Lei nº 11.196/05			0,23	0,01%
Redução do IPI sobre Bens de Capital	Decreto-lei nº 5.468/05			0,4	0,02%
Incentivo tributário para modernização e ampliação dos portos (Reporto)	Lei nº 11.033/04	0,45	0,03%		
Depreciação acelerada a ser descontada da CSLL	Lei nº 11.051/04 & Lei nº 11.196/05		0,00%	0,5	0,03%
Redução do prazo de aproveitamento do crédito de PIS/Cofins	Lei nº 11.051/04	0,2	0,01%	1,9	0,10%
Mudança na retenção do PIS/Cofins de autopeças	Lei nº 11.196/05			0,14	0,01%
Demais medidas da MP do bem	Lei nº 11.196/05			0,23	0,01%
Corte de tributos para famílias		0,5	0,03%	2,3	0,12%
Redução temporária da base do IR em R$ 1,00	Lei nº 10.996/04	0,5	0,03%		
Atualização da tabela do IRPF	Lei nº 11.119/05			2,3	0,12%
Corte de tributos da cesta básica e incentivo à produção de alimentos		3,33	0,19%	5	0,26%
Redução a zero do PIS/Cofins para itens da cesta básica	Leis nºs 10.865/04 e 10.925/04	1,67	0,09%	2,5	0,13%
Redução a zero do PIS/Cofins para fertilizantes e vacinas de uso veterinário	Lei nº 10.925/04	1,67	0,09%	2,5	0,13%
Estímulo à poupança de longo prazo		0,77	0,04%	2	0,10%
Tributação decresc. renda fixa, redução tribut. renda var. e isenção de IR títulos imob.	Lei nº 11.033/04	0,63	0,04%	1,5	0,08%
Redução do IOF para seguros do ramo vida	Decreto-lei nº 5.172/04	0,06	0,00%	0,23	0,01%
Fim do regime especial da previdência complementar	Lei nº 11.053/04	0,09	0,01%	0,27	0,01%
Estímulo a micro e pequena empresa				0,3	0,02%
Retroatividade das empresas excluídas do Simples	Lei nº 11.196/05			0,3	0,02%
Incentivo à inovação				0,1	0,01%
Programa de inclusão digital	Lei nº 11.196/05			0,1	0,01%
Total		5,26	0,30%	13,1	0,68%

---

[9] Quadro preparado pela Secretaria da Receita Federal. Disponível em: <http://www.receita.fazenda.gov.br>.

Quadro 7-15 Carga tributária bruta – 2004 e 2005 em R$ milhões

ANO	2004		2005			
PIB	1.766.621		1.937.598			
	valor	% PIB	valor	% PIB	R$	p.p.
UNIÃO	**441.594**	**25,00**	**507.171**	**26,18**	**65.577**	**1,18**
Orçamento fiscal	147.353	8,34	174.528	9,01	27.175	0,67
Imposto de Renda	109.622	6,21	132.287	6,83	22.665	0,62
Imposto sobre Produtos Industrializados	22.538	1,28	26.096	1,35	3.558	0,07
Imposto sobre Operações Financeiras	5.209	0,29	6.058	0,31	849	0,02
Imposto sobre o Comércio Exterior	9.181	0,52	9.062	0,47	-119	-0,05
Imposto Territorial Rural	245	0,01	276	0,01	31	0,00
Imposto Provis. Mov. Financ. (IPMF)		0,00		0,00	0	0,00
Taxas federais	371	0,02	323	0,02	-48	-0,00
Demais tributos	187	0,01	426	0,02	239	0,01
Orçamento seguridade	246.466	13,95	281.035	14,50	34.569	0,55
Contribuição previdência social	93.765	5,31	108.434	5,60	14.669	0,29
Cofins	77.593	4,39	86.794	4,48	9.201	0,09
Contrib Prov. Mov. Financ. (CPMF)	26.340	1,49	29.150	1,50	2.810	0,01
Contribuição lucro líquido	19.575	1,11	24.189	1,25	4.614	0,14
PIS	17.116	0,97	18.570	0,96	1.454	-0,01
Pasep	2.301	0,13	2.880	0,15	579	0,02
Contribuição Seg. Servidor público	7.179	0,41	8.231	0,42	1.052	0,02
Outras contribuições sociais	2.597	0,15	2.787	0,14	190	-0,00
Demais	47.775	2,70	51.608	2,66	3.833	-0,04
FGTS	28.269	1,60	32.248	1,66	3.979	0,06
Cide combustíveis	7.816	0,44	7.681	0,40	-135	-0,05
Outras contribuições econômicas	1.917	0,11	1.376	0,07	-541	-0,04
Salário-educação	4.831	0,27	5.906	0,30	1.075	0,03
Sistema S	4.942	0,28	4.397	0,23	-545	-0,05
ESTADOS	**165.324**	**9,36**	**186.493**	**9,62**	**21.169**	**0,27**
ICMS	138.275	7,83	154.810	7,99	16.535	0,16
IPVA	8.910	0,50	10.497	0,54	1.587	0,04
ITCD	710	0,04	795	0,04	85	0,00
Taxas	2.881	0,16	3.458	0,18	577	0,02
Previdência estadual	11.688	0,66	13.402	0,69	1.714	0,03
Outros tributos	2.860	0,16	3.531	0,18	671	0,02
MUNICÍPIOS	**26.891**	**1,52**	**30.448**	**1,57**	**3.557**	**0,05**
ISS	10.844	0,61	12.879	0,66	2.035	0,05
IPTU	8.602	0,49	9.580	0,49	978	0,01
ITBI	1.608	0,09	1.715	0,09	107	-0,00
Taxas	2.604	0,15	2.571	0,13	-33	-0,01
Previdência municipal	3.118	0,18	3.576	0,18	458	0,01
Outros tributos	115	0,01	127	0,01	12	0,00
TOTAL	**633.809**	**35,88**	**724.112**	**37,37**	**90.303**	**1,49**

7.3.1 Instrumentos de política fiscal

A política fiscal[10] implementada contempla os programas do governo relacionados à compra de bens e serviços e aos gastos do próprio governo. Esses volumes de recursos representados pelas receitas e despesas estão alocados no orçamento do setor público. Esse orçamento público[11] contém a discrição dos planos de gastos e financiamentos do governo.

Percebe-se que, de modo geral, a política contracionista ou restritiva incorre em superávit, pois haverá maior imposto, menor consumo privado, menor gasto público e menor demanda agregada, com a queda da produção e o emprego.

Nota-se que do ano de 2000 em diante, ocorreu uma política restritiva, combinada com uma política monetária apertada, gerando um ciclo vicioso com forte tributação, baixa demanda agregada, maior gasto público, tendo como conseqüência quebras de empresas e aumento do desemprego.

A utilização da política fiscal na dose certa faz parte de um todo na condução da política econômica do país, garantindo menor custo social a todos.

A tributação e o dispêndio são instrumentos de que os governos dispõem para realizar as seguintes funções governamentais:

1. Estabilização econômica: corresponde ao controle da demanda agregada $(C+I+G+X+M)$[12] no curto prazo, a fim de evitar as variações indesejáveis dos níveis do produto e dos preços, bem como da renda nacional e do emprego, uma vez que tais variações causam problemas ao bom funcionamento da economia e ao bem-estar da comunidade.
2. Promoção do desenvolvimento econômico: estimula a oferta agregada, visando incrementar os volumes da produção e do emprego, por meio da expansão e manutenção da infra-estrutura econômica e social, com o objetivo de facilitar a realização das atividades econômicas e elevar a qualidade de vida da população.
3. Redistribuição da renda: visa maximizar o bem-estar social, por intermédio da tributação mais intensa dos mais ricos, da distribuição igualitária e compensatória dos serviços públicos e do apoio aos mais carentes pelas transferências para provimento das necessidades básicas.
4. Prestação de serviços públicos: atende às necessidades da comunidade, por meio de dispêndio rigorosamente eficiente em termos de custos e alcance de objetivos.

Esses objetivos do governo não podem ser avaliados em termos dos níveis de tributos e gastos realizados, pois não basta ao governo tributar e gastar. É essencial que o faça de forma eficiente, atendendo aos propósitos da evolução social e do desenvolvimento econômico do país. Por essa razão, não é possível avaliar a política fiscal exclusivamente em termos do comportamento do saldo da execução orçamentária, pois embora a função de estabilização

---

[10] Política fiscal refere-se às ações de gastos e impostos dos governos e está relacionada à administração voltada para a demanda. A redução nos gastos dos governos diminuem diretamente a demanda por produtos e serviços. Do modo semelhante, o aumento nas taxas dos impostos reduz as receitas, reduzindo o consumo.
[11] O orçamento público – a política fiscal, representada pelo comportamento e características das receitas e do dispêndio do governo em determinado período, é implementada por meio do processo orçamentário que, de conformidade com o que dispõe a Constituição Federal e as Constituições Estaduais, consiste no seguinte conjunto de instrumentos: 1) plano plurianual; 2) Lei de Diretrizes Orçamentárias (LDO); e 3) orçamento geral. Depois da aprovação do Legislativo são convertidas em lei.
[12] Onde, C = Consumo, I = Investimentos, G = Gastos do governo, X = Exportações e M = Importações.

possa ser avaliada por esse saldo, os demais objetivos dependem do tipo e da qualidade da política tributária, assim como da eficiência e da eficácia do dispêndio público na busca da justiça social e do desenvolvimento econômico equilibrado.

A tributação pode servir como instrumento de justiça social e não só como método de financiamento de dispêndio público. Nesse caso, a tributação deve retirar recursos das classes ricas, que se apropriam da maior parte da renda nacional, e destiná-los aos financiamentos das obras e serviços públicos.

Os gastos públicos são o segundo componente da política fiscal. São um poderoso instrumento de estabilização da renda e do emprego a curto prazo, quando usados com parcimônia e eficiência. Os gastos públicos não preenchem sua função socioeconômica quando são destinados à construção de obras inúteis, ao pagamento de um quadro de funcionários desnecessários, ao pagamento de vantagens descabidas, ou seja, quando ocorre mau uso do dinheiro pelo governo.

Os gastos públicos preenchem sua função socioeconômica quando ocorrem os pagamentos de transferências, que constituem simples doações monetárias a pessoas ou instituições, por razão de ordem social. São transferências os pagamentos de seguro-desemprego, pensões a viúvas e aposentados, concessões de verbas a entidades assistenciais. Esses pagamentos não possuem contrapartidas diretas na forma de bens e serviços e não são somados à equação do PIB.

7.3.2 Evolução e composição da carga fiscal

Quando se iniciou o registro sistemático das contas nacionais no ano de 1947, a carga tributária brasileira era de 13,8% do PIB, apresentando um crescimento lento até atingir 18,7% do PIB, em 1958. Nos anos seguintes, a carga tributária brasileira também sofreu quedas em proporção ao PIB, chegando em 1962 a 15,8% e no ano seguinte, marcado por profundas reformas tributárias, recuperou seu crescimento com uma contínua tendência ascendente. As décadas de 1960 e 1970 pecou quanto à eqüidade e centralização, mas provocou também uma melhoria na administração fazendária, com a carga tributária atingindo médias de 25% do PIB, ficando estável durante a década de 1970. Na década de 1980, a carga tributária manteve-se nesse nível, crescendo um pouco em 1983 (27%). Após esse período, houve declínio por causa da situação econômica que o país atravessava.

O crescimento continuou lento, havendo dois momentos marcantes: em 1967/1969 e 1990/2005, quando observaram-se mudanças para patamares mais altos. No primeiro caso, foi o resultado da reforma tributária e, com isso, a arrecadação, que era de 20,5% do PIB, passou para 24,9%, No segundo caso, a explicação reside na estabilização da economia como conseqüência do Plano Real e da intensificação da utilização de tributos incidentes sobre bens e serviços. A carga tributária global passou ao patamar de 33,18% do PIB, atingindo em 2005 seu nível histórico máximo de 37,37% do PIB, conforme indicam o Quadro 7-16 e a Figura 7-2.

Na Figura 7-3, mostrou-se a evolução da carga tributária da União, dos Estados e dos municípios, bem como a carga total para o período de 1990 a 2005, em percentual do PIB.

A análise da Figura 7-3, juntamente com os dados apresentados no Quadro 7-17, indica claramente uma tendência de alta prevista para os próximos anos.

Como é possível verificar, os municípios foram os maiores beneficiários das modificações tributárias promovidas pela Constituição de 1988, fechando o ano de 2005 com um crescimento recorde de suas receitas tributárias da ordem de 184%, quando comparado com o ano de 1990. A União obteve um crescimento de suas receitas tributárias de 116%, enquanto os Estados obtiveram um aumento de cerca de 80%.

Quadro 7-16 Carga tributária em % PIB[13]

Anos	União	Estados	Municípios	Total
1990	20,53	9,04	0,94	30,51
1991	16,72	7,31	1,19	25,22
1992	17,50	7,37	0,99	25,86
1993	18,47	6,48	0,78	25,73
1994	20,46	7,98	1,02	29,46
1995	20,01	8,32	1,43	29,76
1996	19,35	8,20	1,42	28,97
1997	19,65	7,92	1,47	29,04
1998	20,42	7,79	1,54	29,75
1999	22,47	8,17	1,51	32,15
2000	22,97	8,69	1,52	33,18
2001	23,35	9,01	1,49	33,85
2002	25,15	9,14	1,56	35,85
2003	24,24	9,14	1,53	34,91
2004	25,00	9,36	1,52	35,88
2005	26,18	9,62	1,57	37,37

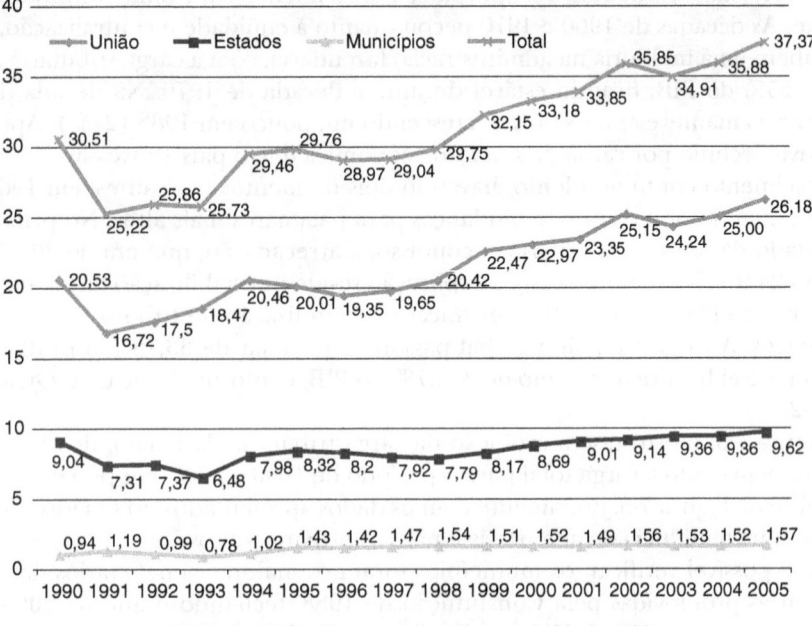

Figura 7.2 Carga tributária em % do PIB.

---

[13] Dados obtidos no site da Secretaria da Receita Federal. Disponível em: <www.receita.fazenda.gov.br>.

Note que, em todos os casos, o aumento nas esferas da arrecadação tributária (União, Estados e municípios) foi superior ao crescimento nominal do PIB no mesmo período, que apresentou um índice de apenas 69,67%.

Assim, fica muito patente e inquestionável o crescimento dos encargos tributários apurados pelas empresas, trazendo como conseqüência o reajuste sobre os preços finais de produtos e serviços consumidos pelas pessoas, dificultando o crescimento do país como um todo.

No Quadro 7-17, observa-se a evolução da carga tributária, subdividida pelas entidades da União, Estados e municípios, em comparação à evolução no mesmo período, apresentada por pontos percentuais e considerando como ponto de partida o ano de 1990, cuja base para análise é 100.

Quadro 7-17 Índice-base (1990 = base 100): aumento/redução em p. p.

Anos	PIB	Carga tributária			
		União	Estados	Municípios	Total
1990	0,00	0,00	0,00	0,00	0,00
1991	-13,56	-29,62	-30,11	10,03	-28,55
1992	-17,48	-29,67	-32,68	-12,80	-30,04
1993	-8,44	-17,64	-34,34	-24,04	-22,78
1994	15,72	15,33	2,24	25,42	11,77
1995	50,31	46,52	38,37	129,32	46,66
1996	65,23	55,72	49,93	150,36	56,92
1997	72,13	64,72	50,79	169,54	63,82
1998	67,80	66,87	44,58	174,81	63,59
1999	12,80	23,46	2,01	81,12	18,88
2000	28,32	42,05	22,08	105,90	38,10
2001	8,63	23,74	8,44	72,45	20,71
2002	-2,12	18,09	-2,45	60,19	13,30
2003	7,98	27,51	9,26	75,72	23,59
2004	28,88	56,92	33,48	108,98	51,58
2005	69,67	116,31	80,72	184,00	107,85

A evolução da carga tributária em comparação com o PIB, mostrada no Quadro 7-17, pode ser mais bem visualizada na Figura 7-3.

7.3.3 Distribuição por principais bases de incidência

Nesta seção, será feita uma análise da distribuição da carga tributária conforme as principais bases de incidência, ou seja: bens e serviços (incluindo comércio exterior), renda e folha de pagamento.

A distribuição da carga tributária por bases de incidência mostra-se desequilibrada, destacando-se a participação dos tributos incidentes sobre os bens e serviços que, ao longo do tempo, mostrou-se bem superior aos demais itens (renda e folha de pagamento), fechando o ano de 2005 maior que a soma desses dois itens, como se pode observar no Quadro 7-18.

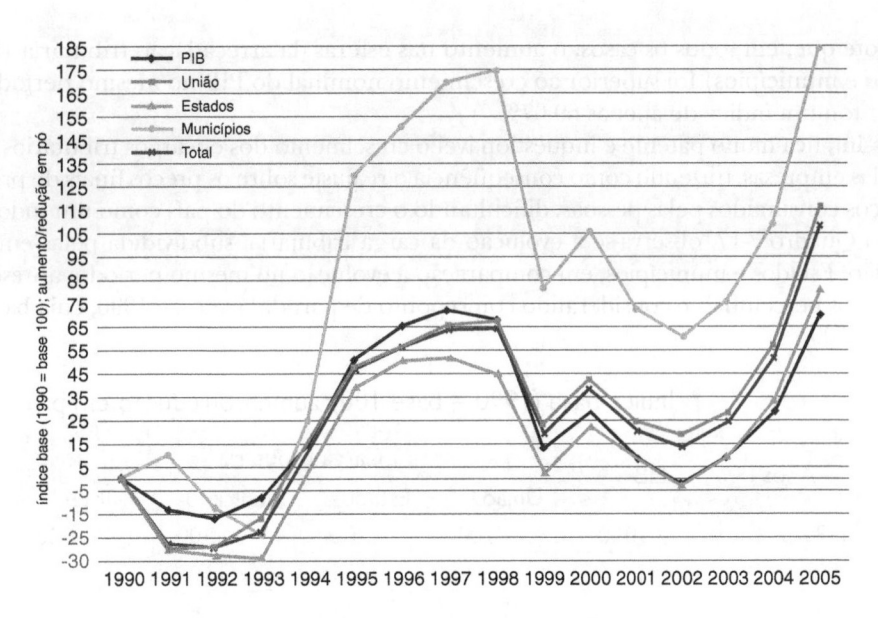

Figura 7-3 PIB versus carga tributária.

Os tributos sobre bens e serviços apresentaram, em todos os anos da década de 1980, participação entre 40% e 45% na receita total. A partir dos anos 1990 até 2005, sua participação aumentou, passando a oscilar entre aproximadamente 50% e 55%, como mostram o Quadro 7-19 e a Figura 7-4. A carga desse grupo de tributos, que, na década de 1980, atingiu, em média, 10,4% do PIB, elevou-se nos anos posteriores, apresentando em 2005 uma participação de 18,12% do PIB. O crescimento pode ser explicado, em grande parte, pelo aumento da arrecadação de impostos cumulativos, e pelo tratamento diferenciado nos tributos indiretos, como é o caso do ICMS e do IPI cujas alíquotas variaram ao longo do tempo.

Os tributos sobre a folha de pagamento representam a segunda principal fonte de arrecadação. No período de 1990 a 2005, sua carga sempre oscilou entre 6,5% e 7,8% do PIB, fechando o ano de 2005 em 7,79% do PIB. A participação desses tributos na arrecadação total ficou próxima dos 30% nos primeiros anos da década de 1980, e, no restante do período considerado, variou entre 23% e 27%, fechando o exercício de 2005 no patamar de 23,2% (Quadro 7-19 e Figura 7-4).

Os impostos sobre comércio exterior apresentaram participação relativamente estável ao longo de todos os anos, representando, em média, cerca de 2% da receita total. Trata-se de uma carga média de cerca de 0,5% do PIB, que é semelhante à de outros países, fechando o ano de 2005 em 0,47% do PIB, como mostra o Quadro 7-18. Sua baixa representatividade se dá por causa da política de incentivo às exportações que, de maneira geral, é implementada pelos governos.

Até 1997, a participação dos impostos sobre a renda em relação ao PIB foi, em média, de 5%. A partir de 1998, ocorreu um aumento gradual de sua participação no PIB, atingindo o patamar de 8,08% em 2005, como indica o Quadro 7-18.

Quadro 7-18 Carga tributária bruta – 2001 a 2005[14] em milhões de reais

ANO	2001		2002		2003		2004		2005	
PIB	1.198.736		1.346.028		1.556.182		1.766.621		1.937.598	
	Valor	% PIB	Valor	% PIB	Valor	% PIB	Valor	% PIB	Valor	% PIB
Bens e serviços	205.791	17,17	227.295	17,45	257.384	17,08	307.096	17,83	343.419	18,12
ICMS	94.267	7,86	105.386	7,83	120.233	7,73	138.275	7,83	154.810	7,99
IPI	19.328	1,61	19.659	1,46	19.600	1,26	22.538	1,28	26.096	1,35
Cofins	45.507	3,80	50.913	3,78	58.216	3,74	77.593	4,39	86.794	4,48
PIS	9.999	0,83	11.219	0,83	14.654	0,94	17.116	0,97	18.570	0,96
IPMF	0,1	0,00	1	0,00		0,00		0,00		0,00
CPMF	17.157	1,43	20.265	1,51	22.987	1,48	26.340	1,49	29.150	1,50
IOF	3.561	0,30	3.996	0,30	4.420	0,28	5.209	0,29	6.058	0,31
ISS	6.865	0,57	7.886	0,59	9.130	0,59	10.844	0,61	12.879	0,66
Imposto sobre o Comércio Exterior	9.107	0,76	7.970	0,59	8.144	0,52	9.181	0,52	9.062	0,47
Cide combustíveis		0,00	7.583	0,56	8.406	0,54	7.816	0,44	7.681	0,40
Renda	79.142	6,60	103.180	7,67	116.253	7,47	129.197	7,31	156.476	8,08
Imposto sobre a renda	70.126	5,85	90.673	6,74	100.053	6,43	109.622	6,21	132.287	6,83
Contrib. sobre Lucro Líquido	9.016	0,75	12.507	0,93	16.200	1,04	19.575	1,11	24.189	1,25
Folha de pagamento	88.492	7,38	100.457	7,46	113.594	7,30	131.807	7,46	150.985	7,79
Contribuição previdência social	61.060	5,09	71.028	5,28	80.730	5,19	93.765	5,31	108.434	5,60
FGTS	21.074	1,76	22.422	1,67	24.956	1,60	28.269	1,60	32.248	1,66
Salário-educação	3.123	0,26	3.661	0,27	4.005	0,26	4.831	0,27	5.906	0,30
Sistema S	3.235	0,27	3.346	0,25	3.903	0,25	4.942	0,28	4.397	0,23
TOTAL	**373.425**	**31,15**	**430.932**	**32,58**	**487.231**	**31,85**	**568.100**	**32,60**	**650.880**	**33,99**

A carga dos tributos sobre a renda apresentou uma significativa e contínua elevação entre 1980 e 1985, quando atingiu 5,1% do PIB, e sua participação na receita total passou de cerca de 13% para 21%. A partir de 1990 até 1998, a carga dos tributos manteve-se constante na casa dos 5%. Do segundo mandato do presidente Fernando Henrique Cardoso até 2005, a carga tributária sobre a renda vem subindo de forma acentuada, atingindo, no exercício de 2005, o patamar de 8%, como mostra o Quadro 7-18. Isso vale também para a participação do grupo na receita total, o qual, a partir dos nos 90, vem apresentando um

---

[14] Dados extraídos do site da Secretaria da Receita Federal. Disponível em: <www.receita.fazenda.gov.br>.

crescimento expressivo, fechando o exercício de 2005 com uma participação de 24,04%, como demonstrado no Quadro 7-19 e na Figura 7-4.

Quadro 7-19 Distribuição das bases de incidência em %

	1990	1991	1992	1993	1994	1995	1996	1997	1998	1999	2000	2001	2002	2003	2004	2005
Bens e serviços	55,64	55,51	53,32	51,81	56,79	52,77	51,79	53,08	50,57	53,20	54,95	55,11	54,50	54,55	55,43	53,94
Renda	18,76	16,89	19,57	19,37	18,00	20,90	20,59	19,87	21,88	21,90	20,79	21,19	23,94	23,86	22,74	24,04
Folha de pagamento	25,60	27,60	27,12	28,82	25,21	26,34	27,63	27,05	27,55	24,90	24,26	23,70	23,31	23,31	23,20	23,20

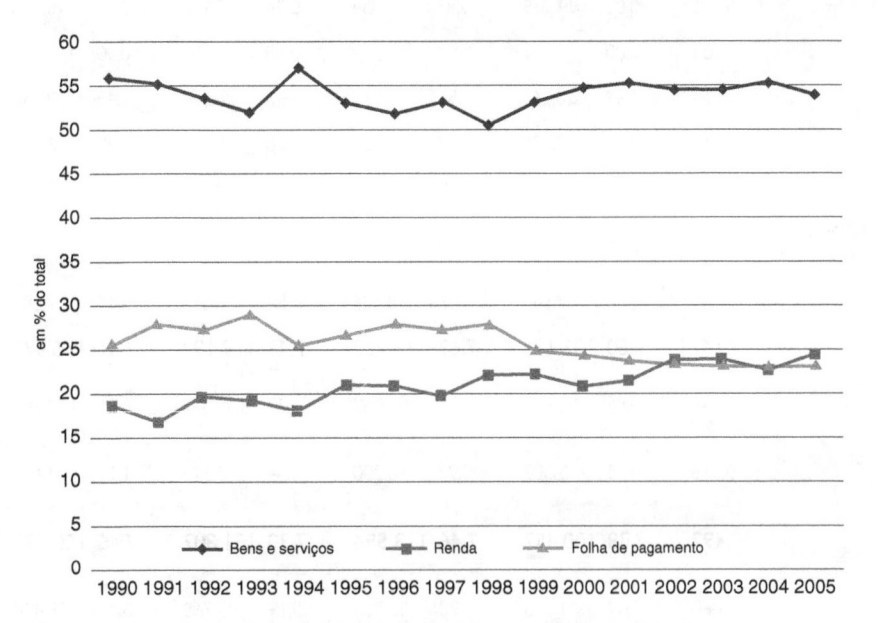

Figura 7-4 Carga tributária sobre vendas de bens e serviços: distribuição das bases de incidência.

No Quadro 7-20 e na Figura 7-5, demonstra-se a evolução, em pontos percentuais, dos tributos incidentes sobre os bens e serviços, a renda e a folha de pagamento. Como se possível observar, ocorreu uma queda na participação dos tributos sobre a folha de pagamento (9,38% em relação a 1990) e sobre bens e serviços (3,04% em relação a 1990).

A queda da participação sobre os tributos incidentes nos bens e serviços se justifica pelo grande aumento ocorrido nas exportações nos últimos anos (ver a Figura 7-6), por meio das quais o Brasil vem aumentando seu superávit na balança comercial. Nesse caso, a maioria (senão todos) os produtos destinados à exportação não são tributados, mas os valores decorrentes de suas operações estão computados no PIB.

A queda da participação sobre os tributos incidentes sobre a folha de pagamento se justifica pelo aumento da automação nos processos produtivos (indústrias, comércio e bancos), com a conseqüente redução de postos de trabalho. Esse processo está claramente demonstrado na Figura 7-12, quando se analisa a trajetória de crescimento real do

PIB, observando-se que seu crescimento mostrou-se insuficiente para a geração de novas oportunidades de emprego.

No que se refere à evolução dos tributos sobre a renda, merece destaque o crescimento acentuado ocorrido no período de 1991 a 2005 (Quadro 7-20 e Figura 7-5), encontrando-se em 2005 em um patamar 28,12% superior ao de 1990. Esse aumento expressivo deveu-se principalmente às mudanças nas bases de cálculos, bem como em suas alíquotas. Outro fator que influenciou essa elevação foi a estabilização da economia e do processo inflacionário como um todo, pois com a extinção da correção monetária de balanço[15] das empresas, que, em sua maioria, apuravam saldo devedor (despesa de correção monetária), a base de cálculo do imposto de renda passou a ser maior, aumentando o encargo desse tributo.

Quadro 7-20 Distribuição das bases de incidência em p. p. (1990 = base 100)

	1991	1992	1993	1994	1995	1996	1997	1998	1999	2000	2001	2002	2003	2004	2005
Bens e serviços	–0,22	–4,17	–6,87	2,08	–5,15	–6,92	–4,59	–9,10	–4,38	–1,23	–0,95	–2,03	–1,95	–0,37	–3,04
Renda	–9,99	4,27	3,22	–4,08	11,36	9,70	5,87	16,60	16,70	10,77	12,94	27,60	27,15	21,20	28,12
Folha de pagamento	7,80	5,93	12,58	–1,53	2,88	7,92	5,67	7,62	–2,72	–5,21	–7,43	–8,94	–8,93	–9,37	–9,38

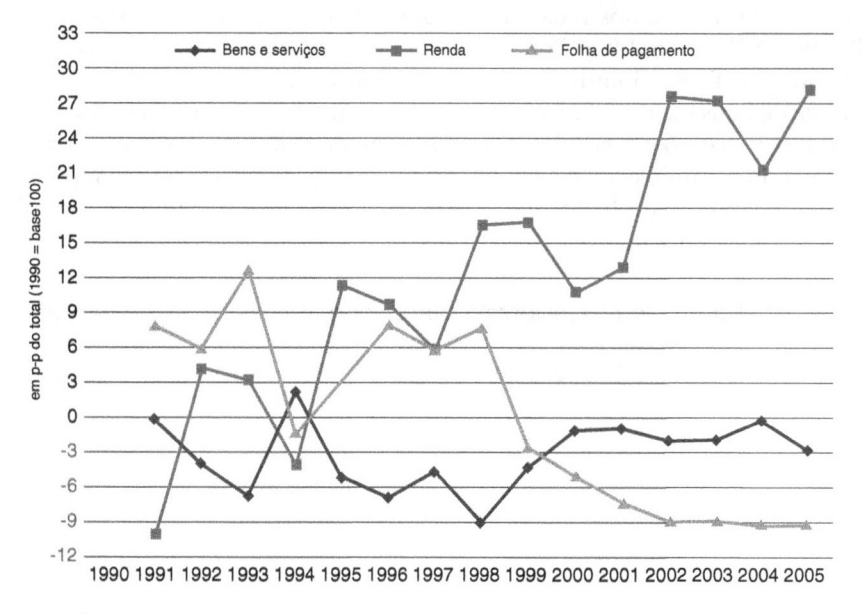

Figura 7-5 Carga tributária sobre vendas de bens e serviços: distribuição das bases de incidência.

---

[15] A correção monetária estava prevista na Lei das Sociedades Por Ações (Lei nº 6.404/76), como um instrumento de atualização dos valores do ativo permanente e do patrimônio líquido das empresas, de forma a reconhecer as perdas patrimoniais decorrentes do tempo e da perda do poder aquisitivo da moeda. Em 1994, com a pressão para acabar com a inflação, foi editada a Lei nº 9.249/95, que vetou a utilização de qualquer sistema de correção monetária.

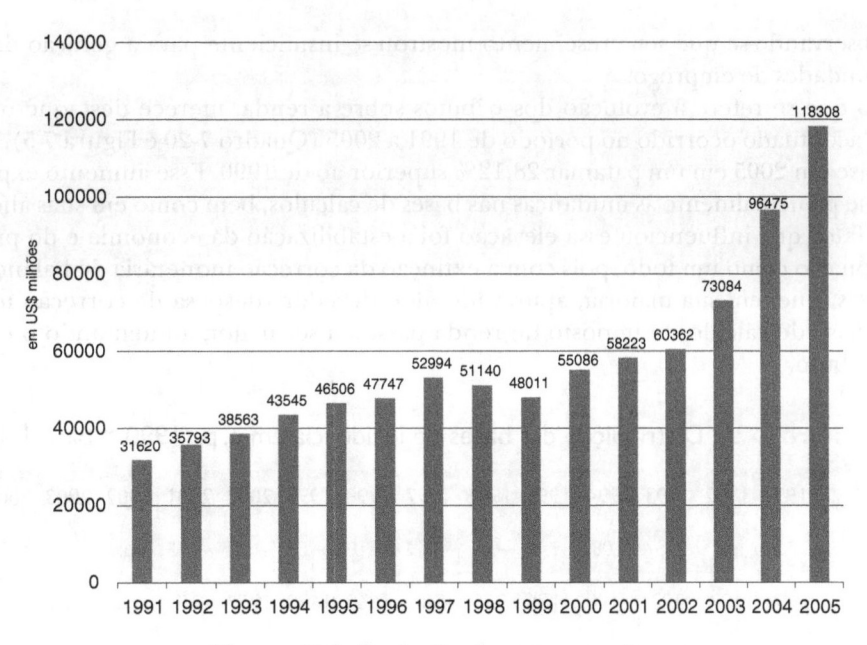

Figura 7-6 Evolução das exportações.

Entre os maiores tributos incidentes sobre as vendas de bens e serviços, destacam-se ICMS, IPI, IR, CSSL, INSS, PIS e Cofins, mostrados no Quadro 7-21, com sua evolução indicada na Figura 7-7. Esses tributos, quando comparados à carga total dos tributos incidentes sobre a venda de bens e serviços (ver o Quadro 7-18), possuem expressiva representatividade em relação ao PIB, como também em relação à totalidade das receitas tributárias incidentes sobre o comércio e a indústria, de modo geral (ver o Quadro 7-18, em comparação com o Quadro 7-19). À exceção do ICMS que é de competência estadual, todos os demais tributos são de competência federal.

Quadro 7-21 Distribuição dos maiores tributos sobre vendas de bens e serviços em % PIB

	1990	1991	1992	1993	1994	1995	1996	1997	1998	1999	2000	2001	2002	2003	2004	2005
ICMS	8,47	6,87	6,91	6,11	7,37	7,31	7,15	6,84	6,66	7,07	7,57	7,86	7,83	7,73	7,83	7,99
IPI	2,55	2,23	2,39	2,44	2,18	2,08	1,96	1,91	1,76	1,69	1,72	1,61	1,46	1,26	1,28	1,35
IR + CSSL	5,40	3,93	4,68	4,75	5,00	5,69	5,45	5,27	5,94	6,45	6,30	6,60	7,67	7,47	7,31	8,08
INSS	5,36	4,71	4,78	5,42	4,96	4,98	5,18	5,07	5,10	4,94	5,13	5,09	5,28	5,19	5,31	5,60
PIS + Cofins	2,81	2,42	2,10	2,47	3,55	3,18	3,12	2,94	2,71	4,20	4,42	4,63	4,62	4,68	5,36	5,44
TOTAL	24,58	20,16	20,86	21,19	23,06	23,24	22,87	22,03	22,18	24,35	25,13	25,80	26,85	26,33	27,08	28,45

No grupo dos maiores tributos sobre a venda de bens e serviços chama atenção à elevada participação dos tributos cumulativos, ou seja, o IR, a CSSL, o INSS, o PIS e o Cofins. Conforme mostram o Quadro 7-22 e a Figura 7-8, os tributos cumulativos tinham uma participação no PIB de 11,02% em 1990 e encerraram o ano fiscal de 2005 com uma participação de 19,11%. Os impostos não cumulativos, por sua vez, apresentaram uma participação no PIB de 11,02 em 1990 e encerraram 2005 com uma participação de 9,34%.

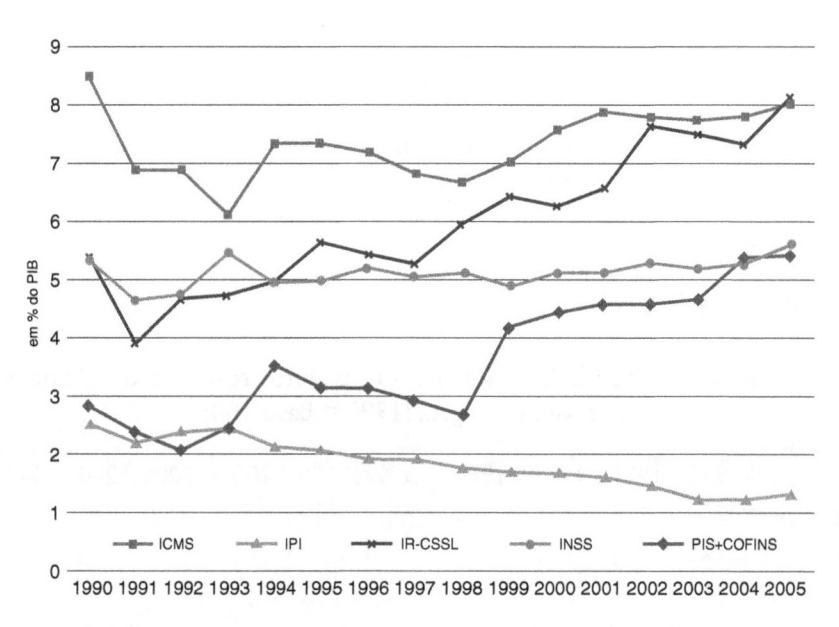

Figura 7-7 Distribuição dos maiores tributos sobre vendas de bens e serviços.

Quadro 7-22 Evolução dos maiores tributos sobre vendas de bens e serviços em % PIB

	1990	1991	1992	1993	1994	1995	1996	1997	1998	1999	2000	2001	2002	2003	2004	2005
Não cumulativos	11,02	9,11	9,30	8,55	9,55	9,39	9,11	8,75	8,43	8,76	9,29	9,48	9,29	8,99	9,10	9,34
Cumulativos	13,57	11,06	11,56	12,64	13,51	13,85	13,75	13,28	13,76	15,59	15,84	16,33	17,56	17,34	17,98	19,11
TOTAL	24,58	20,16	20,86	21,19	23,06	23,24	22,87	22,03	22,18	24,35	25,13	25,80	26,85	26,33	27,08	28,45

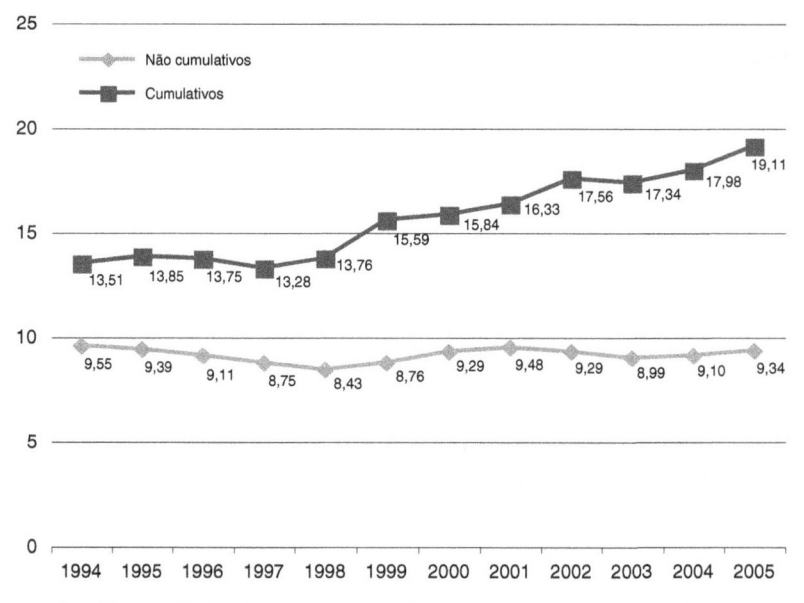

Figura 7-8 Distribuição dos maiores tributos sobre vendas de bens e serviços.

Essa variação pode ser explicada pelas mudanças de alíquotas (para mais) nos tributos não cumulativos, bem como pelo aumento das exportações (cuja tributação é reduzida ou inexistente), além do crescimento pífio do PIB nos últimos anos e a crescente necessidade de captação de recursos pelo Tesouro Nacional, para prover as necessidades da máquina administrativa dos governos, provocando um aumento exagerado dos tributos cumulativos (que serão repassados para o preço final dos bens e serviços), e uma redução dos tributos não cumulativos.

No Quadro 7-23 e na Figura 7-9, pode-se observar a evolução dos tributos cumulativos e não cumulativos no período de 1990 a 2005.

Quadro 7-23 Distribuição dos maiores tributos sobre vendas de bens e serviços em p. p. (1990 = base 100)

	1995	1996	1997	1998	1999	2000	2001	2002	2003	2004	2005
Não cumulativos	-14,80	-17,29	-20,60	-23,54	-20,51	-15,68	-14,00	-15,69	-18,45	-17,39	-15,27
Cumulativos	2,09	1,38	-2,11	1,41	14,91	16,78	20,35	29,44	27,83	32,56	40,87

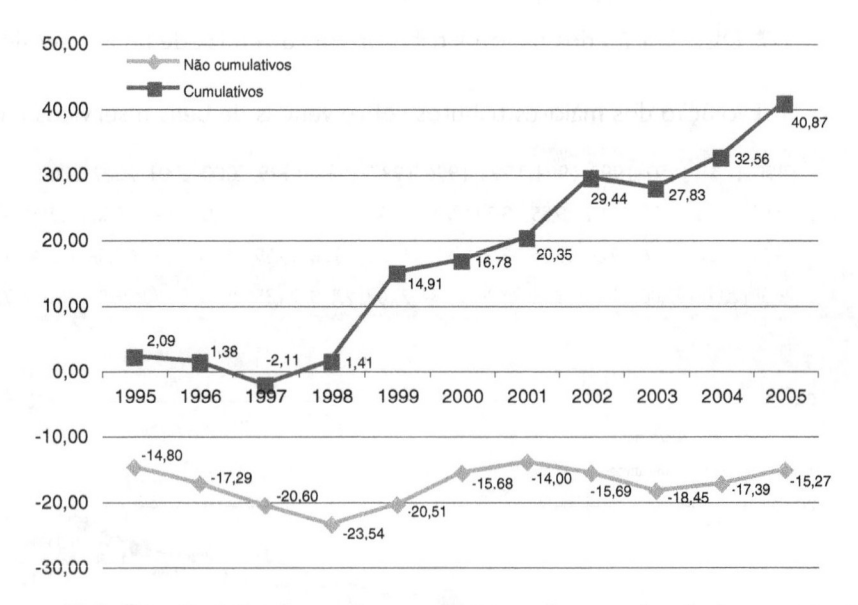

Figura 7-9 Distribuição dos maiores tributos sobre vendas de bens e serviços

A observação da carga tributária brasileira por tributos revela que, a despeito do grande número de gravames existentes no país, a arrecadação concentra-se em poucos deles. Em 2005, quase um quarto (23,78%) da receita tributária incidente sobre as vendas de bens e serviços foi proveniente de um único imposto, o ICMS. Os cinco principais, ICMS, IPI, INSS, IR e CSSL, PIS e Cofins, responderam por cerca de 19,11% do PIB nacional, ou 97% (R$ 551,2 bilhões) da arrecadação total sobre as vendas de bens e serviços.

No Quadro 7-24 e na Figura 7-10 estão apresentadas a variação do período de 1990 a 2005, em pontos percentuais, tendo o ano de 1990 como base 100, dos principais tributos incidentes sobre as vendas de bens e serviços.

Quadro 7-24 Distribuição dos maiores tributos sobre vendas de bens e serviços em p. p. (1990 = base 100)

	1995	1996	1997	1998	1999	2000	2001	2002	2003	2004	2005
ICMS	-13,70	-15,55	-19,21	-21,32	-16,57	-10,59	-7,14	-7,55	-8,77	-7,58	-5,65
IPI	-18,47	-23,05	-25,22	-30,92	-33,58	-32,56	-36,77	-42,73	-50,61	-49,97	-47,18
IR + CSSL	5,39	0,92	-2,34	10,05	19,53	16,65	22,34	42,04	38,42	35,51	49,64
INSS	-7,06	-3,19	-5,33	-4,69	-7,84	-4,27	-4,89	-1,47	-3,14	-0,90	4,49
PIS + Cofins	13,18	10,95	4,47	-3,57	49,35	57,11	64,61	64,10	66,47	90,58	93,32

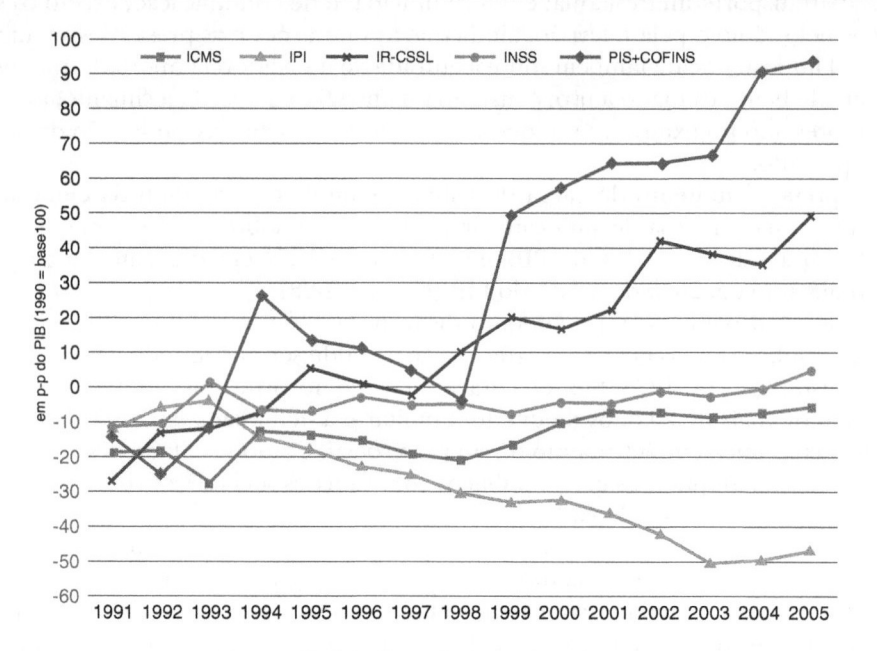

Figura 7-10 Distribuição de tributos.

7.3.4 Evolução da carga tributária sobre as vendas de bens e serviços

No período de 1968 a 1989, apesar das oscilações e mudanças de patamares, a carga tributária sobre vendas de bens e serviços sempre foi relevante, superando, em quase todos os anos, 10% do PIB, o que explica sua elevada participação na arrecadação tributária total.

Quando a carga tributária sobre vendas é decomposta sobre valor adicionado (não cumulativos) e cumulativos, observa-se um comportamento distinto da evolução da arrecadação dessas duas categorias de tributos. Enquanto a carga do ICMS, acrescida da do IPI, apresenta uma tendência decrescente, a carga de tributos cumulativos possui uma trajetória claramente ascendente, conforme mostra a Figura 7-9.

Nos últimos 15 anos, essa distinção foi marcante, passando o comportamento da carga dos tributos sobre vendas a ser explicado, em boa parte, pelo acréscimo da arrecadação de tributos cumulativos. Esses tributos nunca foram tão importantes na carga sobre vendas como em 2005, quando atingiram 19,11% do PIB (Quadro 7-22), arrecadados sobre essa base de incidência. Tal proporção era de apenas 9,3% em 1988 e de 11,7 em 1968.

O desempenho recente da carga dos tributos sobre valor adicionado deve-se, principalmente, ao comportamento decrescente da arrecadação do IPI. A receita desse imposto atingira quase 4,5% do PIB nos primeiros anos de sua vigência (final dos anos 60 e início da década de 1970); em 1988, já havia caído pela metade, atingindo cerca de 2,2% do PIB. Nos anos posteriores até a primeira metade da década de 1990, estabilizou-se em torno do patamar alcançado em 1988. A partir de 2002, porém, a carga do IPI vem se mantendo constante, atingindo em 2005 uma participação no PIB de 4,01%, conforme mostra o Quadro 7-22.

No caso do ICMS, embora continue sendo o maior imposto do país, seu potencial arrecadado poderia ser bem maior se não fosse a falência de seu aparato institucional.[16] O ICMS tem como fato gerador as operações relativas à circulação de mercadorias e às prestações de serviços de transporte interestadual e intermunicipal e de comunicação, exceto os serviços prestados pelo rádio e pela televisão, ainda que as operações e as prestações se iniciem no exterior. O imposto incide também sobre a entrada de mercadoria importada, mesmo quando se trata de bem destinado a uso, consumo ou ativo fixo do estabelecimento, assim como o serviço prestado no exterior. As alíquotas são internas e seletivas em função da essencialidade do produto.

O expressivo aumento da carga de tributos cumulativos resultou da elevação da arrecadação da mais danosa de suas categorias, os tributos sobre vendas gerais (Cofins, PIS e CPMF),[17] que saltou de 0,2% do PIB, em 1971, para 1,1% em 1981, até atingir seu nível histórico máximo em 2005 de 6,94% do PIB (Quadro 7-22).

A explicação para o comportamento distinto das arrecadações do IPI e dos tributos cumulativos sobre vendas gerais, em grande parte, pode ser encontrada nos desdobramentos da Constituição de 1988. Sua elaboração teve como principal motivação a reação ao centralismo de mais de 20 anos de ditadura militar e à demasiada ênfase dada no período à questão econômica em detrimento da situação social. Como resultado dessa motivação, a nova constituição ampliou os gastos públicos com funções sociais[18] e promoveu ampla descentralização das receitas públicas.

Em síntese, após ter decorrido alguns anos da última reforma tributária realizada no país (1988), observou-se um aumento da carga tributária global e sobre vendas internas de bens e serviços, especialmente via tributos cumulativos. A tributação do valor adicionado tem sido prejudicada no caso do IPI, pelo excesso de vinculações que desestimulam sua cobrança, e, embora no caso do ICMS, pela falência de seu aparato institucional nacional, ainda que continue a ser o maior imposto do país. A União foi induzida a elevar as contribui-

---

[16] A carga do antigo ICM decresceu durante toda a vigência do sistema anterior à Constituição de 1988, por causa da redução de alíquotas e do nível de atividade e da concessão de incentivos, inclusive por parte do governo federal. A reforma de 1988 transformou o ICM no ICMS e ampliou muito sua base ao extinguir os impostos únicos, sua carga inicialmente cresceu muito: entre 1988 e 1994, saltou de 5,3% para 7,3% do PIB. Depois, a falência do sistema nacional, provocada pela autonomia invocada pelos próprios estados, que culminou em uma guerra fiscal desenfreada, conteve a carga do ICMS: entre 1995 e 1999, a arrecadação oscilou em torno de 7% do PIB e, em 2005, sofreu um aumento, passando para 7,99% do PIB. Não obstante tal aumento, o fato é que cerca de 40% dessa carga é gerado por combustíveis, energia elétrica e comunicações, bases que não existiam em 1968 quando o velho ICM gerava 7,3% do produto interno

[17] Embora tributos cumulativos sejam considerados piores do que sobre vendas específicas, porque sua base de incidência é mais ampla, mas os efeitos em cascata oriundo da tributação de transações intermediárias também são maiores.

[18] Notadamente, no campo da previdência, tanto do regime geral como dos servidores públicos, cuja responsabilidade é do governo central.

ções sociais cumulativas por dispor de toda sua receita, ter base ampla e ainda por atender ao financiamento dos gastos públicos.

Outro fator que merece uma análise é o aumento da carga tributária, principalmente após a estabilização da moeda ocorrida com o Plano Real, em 1994, por meio da qual percebe-se claramente que o crescimento da carga tributária incidente sobre a venda de bens e serviços foi bem superior à variação nominal do PIB, como se pode observar no Quadro 7-25 e Figura 7-11.

A evolução pífia do PIB nos últimos anos pode ser explicada pela utilização de diversos instrumentos de política monetária e fiscal que inibem o crescimento de investimentos industriais e o desenvolvimento de novas tecnologias voltadas para a maximização da produção e geração de empregos. De modo semelhante, a redução da inflação, durante a qual as ineficiências empresariais eram repassadas diretamente para os preços finais dos produtos, não foi acompanhada de uma redução do patamar da cobrança de tributos pela União, Estados e municípios. Pelo contrário, essas entidades passaram a demandar mais recursos, para cobrir seus déficits orçamentários, oriundos da má gestão dos recursos públicos.

Quadro 7-25 Carga tributária em % PIB

	1995	1996	1997	1998	1999	2000	2001	2002	2003	2004	2005
Var. nominal PIB	8,50	20,53	11,79	4,94	5,16	13,41	8,85	12,29	15,61	13,50	9,68
Bens e serviços	14,36	13,70	14,08	13,73	15,67	16,64	17,17	17,45	17,08	17,83	18,12
Renda	5,69	5,45	5,27	5,94	6,45	6,30	6,60	7,67	7,47	7,31	8,08
Folha de pagamento	7,17	7,31	7,18	7,48	7,34	7,35	7,38	7,46	7,30	7,46	7,79
Total	27,22	26,46	26,53	27,14	29,46	30,29	31,15	32,58	31,85	32,60	33,99

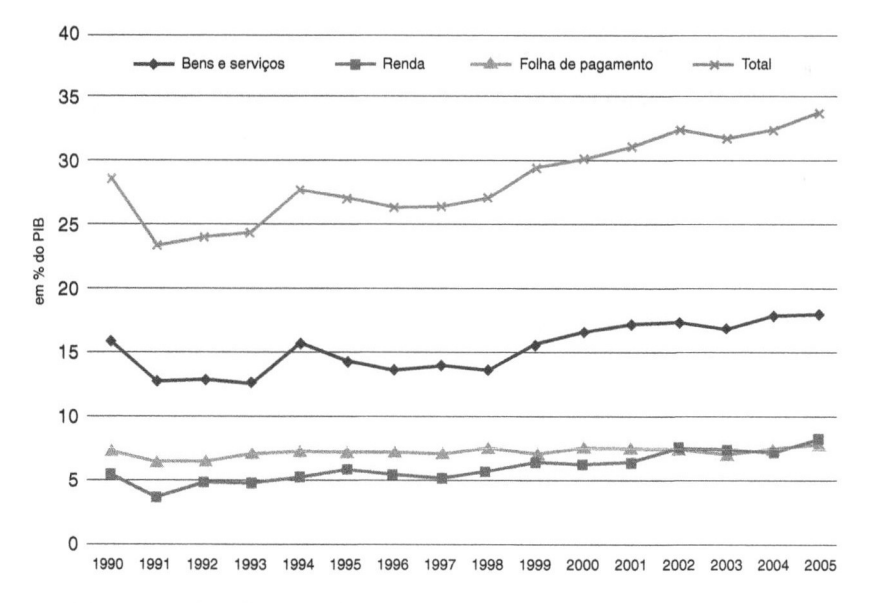

Figura 7-11 Carga tributária sobre vendas de bens e serviços.

Os comentários feitos anteriormente tornam-se mais contundentes quando se analisa a carga tributária incidente sobre as vendas de bens e serviços em comparação à variação real do PIB, como mostrado no Quadro 7-26 e na Figura 7-12. A análise desses dados evidencia que, quando comparados ao ano de 1990, a variação real do PIB foi bem inferior à totalidade do aumento da carga tributária. Merecendo ainda ser destacado o aumento incidente sobre a tributação da renda.

A tributação sobre a renda apresentou um aumento expressivo. Como mencionado, boa parte da explicação para esse fato deve-se à estabilização da moeda, mas também não se pode deixar de reconhecer que os ganhos de capital se tornaram expressivos, reconhecidamente pelo aumento dos lucros das instituições financeiras e dos ganhos nos mercados de capital e financeiro.

Essa situação provocou um efeito extremamente danoso e nefasto ao crescimento da produção de bens, pois o encarecimento da moeda dificulta o investimento em atividades produtivas e essenciais ao desenvolvimento econômico do país, assim como a geração de riquezas pelo consumo no mercado interno e pela exportação de produtos.

Quadro 7-26 Carga tributária em p. p. (1990 = base 100)

	1995	1996	1997	1998	1999	2000	2001	2002	2003	2004	2005
Var. real PIB	4,22	2,66	3,27	0,22	0,79	4,46	1,31	1,93	0,54	4,90	2,28
Bens e serviços	−10,23	−14,37	−11,99	−14,21	−2,06	4,01	7,29	9,05	6,74	11,40	13,25
Renda	5,39	0,92	−2,34	10,05	19,53	16,65	22,34	42,04	38,42	35,51	49,64
Folha de pagamento	−2,63	−0,71	−2,52	1,57	−0,37	−0,18	0,27	1,37	−0,85	1,34	5,84
Total	−5,36	−8,00	−7,76	−5,62	2,43	5,31	8,32	13,28	10,74	13,35	18,18

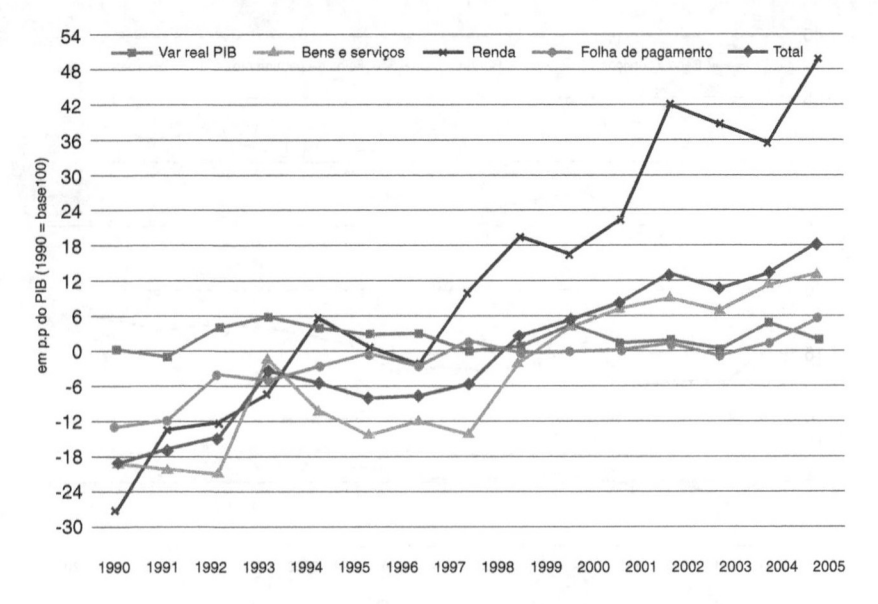

Figura 7.12 Carga tributária sobre vendas bens e serviços.

Resumo

As principais diretrizes tributárias são estabelecidas pela Constituição Federal, que dispõe sobre os princípios gerais, as limitações do poder de tributar, as competências e também sobre a repartição das receitas tributárias. O Sistema Tributário Nacional é, portanto, instituído pela própria Constituição, estabelecendo que a União, os Estados, o Distrito Federal e os municípios poderão instituir tributos.

Por instituir autonomia político-administrativa e financeira, a Constituição brasileira define um sistema de transferências "incondicionais" entre a União, Estados e municípios, que podem ser: diretas ou mediante a formação de fundos especiais (indiretas). Independentemente do tipo, as transferências sempre ocorrem do governo de maior nível para os de menores níveis.

Os critérios de rateio das transferências do FPE e FPM são diretamente proporcionais à população e inversamente à renda, e resultam em maior participação para os estados e municípios mais pobres da Federação

A tributação e o dispêndio são instrumentos de que os governos dispõem para realizar as seguintes funções governamentais: estabilização econômica; promoção do desenvolvimento econômico; redistribuição da renda; prestação de serviços públicos.

Os maiores beneficiários das modificações tributárias promovidas pela Constituição de 1988 foram os municípios, que fecharam o ano de 2005 com um crescimento recorde de suas receitas tributárias da ordem de 184%, quando comparado com o ano de 1990. A União obteve um crescimento de suas receitas tributárias de 116%, enquanto os estados obtiveram um aumento de cerca de 80%. Em todos os casos, o aumento da arrecadação tributária (União, Estados e municípios) foi superior ao crescimento nominal do PIB no mesmo período (apenas 69,67%).

No grupo dos maiores tributos sobre a venda de bens e serviços, destaca-se a elevada participação dos tributos cumulativos, ou seja, o IR, a CSSL, o INSS, o PIS e o Cofins. Conforme mostram o Quadro 7-22 e a Figura 7-8, os tributos cumulativos tinham uma participação no PIB de 11,02% em 1990 e encerraram o ano fiscal de 2005 com uma participação de 19,11%. Os impostos não cumulativos, por sua vez, apresentaram uma participação no PIB de 11,02 em 1990 e encerraram 2005 com uma participação de 9,34%.

Quando se analisa a carga tributária brasileira por tributos, fica evidente que, a despeito do grande número de gravames existentes no país, a arrecadação concentra-se em poucos deles. Em 2005, quase um quarto (23,78%) da receita tributária incidente sobre as vendas de bens e serviços foi proveniente de um único imposto, o ICMS. Os cinco principais, ICMS, IPI, INSS, IR e CSSL, PIS e Cofins, responderam por cerca de 19,11% do PIB nacional, ou 97% (R$ 551,2 bilhões) da arrecadação total sobre as vendas de bens e serviços.

Em síntese, decorridos alguns anos da última reforma tributária realizada no país (1988) observou-se um aumento da carga tributária, global e sobre vendas internas de bens e serviços, especialmente via tributos cumulativos. A tributação do valor adicionado tem sido prejudicada no caso do IPI, pelo excesso de vinculações que desestimulam sua cobrança, e no caso do ICMS pela falência de seu aparato institucional nacional, embora continue a ser o maior imposto do país. A União foi induzida a elevar as contribuições sociais cumulativas por dispor de toda sua receita, ter base ampla e ainda por atender ao financiamento dos gastos públicos.

Exercícios propostos

1. Qual é a importância dos tributos na administração de uma empresa no Brasil?

2. Em que pese a quantidade de tributos existentes no Brasil, quais são os principais tributos e suas respectivas competência, incidentes sobre as empresas no Brasil?

3. Com base no Quadro 7-3, faça uma análise do impacto para a sociedade dos tributos arrecadados pela União, Estados e municípios.

4. O que se pode dizer acerca da distribuição da receita dos impostos mostrada no Quadro 7-10? Como se processa essa distribuição e qual o resultado final para a União, os Estados e os municípios?

5. Conceitue desoneração fiscal e mostre sua aplicabilidade prática para uma empresa.

6. Em que os instrumentos de política fiscal e os instrumentos de política monetária podem beneficiar ou atrapalhar a atividade econômica de um país? Cite exemplos.

7. Faça uma análise da evolução da carga fiscal no Brasil nos últimos 15 anos. Que conclusões se pode tirar dessa análise?

8. Em relação à pergunta anterior, quando se analisa a carga tributária incidente nos últimos 15 anos sobre bens e serviços, renda e folha de pagamento, as conclusões da pergunta anterior se modificam? Justifique sua resposta.

9. Analise a carga tributária sobre as vendas de bens e serviços nos últimos 15 anos. Comente sua evolução, comparando-a à evolução do PIB no mesmo período.

10. Considerando o atual patamar da carga tributária no Brasil, bem como a tendência mostrada em sua análise, que atitudes, você, como gestor de uma corporação, tomaria para maximizar o resultado da venda de seus produtos?

Parte 3

Sistemas e Métodos de Custeio

8. Custeio por absorção
9. Custeio direto ou variável
10. Custeio ABC – *Activity-based costing*
11. Custo-alvo e custo *kaizen*
12. Método da contabilidade de ganhos
13. Método de custeio por processo
14. Outros sistemas de custeio

CAPÍTULO 8

Custeio por absorção

Objetivos de aprendizagem

Após estudar este capítulo, você deverá:

- Entender o conceito dos custos de produção e como é feita a mensuração no sistema de custeio por absorção.
- Saber como é feita a apropriação dos custos por meio do custeio por absorção.
- Conhecer algumas recomendações para a aplicação do método de custeio por absorção.

Considerando-se a natureza dos custos, mais precisamente a distinção entre custos fixos e variáveis, pode-se distinguir o custeio variável do custeio por absorção.[1] Neste capítulo, abordaremos essa segunda forma de cálculo.

8.1 Conceitos de sistemas de custeio

O custeio por absorção pode ser encontrado na literatura também com outras denominações, como *custeio pleno* ou *custeio convencional* (Chevitarese, 1983, p. 137), *custeio tradicional* (Leone, 1997, p. 360-361) ou, ainda, *custeio integral* ou *custeio global* (Beulke e Bertó, 1982, p. 21). Contudo, o custeio por absorção é o único legalmente aceito, no Brasil e em

---

[1] O último também é denominado custeio total. Porém, considera-se que o termo absorção é mais apropriado: os custos industriais são absorvidos na sua totalidade pelos bens produzidos. O termo custo total poderá levar à pressuposição de que o custeio variável será um tipo de custeio parcial, quando isso não é verdade. O custeio variável é tão total quanto o custeio por absorção.

vários países, para a avaliação de estoques para fins de elaboração de balanço patrimonial e demonstrações de resultados.[2]

Esse critério considera como componentes do custo industrial todos os elementos direta ou indiretamente ligados à produção. Em outras palavras, o custo por absorção é usado para identificar qualquer sistema de acumulação no qual os custos fixos são aplicados à produção e incluídos nos estoques.

Dessa forma, o custo de cada unidade produzida é composto pelos custos variáveis da produção, acrescidos de uma parcela referente aos custos fixos atribuídos ao setor ou ao período em que ocorre a produção. Ao proceder dessa maneira, o critério de custeio por absorção reconhece que o custo unitário do produto é afetado pela quantidade produzida. Assim, mesmo que o custo variável não se altere, os custos fixos por unidade produzida decrescem à medida que a quantidade produzida se eleva. Visto por outro ângulo, pode-se dizer que a ocorrência de capacidade ociosa de produção aumenta o custo unitário do produto.

Para contornar a questão descrita, e evitar a flutuação do custo unitário do produto em função do grau de utilização da capacidade instalada, pode-se optar pelo arbitramento da parcela de custo fixo apropriável ao produto, e levando, ao final do exercício, à conta de resultados da empresa a parcela considerada não apropriável.

Sendo assim, estar-se-á empregando uma variante desse critério, denominada custeio por absorção parcial. Cabe esclarecer, entretanto, que, quer considerando o critério de custeio por absorção em seu enfoque total quer tomando-o em sua variante parcial, sempre haverá a necessidade de efetuar rateios dos custos fixos, seja entre diversos departamentos, seja entre vários produtos, incorporando ao custo apurado certa dose de subjetividade.

Esse método apropria todos os custos, fixos ou variáveis, à produção de determinado período. As despesas não ligadas à produção serão excluídas. O esquema de apuração poderá ser composto pelas seguintes etapas:

1. separação de custo e despesas;
2. apropriação dos custos diretos e indiretos à produção realizada no período;
3. apuração do custo da produção acabada;
4. apuração do custo dos produtos vendidos;
5. apuração do resultado.

O custo por absorção pode ser mensurado por meio da aplicação da seguinte fórmula:

Custo = (*Custos fixos* + *Custos variáveis*) / *Produção do período*

No custeio por absorção, são considerados como custos do produto os custos variáveis e os fixos, esses últimos, na sua totalidade, ou parte deles. No caso de todos os custos fixos serem incorporados no custo do produto, tem-se o sistema de custeio por absorção completo. Em outros casos, a parte dos custos fixos imputada ao produto é calculada recorrendo-se a cotas teóricas ou reais.

No *absorption costing model*, essa técnica de custeio processa-se da forma ilustrada na Figura 8-1.[3]

---

[2] Cabe ressaltar que as empresas poderão apurar seus custos de produção e de produtos vendidos por outros métodos, desde que produzam notas explicativas conciliando o valor entre o método utilizado e aquele aplicado ao custeio por absorção. A legislação do imposto de renda no Brasil não aceita outro método, exigindo que as empresas ofereçam à tributação (adição na apuração do lucro real, base para o pagamento do imposto de renda), a diferença registrada no custo dos produtos vendidos.

[3] Adaptado de Barfield, Raiborn e Dalton. *Cost accounting, traditions and innovations*. West Publishing Company, 1998, p. 446.

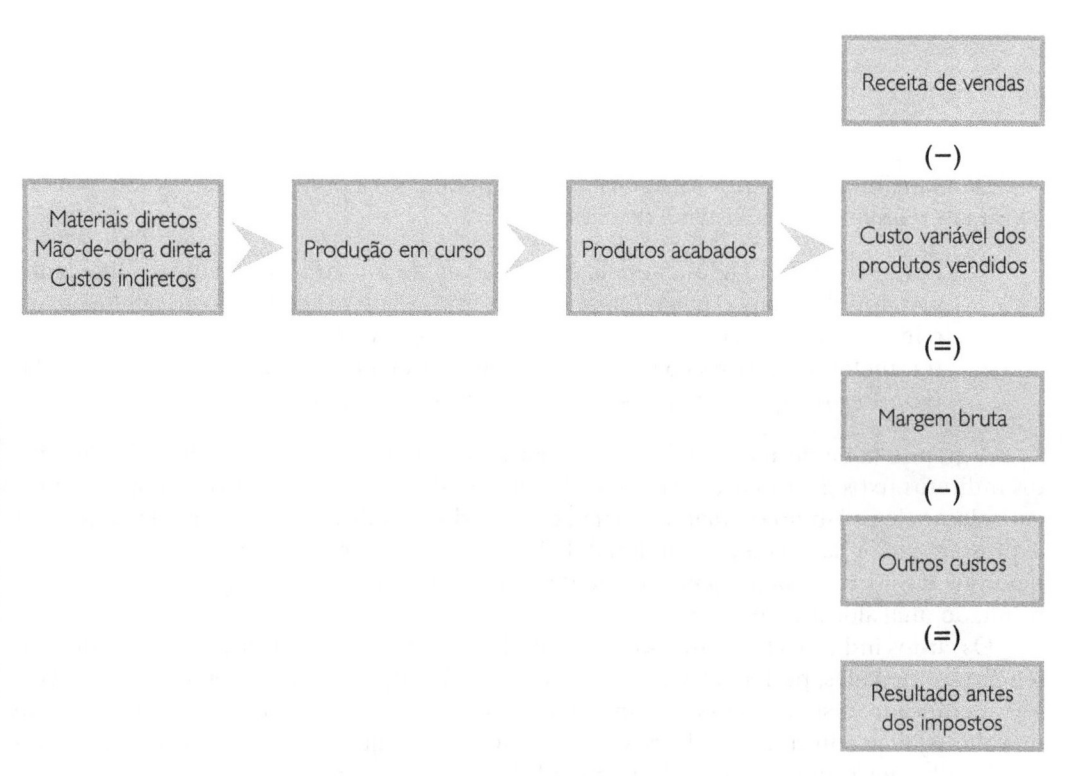

Figura 8-1 Sistema de custeio por absorção.

O custeio por absorção que utiliza cotas racionais denomina-se custeio racional, ou custeio por absorção moderado. No entanto, esse não é mais que um caso particular do custeio por absorção.

No custeio racional, o objetivo é neutralizar os efeitos das variações de atividade sobre o custo de produção. Assim, consideram-se os gastos variáveis de fabricação e a parte dos gastos fixos de fabricação correspondente à atividade real. Os encargos só serão imputados conforme a utilização da capacidade normal de produção. O coeficiente de imputação racional é obtido de acordo com a seguinte fórmula.

$$Coef_{imputação\ racional} = Gastos_{fixos} \times \frac{Atividade_{real}}{Atividade_{normal}}$$

Nesse caso, retira-se a capacidade não utilizada ou não aproveitada (ou seja, os gastos de estrutura desnecessários).

As principais características desse método de custeio são:

- origem no chão de fábrica;
- orientado para controle da produção;
- produção como elemento gerador de riqueza;
- todos os custos são passíveis de serem imputados aos produtos;
- lucro unitário como parâmetro de análise;
- projetado para monitorar a produção em termos de volume, tempo e custo.

8.2 Vantagens e desvantagens do sistema de custeio por absorção

De maneira geral, segundo alguns autores, podem ser apontadas duas grandes vantagens mais relevantes desse sistema de custeio:

- por ser o método adotado pela contabilidade financeira, é, portanto, válido tanto para fins de balanço patrimonial e demonstração de resultados como também para o imposto de renda na apresentação dos lucros fiscais;
- traz melhores informações à gerência, para o estabelecimento dos preços de venda, visando a recuperação de todos os custos incorridos pela empresa.

A grande falha do método de custeio por absorção é com relação à alocação dos custos indiretos fixos. Esses custos são alocados aos produtos por critérios de rateio baseados em volume de consumo de matéria-prima ou mão-de-obra direta. Como esses critérios não expressam uma relação de proporcionalidade, ou relação de causa e efeito, que expliquem o porquê da alocação daquela proporção de custos indiretos àqueles produtos, tem-se como resultado uma alocação arbitrária.

Os custos indiretos fixos, que são distribuídos com base em critérios de rateio que contêm arbitrariedades, podem alocar mais custos a um produto que a outros, e caso o critério seja modificado, a situação pode se inverter. O custo do produto também fica dependente do volume de produção, pois alterações no volume fazem que o montante de custos indiretos alocados aos produtos varie, assim quando o volume aumenta, o custo unitário diminui e quando o volume diminui, o custo unitário aumenta.

Esses argumentos são citados por muitos estudiosos e a maioria condena a utilização desse sistema para fins gerenciais. Apesar dessa desaprovação, na prática gerencial, os administradores usam esse sistema no seu dia-a-dia como suporte ao processo decisório.

8.3 Apropriação dos custos indiretos

A apropriação dos custos diretos não apresenta nenhuma dificuldade. Como o próprio nome indica, o custo direto constitui todos os itens que podem ser associados ao objeto de custeio de forma direta e economicamente viável.

Considerando-se que o propósito do sistema de custeio é a obtenção do custo de fabricação dos produtos, em geral, os custos diretos mais importantes são os materiais diretos e mão-de-obra direta.

Já a apropriação dos custos indiretos é um pouco mais complicada, pois eles estão relacionados ao objeto de custeio, porém não podem ser apropriados de forma direta e objetiva. Portanto, deve-se fazer uso de métodos subjetivos e, muitas vezes, arbitrários para a alocação.

Os custos indiretos terão de ser alocados aos produtos por meio de critérios de rateio, que pressupõem que exista relação de proporcionalidade entre os custos indiretos e o objeto de custeio, que pode ser realizada por meio de duas técnicas, descritas a seguir.

1. Rateio por coeficientes

Esse rateio é realizado pela adoção de um índice que direcionará a distribuição do custo indireto total aos produtos. Exemplos de índices são: matéria-prima (MP), mão-de-obra direta (MOD), energia elétrica (EE), custo direto total (CDT).

Essa distribuição é feita da seguinte forma: calcula-se a porcentagem que os produtos consomem do índice adotado, então apropriam-se os custos indiretos baseados na porcentagem encontrada. O custo total de cada produto é determinado pela equação:

$$CT(X) = CD(X) + \% \, MP(X) \times CI$$

Onde:

$CT(X)$ = custo total do produto X
$CD(X)$ = custos diretos do produto X
CI = custos indiretos totais
$\% \, MP(X)$ = porcentagem de matéria-prima consumida pelo produto. Utilizou-se o índice de MP (poderia ser substituído por qualquer outro).

O problema desse critério de rateio é a alta arbitrariedade envolvida, pois diferentes montantes de custos indiretos serão atribuídos aos produtos, dependendo do índice adotado.

A maneira encontrada para diminuir a arbitrariedade desse método é o uso da relação de proporcionalidade, ou relação de causa e efeito, entre o parâmetro de distribuição e o volume de custo indireto. A relação de causa e efeito tenta identificar a variável ou as variáveis que determinam como os recursos da empresa são usados pelos objetos de custeio.

Assim, o parâmetro a ser utilizado para o rateio é aquele que melhor expressa a relação de proporcionalidade entre o custo indireto e o objeto de custeio. Se o custo do produto for o objeto de custeio, o parâmetro a ser empregado pode ser identificado por meio de uma análise detalhada do processo de produção dos produtos, que buscasse identificar os parâmetros que melhor representem a causa que leva o produto a absorver os custos indiretos. A forma esquemática da alocação dos custos é apresentada na Figura 8-2.[4]

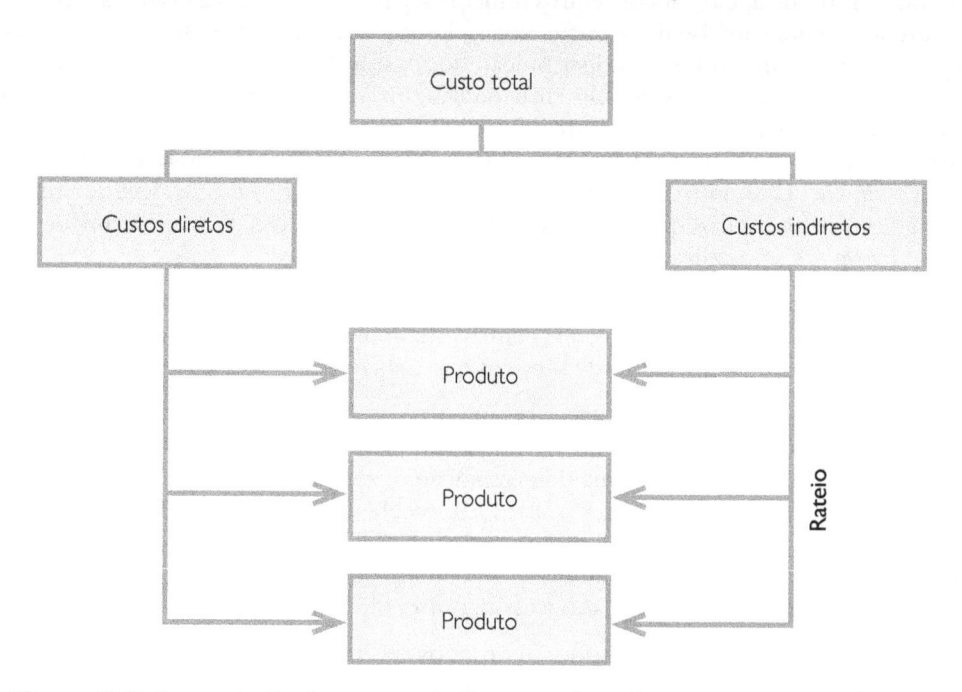

Figura 8-2 Apropriação dos custos indiretos utilizando o rateio por coeficientes.

---

[4] Figura adaptada de Martins, 1996.

2. Rateio por centro de custos

Outra maneira para distribuir os custos indiretos é mediante sua apropriação por centro de custo. Os departamentos de uma empresa são unidades administrativas representadas por homens e máquinas desenvolvendo atividades homogêneas, e podem ser:

- os que promovem qualquer tipo de modificação sobre o produto diretamente;
- aqueles que nem recebem o produto, prestando serviços a outros departamentos.

Um departamento é, na maioria das vezes, um centro de custos (CC), ou uma parte de um centro de custos que engloba mais de um departamento, isso vai depender da forma de agregação que mais convém aos objetivos do sistema de custeio. Os passos para implantação desse método são descritos a seguir:

Passo 1. Identificação dos centros de custo e distribuição dos custos

Esse passo consiste em identificar os centros de custo para, então, fazer a distribuição dos custos diretos e indiretos entre eles. Os centros de custo podem ser de dois tipos: os que atuam diretamente nos produtos e, por isso, são chamados *centros de custo principais*, tendo seus custos indiretos alocados diretamente aos produtos; e os centros de custo que prestam serviços aos centros de custos principais, e que são denominados *centros de custo de apoio*, tendo seus custos indiretos primeiro alocados aos centros de custo principais, para depois serem alocados aos produtos.

Passo 2. Apropriação dos custos dos centros de custo de apoio para os centros de custo principais

Com os custos distribuídos aos respectivos centros, o próximo passo é fazer a alocação dos custos dos centros de apoio para os centros principais, para depois serem alocados aos produtos.

Fazendo-se uma análise das características dos vários centros de custo, deve-se escolher um parâmetro apropriado para a distribuição dos custos dos centros de apoio para os centros principais, porém, ao se fazer essa distribuição, surge um problema: os centros de apoio não prestam serviços apenas aos centros principais, mas também entre si. Assim, quando os centros de apoio distribuem seus serviços por meio de medidas de prestação de serviços, surge a reciprocidade entre os centros, com isso, a alocação dos custos deve ser realizada de maneira que os centros que já alocaram seus custos não recebam mais custos de outros centros. Isso pode ser realizado por intermédio de três técnicas:

1. Alocação direta. Aloca o custo total de cada centro de custo de apoio diretamente aos principais. Nessa técnica, os custos dos centros de apoio são alocados aos principais, sem levar em consideração a prestação de serviços que ocorre entre os centros de apoio.

2. Alocação seqüencial. Permite o reconhecimento parcial de serviços prestados pelos centros de apoio aos demais. Esse método é mais complexo porque exige a escolha de uma seqüência de alocação, que consiste na determinação de quais centros virão alocar seus custos primeiro. Assim, os que já alocaram os custos não recebem mais os custos dos outros centros, mesmo que tenha recebido serviço dos outros centros. Uma seqüência adotada por muitas empresas é iniciar com o departamento que presta a mais alta porcentagem do seu serviço total a outros departamentos de apoio e assim por diante.

3. Alocação recíproca. Os dois métodos abordados anteriormente não são precisos quando departamentos de apoio prestam serviços entre si. O método direto desconsidera totalmente a reciprocidade e o método seqüencial considera a relação apenas parcialmente. O método de alocação recíproca aloca custos levando totalmente em conta os serviços prestados mutuamente entre todos os departamentos de apoio. Após essa etapa, devem-se alocar os custos dos centros principais aos produtos.

8.4 Distribuição dos custos aos produtos

Após a distribuição dos custos indiretos aos centros de custo principais, deve-se fazer a apropriação desses custos aos produtos, para encontrar seu custo total. Essa alocação pode ser realizada por meio de um índice que evidencie o consumo de recursos que cada produto absorveu dos centros de custo.

Um exemplo disso é o número de horas-máquina trabalhadas por setor em cada produto. Assim, dividem-se os custos totais, que já estão alocados aos centros de custo principais (ou operacionais), pela porcentagem de utilização que cada produto consumiu de cada centro de custo.

Para obter os custos totais dos produtos, bastaria somar os custos diretos, como mostrado na Figura 8-3.[5]

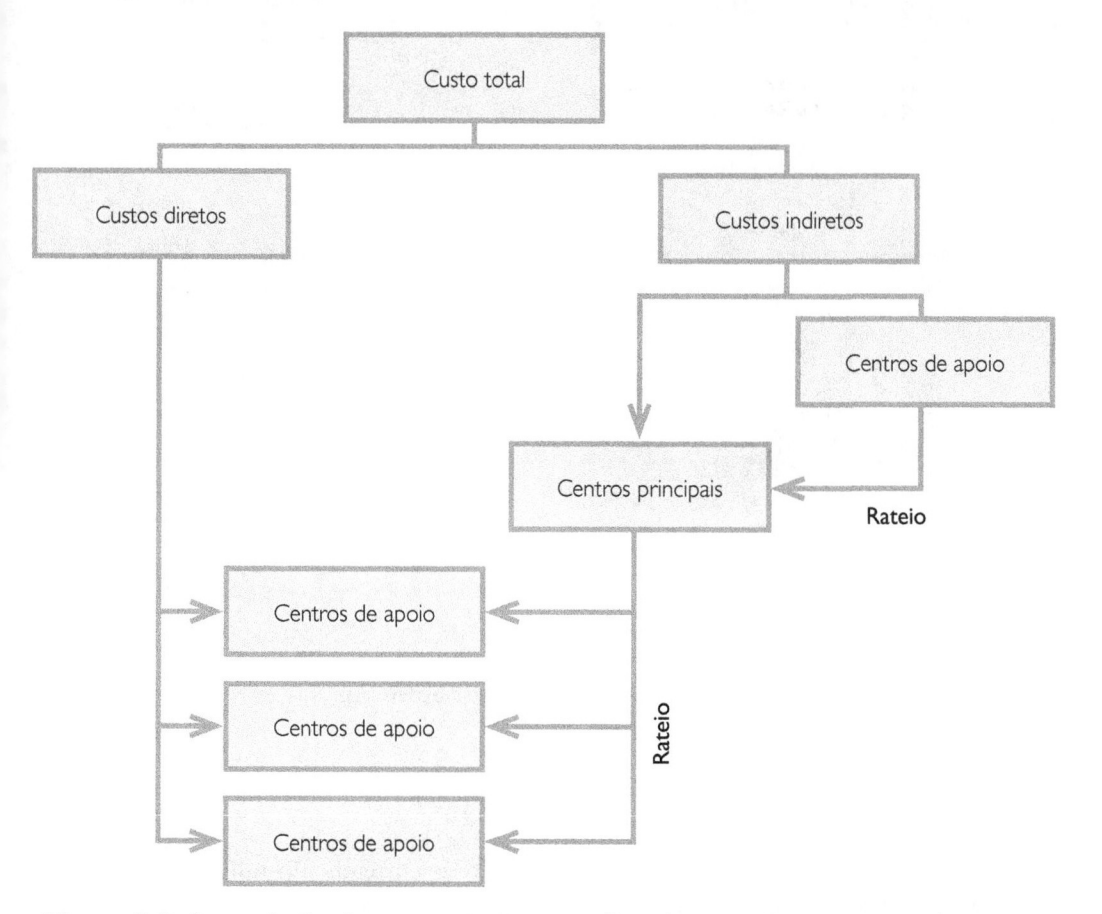

Figura 8-3 Apropriação dos custos indiretos utilizando o rateio por centro de custos.

---

[5] Figura adaptada de Martins, 1996.

8.4.1 Esquema de custeio por absorção

Na contabilidade tradicional, sobre a qual se baseia a legislação fiscal brasileira, todos os custos de produção (variáveis e fixos) são incluídos no custo dos produtos para fins de valoração dos estoques. Excluem-se apenas os gastos não fabris, considerados como despesas do período. Essa forma é conhecida como *custeio por absorção*.

Essa combinação pode ser mais bem visualizada na Figura 8-4.

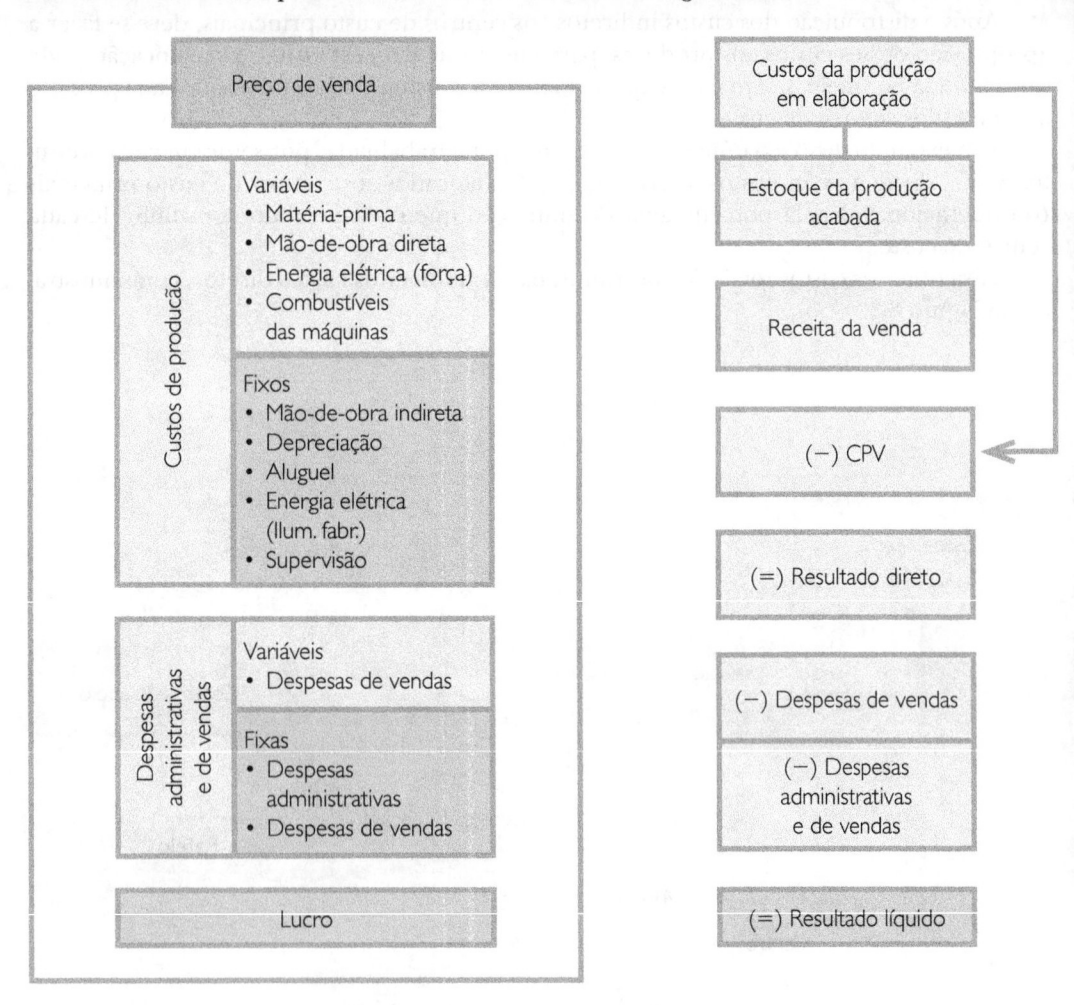

```
Preço de venda

Custos de produção:
  Variáveis
    • Matéria-prima
    • Mão-de-obra direta
    • Energia elétrica (força)
    • Combustíveis das máquinas
  Fixos
    • Mão-de-obra indireta
    • Depreciação
    • Aluguel
    • Energia elétrica (Ilum. fabr.)
    • Supervisão

Despesas administrativas e de vendas:
  Variáveis
    • Despesas de vendas
  Fixas
    • Despesas administrativas
    • Despesas de vendas

Lucro
```

```
Custos da produção em elaboração
        ↓
Estoque da produção acabada
        ↓
Receita da venda
        ↓
(−) CPV
        ↓
(=) Resultado direto
        ↓
(−) Despesas de vendas
        ↓
(−) Despesas administrativas e de vendas
        ↓
(=) Resultado líquido
```

Figura 8-4 Custeio por absorção.

8.4.2 Recomendações para a aplicação

Apesar de todas as críticas feitas a esse método de custeamento utilizado para fins gerenciais, podem ser indicados alguns casos específicos em que o uso dele se faz necessário. Cabe lembrar que esse sistema deve ser utilizado para produtos sob encomenda ou para novos produtos, nos quais não haja um mercado já estabelecido. Isso em razão da facilidade que esse sistema apresenta em recuperar todos os custos (diretos e indiretos) e de levantar a margem de lucro desejada.

Contudo, observa-se que esse sistema, por apresentar valores de custo dos produtos que não representam a realidade, em virtude do alto grau de arbitrariedade nele contido, proporciona o mais baixo nível de representatividade para fins gerenciais.

Resumo

Esse método engloba custos diretos e indiretos, o produto absorve todos os custos incorridos pela empresa, já as despesas entram apenas na demonstração de resultados.

Esse sistema foi desenvolvido para o controle da produção, pressupondo-se que os produtos e seu correspondente volume de produção causem custos. Assim, os produtos, individualmente, formaram o centro do sistema de custos, sendo estes classificados como diretos e indiretos, fixos e variáveis em relação aos produtos e alocados a estes com rateios baseados em volumes.

As principais características desse método de custeio são: 1) origem no chão de fábrica; 2) orientado para controle da produção; 3) produção como elemento gerador de riqueza; 4) todos os custos são passíveis de serem imputados aos produtos; 5) lucro unitário como parâmetro de análise; 6) projetado para monitorar a produção em termos de volume, tempo e custo.

A apropriação dos custos diretos não apresenta nenhuma dificuldade. O custo direto constitui todos os itens que podem ser associados ao objeto de custeio de forma direta e economicamente viável. A apropriação dos custos indiretos é um pouco mais complicada que a apropriação dos custos diretos. Os custos indiretos estão relacionados ao objeto de custeio, porém não podem ser apropriados de forma direta e objetiva. Portanto, deve-se fazer uso de métodos subjetivos e, muitas vezes, arbitrários, para a alocação.

Analizando-se as características dos vários centros de custo, deve-se escolher um parâmetro apropriado para a distribuição dos custos dos centros de apoio para os centros principais. Porém, ao se fazer essa distribuição, surge um problema: os centros de apoio não prestam serviços apenas aos centros principais, mas também entre si. Assim, quando os centros de apoio distribuem seus serviços por meio de medidas de prestação de serviços, surge a reciprocidade entre os centros, com isso a alocação dos custos deve ser realizada de forma que os centros que já alocaram seus custos não recebam mais custos de outros centros. Isso pode ser realizado por três técnicas: 1) alocação direta; 2) alocação seqüencial; 3) alocação recíproca.

Exercícios propostos

1. Quais são as principais características do custeio por absorção?

2. Comente a equação de apuração do custo total apresentada na Seção 8.3.

3. Analise e dê exemplos da distribuição dos custos aos produtos apresentado na Figura 8-3.

4. Quais são as vantagens e desvantagens de se considerar o esquema de custeio por absorção apresentado na Figura 8-4 como uma demonstração para fins gerenciais?

CAPÍTULO 9

Custeio direto ou variável

Objetivos de aprendizagem

Após o estudo deste capítulo, você deverá:

- Saber conceituar e mensurar os custos de produção a partir do método do custeio direto ou variável.
- Entender como é feita a apropriação dos custos por meio do custeio direto.
- Conhecer algumas recomendações para aplicação desse método.

9.1 Conceito

O custeio variável ou direto é conhecido na literatura como custeio marginal;[1] custeio variável;[2] e custeio por não-absorção.[3]

O procedimento básico desse critério está em reconhecer que somente os custos e despesas variáveis (em relação a alguma base que represente o esforço produtivo ou de vendas) devem ser debitados ao custo dos produtos. As despesas e os custos considerados fixos (quando comparados à variação da base selecionada) deverão ser debitados contra o lucro do período.

Desse modo, os custos fixos são considerados como não tendo origem na atividade produtiva em si, mas sim como elementos alheios à produção cuja existência permanece até mesmo em períodos de ausência de atividades.

Por esse critério, então, apenas entrarão na composição do custo aqueles componentes relacionados exclusivamente quando e enquanto a empresa estiver em atividade,

---

[1] Salvador Chevitarese. *Contabilidade industrial.* 5. ed. Rio de Janeiro: Fundação Getulio Vargas, 1983, p. 140; R. Beulke e D. J. Bertó. *Custo e estratégias de resultado.* Porto Alegre: Sagra, 1982, p. 22.
[2] Zucchi, 1992, p. 114; George S. G. Leone. *Curso de Contabilidade de custos.* São Paulo: Atlas, 1997, p. 324; Salvador Chevitarese. *Contabilidade industrial.* 5. ed. Rio de Janeiro: Fundação Getulio Vargas, 1983, p. 140.
[3] Salvador Chevitarese. *Contabilidade industrial.* 5. ed. Rio de Janeiro: Fundação Getulio Vargas, 1983, p. 140.

isto é, os custos variáveis. Fica claro que isso resulta em valores de custos e estoques mais baixos que aqueles obtidos pelo critério do custeio por absorção.

Esse método não chega a um valor do custo do produto, mas determina a contribuição que cada produto traz à empresa. Isso é realizado da seguinte forma:

- separa os custos incorridos pela empresa em fixos e variáveis;
- aloca os custos variáveis aos respectivos produtos;
- calcula a margem de contribuição dos produtos (receita dos produtos menos os custos variáveis);
- da margem de contribuição total da empresa (somatório das margens de contribuição dos produtos) subtrai os custos fixos, chegando, então, ao lucro da empresa.

Nesse método, o conceito de custo do produto é rigorosamente expresso, e os demais custos, que não são característicos do produto, ou específicos e constantes para a unidade produzida e vendida, são tratados, coerentemente, como custos gerais do conjunto das atividades da empresa, portanto, não atribuídos às unidades produzidas ou vendidas.

Esse método toma como pressuposto que os custos indiretos gerados pelo processo de fabricação não sejam de responsabilidade dos produtos e, assim, estes não os absorvem. Esses custos são considerados custos do período e vão diretamente às demonstrações de resultados.

O emprego do critério de custeio direto elimina o inconveniente de se utilizarem bases de rateio subjetivas para apropriar custos fixos aos produtos, considerando-os, apenas, como custos do exercício.

O procedimento desse método oferece a medida de margem de contribuição ao tomador de decisões, que, por sua vez, fornece dados importantes para análises administrativas, como revelar, para o planejamento, as mudanças nos lucros causadas pelas alterações no volume, na combinação de vendas dos produtos, sendo ainda útil na compra, fabricação e aquisição de equipamentos. Outro instrumento importante que muitas vezes é utilizado pelas empresas que adotam esse método de custeio é a análise do ponto de equilíbrio. Os dados obtidos com essas análises podem ajudar em processos de tomada de decisões, principalmente por representarem valores quantitativos e palpáveis e, portanto, serem de extrema importância quando se necessita negociar com a alta administração (que entende muito mais de valores financeiros). Esses dados podem também ser utilizados para avaliar novas estratégias da empresa.

O que distingue o custeio direto do custeio por absorção é a forma como são levados em conta os custos fixos e não propriamente a consideração ou não de custos fixos. Um sistema que ignore os custos fixos só poderá ser considerado incompleto.

No longo prazo, os lucros apurados pela técnica do custo por absorção e pela técnica do custo variável tendem a se anular, pois as vendas serão iguais à produção e todos os custos serão absorvidos pelas unidades vendidas. O que diferirá será o montante que é considerado como custo do produto. A consideração do custeio variável ou do custeio por absorção também resulta na adoção de dois conceitos distintos: a margem de contribuição e a margem bruta.

No custeio variável, só os custos variáveis são tidos como custos do produto, sendo custos do período todos os custos fixos. Apenas são custos do produto aqueles que variam conforme o nível da produção.

Os custos fixos são aqueles que a empresa tem de suportar para dispor de capacidade, ou seja, para se manter em condições de produzir. Por não dependerem do tempo, são considerados no final do período. Esses custos, sendo retirados da margem bruta, originam o conceito de margem de contribuição. A parte variável dos custos semivariáveis também é considerada custo do produto.

O sistema de custeio variável pode ser apresentado como demonstra a Figura 9-1.[4]

---

[4] Figura adaptada de Jesse T. Barfield, Cecily A. Raiborn e Michael Kinney. *Cost accounting, traditions and innovations*. Belmont: Thomson Learning, 1998, p. 449.

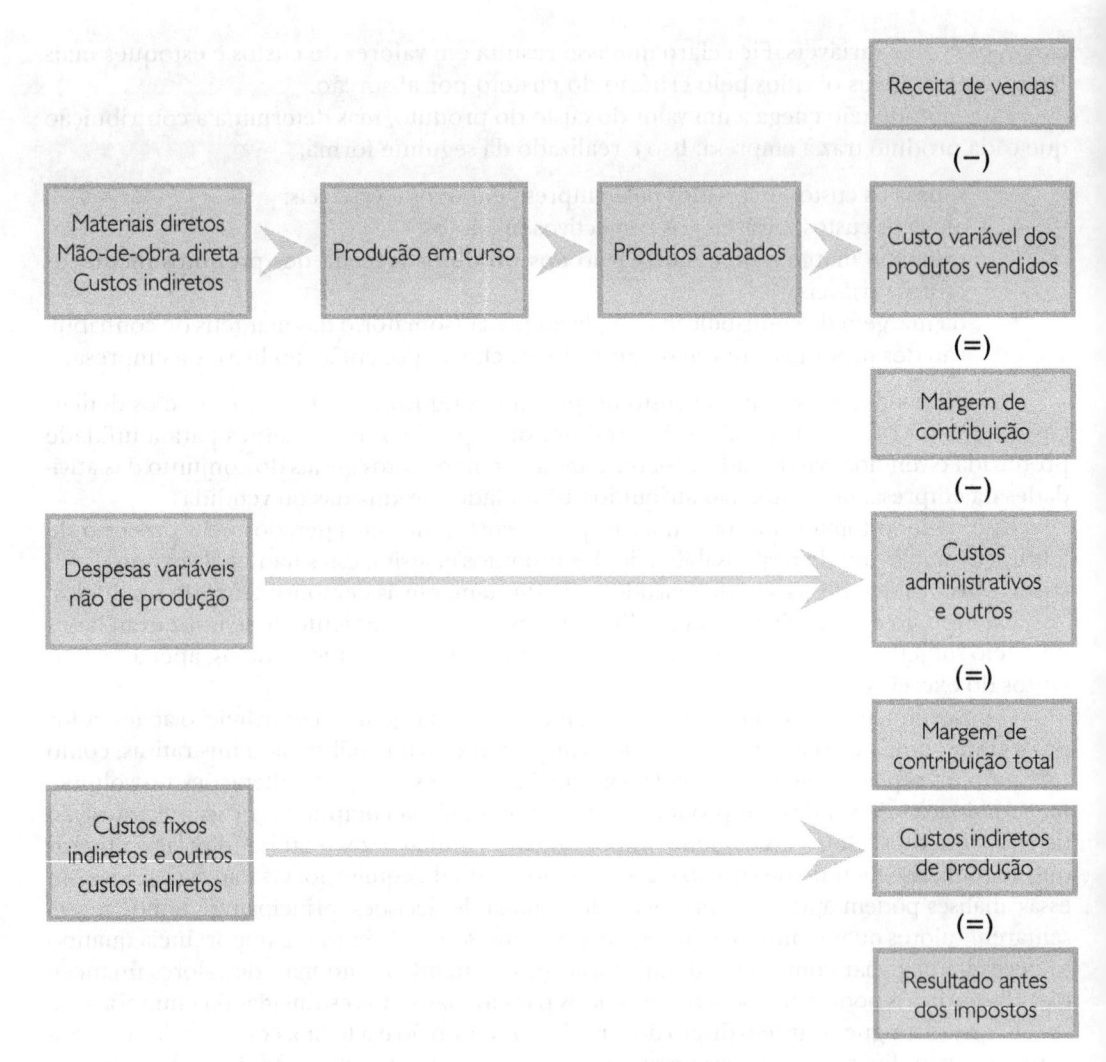

Figura 9-1 Sistema de custeio variável.

```
Materiais diretos
Mão-de-obra direta  →  Produção em curso  →  Produtos acabados
Custos indiretos

                                    Receita de vendas
                                           (−)
                                    Custo variável dos
                                    produtos vendidos
                                           (=)
                                    Margem de
                                    contribuição
                                           (−)
Despesas variáveis  ──────────────→ Custos
não de produção                     administrativos
                                    e outros
                                           (=)
                                    Margem de
                                    contribuição total
Custos fixos
indiretos e outros  ──────────────→ Custos indiretos
custos indiretos                    de produção
                                           (=)
                                    Resultado antes
                                    dos impostos
```

Verifica-se, pela Figura 9-1, que os custos do produto são, no fundo, custos de produção e a margem de contribuição é considerada uma medida de referência para a cobertura dos custos indiretos.

O custeio variável tem sido utilizado, freqüentemente, como instrumento de tomada de decisão nas empresas, principalmente pelos responsáveis pela gestão do sistema de produção. Isso se justifica, em parte, porque o custeio variável é mais simples e mais direto que o sistema de custeio por absorção. Apesar de os custos dos produtos virem mais incompletos, são também mais reais, pois é precisamente na repartição dos custos indiretos que surgem as maiores discrepâncias. Outrossim, no custeio variável, é mais fácil determinar os pontos críticos das vendas. Por outro lado, realiza-se uma avaliação mais prudente dos estoques considerando-os a valores mais baixos.

Porém, se o custeio variável apresenta algumas vantagens, também incorpora dificuldades. Em primeiro lugar, observa-se que, na maior parte dos casos, é bastante complexa a separação entre gastos variáveis e fixos. A avaliação dos estoques, considerando apenas aos custos variáveis, poderá ser demasiado conservadora. No caso das empresas que utilizem muitas máquinas e equipamentos na produção de seus bens, tornando a produção mais especializada, os custos variáveis são pouco significativos em comparação aos custos fixos. A não consideração de custos variáveis não relacionados à produção conduz a uma distorção da margem de contribuição, podendo ser, desse modo, uma medida equivocada para a definição de preços de venda.

9.2 Características

O método de custeio direto ou variável é voltado à geração de informações de custos gerenciais, que tem suas principais idéias lançadas por Clark[5] na primeira metade do século XX, sendo até hoje um método muito utilizado.

As principais características desse sistema são:

- origem gerencial;
- orientado para as funções financeiras e de marketing;
- vendas como elemento gerador de riqueza;
- só os custos variáveis são imputados aos produtos;
- custos fixos são despesas do período;
- margem de contribuição unitária como parâmetro de análise;
- ênfase na análise da relação custo-volume-lucro.

As vantagens desse método, apontadas pela National Association of Accountings,[6] para o controle e a tomada de decisões, são as seguintes:

- o custeio direto identifica, de forma clara, o relacionamento custo-volume-lucro, informação essencial para o planejamento da lucratividade;
- o lucro do período não é afetado pelas flutuações causadas pela absorção, maior ou menor, dos custos fixos aos produtos. De acordo com o custeamento direto, os resultados respondem somente pelas variações nas vendas;
- as demonstrações de resultados e dos custos de manufatura gerados pelo custeio direto são mais compreensíveis e acompanham melhor o pensamento dos administradores;
- o impacto dos custos fixos nos lucros é apresentado de forma mais objetiva, porque o valor desse custo, para o período, já está na demonstração dos resultados;
- a contribuição marginal facilita a análise do desempenho dos produtos;
- o custeamento direto facilita a preparação imediata dos instrumentos de controle como os custos-padrão e análises de *break-even point* (ponto de equilíbrio).

Podem ser ainda citadas as seguintes vantagens na utilização da margem de contribuição:

- esses índices podem auxiliar a administração a decidir quais produtos devem merecer maior ou menor esforço de vendas;
- são essenciais às decisões de se abandonar ou não uma linha de produtos;
- podem ser usadas para avaliação e alternativas de preços de vendas;
- quando se concorda quanto aos lucros desejados, pode-se avaliar o número de unidades a serem vendidas;

---

[5] Clark apud H. T. Johnson e R. S. Kaplan. *Contabilidade gerencial: a restauração da relevância da contabilidade nas empresas*. Rio de Janeiro: Campus, 1993.
[6] National Association of Accountings apud R. V. Santos. Modelagem de sistemas de custeio. *Revista do Conselho Regional de Contabilidade do Estado de São Paulo*, ano II, n. 4, mar. 1998, p. 62-74.

- fornece dados para se decidir como utilizar determinado grupo de recursos limitados, da maneira mais lucrativa;
- é útil nos casos em que os preços de venda estão firmemente estabelecidos no ramo, pois o problema principal da empresa passa a ser o estabelecimento de quanto ela se pode permitir gastar em custos variáveis e o volume que pode obter.

As desvantagens relacionam-se à aplicação em empresas nas quais os custos variáveis representam uma pequena parcela no custo de produção do produto e os custos fixos de grande parcela. Nesses casos, há perda de importância de análises de variações de preços e de eficiência em relação à mão-de-obra e matéria-prima. Outras desvantagens são:

- dificuldade em classificar corretamente custos fixos e variáveis, principalmente custos semivariáveis;
- a margem de contribuição não permanece a mesma em diferentes níveis de atividades, porque os custos fixos podem elevar-se (em patamares), dependendo do nível em que a empresa atua, portanto, o gestor deve estar atento quando isso ocorrer.

De maneira geral, pode-se salientar que esse método oferece importantes informações especialmente em relação ao nível de atividade da empresa, seu modo de gerar lucro e de absorver os custos fixos. De qualquer modo, todos os pontos apresentados devem ser bem analisados para que a decisão pela utilização desse sistema não seja equivocada.

9.3 Margem de contribuição por unidade

Margem de contribuição é a diferença entre preço de venda do produto e o custo variável associado a cada produto, isso representa a contribuição que cada unidade traz à empresa para cobrir os custos fixos e gerar lucro.

Por meio da margem de contribuição, é possível analisar a viabilidade de produção de um produto. Se esse índice for positivo, a produção daquele item é viável, caso seja nulo ou negativo, não traz benefícios à empresa.

Uma análise importante que pode ser feita com o conceito de *margem de contribuição* e que se aplica a qualquer sistema de custeio, não só ao sistema de custeio direto, é a análise do ponto de equilíbrio ou *break-even point*.

O conceito de margem de contribuição é particularmente útil para a tomada de decisões gerenciais. As decisões que podem ser facilitadas mediante o uso da margem de contribuição são as seguintes:

1. Decidir que produtos devem merecer maior esforço de venda ou ser colocados em planos secundários ou, simplesmente, tolerados pelos benefícios de vendas que puderem trazer a outros produtos.
2. Auxiliar os administradores a decidir se um segmento produtivo deve ser abandonado ou não.
3. Avaliar alternativas que se criam com respeito a reduções de preços, descontos especiais, campanhas publicitárias especiais e uso de prêmios para aumentar o volume de vendas.
4. Quando se chega à conclusão quanto aos lucros desejados, pode-se avaliar prontamente seu realismo pelo cálculo do número de unidades a serem vendidas para atingir os lucros desejados.
5. Decidir sobre como utilizar determinado grupo de recursos (por exemplo: máquinas ou insumos) de maneira mais lucrativa.

6. Em última análise, os preços máximos são estabelecidos pela demanda do consumidor, os preços mínimos, a curto prazo, pelos custos variáveis de produzir e vender. A margem de contribuição ajuda os gerentes a entender a relação entre custos, volume, preços e lucros e, portanto, leva a decisões mais sábias sobre preços.

Sendo assim, por meio do conceito de margem de contribuição, pode-se chegar à determinação do ponto de nivelamento ou de equilíbrio da empresa, ou seja, do volume mínimo de produção e vendas para que não haja prejuízos.

Esse método apropria somente os custos variáveis à produção de determinado período. Os custos fixos são considerados débitos de conta de resultados. O método de custeio variável prevê uma apropriação de custo de caráter gerencial.

9.3.1 Conceito e análise de ponto de equilíbrio ou *break-even point* [7]

Deve-se considerar que um projeto, ou a atividade de uma empresa, deve ser executado ou operado visando obter resultados positivos que cubram os custos operacionais, os impostos e remunerem o capital aplicado pelos investidores. Assim, o ponto de equilíbrio objetiva indicar aos administradores de uma empresa, por exemplo, que produção mínima deverá ser realizada para, pelo menos, empatar os custos com as receitas geradas da exploração da atividade. Ou seja, o ponto de equilíbrio é o ponto no qual a empresa não apresenta nem lucro nem prejuízo em suas operações.

Sendo assim, pode-se vislumbrar as seguintes hipóteses de pontos de equilíbrio:

1. Ponto de equilíbrio operacional;
2. Ponto de equilíbrio contábil;
3. Ponto de equilíbrio financeiro.

1. Ponto de equilíbrio operacional

O ponto de equilíbrio operacional de uma empresa é o nível de vendas necessário para:

- cobrir todos os custos operacionais; e
- avaliar a lucratividade associada a vários níveis de vendas.

Com isso, pode-se dizer que, no ponto de equilíbrio operacional, o *Lajir* é igual a **0**. No Quadro 9-1 está demonstrada a fórmula de cálculo do ponto de equilíbrio operacional.

Quadro 9-1 Ponto de equilíbrio operacional

	Demonstração do ponto de equilíbrio operacional	
Alavancagem operacional	Receita de vendas	$P_u \times Q$
	(−) Custos operacionais fixos	− CF
	(−) Custos operacionais variáveis	− $(CV_u \times Q)$
	(=) Lucro antes de juros e imposto de renda	**Lajir**

---

[7] Para mais informações, veja o Capítulo 12 do livro de José Antonio Stark Ferreira. *Finanças corporativas: conceitos e aplicações.* São Paulo: Pearson Prentice Hall, 2005.

Onde,

P_U = preço unitário dos produtos vendidos pela empresa
CF = custo fixo de produção da empresa
CV_U = custo variável unitário dos produtos fabricados pela empresa
Q = quantidade de produtos fabricados ou vendidos

Simplificando a fórmula

$Lajir = Q \times (P_U - CV_U) - CF$

O ponto de equilíbrio operacional pode ser representado, graficamente, como indicado na Figura 9-2:

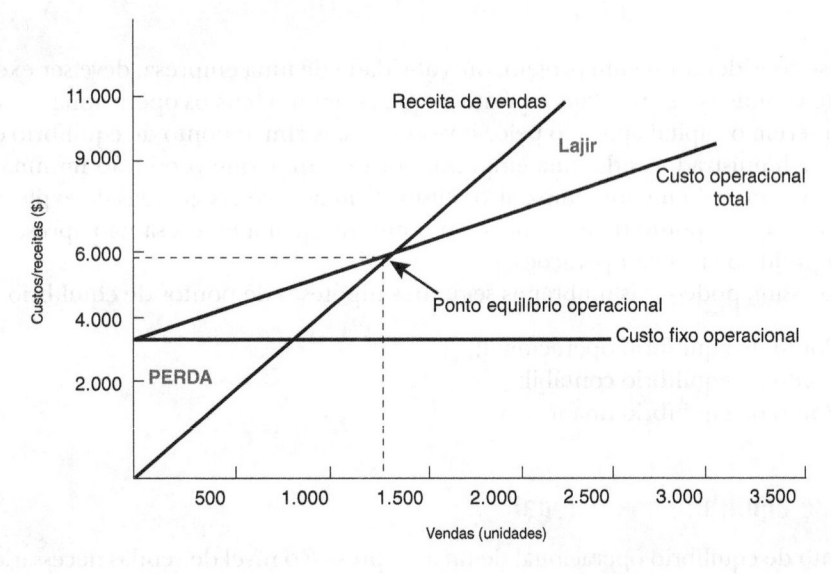

Figura 9-2 Ponto de equilíbrio operacional.

Exemplo: Suponha que os administradores da Cia. XYZ desejem saber qual o ponto de equilíbrio operacional em quantidades ($Lajir = 0$) dos produtos fabricados pela empresa. Considerando os dados apresentados no Quadro 9-2, essas quantidades podem ser facilmente calculadas como:

Deduzindo a fórmula

$Lajir = Q \times (P_U - CV_U) = CF$

Pode-se encontrar

$Lajir + CF = Q \times (P_U - CV_U)$

Sendo $Lajir = 0$, a quantidade pode ser calculada como segue

$Q = \dfrac{CF}{(P_U = CV_U)}$

Quadro 9-2 Exemplo de ponto de equilíbrio operacional

Cia. XYZ
Demonstração do ponto de equilíbrio operacional

Fórmula: $P.Q = CV.Q + CF$

	Orçado 20X3					Exercício 20X2			
	P_u	CV_u	Margem	Custo fixo		P_u	CV_u	Margem	Custo fixo
Produto X	$ 26	$ 13	$ 13	}	Produto X	$ 24	$ 13	$ 11	}
Produto Y	$ 28	$ 12	$ 16	} $ 150.000	Produto Y	$ 24	$ 12	$ 12	} $ 150.000
Produto Z	$ 22	$ 14	$ 8	}	Produto Z	$ 26	$ 14	$ 12	}

$$Q_x = \frac{\$\ 150.000}{\$\ 26 - \$\ 13} = 11.538 \text{ unidades} \qquad Q_x = \frac{\$\ 150.000}{\$\ 24 - \$\ 13} = 13.636 \text{ unidades}$$

$$Q_y = \frac{\$\ 150.000}{\$\ 28 - \$\ 12} = 9.375 \text{ unidades} \qquad Q_y = \frac{\$\ 150.000}{\$\ 24 - \$\ 12} = 12.500 \text{ unidades}$$

$$Q_z = \frac{\$\ 150.000}{\$\ 22 - \$\ 14} = 18.343 \text{ unidades} \qquad Q_z = \frac{\$\ 150.000}{\$\ 22 - \$\ 14} = 12.500 \text{ unidades}$$

Análise do ponto de equilíbrio

$Q_x = -2.098$ unidades $-15,4\%$

$Q_y = -3.125$ unidades $-25,0\%$

$Q_z = 5.843$ unidades $46,7\%$

Observando a demonstração do Quadro 9-2, os gestores de custos da Cia. XYZ podem fazer as seguintes observações:

1. A quantidade mínima necessária para cobrir os custos fixos e os custos variáveis do produto X será 11.538 unidades em 20X3 e seria 13.636 unidades em 20X2.
2. A quantidade mínima necessária para cobrir os custos fixos e os custos variáveis do produto Y será 9.375 unidades em 20X3 e seria 12.500 unidades em 20X2.
3. A quantidade mínima necessária para cobrir os custos fixos e os custos variáveis do produto Z será 18.343 unidades em 20X3 e seria 12.500 unidades em 20X2.
4. Na análise comparativa dos pontos de equilíbrio, verifica-se que, para os produtos X e Y, é esperada uma redução na quantidade mínima de vendas necessárias para cobrir os custos fixos e os custos variáveis de 2.098 unidades para o produto X, representando 15,4% a menos de impacto no esforço de vendas. Para o produto Y, a redução será de 3.125 unidades, representando uma redução de 25,0% no esforço de vendas. Para o produto Z, é esperado

um deslocamento positivo do ponto de equilíbrio em 5.843 unidades, representando um aumento no esforço de vendas de 46,7%.

A decisão de reduzir a produção e as vendas do produto Z pelos administradores da Cia. XYZ parece ser acertada, considerando os dados apresentados.

Diante do exposto, podemos chegar às seguintes conclusões acerca da análise de sensibilidade do ponto de equilíbrio operacional, apresentado na Tabela 9-1:

Tabela 9-1 Análise de sensibilidade do ponto de equilíbrio operacional

Aumento na variável	Efeito sobre o ponto de equilíbrio operacional
Custo operacional fixo (**CF**)	Aumento
Preço de venda unitário (**P_U**)	Diminuição
Custo operacional variável por unidade (**CV_U**)	Aumento

2. Ponto de equilíbrio contábil

O ponto de equilíbrio contábil de uma empresa é o nível de vendas necessário para igualar o faturamento a todos os custos contábeis, incluindo:

- custos fixos;
- custos variáveis;
- despesa com depreciação;
- o impacto do imposto de renda nesses valores.

Assim, pode-se dizer que, no ponto de equilíbrio contábil, o **resultado contábil é igual a 0**. No Quadro 9-3, demonstra-se a fórmula de cálculo do ponto de equilíbrio contábil.

Quadro 9-3 Demonstração do ponto de equilíbrio contábil

Demonstração do ponto de equilíbrio contábil		
Alavancagem operacional	Receita de vendas	$P_u \times Q$
	(−) Custos operacionais fixos	− CF
	(−) Custos operacionais variáveis	− $(CV_u \times Q)$
	(=) **Lucro antes de juros e imposto de renda**	**Lajir**
	(−) Despesa com depreciação	− Depreciação
	(−) Efeito imposto de renda	− $IR \times (P_u \times Q - CV_u \times Q - CF - Depr)$
	(=) **Lucro operacional contábil**	**LOper**

Onde,

P_U = preço unitário dos produtos vendidos pela empresa
CF = custo fixo de produção da empresa
CV_U = custo variável unitário dos produtos fabricados pela empresa
Q = quantidade de produtos fabricados ou vendidos
$Depr$ = depreciação dos ativos contábeis operacionais

Simplificando a fórmula

$LOper = Q \times (P_u - CV_u) - CF - Depr - IR \times (P_u Q - CV_u Q - CF - Depr)$

O ponto de equilíbrio contábil pode ser representado, graficamente, como indicado na Figura 9-3:

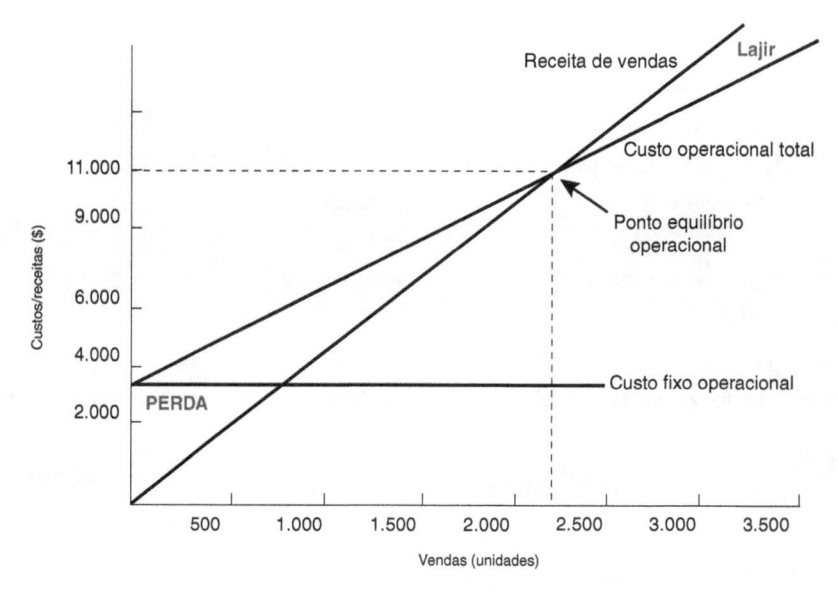

Figura 9-3 Ponto de equilíbrio contábil.

Note que a área de perda ficou maior, se comparada à área de perda do ponto de equilíbrio operacional. A exigência de quantidade vendida de produto foi aumentada e, conseqüentemente, a exigência de faturamento, de forma que se pudesse atender à condição de equilíbrio entre os custos de produção e a reposição de bens operacionais utilizados no processo de industrialização (depreciação), em confronto com as receitas geradas. Isso é explicável, se for considerado que, na composição do custo contábil, foi adicionado o fator desgaste dos equipamentos (depreciação) utilizados no processo de industrialização, além do desconto desse fator de produção na base de cálculo do imposto de renda da empresa.

Exemplo: Suponha que os administradores da Cia. XYZ desejem saber qual o ponto de equilíbrio contábil em quantidades (LOper = 0) dos produtos fabricados pela empresa. Considerando os dados apresentados no Quadro 9-4, em que a despesa com a depreciação dos ativos operacionais contábeis em 20X2 foi de US$ 300.000, e em 20X3 projeta-se US$ 319.333 e a alíquota do imposto de renda é de 30%, essas quantidades podem ser facilmente calculadas como a seguir:

Deduzindo a fórmula

$LOper = Q \times (P_u - CV_u) - CF - Depr - IR \times (P_u Q - CV_u Q - CF - Depr)$

Pode-se encontrar

$LOper + CV_u Q + CF + Depr + IR \times (P_u Q - CV_u Q - CF - Depr) = P_u Q$

Sendo *LOper* = 0, a quantidade pode ser calculada como segue

$$Q = \frac{CF + Depr - IR\,(CF + Depr)}{P_u - CV_u - IR\,(P_u - CV_u)}$$

Quadro 9-4 Exemplo de ponto de equilíbrio contábil

Cia. XYZ
Demonstração do ponto de equilíbrio contábil

Fórmula: $P.Q = CV.Q + CF + Depr + IR. (P.Q - CV.Q - CF - Depr)$

Orçado 20X3

	P_u	CV_u	Margem	Custo fixo
Produto X	$ 26	$ 13	$ 13	
Produto Y	$ 28	$ 12	$ 16	$ 150.000
Produto Z	$ 22	$ 14	$ 8	

Depreciação dos bens	$ 319.333
Alíquota do imposto de renda	30%

$$Q_x = \frac{\$ 328.533}{\$ 9,10} = 36.103 \text{ unidades}$$

$$Q_y = \frac{\$ 328.533}{\$ 11,20} = 29.333 \text{ unidades}$$

$$Q_z = \frac{\$ 328.533}{\$ 5,72} = 57.394 \text{ unidades}$$

Exercício 20X2

	P_u	CV_u	Margem	Custo fixo
Produto X	$ 24	$ 13	$ 11	
Produto Y	$ 24	$ 12	$ 12	$ 150.000
Produto Z	$ 26	$ 14	$ 12	

Depreciação dos bens	$ 300.000
Alíquota do imposto de renda	30%

$$Q_x = \frac{\$ 315.000}{\$ 7,70} = 40.909 \text{ unidades}$$

$$Q_y = \frac{\$ 315.000}{\$ 8,40} = 37.500 \text{ unidades}$$

$$Q_z = \frac{\$ 315.000}{\$ 8,40} = 37.500 \text{ unidades}$$

Análise do ponto de equilíbrio

$Q_x =$	−4.807 unidades	−11,7%
$Q_y =$	−8.167 unidades	−21,8%
$Q_z =$	19.894 unidades	53,1%

Considerando a demonstração do Quadro 9-4, os administradores da Cia. XYZ podem fazer as seguintes observações:

1. A quantidade mínima necessária para cobrir os custos fixos, os custos variáveis e a depreciação dos ativos contábeis utilizados na fabricação do produto X será 36.103 unidades em 20X3 e seria 40.909 unidades em 20X2.
2. A quantidade mínima necessária para cobrir os custos fixos, os custos variáveis e a depreciação dos ativos contábeis utilizados na fabricação do produto Y será 29.333 unidades em 20X3 e seria 37.500 unidades em 20X2.
3. A quantidade mínima necessária para cobrir os custos fixos, os custos variáveis e a depreciação dos ativos contábeis utilizados na fabricação do produto Z será 57.394 unidades em 20X3 e seria 37.500 unidades em 20X2.
4. Na análise comparativa dos pontos de equilíbrio, verifica-se que para os produtos X e Y é esperada uma redução na quantidade mínima de vendas neces-

sárias para cobrir os custos fixos, os custos variáveis e a depreciação dos ativos contábeis utilizados na fabricação de 4.807 unidades para o produto X, representando 11,7% a menos de impacto no esforço de vendas. Para o produto Y, a redução será de 8.167 unidades, representando uma redução de 21,8% no esforço de vendas. Para o produto Z, é esperado um deslocamento positivo do ponto de equilíbrio em 19.894 unidades, representando um aumento no esforço de vendas de 53,1%.

Sendo assim, e confirmando a análise apresentada anteriormente, a decisão de reduzir a produção e as vendas do produto Z pelos administradores da Cia. XYZ parece ser acertada, considerando-se os dados apresentados.

Diante do exposto, podemos chegar às seguintes conclusões acerca da análise de sensibilidade do ponto de equilíbrio contábil, apresentado na Tabela 9-2:

Tabela 9-2 Análise de sensibilidade do ponto de equilíbrio contábil

Aumento na variável	Efeito sobre o ponto de equilíbrio contábil
Custo operacional fixo (CF)	Aumento
Depreciação dos ativos contábeis operacionais	Aumento
Preço de venda unitário (P_U)	Diminuição
Custo operacional variável por unidade (CV_U)	Aumento

3. Ponto de equilíbrio financeiro

O ponto de equilíbrio financeiro de uma empresa é o nível de vendas necessário para igualar o faturamento a todos os custos financeiros, incluindo:

- custos fixos;
- custos variáveis;
- custo de capital necessário à remuneração de investidores e/ou pagamento de financiamentos;
- o impacto do imposto de renda nesses valores, bem como na depreciação como fator de redução na base tributável.

Assim, pode-se dizer que, no ponto de equilíbrio financeiro, o **resultado financeiro** é igual a **0**. O Quadro 9-5 demonstra a fórmula de cálculo do ponto de equilíbrio financeiro.

Quadro 9.5 Demonstração do ponto de equilíbrio financeiro

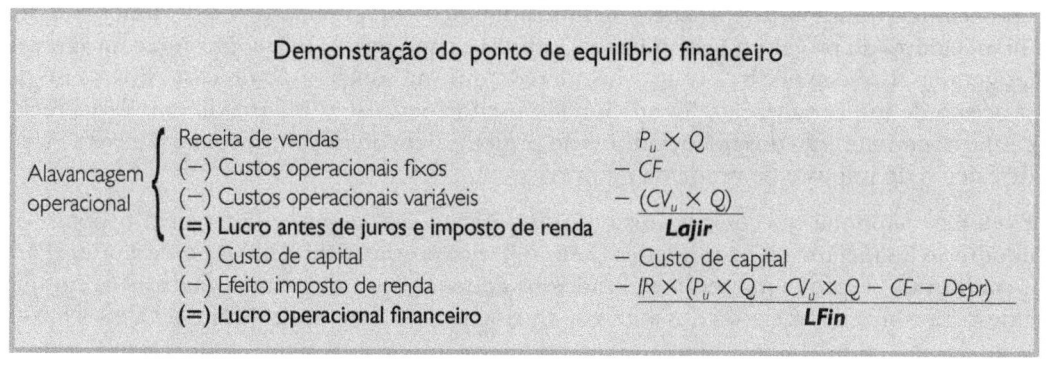

Demonstração do ponto de equilíbrio financeiro		
Alavancagem operacional	Receita de vendas	$P_u \times Q$
	(−) Custos operacionais fixos	− CF
	(−) Custos operacionais variáveis	− ($CV_u \times Q$)
	(=) Lucro antes de juros e imposto de renda	**Lajir**
	(−) Custo de capital	− Custo de capital
	(−) Efeito imposto de renda	− $IR \times (P_u \times Q - CV_u \times Q - CF - Depr)$
	(=) Lucro operacional financeiro	**LFin**

Onde,

P_U = preço unitário dos produtos vendidos pela empresa
CF = custo fixo de produção da empresa
CV_U = custo variável unitário dos produtos fabricados pela empresa
Q = quantidade de produtos fabricados ou vendidos
Custo de capital = custo financeiro necessário para remunerar os investidores (K_S) e/ou financiamentos bancários (K_d)
Depr = depreciação dos ativos contábeis operacionais

Simplificando a fórmula

$LFin = Q \times (P_u - CV_u) - CF - \text{Custo de Capital} - IR \times (P_u Q - CV_u Q - CF - Depr)$

O ponto de equilíbrio financeiro pode ser representado, graficamente, como indicado na Figura 9-4:

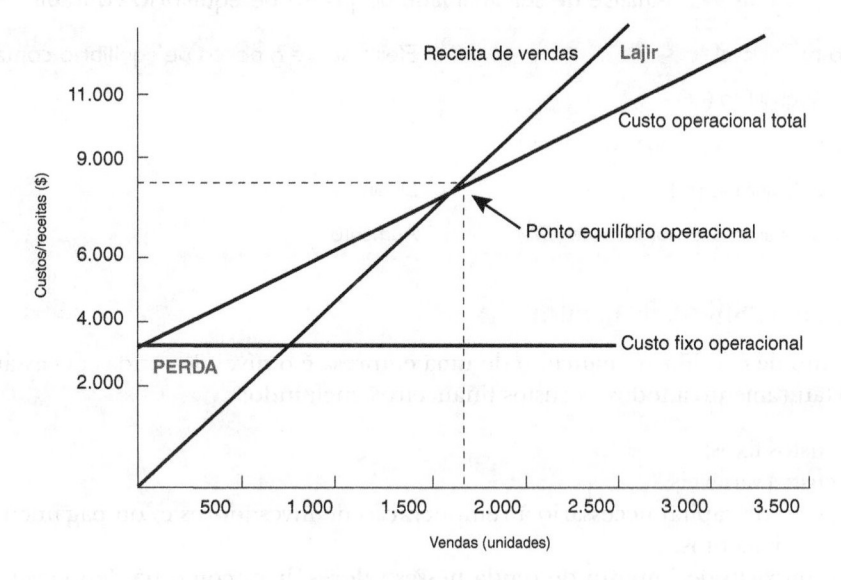

Figura 9-4 Ponto de equilíbrio financeiro.

Observe que a área de perda ficou ainda maior, se comparada às áreas de perda dos pontos de equilíbrio operacional e contábil. A exigência de quantidade vendida de produto foi aumentada, e, conseqüentemente, a exigência de faturamento, de maneira que se pudesse atender à condição de equilíbrio entre os custos de produção, a reposição de bens operacionais utilizados no processo de industrialização (depreciação) e a remuneração dos financiadores do projeto (investidores/acionistas e banqueiros), em confronto com as receitas geradas. Isso é explicável, se for considerado que, na composição do custo financeiro do processo de industrialização, foi adicionado o fator desgaste dos equipamentos (depreciação) e a remuneração dos financiadores do projeto, além do desconto desses fatores na base de cálculo do imposto de renda da empresa.

Exemplo: Suponha que os administradores da Cia. XYZ desejem saber qual o ponto de equilíbrio financeiro em quantidades ($LFin = 0$) dos produtos fabricados pela empresa. Para a solução desse problema serão utilizados os dados apresentados no Quadro 9-6, em que a despesa com a depreciação dos ativos operacionais contábeis em 20X2 foi de US$ 300.000, e em 20X3 projeta-se US$ 319.333 e a alíquota do imposto de renda é de 30%. Serão também utilizados os valores das necessidades permanentes de recursos e de capital de giro, dentro de uma estratégia conservadora adotada pelos administradores da Cia. XYZ, para o exercício de 20X3. Foi, igualmente, considerado o custo médio ponderado de capital[8] de 13,9%. Assim, as quantidades podem ser facilmente calculadas, como a seguir:

Deduzindo a fórmula

$LFin = Q \times (P_u - CV_u) - CF - \text{Custo de Capital} - IR \times (P_u Q - CV_u Q - CF - Depr)$

Pode-se encontrar

$LFin + CV_u Q + CF + \text{Custo de Capital} + IR \times (P_u Q - CV_u Q - CF - Depr) = P_u Q$

Sendo LFin = 0, a quantidade pode ser calculada como segue

$$Q = \frac{CF + \text{Custo de Capital} - IR\,(CF + Depr)}{P_u - CV_u - IR\,(P_u - CV_u)}$$

Considerando-se a demonstração do Quadro 9-6, os administradores da Cia. XYZ podem fazer as seguintes observações:

1. A quantidade mínima necessária para cobrir os custos fixos, os custos variáveis e o custo de capital utilizados na fabricação do produto X será 62.011 unidades em 20X3 e seria 87.675 unidades em 20X2.
2. A quantidade mínima necessária para cobrir os custos fixos, os custos variáveis e o custo de capital utilizados na fabricação do produto Y será 50.384 unidades em 20X3 e seria 80.369 unidades em 20X2.
3. A quantidade mínima necessária para cobrir os custos fixos, os custos variáveis e o custo de capital utilizados na fabricação do produto Z será 98.581 unidades em 20X3 e seria 80.369 unidades em 20X2.
4. Na análise comparativa dos pontos de equilíbrio, verifica-se que, para os produtos X e Y, é esperado uma redução na quantidade mínima de vendas necessárias para cobrir os custos fixos, os custos variáveis e o custo de capital utilizados na fabricação de 25.664 unidades para o produto X, representando 29,3% a menos de impacto no esforço de vendas. Para o produto Y, a redução será de 29.985 unidades, representando uma redução de 37,3% no esforço de vendas. Para o produto Z, é esperado um deslocamento positivo do ponto de equilíbrio em 18.212 unidades, representando um aumento no esforço de vendas de 22,7%.

---

[8] O custo médio ponderado de capital K_W reflete o custo médio esperado de fundos da empresa a longo prazo. Pode ser calculado ponderando-se o custo e cada tipo específico de capital por sua proporção na estrutura e capital. Pode-se apresentar o custo médio ponderado de capital, CMPC, ou custo de capital da firma, como a média ponderada entre as duas formas primárias de capital, ou seja, capital próprio e de terceiros, demonstrado pela fórmula a seguir, onde: K_d = o custo da dívida (pagamento de juros aos credores); K_s = o custo de capital próprio (pagamento dos dividendos aos acionistas); **Cap Próprio** = o montante do patrimônio dos sócios (total); **Cap Terceiros** = o montante da dívida (total) e **IR** = a alíquota do imposto de renda. Para mais esclarecimentos, consultar o Capítulo 11 do livro de José Antonio Stark Ferreira. *Finanças corporativas: conceitos e aplicações*. São Paulo: Pearson Prentice Hall, 2005.

$$CMPC = K_d\,(1 - IR)\left(\frac{\text{CapTerceiros}}{\text{CapTotal}}\right) + K_s\left(\frac{\text{CapPróprio}}{\text{CapTotal}}\right)$$

Quadro 9-6 Demonstração do ponto de equilíbrio financeiro para a Cia. XYZ

Cia. XYZ
Demonstração do ponto de equilíbrio financeiro

Fórmula: $P.Q = CV.Q + CF + C.Cap. + IR. (P.Q - CV.Q - CF - Depr)$

Demonstração do custo de capital

Custo médio ponderado de capital	13,91%
Financiamento total	$ 3.989.649
Custo de capital	$ 555.099

Orçado 20X3					Exercício 20X2				
	P_u	CV_u	Margem	Custo fixo		P_u	CV_u	Margem	Custo fixo
Produto X	$ 26	$ 13	$ 13		Produto X	$ 24	$ 13	$ 11	
Produto Y	$ 28	$ 12	$ 16	$ 150.000	Produto Y	$ 24	$ 12	$ 12	$ 300.000
Produto Z	$ 22	$ 14	$ 8		Produto Z	$ 26	$ 14	$ 12	

Depreciação dos bens	$ 319.333		Depreciação dos bens	$ 300.000
Alíquota do imposto de renda	30%		Alíquota do imposto de renda	30%

$Q_x = \dfrac{\$ 564.299}{\$ 9,10} = 62.011$ unidades $Q_x = \dfrac{\$ 675.099}{\$ 7,70} = 87.675$ unidades

$Q_y = \dfrac{\$ 564.299}{\$ 11,20} = 50.384$ unidades $Q_y = \dfrac{\$ 675.099}{\$ 8,40} = 80.369$ unidades

$Q_z = \dfrac{\$ 564.299}{\$ 5,72} = 98.581$ unidades $Q_z = \dfrac{\$ 675.099}{\$ 8,40} = 80.369$ unidades

analise do ponto de equilíbrio

$Q_x = -25.664$ unidades $-29,3\%$
$Q_y = -29.985$ unidades $-37,3\%$
$Q_z = 18.212$ unidades $22,7\%$

Sendo assim, e confirmando a análise apresentada nos itens 1 e 2, a decisão de reduzir a produção e as vendas do produto Z pelos administradores da Cia. XYZ parece ser acertada, considerando-se os dados apresentados.

Diante do exposto, apresentamos na Tabela 9-3, as possíveis conclusões acerca da análise de sensibilidade do ponto de equilíbrio financeiro:

Tabela 9-3 Análise de sensibilidade do ponto de equilíbrio financeiro

Aumento na variável	Efeito sobre o ponto de equilíbrio financeiro
Custo operacional fixo (CF)	Aumento
Custo de capital	Aumento
Preço de venda unitário (P_u)	Diminuição
Custo operacional variável por unidade (CV_u)	Aumento

9.3.2 Análise comparativa dos pontos de equilíbrio

Os pontos de equilíbrio operacional, contábil e financeiros apresentados nos Itens 1 a 3 podem ser resumidos no Quadro 9-7:

Quadro 9-7 Comparação entre os pontos de equilíbrio para a Cia. XYZ

Cia. XYZ
Demonstração do ponto de equilíbrio financeiro

	Orçado 20X3				Exercício 20X2		
	Q_x	Q_y	Q_z		Q_x	Q_y	Q_z
Equilíbrio operacional	11.538	9.375	18.343	Equilíbrio operacional	13.636	12.500	12.500
Equilíbrio contábil	36.103	29.333	57.394	Equilíbrio contábil	40.909	37.500	37.500
Equilíbrio financeiro	62.011	50.384	98.581	Equilíbrio financeiro	87.675	80.369	80.369
	Índice número				Índice número		
	Q_x	Q_y	Q_z		Q_x	Q_y	Q_z
Equilíbrio operacional	100	100	100	Equilíbrio operacional	100	100	100
Equilíbrio contábil	313	313	313	Equilíbrio contábil	300	300	300
Equilíbrio financeiro	537	537	537	Equilíbrio financeiro	643	643	643
	Variação %				Variação %		
	Q_x	Q_y	Q_z		Q_x	Q_y	Q_z
Equilíbrio operacional				Equilíbrio operacional			
Equilíbrio contábil	212,9%	212,9%	212,9%	Equilíbrio contábil	200,0%	200,0%	200,0%
Equilíbrio financeiro	437,4%	437,4%	437,4%	Equilíbrio financeiro	543,0%	543,0%	543,0%

Procedendo-se a uma análise das quantidades apresentadas no Quadro 9-7, podem-se extrair as seguintes conclusões:

1. Ocorreu uma redução nas quantidades necessárias ao ponto de equilíbrio dos produtos X e Y do exercício 20X2 para o exercício 20X3.
2. Ocorreu um aumento nas quantidades necessárias ao ponto de equilíbrio do produto Z, do exercício 20X2 para o exercício 20X3.
3. Verifica-se um aumento constante na razão de duas vezes do equilíbrio operacional até o equilíbrio financeiro na necessidade de esforço para a quantidade de venda de produtos para o exercício de 20X3 (equilíbrio contábil = 121,9%; equilíbrio financeiro = 437,4%).
4. Verifica-se um aumento na razão de duas vezes do equilíbrio operacional para o equilíbrio contábil e de 2,5 vezes do equilíbrio contábil para o equilíbrio financeiro na necessidade de esforço para a quantidade de venda de produtos para o exercício de 20X2 (equilíbrio contábil = 200,0%; equilíbrio financeiro = 543,0%).

Da análise das quantidades apresentadas no Quadro 9-7, os administradores da Cia. XYZ constataram que, de maneira geral, está prevista para o exercício de 20X3 uma redução na quantidade mínima de vendas necessárias para cobrir os custos fixos, os custos variáveis e o custo de capital utilizados na produção de sua atividade operacional. Resta ainda a mensuração do impacto dessa redução no fluxo de caixa da empresa, considerando-se que a produção gera custos industriais e a necessidade de financiamentos desses custos, como apresentado no Quadro 9-8:

Quadro 9-8 Análise comparativa: expectativa de redução do esforço de vendas

Cia. XYZ
Análise comparativa: expectativa de redução do esforço de vendas

	Variação %				Variação Q		
	Q_x	Q_y	Q_z		Q_x	Q_y	Q_z
Equilíbrio operacional	−15,4%	−25,0%	46,7%	Equilíbrio operacional	−2.098	−3.125	5.843
Equilíbrio contábil	−11,7%	−21,8%	53,1%	Equilíbrio contábil	−4.807	−8.167	19.894
Equilíbrio financeiro	−29,3%	−37,3%	22,7%	Equilíbrio financeiro	−25.664	−29.985	18.212

Redução na pressão do fluxo de caixa dos custos de produção

Custo variável unitário	Valores para 20X3		Variação na pressão fluxo de caixa			
				Prod. X	Prod. Y	Prod. Z	Var. $
Produto X	$ 13,00	Equilíbrio operacional	−$27.273	−$37.500	$81.805	$17.032
Produto Y	$ 12,00	Equilíbrio contábil	−$62.485	−$98.000	$278.513	$118.029
Produto Z	$ 14,00	Equilíbrio financeiro	−$333.636	−$359.821	$254.975	−$438.483

Como observado no Quadro 9-8, os produtos X e Y apresentaram uma variação negativa do exercício de 20X2 para o exercício 20X3 em relação à necessidade de obtenção do ponto de equilíbrio do esforço de vendas da empresa. Fato diferente ocorreu para o produto Z. Observa-se que, apesar da variação da pressão sobre o fluxo de caixa ter aumentado para os pontos de equilíbrio operacional e contábil (US$ 17.032 e US$ 118.029, respectivamente), no equilíbrio financeiro ocorreu uma redução de US$ 438.483.

A redução na pressão do fluxo de caixa do equilíbrio financeiro é importante à medida que, nesse caso, estão sendo analisadas as remunerações de todos os custos industriais, bem como das suas necessidades de financiamento, por meio do capital de terceiros (financiamento) e o retorno desejado pelos investidores/acionistas da Cia. XYZ, sendo, portanto, um critério de suma importância na análise da composição da carteira de produtos de uma empresa.

Conforme demonstrado nas análises dos pontos de equilíbrio operacional, contábil e financeiro, e considerando-se o impacto no fluxo de caixa da necessidade de financiamento da produção, pode-se concluir o seguinte:

1. Os pontos de equilíbrio operacional e contábil não incorporam os custos financeiros, razão pela qual não se aplicam a decisões financeiras.
2. Existem algumas dificuldades na apuração dos pontos de equilíbrio, relacionadas, principalmente, à alocação do custo fixo na hipótese de a empresa produzir mais de um produto.

3. O ponto de equilíbrio financeiro é totalmente compatível com o valor presente líquido (VPL), à medida que orienta o administrador quanto às metas de vendas necessárias à remuneração dos fatores de produção (custos e financiadores).
4. O ponto de equilíbrio é um critério bastante abrangente, servindo como guia para a tomada de decisões do tipo retirada de produto de linha, concentração de produção, entre outras.
5. O ponto de equilíbrio financeiro é o critério mais relevante para uma análise financeira, pois determina a quantidade mínima necessária para pagar os custos operacionais e os impostos e remunerar adequadamente os investidores.

9.4 Esquema de custeio direto

O custeio direto foi desenvolvido gerencialmente e, por meio dele, são atribuídos ao custo dos produtos fabricados somente os custos variáveis da produção, fornecendo aos custos fixos o mesmo tratamento dado às despesas, já que a maioria deles ocorre periodicamente. Os custos fixos são considerados como custos para manter a estrutura de produção, que ocorre independentemente de ter ou não unidades do produto sendo elaboradas no período.

O custeio direto ou variável pode ser mais bem entendido com o esquema geral demonstrado na Figura 9-5:

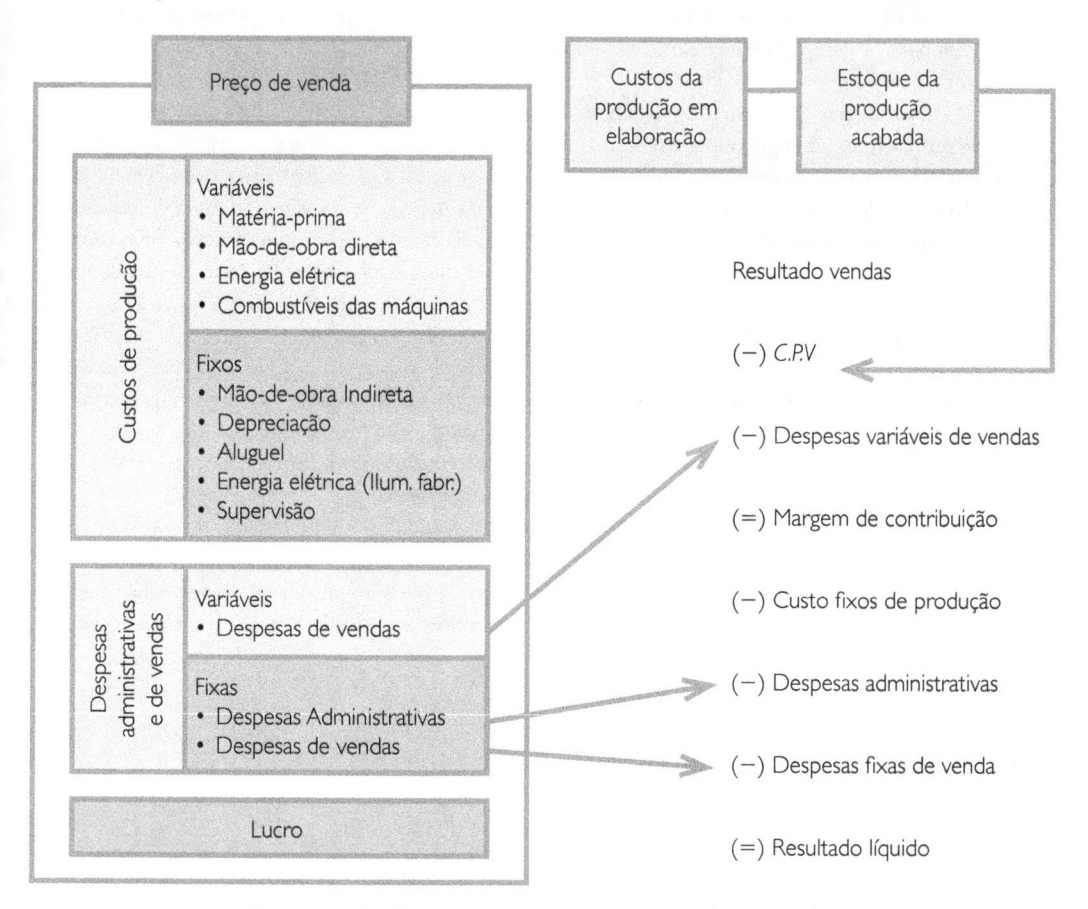

Figura 9-5 Esquema do custeio direto ou variável.

Esse método é indicado para todas as empresas, exceto àquelas nas quais os custos indiretos fixos representam parcela expressiva dos custos totais. Não faz sentido esse tipo de empresa analisar seus produtos com medidas dos custos diretos, se não são representativos.

Resumo

Nesse sistema de custeio, os custos são separados em fixos e variáveis. Os custos variáveis são alocados aos produtos, já os fixos são tidos como inevitáveis e tratados como despesas do período.

Esse método toma como pressuposto que os custos indiretos gerados pelo processo de fabricação não são de responsabilidade dos produtos e, assim, estes não os absorvem. Esses custos são considerados custos do período e vão diretamente à demonstração de resultados.

As vantagens desse método são as seguintes: 1) o custeio direto identifica, de forma clara, o relacionamento custo-volume-lucro, informação essencial para o planejamento da lucratividade; 2) o lucro do período não é afetado pelas flutuações causadas pela absorção, maior ou menor, dos custos fixos aos produtos. De acordo com o custeamento direto, os resultados respondem somente pelas variações nas vendas; 3) as demonstrações de resultados e dos custos de manufatura gerados pelo custeio direto são mais compreensíveis e acompanham melhor o pensamento dos administradores; 4) o impacto dos custos fixos nos lucros é apresentado de maneira mais objetiva, porque o valor desse custo, para o período, já está na demonstração dos resultados; 5) é útil nos casos em que os preços de venda estão firmemente estabelecidos no ramo, pois o problema principal da empresa passa a ser o estabelecimento de quanto ela se pode permitir gastar em custos variáveis e o volume que pode obter.

As desvantagens desse método decorrem de sua aplicação em empresas nas quais os custos variáveis representam uma pequena parcela no custo de produção do produto e os custos fixos grande parcela. Nesses casos, há perda de importância de análises de variações de preços e de eficiência em relação à mão-de-obra e matéria-prima. Como outras desvantagens, pode-se considerar a dificuldade em classificar corretamente custos fixos e variáveis, principalmente custos semivariáveis, bem como o fato de que a margem de contribuição não permanece a mesma em diferentes níveis de atividades, porque os custos fixos podem elevar-se (em patamares), dependendo do nível em que a empresa atua, portanto, o gestor deve estar atento quando isso ocorrer.

Margem de contribuição é a diferença entre preço de venda do produto e o custo variável associado a cada produto, o que corresponde à contribuição que cada unidade traz à empresa para cobrir os custos fixos e gerar lucro. Pela margem de contribuição é possível analisar a viabilidade de produção de um produto. Se esse índice for positivo, a produção do produto é viável, caso seja nulo ou negativo, a produção do produto não traz benefícios à empresa.

Análise de ponto de equilíbrio ou *break-even point* é focada na quantidade de produto produzida e vendida, é a relação custo-volume-lucro (CVL) e é importante para o processo de tomada de decisão das empresas. A análise de CVL preocupa-se com: 1) determinar o nível de operações que a empresa precisa manter para cobrir todos os custos operacionais; 2) avaliar a lucratividade associada a vários níveis de vendas.

Exercícios propostos

1. Quais são as principais características do custeio direto ou variável?
2. Quais são as vantagens e desvantagens de se considerar o esquema de custeio direto ou variável apresentado na Figura 9-5 como uma demonstração para fins gerenciais?

3. Que benefícios podem ser derivados da análise de ponto de equilíbrio? Que problemas afetam a análise de ponto de equilíbrio?

4. Qual seria o efeito de cada um dos seguintes aspectos sobre o ponto de equilíbrio de uma empresa?
1. Aumento no preço de vendas, sem mudança nos custos unitários.
2. Redução nos custos variáveis de mão-de-obra, considerando-se que os outros fatores se mantenham constantes.

5. Os produtos da empresa A são vendidos por P = US$ 100. Os custos fixos da empresa são de US$ 200.000, nos quais 5.000 componentes são produzidos e vendidos a cada ano. O Lajir é US$ 50.000, e os ativos da empresa, todos financiados com capital próprio, são de US$ 500.000. A empresa estima que pode mudar seu processo de produção, acrescentando US$ 400.000 aos investimentos e US$ 50.000 aos custos fixos operacionais. Essa mudança vai reduzir os custos variáveis por unidade em US$ 10; e aumentar a produção em 2.000 unidades. Contudo, é esperado que o preço de venda de todas as unidades seja reduzido para US$ 95, como forma de permitir as vendas da produção adicional. A empresa tem prejuízos fiscais acumulados que absorvem todo o seu lucro, não utiliza endividamento e seu custo médio de capital é de 10%.
1. A empresa A deveria realizar a mudança?
2. Considere que a despesa com depreciação seja de US$ 30.000 e que os novos bens seriam depreciados em dez anos. O custo de capital atual é de US$ 50.000. Quais seriam seus pontos de equilíbrio contábil, operacional e financeiro?
3. O que se pode dizer sobre o resultado encontrado no item "2"?

6. A empresa B fabrica e vende produtos que são vendidos por US$ 25. Os custos fixos são de US$ 140.000 e os custos variáveis, de US$ 15 por unidade.
1. Qual será o resultado da empresa com vendas de 18.000 unidades? E com 36.000 unidades?
2. Quais serão os pontos de equilíbrio operacional, contábil e financeiro? Considere como custo de capital e como depreciação os dados apresentados na Tabela E-1. Ilustre graficamente.
3. O que se pode dizer sobre o resultado encontrado no item "2"?
4. O que acontecerá com os pontos de equilíbrio, se o preço de venda se elevar para US$ 31? Qual é o significado da mudança?
5. O que acontecerá com os pontos de equilíbrio, se o preço de venda for elevado para US$ 31, mas os custos variáveis aumentarem para US$ 23 por unidade?

Tabela E-1 Dados das situações A e B

	Situação A	Situação B
Custo de capital	$ 15.000	$ 30.000
Depreciação	$ 12.000	$ 24.000

CAPÍTULO 10

Custeio ABC – *Activity-based costing*

Objetivos de aprendizagem

Após estudar este capítulo, você deverá:

- Saber conceituar e mensurar os custos de produção a partir do sistema ABC.
- Saber como é feita a apropriação dos custos por meio do custeio ABC.
- Conhecer algumas recomendações para a aplicação do custeio ABC.

10.1 Conceitos

O sistema de custos ABC é um sistema de custeio que se baseia nas atividades dos processos de produção. No Companion Website, é apresentado um glossário com os principais termos utilizados no sistema ABC.

O custeio baseado em atividades ou ABC (*activity-based costing*) é um método que permite medir o custo e o desempenho das atividades e dos objetos de custo. Nesse sentido, fundamenta-se em três premissas básicas: 1) os produtos requerem atividades; 2) as atividades consomem recursos; e 3) os recursos custam dinheiro. Pode-se dizer que o ABC identifica um conjunto de objetos de custo, reconhecendo que cada um deles cria a necessidade de determinadas atividades, que, por sua vez, criam a necessidade de recursos.

O ABC deixou, no entanto, de estar circunscrito ao custeio do produto, passando a ter outros objetivos, principalmente a análise dos custos indiretos e do desempenho. Turney redefine o conceito de ABC, assim: "ABC é um sistema de informação sobre as atividades e os objetos de custo de uma empresa, identificando as atividades desenvolvidas, imputando custos a essas mesmas atividades e distribuindo os custos das atividades pelos objetos de custo por múltiplos indutores, e esses indutores refletem o consumo das atividades por parte de cada objeto de custo". (Turney, 1990a).

A literatura sobre o assunto atribui papel preponderante a Peter Turney na inclusão dos processos de melhoria contínua, por meio do estudo das atividades no contexto do modelo ABC. Contudo, essa dimensão norteou, desde o início, os modelos ABC.

Muito autores preferem utilizar o termo "gestão baseada em atividades" ou ABM (*Activity-based management*) para a maneira como a informação sobre as atividades é utilizada, ficando o ABC reservado à obtenção dessa mesma informação.

Analisando as diferentes definições associadas ao ABC, conclui-se que ele se baseia, essencialmente, nos conceitos fundamentais de atividade e de indutor de custo e das relações que se estabelecem entre eles, conforme demonstrado na Figura 10-1.

Figura 10-1 As premissas o sistema de custo ABC.

10.2 Características

A abordagem dos sistemas de custeio tradicionais consiste em uma visão vertical de alocação dos custos, que acompanha a estrutura funcional da empresa. A alocação dos custos e despesas, tais como salários, viagens, materiais, se processa nos centros de custos e departamentos. A empresa é dividida em unidades especializadas, com rígida definição de responsabilidade. Os gerentes de cada área funcional estimam seus custos para atingir os objetivos estabelecidos. Esses custos são controlados por sistemas contábeis e de fluxo de caixa. As avaliações de desempenhos e de resultados baseiam-se em confrontos entre o orçado e o realizado, e pelo alcance dos objetivos preestabelecidos.

Nessa visão, ainda, estabelece-se a dicotomia sobre o entendimento dos objetivos organizacionais, mas o inter-relacionamento de atividades entre os vários departamentos é ignorado. Esses procedimentos darão margem a decisões como: redução geral no orçamento, congelamento de salários e treinamentos, redução de investimentos, que virão a conflitar com a filosofia de excelência empresarial e com um planejamento de médio e longo prazos, uma vez que apresentam resultados operacionais sem uma avaliação de suas causas.

Contrapondo-se a essa abordagem tradicional, o método de custeio baseado em atividade (ABC) baseia-se em uma visão horizontal dos processos do negócio. A empresa é analisada pelos seus processos e subprocessos, cada um deles constituído por um grupo de atividades. Um processo é constituído por uma série de atividades que agregam valor, gerando determinado produto final (bem ou serviço) cujo objetivo é atender às necessidades dos clientes internos ou externos. Isso pode acontecer em um grande processo interdepartamental e/ou em um processo intradepartamental. A Figura 10-2 demonstra essa visão.

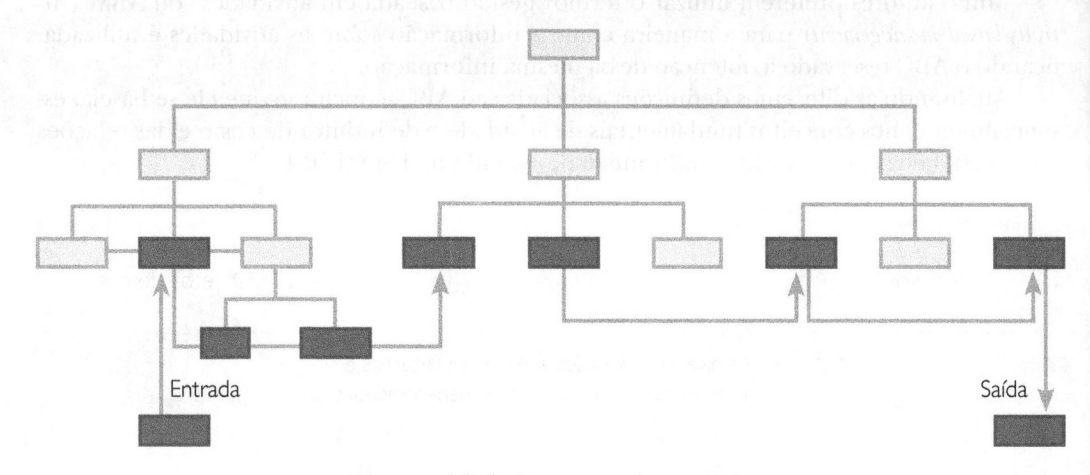

Figura 10-2 Processo de negócio.

Essa abordagem se mostra compatível com a moderna concepção da empresa, que enfatiza mais os processos de negócios que os departamentos funcionais, como explicitado nas estruturas matriciais e celulares.

O custeio dos produtos é elaborado em duas etapas distintas. Na primeira, são identificadas e analisadas as atividades que têm seus custos determinados; na segunda, os custos das atividades são alocados aos produtos.

No método de custeio ABC, atividade é tudo aquilo que é executado em uma empresa e que consome recursos para a concretização de um processo.

As atividades serão custeadas pelo rastreamento dos recursos absorvidos em sua execução ou elaboração – como materiais, mão-de-obra, seguro, consumo de energia elétrica – e definidas pelos direcionadores de custo, que são os fatores ou medidas de consumo que fazem que as atividades sejam realizadas.

Para a seleção de um direcionador de custos, três fatores são levados em conta:

1. A facilidade na obtenção dos dados necessários para o direcionador de custos escolhido (custo de medição).
2. A correlação entre o consumo da atividade e o consumo real (grau de correlação).
3. A influência que determinado direcionador terá no comportamento das pessoas (efeito comportamental).

Os direcionadores auxiliarão e conduzirão os valores dos recursos consumidos para as atividades, concretizando-se, dessa forma, o cálculo do custo de cada uma delas.

O custo da atividade, uma vez calculado, deverá ser rastreado ao objeto de custeio, que poderá ser representado por produto, serviço ou mesmo por processo. A Figura 10-3 exemplifica esses procedimentos.

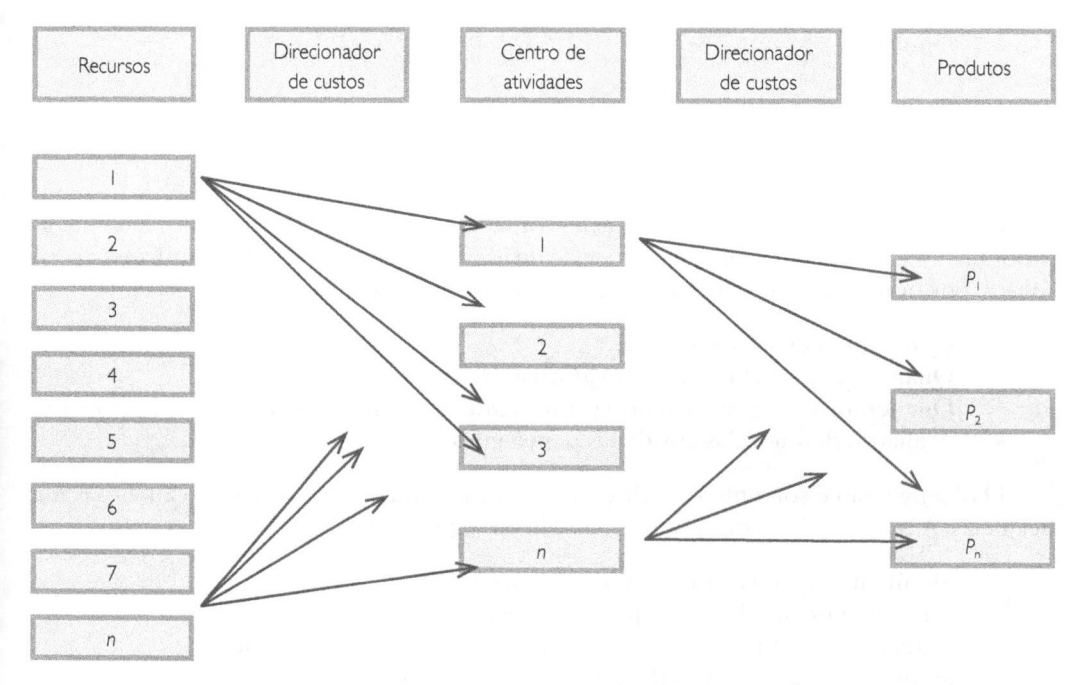

Figura 10-3 Método ABC.

Segundo seus idealizadores, Cooper e Kaplan (1998), o ABC (*activity-based costing*), ou "custeio baseado em atividades", é "uma abordagem que analisa o comportamento dos custos por atividades, estabelecendo relações entre as atividades e o consumo de recursos, independente de fronteiras departamentais, permitindo a identificação dos fatores que levam a instituição ou empresa a incorrer em custos em seus processos de oferta de produtos e de serviços e de atendimento a mercado e clientes".

Com o objetivo de eliminar as arbitrariedades dos critérios de rateio dos custos tradicionais, o ABC visa o levantamento e a análise dos custos das atividades que envolvem todo o processo empresarial, possibilitando que se avalie o custo *versus* benefício dessas atividades.

Para a definição do custo unitário de cada atividade, é utilizado o chamado *cost drivers*, ou geradores de custos, que é o evento ligado a uma ou mais atividades que provocam sua ocorrência.

Como ferramenta de custeio voltada à gestão, o ABC proporciona uma visão de consumo de recursos da empresa por atividade, eliminando as distorções dos sistemas tradicionais de custos.

As etapas para implantação do ABC são as seguintes:

1ª. Mapeamento detalhado das atividades relacionadas a cada função da administração.
2ª. Alocação de custos a essas atividades.
3ª. Análise dos geradores de custo.
4ª. Análise dos indicadores de desempenho para verificação dos índices de retrabalho e perdas de cada processo.
5ª. Apresentação de resultados para revisão e validação dos novos dados.

Nos sistemas tradicionais, os custos são imputados aos departamentos e destes aos produtos. No ABC, os custos são imputados às atividades e destas aos produtos. Sendo assim, um dos principais aspectos do estudo ABC é o inventário do processo e sua decomposição em atividades. As atividades podem ser classificadas em quatro grupos:

1. Unidade
2. Lote
3. Produto
4. Empresa

As três primeiras atividades são relacionadas à produção, portanto, passíveis de se encontrar um indutor de custo aceitável, já a atividade não deve ser atribuída diretamente ao produto. A análise das atividades é o processo de identificá-las, descrevê-las e avaliá-las desenvolvido por uma empresa. Deve produzir os seguintes *outcomes*:

1. Que atividades são executadas?
2. Quantas pessoas executam essa atividade?
3. Que tempo e recursos são necessários para executar as tarefas?
4. Avaliação de valor das atividades para a empresa.

O objetivo não é somente reduzir custos, mas, sim, buscar e eliminar as causas das ineficiências. A redução de custos pode ser obtida da seguinte forma:

- eliminando as atividades que não acrescentam valor;
- selecionando as atividades que conduzem à maior redução de custos;
- reduzindo o tempo e os recursos consumidos em uma atividade;
- aumentando a eficiência das atividades necessárias.

Em resumo, as principais características desse sistema de custeamento são as seguintes:

- orienta-se para o processo;
- as atividades consomem recursos e os produtos consomem atividades;
- identifica as atividades que agregam valor aos produtos;
- rateia os custos indiretos com critérios multidimensionais;
- identifica a responsabilidade pelas atividades que mais consomem recursos.

O método de custeio ABC, além de ser uma ferramenta de apuração de custos, é também excelente técnica de análise de valor dos processos, o chamado *activity-based management* (ABM).

Pode-se considerar que são dois os objetivos do ABM: melhorar o valor recebido dos clientes pelo produto e/ou serviço objeto da transação e melhorar o lucro proveniente dessa transação. Esses objetivos só são alcançados com uma atenção maior no gerenciamento das atividades. Portanto, a identificação correta das atividades e um adequado gerenciamento traz vários benefícios para a empresa.

A identificação deve partir de uma avaliação que considere o consumidor, pois é sempre nele que acaba a cadeia produtiva. Assim, o ponto principal para a implementação com sucesso do ABM reside no fato de melhorar o que importa para o consumidor, pois o que interessa para o cliente é o que diferencia determinado tipo de negócio de outros.

Entretanto, o ABC também será de grande utilidade no setor de serviços, notadamente no setor bancário, por, pelo menos, duas razões: de um lado, o aumento da competição implicou maior planejamento e controle e, do outro, o crescimento registrado nas empresas de serviços, quer em tamanho quer em sua complexidade, acarretou a necessidade de sistemas de custeio comparáveis aos utilizados na indústria. São vários os exemplos de sucesso da implementação do ABC em telecomunicações, transportes, comércio, distribuição, marketing, saúde. No setor bancário, seria possível considerar como atividades os diversos tipos de negociação com papéis, por exemplo.

10.3 Vantagens e desvantagens do ABC

O ABC trata de forma diferente os custos porque parte do princípio de que nem todos podem ser relacionados ao volume de produção ou de utilização dos recursos diretos (materiais, mão-de-obra direta etc.).

Ao permitir reconhecer mais relações de causalidade entre os recursos e os fatores que realmente provocam custos, o ABC torna os custos indiretos mais perceptíveis e o *overhead* mais imputável.

Um sistema de custeio ABC gera informação mais correta sobre o custo dos produtos, sobretudo nos casos de grande diversidade e quando os custos indiretos não relacionados com o volume são relativamente expressivos. No ABC, é dada ênfase às análises que contemplam diversos objetos de custo, assumindo-se, por isso mesmo, como uma ferramenta relevante para a tomada de decisão estratégica, permitindo também uma análise mais cuidadosa do comportamento dos custos e identificando os diversos fatores aos quais eles são sensíveis. Finalmente, o ABC produz informação que pode ser utilizada no controle e na gestão do processo produtivo. Em suma, o ABC representa uma base mais lógica, mais aceitável e mais facilmente compreensível para o custeio.

As vantagens do ABC estão resumidas no Quadro 10-1.

Quadro 10-1 As vantagens do sistema de custeio ABC

Ferramenta para controle e gestão no processo produtivo	Ferramenta para estimar os custos de novos produtos
Mais precisão no custeio	Ferramenta para o *pricing*
Evidencia os fatores causadores de custo	Apoio à decisão estratégica
Dá importância às relações de causalidade	Informação para a gestão das atividades
Apoio às decisões *make or buy*	Considera diversos objetos de custo

Do exposto até aqui, percebe-se claramente que a principal vantagem desse sistema está na melhor e mais racional alocação dos custos indiretos, reconhecendo as relações causais dos direcionadores de custo e das atividades consumidas pelos produtos, apresentando aos administradores informações relevantes em relação:

- à redução de custos de atividades;
- à eliminação de atividades que não agregam valor ao produto;
- ao conhecimento dos custos de atividades e funções;
- às análises de causa e efeitos de custos.

Um dos pontos fracos ressaltados por muitos autores para o ABC é a complexidade do sistema, que implica um dispêndio de tempo e de recursos que dificulta a estimativa de suas reais vantagens em termos de custo-benefício. Outro ponto fraco está no fato de misturar custos fixos e variáveis. Para alguns autores, a distinção é vital na tomada de decisão, pois os custos relevantes são os variáveis, já que variam com a decisão específica.

Porém, se partir do princípio de que diferentes decisões requerem diferentes informações de custos, pode ocorrer de os custos que são fixos para um tipo de decisão não o serem para outros. Assim, os gestores poderão tomar melhores decisões se ambos os custos, fixos e variáveis, forem relatados pelo sistema de custos e os gestores puderem ter liberdade de selecionar alternativas para os projetos de processo, controle, planejamento e outras funções que necessitam desses dados para o processo de tomada de decisão.

10.4 Elementos de um sistema ABC

Em um sistema de custeio ABC, há que se distinguir os recursos, as atividades e os objetos de custo, sendo esses elementos relacionados por meio dos denominados indutores de custo.[1]

Os recursos podem ser classificados segundo sua natureza em: mão-de-obra, equipamento, materiais etc. A imputação ou distribuição dos recursos pelas atividades faz-se conforme sua utilização pelas atividades identificadas, recorrendo a indutores de custo previamente definidos. O consumo de cada atividade pelos objetos de custo é medido por outros indutores de custo que exprimem, da melhor forma, essa relação de causalidade.

Por objeto de custo entende-se toda a razão para a existência do custo e da realização de uma atividade. É possível considerar objeto de custo algo para o qual se deseje uma medida separada do custo. São exemplos de objetos de custo ou portadores de custo os produtos, os clientes, um canal de distribuição etc.

Contudo, tanto o conceito de recurso quanto o de objeto de custo não são exclusivos do ABC, fazendo parte do léxico universal da temática dos custos, cruzando todas as perspectivas e teorias. No entanto, a noção de objeto de custo é entendida no ABC de uma forma bem mais ampla daquela assumida, geralmente, na literatura tradicional. Os conceitos que merecem ser explorados, nesse contexto, são a noção de atividade e o conceito de indutor de custo, que são os verdadeiros pilares do suporte teórico do ABC. Em torno deles, desenvolvem-se os restantes.

A Figura 10-4[2] descreve os elementos presentes no processo de elaboração de custos, utilizando o ABC. A perspectiva da alocação dos custos, a par da perspectiva do processo, constitui o modelo ABC bidimensional que será analisado no Capítulo 18.

Distribuídos os recursos pelas atividades, identificam-se os indutores de custo que exprimem o nível de utilização dos recursos por atividade. A parte de um recurso imputada a uma atividade transforma-se em um elemento de custo e o conjunto de elementos de custos relacionados a determinada atividade formam um centro de custo.

O conjunto dos diversos elementos de custo das diferentes atividades é, normalmente, denominado com *bill of costs*. Todavia, a apresentação dessa informação em uma matriz ou quadro de entradas e de saídas será bem mais interessante do que em forma de árvore. Será essa a forma adotada no modelo desenvolvido no Estudo de Caso, que você encontra no Companion Website.

Posteriormente, as atividades relacionadas vão se englobar em um centro de atividades (*activity centre*), que não será mais que um *cluster* de atividades.

Outros conceitos merecem, também, alguma atenção. Porém, sua análise será facilitada se for realizada à luz de dois conceitos primordiais de um sistema ABC: o conceito de indutor de custo e o de atividade.

---

[1] Também denominados "direcionadores de custo" ou "geradores de custo".
[2] Figura adaptada de Peter B.B. Turney. *Activity-based Costing – The performance breakthrough*. Londres: Kogan page, 1996, p. 97.

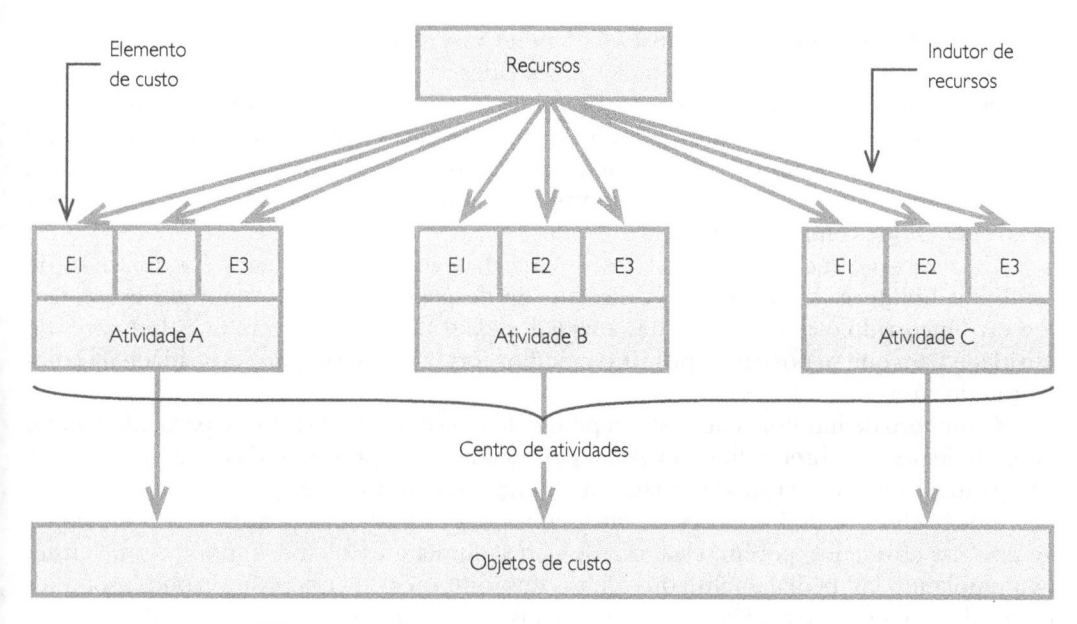

Figura 10-4 Os elementos de um sistema ABC.

10.4.1 Conceito de indutor de custo

Indutor de custo é o fator capaz de causar uma alteração no custo de uma atividade. No custo ABC, há dois tipos diferentes de indutores de custo: 1. os indutores de recurso; e 2. os indutores de atividade. Os primeiros servem para distribuir os custos dos recursos pelas atividades e os segundos, para repartir os custos das atividades pelos objetos de custo.

Utilizam-se também os termos indutor de primeiro nível (*first stage driver*) e indutores de segundo nível (*seconde stage driver*)[3] ou, ainda, indutores primários e secundários (*primary e secondary cost drivers*).

Em uma definição mais completa, indutor de custo pode ser um evento ou fator que influencia o nível e desempenho das atividades ou o consumo de recursos por parte delas.

O indutor de atividade é o fator que evidencia o esforço desenvolvido para levar a cabo dada atividade. É o fator que causa mudança no custo.

Os direcionadores de custo, também chamados indutores ou geradores ou vetores, medem a freqüência ou a intensidade da demanda de certo tipo de atividade, explicando a relação de causalidade entre o consumo de atividades e determinada produção. São fatores que geram ou influenciam o nível dos gastos de uma atividade ou objeto de custo. Alguns autores denominam os direcionadores de custo como direcionadores de custo de segundo nível. Como exemplo, pode ser citada a ordem de compra de matérias-primas.

Em uma perspectiva de longo prazo, quanto maior o volume da atividade "comprar matéria-prima", maior o número de ordens de compra e, portanto, maior o consumo de recursos como pessoal, máquinas, equipamentos, computador e telefone. Assim, o aumento ou diminuição dos custos dos recursos citados não tem relação com o volume físico de produção ou horas de mão-de-obra direta, mas com o número de ordens de compra a serem emitidas em um intervalo de tempo.

---

[3] Estão intimamente relacionados ao modelo ABC *Two-stage*, apresentado no Capítulo 18.

As atividades e os objetos de custo podem ter vários indutores de custo. No ABC, os indutores de custo podem ser comparados às unidades de obra utilizadas nos modelos de custos completos tradicionais. No entanto, os indutores de custo no modelo ABC representam melhor a variabilidade dos custos indiretos do que faziam as unidades de obra nos modelos tradicionais. As unidades de obra são mais genéricas que os indutores de custo. No ABC, para cada centro de atividades, existirão vários indutores de recurso, tantos quantas forem as atividades que compõem esse centro.

Uma característica importante dos sistemas baseados em atividades é a utilização de múltiplos indutores de atividade. A diversidade de produtos que as empresas enfrentam e o erro incorrido com o agregar das atividades exigem que se utilizem mais indutores de atividade para que se possam exprimir da melhor forma as relações de causalidade na construção do custo.

O número de indutores de custo depende de um conjunto de fatores, particularmente, do grau de precisão pretendido, do grau de diversidade dos produtos, da dimensão das diferentes atividades e dos custos associados à obtenção da informação.

A identificação de indutores de custo apropriados se dá por processo definido como análise das atividades, porém, essa análise não se limita à escolha dos indutores de custo, contemplando também a análise dos efeitos dos indutores de custo e sua variação sobre os custos de produção, para além da própria análise das atividades, propriamente dita.

Outro conceito diretamente relacionado ao conceito de indutor de custo é o de centro de custo, pois todos os custos que sejam influenciados pelo mesmo indutor de custo são agrupados (*pooled*) e depois imputados por esse indutor de custo único. Portanto, o conjunto de custos imputados aos objetos de custo por meio de um único indutor de custo formam um centro de custo.

É fundamental que a administração da empresa atente para a minimização do número de indutores utilizados, selecionando, sempre que possível, indutores de custo já disponíveis.

De maneira geral, os indutores devem ser escolhidos com base na sua capacidade explicativa, ou seja, considerando a correlação que estabelecem com os custos a que se referem. Para identificar os melhores indutores de custo, recomenda-se a utilização de modelos de regressão linear,[4] começando por utilizar um só indutor de custo para todos os custos envolvidos que, à medida que aumentam as variáveis explicativas, mostram que o modelo se torna mais preciso. Ao calcular a capacidade explicativa (por meio do R^2,[5] demonstrado no Quadro 10-2, a seguir) de cada indutor para cada atividade, identificam-se os indutores apropriados.

Quadro 10-2 Análise da regressão: otimização dos indutores de custo (R^2)

	Manutenção	Embalagem	Transporte materiais	Armazenar	Controle produção
Horas-máquina	0,85	0,46	0,68	0,45	0,82
Quant. material	0,38	0,88	0,90	0,80	0,43
Horas de trabalho	0,30	0,28	0,38	0,22	0,43

[4] Mais detalhes sobre regressão linear poderão ser encontrados em: José Antonio Stark Ferreira. *Finanças corporativas: conceitos e aplicações*. São Paulo: Pearson Prentice Hall, 2005. (Anexo 1).

[5] R^2 é o coeficiente de correlação entre dois fatores. Esse conceito pode ser encontrado na literatura de métodos quantitativos (Análise de regressão) e também em: José Antonio Stark Ferreira. *Finanças corporativas: conceitos e aplicações*. São Paulo: Pearson Prentice Hall, 2005. (Anexo 1).

Nesse caso, a quantidade de material será o indutor de custo mais apropriado para as diferentes atividades, enquanto as horas de trabalho não serão consideradas como indutor. Isso se explica por apresentarem R^2 maiores, acima de 80%. Sempre que a complexidade do processo produtivo não permita uma escolha imediata dos indutores de custo, deverá ser empregada esse tipo de análise.

10.5 Atividades e identificação das atividades

10.5.1 Conceito de atividades

As atividades formam um conjunto de tarefas relacionadas, podendo ser executadas em mais de uma área funcional e, para sua consecução, consomem recursos da empresa. As pessoas empregadas na elaboração de uma ordem de compra de matérias-primas serão consideradas recursos mensuráveis. Os fatores de consumo de recursos desse exemplo poderiam ser: horas de uso do computador, horas de uso do telefone e horas de pessoal aplicado à atividade, entre outros.

Para definir a lista de atividades da empresa, é necessário desenhar a matriz de macroprocessos, pois uma empresa não é constituída pelas áreas funcionais presentes na sua estrutura, uma vez que esta é apenas uma representação formal da autoridade e das funções, mas pelas atividades executadas.

Na realidade, o que define a empresa é o trabalho que é feito na transformação de recursos, gerando produtos para atender às necessidades do mercado e remunerar os investimentos dos acionistas. No Quadro 10-3, a seguir, são apresentados exemplos de atividades e direcionadores de custo adequados ao cálculo dos custos dos produtos

Quadro 10-3 Atividades e direcionadores de custo

Atividade	Direcionador
Visitar cliente	Pedido de orçamento
Emitir proposta de venda	Pedido de venda
Emitir pedido de venda	Pedido de crédito
Analisar crédito	Requisição de compra
Cotar fornecedores	Ordem de compra
Comprar	Ordem de compra
Receber material	Nota de entrada
Provisionar pagamento	Nota de entrada
Planejar produção	Ordem de produção
Movimentar material	Requisição de material
Faturar	Nota fiscal de venda
Cobrar	Documento de cobrança
Receber	Documento de cobrança
Contabilizar	Nota fiscal de compra/venda

Uma atividade só deverá ter um direcionador. Se dois ou mais direcionadores estiverem presentes em uma mesma atividade, ela deverá ser segregada em várias outras atividades.

Nem todas as atividades podem ser correlacionadas a todos os objetos de custos.[6] No custeio dos objetos de custo, as atividades que têm o mesmo direcionador podem ser agregadas em centros de atividades, ou conjunto de atividades. O Quadro 10-4 traz exemplos de atividades que têm relação com diversos objetos de custo.

Quadro 10-4 Exemplos de atividades e objetos de custos

Atividade	Objetos de custos
Visitar cliente	Clientes
Emitir proposta de venda	Clientes, produtos
Emitir pedido de venda	Clientes, produtos
Analisar crédito	Clientes, produtos
Cotar fornecedores	Fornecedores, insumos, produtos
Comprar	Fornecedores, insumos, produtos
Receber material	Fornecedores, insumos, produtos
Provisionar pagamento	Fornecedores, insumos, produtos
Planejar produção	Produtos, clientes
Movimentar material	Fornecedores, insumos, produtos
Faturar	Produtos, clientes
Cobrar	Produtos, clientes
Receber	Produtos, clientes
Contabilizar	Todos os anteriores

As principais aplicações do cálculo de custos de objetos pelo método ABC são:

- formação do preço de venda;
- custo da qualidade (ou da não-qualidade);
- gestão de custos de clientes.

10.5.2 Identificação das atividades

Nessa fase, a empresa identifica as atividades importantes que são executadas por seus recursos indiretos e de apoio. Essas atividades são descritas por verbos e seus objetos associados. Isso culmina na criação de um dicionário de atividades que relaciona e define a execução de cada uma delas. Sendo assim, após identificadas, podem ser classificadas em:

- atividades que agregam valor (A): apresentam uma relação direta com o produto e são reconhecidas pelo consumidor;
- atividades que não agregam valor ou atividades "parasitas" (N): devem ser eliminadas ou reduzidas, pois acrescentam gastos aos produtos sem agregar valor. Como exemplo, podem ser citados o recebimento, a movimentação de material, a inspeção dos produtos acabados, o arquivamento de documentos, o retrabalho etc.;
- atividades de valor incorporando atividades (AN): são aquelas que, aparentemente, não incorporam valor ao produto, porém são necessárias para que outras ocorram, por exemplo, o *setup* de uma máquina;

---

[6] Objetos de custo: clientes, processos, fornecedores, insumos, produtos.

- atividades de suporte (S): são difíceis de separar da relação com os produtos. Exemplos: os setores de RH, marketing, relações públicas etc.

O objetivo dessa análise das atividades é identificar as que não agregam valor ao produto e avaliar sua importância para os clientes. Aquelas que não forem importantes devem ser eliminadas. As que forem significativas para os clientes e para a empresa devem ser comparadas a atividades similares de outras empresas, para avaliar a eficiência e a qualidade com que estão sendo realizadas.

Com essas análises, é possível proceder à melhoria das atividades, buscando eliminar ou diminuir os custos daquelas que não agregam valor ao produto.

Outra análise importante é examinar a ligação entre as atividades. Há as que trabalham em cadeia, para atender aos objetivos comuns, assim, as ligações entre elas devem ser construídas visando minimizar o tempo e aumentar a capacidade de trabalho. Após sua identificação e análise, elas são custeadas, e então os custos são repassados aos produtos por meio de direcionadores.

No sistema ABC, a identificação dos processos assume importância em função da quantidade de processos que são utilizados na industrialização dos produtos. Um processo é um conjunto de atividades encadeadas com um objetivo final bem-definido. Os processos caracterizam-se por três aspectos fundamentais: 1) envolvem atividades em uma perspectiva diferente da funcional; 2) exige-se que cada processo conduza a um *output* final próprio; e 3) cada processo implica a existência de um cliente interno ou externo.

Sendo assim, uma definição completa de atividade poderá contemplar um conjunto de tarefas elementares realizadas com um comportamento homogêneo do ponto de vista do custo e da sua execução, permitindo obter um *output*, usando, para isso, determinada quantidade de *inputs*.

Uma atividade terá, nesse sentido, duas características fundamentais: 1) homogeneidade; e 2) identificação com uma unidade de medida. Objetivamente, uma **atividade** é um conjunto de tarefas com um objetivo comum que as relaciona e as integra; já um **processo** é um conjunto de atividades interligadas com o objetivo de satisfazer determinado objeto de custo.

As tarefas podem ser desagregadas em operações e significam a forma como uma atividade é desenvolvida. Uma operação, por sua vez, será a unidade menor pelo ponto de vista do planejamento das atividades. Diferentes empresas podem desenvolver a mesma atividade, mas de diferentes formas, ou seja, por meio de tarefas diferentes.

Ainda, as atividades são consideradas de valor agregado quando são necessárias à produção de determinado bem ou serviço ou acrescentem valor na perspectiva do cliente. As atividades sem valor agregado aumentam os custos sem nenhuma contrapartida. Também são tidas como sem valor agregado aquelas atividades que podem ser reduzidas ou eliminadas sem prejuízo para o objeto de custo. O custo da não atividade terá, também, de ser entendido como um custo sem valor agregado e deve, sempre que possível, ser devidamente identificado.

Na Figura 10-5 é apresentado um esquema de como é realizada a definição das atividades:

De todo o exposto, resta analisar a hierarquização das atividades e as questões relacionadas a esse aspecto.

10.5.3 Hierarquização das atividades

Na literatura sobre o assunto, são identificados três tipos de atividades: 1) de nível unitário; 2) de nível lote; e 3) atividades de suporte aos processos. Essa última categoria pode ser desdobrada em duas: atividades de processo; atividades de suporte à estrutura. O nível de atividade de processo agrega tudo o que possa ser identificado de alguma forma com um processo particular ou produto. A outra categoria abriga tudo o que não pode ser associado a algo em particular – são os custos conjuntos e de estrutura.

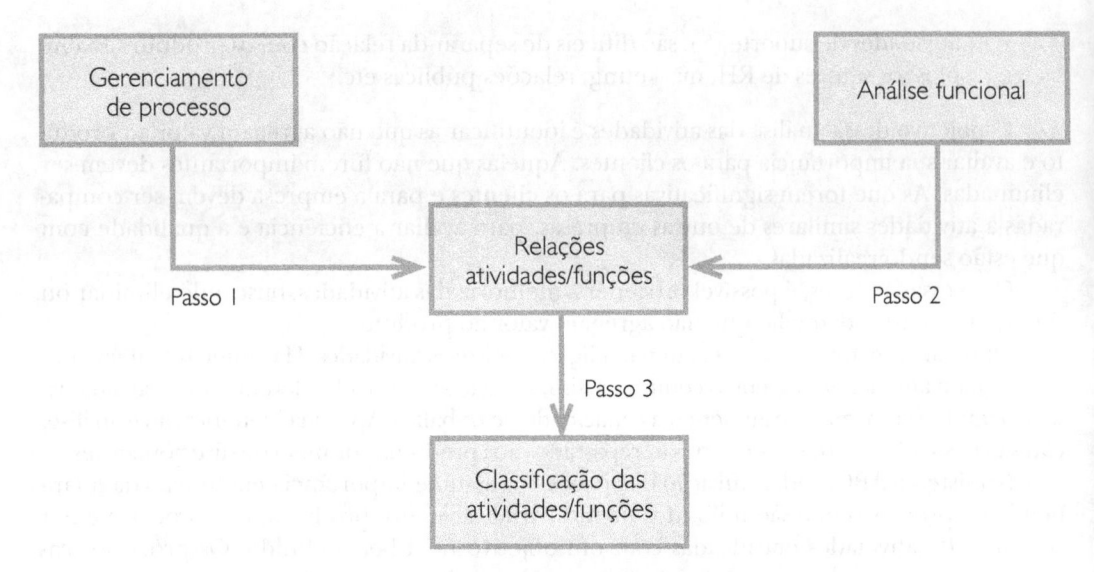

Figura 10-5 Fluxograma de definição das atividades.

Mas existem também referências a cinco níveis de hierarquização das atividades: 1) atividades de nível unitário; 2) de nível lote; 3) de suporte ao produto; 4) de suporte ao processo; e 5) atividades de estrutura.

Na maior parte da literatura, a hierarquização das atividades é apresentada em quatro níveis: 1) atividades de nível unitário; 2) atividades de nível lote; 3) atividades de suporte ao produto e atividades de suporte às instalações e 4) de estrutura.

Porém, tanto o conceito de atividade de suporte ao processo quanto o de atividade associada a uma linha de produtos são bastante incipientes. Partindo do princípio de que o conceito de atividade de suporte ao produto pode ser estendido a qualquer outro objeto de custo, as linhas de produção e os processos produtivos podem ser englobados nesse nível. Assim, torna-se desnecessário criar outro nível de atividade para cumprir esses propósitos.

As atividades de estrutura agregam custos conjuntos e custos de estrutura, mas estes são de natureza diferente e deveriam estar desagregados.

Os custos conjuntos são de difícil separação, mas se alteram quando o mix de produtos é diferente, enquanto os de estrutura são bem mais insensíveis a essas alterações. Sugere-se, portanto, a introdução do nível das atividades conjuntas na hierarquização das atividades. Uma atividade conjunta dirá respeito a um conjunto de objetos de custo.

Por outro lado, as atividades de nível unitário ocorrem sempre que é produzida uma unidade do produto. As atividades de nível lote verificam-se quando é produzido um novo lote, dependendo, portanto, do número de ordens de fabricação. São exemplos de atividades de nível lote as operações de calibração e afinação das máquinas, a movimentação de materiais e as análises de qualidade.

As atividades de suporte ao produto são, por exemplo, os estudos de marketing, o planejamento da produção e a concepção do produto.

Relativamente às atividades de apoio à concepção, podem ser citadas a fabricação e a comercialização de cada tipo de produto. Já as de suporte à estrutura são necessárias para assegurar a capacidade produtiva instalada.

Pode-se dizer que há duas categorias de atividades: 1) as que estão relacionadas diretamente aos objetos de custo; e 2) as que suportam a empresa. como mostrado na Figura 10-6.

```
┌─────────────────────────────┐  ⎫
│  Atividades de estrutura    │  ⎬  Atividades que
└─────────────────────────────┘  ⎭  suportam a empresa

┌─────────────────────────────┐
│    Atividades conjuntas     │
└─────────────────────────────┘

┌─────────────────────────────┐  ⎫
│ Atividades de suporte ao produto │  ⎬
└─────────────────────────────┘  ⎬  Atividades relaciondas
                                 ⎬  diretamente ao produto
┌─────────────────────────────┐  ⎬
│  Atividades de nível lote   │  ⎭
└─────────────────────────────┘

┌─────────────────────────────┐
│ Atividades de nível unitário│
└─────────────────────────────┘
```

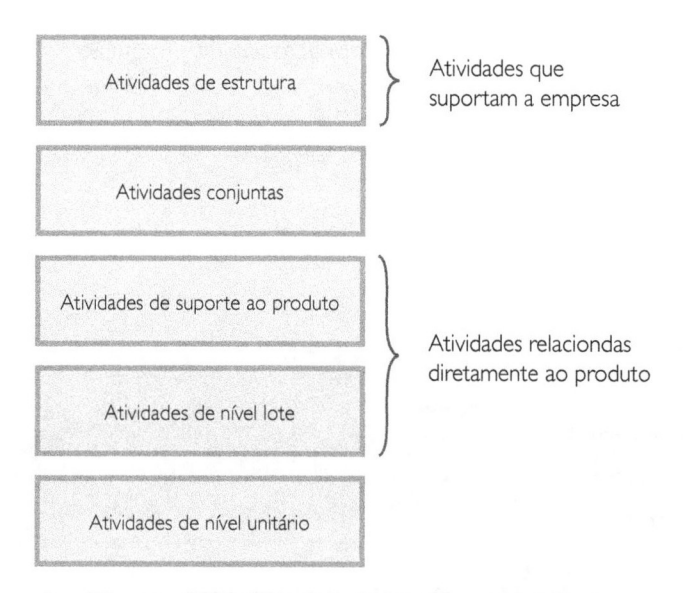

Figura 10-6 Hierarquização das atividades.

10.5.4 As macroatividades e os centros de atividades

Além de hierarquizadas, as atividades devem ser classificadas segundo suas características ou atributo, que podem ser, entre outros, seus indutores de custo, as medidas de desempenho utilizadas ou a identificação da atividade como de valor agregado ou não.

As diversas atividades podem ser agrupadas em centros de custo ou de atividades homogêneas, desde que tenham em comum os seguintes atributos: 1) atributo de processo; 2) de nível de atividade; e 3) de indutor de custo. O mesmo acontece com a agregação de atividades (microatividades) em uma única macroatividade.

Assim, as atividades podem ser agregadas em centros de atividades ou ser classificadas como microatividades, podendo ser agregadas em macroatividades.

O conceito de macroatividade é idêntico ao de centro de atividade e a imputação aos objetos de custo é feita da mesma forma nos dois casos. Os custos que compõem o centro de atividade ou a macroatividade são imputados aos objetos de custo por meio de um só indutor de atividade. No entanto, enquanto cada recurso é imputado uma só vez e por um só indutor de recurso à macroatividade, no caso de um centro de custo, os diferentes recursos são distribuídos pelas atividades de forma individual por intermédio de diferentes indutores de recurso.

Com as macroatividades, pretende-se reduzir o número de atividades a estudar, desde que tenham a função de grandes atividades. Já com o conceito de centro de atividades, o objetivo é simplificar o processo de imputação de custos aos objetos porque se utiliza o mesmo indutor de atividade para todas as que compõem o centro, como exemplificado no Quadro 10-5.

De forma simplificada, pode-se dizer que:

- Macroprocesso = conjunto de processos
- Processo = conjunto de atividades
- Atividades = conjunto de tarefas
- Tarefas = menor segmento das operações empresariais

Após o desenho inicial de macroprocessos, mostrado no Quadro 10-6, a seguir, deve-se descer no detalhamento da árvore de atividades, como exemplificado no Quadro 10-7.

Quadro 10-5 Macroprocessos de produção

Macroprocessos		Vendas	Compra	Produção	Eng.	RH	Financ.
1	Desenvolvimento de clientes						
2	Pesquisa de produto						
3	Projeto do produto						
4	Venda						
5	Aquisição de insumos						
6	Fabricação						
7	Atendimento pós-venda						
8	Planejamento e controle						
9	Relações humanas						

Quadro 10-6 Desenho inicial de macroprocessos

Macroprocesso	Processo	Atividades
4) Venda		
5) Aquisição de insumos	5.1) Comprar	5.1.1) Cotar
		5.1.2) Comprar
	5.2) Pagar	5.2.1) Provisionar pgto.
6) Fabricação		

Quadro 10-7 Árvore de atividades

Item	Número médio de ocorrências
Macroprocessos	7 a 10
Processos	25 a 40
Atividades	100 a 200

10.6 Análise das atividades

A análise das atividades se justifica porque a empresa, no seu todo, é demasiado grande para ser compreendida. Essa técnica compreenderá o processo de coleta de informação sobre as atividades desenvolvidas. Assim, será o processo de identificar, descrever e avaliar as atividades que uma empresa desenvolve, pressupondo um processo que se baseia em três etapas: 1) definição das atividades; 2) classificação das atividades; e 3) identificação das oportunidades de melhoria.

A definição das atividades é feita normalmente por meio de entrevistas com os responsáveis de cada departamento ou seção, ou ainda, por questionários ou observação direta no local de trabalho. Da análise deve resultar informação acerca das atividades que são desenvolvidas, o tempo despendido com as diferentes operações, os fornecedores e clientes de cada atividade, os recursos relacionados a cada uma, os *inputs* e *outputs* e os fatores que permitem medir seus níveis.

Ainda, a análise das atividades permite identificar as que criam valor ou não valor, ilustrando, desse modo, a cadeia de valor. As atividades que não acrescentem valor devem ser minimizadas ou eliminadas.

A classificação das atividades também deverá levar em conta a hierarquização e a identificação dos atributos que as caracterizam.

A identificação das oportunidades de melhoria é o último passo da análise das atividades e passa por identificar oportunidades de melhoria no desempenho de cada uma. Para esse efeito, pode-se agir de quatro formas distintas: 1) eliminando atividades; 2) selecionando atividades dentre as diversas alternativas; 3) reduzindo atividades (utilizando menos recursos ou despendendo menos tempo); ou 4) partilhando atividades. A Figura 10-7 apresenta resumidamente os diversos aspectos da análise das atividades.

Definição das atividades	Classificação das atividades	Identificação das oportunidades de melhoria
• Entrevistas com os responsáveis • Questionários • Observação direta das atividades que estão sendo desenvolvidas • Tempo despendido nas diferentes operações • Fornecedores e clientes • Recursos • *Inputs* e *outputs*	• Atividades VA • Atividades NVA • Hierarquia das atividades • Atributos • Processos de melhoria • Eliminando as atividades • Selecionando atividades dentre alternativas • Reduzindo atividades • Partilhando atividades	• Desempenho de cada uma das atividades

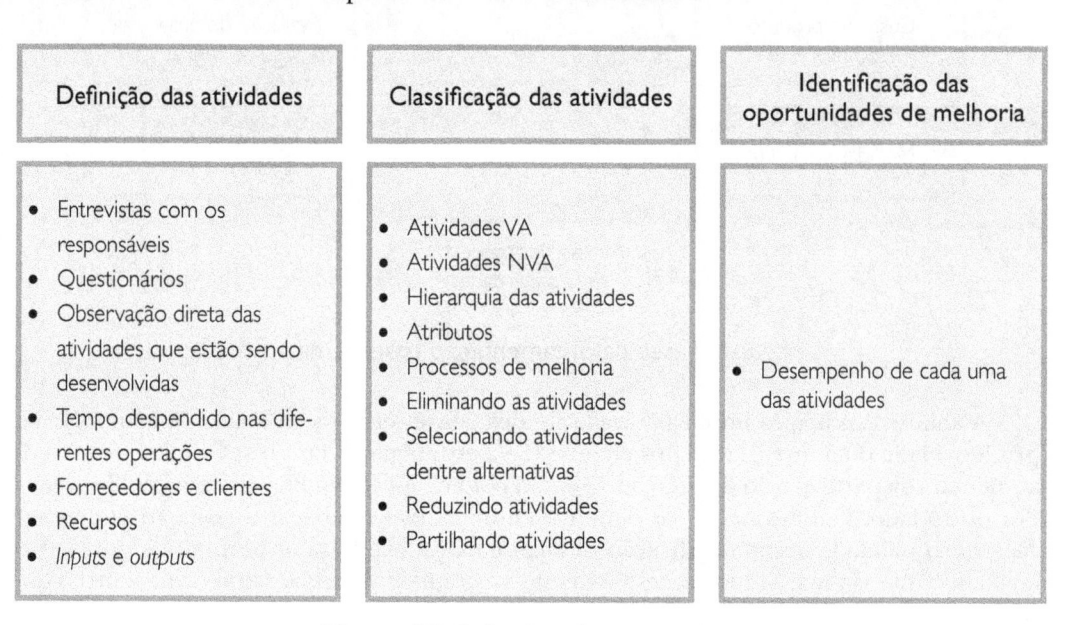

Figura 10-7 Análise das atividades.

A análise das atividades, o processo de coleta e o tratamento de informação, que lhe está associado, constituem o que já se denominou "contabilidade por atividades".

10.6.1 As técnicas baseadas em atividades

Os sistemas de contabilidade por atividades passaram da perspectiva do ABC, que no início apenas se relacionavam ao cálculo dos custos dos produtos, para um enfoque diferente. Esses conceitos passaram a ter outros objetivos e permitiram a incursão por campos mais vastos de trabalho.

Os diferentes métodos, conceitos e metodologias desenvolvidos constituem o que se denomina técnicas baseadas em atividades. As duas mais importantes são o orçamento baseado em atividades (ABB – *activity-based budgeting*) e a gestão baseada nas atividades (ABM – *activity-based management*).

Orçamento baseado em atividades

O orçamento em um sistema baseado em atividades segue os passos: 1) análise estratégica; 2) análise da cadeia de valor; 3) avaliação do programa e de vendas; 4) planejamento dos fatores externos; 5) análise dos processos e das atividades; 6) avaliação das medidas de *output*; 7) obtenção do custo do produto; e 8) cálculo do lucro orçado. Esses passos estão demonstrados na Figura 10-8.

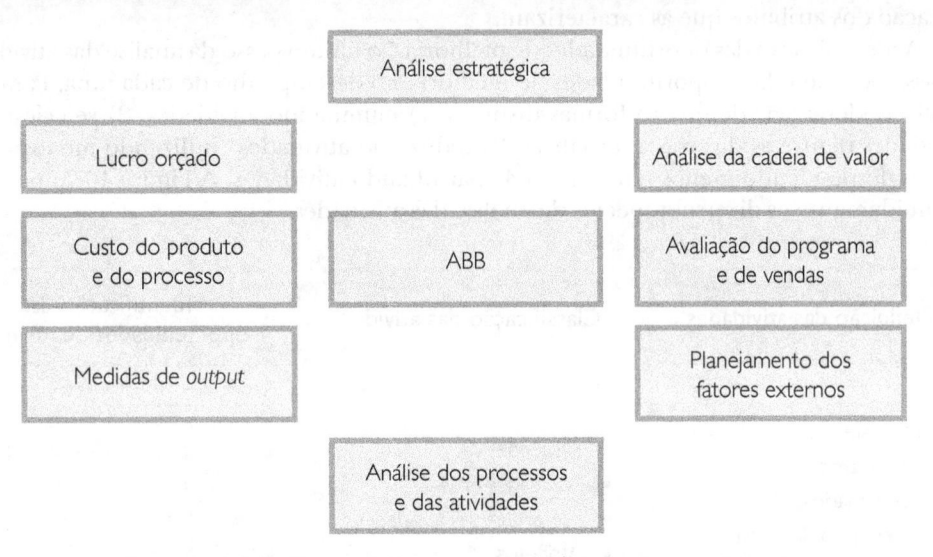

Figura 10-8 Fases da orçamentação baseada na atividade.

A análise estratégica implica a avaliação dos fatores críticos da empresa, como a baixa produtividade ou a insatisfação dos clientes. Se a estratégia da empresa for uma política de aumentar sua participação de mercado,[7] então poderá aplicar a tática de redução de preços. Por outro lado, se a estratégia for penetrar em mercados mais exigentes, a aposta poderá recair na qualidade ou na certificação. A análise da cadeia de valor permitirá identificar as atividades que são mais importantes mediante a estratégia definida, assim como aquelas que podem ser reduzidas ou eliminadas.

No que se refere ao programa de vendas, devem-se determinar as quantidades de produto que se espera vender. Estabelecido esse valor, os passos seguintes envolvem o cálculo da quantidade a produzir em cada período e seu custo. Definem-se, também, a política de estoques, as quantidades e as datas de entrega e, ainda, o número de peças defeituosas que se considera aceitável.

O planejamento dos fatores externos consiste na compilação de um conjunto de variáveis macro e microeconômicas para o período em causa, por exemplo, a taxa de inflação, as taxas de juros, mudanças no perfil do consumidor, alteração da concorrência etc.

As medidas de *output* por atividade permitem obter as taxas de atividade necessárias ao cálculo do custo dos produtos.

O orçamento baseado nas atividades, sendo semelhante aos orçamentos tradicionais, apresenta algumas diferenças. Em primeiro lugar, baseia-se na cadeia de valor, sendo o programa de vendas obtido com base nas exigências dos consumidores e não com base na perspectiva da empresa.

---

[7] No mercado, isso é chamado aumento de *market share*.

Em segundo lugar, ao se basear na análise das atividades, o orçamento classifica-as em função do seu potencial de criação de valor.

Todas as atividades relacionadas ao produto são analisadas de forma detalhada e não apenas as de produção, como acontece geralmente nos orçamentos tradicionais. A informação é utilizada não somente para o produto, mas para diversos objetos de custo.

A gestão baseada em atividades

A gestão baseada em atividades não é mais do que a aplicação do ABC aos conceitos de gestão, isto é, a extensão do ABC à gestão dos custos. Enquanto na perspectiva tradicional, os custos são controlados em cada departamento, no ABM, o objetivo passa pela otimização dos recursos empregados, por meio da análise das atividades que consomem esses mesmos recursos.

Assim, pelo conceito do ABM, os custos são otimizados graças a uma gestão correta das operações realizadas na empresa ou à eliminação ou à minimização das atividades que não criam valor.

A análise das atividades e dos indutores de custo, feita pelo ABC, ocorre apenas para identificá-los de acordo com os objetivos propostos para o modelo de custeio concebido. Com o ABM, já se realiza uma análise para otimizar esses mesmos parâmetros.

No esquema apresentado por Partridge e Perren (1998), os autores distinguem as duas perspectivas do modelo ABC bidimensional: 1) a perspectiva da imputação dos custos (a dimensão por excelência do ABC); e 2) a perspectiva da análise das atividades, dos indutores e do desempenho (que serve de suporte ao ABM). O ABM é, no fundo, a extensão do ABC e utiliza a informação gerada por esse sistema de custos.

Na Figura 10-9, é mostrado o modelo ABM.[8] O item "b", que trata da perspectiva da análise das atividades, corresponde, nesse modelo, aos pontos de 1 a 6 e estão na cor cinza.

Como é possível observar na Figura 10-7, esse modelo centra-se, basicamente, em dois tipos de análise: a dos objetos de custo e das atividades. Cada uma delas subdivide-se em um conjunto bastante grande de outras análises mais detalhadas.

Análise dos objetos de custo

No esquema apresentado na Figura 10-7, identificam-se, entre outros, três tipos de objetos de custo: 1) produtos (ponto nº 7); 2) canais (ponto nº 8); e 3) clientes (ponto nº 9).

Apesar de a avaliação de estoques não ser uma aplicação nobre do ABC, é uma das suas utilizações. Innes e Mitchell (1995), em um estudo desenvolvido nas maiores empresas do Reino Unido, concluíram que 40% das empresas industriais utilizavam o ABC com esse objetivo. A utilização do ABC para a definição da estratégia de preços pode ser, também, bastante interessante.

Na maior parte dos casos, o ABC gera informação para ser usada pelos clientes e produtos. Contudo, a análise dos custos dos diversos canais de distribuição também é importante, visto que podem existir alternativas e melhorias de eficiência a serem feitas nessa área. Após a análise do custo dos produtos, a da rentabilidade por cliente se torna uma das mais importantes aplicações de um modelo ABM.

Essa é uma análise de suma importância, já que uma boa parte dos clientes poderia não representar níveis de rentabilidade aceitáveis, estando o lucro assegurado por uma pequena parte dos clientes totais.

---

[8] Figura adaptada de Partridge e Perren (1998), p. 582.

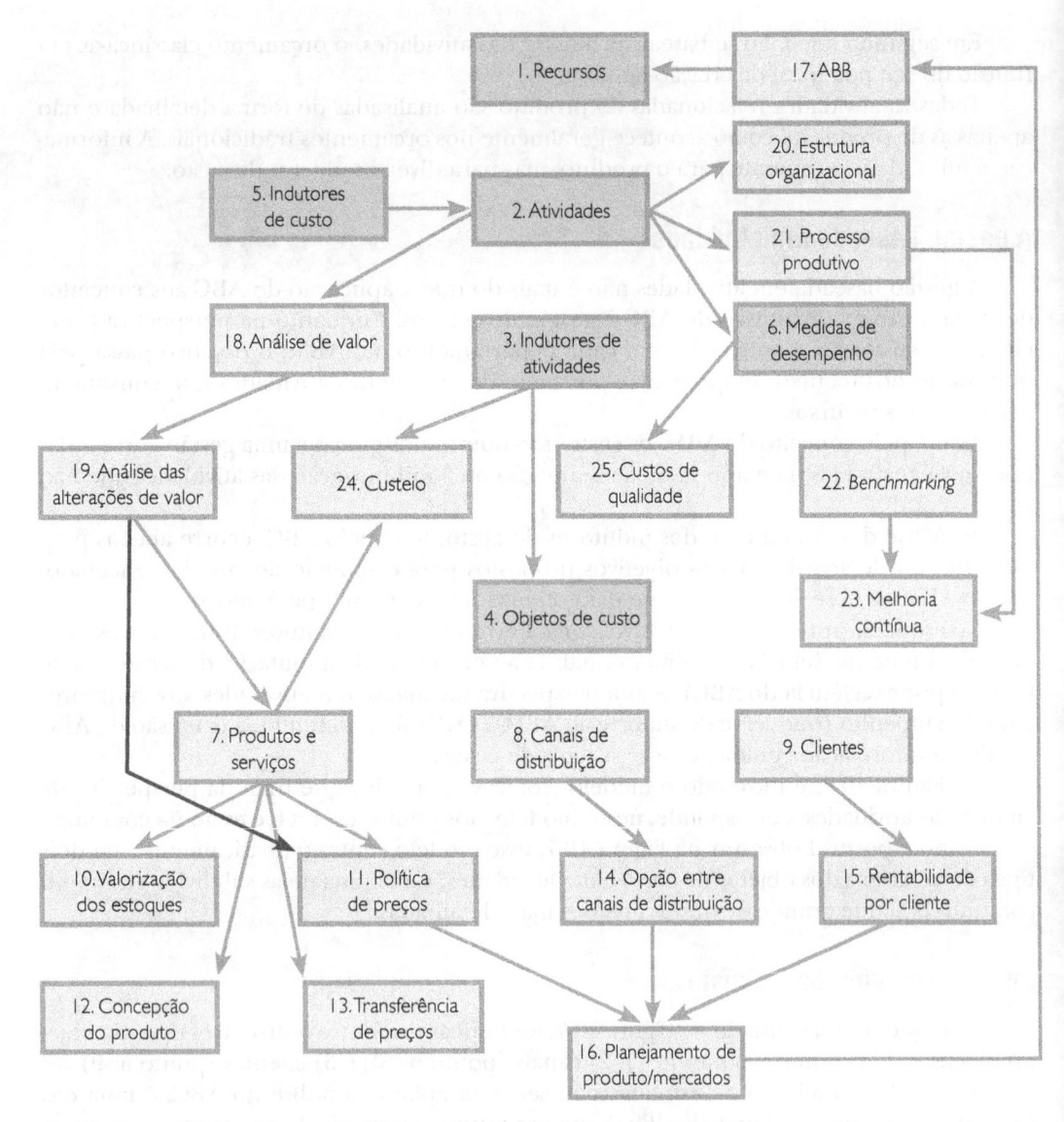

Figura 10-9 Modelo AB(C)M.

A análise das estratégias de preços, dos canais de distribuição e da rentabilidade por cliente são informações importantes para a tomada de decisão considerando a estratégia a seguir perante o mercado, constituindo também as bases de informação para o ABB.

Análise das atividades no ABM

Considera-se que, da análise das atividades e dos seus indutores, resultam um conjunto de medidas importantes. O estudo das atividades pela perspectiva de acrescentarem valor ou não é um dos aspectos mais relevantes no ABM.

Uma atividade é de valor acrescido se for essencial para o cliente ou para o funcionamento da empresa. Ou seja, uma atividade não é de valor acrescido quando não resulta em um valor (percebido) pelo cliente. Isto é, se uma atividade acrescentar valor intrínseco ao produto, mas se esse valor não for percebido pelo cliente, é obviamente uma atividade desnecessária. Sendo assim, uma atividade sem valor acrescido será aquela que pode ser eliminada sem perda para o produto ou serviço.

Da análise das atividades conclui-se que, de maneira geral, a estrutura organizacional da empresa é desajustada em relação à forma como opera.

Com isso, são muitos os casos em que a estrutura organizacional cria barreiras de comunicação e provoca custos desnecessários, perda de tempo, ocasionando a queda da qualidade além da possível e desejável. Por outro lado, sendo o ABC um modelo que gera um conjunto de medidas de desempenho, é natural que possa ser utilizado para práticas de *benchmarking*.

A qualidade tem sido outro dos temas mais debatidos na literatura e nas empresas, uma vez que o ABC, ao procurar descrever melhor os custos, torna-se um instrumento importante na análise dos custos da qualidade.

10.7 Apropriação dos custos às atividades e aos produtos

Assim como ocorre com as práticas tradicionais de custeio, o ABC também é um sistema que processa a alocação em dois estágios. O sistema convencional aloca os gastos indiretos em centros de custo e, em seguida, rateia esses custos aos produtos, geralmente, baseado nos custos de mão-de-obra direta dos produtos. O ABC determina as atividades que consomem os recursos da companhia, e, portanto, geram custos, agregando esses custos em centros de acumulação de custos por atividades. Posteriormente, esses centros de atividades transferem custos aos produtos baseados no consumo das atividades.

As duas fases de alocação dos custos são realizadas por meio de direcionadores. Na primeira fase, o direcionador é denominado direcionador de recursos, ou gerador de primeiro nível e, na segunda fase, direcionador de atividades, ou gerador de segundo nível.

Os direcionadores são utilizados para determinar em que proporções os custos serão aplicados às atividades e aos produtos. O critério de seleção dos direcionadores é o seguinte:

- a variável deve ser quantificável e homogênea;
- os dados da variável selecionada devem ser capazes de capturar o custo efetivo e relacioná-lo às atividades/produtos individuais;
- os direcionadores selecionados devem ter forte correlação com os níveis de custo em cada conjunto de atividade de custo.

10.7.1 Custeio de processo baseado em atividades

O desenvolvimento dessa etapa serve para revelar os custos das atividades identificadas anteriormente, para que se possa calcular o custo de objetos baseados em atividades.

Nessa fase, é necessário conhecer os principais processos da empresa. Isso pode ser feito pelo mapeamento do fluxo de trabalho para a realização das atividades que formam parte de um processo. A atribuição de custos às atividades deve ser feita da forma mais criteriosa possível de acordo com a seguinte ordem de prioridade:

- alocação direta;
- rastreamento;
- rateio.

A alocação direta se faz quando existe uma relação direta clara e objetiva dos itens de custos com certas atividades. O rastreamento é uma alocação com base na identificação da relação de causa e efeito entre a ocorrência da atividade e a geração de custos. O rateio é realizado apenas quando não há possibilidade de se utilizar nem a alocação direta nem o rastreamento. Esse processo de alocação dos custos às atividades é facilitado quando se utiliza a divisão de departamentos em centros de custo. Utilizando-se a departamentalização podem ocorrer três situações:

- um centro de custo executar uma atividade;
- um centro de custo executar parte de uma atividade (tarefa);
- um centro de custo executar mais de uma atividade.

Para aplicar os conceitos do ABC, seria necessário destinar os custos para as atividades e, assim, no segundo caso citado, os centros de custos devem ser reunidos para se ter uma atividade e, no terceiro caso, é preciso desmembrar um centro de custos em suas várias atividades. Os custos dos centros de custo devem seguir esse mesmo raciocínio, sendo agrupados ou desmembrados para custear as atividades, sendo isso realizado por alocação direta, rastreamento ou rateio. Portanto, nessa fase, deve ser realizada a alocação dos custos aos departamentos e, em seguida, os custos dos departamentos devem ser divididos para as atividades, ou agrupados para compor uma atividade.

Ao concluir essa etapa, podem-se obter os custos completos de todos os processos da empresa, já que todas as atividades estão custeadas.

Uma grande vantagem que se observa nessa etapa do método, é que a alta gerência pode descobrir aspectos da empresa que antes não eram conhecidos, principalmente com relação à interação dos departamentos para realizar atividades.

10.7.2 Custeio de objetos baseado em atividades

Nessa fase, dá-se a iniciação da técnica de alocação dos custos aos objetos de custeio. Para isso, deve-se seguir os passos:

Passo 1. Formação dos grupos de custo por atividades

As atividades são reunidas em grupos de custos mais agregados com o objetivo de facilitar a alocação dos custos para as atividades que tenham o mesmo direcionador.

Passo 2. Especificação dos direcionadores de atividades

Devem-se procurar direcionadores que reflitam a relação entre a atividade e o objeto de custeio.

Passo 3. Coleta de dados

A coleta de dados deve ser a mais simples possível, porém representativa.

Passo 4. Execução dos cálculos

Para calcular os custos, deve-se estabelecer qual o objetivo do custeio para que o custo seja calculado pela unidade correta.

Passo 5. Apresentação dos resultados

Os resultados devem ser mostrados da maneira mais clara e de fácil entendimento possível, para facilitar sua utilização em decisões importantes.

10.7.3 Recomendações para aplicação

Em princípio, o sistema de custeio baseado em atividades é aplicável a qualquer empresa, de qualquer porte ou natureza. Entretanto, considerando-se as vantagens e desvantagens apontadas, esse sistema pode não ser conveniente a todas as empresas, sendo sua aplicação particularmente recomendável às organizações:

- cujos custos indiretos representam parcela significativa dos seus custos industriais totais;
- que produzem, em um mesmo estabelecimento, produtos e/ou serviços muito diversos no que se refere aos volumes de produção ou ao processo produtivo;
- que trabalham com clientela diversificada em termos de volume de encomendas, de especificações especiais, de serviços adicionais;
- que aplicam a primeira etapa do custeio ABC como cálculo do custo das atividades.

Resumo

O custeio baseado em atividades, ou ABC, é um método que permite medir o custo e o desempenho das atividades e dos objetos de custo. Esse método fundamenta-se em três premissas básicas: 1) os produtos requerem atividades; 2) as atividades consomem recursos; e 3) os recursos custam dinheiro. As diversas atividades consomem recursos e os produtos, por sua vez, consomem atividades. Pode-se dizer que o ABC identifica um conjunto de objetos de custo, reconhecendo que cada um deles cria a necessidade de determinadas atividades, que, por sua vez, criam a necessidade de recursos.

As principais características desse sistema de custeamento são: 1) orienta-se para o processo; 2) considera que as atividades consomem recursos e os produtos consomem atividades; 3) identifica as atividades que agregam valor aos produtos; 4) rateia os custos indiretos com critérios multidimensionais; 5) identifica responsabilidade pelas atividades que mais consomem recursos.

O centro de interesse do método ABC são os custos indiretos, ou seja, produção, administração e vendas. O objetivo do ABC é a gestão estratégica de custos, isto é, obter uma compreensão sofisticada da estrutura de custos de uma empresa na busca de uma vantagem competitiva.

Nesse método, são considerados recursos os fatores de produção consumidos na empresa, como: pessoal, materiais, máquinas e equipamentos, computadores, telefone etc. Esses fatores correspondem às categorias de despesas ou contas (na visão contábil).

Os fatores de consumo de recursos são os parâmetros empregados para custear as atividades, como horas de trabalho, tempo de uso do telefone etc. Alguns autores denominam os fatores de consumo de recursos como direcionadores, ou indutores ou geradores ou vetores de custos de primeiro nível.

Objetos de custo, tradicionalmente, seriam os produtos a serem custeados. Uma das contribuições do ABC é a ampliação desse conceito para outros objetos, como clientes, atividades e serviços. Os objetos consomem as atividades, que, por sua vez, consomem os recursos. A relação entre os objetos e as atividades é dada pelos direcionadores de custo.

Assim, percebem-se três características associadas ao ABC. A primeira relaciona-se ao princípio de que os custos devam ser imputados dos recursos às atividades, gerando o nível de informação que precede a obtenção dos custos por objeto de custo. A segunda característica resulta da forma como os custos são imputados aos objetos de custo. O ABC permite imputar os custos com base em indutores de atividades que medem o consumo de cada uma delas pelos diferentes objetos de custo. A terceira característica diz respeito à informação que um sistema desse tipo gera sobre as atividades, informação extremamente útil para quem faz a gestão do processo produtivo.

A principal vantagem desse sistema está na melhor e mais racional alocação dos custos indiretos, reconhecendo as relações causais dos direcionadores de custo e das atividades consumidas pelos produtos, apresentando aos administradores informações relevantes em relação:

- à redução de custos de atividades;
- à eliminação de atividades que não agregam valor ao produto;
- ao conhecimento dos custos de atividades e funções;
- às análises de causa e efeitos de custos.

Um dos pontos fracos ressaltados por muitos autores em relação ao ABC é a complexidade do sistema, que implica um dispêndio de tempo e de recursos que dificulta a estimativa de suas reais vantagens em termos de custo-benefício.

Uma característica importante dos sistemas baseados em atividades é a utilização de múltiplos indutores de atividade. A diversidade de produtos que as empresas enfrentam e o erro incorrido com o agregar das atividades exigem que se utilizem mais indutores de atividades, para que se possam exprimir eficientemente as relações de causalidade na construção do custo.

As atividades formam conjunto de tarefas relacionadas, podendo ser executadas em mais de uma área funcional, consumindo recursos na empresa. Como exemplos de atividades, podem ser citados compra de matéria-prima, máquinas, equipamentos. As pessoas são recursos consumidos na elaboração de uma ordem de compra de matérias-primas. Os fatores de consumo de recursos desse exemplo poderiam ser horas de uso: do computador, horas do telefone e horas de pessoal aplicado à atividade, entre outros.

Além de hierarquizadas, as atividades devem ser classificadas segundo características ou atributos. Os atributos de uma atividade podem ser, entre outros, seus indutores de custo, as medidas de desempenho utilizadas ou a identificação da atividade como de valor agregado ou não.

O orçamento em um sistema baseado em atividades segue os passos: 1) análise estratégica; 2) análise da cadeia de valor; 3) avaliação do programa de vendas; 4) planejamento dos fatores externos; 5) análise dos processos e das atividades; 6) avaliação das medidas de *output*; 7) obtenção do custo do produto; e 8) cálculo do lucro orçado.

A gestão baseada em atividades não é mais que a aplicação do ABC aos conceitos de gestão, isto é, a extensão do ABC à gestão dos custos. Enquanto na perspectiva tradicional os custos são controlados em cada departamento, no ABM o objetivo passa pela otimização dos recursos empregados, por meio da análise das atividades que consomem esses mesmos recursos. Assim, pelo conceito do ABM, os custos são otimizados por uma gestão correta das operações realizadas na empresa ou pela eliminação ou minimização das atividades que não criam valor.

Exercícios propostos

1. Caracterize o sistema de custeio ABC. Em quais casos percebe-se claramente sua utilidade?

2. Explique a utilidade do esquema demonstrado na Figura 10-3.

3. Analise as premissas expostas na Figura 10-1 e mencione as principais características e a aplicabilidade de apuração dos custos pelo método ABC.

4. Disserte acerca dos objetivos do método ABC.
5. Caracterize os elementos de um sistema ABC à luz da Figura 10-4.
6. Qual é o conceito de indutor de custos e a aplicabilidade? Explique o Quadro 10.2.
7. Como são identificadas as atividades? Utilize como subsídio para suas conclusões o Quadro 10-5.
8. Conceitue macroatividades e centros de atividades. Qual é a aplicabilidade prática desses conceitos? Dê exemplos.
9. Suponha que determinada empresa tenha decidido implantar o Custeio ABC, e no momento está na etapa de identificação da lista de atividades. É possível imaginar duas opções para elaborar uma lista de atividades:
   1. Cada gerente faz a lista de atividades de seu departamento, e depois a envia ao Comitê de Implantação do ABC, para consolidação.
   2. É formado um grupo com os principais executivos (diretores e gerentes) que se juntam para elaborar a matriz de macroprocessos e a lista de processos. De posse da lista de processos, cada gerente procede à etapa indicada em (1).

   Qual opção você escolhe? Por quê?
10. Assinale com "x", na relação mostrada no Quadro E-1, aqueles que deveriam ser os macroprocessos da IBH. Se necessário inclua outros não relacionados

Quadro E.1 Macroprocessos da empresa "X"

Macroprocessos	"X"
Desenvolvimento de clientes	
Projeto de produto	
Aquisição de insumos	
Compras diversas	
Fabricação	
Controle da produção	
Logística	
Movimentação de materiais	
Atendimento pós-venda	
Planejamento e controle	
Administração de fundos	
Relações humanas	
Contabilização	
Recrutamento e seleção	
Controle de qualidade	
Lucratividade	
Rentabilidade	

11. Suponha que você esteja em um *workshop* de executivos de determinada empresa com o objetivo de definir a árvore de processos da empresa. Escolha um macroprocesso dos problemas 9 e 10. Relacione três processos que são derivados e/ou são parte e/ou são "filhos" do macroprocesso escolhido, por exemplo:

Macroprocesso: Administração de fundos
Processos: Preparar o fluxo de caixa, gerenciar pagamentos e recebimentos, captar/aplicar recursos.

12. Após a definição dos primeiros "galhos" da árvore de processos (relação de macroprocessos e processos), o comitê de implantação do ABC deve adotar o seguinte procedimento:
  1. Enviar para cada gerente da empresa uma cópia da árvore de processos.
  2. Solicitar que cada gerente relacione as atividades executadas por seu setor/departamento em um, ou mais, dos processos relacionados.

  Suponha que você seja gerente do departamento de compras ou do departamento de vendas de determinada empresa. Identifique um processo que tenha atividades em seu departamento (compras ou vendas) e relacione quatro atividades do processo escolhido.

13. Comente as seguintes observações:
  1. Os valores de despesas de cada conta (grupo de contas) usados no custeio das atividades devem ser os mesmos do livro Razão, gerando assim maior credibilidade ao sistema.
  2. O ABC é um sistema de custos gerencial, logo não deve ter valores de despesas iguais ao da contabilidade, até porque o ABC é um custo orçado, refletindo expectativas de gastos futuros ou médias históricas ajustadas.

14. Dada empresa do setor de serviços, com dez filiais em cinco estados, tem 9 mil funcionários, sendo 6.500 nas áreas operacionais. Os demais 2.500 estão lotados nas áreas de apoio (2.150) e de administração das filiais (350). As áreas de apoio incluem os seguintes setores: finanças, contabilidade, recursos humanos, informática, logística, compras e jurídico. Cada filial também conta com um apoio local com funções contábeis e de pessoal. A diretoria e o comitê de custos da empresa estão elaborando o planejamento de implantação da nova sistemática, e encontram-se diante das seguintes opções:
  1. Solicitar que cada um dos 2.500 funcionários (apoio e filiais) preencham um *time-sheet* (planilha de tempo) para identificação de tempo gasto em cada atividade. Pontos positivos: melhor apuração das informações e oportunidade de dar uma "sacudida" na cultura passiva da empresa, gerando motivação para participação. Ponto negativo: risco de transmitir uma impressão de que o Custeio ABC é muito burocratizado e detalhista.
  2. Implantar os *timesheets* por grupo de funcionários de tarefas semelhantes em cada setor. Ponto positivo: simplificação na tabulação de dados. Ponto negativo: informações menos precisas.

  Analise as opções, faça sua escolha e defenda seu ponto de vista.

15. Comente as seguintes observações:
  1. Um projeto de Custeio ABC fracassou como conseqüência de o presidente da empresa exigir que fosse calculado o custo de atividades como "servir água e café".
  2. Não é necessário apontar nos *time-sheets* o tempo gasto em reuniões. Esse tempo deve ser redistribuído por todas as atividades de um setor.
  3. Algumas das atividades descritas a seguir do mapeamento de custos de determinada empresa têm custos excessivos:
     a) preparar orçamento de vendas para clientes: $ 500
     b) planejar a produção: $ 1.200
     c) negociar compras de MP: $ 500
     d) classificar documentos contábeis: $ 2.500

Custo-alvo e custo *kaizen*

CAPÍTULO 11

Objetivos de aprendizagem

Após estudar este capítulo, você deverá:

- Saber conceituar e mensurar os custos de produção a partir do método *kaizen*.
- Compreender a apropriação dos custos por meio do custo-alvo e do custo *kaizen*.
- Conhecer algumas recomendações para aplicação do método *kaizen*.

11.1 Introdução

A competição entre as empresas tem crescido de forma acentuada, como conseqüência tanto da intensificação dos avanços tecnológicos como da própria integração entre as várias economias nacionais, característica do movimento de globalização. Envolvidas nessa competição, as empresas acabam se vendo às voltas com um objetivo comum: produzir e ofertar aos consumidores produtos com a qualidade necessária a preços aceitáveis.

O recurso a freqüentes inovações tecnológicas nos produtos é uma forma de obter um posicionamento competitivo diante da concorrência. Às vezes, esse expediente ocasiona a penetração no mercado com preços superiores aos produtos dos concorrentes. Entretanto, algumas características atuais do mercado fazem que os consumidores rejeitem produtos com preços mais elevados, mesmo acompanhados de argumentos que apontam para acréscimos de funções ou melhoria das já existentes. Na verdade, tem havido uma redução nas diferenças de qualidade percebidas pelo consumidor ao comparar produtos de diversas empresas, o que o torna mais sensível à variável preço ao fazer suas opções de compra.

Com a forte pressão do mercado por redução de preços, a preservação da saúde financeira da empresa passa a depender do sucesso que ela alcançar na redução de seus custos, única forma restante para a manutenção de sua margem de lucratividade em nível satisfatório.

Assim, torna-se fundamental a implantação de um método de gestão de custos orientado para a capacitação da empresa para a competição, por meio da busca sistemática de reduções nos custos de seus produtos. Nesse contexto, apresentam-se a seguir, dois métodos originários da indústria automobilística japonesa: o custo-alvo (ou custo-meta) e o custo *kaizen*.

A Figura 11-1[1] mostra que, na verdade, esses dois métodos de redução de custos são complementares, úteis, cada qual em determinado estágio da produção.

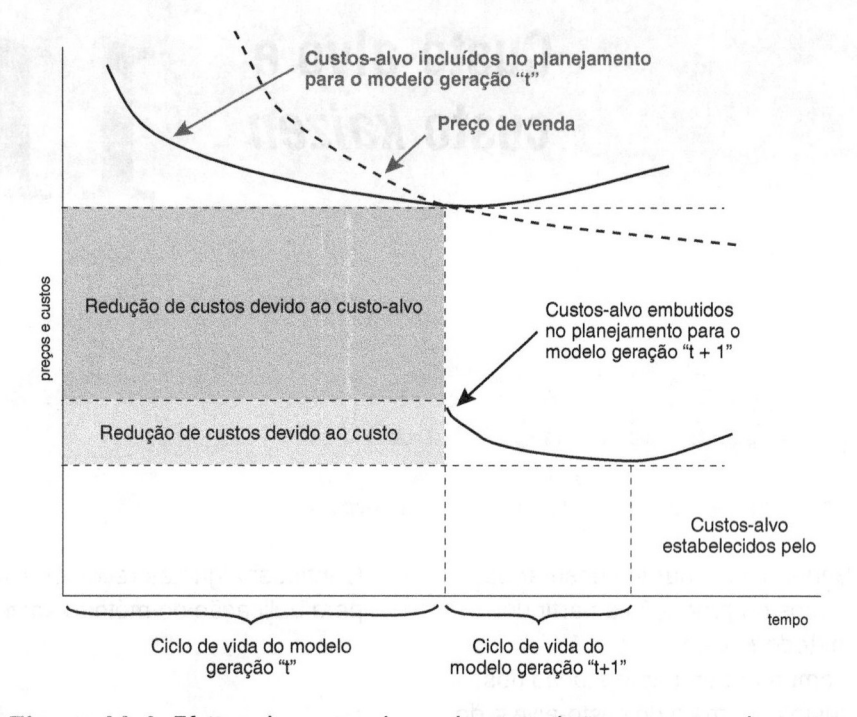

Figura 11-1 Efeitos do custo-alvo e do custo *kaizen* na curva de custo e tendências de preços de venda.

A Figura 11-1 traz uma sucessão de duas gerações de um produto, com a configuração de suas respectivas curvas de custos em forma de "U". Essa forma expressa o comportamento decrescente dos custos, desde o início da produção de um produto, em decorrência da melhor utilização de recursos produtivos, até certo ponto a partir do qual qualquer redução só pode ser obtida pelo lançamento de um novo produto (ou de uma nova geração do produto).

Pode-se dizer que o custo-alvo está voltado a cortes de custos durante o planejamento e desenvolvimento do produto, enquanto o custo *kaizen* se refere às reduções de custos conseguidas durante o período de produção do produto.

Nos últimos anos, o mundo dos negócios vem sofrendo modificações em conseqüência de fatos como globalização, inovações tecnológicas, busca pela qualidade total, diversificação etc. As empresas hoje estão inseridas em um ambiente dinâmico, em contínua transformação, impulsionando-as na busca de uma vantagem competitiva que as leve a um desenvolvimento sustentável e de longo prazo.

Segundo Porter, para se conseguir uma vantagem competitiva há duas estratégias: custos baixos e diferenciação. Enquanto nos sistemas de custos tradicionais, a preocupação volta-se para o cálculo dos custos, nos sistemas designados contemporâneos, a maior preocupação relaciona-se à gestão dos custos cujos objetivos vão ao encontro de Porter: custos baixos e diferenciação.

---

[1] Figura adaptada de Yasuhiro Monden. *Sistemas de redução de custos: custo-alvo e custo kaizen*. Porto Alegre: Bookman, 1999, p. 23.

11.2 Método do custo-alvo

11.2.1 Conceito

O custo-alvo é um sistema de custo utilizado pelos japoneses para administrar os lucros futuros da empresa. O sistema consiste em estabelecer um custo-alvo para o produto, estimando um preço de venda e dele subtraindo a margem de lucro desejada pela empresa, projetando esse produto para ser fabricado com esse custo, oferecendo as qualidades e funcionalidades desejadas pelos clientes.

Conforme citado por Monden (1999, p. 27), o custo-alvo "incorpora a administração do lucro em toda a empresa durante a etapa de desenvolvimento do produto. Especificamente, esses esforços em toda a empresa incluem 1) planejar produtos que tenham a qualidade de agradar ao consumidor, 2) determinar os custos-alvo (inclusive custos de investimento alvo) para que o novo produto gere o lucro-alvo necessário a médio ou longo prazos, dadas as condições de mercado correntes, e 3) promover maneiras de fazer que o projeto do produto atinja os custos-alvo, ao mesmo tempo que satisfaça as necessidades do consumidor por qualidade e pronta-entrega".

Sendo assim, pode-se dizer que o custo-alvo é um processo estratégico de gerenciamento de custos para reduzir os custos totais nos estágios de planejamento e de desenho do produto. Esse processo de redução de custos é aplicado nos estágios iniciais da produção. O resultado é o incentivo à inovação.

As primeiras incursões foram efetuadas pela Toyota (1963) e pela Nissan (1966). Entretanto, essa era uma época em que predominava a produção em massa de produtos padronizados, e o foco principal do gerenciamento dos custos se voltava ao processo de fabricação, colocando em segundo plano as atividades de planejamento e desenho.

Após a crise do petróleo, em 1973, é que o custo-alvo passou a ser disseminado entre as empresas japonesas. Com a elevação do padrão econômico dos consumidores, estes diversificaram suas preferências, induzindo as empresas a alterar sua atividade produtiva. Essas empresas passaram a fabricar grande variedade de produtos com características distintas, em lotes de pequena dimensão, tarefa que se tornou possível com o desenvolvimento dos computadores e dos sistemas operacionais, robôs industriais e máquinas de comando numérico. Em conseqüência, o ciclo de vida dos produtos sofreu forte redução, o que acabou por dar destaque ao gerenciamento dos custos nos estágios de pré-produção, pois é neles que a estrutura dos custos da futura produção é determinada, além do fato de que o tempo de produção, durante o qual os custos podem ser reduzidos, passou a ser menor, dificultando ganhos significativos durante o estágio de produção.

A partir do final a década de 1980, o custo-alvo passou a ser um instrumento de gerenciamento estratégico de custos, fortemente ligado à estratégia das empresas, associado ao seu planejamento de lucros.

Seguindo essa linha de raciocínio, embora a redução do custo fosse o objetivo principal do custo-meta, existem ainda dois outros objetivos: 1) reduzir os custos totais; e 2) planejar estrategicamente lucros, integrando informações de marketing, engenharia e produção.

11.2.2 Características

Considera-se que uma característica essencial do custo-alvo é estar voltado para o mercado, ou seja, incorpora informações externas, provenientes do mercado para definir metas de custos, enquanto outros métodos, como o custo-padrão, por exemplo, são centrados internamente, focalizando a produção em si.

Sendo assim, o custo-alvo deixa de ser apenas uma técnica de interesse restrito à área da contabilidade gerencial, para constituir uma parte componente do próprio planejamento estratégico da empresa. Assim, passa a estar integrado à estratégia empresarial e à análise do ambiente externo, principalmente no que diz respeito aos aspectos inerentes ao mercado.

Outra característica marcante do custo-alvo é o fato de depender da colaboração entre departamentos, uma vez que assume a função de instrumento de coordenação de informações de mercado, de engenharia e de produção. Por essa razão, o custo-alvo não é totalmente adequado à produção em massa, mas tem maior eficácia quando aplicado na produção de grande variedade de produtos e baixo volume de produção.

Na literatura, o custo-alvo está dividido em 14 etapas, sendo algumas delas passíveis de serem executadas simultaneamente, sendo muito empregadas na indústria automotiva. São explanadas a seguir:

Etapa 1 Planejamento do ciclo de vida para um novo produto específico

Elabora planos para o período de desenvolvimento do produto, bem como para o período de produção em escala total, incluindo estimativas de custos de pessoal para o projeto, desenvolvimento de protótipo, equipamento necessário e de materiais, culminando com um plano de lucro provisório para o ciclo de vida do produto.

Etapa 2 Planejamento de lucro de médio e longo prazos e plano geral de novos produtos

São formulados planos de lucro para três e/ou cinco anos, coordenando planos específicos (por exemplo, de desenvolvimento de novos produtos, de vendas, de investimentos, de pessoal) em um plano corporativo. Ao mesmo tempo, desenvolve-se um plano de ciclo de vida para cada novo produto que se pretende lançar.

Etapa 3 *Merchandising*

Realiza pesquisas de mercado, buscando identificar as necessidades do usuário, as tendências dos competidores e questões relacionadas à qualidade.

Etapa 4 Conceituação de produto e proposta de desenvolvimento

Com base nas informações da etapa anterior, determinam-se os conceitos básicos para os novos produtos, contemplando os propósitos do produto, o potencial do mercado, a imagem de estilo de vida, as principais funções. Trata-se, portanto, de um enfoque mais específico em torno do produto em si.

Etapa 5 Plano detalhado de desenvolvimento e diretriz de desenvolvimento

Inclui uma decomposição detalhada da proposta de desenvolvimento, especificando os elementos estruturais do produto.

Etapa 6 Determinação do preço de venda

Tomando por base os estudos dos preços de venda de produtos competidores, de suas funções e desempenho, estabelece-se um preço de venda-alvo para o novo produto.

Etapa 7 Estabelecimento do custo-alvo para o produto

Trata da fixação do custo-alvo para o produto, por meio da fórmula:

Custo-alvo = Preço de vendas-alvo − Lucro de vendas-alvo

Durante o processo, o custo-alvo é decomposto em custos sujeitos a atividades de redução de custo e custos não sujeitos a atividades e redução de custo.

Etapa 8 Proposta de investimentos na planta

Determina o volume de investimentos na planta produtiva.

Etapa 9 Divisão do custo-alvo em elementos funcionais e de custo

Nessa etapa, o custo-alvo do produto é decomposto pelos seus elementos funcionais.

Etapa 10 Classificação dos custos-alvo em elementos de componentes

Aqui, cada elemento funcional é separado em componentes específicos, cada qual com seu custo-alvo.

Etapa 11 Projeto do produto e as atividades de construção de custo

Refere-se ao trabalho de elaboração dos projetos de componentes do produto, visando a satisfação de dois requisitos: o grau de qualidade desejado e o custo-alvo programado. Nesse sentido, todos na empresa devem trabalhar em sintonia para o alcance desses requisitos.

Etapa 12 Estimativas de custo na etapa de projeto

As estimativas de custo na fase de projeto podem ser efetuadas de acordo com tabelas de custos baseadas nos custos-alvo especificados para o produto, as funções e os componentes. Pode-se contemplar uma subdivisão, como:

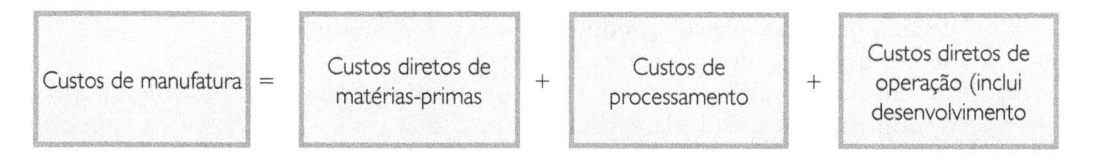

| Custos de manufatura | = | Custos diretos de matérias-primas | + | Custos de processamento | + | Custos diretos de operação (inclui desenvolvimento) |

Etapa 13 Plano de transferência para a produção

Prepara as condições para a conciliação dos lucros-alvo com os custos-alvo na fase de produção. Aqui, são estabelecidos os parâmetros finais de preços de venda, preços de componentes, taxa de consumo de materiais, horas-homem e outros fatores relativos aos custos do novo produto.

Etapa 14 Avaliação de desempenho do planejamento de custo

Avalia os resultados do custo-alvo ao se iniciarem as atividades de manufatura.

11.2.3 Objetivos do custo-alvo

As empresas apresentam-se cada vez mais em pé de igualdade em termos de qualidade e de inovação tecnológica e em um mercado que dita os preços, resta-lhes, muitas vezes, atuar sobre os custos para assegurar as margens de lucro pretendidas. Relativamente aos custos, estes podem ser cortados ou reduzidos em dois momentos distintos: na fase de concepção do produto e de planejamento da produção (custo-alvo) ou durante a produção (*kaizen costing*).[2]

Considerando as raízes do custo-alvo, baseado no conceito de *value engineering* (VE),[3] pode-se dizer que seu principal objetivo é conceber determinado produto de forma a atingir um custo de produção específico. Além desse objetivo, outros de igual importância podem ser destacados: 1) custeio orientado pelo mercado; 2) custeio-alvo do produto; 3) custeio-alvo dos componentes.

Em relação ao custeio orientado pelo mercado, são analisados o mercado, as necessidades e desejos do cliente e quanto ele está disposto a pagar pelo produto. É a determinação dos **custos admissíveis** (Preço de venda pretendido – Margem de lucro), seguindo as fases:

1. estabelecer os objetivos de vendas e lucro no longo prazo;
2. estruturar as linhas de produto;
3. definir o preço de venda pretendido;
4. definir a margem de lucro pretendida;
5. calcular o custo admissível.

Quanto ao custo-alvo do produto, são transmitidos aos projetistas os custos admissíveis, que concentrarão suas atividades na concretização desses custos, seguindo as fases:

1. definir um alvo do produto viável;
2. disciplinar o processo de custeio para garantir que o custo-alvo seja atingido sempre que for viável;
3. adequar o custo do produto ao nível-alvo, sem sacrificar a funcionalidade e a qualidade, utilizando-se a engenharia de valor e outras técnicas de redução de custos.

No que diz respeito ao custeio-alvo dos componentes, os custos são distribuídos entre seus componentes e divididos com os fornecedores, seguindo as fases:

1. decompor o custo-alvo do produto em suas principais funções;
2. definir os custos–alvo dos componentes;
3. administrar o relacionamento com os fornecedores (selecionar os fornecedores e recompensar sua criatividade para a redução de custos).

Assim, pode-se dizer que o objetivo desse método baseia-se no fato de as grandes reduções de custo de um produto estarem em seu projeto e por meio da gestão de custos, nessa fase do ciclo de vida, é possível reduzir seu custo final, chegando, com isso, ao custo-alvo, o que, basicamente, significa eliminar atividades que não agregam valor, ou seja, reestruturar processos e eliminar desperdícios.

---

[2] O termo japonês *kaizen* significa melhoria contínua durante a produção (Charles T. Horngren, Gary L. Sundem e William O. Stratton. *Introduction to management*. 11. ed. New Jersey: Prendice Hall, 1999)

[3] O *value engineering* é uma abordagem multidisciplinar para a concepção do produto que maximiza o valor recebido pelo cliente, aumentando a funcionalidade e a qualidade enquanto reduz os custos (Cooper e Slagmulder, 1999).

Sendo assim, não cabe mais aquela idéia de que a ineficiência é facilmente repassável para os preços dos produtos. Entretanto, alguns setores ainda conseguem impor seus preços de venda ao mercado, partindo desta fórmula:

Preço de venda = Custo + Margem de lucro

Após o Plano Real e a partir da abertura da economia brasileira aos produtos importados, essa abordagem não é mais factível. Agora, o preço de venda é dado pelo mercado e cabe às empresas administrar seus custos para obter o lucro desejável. A nova fórmula é:

Custo = Preço de venda – Margem de lucro

A política de preço de venda é parte das políticas de marketing e finanças da empresa. Ou seja, pensar em preço de venda é pensar na estratégia da empresa, que deve abranger:

- tamanho do mercado;
- concorrência;
- capacidade instalada da empresa;
- capital investido;
- remuneração do capital investido;
- custos variáveis e fixos.

Portanto, o cálculo do preço de venda envolve a simulação de cenários em que variam:

- volume de vendas;
- margem de lucro;
- custos variáveis e fixos.

Pensando nesses pontos, qualquer sistema de gestão de custos deve ser orientado para os lucros assentando-se em três pilares fundamentais: o custo-alvo, o *kaizen*, e a manutenção de custos. O custo-alvo tem merecido maior destaque porque, em um ambiente de grande competitividade, de constante inovação tecnológica e de reduzidos ciclos de vida dos produtos, assume-se como fundamental a redução dos custos logo nas fases de concepção e de planejamento.

Esse método aplicado aos novos produtos permite diminuir custos e otimizar recursos logo na fase de concepção, prolongando-se durante toda a produção por meio do *kaizen costing*. É uma abordagem de custeio que considera, portanto, todo o ciclo de vida do produto.

Horgren et al. (1999) também apontam um conjunto de passos a seguir no custo-alvo.[4] Em primeiro lugar, determina-se o preço de mercado do produto em questão, que pode ser designado por preço-alvo. O segundo passo implica a definição da margem de lucro, decisão que cabe à administração. Por último, a diferença entre o preço de mercado e a margem de lucro definirá o custo-alvo para o novo produto.

No exemplo apresentado a seguir na Figura 11-2,[5] constata-se que o custo atual não é condizente com a margem pretendida, o que não significa que o produto não seja viável. Nesse caso, pretende-se suprimir o componente B e também eliminar o custo indireto X. O princípio do custo-alvo é exatamente este, ou seja, definir margens de lucro e partindo de preços do produto, identificar o nível necessário de redução de custos. Caberá à engenharia de processos e de produto conseguir reduzir os custos de forma a que se atinjam as metas definidas.

---

[4] Os quais se podem estender aos exercícios de redução de custos ao nível do *kaizen costing*.
[5] Figura adaptada de Charles T. Horngren, Gary L. Sundem e William O. Stratton. *Introduction to management accounting*. 11. ed. New Jersey: Prendice-Hall, 1999, p. 187.

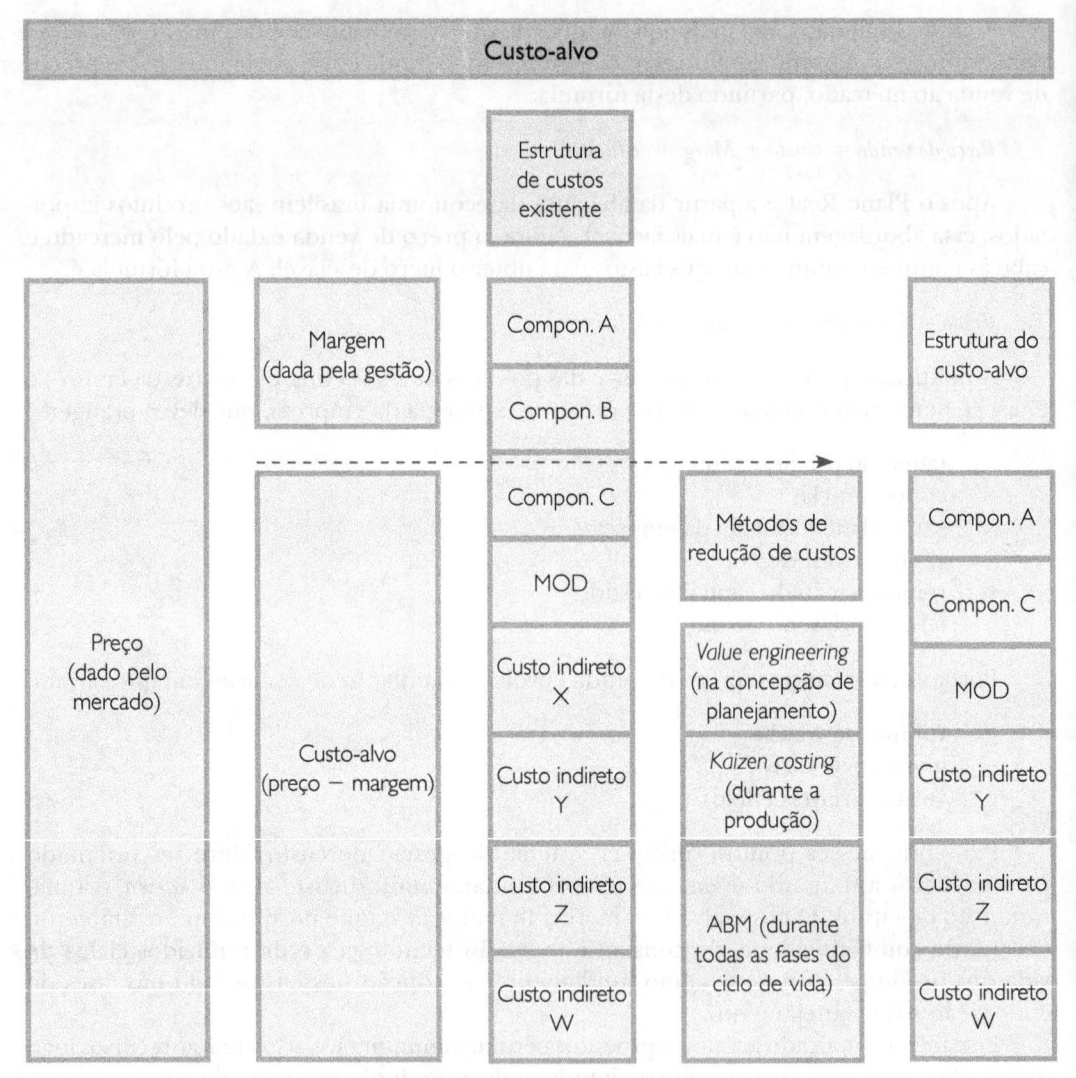

Figura 11-2 Aplicação de custo-alvo.

Custo-alvo

- Preço (dado pelo mercado)
- Margem (dada pela gestão)
- Custo-alvo (preço – margem)

Estrutura de custos existente:
- Compon. A
- Compon. B
- Compon. C
- MOD
- Custo indireto X
- Custo indireto Y
- Custo indireto Z
- Custo indireto W

Métodos de redução de custos:
- *Value engineering* (na concepção de planejamento)
- *Kaizen costing* (durante a produção)
- ABM (durante todas as fases do ciclo de vida)

Estrutura do custo-alvo:
- Compon. A
- Compon. C
- MOD
- Custo indireto Y
- Custo indireto Z
- Custo indireto W

11.2.4 Metodologia do custo-alvo

Considerando-se os fatores mencionados, os passos essenciais nessa metodologia são:

1. Agregar em grandes grupos os diversos produtos, serviços ou mercadorias, comercializados pela empresa, configurando famílias, linhas de produtos ou seções/departamentos de negócios. Escolher um produto ou mercadoria mais representativo dentro de cada família.
2. Elaborar as diversas simulações de lucro com esses produtos escolhidos, usando planilhas eletrônicas ou aplicativos (*softwares*) específicos.
3. Chegar à situação desejada, ou seja, a maximização dos resultados com a melhor equação possível de volume, preço unitário de venda, custo unitário, despesas comerciais, administrativas e margem de lucro.
4. Aplicar aos demais produtos de cada família as margens de lucro encontradas nas simulações, como demonstrado na Figura 11-3.

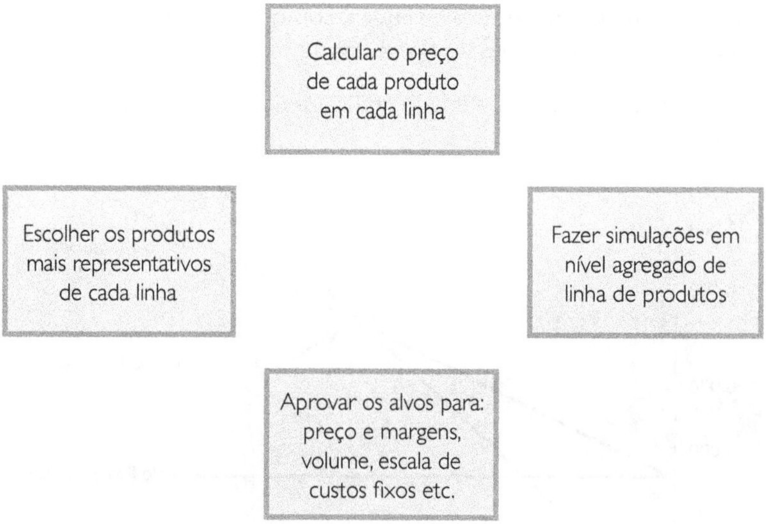

Figura 11-3 Simulação de aplicação da metodologia.

A metodologia adequada para esse planejamento de lucro e preço de venda é a do ponto de equilíbrio. Nesse método, usa-se o custeio variável e calcula-se a margem de contribuição, como demonstrado no seguinte exemplo da Tabela 11-1.

Tabela 11-1 Modelo de aplicação de custeio variável

Demonstração de resultados	Produto A
Faturamento	85,0
Custo variável (direto)	
Matéria-prima	15,7
Mão-de-obra direta	9,3
Margem de contribuição	60,0
Custo fixo (indireto)	
CIF	16,5
Despesas	28,3
Lucro líquido	15,2

Como é possível observar na Tabela 11-1, os conceitos fundamentais de custos de margem de contribuição e lucro/prejuízo na venda de produtos podem ser demonstrados nas fórmulas a seguir:

Margem de contribuição = Faturamento = Custo variável

Lucro/prejuízo = Margem de contribuição = Custo fixo

Para simplificar estão sendo considerados:

- impostos sobre vendas, que são custos variáveis, igual a "zero";
- mão-de-obra direta como custo variável, mas cada vez mais é um custo fixo;

- despesas, inclui administração e vendas, como custos fixos em sua totalidade;
- quando em muitas situações tem parcelas de custos variáveis (comissão de vendas).

O modelo descrito pode ser representado graficamente como exemplificado na Figura 11-4.

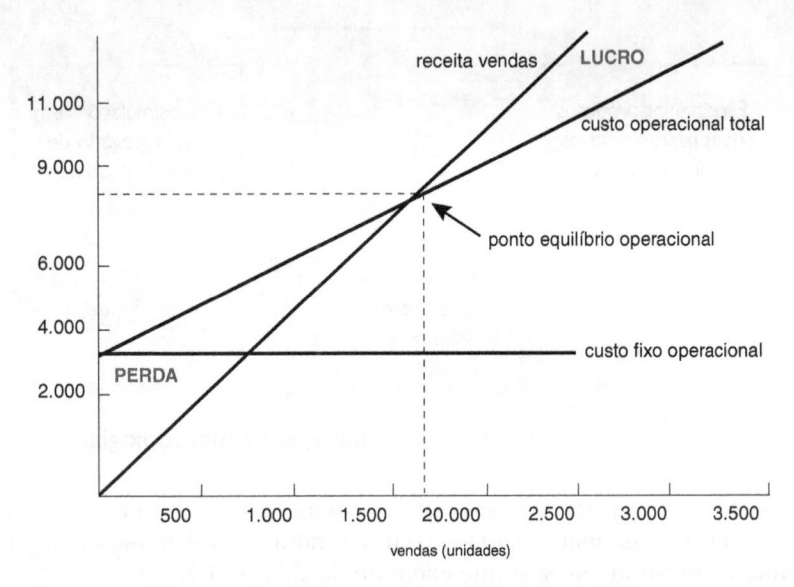

Figura 11-4 Ponto de equilíbrio contábil.

Na Figura 11-4, é possível observar claramente o ponto de equilíbrio,[6] isto é, o nível de atividade da empresa em que receita − custo total = zero. Nesse caso, se as vendas estiverem abaixo do ponto de equilíbrio, elas geram prejuízo e acima do ponto de equilíbrio geram lucro.

11.3 Método do custo *kaizen*

O método do custo *kaizen* tem como principal objetivo a constante busca de reduções de custo em todas as etapas da manufatura, para ajudar a eliminar qualquer diferença entre os lucros-alvo e os lucros estimados.

Nesse sentido, pode envolver dois tipos de atividades de redução de custos. O primeiro se refere a atividades direcionadas à redução dos custos de cada modelo de produto e o segundo, a atividades direcionadas à redução de custos por departamento, a cada período.

11.3.1 Custo *kaizen* para produtos específicos

Na primeira situação, ou seja, quando o objetivo for buscar a redução de custos para produtos específicos, o custo *kaizen* pode se destinar a:

1. **Compensar os resultados que não atingiram as metas do custo-alvo:** é feita uma avaliação dos custos de um novo produto, após o início de sua produção plena e, caso algumas metas de custo-alvo estabelecidas não estejam sendo atingidas, são

---

[6] Esse assunto foi abordado no Capítulo 9. O leitor poderá obter uma explanação completa do assunto, incluindo implicações econômicas e financeiras no Capítulo 12, em: José Antonio Stark Ferreira. *Finanças corporativas: conceitos e aplicações*. São Paulo: Pearson Prentice Hall, 2005.

determinados planos de melhorias para compensar a diferença encontrada. Essa diferença constitui a chamada redução-alvo, a ser obtida por meio de atividades de análise de valor implementadas pela equipe de projeto (comissão de custo *kaizen*).

2. **Recuperar a lucratividade para modelos não lucrativos:** no caso de algum produto deixar de ser lucrativo em função de alguma alteração no ambiente externo da empresa, tal como uma elevação inesperada nos custos de matérias-primas ou uma flutuação cambial desfavorável, uma comissão de custo *kaizen* executará um projeto para reduzir os custos do produto, estabelecendo alvos de redução de custos que permitam o alcance do alvo de lucro prefixado.

3. **Reduzir custos de componentes específicos:** são formadas comissões de custo *kaizen* para planejar e implementar a redução de custos para peças ou submontagens específicas que compõem o produto (um motor, por exemplo), resultando em uma redução indireta do custo do produto.

De qualquer forma, o que se pretende sempre é a identificação clara das causas que afetam a lucratividade do produto para, a seguir, realizar melhorias que eliminem a ocorrência dessas causas. Para produtos específicos, a implementação do custo *kaizen* em quatro etapas é descrita a seguir.

Etapa 1 Análise dos produtos

Trata-se de ordenar os produtos existentes em função de sua lucratividade, buscando analisar primeiro os que trazem maior prejuízo à empresa.

Etapa 2 Comparação dos custos do produto com valores-alvo

Para os produtos de maior prejuízo, elaborar gráficos de série temporal para as tendências de receitas de vendas, volume de vendas e lucro e para os elementos de custos de cada produto, comparando-os aos valores estabelecidos pelo custo-alvo, como demonstrado na Figura 11-5.

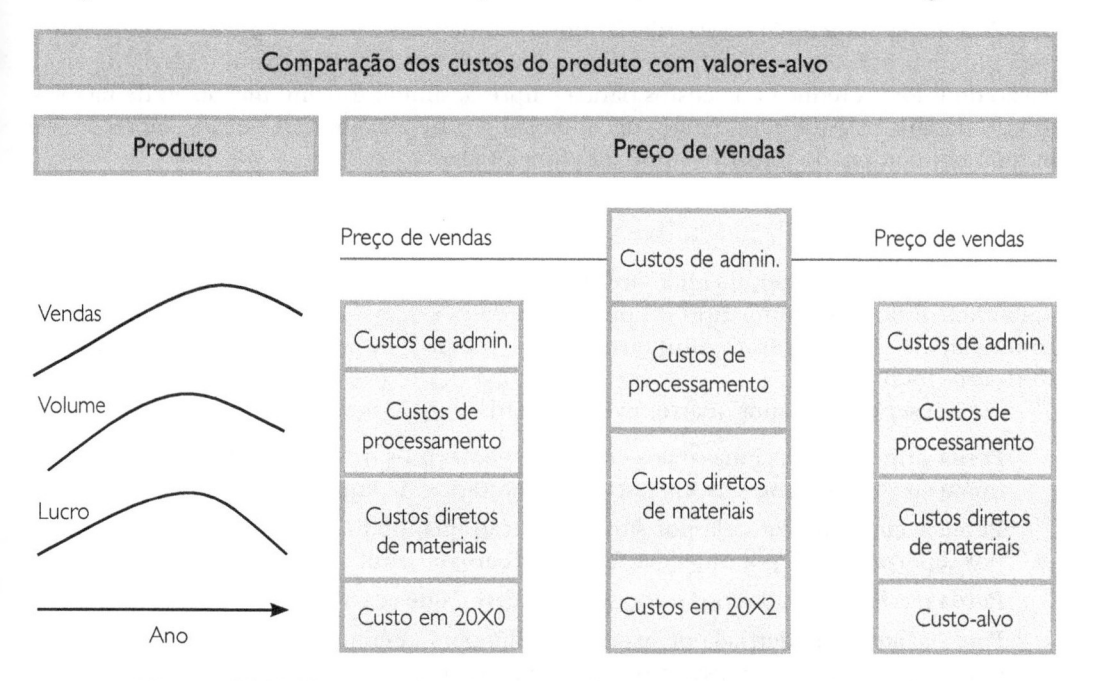

Figura 11-5 Comparação dos custos dos produtos com valores-alvo.

Etapa 3 Busca das causas e das soluções

Procura identificar as verdadeiras causas da baixa lucratividade do produto, bem como o planejamento de melhorias que eliminem a ocorrência das causas selecionadas.

Etapa 4 Planejamento e supervisão dos alvos de melhoria

Nessa etapa, a atividade do custo *kaizen* se desdobra em três focos:

1º estabelecer alvos de melhoria e delegar tarefas aos departamentos responsáveis pelas melhorias pretendidas;
2º esclarecer os departamentos responsáveis sobre os itens de melhorias e a programação estabelecida;
3º verificar se os alvos de melhoria estabelecidos são atingidos.

11.3.2 Custo *kaizen* departamentalizado

Em termos de procedimentos, um sistema de custo *kaizen*: 1) estabelece novos alvos de redução de custos todos os meses, tais alvos são projetados para eliminar diferenças entre lucros-alvo (lucros orçados) e lucros estimados; 2) conduz atividades *kaizen* (melhorias contínuas) durante todo o ano comercial para atingir reduções de custo-alvo; 3) conduz análises de diferenças entre custos-alvo e custos reais; 4) faz investigações e toma medidas corretivas quando as reduções de custo-alvo não são atingidas.

Para obter resultados com os procedimentos mencionados, são realizadas três etapas descritas a seguir.

Etapa 1 Preparação do orçamento e determinação das quantidades de redução de custo-alvo

Essa etapa contempla a formulação do plano de lucro de curto prazo e da estratégia para eliminar a diferença entre lucro-alvo e lucro estimado. Além disso, trata da determinação do valor da redução de custos para a empresa, sintetizado em um "plano de racionalização da fábrica", que será, então, decomposto por departamentos, seções, subseções ou mesmo por equipes de trabalho (unidades funcionais).

Etapa 2 Atividades kaizen relativas à fábrica

Trata de implementar, no chão de fábrica, atividades de melhoria contínua destinadas a eliminar todo e qualquer tipo de perdas ou desperdícios. Assim, são focados recursos como mão-de-obra, materiais, dinheiro, espaço, tempo e informação, e identificados possíveis usos ineficientes.

Podem ser encontrados quatro níveis de perda:

Perda primária: relaciona-se aos custos desnecessários de mão-de-obra, depreciação e financeiros decorrentes de excesso de funcionários, de equipamento ou de estoque.

Perda secundária: causada por superprodução quantitativa (excesso de produção) ou por superprodução por antecipação (trabalhar com muita antecedência.

Perda terciária: geradas por estoque em excesso, que acarreta grande custo financeiro.

Perda quaternária: derivada de excesso de transporte, estoque excessivo de almoxarifado, custos excessivos de administração, almoxarifado e manutenção com excesso de qualidade.

Todas essas perdas acabam gerando maiores custos de depreciação dos equipamentos e maiores custos indiretos de mão-de-obra.

Etapa 3 Medida e análise de diferenças entre custo-alvo e custos reais

Nessa etapa, procede-se à quantificação e à análise das variações entre as reduções de custos obtidas no período (no mês ou acumulado até o mês, por exemplo) e os alvos de reduções estabelecidos para o mesmo período, para cada componente significativo de custo, como: mão-de-obra direta, mão-de-obra indireta, materiais, energia, transporte.

Cabe-se ressaltar que alguns aspectos da análise de variância para o custo *kaizen* ainda não estão completamente desenvolvidos, o que não invalida a busca de uma forma de avaliar as diferenças entre o custo orçado e o custo realizado em termos de redução efetiva.

Resumo

O custo-alvo é um sistema utilizado pelos japoneses para a administrar os lucros futuros da empresa. Consiste em estabelecer um custo-alvo para o produto, estimando um preço de venda e dele subtraindo a margem de lucro desejada pela empresa. O produto é projetado para ser fabricado com esse custo e oferecer as qualidades e funcionalidades desejadas pelos clientes.

Trata se de um método do custeio pleno ou integral que se caracteriza pela apropriação de todos os custos e despesas aos produtos fabricados. Esses custos e despesas são: fixos e variáveis, diretos e indiretos, de comercialização, de distribuição, de administração em geral, financeiros etc. Portanto, todos os gastos incorridos pela empresa (menos os de investimento em ativos imobilizados) são alocados aos produtos produzidos.

O principal objetivo do método é a constante busca de reduções de custo em todas as etapas da manufatura para ajudar a eliminar qualquer diferença entre os lucros-alvo e os lucros estimados.

O método *kaizen* pode envolver dois tipos de atividades de redução de custos. O primeiro se refere a atividades direcionadas à redução dos custos de cada modelo de produto; o segundo, a atividades direcionadas à redução de custos por departamento, a cada período.

A escolha do método de custeio mais adequado à empresa deve levar em consideração, pelo menos, sete fatores básicos: 1) segmento econômico de atuação; 2) porte da empresa; 3) sendo indústria, se o processo de produção e/ou os produtos são padronizados; 4) o exposto no item anterior também vale para empresas do setor de serviços, como construção civil; 5) participação relativa dos custos indiretos no custo total; 6) estágio atual de informatização da empresa; 7) cultura financeira da empresa.

Exercícios propostos

1. Explique o conceito e aplicabilidade do custo-alvo conforme o exposto na Figura 11-2.

2. Analisando a Figura 11-2, quais os objetivos do custo-alvo? Apresente três exemplos de sua aplicabilidade.

3. Caracterize o método de custo *kaizen*, focando sua aplicabilidade.

4. Explique a inter-relação existente entre o custo-alvo e o custo *kaizen* pela Figura 11-1.

5. Caracterize a metodologia de apuração do custo-alvo, focando a Figura 11-4.

6. O que se pode dizer acerca do custo *kaizen* para produtos específicos e do custo *kaizen* departamentalizado? Apresente três exemplos de sua aplicabilidade.

CAPÍTULO 12

Método da contabilidade de ganhos

Objetivos de aprendizagem

Após estudar este capítulo, você deverá:

- Saber conceituar e mensurar os custos de produção a partir do método da contabilidade de ganhos.
- Compreender a apropriação dos custos por meio do método da contabilidade de ganhos.
- Conhecer algumas recomendações para aplicação desse método.

12.1 Conceitos

A contabilidade de ganhos é baseada na teoria das restrições (TOC – *Theory of Constraints*), tendo sido desenvolvida por Goldratt[1] como uma filosofia de produção voltada à administração da produção que orienta a empresa no planejamento, controle e aprimoramento de seus processos, tanto de produção como de negócios.

Essa teoria reconhece qualquer empresa como um sistema, isto é, um conjunto de elementos entre os quais há alguma relação de interdependência. O desempenho global do sistema depende dos esforços conjuntos de todos os seus elementos.

O principal objetivo da TOC é encontrar nos sistemas a restrição que os impede de alcançar maiores lucros. Assim, essa teoria é composta por um processo de aprimoramento contínuo a ser aplicado nas etapas de produção por meio de um raciocínio que identifique e busque sempre minimizar a restrição do sistema.

Esse enfoque de administração da produção é completado pela função exercida pela TOC também na gestão dos custos, em que atua como um sistema de apoio à decisão. Ana gestão de custos, a TOC coloca como meta de uma empresa o ganho do dinheiro hoje e no futuro.

Para avaliar se a empresa está indo em direção à sua meta, são necessárias três perguntas:

1. Quanto de recursos é gerado pela empresa?;
2. Quanto de recursos é capturado pela empresa?;
3. Quanto de recursos deve-se despender para operá-la?

---

1 E. Goldratt. *A síndrome do palheiro*. São Paulo: Educador, 1991. p.16.

As medidas da TOC são:

- Ganho (G): índice pelo qual o sistema gera dinheiro por meio das vendas.
- Inventário (I): todos os recursos que o sistema investe na compra de coisas que pretende vender.
- Despesa operacional (DO): todos os recursos que o sistema gasta transformando inventário em ganho.

Em suma, pode-se dizer que o ganho representa o recurso que entra no sistema, o inventário, o recurso que está dentro do sistema e a despesa operacional, o recurso que sai do sistema. Assim, pode-se dizer que tudo o que se administra em uma fábrica é abrangido por essas medidas. Com isso, para uma empresa caminhar em direção à sua meta, deve agir sempre no sentido de aumentar o ganho, diminuir o inventário e reduzir sua despesa operacional.

Sendo assim, os conceitos de ganho, inventário e despesa operacional, por serem de fundamental importância, devem estar bem claros.

O ganho é definido como todo o recurso que entra na empresa menos o que ela pagou a seus fornecedores, pois esse é um recurso gerado pela própria companhia, ou seja, o recurso pago aos fornecedores é recurso gerado por outras empresas.

Para se calcular o ganho unitário de cada produto, é necessário subtrair seus custos totalmente variáveis (CTV) de seu preço de venda. Considerando-se que o custo totalmente variável é o montante que varia para cada acréscimo de uma unidade nas vendas do produto (geralmente, a matéria-prima), mensura-se quanto a empresa gera de recurso com a venda de cada unidade do produto. Para calcular o ganho total da empresa, basta somar os ganhos totais de cada produto (igual ao ganho unitário vezes o volume vendido).

O inventário reside em todo o recurso que o sistema investe na compra de materiais que a empresa pretende vender. Essa medida de inventário e o ativo da contabilidade tradicional podem ser confundidos, mas diferem quando se trata do inventário de material. Cabe, então, uma pergunta: que valor deve-se atribuir ao produto acabado estocado em um almoxarifado? De acordo com a definição já vista, pode-se atribuir apenas o preço que se pagou aos fornecedores pelo material.

Não existe valor acrescido ao produto pelo próprio sistema nem mesmo mão-de-obra direta. O valor atribuído ao estoque em processo e estoque de produtos acabados é igual ao custo totalmente variável (CTV). Um dos objetivos desse método é eliminar a geração de lucros aparentes, por causa do processo de alocação de custos. Com essa metodologia, não é possível aumentar os estoques em processo e de produtos acabados para aumentar os lucros do período, adiando o reconhecimento de algumas despesas que, com certeza, vão diminuir os lucros futuros.

Quanto à despesa operacional (DO), pode-se dizer que se refere a todo recurso que se deve colocar constantemente dentro da máquina para mover suas engrenagens, por exemplo: os salários, considerando desde o presidente da empresa até a mão-de-obra direta, mais aluguéis, luz, encargos sociais, depreciações etc. Em suma, todo o recurso que o sistema gasta transformando inventário (I) em ganho (G) é computado nessa medida.

A TOC não os classifica em custos fixos, variáveis, indiretos, diretos etc. A DO corresponde, simplesmente, a todas as outras contas (despesas) que não entraram no ganho ou no inventário. Os incrementos ou diminuições nas despesas são analisados caso a caso, e seu impacto no lucro final é computado.

Esse método considera que qualquer gasto pode ser classificado em uma dessas três medidas, e que as três são suficientes para fazer a ponte entre o lucro líquido e o retorno sobre o inventário com as ações diárias dos gerentes (COBERTT Neto, 1997).

A fórmula do *LL* e *RSI* são as seguintes:

$$LL = G - DO$$

$$RSI = \frac{(G - DO)}{I}$$

Onde

LL – Lucro líquido
RSI – Retorno sobre o inventário
G – Ganho total da empresa
DO – Despesa operacional total
I – Inventário total

Com essas três medidas (G, I e DO), é possível saber o impacto de uma decisão nos resultados finais da empresa. O ideal é uma decisão que aumente o G e diminua I e DO, portanto, é necessário analisar a relação entre essas medidas, e isso pode ser obtido por meio da análise do *RSI* e do *LL*.

O sistema contábil proposto pela teoria das restrições é parecido com o custeio direto. Ambos os sistemas aboliram as práticas de rateio de custos, não fazendo nenhum tipo de alocação de custos aos seus produtos.

Estas são as diferenças entre esses dois sistemas:

1. Com relação à nomenclatura – o custeio direto utiliza o termo margem de contribuição, enquanto a contabilidade de ganhos usa a palavra ganho; há distinção entre diversos tipos de custo (diretos, indiretos, fixos e variáveis) para o custeio direto; já para a contabilidade de ganhos, tudo isso é classificado como despesas operacionais e o único custo classificado como totalmente variável é a matéria-prima.
2. Com relação ao cálculo dos custos variáveis – para o custeio direto, a margem de contribuição é a receita menos os custos variáveis (normalmente, matéria-prima e mão-de-obra direta); para a contabilidade de ganhos, o ganho é a receita menos os custos totalmente variáveis (habitualmente, apenas a matéria-prima). A mão-de-obra é tida como despesa operacional.
3. Com relação ao modo de pensar – o custeio direto está ligado ao chamado "mundo dos custos", que é o mundo das variáveis independentes, no qual tudo é igualmente importante e a mentalidade de redução de custos predomina, enquanto a contabilidade de ganhos baseia suas decisões no "mundo dos ganhos", no qual a preocupação com a contenção de custos ou despesas operacionais ficou relegada a um terceiro plano. Na contabilidade da TOC, quando é necessário tomar uma decisão, esta é baseada no impacto que provocará no ganho, no inventário e na despesa operacional.

Com isso, pode-se dizer que as três devem ser analisadas conjuntamente.

12.2 Características

O principal objetivo de tratamento dos custos pela teoria das restrições (TOC) é proporcionar apoio à tomada de decisões gerenciais. De maneira geral, pode-se dizer que, no conceito desse método, a avaliação dos estoques e o controle pela contabilidade de custos são vistos como causadores de grandes prejuízos às empresas. Goldratt critica duramente a contabilidade de custos, mencionando que, no passado, ela foi uma solução poderosa que permitiu o crescimento das empresas, mas que, hoje, pode se tornar um desastre.[2]

Goldratt argumenta que, na época em que a contabilidade de custos foi desenvolvida, suas informações eram corretas e eficazes porque:

- O custo de mão-de-obra podia ser identificado com o produto, uma vez que esse valor, na maioria das empresas do começo do século, era pago por peça produzida, ou seja, era um custo variável.
- Todas as demais despesas (*overheads*) que não eram objetivamente identificadas com o produto, eram rateadas aos produtos sem provocar grandes distorções, à medida que essas despesas eram de valor muito pequeno comparativamente ao custo de material e de mão-de-obra direta.

No entanto agora, a situação é diferente e, segundo esse autor, o avanço da tecnologia mudou as indústrias, a ponto de ambas as premissas fundamentais da contabilidade de custos não serem mais válidas: a mão-de-obra direta não é mais paga por peça produzida, mas pelo simples fato de os trabalhadores terem a obrigação de ir trabalhar; e o *overhead* não representa mais uma pequena fração da despesa operacional. Portanto, Goldratt afirma que a contabilidade de custos está obsoleta e proporciona um custo errado dos produtos.

Sendo assim, na TOC, o conceito de custo do produto deixa de existir e, com isso, o processo decisório é fundamentado nas medidas operacionais globais.

O autor dessa teoria ainda critica o que denominou "modernos sistemas de custeio", fundamentados no custeio por absorção, como o sistema de custeio baseado em atividades. Isso porque, esse sistema mantém inalterados pressupostos básicos da contabilidade tradicional:

- Primeiro pressuposto: necessita-se do custo do produto para se tomar decisões, ou seja, é preciso utilizar algum método de rateio para obter um valor confiável para o custo do produto. A TOC não necessita de informações do custo do produto para tomar uma decisão.
- Segundo pressuposto: presente em toda a sistemática contábil, é a visão de que uma empresa é constituída por setores, departamentos, áreas, atividades ou processos que atuam independentemente um do outro, ou seja, a empresa seria composta pelos elos isolados cujo objetivo final seria reduzir o peso de toda a corrente partindo da redução do peso de cada elo. Isso é o oposto da visão adotada pela TOC,

---

[2] Essa posição não é compartilhada pelo autor deste livro. A contabilidade tem papel importante na produção de informações e controle de todos os processos existentes dentro de uma companhia. É de reconhecer também que, com o passar do tempo, ela necessita de algumas modernizações, mas, nem por isso, pode ser considerada a causadora de lucro ou prejuízo para uma empresa. Deve-se ter em mente que o contador não conta histórias, apenas registra os fatos ocorridos em uma organização, não sendo responsável pelo lucro ou prejuízo de uma empresa, que estão muito mais relacionados a fatores circunstanciais (internos ou externos) do que ao modo como os fatos são registrados. Há que reconhecer, também, que, no Brasil, a contabilidade sofre muita influência de órgãos não contábeis, como o Banco Central do Brasil, a Susep, e outros que entendem ser seu dever "produzir" normas de contabilidade, sem estarem habilitados para isso.

na qual a empresa é uma corrente cujos elos são interligados, sendo seu objetivo a resistência à tração (preocupação com a eficácia).

Porém, em que pesem todas as críticas feitas contra a contabilidade de custos, esse sistema é semelhante ao custeio direto, que apresenta estas características principais:

- origem gerencial;
- orientado para as funções econômicas e financeiras;
- nenhum custo é imputado ao produto;
- os custos pertencem à empresa e não ao produto;
- ganho, investimento e despesa operacional como parâmetro de análise.

12.3 Vantagens e desvantagens

Como outros, este método também apresenta aspectos positivos e negativos em sua aplicação. Para muitos autores, as principais vantagens desse método são os seguintes:

- A caracterização de um processo decisório fundamentado na visão do "mundo dos ganhos" em substituição ao "mundo dos custos". Essa visão segue a mesma linha da gestão de resultados econômicos, que modifica a visão de basear a gestão de negócios em custos que oscilam com diferentes alternativas de critérios de rateio. Assim, as análises realizadas para a tomada de decisão são baseadas no ganho que cada alternativa trará para a empresa e no impacto que provocarão na despesa operacional e no inventário. Para calcular o impacto no ganho, no inventário e na despesa operacional, deve-se quantificar o LL (lucro líquido) e RSI (retorno sobre o investimento) da empresa.
- Tratar as despesas fixas sem rateá-las aos produtos. A linha de pensamento de Goldratt estabelece que, na empresa, o ganho é efetivamente do produto e a despesa operacional não é do produto. Portanto, ele considera que todo o processo de identificação das despesas operacionais com as unidades individuais de produtos se torna ilógico, subjetivo, podendo conduzir a um processo de tomada de decisão totalmente inadequado.
- Tornar mais clara a mensuração dos custos da empresa com base no processo de tomada de decisões. Esse método é totalmente voltado para a geração de informações para os usuários internos, visando sempre melhorar o processo de tomada de decisões.

As principais críticas dos autores com relação a essa abordagem é que a tomada de decisões considera apenas o nível de atividades atual da empresa, não levando em conta modificações nesses níveis. Assim, para decisões estratégicas de longo prazo, o custeio por absorção, inconveniente para decisões operacionais de curto prazo, é mais apropriado, pois mostra o impacto da decisão nos custos fixos.

Ressalte-se que, se for considerado que no mundo moderno as empresas passam por constantes modificações, em virtude de fatores de concorrência, adaptação de produtos ao gosto de seus clientes, fatores financeiros e de política econômica, entre outros, a aplicação desse método, por suas características, pode se tornar grande risco para a perfeita mensuração dos custos dos produtos, provocando desvios na formação de seus custos de produção.

12.4 Contabilidade de ganhos e ABC: curto prazo versus longo prazo[3]

Como vimos, a contabilidade de ganhos é o sistema de contabilidade gerencial da teoria das restrições (TOC – *Theory of Constraints*), sendo seu maior defensor Eliyahu Goldratt, um crítico de qualquer metodologia de contabilidade de custos. De acordo com ele, o conceito de alocar custos aos produtos é errado e leva a decisões equivocadas.

O ponto de vista de Goldratt sobre a Contabilidade de Ganhos é criticado por muitos autores, especialmente por defensores do custeio baseado em atividades (ABC — *activity-based costing*), que argumentam que a TOC é melhor para decisões de curto prazo, porém, no longo prazo, ainda é necessário alocar custos aos produtos.

Corbett menciona que o foco não deve estar na tomada de decisão de curto ou longo prazos; mas sim nos pressupostos básicos de como as empresas são vistas. Por exemplo, a TOC é considerada melhor ferramenta para decisões de curto prazo, e o ABC para decisões de longo prazo. A implicação disso é que dois métodos opostos de melhoria do desempenho de uma empresa devem ser usados: um para o curto prazo e outro para o longo prazo.

12.4.1 A teoria das restrições (TOC) e o enfoque sistêmico

Pode-se dizer que, no conceito da TOC, qualquer empresa é vista como um sistema. Considerando-se que um sistema seja um conjunto de elementos entre os quais exista uma relação de interdependência, cada elemento dependerá do outro de alguma forma, e o desempenho global do sistema também dependerá dos esforços conjuntos de todos os seus elementos.

Se o sistema não tivesse, pelo menos, uma restrição, seu desempenho seria infinito. Goldratt criou um processo de melhoria contínua baseado nesse raciocínio. Esse processo é a base para as metodologias da TOC. Seus passos são:

1. Identificar as restrições do sistema.
2. Decidir como explorar as restrições do sistema.
3. Subordinar tudo o mais à decisão de explorar as restrições do sistema.
4. Elevar as restrições do sistema.
5. Se, em um passo anterior, uma restrição foi quebrada, voltar ao passo 1. Mas não permitir que a inércia se torne uma restrição do sistema.

Assim, para se tomar boas decisões, como vimos no início do capítulo, é preciso responder a três perguntas: 1) quanto de recurso é gerado pela empresa; 2) quanto de recurso é capturado pela empresa; 3) quanto de recurso deve ser gasto para operá-la.

Para Goldratt, é importante conhecer os conceitos básicos da TOC,

Com isso, pode-se considerar que o ganho é o recurso gerado pela empresa.

"O ganho tem dois lados, o da receita e o dos custos totalmente variáveis (CTV). O uso dos termos 'custo' e 'variável' pode levar-nos a fazer confusão com as medidas da contabilidade de custos. O fundamental aqui, para dirimir qualquer dúvida, é a palavra totalmente. Totalmente

---

[3] Esse item está baseado no artigo de T. Corbett, "Throughput accounting and activity-based costing: the driving factors behind each methodology". *Journal of Cost Management*, jan./fev. 2000, p. 37-44.

variável em relação às unidades vendidas, isto é, o CTV é aquele montante despendido quando um produto a mais é vendido. O exemplo mais claro de CTV são os custos de matéria-prima; para cada unidade vendida a mais do produto, incorre-se no valor de sua matéria-prima. Outras coisas podem ser classificadas como CTV, dependendo da natureza da operação da empresa. Se a variação do custo for diretamente proporcional à variação no volume de produção, então trata-se de um CTV, e deve ser subtraído do preço de venda do produto para se calcular o ganho unitário."[4]

Sendo assim, o ganho de um produto é o seu preço menos o seu custo totalmente variável (CTV). O ganho de uma empresa é o somatório do ganho total de todos os seus produtos. Portanto, o ganho é a única das três medidas que está diretamente relacionada com os produtos.

Quanto ao inventário, essa medida não tem qualquer relação com as medidas contábeis tradicionais de estoque em processo e estoque de produtos acabados. Para a TOC, não há valor adicionado ao produto, pois, por essa visão, o interesse não é o produto, mas a empresa. Assim, o que interessa é o valor que está sendo agregado à companhia e não ao produto.

No que se refere à despesa operacional, considera-se que "é o que intuitivamente é compreendido como todo o recurso que temos de colocar constantemente dentro da máquina para mover suas engrenagens".[5] A despesa operacional deve ser analisada caso a caso e não ser considerada, simplesmente, como uma despesa fixa, até porque a TOC não classifica as despesas em fixas e variáveis; o que importa é somente se são totalmente variáveis ou não.

Diante dos conceitos expostos, pode-se relacionar a TOC e as decisões gerenciais analisando o resultado das seguintes equações:

Lucro líquido (LL) = *Ganho* − *Despesa operacional*

$$\text{Retorno sobre o investimento (RSI)} = \frac{\text{Ganho} - \text{Despesa operacional}}{\text{Inventário}}$$

Consoante à TOC, qualquer decisão que tenha impacto positivo no RSI leva a empresa em direção à sua meta. Em outras palavras, quanto maior for a relação entre o lucro líquido e o inventário, maior o retorno e mais completa a meta foi atingida.

12.4.2 Crítica à contabilidade de ganhos

A maior crítica à contabilidade gerencial da TOC é que ela visa tão-somente o curto prazo.

A TOC é persuasiva e logicamente correta dado o problema que ela foi criada para resolver. Esse problema é como maximizar o ganho quando a empresa tem uma quantia fixa de recursos, quando suas despesas e gastos para o próximo período (excluindo materiais) já foram determinados, quando seus produtos já foram criados, quando seus preços já foram definidos, e quando os pedidos dos clientes já foram recebidos. Não estamos dizendo que os pressupostos por trás da TOC não sejam válidos. Eles são excelente aproximação da realidade para o problema no qual a TOC foi criada para resolver: a programação de curto prazo de gargalos e a escolha de curto prazo do mix de produtos."[6]

---

[4] T. Corbett, *Contabilidade de ganhos*: a nova contabilidade gerencial de acordo com a teoria das restrições. São Paulo: Nobel, 1997. p. 44.
[5] E. Goldratt, *A síndrome do palheiro*. São Paulo: Educador, 1991. p. 16.
[6] R. S. Kaplan e R. Cooper. *Cost and effect*. Boston: Harvard Business School Press, 1998, p. 132.

Na realidade, a TOC está muito mais ligada à engenharia de produção que à contabilidade ou a gestão dos custos. Esse comentário não tem como objetivo discriminar a engenharia de produção, que exerce papel importante na programação da produção. Mas o enfoque abordado, nesse caso, é com relação à análise e mensuração dos resultados, de fundamental importância para o gestor dos custos, para os registros da contabilidade e, conseqüentemente, para os proprietários e investidores da empresa mensurarem o retorno dos investimentos efetuados.

Assim, seria incorreto e injusto atribuir à TOC tais encargos, pois ela não foi criada para maximizar o ganho quando a empresa tem uma quantia fixa de recursos, quando suas despesas já foram predeterminadas, mas tão-somente para responder às três questões formuladas no início do capítulo:

1. Quanto de recurso é gerado pela empresa?
2. Quanto de recurso é capturado pela empresa?
3. Quanto de recurso deve ser gasto para operá-la?

Outro aspecto controvertido da TOC diz respeito ao conceito de despesa operacional, uma vez que as despesas operacionais não têm qualquer relação com as decisões tomadas sobre produtos vendidos e clientes. A TOC afirma que despesas são criadas por decisões; isto é, quando operando dentro da TOC, o momento de se analisar a variação nos custos é quando tomamos uma decisão. Na verdade, na TOC, não é apenas a despesa operacional que é gerada por decisões, mas o ganho e o inventário também. É por isso que na contabilidade de ganhos cada decisão precisa ser analisada considerando-se a influência que terá nessas três medidas.

A TOC pressupõe que o impacto de uma decisão no ganho, na despesa operacional e no inventário de uma empresa possa ser verificado caso a caso. Esse pressuposto elimina a necessidade de se encontrar atividades e direcionadores de custo para medir a variação dos custos relacionada aos produtos. Em vez disso, a variação do ganho, da despesa operacional e do inventário da companhia deve ser analisada tomando-se por base as decisões. A contabilidade de ganhos faz uma distinção entre a despesa operacional da empresa e seu ganho.

Os defensores da contabilidade de ganhos argumentam que apenas o ganho pode ser identificado aos produtos, sendo as despesas operacionais preteridas. A despesa operacional é considerada um custo da empresa e não um custo dos produtos, representando quanto a companhia está pagando para ter seus recursos disponíveis para gerar ganho. Em outras palavras, representa a oportunidade para gerar ganho. A empresa deve aproveitar essa ocasião da maneira mais efetiva possível. Assim, deve maximizar o ganho gerado pelos recursos sem aumentar a despesa operacional. Esse conceito somente reforça a idéia de que a TOC não é um conceito contábil, mas de engenharia.

Uma empresa é composta por vários setores, cada qual com funções distintas: produção, mensuração de resultados, levantamento de dados e outros. Essas equipes apontam restrições e ociosidades. De posse dessas informações, uma empresa pode aumentar seu ganho sem elevar a despesa operacional, pois sabe exatamente onde tem flexibilidade para aumentar o volume de produção e a variedade de produtos.

A capacidade do sistema deve ser gerenciada, e os limites de capacidade devem ser levados em consideração no processo de tomada de decisão. As limitações de capacidade de um sistema são suas restrições, portanto, para gerenciar com mais efetividade a capacidade do sistema, uma empresa precisa identificá-las e controlá-las. Gerenciando as restrições do sistema, é possível controlar custos e aumentar ganhos.

No mundo globalizado, a competitividade exige que as estratégias não sejam voltadas apenas para o curto prazo. Dessa forma, uma empresa também deve considerar suas restrições futuras, podendo, inclusive, se for extrapolado, escolher onde gostaria que ocorressem. Assim, poderia obter um controle mais seguro da sua lucratividade e do retorno de seus investimentos.

12.4.3 Diferença entre TOC e ABC

O ABC (*activity-based costing*) estabelece que, quanto maior a eficiência local, maior será a eficiência global. A TOC afirma o oposto: altas eficiências locais levam a uma baixa eficiência do sistema como um todo. Em outras palavras, o ABC está baseado no pressuposto de que a maximização do uso de todas as atividades, isto é, das eficiências locais, conduzirá a maior lucratividade. Conseqüentemente, o ABC requer que uma empresa colete dados sobre o uso de todos os seus recursos e atividades para assegurar-se que cada um esteja sendo usado com eficiência.

Por sua vez, a TOC entende que essa busca por altas eficiências locais não está alinhada a uma visão sistêmica da empresa. Portanto, uma empresa que opera com a TOC não pode ter altas eficiências locais em todos os lugares. Por exemplo, se uma organização é vista como um sistema, maximizar o uso de qualquer recurso e atividade não seria recomendável, pois, em um sistema, há recursos/atividades restritivos e não-restritivos. Só nos pontos restritivos é que altas eficiências são recomendáveis. Os recursos e atividades não-restritivos não devem ter alta eficiência. Algumas atividades e recursos devem operar abaixo do seu potencial para assegurar ótimo desempenho global.

A inter-relação entre os recursos da empresa deve ser levada em consideração: "Os esforços das várias divisões de uma empresa, cada uma com uma tarefa a realizar, não são aditivos. Seus esforços são interdependentes. Uma divisão, para atingir seu objetivo, se deixada sozinha, pode matar outra divisão. A obrigação de um componente é de contribuir da melhor forma possível ao sistema, não é maximizar sua própria produção, lucro, ou vendas nem qualquer outra medida competitiva. Alguns componentes podem ter de operar tendo perdas para si próprios, para otimizar o sistema como um todo, incluindo os componentes que têm perdas".[7]

Os direcionadores de custo do ABC são medidas de eficiência local que induzem os gerentes a otimizar o uso de cada atividade na busca pela otimização global. Usando o ABC, os gerentes tentam maximizar a eficiência de todas as atividades. O conceito de custo do produto resulta dessa busca por altas eficiências locais.

> O que os defensores do ABC podem afirmar é que, aumentando a eficiência de uma atividade, estamos criando oportunidades futuras para: 1) reduzir custo, eliminando a capacidade em excesso criada pelo aumento de eficiência; e 2) aumentar o ganho, usando essa capacidade em excesso para vender mais produtos/serviços. A questão é que podemos estar criando essas oportunidades, mas isso não assegura que haverá aprimoramento do desempenho do sistema. Além disso, algumas vezes, conforme veremos, quando aumentamos eficiências locais, podemos estar diminuindo a lucratividade. Portanto, deveríamos apenas fazer aprimoramentos, se soubermos que iremos melhorar o desempenho global. Se isso não fosse verdade, qualquer coisa poderia ser aprimorada localmente por causa de melhorias potenciais de longo prazo e isso também iria dispersar os esforços dos gerentes, já que podemos melhorar eficiências locais em todo lugar."[8]

---

[7] W. Deming. *The new economics for industry, government, education*. Cambridge: MIT, 1994, p. 96.

[8] T. Corbett. *Throughput accounting*. Great Barrington: North River Press, 1998, p. 105.

12.4.4 Aplicação prática comparativa

O exemplo a seguir tem como objetivo mostrar que o conceito de custo do produto está diretamente relacionado à busca por altas eficiências. Considerando-se que a empresa tenha três recursos: X, Y e Z e que os custos para operá-los sejam os mesmos. Entretanto, o recurso Y não tem capacidade suficiente para produzir o que o mercado demanda, assim, a empresa vende apenas dois produtos: produto A e produto B, conforme mostra o Quadro 12-1. A composição do inventário está demonstrada no Quadro 12-2. Levando-se em conta que o custo de um produto é o somatório do custo de todas as atividades necessárias para produzi-lo e entregá-lo, a redução do custo de qualquer produto implicará reduzir sua aplicação em qualquer atividade da empresa.

A administração da empresa, com base nos dados do Quadro 12-1, analisou duas propostas distintas. Na primeira, o desempenho do recurso Z é aprimorado de 25 horas por peça para 15 horas por peça para o produto B. Esse aprimoramento requer um investimento de US$ 8 mil. Em outras palavras, a eficiência do recurso Z é aumentada.

A segunda proposta é transferir parte do processo do produto B do recurso Y para o recurso X. Com isso, o produto B reduziria a utilização do recurso Y de 20 horas para 15 horas por peça, elevando a utilização do recurso X de 32 horas para 40 horas. Essa proposta também demanda um investimento de US$ 8 mil. Em outras palavras, apesar da eficiência do recurso Y ser aumentada, a eficiência do recurso X tem diminuição maior.

Quadro 12-1 Relação custo versus eficiência

	Prod. A	Prod. B	Total		
Capacidade de produção utilizada	60,00%	100,00%			
Preço	$ 150,00	$ 135,00		Formação CVT	
CVT	–$ 85,00	–$ 80,00			
Ganho	$ 65,00	$ 55,00		Insumos	$ 67,25
Quantidade vendida	100	130		Outros	$ 12,75
Ganho total	$ 6.500,00	$ 7.150,00	$ 13.650,00	CVT	$ 80,00
Despesas operacionais			–$ 10.920,00		
Lucro líquido			$ 2.730,00		
Inventário			$ 27.600,00		
RSI			9,89%		

Quadro 12-2 Demonstração do inventário

	Prod. A			Prod. B			Total acumulado
	Quant.	p.u.	Valor	Quant.	p.u.	Valor	
Estoque inicial	50	$ 52,00	$ 2.600,00	50	$ 50,00	$ 2.500,00	$ 5.100,00
Produção	150	$ 77,00	$ 11.550,00	150	$ 73,00	$ 10.950,00	$ 27.600,00
Baixas por vendas	–100	$ 70,75	–$ 7.075,00	–130	$ 67,25	–$ 8.742,50	$ 11.782,50
Estoque final	100	$ 70,75	$ 7.075,00	70	$ 67,25	$ 4.707,50	$ 11.782,50

Como é possível observar no Quadro 12-3, as duas metodologias analisam uma decisão de forma diferente. O enfoque da contabilidade de custos está na redução de custo por unidade e não considera o impacto da decisão no ganho, bem como no custo, da empresa como um todo. Por sua vez, a contabilidade de ganhos considera o ganho, a despesa operacional e o inventário da empresa como um todo.

Quadro 12-3 Duas análises para a mesma decisão

Contabilidade de custo	Contabilidade de ganhos
Redução do custo por unidade é o principal foco	Apenas redução no custo total da empresa é levada em consideração
Não leva em consideração o impacto no ganho da empresa	O aumento do ganho da empresa é o principal foco
Qualquer aumento de eficiência local é aceitável	Apenas aumentos de eficiência que elevam o ganho ou reduzem os custos totais da empresa são aceitáveis

Análise da proposta 1

A proposta 1 pode ser resumida no Quadro 12-4:

Quadro 12-4 Proposta I

	Recurso Z (h)		
	Atual	Proposta	Efeito
Produto B	25	15	−10
Investimento			$ 8.000,00

Em relação ao enfoque da contabilidade, a primeira proposta resulta em uma redução de dez horas no tempo de processamento de um produto em determinado recurso, isto é, estará sendo aumentada a eficiência de um recurso e, portanto, reduzindo o seu custo. Como se observa no Quadro 12-4, isso é considerado um ponto crucial para as metodologias da contabilidade de custos.

Pode-se concluir que, sob o enfoque da contabilidade de custos, a proposta 1 tende a aumentar a lucratividade da empresa por meio da redução do tempo de fabricação do produto e, conseqüentemente, do custo. Além desse fato, pode-se esperar um aumento em quantidade de fabricação pela redução do tempo despendido. Relativamente a esse ponto, caberá aos administradores da empresa decidir se esse excedente será vendido no mercado interno ou no mercado externo, pressupondo que haja propensão à demanda pelo produto.

Em relação à contabilidade de ganhos, há que se fazer, inicialmente, a distinção entre restrições e não-restrições. Sem identificar a restrição do sistema, uma empresa, usando a contabilidade de ganhos, não pode determinar se uma decisão é boa ou ruim, impedindo-a de responder às três perguntas da contabilidade de ganhos.

No Quadro 12-4, considerou-se o recurso Y como restrição do sistema. A proposta 1 resulta em uma diminuição do tempo de processo do produto B no recurso Z, um recurso não-restritivo. Portanto, as respostas às três perguntas seriam:

1. Qual é o impacto da decisão no ganho da empresa como um todo?
   A decisão não terá nenhum impacto no ganho da empresa como um todo.

2. Qual é o impacto da decisão na despesa operacional da empresa como um todo?
A despesa operacional da empresa aumentará em US$ 800 por ano como resultado da depreciação do investimento (assumindo uma depreciação de 10% ao ano).
3. Qual é o impacto da decisão no inventário da empresa como um todo?
O inventário da empresa aumentará em US$ 8 mil.

Na análise do Quadro 12-5, constata-se que o ganho unitário do produto B permaneceu o mesmo em US$ 55, com um aumento da despesa operacional em US$ 800, como resultado da depreciação do investimento. Assim, o lucro líquido da empresa diminui de US$ 2.730 para US$ 1.930. A redução do lucro deve-se à inclusão da depreciação. Como o inventário também aumentou, conforme demonstrado no Quadro 12-6, o RSI será reduzido de 9,89% para 5,42%.

Considerando-se os aspectos mencionados, essa proposta, sob o enfoque da contabilidade de ganhos não deveria ser aceita.

Quadro 12-5 Relação custo *versus* eficiência – proposta 1: enfoque TOC

	Prod. A	Prod. B	Total		
Capacidade produção utilizada	60,00%	60,00%		Formação CVT	
Preço	$ 150,00	$ 135,00		Insumos	$ 107,25
CVT	–$ 85,00	–$ 80,00		Outros	$ 12,75
Ganho	$ 65,00	$ 55,00		**CVT**	$ 120,00
Quantidade vendida	100	130			
Ganho total	$ 6.500,00	$ 7.150,00	$ 13.650,00	Capacidade Produto B	
Despesas operacionais			–$ 10.920,00		
Aumento desp. operacional			–$ 800,00	Horas ant.	25
Lucro líquido			$ 1.930,00	Redução	10
Inventário			$ 35.600,00	Liberação	40,0%
RSI			5,42%		

Quadro 12-6 Demonstração do inventário – proposta 1: enfoque TOC

	Prod. A			Prod. B			Total acumulado
	Quant.	p.u.	Valor	Quant.	p.u.	Valor	
Estoque inicial	50	$ 52,00	$ 2.600,00	50	$ 50,00	$ 2.500,00	$ 5.100,00
Compras	150	$ 77,00	$ 11.550,00	150	$ 73,00	$ 10.950,00	$ 27.600,00
Baixas por vendas	–100	$ 70,75	–$ 7.075,00	–130	$ 67,25	–$ 8.742,50	$ 11.782,50
Estoque final	100	$ 70,75	$ 7.075,00	70	$ 67,25	$ 4.707,50	$ 11.782,50
Saldo acumulado							$ 27.600,00
Investimento							$ 8.000,00
Inventário do período							**$ 35.600,00**

Para o enfoque da contabilidade de ganhos, o recurso Z não é a restrição, isto é, ele tem ociosidade de 40%, conforme demonstrado no Quadro 12-5. Isso quer dizer que mesmo fazendo o produto mais rapidamente no recurso Z, ou seja, mesmo que seja mais eficiente, a lucratividade não será aumentada, mas somente a ociosidade do recurso.

Em resumo, o custo do produto foi reduzido e, fazendo isso, o custo da empresa como um todo foi aumentado com uma redução significativa do seu ganho, portanto, sua lucratividade caiu, como se observa no RSI.

Essa visão ressalta uma das formas de a busca por eficiências locais aumentar o custo da empresa como um todo. É por essa razão que o terceiro passo do processo de otimização contínua de Goldratt volta-se para subordinar tudo o mais à restrição do sistema. Em outras palavras, os recursos não-restritivos devem seguir o ritmo da restrição. Se uma empresa tenta produzir mais que a restrição comporta, isso só aumentará os custos como um todo e, conseqüentemente, reduzirá sua lucratividade.

Pode-se concluir, segundo a TOC, que, para controlar seus custos, uma empresa não deveria tentar aumentar a eficiência de todos os seus recursos e atividades.

Análise da proposta 2

A proposta 2 pode ser resumida no Quadro 12-7.

Quadro 12-7 Proposta 2

	Em horas						
	Recurso X			Recurso Y			
	Atual	Proposta	Efeito	Atual	Proposta	Efeito	Efeito liq.
Produto B	32	40	8	20	15	-5	3
Investimento							$ 8.000,00

A segunda proposta resulta no aumento de oito horas no tempo de processamento do produto B em relação ao recurso X, e uma redução simultânea de cinco horas no tempo de processamento do produto B em relação ao recurso Y, como se pode constatar no Quadro 12-7. Isso significa que essa proposta resulta em um aumento líquido de três horas no tempo total de processamento do produto. Como todos os recursos têm o mesmo custo, essa proposta aumentará o custo em relação à proposta 1. Assim, a proposta 2 deverá ser rejeitada.

A proposta 2 reduz o tempo de fabricação do produto B na restrição do recurso Y em duas horas. Para fazer isso, é necessário aumentar o tempo de fabricação em oito horas do recurso X, um recurso não-restritivo. Isso quer dizer que o tempo total de processamento do produto foi aumentado e, conforme já foi dito, o custo do produto aumentou.

Contudo, no enfoque da contabilidade de ganhos esse aumento na quantidade de horas de processamento não representa diminuição na lucratividade.

Sendo o recurso Y a restrição do sistema, quando se transfere parte do trabalho do recurso Y para o X, aumenta-se o ganho da empresa, pois sobe a produtividade do recurso B. O impacto dessa proposta na lucratividade da empresa pode ser estimado respondendo às três perguntas:

1. Haverá aumento no ganho da empresa, visto que liberará cinco horas na restrição (recurso Y), que então poderá aumentar a sua produção. Como o mix atual de produção e venda contempla 130 unidades do produto B, a diminuição em cinco horas do tempo de processamento desse produto na restrição proporcionará um aumento na produção

de 32,5 unidades do produto B. Considerando-se um ganho de US$ 55,00 por unidade, o lucro adicional será US$ 1.787,50, conforme demonstrado no Quadro 12-8:

Quadro 12-8 Proposta 2 – produção do produto B

Redução horas	5	Produção	130
Produtos/hora	6,5	Horas/produção	20
Aumento produção	**32,5**	Produtos/hora	6,5
Ganho venda	$ 55,00		
Lucro adicional	**$ 1.787,50**		

2. O impacto na despesa operacional da empresa como um todo, tendo-se em conta que a depreciação do investimento feito é de 10% ao ano, representa um aumento de US$ 800 por ano.
3. O impacto no inventário da empresa como um todo será um aumento em US$ 8 mil.

Considerando-se os efeitos mencionados, o lucro líquido pode ser demonstrado está no Quadro 12-9. Em relação ao aumento do inventário, foi apresentado no Quadro 12-6.

No Quadro 12-9 estão mensurados o impacto dessa proposta nas três medidas. O lucro líquido passa a ser US$ 3.717,50, em razão de um lucro adicional de US$ 1.787,50, demonstrado no Quadro 12-8, contemplando uma redução de US$ 800 pela depreciação do investimento. Mesmo considerando um aumento no inventário de US$ 8 mil, o RSI será aumentado na proposta 2, em relação à situação atual, pois o aumento proporcional do lucro (36,2%) foi superior ao aumento proporcional do inventário (29%). Essas variações poderão ser bem compreendidas no Quadro 12-10.

Quadro 12-9 Relação custo versus eficiência – proposta 2: enfoque TOC

	Prod. A	Prod. B	Total		
Capacidade produção utilizada	60,00%	105,77%		Formação CVT	
Preço	$ 150,00	$ 135,00		Insumos	$ 67,25
CVT	−$ 85,00	−$ 80,00		Outros	$ 12,75
Ganho	**$ 65,00**	**$ 55,00**		CVT	$ 80,00
Quantidade vendida	100	130			
Ganho total	**$ 6.500,00**	**$ 7.150,00**	**$ 13.650,00**	Capacidade Produto B	
Lucro adicional			$ 1.787,50		
Despesas operacionais			−$ 10.920,00	Horas ant	52
Aumento desp. operacional			−$ 800,00	Aumento	3
Lucro líquido			**$ 3.717,50**	Sobrecarga	5,8%
Inventário			$ 35.600,00		
RSI			10,44%		

Quadro 12-10 Quadro comparativo

	Atual	Proposta 1	Proposta 2
Produção e venda	230,0 unids.	230,0 unids.	262,5 unids.
Lucro líquido	$ 2.730,00	$ 1.930,00	$ 3.717,50
Inventário	$ 27.600,00	$ 35.600,00	$ 35.600,00
RSI	9,9%	5,4%	10,4%
Variação em relação atual:			
Produção e venda		0,0%	14,1%
Lucro líquido		−29,3%	36,2%
Inventário		29,0%	29,0%
RSI		−45,2%	5,6%

12.4.5 Análise crítica

Na primeira alternativa, a eficiência do recurso Z foi aumentada e, portanto, o custo do produto foi reduzido. Assim, a lucratividade da empresa também foi reduzida. Na segunda, o custo do produto foi aumentado e isso levou a um aumento da lucratividade da empresa em 36,2%.

Isso demonstra que o conceito de custo do produto não mostra qual o impacto de uma decisão sobre a lucratividade de uma empresa. O conceito de custo por unidade é uma transferência interna de recurso gerada pela busca de eficiências locais. Com isso, um custo reduzido por unidade é um resultado desejável, pois mostra que todos os recursos da empresa estão sendo usados eficientemente, levando a crer que isso conduzirá uma empresa a maior lucratividade.

Como demonstrado, esse pressuposto está errado. Quando o custo por unidade é minimizado, a empresa:

- Não está necessariamente minimizando seu custo total.
- Na verdade, pode estar aumentando seu custo total.
- Não sabe qual impacto que isso terá no seu ganho.

Na hipótese de uma empresa utilizar o custo do produto para tomar uma decisão, ela não saberá o impacto dessa decisão sobre a despesa operacional total, o inventário total e o ganho total. Assim, a empresa não conhecerá o impacto dessa decisão na lucratividade de curto e/ou de longo prazos.

O conceito de custo do produto examina apenas um item da equação de lucratividade, a despesa operacional. Quanto à despesa operacional, o enfoque do custo do produto não é global, sistêmico, já que considera apenas o custo de um produto, não o custo da empresa como um todo. Isso também quer dizer, como já foi dito, que o custo de um produto pode ser reduzido e, fazendo isso, o custo da empresa como um todo pode ser aumentado ou mantido no mesmo patamar. Em outras palavras, o conceito de custo do produto não apenas não considera o lado do ganho na equação de lucratividade, como também não considera o custo da empresa como um todo. Em vez disso, ele considera apenas o impacto local no custo do produto. Assim sendo, se uma decisão é tomada com base no custo do produto, não há como determinar o impacto que isso exercerá na lucratividade da empresa no curto ou longo prazos.

Os efeitos negativos do conceito de custo do produto resultam do fato de que ele é um reflexo do pressuposto de que altas eficiências locais levam a alta eficiência global. Conforme demonstrado, se a eficiência de todos os recursos na empresa é maximizada, conseqüentemente, isso também ocorrerá no sistema como um todo.

12.4.6 Os fatores determinantes em cada metodologia

Considerando-se a metodologia ABC no curto prazo, as despesas não variam com o volume de produção ou com qualquer outro direcionador de custo, mas, no longo prazo, as despesas variam. A TOC não pressupõe que os custos de *overhead* não sejam afetados pelas decisões da empresa. Com isso, as decisões pela contabilidade de ganhos avaliam sua influência nas três medidas: ganho, despesa operacional e inventário.

Na verdade, de acordo com a pesquisa feita em 1995 por Noreen, Smith e Mackey, em um ambiente TOC, os custos de *overhead* não variam nem mesmo quando o volume e a diversidade aumentam: "Os gerentes, em quase todas as empresas que visitamos, afirmaram que eles haviam conseguido reduzir ou manter a despesa operacional constante apesar de um aumento no volume e na variedade de produtos produzidos. Esse fato é surpreendente dadas as afirmações na literatura sobre o ABC, que dizem respeito aos efeitos que o volume e a variedade de produtos têm nos custos de *overhead*".[9]

O sistema ABC estabelece que todos os custos são variáveis no longo prazo. Em decorrência disso, as boas decisões somente serão tomadas se os custos de longo prazo dos produtos forem identificados. É verdade que custos variam no longo prazo, e isso não deve ser ignorado como o é pelo custeio direto, por exemplo. Se forem observados os últimos anos, o que muitos chamaram de custos fixos eram, na realidade, os custos que estavam crescendo. Entretanto, não é correto acreditar que é necessário calcular o custo de longo prazo dos produtos para se tomar boas decisões.

Como mencionado, o custo do produto não tem nenhuma relação com a lucratividade de uma empresa. O custo de um produto pode ser elevado e, apesar disso, a lucratividade da empresa pode aumentar. Também pode-se reduzir o custo de um produto e, mesmo assim, a lucratividade da empresa pode cair. De acordo com os conceitos abordados até aqui, esses resultados acontecerão tanto no curto quanto no longo prazo.

A TOC chega a essa conclusão, pois parte do pressuposto de que qualquer que seja o período analisado, curto ou longo prazos, a empresa sempre terá uma restrição. Se essa não fosse uma verdade absoluta, seu lucro seria infinito. A restrição pode mudar de lugar, transferir-se de um recurso ou atividade para outro, pode ir ao mercado e assim por diante. Entretanto, se sua localização não for determinada, o desempenho da empresa não será melhorado significativamente e ela também não conseguirá controlar seus custos de curto ou longo prazos.

Mesmo se considerado o longo prazo, é necessário identificar e controlar as restrições, uma empresa não deve ignorá-las, pensando que, no longo prazo, todos os recursos são igualmente importantes. Uma empresa deve ter controle sobre a sua capacidade, monitorando suas restrições atuais e futuras.

O ABC trabalha diferente. Por meio dos direcionadores de custo tenta aumentar eficiências locais em todo lugar. Os defensores do ABC dizem que a TOC é satisfatória para o curto prazo, mas não para o longo prazo, isto é, no curto prazo uma empresa terá poucas restrições, mas não no longo prazo. O ABC pressupõe que no longo prazo todas as atividades de uma empresa serão igualmente importantes. De acordo com essa visão, para aumentar

---

[9] E. Noreen, D. Smith, e J. Mackey. *The theory of constraints and its implications for management accounting*. Great Barrington: North River Press, 1995, p. 144.

a resistência de longo prazo de uma corrente, é preciso elevar a resistência de qualquer elo da corrente, porém, na visão da TOC, a resistência de uma corrente é determinada pelo seu elo mais fraco, o que quer dizer que sua resistência total só pode ser aumentada se for incrementada a resistência do seu elo mais fraco.

Segundo a metodologia ABC, é necessário calcular o custo de longo prazo dos produtos. Sendo assim, nesse cálculo, todos os recursos e atividades da empresa serão restrições. Por essa razão, a metodologia ABC considera que, no longo prazo, altas eficiências em todos os lugares serão benéficas para o sistema.

Portanto, o foco não é tanto as decisões de curto ou longo prazos, mas os pressupostos de cada método, que constituem os fatores determinantes por trás de cada metodologia, e representam a visão de mundo de cada um. Dependendo de como uma empresa vê a sua realidade, terá de se comportar e medir ações e cenários de acordo com sua visão.

Pelos fatos expostos, quando a TOC é recomendada para decisões de curto prazo e o ABC para decisões de longo prazo, o argumento é que, no primeiro caso, uma empresa terá poucas restrições e, no segundo, isso não acontecerá. O resultado é que um método deve ser usado para aumentar a lucratividade de curto prazo e, o outro, ao contrário, para aumentar a lucratividade de longo prazo. Em outras palavras, no curto prazo não deveríamos maximizar a eficiência de todos os recursos de uma empresa, mas no longo prazo sim.

A TOC, de forma diferente, concebe que uma empresa será um sistema no curto e no longo prazo. E acredita que um sistema sempre tem poucas restrições. Logo, a TOC não contempla que a maximização da eficiência de qualquer recurso ou atividade vá beneficiar a empresa no longo prazo.

Sendo assim, se os administradores de uma empresa acreditarem nessas premissas, não deverão utilizar o ABC. Mas se acreditarem que, no longo prazo, a empresa não terá poucas restrições e a maximização das eficiências de qualquer recurso e atividade seja benéfica, deverá utilizar o sistema ABC.

Resumo

A TOC reconhece qualquer empresa como um sistema, ou seja, um conjunto de elementos entre os quais há alguma relação de interdependência. O desempenho global do sistema depende dos esforços conjuntos de todos os seus elementos.

O principal objetivo dessa teoria é encontrar a restrição dos sistemas que os impede de alcançar maiores lucros. Assim, a TOC é composta de um processo de aprimoramento contínuo a ser aplicado nos processos de produção por meio de um raciocínio que identifique e busque sempre minimizar a restrição do sistema.

Pode-se dizer que o ganho representa o recurso que entra no sistema, sendo o inventário o recurso que está dentro do sistema. A despesa operacional é o que sai do sistema. Portanto, pode-se dizer que tudo o que se administra em uma fábrica é abrangido por essas medidas. Dessa forma, para uma empresa caminhar em direção de sua meta, deve sempre procurar aumentar o ganho, diminuir o inventário e reduzir sua despesa operacional.

O principal objetivo de tratamento dos custos pela teoria das restrições (TOC) é oferecer apoio à tomada de decisões gerenciais. De maneira geral, no conceito desse método, a avaliação dos estoques e o controle pela contabilidade de custos são vistos como causadores de grandes prejuízos às empresas. Goldratt critica duramente a contabilidade de custos, mencionando que, no passado, ela foi uma solução poderosa que permitiu o crescimento das empresas, mas hoje pode se tornar um desastre.

Pela TOC, toda empresa é vista como um sistema. Uma vez que um sistema é um conjunto de elementos entre os quais, em princípio, há uma relação de interdependência, cada elemento dependerá do outro de alguma forma, e o desempenho global do sistema dependerá dos esforços conjuntos de todos os seus elementos.

Assim, o ganho de um produto é o seu preço menos seu custo totalmente variável (CTV). O ganho de uma empresa é o somatório do ganho total de todos os seus produtos. Portanto, o ganho é a única das três medidas que está diretamente relacionada aos produtos.

A TOC parte do princípio de que o impacto de uma decisão sobre o ganho, a despesa operacional e o inventário de uma empresa possam ser verificados caso a caso. Esse pressuposto elimina a necessidade de se encontrar atividades e direcionadores de custo para medir a variação dos custos relacionada aos produtos. Em vez disso, a variação do ganho, da despesa operacional e do inventário deve ser analisada com relação às decisões. A contabilidade de ganhos faz uma distinção entre a despesa operacional da empresa e o seu ganho.

Essa teoria entende que a busca por altas eficiências locais não está alinhada a uma visão sistêmica da empresa como um todo. Assim, uma empresa que opera com a TOC não pode ter altas eficiências locais em todos os lugares. Por exemplo, se uma empresa é entendida como um sistema, maximizar o uso de qualquer recurso e atividade não seria recomendável, pois em um sistema há recursos/atividades restritivos e não-restritivos. Só nos pontos restritivos é que altas eficiências são recomendáveis. Os recursos e atividades não-restritivos não devem ter alta eficiência. Algumas atividades e recursos devem operar abaixo do seu potencial para assegurar um ótimo desempenho global.

Esse método de custeio, assim como o método das UEPs, é empregado pelas empresas que utilizam a teoria das restrições para o gerenciamento da produção. Os conceitos que fundamentam esse sistema podem ser bastante explorados pelas empresas que buscam aumentar a eficácia do sistema produtivo e melhorar as informações para as decisões gerenciais. A contabilidade de ganhos pode ser um bom instrumento para administrar o gargalo produtivo, sob o aspecto gerencial, e desde que a empresa não tenha grandes oscilações em sua produção.

Exercícios propostos

1. Descreva o método da contabilidade de ganhos, enfocando suas principais características e aplicabilidade.
2. Faça uma comparação entre o método da contabilidade de ganhos e o método ABC.
3. Tomando como base os dados das Tabelas E-1 e E-2, responda às seguintes questões:
    1. Calcule a relação custo–eficiência (RSI).
    2. O que se pode dizer acerca desse índice?
    3. Qual produto deverá ter sua fabricação incentivada? Justifique sua resposta.
    4. Apure o inventário final dos produtos 1 e 2.

Tabela E-1 Relação custo versus eficiência

	Produto 1	Produto 2	Total
Preço	$ 366,45	$ 309,57	
CVT	$ 244,30	$ 182,10	
Quantidade vendida	250	220	
Despesas operacionais			$ 46.864,72

Parte 3 Sistemas e Métodos de Custeio

Tabela E-2 Demonstração do inventário

	Produto 1		Produto 2	
	Quantidade	p.u.	Quantidade	p.u.
Estoque inicial	265	$ 183,23	230	$ 136,58
Produção	240	$ 195,44	235	$ 145,68
Baixas por vendas	250		220	
Estoque final	255		245	

4. Considerando-se os dados do problema 3, a administração da empresa analisou duas propostas distintas. Na primeira, o desempenho do insumo C é melhorado, passando de 50 horas por peça para 35 horas por peça para o produto 2. Esse aprimoramento requer um investimento de US$ 25.600. A segunda proposta almeja transferir parte do processo do produto 2 do insumo B para o insumo A. Com isso, o produto 2 reduziria a utilização do insumo B de 32 horas para 30 horas por peça, aumentando a utilização do insumo A de 44 horas para 57 horas. Essa proposta também demanda um investimento de US$ 25.600. A capacidade de produção utilizada inicialmente para o produto 1 é 65% e do produto 2, 95%. Com base nesses dados adicionais:

1. Elabore um demonstrativo do retorno sobre o investimento para o enfoque TOC para as propostas 1 e 2.
2. Elabore demonstrativo do inventário para o enfoque TOC para as propostas 1 e 2.
3. Elabore um quadro comparativo entre a situação atual e as propostas 1 e 2, enfocando: produção e venda, lucro líquido, inventário e retorno sobre o investimento.

E responda as seguintes questões:
1. O que se observa na capacidade de produção em cada um dos casos?
2. Quais conclusões se pode tirar desse quadro comparativo?

5. Mantidos os dados apresentados nas Tabelas E-1 e E-2, suponha que o diretor industrial resolveu fazer alguns testes de produção, mantendo a proposta 1, isto é, melhorando o desempenho do insumo C de 50 horas para 35 horas por peça, para o produto 2 do insumo B. Constatou-se que seria mantido o mesmo esforço de capital para essa empreitada, ou seja, seria mantido o investimento de US$ 25.600. Em relação à proposta 2, em vez de transferir parte do processo do produto 2 do insumo B para o insumo A, foi transferido do insumo A para o insumo B, em que o produto 2 reduziria a utilização do insumo A de 44 horas para 37 horas por peça, aumentando a utilização do insumo B de 32 horas para 42 horas. Essa proposta também demanda um investimento de US$ 25.600. A capacidade de produção utilizada inicialmente para o produto 1 seria de 95% e do produto 2, 65%. Com base nesses dados adicionais:

1. Elabore demonstrativo do retorno sobre o investimento para o enfoque TOC para as propostas 1 e 2.
2. Elabore demonstrativo do inventário para o enfoque TOC para as propostas 1 e 2.
3. Elabore um quadro comparativo entre a situação atual e as propostas 1 e 2, enfocando: produção e venda, lucro líquido, inventário e retorno sobre o investimento.

E responda às seguintes questões:
1. O que se observa na capacidade de produção em cada um dos casos?
2. Quais as conclusões que se pode tirar desse quadro comparativo?
3. Quais as mudanças ocorridas em comparação aos montantes apurados nos exercícios 3 e 4?
4. O que causou essas modificações?
5. A eficiência melhorou ou piorou?
6. Quais as conclusões que se pode tirar das modificações propostas pelo diretor de produção?

CAPÍTULO 13

Método de custeio por processo

Objetivos de aprendizagem

Após estudar este capítulo, você deverá:

- Saber conceituar e mensurar custos de produção a partir do método de custeio por processo.
- Compreender a apropriação dos custos por meio do método de custeio por processo.
- Conhecer algumas recomendações para aplicação desse método.

13.1 Conceitos

De maneira geral, o custeio por processo é utilizado como forma de mensuração dos estoques quando há produção contínua em massa de unidades semelhantes, em contraposição à produção de bens únicos ou sob medida.

Sendo assim, pode-se dizer que o método indireto ou de custos por processo aplica-se nos casos em que a continuidade e uniformidade dos sistemas de apuração dos custos de produção impedem ou dificultam a identificação dos lotes de produtos. Nesse tipo de produção, a apuração dos custos visa principalmente a identificação do custo por departamento ou centro de custo, apurando o valor dos bens e serviços consumidos em cada centro de atividade durante um período considerado. O resultado será o somatório dos resultados dos vários departamentos, em vez da simples soma dos resultados obtidos pela venda dos diferentes produtos.

Nesse caso, apenas é possível determinar o custo médio dos produtos. Ao contrário do custeio por encomenda, no custeio por processo é fundamental a referência aos centros de produção cujos custos periodicamente determinados deverão se refletir nos produtos fabricados. Com isso, determina-se, em primeiro lugar, a quantidade de unidades produzidas por um dos centros para a obtenção de dado produto e o custo de cada uma delas. Essa informação permite, dessa forma, apurar o custo do produto.

Supondo que se utilize a mesma unidade de produção para todos os centros, a apuração dos custos pelo método do custeio por processo segue seis passos fundamentais:

Passo 1: são atribuídas as respectivas despesas a cada centro de custo.

Passo 2: são distribuídos, pelos centros de custo principais, os custos referentes aos centros de custo comuns e auxiliares.

Passo 3: consiste na apuração das unidades trabalhadas por centro em um determinado período.

Passo 4: compreende a soma dos custos referentes a cada centro de produção que é dividida pelo número de unidades trabalhadas, obtendo-se assim o custo unitário de cada centro, isto é, o custo por unidade de produto de cada fase de trabalho.

Passo 5: implica somar o custo unitário dos vários centros, com a finalidade de obter o custo de transformação de uma unidade de produto acabado.

Passo 6: são somados os custos de transformação ao custo das matérias-primas para calcular o custo industrial do produto acabado. A Figura 13.1 apresenta a contabilização do método de custeio por processo.

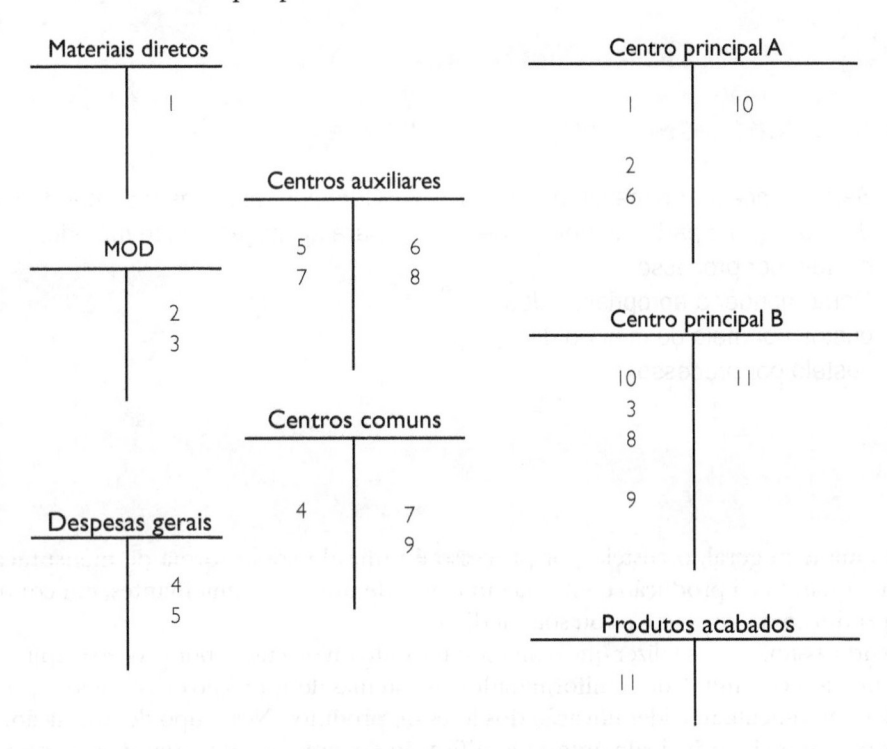

Figura 13-1 Método de custeio por processo.

Conforme Matz et al. (1987, p. 337), "usa-se um sistema de custo por processo quando se fabricam produtos sob condições de processamento contínuo ou de acordo com métodos de produção em massa". As condições em que se indica a utilização desse método são as seguintes:

- um único produto que é feito de forma contínua e em grande quantidade;
- produção em massa para o estoque;
- produtos não diferenciados, padronizados na forma, constituição e em sua fabricação;
- a produção é dividida em processos, departamentos ou seções independentes umas das outras;

- quando há facilidade em se determinar os custos e as despesas por processo;
- quando é possível fazer o levantamento dos dados quantitativos de cada processo, mesmo no caso de se fabricarem, ao mesmo tempo, vários produtos e que esses quantitativos possam se relacionar com os respectivos custos e despesas.

Nesses casos, normalmente, não é possível identificar com clareza a qual produto se refere um certo consumo de recursos. Assim, o custo de cada produto será calculado, ao final de certo período, dividindo-se o custo total acumulado no período pelo número de unidades produzido. Trata-se, portanto, de um custo médio unitário. Ao serem comparados os métodos de acumulação por ordem de produção e por processo, deve-se salientar que, independentemente do método escolhido, o custo unitário resultará da extração de uma média, mas há uma distinção básica a considerar: a amplitude do denominador, que é pequena no método por ordem de produção e grande no método por processo.

Nesse método, os custos são agrupados durante um período, segundo os processos de produção, departamentos ou centros de custos pelos quais o produto em elaboração passa. Depois de agregados, os custos se deslocam ao longo do processo de produção, à medida que as unidades em produção se transferem de um centro de custo a outro, subseqüentemente, até o final do processo.

13.2 Características do custeio por processo

13.2.1 Utilização de medidas de produção

A medida de produção mais utilizada no custeio por processo é a média, isto é, nesse processo, o custo unitário usado para fins de avaliação de estoques resulta da divisão do custo acumulado por alguma medida de produção. Nesse caso, o custeio por processo se distingue do custeio por ordem de serviço em razão da amplitude do denominador. Como regra, no custeio por ordem de serviço, o denominador é pequeno e no custeio por processo, grande.

O custeio por ordem de serviço está relacionado com lotes ou unidades individuais, ao passo que o custeio por processo está relacionado à produção em escala de unidades semelhantes que têm como rotina passar por uma série de estágios de produção, denominados processos ou operações. O exemplo de custeio por processo são praticados, de modo geral, nas indústrias. A indústria que opera sob encomendas, desde que não seja constante, poderia ser um exemplo de custeio por ordem de serviço

Para calcular custo unitário das fábricas que produzem em escala um único produto basta dividir o custo global de fabricação pelo total de unidades produzidas. Esse custo servirá de base para calcular os custos dos estoques e o custo das mercadorias vendidas. Contudo, para que essa regra seja verdadeira há que se observar as seguintes particularidades: 1) não deve haver estoques de produtos em processamento ou variações significativas entre os níveis de estoques inicial e final de produtos em processamento; e 2) não deve haver perda, diminuição ou desperdício.[1]

---

[1] Há que se distinguir os conceitos. A perda está diretamente ligada à produção, na qual os insumos utilizados na fabricação dos produtos sofre naturalmente um índice de perdas, como é o caso da indústria farmacêutica. A diminuição ou aumento dos estoques não depende dos fatores de produção, mas tão-somente das especificações físico-químicas dos insumos, como é o caso do estoque de combustível nos postos. No caso do desperdício, embora também não esteja ligado a fatores da produção, há ainda uma redução em razão do manuseio indevido ou de equívocos no processo de produção..

Considerando-se as hipóteses previstas", o cálculo deixará de ser simplista como mera divisão de um fator por outro, devendo ser apurado com uma técnica mais aprimorada. Há dois métodos mais freqüêntemente reconhecidos como eficazes nesses casos: 1) o método da média ponderada; 2) o método do FIFO modificado.

13.2.2 Conceito de unidades equivalentes

O conceito de unidades equivalentes está diretamente ligado ao conceito de produtos em processo. As unidades que estão acabadas serão, por razões óbvias, consideradas produtos em estoque. Contudo, existem ainda as unidades que estão em processo de manufatura (produtos em processo). Nesse caso, deverão ser consideradas unidades equivalentes. Sendo assim, o estoque será composto pelos produtos acabados mais aquelas unidades em processo, tidas como equivalentes, dependendo do seu estágio de acabamento.

Unidades equivalente = unidades em processo × % de acabamento

O Quadro 13-1 traz exemplo ilustrativo de cálculo de custo equivalente.

Quadro 13-1 Cálculo de custo equivalente

Estoque inicial produtos em processo	0	
Unidades de produtos em processo	52.000	
Unidades acabadas	49.400	
Estoque final de unidades de produtos em processo	**2.600**	
Unidades acabadas		49.400
Unidades em produtos em processo	2.600	
% da fase de acabamento	60%	
Transferência para produtos acabados		1.560
Produção total em unidades equivalentes		**50.960**
Custo total de produção		
Custos e despesas variáveis	1.640.196	
Custos e despesas fixas diretas	101.377	
Demais custos e despesas fixas	40.551	$ 1.782.124
Produção total de unidades equivalentes		50.960
Custo unitário por produto equivalente		**$ 34,97**

Inicialmente, deve-se salientar que as unidades de produtos em processo não podem ter o mesmo peso que as unidade de produtos acabados. No exemplo do Quadro 13-1, as unidades de produtos em processo, por estarem parcialmente acabadas, receberam, de acordo com avaliação do departamento de produção, o nível de 60% acabadas. Isso significa que a noção de unidades equivalentes ou desempenho equivalente é utilizada como técnica para o estabelecimento do custo unitário nos casos em que as unidades estão parcialmente acabadas. Pode-se dizer, por conseguinte, que o conceito de unidades equivalentes representa as unidades físicas em termos de quantidade de trabalho que exigem. Portanto, uma unidade física pode ser considerada o somatório de cargas de trabalho ou somatório de fatores de produção (custos de material e conversão).

É preciso observar, ainda, que o custo unitário não será calculado apenas considerando as unidades acabadas, mas o total da produção do período, isto é, o cálculo do custo unitário considerará as unidades acabadas mais o percentual de acabamento das unidades em processamento, uma vez que o esforço financeiro também levará em conta os mesmos fatores. Sendo assim, o cálculo é feito com base na produção em unidades equivalentes, em outras palavras, com base nos custos dos fatores necessários à conclusão de uma unidade. Portanto, pode-se dizer que uma unidade de produto acabado recebe uma carga plena, ao passo que uma unidade de produto em processo recebe uma carga parcial.

13.2.3 Estimativa do nível de acabamento

Como regra, as estimativas do nível de acabamento de uma unidade contemplam certo caráter de subjetividade. É claro que a área de produção de uma fábrica possui subsídios e técnicos experientes para avaliar o estágio em que se encontra determinado lote de produção. Contudo, mesmo considerando esses fatores, o critério de avaliação não será de todo preciso, pois a exatidão dessas estimativas dependerá do cuidado, da habilidade do estimador e da natureza do processo.

Pode-se dizer que a estimativa do nível de acabamento é mais precisa para os materiais que para os custos de conversão. O custo de conversão envolve um número de operações padrão, que abrangem conceitos predeterminados de quantidade de tempo, pessoal, tonelagem etc. Assim, o nível de acabamento dos custos de conversão depende da parcela de esforço total necessário para completar uma unidade ou um lote que tenha sido aplicado às unidades em processamento. Nas indústrias cuja estimativa exata não é possível, o total da produção de todos os departamentos dos produtos em processo é calculado como um percentual ou fração da produção completada.

13.3 Método da média ponderada

O método da média ponderada considera o estoque inicial de produtos em processo como se esses produtos tivessem sido iniciados e terminados durante o mesmo período. O estoque inicial de produtos em processo é visto como parte da produção do período, independentemente do fato de terem sido iniciados anteriormente. Com isso, os custos do estoque inicial são misturados aos custos dos estoques em formação no período corrente. Quando são calculadas as unidades equivalentes, o trabalho executado no passado é registrado como realizado no período vigente.

13.3.1 Cálculo das transferências interdepartamentais

Como vimos nos capítulos anteriores, a perfeita alocação dos custos de produção aos respectivos departamentos demandará uma análise detalhada de forma a não provocar distorções na apuração dos custos de produção.

Pode-se dizer que, de maneira geral, nas situações de custeio por processo, existem dois ou mais departamentos no ciclo de produção. Normalmente, à medida que os produtos vão se movendo de um departamento para o outro, seus custos também vão sendo transferidos.

Supondo uma empresa que opere sua produção com dois departamentos (A e B), os insumos são considerados no início do processo nos respectivos departamentos e os custos de conversão são registrados de forma regular e uniforme em ambos. À medida que o processamento no departamento A se completa, os produtos são transferidos para o departamento B e, posteriormente, transferidos para o estoque de produtos acabados.

No Quadro 13-2 é apresentado o movimento de dois departamentos em determinado mês do exercício de 20X5.[2]

Quadro 13-2 Dados de produção

	Departamento A		Departamento B		Valor
	Unidades	Valor	Unidades	Valor	Total
Preço unitário dos insumos		$ 14,25		$ 15,75	
P.U. custo de transformação		$ 6,41		$ 6,30	
Mês anterior					
% da fase de acabamento	45%		50%		
Saldo inicial produto processo	14.600		18.200		
Unidades acabadas	8.700		12.500		
Custo insumos		$ 161.808,75			$ 161.808,75
Custo transformação		$ 72.813,94		$ 96.705,00	$ 169.518,94
Custos transferidos				$ 281.547,23	$ 281.547,23
Custo total		**$ 234.622,69**		**$ 378.252,23**	**$ 612.874,91**
Mês corrente					
% da fase de acabamento	60%		40%		
Unidades iniciadas	38.500		46.700		
Unidades acabadas	42.500		45.600		
Estoque final produtos processo	1.900		6.800		
Custo adicional insumo		$ 460.061,25		$ 761.040,00	$ 1.221.101,25
Custo adicional transformação		$ 207.027,56		$ 22.868,78	$ 229.896,34
Custos transferidos					$ 0,00
Custo total		**$ 667.088,81**		**$**	**$ 1.450.997,59**
Demonstrativo do custo total					
Custo insumos		$ 621.870,00		$ 761.040,00	$ 1.382.910,00
Custo transformação		$ 279.841,50		$ 119.573,78	$ 399.415,28
Custos transferidos		$ 0,00		$ 281.547,23	$ 281.547,23
Custo total		**$ 901.711,50**		**$**	**$ 2.063.872,50**
Demonstrativo do saldo dos produtos em processo					
	Anterior	Iniciados	Acabados	Processo	
Departamento A					
Mês anterior		14.600	8.700	5.900	
Mês corrente	5.900	38.500	42.500	1.900	
Departamento B					
Mês anterior		18.200	12.500	5.700	
Mês corrente	5.700	46.700	45.600	6.800	

---

[2] Exemplo adaptado de Charles T. Horngren, *Contabilidade de custos*. São Paulo: Pearson Prentice Hall, 2004, v. 2, p. 806.

Os quadros 13-3A e 13-3B mostram como se processam essas transferências usando-se o método das médias ponderadas, demonstrando o custo total de produção apurado e a movimentação dos estoques entre os departamentos A e B, bem como a transferência dos seus respectivos custos.

Quadro 13-3A Custo de produção – Método da média ponderada

	Fluxo físico	Departamento A		Unidades equivalentes acabadas
		Unidades equivalentes		
		Insumos	Transform.	
Quantidades				
Estoque inicial de produtos processo	14.600			
Unidades iniciadas no mês	38.500			
Unidades processadas	53.100			
Unidades acabadas no mês	42.500	42.500	42.500	
Estoque final produtos processo	1.900	1.900	1.140	
Unidades acabadas	44.400	44.400	43.640	
Custos				
Estoque inicial de produtos processo	$ 234.622,69	$ 161.808,75	$ 72.813,94	
Custos correntes	$ 667.088,81	$ 460.061,25	$ 207.027,56	
Custo total	**$ 901.711,50**	$ 621.870,00	$ 279.841,50	
Unidades equivalentes		44.400	43.640	
Custo por unidade equivalente		$ 14,01	$ 6,41	$ 20,42
Quadro resumo				
Unidades acabadas	42.500			
Custo unidade equivalente	$ 20,42			
Custo unidades acabadas				$ 867.789,70
Custos recebidos		$ 26.611,55	$ 7.310,25	$ 33.921,80
Custo total produção				**$ 901.711,50**

Ressalte-se que as unidades transferidas do departamento A podem ser consideradas como insumos para o departamento B. Os custos transferidos do departamento A para o departamento B são similares aos custos de insumos utilizados pelo departamento A, embora sejam chamados de custos transferidos de departamentos anteriores, e não de custos de insumos. Isto é, na verdade, seria possível dizer que o departamento B "compra" o material de um fornecedor externo. Assim, deve calcular os custos transferidos em relação a quaisquer custos de material novo adicionado ao departamento B e os custos de conversão adicionados ao departamento B.

Quadro 13-3B Custo de produção – étodo da média ponderada

| | Fluxo físico | Departamento B ||| Unidades equivalente acabadas |
		Custos receb.	Insumos	Transform.	
Quantidades					
Estoque inicial de produtos processo	18.200				
Unidades iniciadas no mês	46.700				
Unidades processadas	64.900				
Unidades acabadas no mês	45.600	45.600	45.600	45.600	
Estoque final produtos processo	6.800	6.800		2.720	
Unidades acabadas	52.400	52.400	45.600	48.320	
Custos					
Estoque inicial de produtos processo	$ 378.252,23	$ 281.547,23	$ 0,00	$ 96.705,00	
Custos correntes	$ 1.685.620,28	$ 901.711,50	$ 761.040,00	$ 22.868,78	
Custo total	**$ 2.063.872,50**	$ 1.183.258,73	$ 761.040,00	$ 119.573,78	
Unidades equivalentes		52.400	45.600	48.320	
Custo por unidade equivalente		**$ 22,58**	**$ 16,69**	**$ 2,47**	**$ 41,75**
Quadro resumo					
Unidades acabadas	45.600				
Custo unidade equivalente	$ 41,75				
Custo unidades acabadas					$ 1.903.588,87
Custos recebidos		$ 153.552,66	$ 0,00	$ 6.730,97	$ 160.283,63
Custo total produção					**$ 2.063.872,50**

13.3.2 Lançamentos contábeis

Os lançamentos contábeis de acordo com o método da média ponderada são mostrados na Tabela 13-1 a seguir:

Tabela 13-1 Lançamentos contábeis

Departamento B - produtos em processo	$ 901.711,50	
Departamento A - produtos em processo		$ 901.711,50
Departamento A - produtos acabados	$ 2.063.872,50	
Departamento B - produtos acabados		$ 2.063.872,50

Em alguns casos, dependendo do grau de necessidade e exigibilidade do controle de determinada empresa, será necessário que a conta de produtos em processamento seja apresentada em subitens, de forma a contemplar uma análise mais detalhada, e isoladamente dos insumos, mão-de-obra, e custos indiretos. Nesses casos, os lançamentos contábeis deverão conter esses detalhes sem prejuízo conceitual da técnica.

13.3.3 Cálculo utilizando o custo-padrão[3]

Pode-se considerar que o custeio padrão tem uma utilização bastante generalizada, podendo ser utilizado para o custeamento de ordens de serviço, ou mesmo para a apuração de custeio direto, por absorção ou por processo.

A prática tem mostrado que a utilização do custeio padrão tende a ser mais eficiente nos casos de custeio por processo. Isso se deve à própria essência do custeio por processo, ou seja, o fato de que este procedimento está perfeitamente adaptado às condições de produção em escala e produção contínua. Nessas condições, pode-se considerar preços aos padrões físicos e determinar o custo-padrão de produção. Ressalte-se que esses custos-padrão contemplariam eventuais perdas normais, diminuições ou desperdícios.

No Quadro 13-4 está apresentado um exemplo de cálculo utilizando-se o custo-padrão, em que os fatores são os mesmos utilizados para o departamento A (Quadro 13.2), sendo os custos-padrão apurados para o processo como descrito a seguir.

Quadro 13-4 Dados de produção

Preço unitário dos insumos		$ 14,25
Preço unitário dos custos transformação		$ 6,41
Custo unitário padrão		**$ 20,66**
Produtos em produtos em processo	14.600	
% da fase de acabamento	45%	
Unidades acabadas	6.570	
Custo materiais		$ 208.050
Custo transformação		$ 42.130
		$ 250.180
Unidades acabadas mês	42.500	
Unidades iniciadas mês	38.500	
Estoque final produtos em processo	1.900	
% da fase de acabamento	60%	

Conforme demonstrado no Quadro 13-5, a seguir, o sistema de custo-padrão simplifica muito os cálculos do custeio por processo, evidenciando uma variação de apenas 1,2% em relação ao custo apurado pelo método da média ponderada.

---

[3] Anteriormente, mencionou-se que a legislação brasileira não restringe, mas também não recomenda, a utilização do custeio padrão. A Receita Federal, especialmente, determina que, na hipótese de a empresa apurar seus custos pelo custeio-padrão, caso haja excesso em comparação ao custeio por absorção, a diferença deverá ser oferecida à tributação na apuração do lucro real (base para o cálculo do imposto de renda a pagar). Na hipótese de insuficiência, a diferença não poderá ser deduzida na base de cálculo, por ser entendida como liberalidade.

O sistema de custo-padrão tem a grande vantagem de reduzir substancialmente as dificuldades dos métodos de avaliação de estoque pelo FIFO e pela média ponderada, em razão da redução substancial dos cálculos utilizados nesses métodos. Assim, pode-se dizer que o custo-padrão é um custo por unidade equivalente. Ressalte-se que outra grande vantagem do custo-padrão é a facilidade para controle dos custos e estoques.

Outrossim, nem tudo é um "mar de rosas", conforme ressaltado anteriormente, para aplicação do método do custo-padrão algumas condições deverão ser satisfeitas, tais como: a produção deve ser em escala e não deve haver grandes flutuações e diversidades de produtos.

Quadro 13-5 Custo-padrão em um sistema por processo

	Fluxo físico	Unidades equivalentes		Unidades equivalentes acabadas
		Insumos	Transformação	
Quantidades:				
Estoque inicial de produtos processo	14.600			
Unidades iniciadas no mês	38.500			
Unidades processadas	53.100			
Cálculo unidades acabadas				
Estoque inicial	14.600		8.030	
Produção do mês	27.900	27.900	27.900	
Estoque final produtos processo	1.900	1.900	1.140	
Unidades acabadas	**44.400**	**29.800**	**37.070**	
Demonstrativo custos produção				
Custo-padrão unidade equivalente		$ 14,25	$ 6,41	
Unidades equivalentes		29.800	37.070	
Custo-padrão do mês	$ 662.361	$ 424.650	$ 237.711	
Estoque inicial	$ 250.180	$ 208.050	$ 42.130	
Custo total	**$ 912.542**	**$ 632.700**	**$ 279.842**	
Quadro resumo custos				
Unidades acabadas	42.500			
Custo unitário	$ 20,66			
Custo unidades acabadas				$ 878.156
Estoque final		$ 27.075	$ 7.310	$ 34.385
Custo total				**$ 912.542**
Quadro resumo variações				
Unidade produzidas mês		29.800	37.070	
Custo-padrão do mês		$ 424.650	$ 237.711	
Custos debitados no mês		$ 460.061	$ 207.028	
Variação total		**–$ 35.411**	**$ 30.684**	
Custo total pelo método média da ponderada				$ 901.712
Custo total pelo método do custo-padrão				$ 912.542
				$ 10.830
			Diferença	1,20%

13.4 Método FIFO departamental

Ao contrário do método da média ponderada, o método FIFO considera o estoque inicial separadamente dos produtos acabados e distinto dos produtos iniciados e terminados dentro do mesmo período. Pode-se afirmar que, na verdade, o método FIFO assemelha-se bastante ao custeio por ordem de serviço.

A apuração dos custos pelo método FIFO tem como objetivo demonstrar separadamente os custos dos 1, produtos transferidos do estoque inicial de produtos em processamento; e 2, dos produtos iniciados e terminados dentro do próprio mês. Observa-se que os custos unitários não são os mesmos, quando comparados com o método da média ponderada.

13.4.1 Cálculo das transferências interdepartamentais

Esse método está centrado nas transferências interdepartamentais, no qual cada departamento é considerado uma entidade contábil distinta. Todos os custos transferidos de um departamento anterior durante uma fase de produção são escriturados na contabilidade por um custo unitário advindo do departamento anterior, quer se use a técnica da média ponderada quer se utilize a técnica FIFO.

Como demonstrado nos quadros 13-6A e 13-6B, embora seja possível observar no departamento A preços unitários de materiais e de transformação diferentes, esses produtos são transferidos e custeados pelo departamento B por um custo médio unitário. Em outras palavras, pode-se utilizar o método FIFO departamental, de forma que os departamentos subseqüentes utilizem métodos de médias ponderadas para os custos transferidos de departamentos subseqüentes durante o processo de produção, tornando a apuração do custo total de produção bem menos complicada.

A título de exemplificação, se considerássemos um sistema de custeio por processo com quatro departamentos distintos, teria-se, pelo menos, oito lotes de transferências, cada um dos quais iria requerer custeio distinto no momento de sua transferência do departamento final e para ele. Contudo, à medida que os produtos são transferidos do último processamento para produtos acabados, os registros do estoque de produtos acabados serão mantidos em FIFO.

Assim, pode-se concluir que as técnicas FIFO aplicam-se dentro de um departamento aos produtos que vão ser transferidos para outro departamento, no qual os insumos recebidos durante o processo de produção serão registrados por um único custo unitário médio, facilitando os cálculos e o controle da produção.

Como se pode observar no Quadro 13-6A, os custos totais de produção foram calculados considerando-se um custo unitário equivalente de US$ 18,93, multiplicado pela quantidade de unidades acabadas no mês (42.500). Nota-se que é o mesmo valor encontrado pelo método da média ponderada, apresentado no Quadro 13-3A.

13.4.2 Comparação entre os dois métodos

É muito comum ouvir dos gestores de custos que não adotam o sistema de apuração FIFO (ou PEPS, no Brasil) em razão de os custos transferidos para o resultado serem "menores" do que se apurados por outro método. Por exemplo, na época de inflação alta, durante a qual os preços variavam diariamente, os empresários e gestores de custos jamais adotariam o sistema FIFO, pois estariam transferindo para os custos dos produtos vendidos preços "irreais". Atualmente, com a inflação controlada, esse abismo está bem menor.

Quadro 13-6A Custo de produção – método FIFO departamental

		Departamento A		
	Fluxo físico	Unidades equivalentes		Unidades equivalente acabadas
		Insumos	Transformação	
Quantidades				
Estoque inicial de produtos processo	14.600			
Unidades iniciadas no mês	38.500			
Unidades processadas	53.100			
Unidades acabadas no mês	42.500	42.500	42.500	
Estoque inicial de produtos processo	5.900	5.900	3.540	
Unidades acabadas no mês	48.400	48.400	46.040	
Custos				
Estoque inicial de produtos processo	$ 234.623	$ 161.809	$ 72.814	
Custos correntes	$ 667.089	$ 460.061	$ 207.028	
Custo total	$ 901.712	$ 621.870	$ 279.842	
Unidades equivalentes		48.400	46.040	
Custo por unidade equivalente		$ 12,85	$ 6,08	$ 18,93
Quadro resumo				
Unidades acabadas	42.500			
Custo unidade equivalente	$ 18,93			
Custo unidades acabadas				$ 804.388
Custos recebidos		$ 75.806	$ 21.517	$ 97.323
Custo total de produção				$ 901.712

Contudo, mesmo persistindo a variação no preço dos insumos, por exemplo, a questão central não é reconhecer um custo maior ou menor no resultado, mas sim o custo real dos produtos vendidos. Isso independe da metodologia a ser adotada, pois cada empresa possui características próprias, assim um método pode ser mais adequado que outro.

O Quadro 13-7 evidencia que a quantidade de unidades acabadas pelo método FIFO (48.400 unidades) foi maior que a apurada pelo método da média ponderada (44.400 unidades). Se a justificativa mencionada dos empresários em que o FIFO apura um custo menor fosse verdadeira, o departamento B não poderia apurar um custo por unidade equivalente dos insumos igual para os dois métodos. Para piorar a situação e quebrar o mito dessa "verdade absoluta", o custo das unidades acabadas no departamento B, apurado pelo método FIFO, é maior que a apurada pela média ponderada.

Percebe-se que, de maneira geral, a causa mais evidente de qualquer diferença significativa entre os resultados obtidos pelos métodos FIFO e da média ponderada é o comportamento irregular dos preços dos insumos. contudo, nesses casos, o gestor de custos pode utilizar um preço-padrão, obtido do *budget*[4] elaborado pela empresa, no método da média ponderada, ou mesmo basear-se no método FIFO para custear a produção, a fim de isolar a influência das variações de preço sobre os custos de produção.

Quadro 13-6B Custo de produção – método FIFO departamental

	Departamento B				
	Fluxo físico	Unidades equivalentes			Unidades equivalente acabadas
		Custos receb.	Insumos	Transformação	
Quantidades					
Estoque inicial de produtos processo	18.200				
Unidades iniciadas no mês	46.700				
Unidades processadas	64.900				
Unidades acabadas no mês	45.600	45.600	45.600	45.600	
Estoque inicial produtos processo	5.700	27.900		2.280	
Unidades acabadas no mês	51.300	73.500	45.600	47.880	
Custos					
Estoque inicial de produtos processo	$ 378.252,23	$ 281.547,23	$ 0,00	$ 96.705,00	
Custos correntes	$ 1.685.620,28	$ 901.711,50	$ 761.040,00	$ 22.868,78	
Custo total	**$ 2.063.872,50**	$ 1.183.258,73	$ 761.040,00	$ 119.573,78	
Unidades equivalentes		51.300	45.600	47.880	
Custo por unidade equivalente		$ 23,07	$ 16,69	$ 2,50	$ 42,25
Quadro resumo					
Unidades acabadas	45.600				
Custo unidade equivalente	$ 42,25				
Custo unidades acabadas					$ 1.926.705,32
Custos recebidos		$ 131.473,19	$ 0,00	$ 5.693,99	$ 137.167,18
Custo total de produção					$ 2.063.872,50

Excetuando os preços das matérias-primas, as diferenças entre os resultados advindas do uso do FIFO ou do método das médias ponderadas são, em geral, insignificantes, por causa das características próprias das indústrias que usam o custeio por processo. As situações de custeio por processo, geralmente, implicam produção em massa de natureza contínua. Os níveis dos estoques inicial e final não têm grande probabilidade de mudar radicalmente

---

[4] O termo *budget*, de origem inglesa, é um jargão utilizado como indicativo de orçamento.

de um mês a outro. Além disso, os custos unitários de conversão também não têm grande probabilidade de mudança de um mês a outro.

Para fins de controle de custos, o FIFO é habitualmente superior ao método das médias ponderadas, porque o desempenho corrente deve ser julgado somente com base nos custos correntes. Entretanto, tanto o FIFO quanto as médias ponderadas apresentam um grau de complexidade maior em relação ao controle e à apuração dos custos que o custeio por processo padrão.

Quadro 13-7 Comparação entre os métodos

	Média	FIFO	Variação
Departamento A			
Unidades acabadas no mês	44.400	48.400	−8,3%
Custo por unidade equivalente			
Insumo	$ 14,01	$ 12,85	9,0%
Transformação	$ 6,41	$ 6,08	5,5%
Unidade equivalente	$ 20,42	$ 18,93	7,9%
Custo unidades acabadas	$ 867.789,70	$ 804.388,11	7,9%
Custos recebidos	$ 33.921,80	$ 97.323,39	−65,1%
Departamento B			
Unidades acabadas no mês	52.400	51.300	2,1%
Custo por unidade equivalente			
Recebido	$ 22,58	$ 23,07	−2,1%
Insumo	$ 16,69	$ 16,69	0,0%
Transformação	$ 2,47	$ 2,50	−0,9%
Unidade equivalente	$ 41,75	$ 42,25	−1,2%
Custo unidades acabadas	$ 1.903.588,87	$ 1.926.705,32	−1,2%
Custos recebidos	$ 160.283,63	$ 137.167,18	16,9%

Resumo

De modo geral, o custeio por processo é um método utilizado para mensurar os estoques quando há produção contínua em massa de unidades semelhantes, em contraposição à produção de bens únicos ou sob medida.

O custeio por ordem de serviço está relacionado com lotes ou unidades individuais, enquanto o custeio por processo está relacionado com a produção em escala de unidades semelhantes que têm como rotina passar por uma série de estágios de produção, denominados processos ou operações. O custeio por processo, geralmente, é aplicado às indústrias. A indústria que opera sob encomendas, desde que não seja constante, poderia ser um exemplo de custeio por ordem de serviço

O conceito de unidades equivalentes está diretamente ligado ao conceito de produtos em processo. As unidades que estão acabadas serão, por razões óbvias, consideradas produtos em estoque. Todavia, existem ainda as unidades que estão em processo de manufatura. Nesse caso, deverão ser consideradas unidades equivalentes. Sendo assim, o estoque será composto pelos produtos acabados mais aquelas unidades em processo tidas como equivalentes, dependendo do seu estágio de acabamento.

Como regra, as estimativas do nível de acabamento de uma unidade contemplam um certo caráter de subjetividade. No entanto, mesmo considerando esses fatores, o critério de avaliação não será de todo preciso, pois a exatidão dessas estimativas dependerá do cuidado, da habilidade do estimador e da natureza do processo.

No método da média ponderada, o estoque inicial de produtos em processo é considerado como se os produtos tivessem sido iniciados e terminados durante o mesmo período. O estoque inicial de produtos em processo é registrado como parte da produção do período, independentemente do fato de terem sido iniciados anteriormente. Assim, os custos do estoque inicial são misturados aos custos dos estoques em formação no período corrente. Quando são calculadas as unidades equivalentes, o trabalho executado no passado é considerado como feito correntemente.

Ao contrário do método da média ponderada, o método FIFO considera o estoque inicial separadamente dos produtos acabados e distinto dos produtos iniciados e terminados dentro do mesmo período. Pode-se dizer que, na verdade, o método FIFO assemelha-se bastante ao custeio por ordem de serviço. A apuração dos custos por esse método tem como objetivo demonstrar separadamente os custos dos 1, produtos transferidos do estoque inicial de produtos em processamento; e dos 2, produtos iniciados e terminados dentro do próprio mês. Nota-se que os custos unitários não são os mesmos, quando comparados com o método da média ponderada.

Exercícios propostos

1. Dê as principais características do custeio por processo e a aplicabilidade prática desse conceito.
2. Qual o conceito de unidade equivalente e qual é a sua aplicabilidade prática?
3. Qual a importância de se distinguir entre custos transferidos e custos de nova matéria-prima em determinado departamento?
4. O processamento dos custos de produção de determinado produto resultou em US$ 40.000. Nesse processamento, foram introduzidos materiais no início do processamento no valor de US$ 22.000, sendo incorridos US$ 18.000 de custos de conversão a uma taxa uniforme durante todo o processamento. Das 40 mil unidades de produto iniciadas, 38 mil foram concluídas e 2 mil ainda estavam em processamento no fim do mês, estando em média 50% completas. Considerando os dados mencionados, prepare um relatório de custo da produção, mostrando o custo dos produtos acabados e o custo do estoque final dos produtos em processamento.
5. Os dados apresentados no Quadro E-1 referem-se ao mês de julho. O insumo A é introduzido no início do processamento, enquanto o insumo B é introduzido quando o produto chega ao estágio de 75% de acabamento. Os custos de conversão são uniformes durante todo o processamento. Presumindo que o estoque dos produtos em processamento esteja 1/3 completo, responda às seguintes questões:
    1. Qual é o custo das mercadorias transferidas durante o mês de julho?
    2. Qual é o custo dos produtos em processamento em 31 de julho?

Quadro E-1 Dados referentes a julho

	unidades
Produtos processamento 1/07	0
Unidades iniciadas	50.000
Completadas e transferidas acabamento	35.000
	custos
Insumo A	$ 200.000
Insumo B	$ 70.000
MOD e custos indiretos	$ 135.000
	$ 405.000

6. O departamento A de uma determinada empresa tem o orçamento apresentado no Quadro E-2, para a produção de mil unidades completas, em termos de produção, equivalentes para o mês de janeiro, representando o volume de um mês normal. O material direto é introduzido no início do processamento. Os custos de conversão ocorrem uniformemente durante o processamento. A produção varia de um mês para outro, de maneira que os custos indiretos fixos sejam aplicados a uma taxa de US$ 2,00 por unidade equivalente. Não existem estoques iniciais. Constatou-se que 1.100 unidades foram iniciadas durante o mês e 900 foram completadas. As 200 unidades em processamento no fim do mês estavam 75% completas. Não há quebra, deterioração ou desperdício de materiais. O Quadro E-3 mostra o relatório de desempenho. Durante o mês de janeiro os custos fixos de conversão montaram em US$ 2.000. Com base nesses dados:

1. Calcule o custo dos produtos completados no mês de janeiro.
2. Calcule o custo do estoque final de produtos em processamento.
3. Calcule o montante dos custos indiretos super ou subaplicados em 31 de janeiro. E responda às seguintes questões:
    a) O que se pode dizer sobre o relatório de desempenho nesse mês?
    b) Que conclusões é possível tirar do relatório de desempenho?

Quadro E-2 Orçamento depto. A

Custos variáveis e controláveis	
Material direto	$ 20.000
MOD	$ 10.000
MOI	$ 2.000
Energia	$ 200
Suprimentos	$ 800
	$ 33.000
Custos fixos e incontroláveis	
Aluguel	$ 400
Supervisão	$ 1.000
Depreciação	$ 500
Outros	$ 100
	$ 2.000
Total custos	**$ 35.000**

Quadro E-3 Relatório de desempenho

	Relatório de desempenho			
			Variação	
	Orçamento	Real	Valor	%
Material direto	$ 20.000	$ 22.550	−$ 2.550	−12,8%
MOD	$ 10.000	$ 10.500	−$ 500	−5,0%
MOI	$ 2.000	$ 2.100	−$ 100	−5,0%
Energia	$ 200	$ 210	−$ 10	−5,0%
Suprimentos	$ 800	$ 840	−$ 40	−5,0%
	$ 33.000	$ 36.200	−$ 3.200	−9,7%

7. Os dados apresentados no Quadro E-4 referem-se a um departamento que opera com o sistema de custeio por processo. Todos os materiais são introduzidos no início do processo, enquanto os custos de conversão ocorrem uniformemente durante todo o processamento. Com base nos dados apresentados, proceda ao seguinte:

1. Usando médias ponderadas, elabore um demonstrativo de desempenho equivalente, custos unitários e um sumário de custos.
2. Prepare um lançamento para a transferência dos produtos concluídos para o estoque de produtos acabados.
3. Calcule os custos-padrão dos produtos transferidos e ainda em processamento.
4. Aponte as variações totais do desempenho corrente em termos de custos de conversão e material direto.
5. Repita o mesmo cálculo utilizando o método FIFO modificado. Compare com os resultados apurados nos itens anteriores. Que conclusões se pode tirar?

Quadro E-4 Custeio por processo

Estoque de produtos em processamento em 1/12/20X5	1.000 unidades
Percentual completo	40 %
Materiais	$ 8.703
Custos de conversão	$ 5.036
Produtos completos em 12/20X5	8.200 unidades
Produtos em processamento em 31/12/20X5	800 unidades, 20% completas
Materiais adicionados em dezembro	$ 72.000
Custos de conversão em dezembro	$ 83.580
Custo-padrão por unidade acabada	
Material direto	$ 8,50
Custos de conversão	$ 10.000

8. Os estoques de produtos em processamento no fim de 20X5 estão demonstrados no Quadro E-5. A empresa completou 40 mil unidades de produtos acabados durante 20X5. Os custos de fabricação incorridos durante o ano foram os seguintes: materiais, US$ 242.600; custos de conversão, US$ 445.200. Os estoques registrados em 01/01/20X5 eram de US$ 10.600 (materiais = US$ 70.000; custos de conversão = US$ 3.600). Considerando que a empresa utiliza para cálculo a média ponderada.

1. Calcular a produção equivalente em 20X5 de 1) materiais e 2) custos de conversão.
2. Qual é o custo correto do estoque final de produtos em processamento?
3. Se o custo-padrão de material for US$ 5 por unidade acabada e o custo-padrão de conversão for US$ 10 por unidade acabada, qual seria o custo total padrão da produção realizada durante 20X5?

Quadro E-5 Produtos em processamento

	Acabamento		
		Custos	
	Unidades	Material	Conversão
1/1/20X5	3.000	40%	10%
31/12/20X5	2.000	80%	40%

9. A Cia. ABC utiliza o sistema de custeio por processo. Os materiais são adicionados no início do processamento e os custos de conversão ocorrem uniformemente durante o período. Os produtos em processamento no início estão 50% completos. Um galão de material produz um galão de produto. Considerando-se os dados apresentados no Quadro E-6:

1. Elabore um relatório do custo de produção de acordo com o método de médias ponderadas.
2. Repita o mesmo cálculo utilizando o FIFO modificado. Compare com o resultado do item anterior. Quais conclusões se pode tirar?

Quadro E-6 Cia. ABC

		Custos		
	Galões	Conversão	Materiais	Totais
Estoque inicial	900	$ 800	$ 1.600	$ 2.400
Materiais adicionados	9.900	$ 18.000	$ 20.000	$ 38.000
Estoque final	450			
Custos totais		$ 18.800	$ 21.600	$ 40.400

10. Determinada empresa fabrica um produto que exige processamento em três departamentos. No departamento C, os materiais são adicionados no início do processamento. Os custos de conversão são adicionados continuamente durante todo o processamento. Os custos indiretos de fabricação são aplicados às unidades em processamento no departamento C à taxa de 125% dos custos de mão-de-obra direta. Os dados correspondentes às operações do departamento C durante o mês de julho estão apresentados no Quadro E-7. Durante o mês, foram recebidas 12 mil unidades do departamento B, ao custo de US$ 15.460. Os custos incorridos no departamento C em julho foram os seguintes: MD requisitado = US$ 8.975 e MOD = US$ 11.124. Em 31 de julho, havia 6 mil unidades em processamento, sendo 40% convertidas. Não ocorreram perdas no processamento. Utilizando o método de custeio das médias ponderadas, prepare um relatório do custo de produção para o mês de julho.

Quadro E-7 Operações durante o mês de julho

	Unidades	Custos convertidos	Valores Depto. B	Valores Depto. C
Processamento 1/7	4.000	60%		
Custo Departamento			$ 15.340	
Materiais				$ 2.273
MOD				$ 2.764
Custos indiretos aplicados				?

11. No sistema de produção de determinada empresa, o insumo A é introduzido no início do processamento, enquanto o insumo B é adicionado quando o processo está 80% completo. Os custos de conversão são aplicados uniformemente durante todo o processamento. O custo-padrão por unidade acabada está demonstrado no Quadro E-8. Observe-se que os custos indiretos são aplicados como percentagem do custo-padrão de mão-de-obra direta. Os estoques iniciais de produtos em processamento em 1º de julho consistiam em mil unidades, todas 30% completas. Durante o mês de julho foram adicionados 52 mil quilos do insumo A, bem como 12 mil litros do insumo B. Foram completadas 9 mil unidades. Restavam ainda 2 mil unidades em processamento, com 90% completadas, no fim de julho. Os custos reais incorridos no departamento de produção estão dispostos no Quadro E-9. A atividade normal é de 12 mil unidades acabadas por mês. Com base nesses dados, pede-se a expressão da produção em termos de unidades equivalentes de:

1. Material A.
2. Material B.
3. Custos de conversão. Apresentar os montantes monetários e usar as letras F e D para denotar se as seguintes variações são favoráveis ou desfavoráveis:
4. Variação do preço do material A (presumir que a empresa reconhece as variações de preço dos materiais à medida que são empregados e não à medida que são comprados.)
5. Variação do consumo do insumo A.
6. Variação do preço do insumo B.
7. Variação do consumo do insumo B.
8. Variação da taxa de mão-de-obra.
9. Variação da eficiência da mão-de-obra.
10. Variação dos gastos com custos indiretos variáveis.
11. Variação da eficiência das custos indiretos variáveis.
12. Variação dos gastos com custos indiretos fixos.
13. Variação do volume de custos indiretos fixos.

Quadro E-8 Custo-padrão por unidade

	% MOD	unidades	p.u.	total
Material A		5 kg	$ 0,40	$ 2,00
Material B		2 l	$ 5,00	$ 10,00
Custos conversão				
Mão-de-obra		2 h	$ 2,50	$ 5,00
Custos indiretos variáveis	?			$ 1,00
Custos indiretos fixos	?			$ 4,00
				$ 22,00

Quadro E-9 Custos reais incorridos

	Unidades	p.u.	Total
Custos incorridos			
Material A			$ 26.000,00
Material B			$ 108.000,00
MOD	22.000 h	$ 2,50	$ 55.000,00
Custos indiretos variáveis			$ 10.850,00
Custos indiretos fixos			$ 47.800,00

12. Determinada empresa fabrica os produtos 1 e 2. A empresa tem três departamentos produtivos: A, B e C. A matéria-prima tem seu processamento iniciado no departamento A. Quando se encerra o processamento conjunto no departamento A, são produzidos dois produtos químicos diferentes. Um quarto (1/4) da produção vai para o departamento B, onde é transformada no produto 1. Os outros três quartos (3/4) vão para o departamento C, onde são transformados no produto 2. À medida que os produtos 1 e 2 vão sendo completados, são transferidos para o estoque de produtos acabados. A empresa aloca os custos do departamento A ao produto 1 e ao produto 2 proporcionalmente a seus valores líquidos de venda no ponto de separação, que são calculados subtraindo-se, do valor de vendas dos produtos, os custos a serem ainda incorridos no processamento ulterior. As informações das operações do mês de maio estão apresentadas no Quadro E-10. No departamento A foram produzidas 1.200 unidades de material. Os preços de venda dos produtos 1 e 2 são US$ 25,00 e US$ 22,00 por unidade, respectivamente. Os preços em 31 de maio são iguais aos preços em vigor durante o mês. O custeio da produção da empresa é feito de acordo com o FIFO. Considerando os dados apresentados, responda às seguintes questões:

1. Qual é o custo de conversão da produção de maio por unidade equivalente, no departamento B.
2. Qual é o custo de conversão por unidade equivalente do departamento A.
3. Qual é o total dos custos transferidos para o departamento B.
4. Quais são custos transferidos do departamento B para o estoque de produtos acabados.
5. A empresa está estudando a possibilidade de vender o produto que atualmente vai para o departamento C, no ponto de separação, em vez de prosseguir no processamento necessário para a preparação do produto 2? O produto 1 continuaria a ser processado como de costume. Se o preço de venda no ponto de separação for US$ 10, a empresa deverá fechar o departamento C e vender no ponto de separação? Por quê?

Quadro E-10 Operações do mês de maio

	30/abril			31/maio					
				Custo incorrido					
							Conversão		
	Unid.	% acab.	Custo	Unid.	% acab.	Materiais	Total	C. Un. Eq.	P.Un.
Departamento A				1.200	100%	$ 72.000	$ 72.000		
Produto acabado – G									$ 25
Produto acabado – Y									$ 22
Departamento B	500	20%	$ 10.000	700	60%		$ 15.600		
Departamento C	1.000	20%	$ 11.300	700	60%			$ 12	
Produto acabado – G	800	20%	$ 19.200	500	60%				
Produto acabado – Y	600	20%	$ 13.200	800	60%				

13. Em 1/12/20X5, A Cia ABC pagou US$ 25.000 pela patente de um tipo de válvula da Cia. XYZ. No mesmo ato, a Cia. ABC comprou o estoque de válvulas da Cia. XYZ por 80% do que custara à Cia XYZ. O estoque comprado está conforme apresentado no Quadro E-11. Os custos unitários da Cia. XYZ estão dispostos no Quadro E-12. Os custos do mês de dezembro da Cia. ABC, que não incluem o preço dos estoques comprados da Cia. XYZ, estão apresentados no Quadro E-13. O estoque de válvulas da Cia., ABC em 31 de dezembro de 20X5, está conforme demonstra o Quadro E-14. Sabe-se que nenhuma válvula saiu danificada ou foi perdida durante o processo de fabricação. A Cia. ABC usa o método do custeio por processo com FIFO modificado em seu sistema contábil. Com base nessas informações:

1. Prepare um demonstrativo calculando as unidades equivalentes produzidas.
2. Prepare um demonstrativo calculando os custos unitários.
3. Elabore um sumário dos custos para o mês de dezembro de 20X5.

Quadro E-11 Estoques comprados

	% acab.	Unidades
Matéria-prima (peças inacabadas)		1.100
Produção em processamento		
Retificação	25%	
Montagem	40%	
Válvulas acabadas		900

Quadro E-12 Custos unitários

	% acab	Unidades	C.Un.
Matéria-prima (peças inacabadas)		1.100	$ 2,00
Produção em processamento			
Retificação	25%		$ 1,00
Montagem	40%		$ 2,50
Válvulas acabadas		900	

Quadro E-13 Custos do mês de dezembro

	Unidades	Total
Compras MP (peças)	5.000	$ 10.500
Custos retificação		$ 2.430
Custos montagem		$ 5.664

Quadro E-14 Estoque

	% acab	unidades
Matéria-prima (peças inacabadas)		2.700
Produção em processamento		
Retificação	35%	2.000
Montagem	33%	300
Válvulas acabadas		2.250

CAPÍTULO 14

Outros sistemas de custeio

Objetivos de aprendizagem

Após estudar este capítulo, você deverá:

- Saber conceituar e mensurar os custos de produção a partir de outros sistemas de custeio.
- Compreender a apropriação dos custos por meio dos métodos de custeio-padrão, por encomenda, centros de custos e UEP.
- Conhecer algumas recomendações para aplicação desses métodos.

14.1 Sistema de custo-padrão

14.1.1 Conceito

A utilização do método do custo-padrão teve sua origem com as inovações introduzidas pelo movimento da administração científica, servindo de base para os sistemas de controle durante o transcorrer do século XX.

O sistema de custos-padrão constitui um sistema de custeio que permite medir a eficiência produtiva. Os custos-padrão são custos predeterminados. Porém, nem todos os custos predeterminados são custos-padrão.

Por padrão entendem-se as características físicas inerentes a determinada operação que, por sua vez, implicam necessariamente um custo. Podem ser as horas de mão-de-obra necessárias ou a quantidade de dado material. Na prática, pode-se dizer que, por trás de um custo-padrão, há sempre um padrão físico. A apuração desse padrão físico, normalmente, é um trabalho de engenharia.

O método do custo-padrão tem por objetivo proporcionar um instrumento de controle à gestão dos custos das empresas.

Nesse sentido, é fundamental enfatizar o significado do termo controle. O controle de custos ocorrerá quando for possível a identificação dos custos em departamentos, processos e elementos de custos e, posteriormente, for elaborada uma análise e comparação entre as duas situações, ou seja, entre o previsto e o efetivamente ocorrido.

Na gestão dos custos, uma das formas mais eficazes para o controle é a determinação de custos-padrão.

O conceito de custo-padrão aparece na literatura especializada sob diversas acepções, porém é necessário observar com cuidado algumas diferenças fundamentais, até mesmo porque essas diferenças nortearão as bases da implantação desse método e influenciarão profundamente as análises e avaliações dele resultantes.

O conceito de custo-padrão pode ser construído sobre a concepção de um custo de produção de um bem ou serviço, pressupondo o uso dos melhores materiais, nível zero de ociosidade de mão-de-obra, uso de 100% da capacidade disponível e manutenção real compatível com a manutenção programada. Esse custo-padrão é denominado custo-padrão ideal.

Esse conceito entrou em desuso, uma vez que, no transcorrer da produção e na elaboração dos processos, é muito comum a interferência de variáveis exógenas, não consideradas convenientemente no estabelecimento do custo-padrão ideal ou científico. O custo-padrão ideal poderá ser estabelecido como objetivo de longo prazo para a empresa e não como meta de curto e médio prazos.

Em contraposição, o conceito de custo-padrão corrente apresenta maior validade e praticidade mais ampla em seu uso. Nesse conceito, o custo-padrão é estabelecido com base nas condições reais de operacionalização da empresa, considerando-se os fatores que esta coloca à disposição da produção, como máquinas, especialização de mão-de-obra, necessidade de manutenção, entre outros.

O custo-padrão corrente deverá ser uma meta difícil de alcançar, mas não impossível de ser obtida nas condições habituais da empresa. Promoverá, assim, um elo entre os aspectos teóricos e práticos da produção, dentro de uma abordagem madura do que poderá ser atingido efetivamente. Com isso, poderá ser utilizado para análises e avaliações de curto prazo, proporcionando apoio a decisões imediatas.

Deve-se ressaltar que o conceito de custo-padrão corrente difere substancialmente do conceito de custo estimado. Esse último apenas configura um custo que será normalmente atingido pela empresa, em uma suposição de que a média do passado é uma boa estimativa, com pequenos ajustes, para o futuro.

O custo-padrão corrente exige o alcance de certos níveis de eficiência no desempenho das atividades produtivas, sendo, portanto, mais completo que uma simples estimativa com base no passado. Tendo claramente definido o conceito de custo-padrão a ser utilizado, a empresa encontrará nesse método um dos melhores instrumentos para o controle de seus custos.

Os principais resultados obtidos poderão ser evidenciados em áreas como: auxílio à eliminação de falhas nos processos produtivos, melhoramento dos controles de consumo de materiais, estabelecimento de instrumentos de avaliação de desempenho, confiabilidade nos dados utilizados na apuração do custo real, agilidade na obtenção de informações de custos.

O custo-padrão é determinado com base em medidas técnicas e práticas de uso e consumo dos fatores de produção, materiais, mão-de-obra e outros custos indiretos definidos com base nos processos. Em seguida, esses padrões são associados a uma unidade monetária, também considerada padrão. Assim, o custo-padrão pode ser obtido por meio da multiplicação dos padrões de consumo pelo respectivo padrão financeiro.

Os procedimentos para a definição dos elementos padrões estão apresentados na Tabela 14-1.

A determinação dos padrões e definição dos procedimentos e critérios apresentados envolverá a participação das diversas áreas da empresa. As áreas de contabilidade de custos e de engenharia de produção serão, certamente, as principais responsáveis nessa atribuição.

Tabela 14-1 Procedimentos para definição de elementos-padrão

Padrão a ser determinado	Procedimento ou critério utilizado
Padrão físico de consumo das matérias-primas e demais materiais	Pesagens e/ou medições, levando em consideração também as perdas e quebras normais no processo produtivo
Padrão de valor das matérias-primas e demais materiais	Custos correntes de reposição ou os custos incorridos nas últimas compras
Padrão técnico da utilização da mão-de-obra	Quantificados por cronometragem de tempo das operações produtivas, de acordo com amostragens estatísticas. Deve ser levado em consideração o desempenho normal de um operário, em condições normais de produção, incluindo as perdas normais de tempo para trocas de ferramentas, substituição de matérias-primas, deslocamentos periódicos do setor etc.
Padrão de taxas horárias da mão-de-obra	Calculado considerando-se o custo com salários, encargos sociais e outros benefícios
Padrão financeiro dos custos indiretos de fabricação	A taxa unitária decorre da divisão do total dos custos indiretos conhecidos pelo fator escolhido para apropriação aos produtos

Em relação à área de contabilidade, caberá, juntamente com a controladoria, a determinação dos padrões financeiros, como preços de matérias-primas e de outros materiais, taxas salariais, valores de aluguéis e depreciações, de consumo de energia e de telefone etc.

No que se refere à área de engenharia, será responsável pela obtenção de padrões técnicos e quantitativos, como: consumos de materiais, quantidade de horas de mão-de-obra direta, quantidade de horas-máquina, número de preparações de máquina, entre outros.

Após a determinação do custo-padrão, esse recurso atuará como um parâmetro de comparação com o custo real gerado para cada elemento de custo (materiais, mão-de-obra e custos indiretos de fabricação). Essas comparações abrirão as possibilidades de análises de variações, desdobradas em variações de preços e de quantidades, que servirão de bases para a efetivação de correções e ajustes futuros, quando necessário.

Nesse método, os custos são apropriados por uma estimativa do que deveriam ser e não pelo seu valor real. O custo-padrão é estabelecido pela empresa como meta para seus produtos considerando-se suas características, quantidade e preços dos insumos, e pode ser:

1. **Ideal:** é o custo definido pela engenharia de produção dentro das condições ideais (qualidade da matéria-prima, mão-de-obra etc.).
2. **Estimado:** custo projetado com base na média de custos passados.
3. **Corrente:** custo projetado com base em estudos da eficiência da produção, porém considera as deficiências existentes e que não podem ser sanadas no curto prazo.

O método de **custo-padrão** colabora para a fixação dos padrões desejados dos custos, orientando a empresa na solução das diferenças da sua comparação como o **custo real**. As variações podem ser analisadas considerando-se os seguintes aspectos:

1. **Matéria-prima:** auxilia no controle de desperdício, podendo ser classificada em variações em virtude do preço, da quantidade ou das variações mistas.
2. **Mão-de-obra direta:** auxilia no controle de eficiência.
3. **Custo indireto de fabricação:** método de avaliação similar aos demais, porém com resultados pobres, pois é difícil encontrar uma base fixa que se relacione adequadamente aos custos indiretos de fabricação.

14.1.2 Cálculo

Em relação ao cálculo, os custos-padrão são apurados não com base no valor histórico, mas nas condicionantes tecnológicas da produção e no conhecimento dos tempos e métodos (engenharia de processos). Como custos predeterminados que são, indicam quanto se deverá gastar, permitindo, desse modo, realizar um controle dos custos. Assim, o custo-padrão será fruto da verificação de um conjunto de hipóteses na produção. É diferente de um custo orçado que representa apenas uma previsão.[1]

Nesse sistema, os custos são calculados de forma inversa à que se procede nos sistemas de custeio por processo e por encomenda. Nestes, calculam-se, inicialmente, os custos de cada centro de custo e só depois são obtidos os custos unitários. No sistema de custos-padrão, os custos unitários são calculados em primeiro lugar e, em uma fase posterior, apuram-se os custos dos centros e da produção total.

A utilização desse sistema permite um controle mais detalhado dos custos, e constitui uma ferramenta importante para a programação da atividade produtiva. O confronto dos desvios verificados em relação ao padrão definido permite analisar a eficiência produtiva.

Nas empresas de produção muito diversificada, o sistema de custos-padrão poderá ser a única possibilidade prática para a determinação do custo dos produtos. Isso ocorre quando, em uma análise de custo/benefício dos sistemas alternativos de custeio, se constata que não é economicamente viável utilizar métodos baseados nas quantidades reais dos *inputs*. Nesses casos, critérios de operacionalidade e de racionalidade econômica se sobrepõem à apuração dos custos com maior precisão.

No que se refere à metodologia, o custo-padrão é apurado em cinco etapas.

Na primeira, são definidos os custos-padrão dos fatores de produção, atendendo à tecnologia utilizada e considerando-se o histórico e a experiência acumulada. Na segunda fase, são calculados os consumos-padrão. Na terceira, apuram-se os níveis de atividade e, na quarta, é elaborado o orçamento dos gastos gerais de fabricação. Na quinta fase, consideram-se as sobrecargas dos defeituosos. Ou seja, primeiro calculam-se os custos tecnológicos, conhecendo os consumos normais de bens e serviços (padrões físicos) e, posteriormente, apuram-se os respectivos custos (custos-padrão). A representação esquemática encontra-se na Figura 14-1.

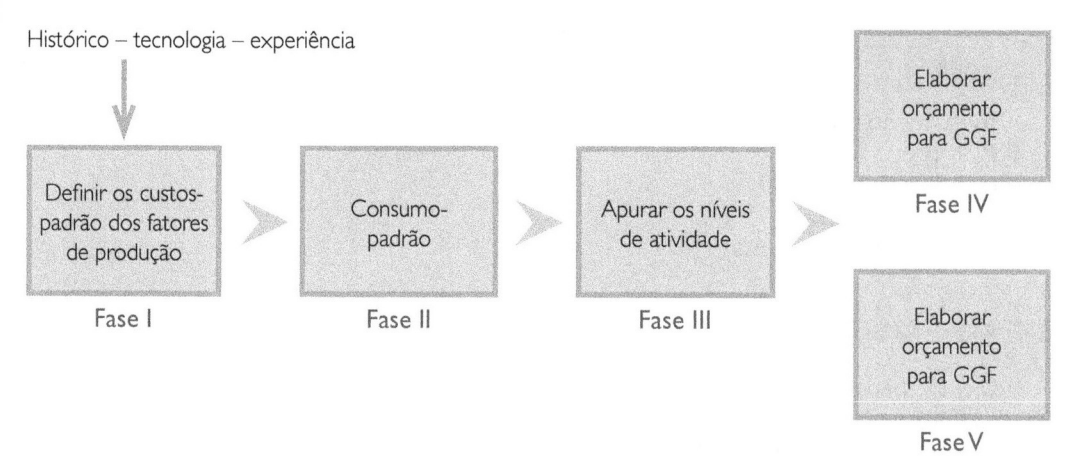

Figura 14-1 Custos-padrão: metodologia.

---

[1] Os custos orçados são custos previstos, sendo conveniente que estejam agrupados para que se possa corrigir esses valores aproximando o custo orçado do custo real.

O custo-padrão de um produto é obtido por meio da multiplicação do consumo unitário padrão pelo custo-padrão por fator. Uma vez apurados os custos reais, é possível confrontá-los com os custos-padrão por intermédio da análise dos desvios. Nesse sentido, os custos-padrão podem ser considerados medidas de eficiência, que será calculada pela decomposição do custo-padrão nas suas três principais parcelas: matérias, mão-de-obra e gastos gerais de fabricação.

Sua implantação, no entanto, deverá atender às necessidades gerenciais de controles preestabelecidos e um prévio reconhecimento de que ele deverá estar acoplado a outros métodos e critérios, também previamente definidos. Ou seja, o método do custo-padrão não responderá, de forma isolada, a uma gestão de custos eficiente. Deverá, portanto, ser especificamente projetado para promover a eficiência e a otimização dos recursos, de maneira que aumente a qualidade e a viabilidade econômica dos produtos e serviços ofertados pela empresa.

A análise dos desvios é feita com base em dois aspectos: preço e quantidade. Além desses dois tipos de desvio (desvio de quantidade e desvio de preço), pode-se ainda obter o desvio total, que consiste na agregação dos dois anteriores. Esses conceitos estão sintetizados na A Figura 14-2.

$$\text{Desvio total} = \text{custo real} - \text{custo-padrão}$$
$$\text{Desvio total} = (\text{quantidade real} \times \text{preço real}) - (\text{quantidade-padrão} \times \text{preço-padrão})$$

$$D_T = (Q_R \times P_R) - (Q_P \times P_P)$$

Somando-se e subtraindo-se $Q_R \times P_P$

$$D_T = Q_R (P_R - P_P) + P_P (Q_R - Q_P)$$

Desvio de preço ⬋   ⬊ Desvio de quantidade

Figura 14-2 Análise dos desvios.

Onde,

D_T = desvio total
P_R = preço real
Q_R = quantidade real
P_P = preço padrão
Q_P = quantidade padrão

14.1.3 Aplicabilidade

O custo-padrão ganha importância para as empresas que tenham como característica um longo ciclo produtivo e fabriquem um só produto ou para aquelas que produzem, em série, um número reduzido de produtos diferentes. Porém, esse método ainda é útil para outras situações.

A utilização de um sistema de custos-padrão permite um conhecimento maior dos custos de produção e dos elementos que o compõem. Por outro lado, tornam possível fazer uma análise mais detalhada dos processos de fabricação. Sendo, nesse contexto, instrumentos para a definição e análise da política de preços e da própria empresa e gestão da produção.

Sua utilização também permite decompor o resultado obtido em resultados industrial e comercial. Os custos-padrão são empregados muitas vezes como instrumentos para a descentralização das responsabilidades. Isso se explica se for concebido que, por meio desse sistema, podem ser apuradas mais facilmente as causas dos custos anormais e identificados os responsáveis. E, por último, sua adoção simplifica consideravelmente os exercícios nas diferentes avaliações que a empresa tem de regularmente efetuar.

Outros benefícios podem ser citados. Em primeiro lugar, é um método menos custoso que o da apuração permanente dos custos reais. Por outro lado, permite definir metas para os próprios objetivos. É, muitas vezes, um instrumento valioso de controle de custos. E, não menos importante: os custos-padrão podem apoiar a tomada de decisão, constituindo boas medidas para analisar o desempenho.

14.2 Método de custeio por encomenda

O método de custeio por encomenda, ou por ordem de produção, foi concebido com a intenção de permitir à administração o conhecimento de todos os custos decorrentes da execução de uma tarefa, um serviço ou uma produção em especial. Na verdade, por meio da ordem de produção são registrados todos os custos incorridos para a realização daquela produção em especial, em separado dos demais custos que a empresa possa ter. Esses custos acumulados podem ser diretamente ligados à produção ou se caracterizarem como custos indiretos, desde que identificados claramente com a produção em foco.

Esse método é de grande utilidade para empresas cuja atividade gere produtos diferenciados, elaborados em lotes grandes ou pequenos. Também aquelas que operam sob encomenda, atendendo a especificações distintas de fabricação, ou que têm suas atividades desenvolvidas por projetos, poderão recorrer a esse método de acumulação. Tal método é usado também quando o tempo exigido para a fabricação da unidade do produto é bastante longo e quando o preço de venda depende muito do custo da produção. Destaque-se que esse método se adapta bem nas indústrias do tipo de montagem, em que se fabricam porções ou lotes das diversas partes componentes por meio das mesmas máquinas em tempos diferentes.

Para essas empresas, é importante o conhecimento do custo de cada lote diferente produzido, ou de cada projeto especial executado, ou de cada encomenda atendida, já que a natureza de cada produção executada difere das demais.

O método de custeio pode ser baseado nas encomendas (ou ordens de produção), sendo os custos apurados segundo o método direto para cada encomenda ou lote de fabricação. Já no custeio por processo os custos são acumulados em uma base periódica no fim da qual se apuram os custos médios ante à produção desse período, sendo conhecido como método indireto. Isso não impede que as empresas utilizem métodos mistos, ou seja, empreguem até determinado ponto o método direto, depois o indireto e vice-versa.

Algumas características distinguem o método de acumulação de custos por ordem de produção.

A primeira delas, como já vimos, se refere ao fato de o método identificar com precisão a elaboração de lotes de produtos diferentes no processo produtivo.

Outra característica é que o custo de fabricação só será conhecido ao final da fabricação do produto ou lote. Enquanto a produção está se desenvolvendo, torna-se necessário um minucioso controle das atividades, de forma que associe imediatamente cada consumo de recurso com o código da ordem de produção correspondente. Assim, o método exige um grande esforço de controle por parte dos setores envolvidos na produção, bem como grande disciplina desses mesmos setores para fornecer resultados suficientemente precisos.

Outrossim, o método de acumulação de custos por ordem de produção permite um conhecimento melhor do resultado obtido com cada produto, além de oferecer a possibilidade de formação de uma base de informações de custos confiável para a elaboração de futuros orçamentos.

A utilização desse sistema permite, de um lado, conhecer a margem de lucro das diferentes encomendas e, do outro, possibilita o cálculo dos custos de encomendas futuras. O objeto de custo é identificado ao longo de todo o processo de fabricação.

Na contabilidade, a conta fabricação recebe os custos diretos associados e as despesas gerais imputadas às encomendas. À medida que as encomendas terminam, o custo correspondente é creditado na conta fabricação e debitado na conta produtos acabados. Na Figura 14-3 é apresentado um exemplo de custeio por encomenda, em que o saldo da conta fabricação refere-se aos produtos em fabricação (note-se que a encomenda 4 ainda está em execução).

Materiais
1.550,00

Materiais utilizados Dezembro

Ordem	Valor
9	330
10	470
11	210
12	540
Total	1.550

MOD
790,00

Mão-de-obra direta Dezembro

Ordem	Valor
9	170
10	320
11	190
12	110
Total	790

Gastos Gerais Fabric
632,00

GGF Dezembro

80% MOD	632

Fabricação

Materiais	1.550	Prod acab	2.234
MOD	790	Prod proc	738
GGF	632		
	2.972		2.972

Encomendas dezembro

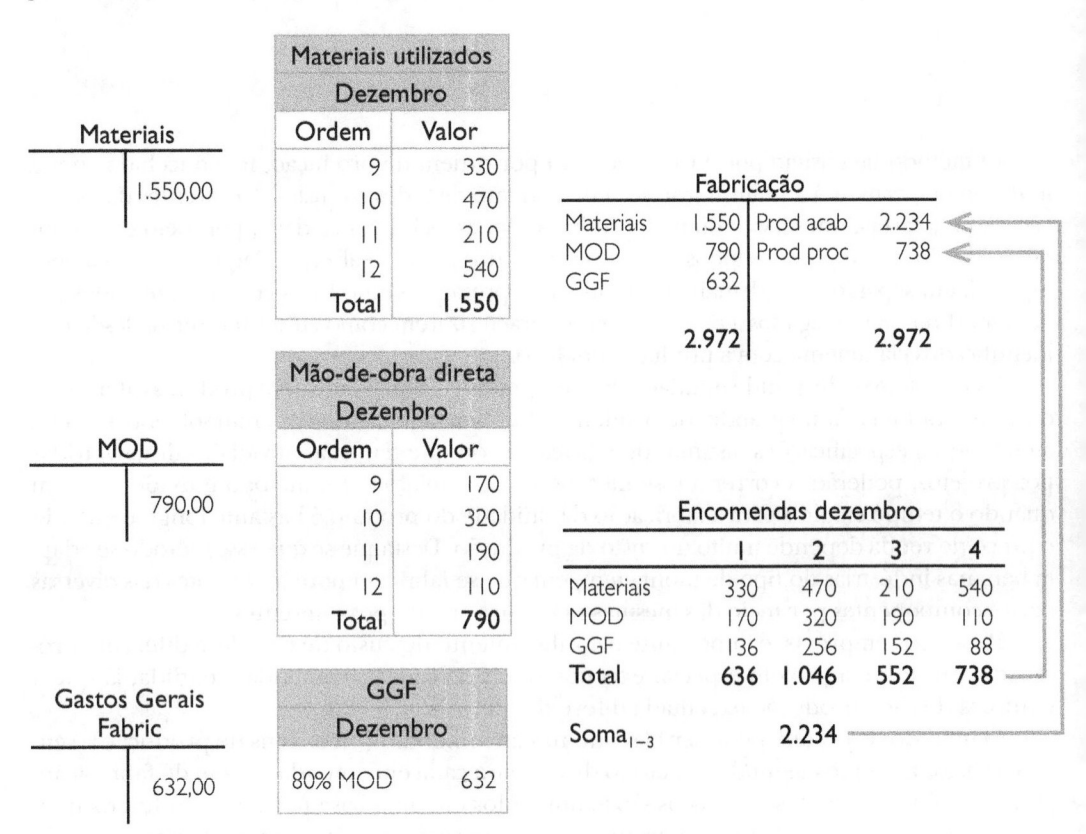

	1	2	3	4
Materiais	330	470	210	540
MOD	170	320	190	110
GGF	136	256	152	88
Total	636	1.046	552	738
Soma$_{1-3}$		2.234		

Figura 14-3 Método de custeio por encomenda.

Esse processo tem início sempre por meio de uma ordem de fabricação, emitida pelo departamento de produção para a execução do trabalho. Essa ordem é acompanhada pelos desenhos de execução e montagem e pelas fichas de fabricação, que descrevem as operações que serão realizadas em cada posto de trabalho (máquina ou operador).

Recebida a ordem de fabricação, são pedidos ao almoxarifado os materiais necessários. As requisições de materiais mencionam a quantidade levantada e a ordem de encomenda a que se referem. Podendo ser feitas ainda notas de devolução referentes a materiais devolvidos ou defeituosos.

O controle da mão-de-obra direta é feito pela folha de distribuição de trabalho (ou folha de ponto), que registra as horas de trabalho realizadas distribuídas pelas encomendas em curso. Terminada a encomenda é feito um mapa resumo por departamento no qual constam as horas trabalhadas na encomenda em questão.

A folha ou ficha de encomenda é o documento que recebe todos os dados de custos da encomenda. Nela, podem figurar os custos dos materiais e do trabalho direto ou também os gastos gerais (imputados).

Existem casos que incluem todos os custos, com o fim de obter o custo total. As fichas de encomenda apresentam três áreas diferentes, como é possível observar na Figura 14-4.[2] Na primeira parte, constará a informação sobre o tipo de produto, sobre o cliente, e o tipo ou número do trabalho que lhe está associado. Na segunda, registram-se todos os custos de produção. E na terceira, é apresentada uma síntese dos custos do produto.

Data de início: _____   Nº trabalho: _____

Data do término: _____   Quantidade: _____

Cliente: _____

Materiais diretos			MOD			CIF		
Data	Ref.	Quant.	Data	Ref.	Quant.	Data	Ref.	Quant.

Custo unitário

Síntese dos custos: Materiais _____

MOD _____

CIF _____

Total _____

Figura 14-4 Ficha de encomenda (kardex).

14.3 Método dos centros de custo

14.3.1 Conceitos

Essa metodologia de custeio surgiu na Alemanha no começo do século XX, criada por um órgão federal, que ficou muito conhecido pela sigla RKW, que é a abreviação de Reichskuratorium für Wirtschaftlichtkeit.

---

[2] Essa ficha é conhecida pelo nome de ficha de encomenda de produção, ou de ordens de serviço. Também é mais conhecida no meio fabril como ficha kardex.

O conceito de custeio pleno surge da idéia de que a contabilidade de custos é a responsável pelo estabelecimento de preços aos produtos. Portanto, o objetivo desse método é o estabelecimento de preço de venda para os produtos

O método dos centros de custos ou RKW é hoje o mais utilizado no Brasil, por ser um sistema que opera em duas fases, e, na primeira, é feita a divisão da companhia em centros de custo, que são definidos pela forma de empresa, localização e homogeneidade (quanto mais homogêneo, melhor a distribuição).

Na primeira fase, por meio de critérios de rateio, os custos são alocados aos centros definidos e, na segunda, os custos são alocados dos centros para os produtos.

Ao final de todos os rateios, obtém-se o equivalente ao valor de comprar, produzir e vender, ou seja, o gasto completo de todo o processo de obtenção de receita. Esse seria um dado muito importante para os gestores, se os rateios fossem critérios perfeitos. Mesmo assim, essas informações de custos eram utilizadas pelos gestores para tomar decisões sobre comprar ou produzir o produto/serviço em análise.

De acordo com a função, os centros de custo podem ser classificados em:

- **Vendas:** custos relacionados às vendas da empresa (exemplo: setor comercial).
- **Produtivos:** custos ligados diretamente à produção (exemplo: usinagem).
- **Auxiliares:** custos que dão suporte ao processo produtivo (exemplo: materiais).
- **Administrativos:** custos que prestam serviço à empresa, não são ligados a nenhum dos três centros de custo relacionados anteriormente.

14.3.2 Características

O método do custeio pleno ou integral caracteriza-se pela apropriação de todos os custos e despesas aos produtos fabricados. Esses custos e despesas são: fixos e variáveis, diretos e indiretos, de comercialização, de distribuição, de administração em geral, financeiros etc. Portanto, todos os gastos incorridos pela empresa (menos os de investimento em ativos imobilizados) são alocados aos produtos produzidos.

Todos os gastos incorridos pela empresa são rateados aos produtos da mesma forma que o custeio por absorção o faz. Ou seja, todos os custos e despesas são alocados aos diversos departamentos da empresa para depois, sucessivamente, serem rateados de forma que, ao final, todos os custos e despesas recaiam sobre os produtos. Assim, esse método de custeio é muito parecido com o método por absorção, com a diferença que, neste, as despesas também serão alocadas aos produtos. Pode-se dizer que este é o método por absorção levado ao extremo.

O pressuposto desse método, assim como o de absorção, é que os produtos são responsáveis pelos custos e despesas incorridos pela empresa, com isso, o produto deve arcar com todos esses encargos.

Os dados gerados são utilizados tanto para fixação de preços quanto para informações gerenciais, apesar de conter arbitrariedades.

Ao final, o método chega no custo de comprar, produzir e vender, e para estabelecer o preço final de venda basta apenas acrescentar o lucro desejado pela empresa.

Os custos são distribuídos em duas bases de rateio: bases de rateio **primárias,** dos custos para os centros de custos e bases de rateio **secundárias**, dos centros chamados apoio (vendas, auxiliares e administrativos) para os centros produtivos.

As bases de rateio primárias mais utilizadas podem ser as seguintes:

- Aluguéis-base de rateio: área.
- Depreciação-base de rateio: valor dos equipamentos.

- Materiais de consumo-base de rateio: requisições.
- Energia elétrica-base de rateio: potência instalada.

As bases de rateio secundárias mais utilizadas são as seguintes:

- Compras-base de rateio: requisições.
- Manutenção-base de rateio: ordens de manutenção.
- Recursos humanos-base de rateio: número de empregados.

A seqüência para rateio dos custos está demonstrada na Figura 14-5, tendo as seguintes características:

1. Dividir a empresa em centros de custo e distribuir os custos por rateio para os centros de custo (base de rateio primária).
2. Distribuir os custos dos centros de apoio (vendas, auxiliares e administrativos) para os centros produtivos (base de rateio secundária).
3. Alocar os custos dos centros aos produtos.

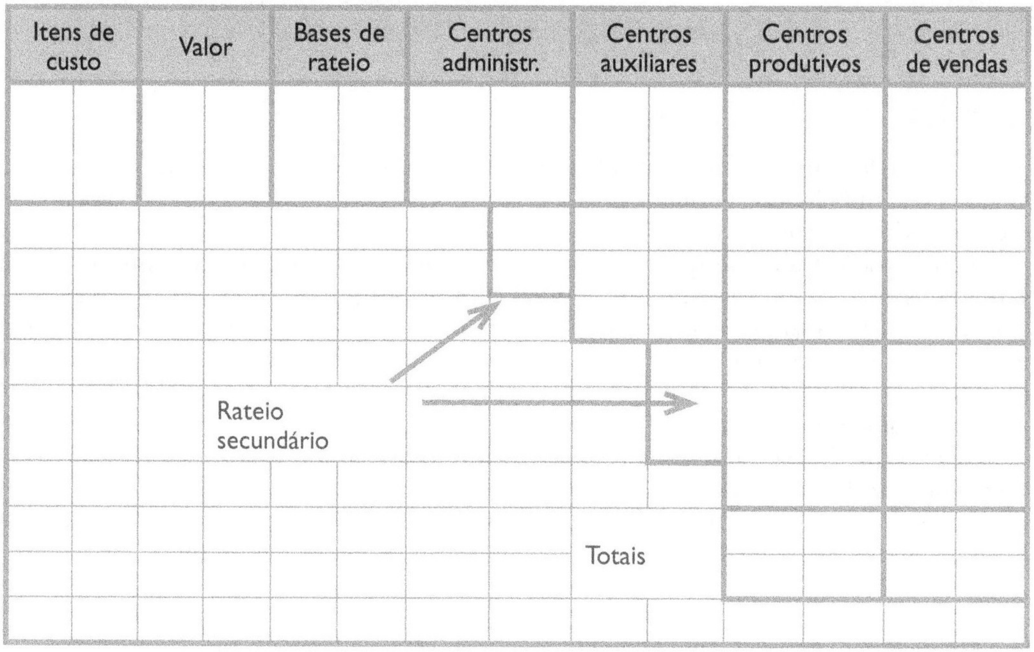

Itens de custo	Valor	Bases de rateio	Centros administr.	Centros auxiliares	Centros produtivos	Centros de vendas

Figura 14-5 Matriz de custos RKW.

14.3.3 Vantagens, desvantagens e recomendação para aplicação

A vantagem desse método é que o preço do produto estabelecido visa a total recuperação dos gastos incorridos pela empresa e, em mercados onde o preço do produto não está determinado, essa é uma informação relevante para os gestores.

Esse método também sofreu várias críticas, as principais são as seguintes:

1. Os custos unitários são influenciados por maior ou menor volume de atividades, conseqüentemente, decisões de preço de venda poderão ser continuamente revisadas em função da maior ou menor utilização da capacidade instalada.

2. O rateio dos custos e custos indiretos e fixos aos produtos envolve critérios de alocação que podem ser subjetivos, ou seja, acarretam julgamentos pessoais para decidir qual a melhor base de rateio para essas apropriações, portanto, são critérios altamente arbitrários e questionáveis.
3. A apropriação das despesas de distribuições, comercialização, financeiras e de administração geral aos produtos torna esses custos ainda mais arbitrários (dependendo do critério utilizado, o custo do produto se modifica).
4. Em uma economia de mercado, os preços são decorrentes dos mecanismos e forças da procura e da demanda, e não dos custos de obtenção dos produtos.

Esse método é recomendado para os mesmos tipos de empresa que utilizam o método por absorção, ou seja, aquelas que produzem produtos que atuarão em mercados onde seus produtos são inéditos e, portanto, não possuem preços preestabelecidos. Nesses casos, o método atua como uma forma de estabelecer um valor ao produto que recupere todos os gastos incorridos pela fábrica.

14.4 Método da unidade esforço de produção (UEP)

14.4.1 Conceito

Método de planejamento, controle e análise de desempenho da produção que também engloba a contabilização dos custos. Nasceu como conseqüência da crescente escassez de recursos e de altos custos financeiros.

Percebe-se claramente que seu objetivo é transformar uma empresa produtora de vários bens em uma empresa monoprodutora e, assim, simplificar o controle físico e o controle financeiro. A solução encontrada pelo método fundamenta-se na definição de uma unidade de medida comum que transforma a fábrica multiprodutora real em uma fábrica produtora de um único produto que represente e seja equivalente a toda produção.

Uma companhia que produz apenas um produto tem o cálculo do seu custo simplificado, uma vez que é necessário apenas somar todos os custos incorridos e dividi-los pela quantidade produzida para encontrar seu custo. Além disso, as produções dos diversos períodos também seriam facilmente controláveis, bastando apenas manter as condições normais de funcionamento. Para que isso seja possível, é necessário unificar a produção.

Para estabelecer uma unidade absoluta e quantitativa para as UEPs, é necessário existir uma relação entre os potenciais produtivos dos diversos postos operativos. Portanto, as UEPs não são medidas absolutas e quantitativas, mas, sim, uma medida que compara os potenciais produtivos dos postos operativos.

Considere-se o exemplo de duas máquinas utilizadas em série que tenham como finalidade a produção de determinada peça, um torno manual de pequeno porte e outro automático de grande porte. Suponha que as condições de trabalho dessas máquinas estejam rigorosamente definidas (condições determináveis e que permanecem constantes ao longo do tempo). É evidente que o torno automático de grande porte tem um potencial produtivo maior que o manual, sendo também possível perceber que, como as condições estão claramente definidas, existe uma relação entre os potenciais produtivos dessas máquinas que também é constante ao longo do tempo.

Esse raciocínio pode ser extrapolado para toda a unidade industrial, levando à a conclusão de que todos os postos operativos apresentam relações entre os seus potenciais produtivos, que permanecem constantes ao longo do tempo.

Assim, a fábrica passa a ser encarada não mais pelos valores absolutos dos diversos componentes de custo que utiliza, mas pelas relações estabelecidas entre eles.

Considerando, ainda, o mesmo exemplo, suponha que seja possível calcular os potenciais produtivos dos dois tornos, e que seus valores, para uma hora de funcionamento, sejam respectivamente de um para o torno manual e de dois para o automático. Pode-se então afirmar que o torno manual vale 1 unidade/hora e o automático 2 unidades/hora.

Sendo assim, a unidade de esforço de produção é o real denominador comum de todas as atividades desenvolvidas pela empresa, e essa unidade representa o esforço despendido para converter matéria-prima em produtos acabados.

14.4.2 Características

O método das unidades de esforço de produção (UEPs) parte do princípio de produção unificada pelos esforços despendidos e tem como fundamento racionalizar o processo de gestão industrial, definindo uma unidade de medida comum, a qual transforma uma fábrica multiprodutora (vários produtos) em uma fábrica monoprodutora (que produz um único produto fictício equivalente aos vários produtos reais).

Essa unidade de medida comum é a base de todo processo gerencial e de controle da empresa, servindo tanto para a implementação de um sistema de custos eficaz e preciso quanto para realizar atividades de planejamento e controle da produção em geral. A unidade de medida comum tenta solucionar o problema do rateio dos custos indiretos sobre os produtos por meio da determinação da quantidade de unidades de esforço de produção que cada produto consome.

O método das unidades de esforço de produção (UEPs) possui como grande virtude a apropriação conveniente dos custos indiretos de fabricação aos produtos, portanto, está direcionado para resolver a problemática de informes de custos para o chão de fábrica.

Por meio da unificação da produção pela UEP, eliminam-se os rateios dos custos indiretos já que todos os custos incorridos serão somados e divididos pelo número total de UEPs produzidos no período.

As principais características desse método são:

- origem para a produção;
- mensuração da produtividade para empresas multiprodutoras;
- relação constante entre os potenciais produtivos das seções homogêneas;
- unidade abstrata para estabelecer equivalência entre custos de produtos;
- lucro unitário como medida de desempenho.

14.4.3 Vantagens e desvantagens

A grande vantagem desse método é o fato de a UEP ser uma medida que não varia com o tempo e que, portanto, pode sofrer reavaliações e comparações com períodos diferentes. Porém, o método deve ser utilizado juntamente com outro, já que os custos administrativos não são levados em conta.

Outra vantagem, é que ele não se justifica somente para custear os produtos vendidos, porém suas informações são de grande importância tanto para a avaliação da produtividade (eficiência, eficácia, ociosidade) quanto para as decisões estratégicas da cúpula administrativa.

As desvantagens desse método podem ser descritas como as seguintes:

1. A distribuição das despesas administrativas é realizada de forma arbitrária: com base no custo industrial do produto, ou seja, os produtos que absorvem mais custos de transformação também absorvem mais a estrutura administrativa. Isso é explica-

do pelo fato de ter sido desenvolvido quando as despesas administrativas representavam pequena quantidade se comparadas às despesas da fábrica.
2. A indução que o método faz para que sejam apropriadas todas as atividades ao produto: movimentação, inspeção, recebimento entre outras etc. são incorporadas no montante dos custos do período sem serem questionadas. Portanto, as atividades que não agregam valor e não são necessárias, são contabilizadas com as que são necessárias e nenhuma melhoria é realizada. Para superar esse problema, autores afirmam que o método deveria definir também "postos operativos improdutivos" para esses custos.
3. Incapacidade de identificar melhorias no processo, uma vez que supõe que as atividades permanecem constantes ao longo do tempo. Logo, se ocorrer uma racionalização, transformação ou eliminação dos postos operativos, os parâmetros do método devem ser revistos.

14.4.4 Implementação do método das UEP

As etapas do roteiro para a implementação desse método são descritas sucintamente a seguir:

Passo 1. Divisão da empresa em postos operativos

Os postos operativos representam o elemento básico do método das UEP e, portanto, devem ser claramente definidos. Um posto operativo representa uma ou mais operações simples e homogêneas, ou seja, as operações desenvolvidas por um posto operativo são da mesma natureza para todos os produtos que passarem por ele. Assim, um produto, ao ser trabalhado em um posto operativo, dele absorverá certo esforço de produção.

Passo 2. Cálculo dos potenciais de produção dos postos operativos (foto-índices[3] dos postos operativos)

Deve ser definida uma unidade de capacidade, que servirá de referencial para o cálculo dos potenciais produtivos dos postos operativos (normalmente, utiliza-se a hora para esse fim). Depois, deve-se alocar a cada posto operativo os principais custos de transformação para a hora de funcionamento (os principais custos aqui alocados são mão-de-obra direta, mão-de-obra indireta, encargos e benefícios sociais, depreciações, materiais indiretos, manutenção). O somatório de todos os custos de transformação absorvidos por um posto operativo durante uma hora de funcionamento é o foto-índice do posto operativo (FIPO).

Passo 3. Definição dos roteiros de produção dos diversos produtos

É o detalhamento da produção dos diversos produtos; especificando: os postos operativos envolvidos, tempos-padrão e a seqüência dos diversos produtos pelos postos (roteiros de produção).

Passo 4. Definição de um produto-base

O produto-base deve ser o mais representativo possível da estrutura de produção da empresa. Pode ser um produto real, fictício ou uma combinação conveniente dos produtos da empresa, devendo passar pelo maior número de postos operativos. O produto-base servirá de referencial para os esforços de produção.

---

[3] Chama-se de foto-índice a 'radiografia' tirada pelo responsável pela produção de uma indústria, na qual será indicada a quantidade de unidades que aquele setor produtivo tem capacidade de manufaturar.

Passo 5. Cálculo do foto custo do produto-base

Conhecendo-se o roteiro de produção do produto-base com os respectivos tempos-padrão e os potenciais produtivos de todos os postos operativos, pode-se calcular o custo de transformação necessário para a fabricação de uma unidade do produto-base. Então, define-se a unidade de esforço de produção (UEP) como sendo o esforço de produção necessário para a produção de uma unidade do produto-base.

Passo 6. Cálculo do valor dos produtos em UEP

O valor em UEP de determinado produto é calculado pelo somatório da multiplicação das UEP/hora dos postos operativos pelos tempos-padrão dos postos em que o produto foi processado.

Na Figura 14-6[4] é apresentado, de forma esquemática, um roteiro geral para a implantação do método das UEP.

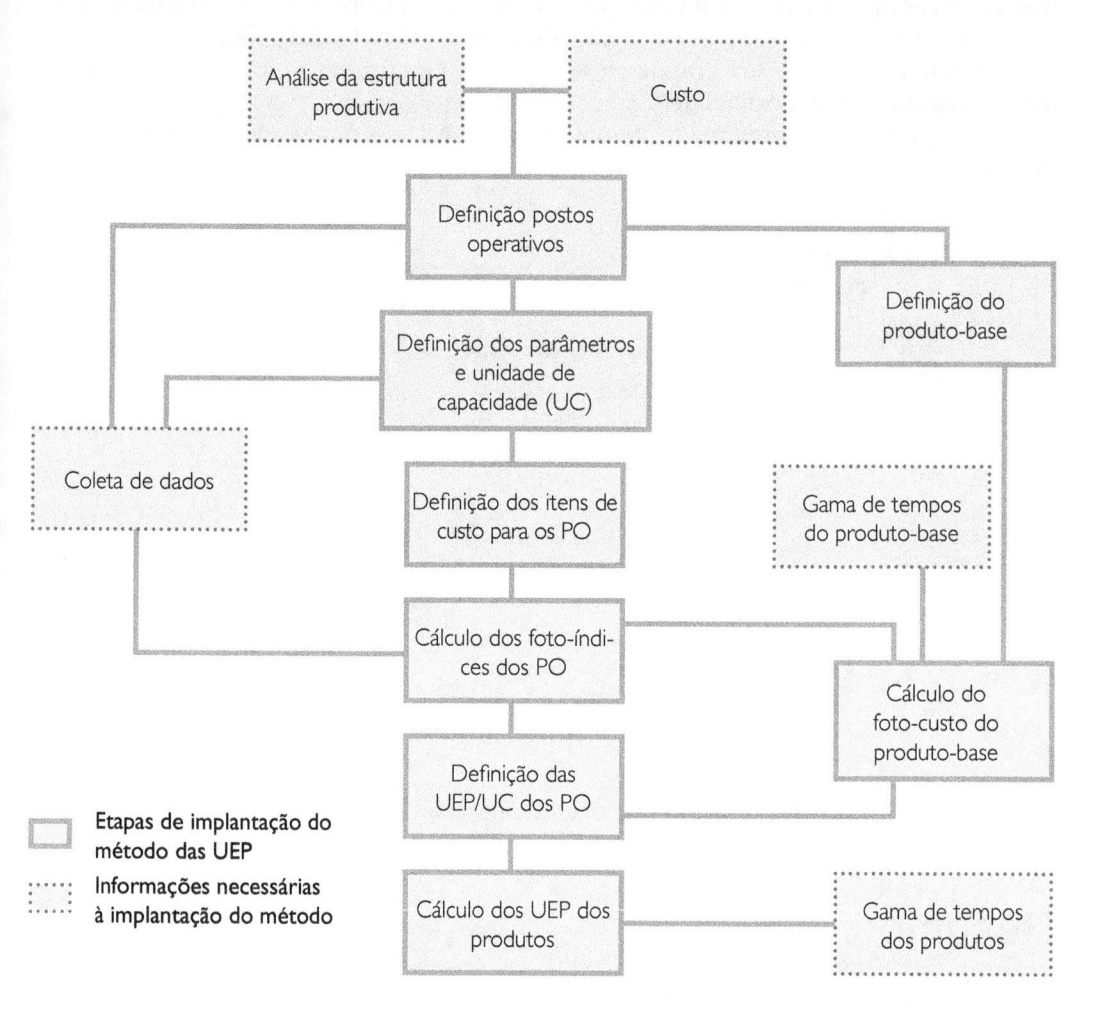

Figura 14-6 Cálculo do valor dos produtos em UEP.

---

[4] Quadro adaptado de Kliemann Neto, 1994.

14.4.5 Cálculo do custeio da produção

As UEP representam o trabalho realizado para a transformação das matérias-primas em produtos acabados. Assim, seu uso permite encontrar os custos unitários de transformação de cada produto, os quais, adicionados ao custo das matérias-primas utilizadas, fornecem o custo de produção de cada artigo fabricado.

Para obter o custo de transformação, deve-se conhecer o valor em UEP de cada produto, e calcular a produção total da fábrica por esse padrão. Por sua vez, a contabilidade deve fornecer o total de custos de transformação incorridos para se produzir esse montante total de UEP, para que se divida o total dos custos de transformação pelo total das UEP produzidas, obtendo-se assim o valor financeiro da UEP. Finalmente, calcula-se o custo de transformação de cada produto pela multiplicação do seu valor em UEP pelo valor financeiro da UEP do período.

O método das UEP unifica e homogeneíza as atividades desenvolvidas por uma indústria de transformação multiprodutora. A definição de uma unidade de esforço de produção materializa os esforços físicos e financeiros despendidos na fabricação dos diversos produtos, unificando a produção com base na noção abstrata de valor. A UEP pode, então, funcionar como elemento comum para grande parte das atividades ligadas ao processo de gestão industrial, dando-lhes uniformidade.

Na Figura 14-7 é apresentado um esquema de cálculo do custeio da produção pelo método das UEP.

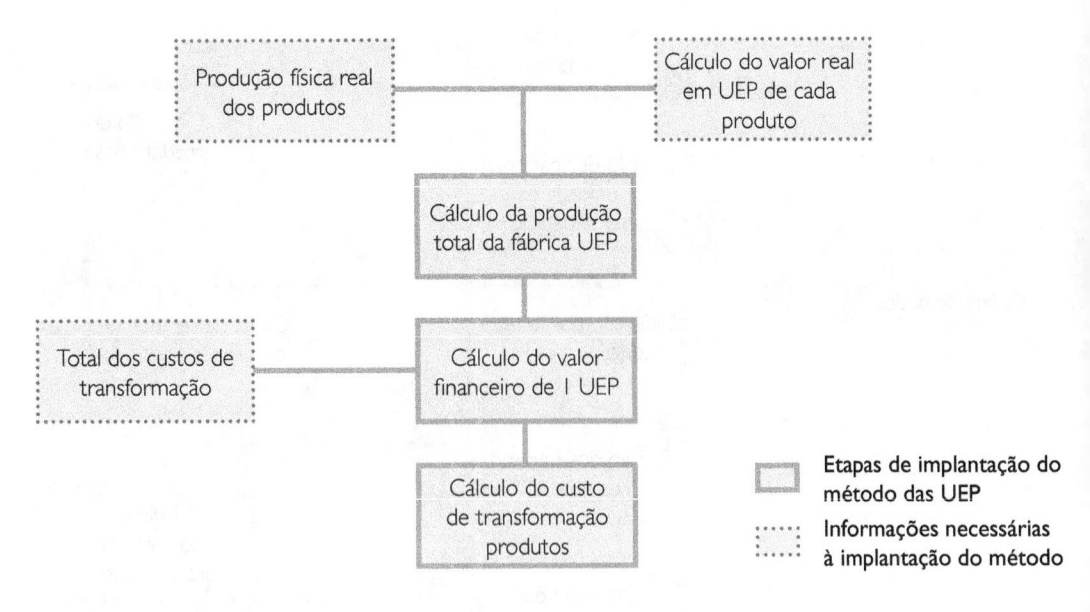

Figura 14-7 Cálculo do custeio da produção – método das UEP.

Resumo

O sistema de custos-padrão é um sistema de custeio que permite medir a eficiência produtiva. Os custos-padrão são custos predeterminados. Porém, nem todos os custos predeterminados são custos-padrão. Esses custos são obtidos com base nos resultados referentes a períodos anteriores e assumem um conjunto de condições que refletem a eficiência normal dos fatores, podendo ser de três tipos: 1, ideal ou teórico; 2, básico (ou normal); 3, corrente (ou atual).

O método de custeio pode ser baseado nas encomendas (ou ordens de produção), sendo os custos apurados segundo o método direto para cada encomenda ou lote. Já no custeio por processo, os custos são acumulados em uma base periódica no fim da qual se apuram os custos médios ante à produção desse período, sendo conhecido como método indireto. Isso não impede que as empresas utilizem métodos mistos.

Os métodos indiretos ou de custos por processos aplicam-se aos casos em que a continuidade e uniformidade dos sistemas de apuração dos custos de produção impedem ou dificultam a identificação dos lotes de produtos. Nesse tipo de produção, a apuração dos custos visa, principalmente, a identificação do custo por departamento ou centro de custo, calculando o valor dos bens e serviços consumidos em cada centro de atividade durante um período considerado. O resultado será o somatório dos resultados dos vários departamentos, em vez da simples soma dos resultados obtidos pela venda dos diferentes produtos.

O método dos centros de custo ou RKW (Reichskuratorium für Wirtschaftlichkeit) é hoje o mais utilizado no Brasil. O RKW é um sistema que opera em duas fases: na primeira, a empresa é dividida em centros de custo, que são definidos pela forma de empresa, localização e homogeneidade (quanto mais homogêneo, melhor a distribuição). Na segunda, os custos são alocados dos centros para os produtos.

O método das unidades de esforço de produção (UEP) parte do princípio de produção unificada pelos esforços despendidos. Esse método tem como fundamento racionalizar o processo de gestão industrial definindo uma unidade de medida comum, a qual transforma uma fábrica multiprodutora (vários produtos) em uma fábrica monoprodutora (que produz um único produto fictício equivalente aos vários produtos reais).

A produção pode ser unificada pela noção de esforço de produção. Essa vertente está qualitativamente associada aos diversos esforços necessários à fabricação dos produtos: 1) esforço de material; 2) de capital; 3) de trabalhadores; 4) esforços indiretos.

Esse método de custeio é mais indicado para indústrias de transformação multiprodutoras, ou seja, empresas que fabricam vários produtos. Porém, a empresa que adotar esse método não estará implantando apenas uma técnica de apuração de custos, mas algo muito maior e complexo. O método também gerencia e controla a produção. Assim, a filosofia do método das unidades de esforço de produção vai além da simples contabilização de custos, devendo ser empregado pelas empresas na íntegra para que os benefícios sejam obtidos.

Exercícios propostos

1. Conceitue o sistema de custo-padrão. Em que situações sua utilização se torna eficaz? Quais são as observações a serem feitas em relação aos desvios apurados?

2. Conceitue e caracterize o método de custeio por encomenda. Qual é a sua utilidade?

3. Explique os fundamentos, os principais objetivos e a aplicabilidade do método da UEP.

4. Caracterize e dê exemplos da aplicabilidade do método da UEP.

5. Disserte acerca da aplicabilidade do disposto na Figura 14-6.

6. Disserte sobre a aplicabilidade do disposto na Figura 14-7.

7. Com base nos dados da Tabela E-1, calcule os desvios, conforme modelo da Figura 14-2. (Dica: Para formação do preço, utilize o modelo da Figura 14-1.)

Tabela E-1 Análise dos desvios

Mão-de-obra	$ 15.700
Matéria-prima	$ 24.200
Custos administrativos e financeiros	$ 9.850
Outros custos	$ 3.590
Margem de lucro	10%
Unidades em estoque inicial	1.630
Unidades vendidas no período	1.945
Unidades em estoque final	2.035
Preço-padrão	$ 23,00
Quantidade-padrão	2.200

8. Considerando-se os dados apresentados na Tabela E-2, e tomando-se como base a Figura 14-3, efetue os registros de fabricação pelo método de custeio por encomendas para o mês de janeiro.

Tabela E-2 Encomendas para janeiro

	Janeiro		
Ordem	MD	MOD	GGF
01	$ 14.758	$ 10.896	
02	$ 12.355	$ 11.447	
03	$ 18.744	$ 19.655	65% MOD
04	$ 25.469	$ 15.235	
Total	$ 71.326	$ 57.233	

9. Com base no problema anterior e tomando como modelo a Figura 14-4, preencha uma ficha kardex para as ordens de serviço mencionadas.

10. Com base nos dados do Problema 8 e considerando-se o esquema da Tabela E-3:

1. Registre os valores aplicando o método de custeio por processo.
2. Fazendo a comparação com os valores apurados no Exercício 8, quais conclusões é possível tirar dos dois métodos?

Tabela E3 Esquema de métodos de custeio

Ordem	MD				MOD				GGF			
	Centros		Centro principal		Centros		Centro principal		Centros		Centro principal	
	Auxiliar	Comum	A	B	Auxiliar	Comum	A	B	Auxiliar	Comum	A	B
01			100%		50%		50%				55%	45%
02			50%	50%		100%			65%	35%		
03	25%	25%	25%	25%		75%	12%	13%	35%	35%	15%	15%
04	75%	25%			30%	30%	30%	10%	20%	25%	15%	40%
Centro auxiliar			100%									
Centro comum			50%	50%								
Centro principal A				100%								

Parte 4

Gestão do Custo dos Produtos Vendidos

15. Custo de oportunidade
16. Resultado na venda de produtos
17. Gestão do sistema de custos
18. Implantação de um sistema de custos ABC

CAPÍTULO 15

Custo de oportunidade

Objetivos de aprendizagem

Após estudar este capítulo, você deverá:

- Entender o que é custo de oportunidade.
- Saber como mensurar o custo de oportunidade.
- Saber definir custo da venda perdida.
- Compreender os conceitos de custo do excesso e custo da falta.
- Entender o impacto do estoque no modelo estratégico de resultado.

15.1 Conceitos

Considerando-se que as empresas, de maneira geral, estão sujeitas a constantes mudanças e que, atualmente, vem sendo caracterizadas pela competitividade e constante mudança tecnológica, suas interações com o meio ambiente devem ser coordenadas e integradas visando atingir sua missão e, conseqüentemente, a continuidade a longo prazo, que, por sua vez, depende de seus resultados econômicos. Dentro desse contexto, o estabelecimento do preço de venda dos bens e serviços constitui uma estratégia competitiva de grande relevância para as empresas. A importância da perfeita estimativa do preço ganha importância à medida que a empresa convive com as imposições do mercado, dos custos, do governo, da concorrência, da situação econômica mundial e da disponibilidade financeira do consumidor.

Sendo assim, os preços podem ser fixados visando objetivos diferentes, tais como maximizar os lucros, elevar a quantidade vendida, conquistar novos mercados, ganhar concorrências etc. Dessa forma, o processo de decisão de preços está relacionado com a busca de um equilíbrio interno e externo: de um lado, o preço de um produto ou serviço precisa atender às condições de concorrência de mercado e, do outro, a fixação desse preço necessita sustentar as políticas da empresa, como níveis de investimento, produção, retorno do capital aplicado, cobertura dos seus custos etc.

Pode-se dizer que, na gestão de preços, habitualmente, as empresas procuram determinar um valor que: 1, possa proporcionar um fluxo de lucros contínuo a longo prazo; 2, permita a otimização no uso da capacidade instalada; e 3, garanta um retorno satisfatório sobre os capitais investidos no negócio.

15.2 Contextualização do custo de oportunidade

O conceito de custo de oportunidade é derivado da ciência econômica, tendo sido originalmente empregado por Frederich von Wieser (1851-1926) com a finalidade de mensurar o valor econômico dos fatores de produção.

Segundo Wieser, o custo de oportunidade de um fator de produção representa a renda líquida gerada por esse fator em seu melhor uso alternativo. Por esse enfoque, o estudo do conceito tem sido aprofundado nas áreas de economia e contabilidade, resultando em uma ampliação e intensificação do seu uso, principalmente no que se refere ao campo decisorial das empresas.

Assim, pode-se dizer que o custo de oportunidade é um dos conceitos mais importantes, não só para a economia e contabilidade, mas também para a área de finanças como um todo, uma vez que proporciona instrumentos bastante eficazes para a tomada de decisão por parte dos empresários e administradores, especialmente aqueles ligados à produção ou ao orçamento.

Apesar do processo de melhoria operacional pelo qual as empresas têm passado, notadamente, com reduções significativas nos custos de estoque, estes ainda continuam a ser considerados críticos em muitas delas. Os administradores constantemente se deparam com a necessidade de reduzir estoques, sem quebrar o ritmo de produção da fábrica, tarefa até certo ponto impossível, se for considerado que, no mundo de hoje, os preços e as condições dos insumos mudam todos os dias, exigindo um grande exercício de previsão por parte dos encarregados de elaborar o orçamento financeiro e de produção.

O estoque ganha importância por ser um item para redução de custos, não apenas pela sua relevância dentro do custo total diante da margem das empresas, mas essencialmente pelo valor imobilizado nessa conta do ativo, o que afeta diretamente o retorno sobre o capital dos acionistas.

Outro fator importante para evidenciar a importância do custo financeiro do estoque é o mercado global dos últimos anos do século XX, período no qual ocorreram aumentos significativos das taxas de juros reais. No Brasil, a situação tem sido ainda mais difícil, pois o governo vem freqüentemente recorrendo ao aumento da taxa básica de juros como forma de desestimular o consumo, com o argumento do "temor da volta da inflação". No entanto, essa medida também aumenta os juros do mercado e torna o custo de estoque caro em comparação aos países desenvolvidos.

Enquanto as altas taxas de juros pressionam para baixo os níveis de estoque, os problemas relacionados às incertezas da demanda e do fornecimento podem restringir as possibilidades de redução. A diminuição não criteriosa do nível de estoque também pode interferir negativamente na disponibilidade de produtos, comprometendo as vendas da empresa.

15.2.1 Conceito

O conceito de custo de oportunidade se refere a uma possível perda de recursos pela opção por determinada alternativa em detrimento de outra. Seu cálculo pode ser feito em função da diferença de resultado entre duas alternativas: 1, a que de fato se concretizou; e 2, a que teria se concretizado caso a opção tivesse sido diferente. Para analisar essa diferença, é preciso considerar as possíveis receitas e custos das duas alternativas.

Dessa forma, o custo financeiro do estoque faz referência a um possível rendimento que o capital imobilizado teria, caso fosse aplicado em algum outro projeto da empresa.[1] Nesse caso, a aplicação em outro projeto seria a alternativa à decisão tomada de investir o capital em uma conta do ativo.

Exemplificando: Suponha que um comerciante, proprietário do imóvel da sua loja, esteja indeciso entre continuar ou não com o seu negócio. É claro que, para esse comércio valer a pena, seu resultado mensal deve ser superior a um possível aluguel das suas instalações, caso contrário, seria melhor fechar a loja e alugar o prédio. Nesse exemplo, o aluguel é visto como uma alternativa e, por isso, seu possível valor poderia ser considerado um custo de oportunidade da utilização do imóvel para o seu negócio. Sendo assim, pode-se considerar que o custo de oportunidade de um ativo é calculado multiplicando-se o seu valor de mercado pela taxa de oportunidade da empresa.

$$\text{Custo de oportunidade} = \frac{\text{Valor de mercado de}}{\text{determinado ativo}} \times \frac{\text{Taxa de oportunidade}}{\text{da empresa}}$$

Em relação a esse enfoque, e considerando-se que o problema fundamental da tomada de decisão seja a escolha de alternativas, o custo de oportunidade expressa o benefício efetivamente obtido de uma decisão, tendo-se em conta o melhor uso dos recursos envolvidos. Assim, o resultado de uma decisão decorre do confronto entre o benefício gerado pela alternativa escolhida e o benefício que seria obtido pela escolha da melhor alternativa abandonada (custo de oportunidade).

Com isso, o custo de oportunidade representa o valor de determinado recurso em seu melhor uso alternativo, isto é, significa o custo da escolha de uma alternativa em detrimento de outra capaz de proporcionar um benefício maior, ou seja, é o custo da melhor oportunidade a que se renuncia quando da escolha de uma alternativa. Considerem-se os seguintes dados em um problema de decisão envolvendo as alternativas A e B:

Benefício proporcionado pela alternativa A = 100
Benefício proporcionado pela alternativa B = 150

O custo de oportunidade da escolha da alternativa A corresponde ao benefício que seria obtido pela escolha da alternativa B (preterida), proporcionando o seguinte resultado:

Resultado da escolha da alternativa A = 100 − 150 = −50

Por outro lado, o custo de oportunidade da escolha da alternativa B corresponde ao benefício que seria obtido pela escolha da alternativa A, gerando o resultado de:

Resultado da escolha da alternativa B = 150 − 100 = 50

Do exposto acima, pode-se concluir o seguinte:

- o custo de oportunidade de um fator representa, economicamente, o seu verdadeiro valor;
- o problema da decisão consiste na escolha de duas ou mais alternativas viáveis de uso dos recursos;
- usos alternativos dos mesmos recursos podem propiciar diferentes resultados; e
- o que é preterido quando da opção por uma alternativa é a possibilidade de obtenção de melhores resultados em outras oportunidades.

---

[1] Sobre esse assunto, consultar capítulos 8 e 9 de José Antonio Stark Ferreira, *Finanças corporativas: conceitos e aplicações*. São Paulo: Pearson Prentice Hall, 2005.

Das conclusões apresentadas, podem ser extraídos alguns parâmetros úteis no desenvolvimento de um modelo de gestão econômica para as empresas:

- as alternativas consideradas devem ser viáveis e possíveis diante da estrutura operacional do negócio;
- a diferença entre o custo de oportunidade dos recursos consumidos no processo de obtenção de produtos/serviços e o custo efetivamente incorrido espelha o valor adicionado pela atividade, ou seja, o seu resultado econômico;
- as alternativas devem considerar a natureza, o estado atual e futuro da situação em avaliação; e
- o mercado desempenha importante papel na determinação do custo de oportunidade.

15.2.2 Enfoque econômico e contábil do custo de oportunidade

Em relação ao enfoque econômico, esse princípio é conhecido na literatura como modelo de comportamento racional, no qual as alternativas de ação de uma decisão são avaliadas de forma sistemática e coerente, e a escolha da melhor opção tem como fronteiras as limitações do mundo real. Assim, o gestor de preços fará uma análise racional das alternativas de preço e optará pela melhor no processo decisório adotando um comportamento intencional e sistemático.

Portanto, para a teoria econômica, o custo de oportunidade ou custo alternativo surge quando o decisor opta por determinada alternativa de ação em detrimento de outras viáveis e mutuamente exclusivas. Em suma, representa o benefício que foi preterido ao escolher dada alternativa em função de outras. Com isso, o custo dos fatores de produção só pode ser mensurado por meio de seu custo de oportunidade.

Pode-se dizer que o custo dos fatores para uma empresa é igual aos valores desses mesmos fatores em seus melhores usos alternativos. Esta é "a doutrina dos custos alternativos ou de oportunidade aceita pelos economistas quando tratam de custos de produção."

Os conceitos de custo de oportunidade habitualmente aceitos na literatura,[2] do ponto de vista econômico, estão apresentados na Tabela 15-1:

Tabela 15-1 Conceitos de custo de oportunidade sob o enfoque econômico

Wieser (1860)	Renda líquida gerada pela utilização de um bem ou serviço no seu melhor uso alternativo.
Meyers (1942)	Custo de produção de qualquer unidade de mercadoria é o valor dos fatores de produção empregados na obtenção desta unidade – o qual se mede pelo melhor uso alternativo que se poderia dar aos fatores, se aquela unidade não tivesse sido produzida.
Bilas (1967)	Os custos dos fatores para uma empresa são iguais aos valores desses mesmos fatores em seus melhores usos alternativos.
Lipsey e Steiner (1969)	O custo de se utilizar alguma coisa em um empreendimento específico é o benefício sacrificado (ou custo de oportunidade) por não utilizá-lo no seu melhor uso alternativo.
Leftwich (1970)	O custo de uma unidade de qualquer recurso usado por uma firma é o seu valor em seu melhor uso alternativo

---

[2] Conforme pesquisa realizada por Roberto Vatan dos Santos, e está apresentada no artigo "Aplicação do custo de oportunidade às decisões de preço de venda sob o enfoque do custeio direto", FEA-USP, 2003.

Quanto ao enfoque contábil, cabe ressaltar, inicialmente, que a contabilidade vem há muito tempo se preocupando com a qualidade de suas informações, que só poderá ser aprimorada à medida que se desenvolvam melhores critérios de avaliação do patrimônio e do resultado das empresas, por meio de adequada mensuração dos eventos econômicos. Essa premissa é fundamental para o entendimento de que a contabilidade, como instrumento operacional, é um sistema de informação e avaliação econômica e financeira que tem por objetivo primordial fornecer demonstrações e análises a diversos usuários.

Pode-se dizer que, hoje, diversos pesquisadores ressaltam a importância e a utilização do conceito de custo de oportunidade na avaliação do patrimônio e do resultado das empresas. De maneira geral, nota-se que as definições apresentadas mostram uma grande preocupação em operacionalizar o conceito de forma objetiva, embora com terminologias diferentes.

Em divergência à posição dos economistas, os contadores geralmente não incorporam os custos de oportunidade nos sistemas formais de informação contábil, principalmente na elaboração das demonstrações contábeis externas, exigidas pela contabilidade financeira, societária e tributária. Comumente, limitam os registros aos eventos econômicos, que resultaram na permuta de itens do ativo e das alternativas escolhidas, e não incluem as opções abandonadas, portanto, não acumulando dados sobre o que poderia ter sido.[3]

Sendo assim, os estudiosos da ciência da contabilidade procuraram operacionalizar o conceito de custo de oportunidade, sob diversos ângulos, dentre os quais está a aplicação do conceito de custo de oportunidade como uma informação relevante no processo decisório, por meio de sua incorporação nos modelos de decisão dos gestores, de forma paralela ao sistema formal de informação contábil. Decisões estas, por exemplo, que podem englobar: preço de venda, preço de transferência, compra ou fabricação interna de determinado componente, compra ou aluguel de dado equipamento, balanceamento de produção, de alocação ou escolha de produtos etc.

Focando agora o ponto de vista contábil, os conceitos encontrados na literatura[4] sobre custo de oportunidade são mostrados na Tabela 15-2, a seguir.

Considerando-se os conceitos expostos nas tabelas 15-1 e 15-2, é possível depreender alguns aspectos comuns importantes para a caracterização e utilização do conceito de custo de oportunidade, por ambos os enfoques:

1. O conceito de custo de oportunidade pressupõe, pelo menos, a existência de duas ou mais alternativas viáveis e mutuamente exclusivas para o decisor.
2. O custo de oportunidade refere-se a algum atributo específico do objeto de mensuração ou avaliação.
3. O custo de oportunidade está associado ao valor dos bens e serviços utilizados.

Pode-se ressaltar que tanto os economistas quanto os contadores concordam que, para aplicar o conceito de custo de oportunidade, é necessária a existência de alternativas de decisão mutuamente exclusivas e viáveis para o decisor. Por exemplo, supondo que o objeto de mensuração seja uma máquina instalada em determinada fábrica, pode-se derivar que seu custo de utilização poderia ser igual à sua venda a preço de mercado e à aplicação desse

---

[3] Esse procedimento até se justifica porque os contadores não contam história, mas registram os fatos relacionados com todas as atividade ocorridas em determinado período em uma empresa, fatos que ocasionaram variações reais em contas patrimoniais e/ou em contas de resultado em uma companhia.

[4] Da mesma forma que a pesquisa apresentada na Tabela 15-1, esta também foi realizada por Roberto Vatan dos Santos, e está apresentada no artigo "Aplicação do custo de oportunidade às decisões de preço de venda sob o enfoque do custeio direto", FEA-USP, 2003.

dinheiro no mercado financeiro. Sendo assim, o custo de oportunidade da alternativa de ação escolhida corresponde ao custo da segunda melhor alternativa abandonada.

Tabela 15-2 Conceitos de custo de oportunidade sob o enfoque contábil

Morse (1978)	É o recebimento líquido de caixa esperado que poderia ser obtido se o recurso fosse usado na outra ação alternativa mais desejável.
Kaplan (1982)	O custo de oportunidade de um ativo é o seu valor quando utilizado na próxima melhor alternativa.
Backer e Jacobsen (1984)	É o custo resultante de uma alternativa à qual se tenha renunciado.
Horngren (1986)	É o sacrifício mensurável da rejeição de uma alternativa; é o lucro máximo que poderia ter sido obtido se o bem, serviço ou capacidade produtivos tivessem sido aplicados a outro uso operacional.
Glautier e Underdown (1986)	Pode ser medido como o valor da próxima melhor alternativa abandonada, ou o recebimento líquido de caixa perdido como resultado de preferir uma alternativa em vez da melhor seguinte.
Martins (1990)	Quanto a empresa sacrificou em termos de remuneração por ter aplicado seus recursos em uma alternativa em vez de em outra

Outro conceito que deve ser mencionado refere-se à existência dos custos a fundo perdido. Seja considerada, por exemplo, a aquisição de equipamentos altamente especializados e projetados para determinada fábrica. Eles não podem ser desviados desse uso planejado e não têm usos alternativos, pois ninguém os alugará ou comprará, então, nesse caso, o custo de oportunidade é igual a zero e esses gastos são considerados a fundo perdido. Assim, os bens adquiridos a fundo perdido serão utilizados de forma intensiva e até a sua total extinção, não cabendo análise de opções alternativas.

Outra observação importante é o fato de que nas definições apresentadas por economistas e contadores há pouca ênfase ou nenhuma menção ao nível de risco associado a cada uso alternativo, se são iguais ou não ao risco da alternativa escolhida.

No que diz respeito à mensuração ou avaliação de risco de dado projeto, o modelo CAPM[5] é utilizado para demonstrar a relação entre risco relevante e retorno de todos os ativos negociados em mercados eficientes. No modelo CAPM, o risco total de um ativo foi definido como:

Risco total = Risco não diversificável + Risco diversificável

Para os ativos negociados em um mercado eficiente,[6] o risco diversificável (resultado de eventos aleatórios ou incontroláveis) pode ser eliminado por meio da diversificação. O risco relevante é, portanto, o risco não diversificável, isto é, o risco pelo qual todos os proprietários desses ativos são compensados, medido pelo índice β (beta).

---

[5] Sigla de *Capital Asset Pricing Model*, teoria desenvolvida por William Sharpe, Jack Treynor e John Litner nos anos 60, estabelecendo que em um mercado competitivo a expectativa de prêmio do risco varia em proporção direta ao *beta* do investimento, isto é, ao deslocamento de sua curva de regressão (SML – *Security Market Line*).

[6] Para conhecer mais sobre esse conceito, risco e análise de projetos, consultar os capítulos 9 e 18 de José Antonio Stark Ferreira, *Finanças corporativas: conceitos e aplicações*. São Paulo: Pearson Prentice Hall, 2005.

Da mesma forma, o custo de oportunidade refere-se a algum atributo específico do objeto de mensuração ou avaliação, ou seja:

- o custo de determinado fator de produção ou recurso;
- o sacrifício incorrido em certa alternativa abandonada;
- o benefício líquido sacrificado;
- a renda líquida da próxima melhor oportunidade abandonada;
- o recebimento líquido de caixa da próxima melhor alternativa abandonada;
- o valor presente de lucros futuros.

Em relação à mensuração da alternativa escolhida, dependendo do objeto de avaliação, podem-se utilizar diversos atributos para aplicação do conceito de custo de oportunidade, por exemplo, é possível definir o custo de utilização de uma máquina, para seu proprietário como o valor que poderia ter sido obtido se os serviços futuros com ela obtidos fossem vendidos a preço de mercado.

Outro exemplo seria o caso de um técnico especializado que tenha um negócio próprio, ele deve computar no custo desse empreendimento o salário, valorizado a preço de mercado, que estaria recebendo caso estivesse trabalhando como empregado em determinada empresa, pois esse seria o uso alternativo de sua mão-de-obra.

Alternativamente, na hipótese de a comparabilidade referir-se a investimentos no mercado financeiro, a taxa de juros das alternativas de investimento associada aos graus de risco e liquidez, deduzidos os impostos, corresponde ao custo de oportunidade das opções dos usos alternativos do capital.

Contudo, se o interesse de avaliação for um projeto de investimento em uma nova fábrica, o custo de oportunidade será associado ao retorno sobre o investimento, sob o aspecto de benefícios líquidos futuros, ou mais especificamente, no fluxo de caixa líquido previsto de cada alternativa de investimento.

Outro aspecto a ser analisado, embora não totalmente claro nas definições, o custo de oportunidade está associado sempre ao valor de mercado dos bens e serviços utilizados nas alternativas. Por exemplo, suponha que determinada fábrica possua em seu estoque um lote de aço comprado há trinta dias e outro lote adquirido no dia anterior por um valor de mercado superior. Todo o estoque de aço deve ser valorizado ao preço de mercado atual, pois este representa o custo de oportunidade desse recurso, considerando que a empresa vai precisar repor os estoques de insumos para dar continuidade à sua atividade operacional.

Para Varian (1994, p. 352), os preços dos fatores de produção, que são os insumos utilizados na geração de bens e serviços, deveriam ser medidos a valor de mercado em termos de fluxos. Como exemplo, horas de trabalho por semana ou horas de máquina por mês, salários em unidades monetárias por hora e assim por diante. Em certos casos, pode não existir um mercado desenvolvido para avaliação do bem, como no caso de aluguel de máquinas, então deveria ser calculada a taxa de aluguel implícita, obtida por meio da capitalização mensal do diferencial entre quanto custaria comprar a máquina no início do período e vendê-la no final. Assim, pelo enfoque econômico, a mensuração do custo de oportunidade dos recursos de produção é fornecida e validada pelo mercado, seja por meio de um valor pontual no tempo, seja por um valor presente dos serviços futuros, pelo fluxo de benefícios líquidos esperados ou, ainda, por determinada taxa de juros.

Ressalte-se, porém, que a adoção da metodologia proposta por Varian traria alguns conflitos para o sistema contábil brasileiro. No sistema norte-americano (FAS – Financial Accounting Standards), que tem como foco a visão financeira, na qual o autor se baseou, é permitido a qualquer empresa mudar seu critério de mensuração e apuração de custos, maiores problemas, bastando, apenas, demonstrar os efeitos destacadamente em uma linha da demonstração de resultados do exercício e os efeitos patrimoniais em lucros cumulados, se for o caso. Na contabilidade brasileira, cujo principal objetivo é medir os efeitos econômicos, a mensuração considera o valor de mercado, o que poderia ocasionar algumas inconsistências (econômico *versus* financeiro), sem contar que a autoridade fiscal certamente questionaria o procedimento.

15.3 Custo financeiro de estoque

Cabe inicialmente destacar que o custo financeiro de estoque, por se tratar de um custo de oportunidade, não está diretamente relacionado a um desembolso, bem como não aparece registrado em nenhuma conta ou nota de pagamento a fornecedor. Com relação ao contexto nacional, deve-se lembrar de que no tempo em que o Brasil padecia com altas taxas de inflação foi desenvolvido por vários estudiosos e técnicos da Comissão de Valores Monetários (CVM) e Instituto Brasileiro dos Contadores (Ibracon), uma diretriz para reconhecer os efeitos inflacionários nas demonstrações contábeis, denominado Princípio do Denominador Comum Monetário. Esse princípio contábil determinava que fossem separados os efeitos da inflação e taxa de juros dos valores registrados nas contas patrimoniais e de resultados. Assim, do contas a pagar a fornecedores, por exemplo, deveriam ser expurgados os juros embutidos, de forma a representar o valor presente na data do encerramento daquelas demonstrações. Esse princípio foi extinto com o término da correção monetária de balanço.

15.3.1 Taxa de oportunidade[7]

A taxa de oportunidade está associada à rentabilidade que a aplicação em um determinado investimento (ou ativo qualquer) pode gerar ao patrimônio dos acionistas da empresa.

Os investimentos realizados por uma empresa, financiados por capital próprio ou de terceiros, incorrerão em custos. Se financiados por terceiros os custos de captação dos recursos (os juros dos financiamentos) ou, se adquiridos através de capitalização dos acionistas (aumentos de capital social), os custos serão os dividendos que deverão remunerar os acionistas. Assim, a taxa de oportunidade é a média ponderada entre a taxa média de juros referente ao passivo (financiamentos e obrigações) e a taxa de retorno esperada dos acionistas referente ao patrimônio líquido, sendo utilizada como ponderadores as respectivas proporções destas contas sobre o ativo, podendo ser apuradas pela seguinte fórmula:

$$Tx.Oport. = K_d \, (1 - R) \left(\frac{Cap.Terceiro}{Cap.Total} \right) + K_s \left(\frac{Cap.Próprio}{Cap.Total} \right)$$

Onde:

K_d = custo da dívida (pagamento de juros aos credores)
K_S = custo do capital próprio (pagamento dos dividendos aos acionistas)
Cap. Próprio = montante do patrimônio dos sócios (total)
Cap. Terceiros = montante da dívida (total)
IR = alíquota do imposto de renda[8]

---

[7] Esse assunto é amplamente abordado no Capítulo 11 do livro de José Antonio Stark Ferreira, *Finanças corporativas: conceitos e aplicações*. São Paulo: Pearson/Prentice Hall, 2005.

[8] O ajuste da alíquota do imposto de renda é justificável pelo fato de que os juros relativos aos passivos são dedutíveis na base de apuração do imposto por serem despesas lançadas no resultado do exercício, o que não acontece com os dividendos pagos aos acionistas cuja base é o lucro líquido do exercício, após a dedução do imposto de renda.

A Figura 15-1 mostra um exemplo do cálculo da taxa de oportunidade, em que o *debt/equity*[9] considera que 65% do ativo está sendo financiado pelo passivo e 35% pelo patrimônio líquido. Nesse exemplo, a alíquota efetiva do imposto de renda da empresa é de 26%.

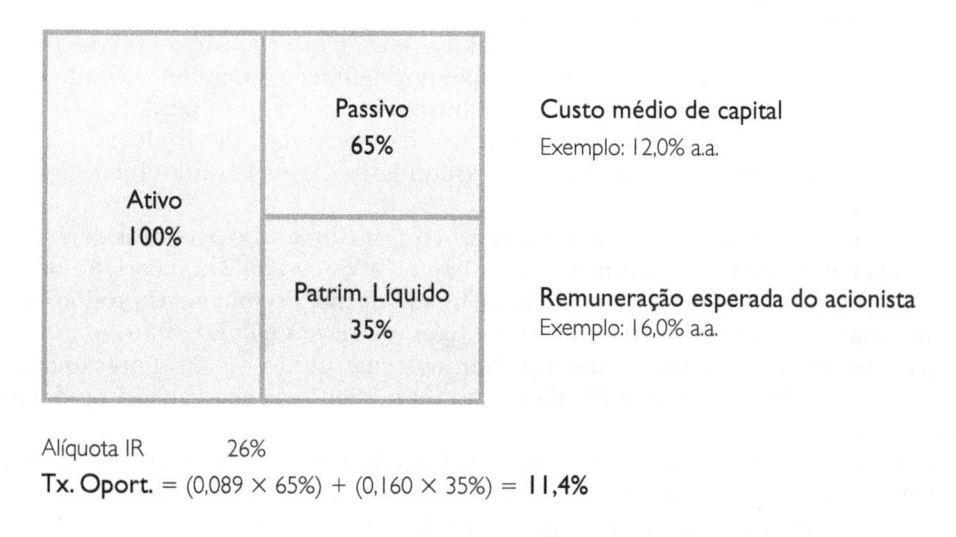

Ativo 100%	Passivo 65%	Custo médio de capital Exemplo: 12,0% a.a.
	Patrim. Líquido 35%	Remuneração esperada do acionista Exemplo: 16,0% a.a.

Alíquota IR   26%

Tx. Oport. = (0,089 × 65%) + (0,160 × 35%) = **11,4%**

Figura 15-1 Cálculo da taxa de oportunidade.

De forma alternativa, em vez de utilizar a taxa de oportunidade da empresa para calcular o custo financeiro de estoque, considera-se a taxa de rendimento de um possível investimento, no qual esse capital pudesse ser empregado ou, então, a taxa de juros de uma conta de financiamento do passivo que pudesse ser abatida, caso esse valor não fosse imobilizado em estoque. Essas opções são mais apropriadas em análises mais pontuais que envolvem o conceito de custo marginal, em um horizonte de curto prazo.

15.3.2 Cálculo do custo financeiro do estoque

Na hipótese de uma empresa que comercialize produtos acabados (revendedor), o custo financeiro de estoque pode ser calculado multiplicando-se o valor dos produtos em estoque pela taxa de oportunidade da empresa, independente do prazo da decisão que se pretende tomar, pois, nesse caso, o estoque é valorado com base no preço de compra, o qual, na grande maioria das vezes, é um custo totalmente variável. Assim, em uma análise de custo marginal, o mesmo valor do bem poderia não ser imobilizado, caso ele não fosse comprado.

Custo financeiro do estoque = Valor do produto em estoque × Taxa de oportunidade da empresa

Em uma empresa industrial, isso não acontece com relação aos produtos acabados, porque esses produtos são valorados com base no custo do produto vendido (CPV), que considera todos os custos industriais, portanto, os custos variáveis, das matérias-primas, os custos fixos, de depreciação dos equipamentos produtivos etc. No entanto, ao analisar uma decisão de curto prazo de produzir ou não uma quantidade excedente para ser incorporada

---

[9] *Debt/equity* é o termo utilizado no mercado financeiro que significa a proporção entre passivos e patrimônio líquido.

ao estoque, deve-se considerar apenas os custos variáveis de produção, já que os custos fixos ocorrem independentemente do volume de produção.

Levando-se em conta que o custo de oportunidade está ligado a diferenças entre a escolha de uma alternativa em detrimento de outra, é preciso analisar qual seria a outra. Na hipótese da empresa industrial, a alternativa seria não produzir o excedente e não imobilizar o capital. Todavia, como o custo fixo por definição independe do volume produzido, uma quantidade menor teria como conseqüência um custo variável total menor, pois apenas este é proporcional ao nível de atividade (ou seja, de produção). Assim, o capital que deixaria de ser imobilizado corresponderia à parcela variável dos custos dos produtos não produzidos.

Sendo assim, para as decisões de curto prazo, o custo financeiro deve considerar apenas os custos variáveis associados aos produtos, e não o CPV que também incorpora os custos fixos, os quais, no curto prazo, ocorrem independentemente do volume de produção.

No longo prazo, a divisão dos custos em fixos e variáveis não faz muito sentido, porque, por esse enfoque, todos os custos podem se tornar variáveis pela alteração da capacidade, com a compra ou venda de máquinas, ou mesmo pela contratação ou demissão de mão-de-obra.

Além de considerar o prazo da decisão, na hora de avaliar quais custos devem ser contemplados no valor do estoque, outros dois fatores adicionais devem ser avaliados com relação à mensuração desse valor sobre o qual incidirá a taxa de oportunidade.

O primeiro fator é relativo à adição da parcela variável do custo de transporte ao custo do produto, que deve ser feito à medida que o produto é movimentado ao longo da cadeia de suprimentos. Quando se utiliza transporte de terceiros, por exemplo, o custo dessa atividade, normalmente, se torna variável e, portanto, pode ser integralmente incorporado ao valor do bem. Assim, quanto mais próximo o estoque estiver do consumidor, maior será o seu valor e, conseqüentemente, maior será seu custo de oportunidade.

O segundo fator é relativo aos produtos com prazo de validade vencido, ou obsoletos, ou com algum tipo de avaria. Esses bens devem ser lançados como perda (custo), mas também abatidos da conta de estoques. Não faz sentido considerar a remuneração de um ativo que não tenha mais uso e não possa ser comercializado. Nesse caso, o bem passaria a ser um custo afundado, pois a empresa não conseguiria reaver o seu valor independentemente de qualquer ação futura. Caso o dano não considerasse a perda total do bem, deveria ser abatido da conta estoque apenas um valor parcial do produto, relativo à avaria.

15.3.3 Aspectos relevantes a serem considerados

Os responsáveis pela produção de uma fábrica têm por função conciliar o interesse da área financeira/contábil, de reduzir estoques para minimizar custos, e maximizar o retorno com o interesse da área comercial, de maximizar a disponibilidade de produto. Muitos programas e práticas gerenciais foram e continuam a ser desenvolvidos e implementados para reduzir os níveis de estoque sem comprometer o nível de serviço. No entanto, enquanto houver estoque, continuará existindo a necessidade de mensurar o seu custo e avaliar o seu *trade-off* com a disponibilidade de produto.

Entre os aspectos que devem ser analisados ao se calcular o custo financeiro de estoque destacam-se:

1. Considerar que esse é um custo de oportunidade que incide sobre o custo total dos produtos em estoque em análises de longo prazo, e apenas sobre a parcela variável dos custos no curto prazo.

2. Lembrar que o custo financeiro de estoque não deve incidir sobre os produtos com prazo de validade vencido, obsoletos ou com danos que impeçam seu uso ou comercialização.
3. Incluir possíveis custos variáveis agregados ao longo da cadeia de suprimento, como os custos de transportes.

Outrossim, cabe ressaltar que o conhecimento base dos principais conceitos de custos é de fundamental importância tanto para aplicação de uma metodologia de custeio dos estoques, quanto para utilização dessas informações de custos nas decisões relativas à gestão de estoque e ao planejamento da demanda. Por sua vez, a visão financeira da influência do estoque no retorno sobre o patrimônio líquido também é essencial para se entender o estoque na perspectiva dos acionistas e da alta administração.

15.4 Custo da venda perdida

A perda de venda pela falta de produto para atender a demanda é considerada uma "heresia" pela área comercial de uma empresa, pois faz que esta perca pontos com os clientes, podendo até mesmo perder esses clientes. Na área comercial, vale sempre a máxima de que a conquista de um cliente é trabalho de anos, já sua perda é questão de minutos, e a reconquista de um cliente é um trabalho quase impossível.

Em relação às complicações decorrentes da falta de produto, podem-se destacar o resultado negativo para a marca e a perda de fidelidade dos clientes, que acabam recorrendo a outras marcas e produtos substitutos. Esse resultado poderia ser avaliado como um possível custo da venda perdida, mas exigiria uma parcela de arbítrio na sua mensuração. Uma maneira conservadora de avaliar esse custo, desconsiderando-se as questões relativas à imagem da marca e à fidelidade do cliente, é avaliar exclusivamente o prejuízo relativo à não-venda do produto pela sua indisponibilidade.

Considerando-se o conceito de custo de oportunidade, a alternativa à venda perdida seria ter o produto e realizar a venda. Assim, a empresa teria uma receita referente ao preço do item, mas em contrapartida, também incorreria em todos os custos variáveis para disponibilizar o produto para a venda. Essa diferença entre o preço de venda e a parcela variável dos custos de um produto é denominada margem de contribuição unitária do produto (MCU). É importante notar que a MCU difere do lucro unitário, uma vez que despreza todos os custos fixos, considerados irrelevantes nesse tipo de análise por ocorrerem independentemente da realização da venda.

Com isso, o custo de oportunidade unitário da venda perdida pela falta de um produto é igual à sua MCU, ainda desconsiderando-se as questões relativas à falha do serviço e repercussão na imagem da marca, que podem ser avaliadas com mais exatidão por outros indicadores de performance não ligados a custos, como a freqüência da ruptura de estoque, a disponibilidade média, o número de dias com *stockout* etc.

$$\begin{array}{c}\text{Custo de oportunidade da venda}\\\text{perdida pela falta de produto}\end{array} = \begin{array}{c}\text{Margem de contribuição}\\\text{unitária}\end{array} \times \begin{array}{c}\text{Quantidade que deixou}\\\text{de ser vendida}\end{array}$$

15.5 Custo do excesso *versus* custo da falta

O custo do excesso considera os custos referentes à sobra de uma unidade em estoque, por isso é equivalente ao custo de manter um item em estoque. Já o custo da falta corresponde ao caso inverso, sendo equivalente ao custo da venda perdida.

O *trade-off* entre o custo do excesso e o custo da falta é de fundamental importância para a parametrização de qualquer modelo de gestão de estoque, independente do método adotado. Quanto maior for o custo de excesso de um produto em relação ao custo da falta, menor deve ser o estoque de segurança para atender às possíveis variações de vendas e falhas de suprimento ou de produção. Em contrapartida, quanto menor for o custo do excesso em relação ao custo da falta, maior deve ser o estoque de segurança do produto para se prevenir das possíveis incertezas. Como resultado, a meta de disponibilidade de produto deve variar de acordo com a relação entre o custo unitário financeiro de estoque e a MCU do produto.

Quadro 15-1 Resumo: excesso *versus* falta

Causa	Efeito
Maior custo do excesso em relação ao custo da falta	Menor estoque segurança
Menor custo do excesso em relação ao custo da falta	Maior estoque de segurança

Observa-se que as indústrias com altos custos fixos e custos variáveis menores apresentam um custo do excesso baixo em relação ao custo da falta, pois o custo do excesso deve ser calculado com base na parcela variável dos custos dos produtos. De modo semelhante, quanto menor for a proporção do custo variável maior tende a ser a MCU, uma vez que esta representa o preço menos os custos variáveis e, portanto, maior o custo da falta. Indústrias com alto custo fixo e baixo custo variável, como as siderúrgicas, normalmente produzem, no curto prazo, com toda capacidade, estocando o excedente ou destinando-o à exportação, pois o custo do excesso se torna bastante baixo no curto prazo.

Comparando-se as empresas industriais ao varejo, ou atacadistas, ou distribuidores, percebe-se que, nas indústrias, geralmente, os custos fixos representam uma parcela significativa do CPV em detrimento da parcela de custo variável. No varejo, assim como no atacado e distribuidores, a situação é diferente, porque o CMV (custo da mercadoria vendida) é geralmente quase todo composto por custos variáveis.

Assim, pode-se dizer que as empresas mais distantes da cadeia de suprimentos, próximas ao consumidor, como os atacadistas, distribuidores e varejistas tendem a ter um custo do excesso, bastante expressivo em relação ao custo da falta, quando comparado às indústrias.

Supondo o exemplo apresentado no Quadro 15-2 no qual uma indústria e um varejista comercializam entre si apenas um produto. Na hipótese de o custo unitário da fábrica de US$ 80,00 representar 80% do preço de venda do produto, sendo 60% variável (US$ 48,00) e 40% custos fixos (US$ 32,00), e esse produto ser vendido ao estabelecimento varejista por US$ 100,00 que, por sua vez, venderá ao consumidor final por US$ 140,00. Considerando-se uma taxa de oportunidade de capital de 11,4% a.m. (demonstrada anteriormente na Figura 15-1) para ambas as empresas e que o excesso de estoque seja vendido apenas no mês seguinte, ter-se-iam os seguintes resultados.

Conforme é possível observar, o custo da falta na indústria (US$ 52,00) é maior que o custo da falta no varejo (US$ 40,00). Em contrapartida, o custo do excesso na indústria (US$ 5,46) é menor que o custo do excesso no varejo (US$ 11,37). Nota-se, ainda, que a relação falta/excesso na indústria (9,5) é bem maior que a relação falta-excesso no varejo (3,5). Quando são comparados os resultados da indústria aos do varejo, percebe-se que o custo da falta da indústria é cerca de 1,6 vezes maior que no varejo, enquanto o custo do excesso é 40% menor. Esse fato pode ser explicado em razão de o comércio varejista, de maneira geral, trabalhar mais alavancado que a indústria, o que, nesse caso, exigirá um esforço financeiro maior para carregar seus estoques.

Quadro 15-2 Custo da falta versus custo do excesso

Custo da falta versus custo do excesso					
Taxa de oportunidade	11,4%				
Indústria					
Preço de venda	$ 100,00				
Custo do produto	$ 80,00				
Variável	$ 48,00				
Fixo	$ 32,00				
Custo falta =	$ 100,00	−	$ 48,00	=	$ 52,00
Custo excesso =	$ 48,00	×	11,4%	=	$ 5,46
Relação falta-excesso		=	$ 52,00	=	9,5
			$ 5,46		
Varejo					
Preço de venda	$ 140,00				
Custo do produto	$ 100,00				
Custo falta =	$ 140,00	−	$ 100,00	=	$ 40,00
Custo excesso =	$ 100,00	×	11,4%	=	$ 11,37
Relação falta-excesso		=	$ 40,00	=	3,5
			$ 11,37		
Relação indústria versus varejo					
		Indústria	Varejo	Diferença	
Custo da falta em % das vendas	=	52,0%	28,6%	1,8	
Custro do excesso em % dos custos	=	6,8%	11,4%	0,6	
Relação falta-excesso	=	9,5	=	2,7	
		3,5			

Sendo assim, a diferença na relação entre os custos de oportunidade do estoque – excesso e falta – nos diferentes estágios da cadeia de suprimento exerce influência direta na política de estoque de cada uma das empresas citadas no exemplo. As indústrias, normalmente, têm sua produção mais voltada para estoque, admitindo um estoque de segurança que cubra parte das suas incertezas, viabilizando uma disponibilidade imediata dos insumos destinados à produção. Por outro lado, o varejo opera com um estoque de segurança, na maioria das vezes, menor, não apenas por causa da constante preocupação com o giro rápido dos produtos, obtido por meio do baixo nível de estoque, ou mesmo com os custos financeiros de carregamento desses estoques ou, ainda, pela menor importância dada às eventuais faltas de produto, que podem ser sanadas dependendo da capacidade de convencimento do cliente. Contudo, observa-se também que o varejo tem maior velocidade de resposta para repor os itens em *stockout*.

Nesse contexto, habitualmente, o varejo tem uma tendência de centralização dos estoques, fazendo que haja uma redução no efeito da variabilidade da demanda que, com os programas de reposição contínua, permite uma redução significativa nos níveis de estoque. Por sua vez, a indústria, por estar mais preocupada com a disponibilidade de produtos para seus clientes, ajuda o suprimento do varejo, evitando a falta de produtos.

15.6 Impacto do estoque no modelo estratégico de resultado

Os indicadores financeiros têm uma grande importância no gerenciamento das empresas. De modo geral, elas trabalham com restrição de capital para novos investimentos, o que as obriga a maximizar o retorno do capital empregado. Sendo assim, torna-se necessário gerar o máximo possível de resultado com o mínimo de capital. Do ponto de vista operacional, isso equivale a maximizar o lucro e, ao mesmo tempo, minimizar os ativos. Assim, a idéia de desmobilizar ativos vem ganhando força dentro das empresas. Para isso, as organizações têm adotado algumas práticas, por exemplo:

- vender ativos fixos, como prédios, e alugar um imóvel para a organização funcionar;
- terceirizar atividades intensivas na utilização de ativos que não façam parte do *core business* da companhia;
- optar por *leasing* ou aluguel de meios de produção;
- reduzir os níveis de estoques, conseqüentemente, diminuindo essa conta do ativo.

A redução do nível de estoque é a forma mais fácil e rápida de se reduzir os ativos. Além disso, no longo prazo, quando as outras contas do ativo conseguem ser reduzidas, a conta de estoque deve decrescer pelo menos na mesma proporção das demais. Caso contrário, ela se tornará mais representativa no ativo total, deixando o retorno sobre o patrimônio líquido mais sensível à variação na conta estoque, forçando, ainda mais, a sua redução.

Assim, pode-se dizer que um modelo estratégico de lucro será aquele que permita avaliar a relação entre o estoque e os indicadores financeiros. Esse modelo é utilizado para o cálculo do retorno sobre o patrimônio liquido (RSPL), que representa o retorno sobre o capital do acionista. O RSPL é o resultado do retorno sobre o ativo (RSA) multiplicado pela alavancagem financeira da empresa. Esse modelo é, habitualmente, utilizado para gerar cenários e testar análises de sensibilidade do impacto da variação das contas do ativo, como a conta estoque, nos indicadores de retorno, que tornaram-se os mais importantes mensuradores de performance das grandes empresas.

Desse modo, a gestão de estoque passou a ser analisada não apenas pelo seu resultado de custos, mas principalmente pelo impacto financeiro, pois o estoque é um ativo e, por conseguinte, sua variação acaba afetando o RSA e também o RSPL.

As figuras 15-2 e 15-3 ilustram como o modelo estratégico de resultado pode ser utilizado para avaliar o impacto de uma redução dos estoques. O exemplo da Figura 15-2 considera os dados da Cia. XYZ, apresentando um faturamento anual de US$ 3,5 bilhões, um patrimônio liquido de US$ 963 milhões, ativo total de US$ 2,7 bilhões, dos quais US$ 788 milhões são relativos ao estoque e lucro de líquido de US$ 193 milhões. Na hipótese de essa empresa reduzir em 30% o nível estoque, como mostrado na Figura 15-3, o retorno sobre o RSPL passaria de 20% para 23,4%, representando um aumento significativo do retorno para o acionista. Outra possibilidade seria considerar que a redução da conta estoque do ativo

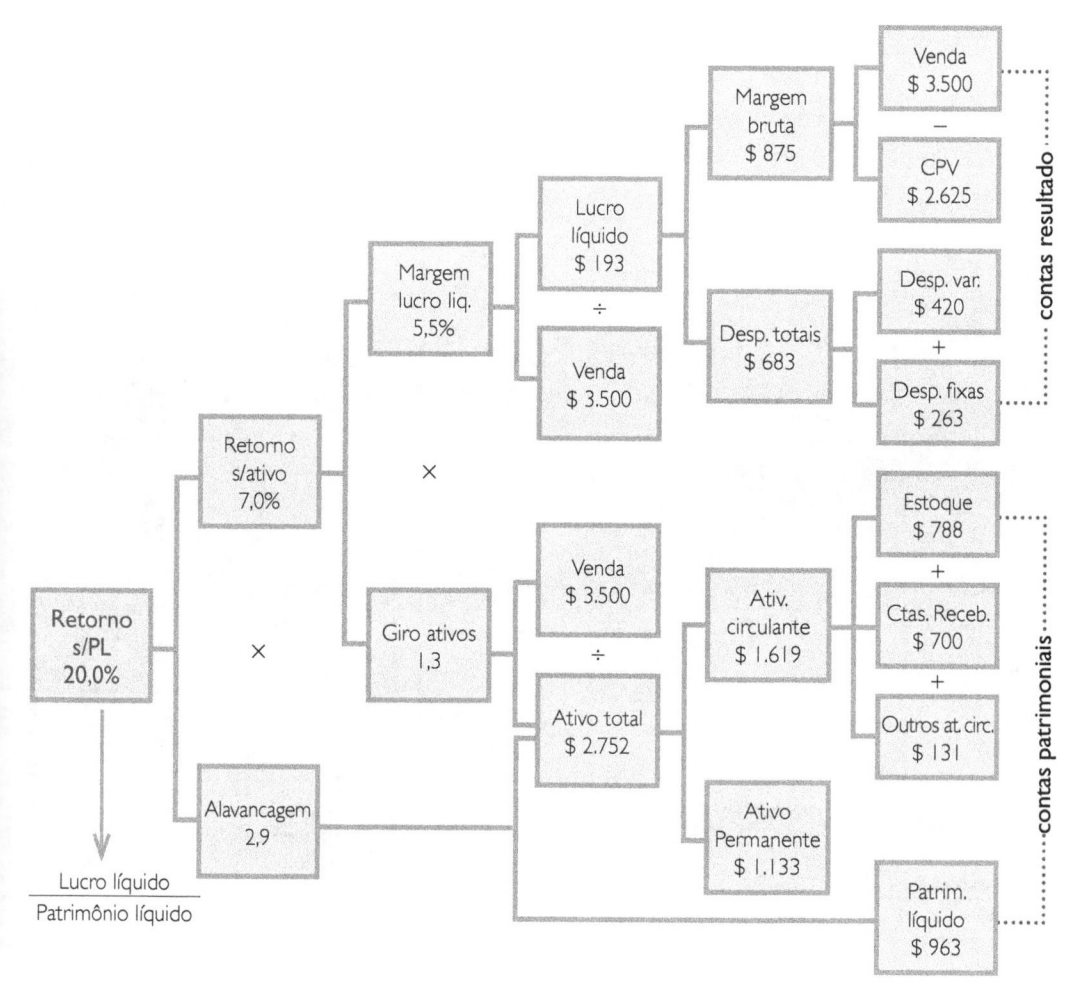

Figura 15-2 Modelo estratégico de resultado.

poderia ser utilizada para financiar determinado projeto da empresa, de forma a aumentar as vendas ou diminuir seus custos.

15.7 Aplicação do conceito

A importância do conceito de custo de oportunidade pode não ficar muito clara à primeira vista. Na apresentação gráfica usual do custo de oportunidade em produção, por exemplo, considerando-se apenas dois bens, é óbvio que a produção de uma unidade a mais do bem "A" só pode ser feita à custa de uma redução na produção do bem "B". Nesse contexto simplificado, a noção de custo de oportunidade parece ser bastante simples. A idéia de que o custo da unidade adicional de A seja medido pelo montante da redução necessária na produção de B poderia ser vista como algo sem maior relevância prática, sendo encarada apenas como um preciosismo acadêmico de mera definição.

Contudo, o oposto é verdadeiro, isto é, não só o conceito de custo de oportunidade é de importância fundamental em economia, como em uma situação mais complexa não é tão

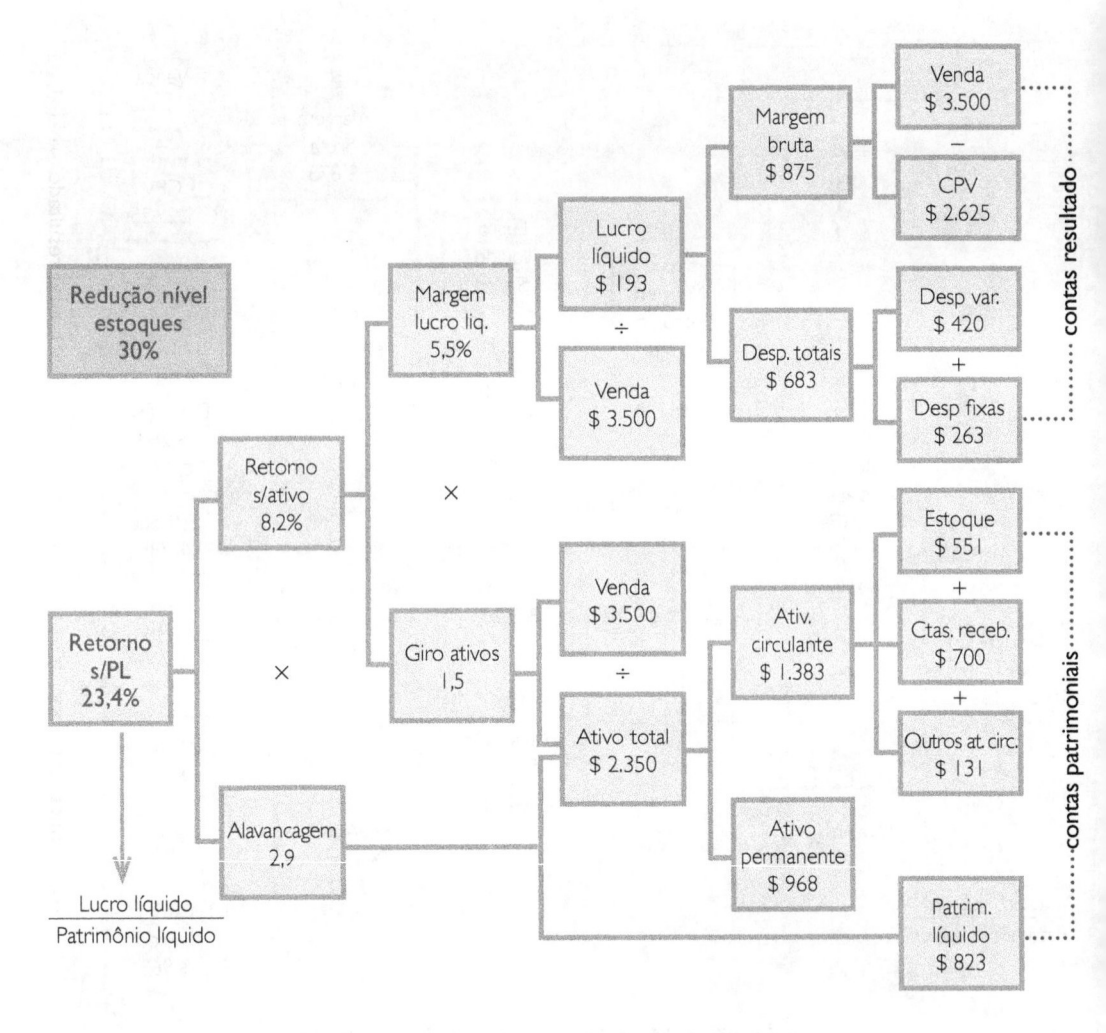

Figura 15-3 Modelo estratégico de resultado.

óbvio quanto parece ser. Como exemplo disso, verifica-se a discussão da política de preços para o setor elétrico, ora em consideração pelo governo. O ponto em discussão, que faz parte de uma proposta de reformulação do setor elétrico em estudo no Ministério de Minas e Energia, é o seguinte: qual devem ser os critérios para fixação do preço da energia elétrica para o consumidor final? É evidente a importância disso: um aumento no preço desse insumo produtivo básico vai onerar quase todos os setores de atividade produtiva e terá impacto significativo no índice de preços ao consumidor.

Por outro lado, um preço muito baixo pode desencorajar o investimento na expansão da oferta de energia elétrica e estimular um consumo excessivo. Assim, se o preço da energia elétrica for fixado em um nível substancialmente abaixo do custo marginal de produção, ou seja, do custo de tornar disponível uma unidade a mais de energia, fica evidente que nenhum investidor privado se disporá a aplicar recursos na expansão da oferta nesse setor. As bases que serão adotadas para a fixação do preço da energia elétrica são, assim, componente fundamental da nova política energética que se propõe estabelecer.

Grande parte da energia elétrica ora consumida no Brasil provém de usinas hidrelétricas construídas antes de 1980. O custo de operação dessas usinas é relativamente baixo, em contraste, por exemplo, com o custo de produção de energia em usinas termoelétricas, que usam carvão ou gás de petróleo como insumo.

A proposta de política de preços ora em estudo pretende se valer desse fato para chegar a um nível de preços que não onere muito o consumidor. Fixar-se-ia algo como um preço médio, e essa média seria puxada para baixo pelo custo de geração da "energia velha", produzida nas hidrelétricas instaladas há tempos. A idéia subjacente é que, dado que o custo de construção de tais usinas já foi, praticamente, amortizado, só o custo de operação seria relevante, sendo este baixo, não haveria por que encarecer desnecessariamente o preço final da energia elétrica para o consumidor.

Subentende-se que essa idéia deixa de lado um princípio econômico básico. Do ponto de vista contábil, é certo que o custo de construção de boa parte de nossas usinas hidrelétricas não representa mais um ônus financeiro significativo, ou mesmo ônus algum, para seus proprietários (na maioria dos casos, o governo, isto é, todos nós). Os empréstimos levantados para financiar essas obras já foram pagos, ou quase isso, no essencial, os custos já foram amortizados. Mas isso não significa, em absoluto, que o valor econômico desse capital investido no passado seja insignificante.

Contudo, esse capital tem um custo de oportunidade. O governo poderia, por exemplo, vender suas hidrelétricas, e com os recursos obtidos amortizar parte de sua dívida, pela qual paga juros sabidamente altos. Por qual valor poderiam ser vendidas as usinas hidrelétricas "velhas"? Um valor de referência básico (usado, por exemplo, nos leilões de privatização) é o fluxo de rendimentos líquidos que se pode esperar obter desses ativos, até o final de sua vida útil. Como usinas hidrelétricas têm, em geral, uma vida útil longa, o valor seria considerável. Esses vários bilhões de reais, sob a forma de dívida pública, acarretam uma despesa substancial em juros, todos os anos.

Assim sendo, considerar que a "energia velha" tem um preço baixo equivale, de fato, implicitamente, a conceder ao governo um subsídio aos consumidores de energia elétrica. Ou melhor, a concedermos todos esses subsídios, nós, os contribuintes, que somos de fato os donos das hidrelétricas velhas. Isso faz sentido? Em princípio, pode fazer sentido subsidiar alguns consumidores de eletricidade, como os domicílios de baixa renda, o que costuma ser feito por meio de tarifas diferenciadas. Mas, no caso, trata-se de um subsídio generalizado, que atinge também o ar-condicionado central dos edifícios de luxo, ou a iluminação de um *shopping center*. Se esse subsídio indiscriminado fosse explicitado e divulgado também seu custo de oportunidade, é provável que a maioria dos contribuintes se recusasse a custeá-lo.

Na verdade, trata-se de um erro de raciocínio econômico. Suponha-se que um avô ceda uma loja, que comprou há anos, em um ponto privilegiado, para o neto explorar uma atividade comercial. Para o neto, o custo do aluguel desse imóvel "já amortizado" é zero, o que certamente fará subir o lucro contábil do empreendimento comercial. Mas é claro que não fará sentido tomar esse lucro como um indicador da viabilidade econômica do empreendimento, pois há um custo não contabilizado: o custo de oportunidade, para o avô, da loja cedida. Pode ser que, incluído esse custo, o lucro do neto fosse de fato negativo.

Nota-se, portanto, que a noção de custo de oportunidade parece estar sendo desconsiderada, no desenho da política de preços de energia elétrica atualmente em estudo. É fácil ver que isso não envolve apenas uma questão acadêmica. Se efetivamente adotada, tal política poderá ter efeitos indesejáveis para toda a população, pelo menos de duas formas.

De um lado, um preço artificialmente baixo induzirá a maior consumo de energia elétrica, em detrimento de outras formas de energia, que parecerão comparativamente caras para o consumidor, em decorrência do subsídio implícito contido no preço da eletricidade. Ou seja: os preços relativos das várias formas de energia, por indicarem incorretamente seus custos de oportunidade, levarão a uma estrutura inadequada de consumo, mais de eletricidade e menos das outras formas de energia, o que representa um desperdício de recursos.

Do outro lado, considerando-se que o preço da energia elétrica tenda a se fixar, em decorrência do subsídio implícito, abaixo do custo marginal de produção, isso certamente terá o efeito de afastar investidores privados dessa área. Esse é o efeito potencialmente mais danoso, no longo prazo, à medida que se pretenda atrair a iniciativa privada para o investimento em geração de eletricidade no país. Quando se consideram as restrições orçamentárias do governo, é muito possível que o investimento privado venha a ser necessário, nessa área, e se os incentivos não forem adequados, poderemos voltar a ter problemas com uma oferta insuficiente de energia elétrica, no futuro.

Resumo

O custo de oportunidade de um fator de produção representa a renda líquida gerada por esse fator em seu melhor uso alternativo. Por esse enfoque, o estudo do conceito tem sido aprofundado nas áreas de economia e contabilidade, resultando em uma ampliação e intensificação do seu uso, principalmente no que se refere ao campo decisorial das empresas

O conceito de custo de oportunidade diz respeito a uma possível perda de recursos pela opção por determinada alternativa em detrimento de outra. O cálculo do custo de oportunidade pode ser feito em função da diferença de resultado entre duas alternativas: 1, a que de fato se concretizou; e 2, a que teria se concretizado caso a opção tivesse sido diferente. Para analisar essa diferença, é preciso considerar as possíveis receitas e custos das duas alternativas.

Outro aspecto que merece atenção é que o custo de oportunidade está associado sempre ao valor de mercado dos bens e serviços utilizados nas alternativas. Por exemplo, suponha que determinada fábrica possua em seu estoque um lote de aço comprado há trinta dias e outro, no dia anterior por um valor de mercado superior. Todo o estoque de aço deve ser valorizado ao preço de mercado atual, pois ele representa o custo de oportunidade desse recurso, considerando-se que a empresa vai precisar repor os estoques de insumos para dar continuidade à sua atividade operacional.

Entre os aspectos que devem ser analisados, ao se calcular o custo financeiro de estoque, devem-se:

1. considerar que é um custo de oportunidade que incide sobre o custo total dos produtos em estoque em análises de longo prazo e apenas sobre a parcela variável dos custos no curto prazo;
2. lembrar que o custo financeiro de estoque não deve incidir sobre os produtos com prazo de validade vencido, obsoletos ou com danos que impeçam seu uso ou comercialização;
3. incluir possíveis custos variáveis agregados ao longo da cadeia de suprimento, como os custos de transportes.

O custo de oportunidade unitário da venda perdida em razão da falta de um produto é igual à sua MCU, ainda desconsiderando-se as questões relativas à falha do serviço e repercussão na imagem da marca que podem ser avaliadas com mais exatidão por outros indicadores de performance não ligados a custos, como a freqüência da ruptura de estoque, a disponibilidade média, o número de dias com *stockout* etc.

O *trade-off* entre o custo do excesso e o custo da falta é de fundamental importância para parametrização de qualquer modelo de gestão de estoque, independentemente do método adotado. Quanto maior for o custo de excesso de um produto em relação ao custo da falta, menor deve ser o estoque de segurança para atender às possíveis variações de vendas e falhas de suprimento ou de produção. Em contrapartida, quanto menor for o custo do excesso em relação ao custo da falta, maior deve ser o estoque de segurança do produto para se prevenir das possíveis incertezas. Como resultado essa relação, a quantidade a ser manufaturada de um determinado produto deve variar de acordo com a relação entre o custo unitário financeiro de estoque e a MCU do produto.

Os indicadores financeiros têm grande importância no gerenciamento das empresas. De maneira geral, as empresas trabalham com restrição de capital para novos investimentos, o que as obriga a maximizar o retorno do capital empregado. Sendo assim, torna-se necessário gerar o máximo possível de resultado com o mínimo possível de capital. Do ponto de vista operacional, isso é equivalente a maximizar o lucro e, ao mesmo tempo, minimizar os ativos. Assim, a idéia de desmobilizar ativos vem ganhando força dentro das empresas. Para esse fim, as empresas têm adotado algumas práticas, como:

1. Vender ativos fixos, como prédios e alugar imóveis para a organização funcionar.
2. Terceirizar atividades intensivas na utilização de ativos que não façam parte do *core business* da companhia.
3. Optar por *leasing* ou aluguel de meios de produção.
4. Reduzir os níveis de estoques, conseqüentemente, diminuindo essa conta do ativo.

Assim, pode-se dizer que um modelo estratégico de lucro será aquele que permita avaliar a relação entre o estoque e os indicadores financeiros. Esse modelo é utilizado para o cálculo do retorno sobre o patrimônio líquido (RSPL), que representa o retorno sobre o capital do acionista. O RSPL é resultado do retorno sobre o ativo (RSA) multiplicado pela alavancagem financeira da empresa. Esse modelo é habitualmente utilizado para gerar cenários e testar análises de sensibilidade do impacto da variação das contas do ativo, como a conta estoque, nos indicadores de retorno, que tornaram-se os mais importantes mensuradores de performance das grandes empresas.

Exercícios propostos

1. Conceitue custo de oportunidade e disserte acerca de sua importância na análise estratégica de projetos industriais.

2. Qual é a relação existente entre o custo de capital e a remuneração do capital aportado pelos acionistas em determinada empresa?

3. Caracterize o enfoque econômico e o enfoque contábil do custo de oportunidade.

4. Maximizar o resultado de uma empresa significa dizer que seus administradores utilizaram o custo de oportunidade de forma eficaz?

5. Suponha a hipótese de que a empresa B tenha a oportunidade de aplicar a sua disponibilidade de caixa no montante de US$ 150 mil em determinado ativo que lhe renda 20% pelo período da aplicação. Contudo, temendo alta dos insumos necessários à fabricação de seus produtos, os administradores preferiram "investir" a mencionada disponibilidade em matérias-primas cuja alta de preço ao final do mesmo período de aplicação das disponibilidades foi de 15%. Com base nessas informações, responda às seguintes perguntas:

    1. A decisão tomada pelos administradores da empresa B foi correta?
    2. Qual foi o resultado da opção feita pela empresa B?
    3. Calcule a taxa de oportunidade da empresa.

6. Considerando-se o exercício anterior, suponha agora que a referida aplicação financeira apresente um risco β (beta) de 30% (coeficiente 0,7). Não há imposto de renda na fonte sobre essas aplicações financeiras. Com base nessas informações, responda as seguintes questões.

    1. A decisão tomada pelos administradores da empresa B foi correta?

2. Qual seria o resultado da opção feita pela empresa B, considerando-se o ajuste do risco nas aplicações financeiras?
3. Calcule a taxa de oportunidade da empresa B, bruta e líquida de risco de mercado.

7. Considerando-se os dados apresentados na Tabela E-1, calcule e responda:
   1. A taxa de oportunidade da operação.
   2. Na hipótese de a alíquota do imposto de renda ser "zero", qual seria a nova taxa de oportunidade?
   3. Explique a diferença encontrada.

Tabela E-1 Modelo de cálculo

Patrimônio líquido	55%
Custo médio de capital de terceiros	14,0% a.a.
Remuneração esperada pelo acionista	17,0% a.a.
Alíquota do imposto de renda	27%

8. Considerando-se os dados do problema anterior e sabendo que essa empresa possui um estoque de produtos no valor de US$ 1.550.000, calcule o custo financeiro do estoque dessa empresa.

9. A Cia. XYZ, tradicional fabricante de geradores industriais, fabrica e vende mensalmente 10 mil unidades ao preço unitário de US$ 12.750. O diretor comercial obteve uma oportunidade de exportar 2 mil unidades adicionais para um país da África. Contudo, essa venda não se concretizou porque essa produção adicional exigiria investimentos que foram considerados inviáveis. Com base nos dados constantes da Tabela E-2, calcule o custo de oportunidade da venda perdida.

Tabela E-2 Modelo da Cia. XYZ

Custo variável unitário	$7.440
Despesa variável unitária	$2.570

10. A Cia. XYZ, fabricante de equipamentos eletrônicos, vende para a Loja ABC equipamentos de som. Considerando-se os dados da Tabela E-3, calcule e responda:
    1. O custo da falta e o custo do excesso de produtos na indústria e na loja.
    2. Com base na resposta anterior, apresente uma relação entre os custos da falta e do excesso
    3. Que conclusões se pode chegar em relação às respostas anteriores?

Tabela E-3 Cia XYZ

Taxa de oportunidade – indústria		18,0%
Taxa de oportunidade – loja		12,0%
Preço de venda – indústria		$ 540,00
Preço de venda – varejo		$ 650,00
Custo do produto		$ 378,00
Variável	$ 226,80	
Fixo	$ 151,20	

11. Considerando-se os dados do problema anterior, modificando o preço de venda da loja, como demonstrado na Tabela E-4, responda às seguintes indagações:
    1. O que mudou nos custos da falta e do excesso?
    2. A que conclusões se pode chegar?

    Tabela E-4 Custos e vendas

Taxa de oportunidade – indústria		18,0%
Taxa de oportunidade – loja		12,0%
Preço de venda – indústria		$ 540,00
Preço de venda – varejo		$ 800,00
Custo do produto		$ 378,00
Variável	$ 226,80	
Fixo	$ 151,20	

12. Os administradores da empresa C estão preocupados com o impacto do estoque no modelo estratégico de resultado da corporação. Para tanto, elaboraram um orçamento para o período de 20X5 cujos principais itens contam da Tabela E-5. Com base nesses dados, e apoiados no modelo da Figura 15-2, solicitaram que você apresentasse:
    1. O lucro líquido da empresa C.
    2. A margem do lucro líquido.
    3. O giro dos ativos.
    4. O retorno sobre os ativos.
    5. O retorno sobre o patrimônio líquido.
    6. As conclusões acerca do modelo.

    Tabela E-5 Orçamento

Receita de vendas	$ 5.800
Custo produtos vendidos	$ 4.640
Despesas variáveis	$ 580
Despesas fixas	$ 325
Estoques	$ 928
Contas a receber	$ 1.740
Outros ativos circulantes	$ 195
Ativo permanente	$ 2.290
Patrimônio líquido (% ativo)	40%

13. Ainda em relação ao problema anterior, os administradores da empresa C vislumbraram a possibilidade de uma redução dos estoques em 35% cujos novos dados orçamentários estão apresentados na Tabela E-6. Com base nesses novos dados, solicitaram que você respondesse às questões:
    1. O que mudou em relação à hipótese anterior?
    2. Quais as conclusões acerca do novo modelo?

Tabela E-6 Novos dados orçamentários

Receita de vendas	$ 5.800
Custo produtos vendidos	$ 4.640
Despesas variáveis	$ 580
Despesas fixas	$ 325
Estoques	$ 603
Contas a receber	$ 1.740
Outros ativos circulantes	$ 195
Ativo permanente	$ 2.030
Patrimônio líquido (% ativo)	40%

Resultado na venda de produtos

CAPÍTULO 16

Objetivos de aprendizagem

Após estudar este capítulo, você deverá:

- Entender os conceitos de estrutura, custos, despesas e margens de produção.
- Saber como é fixado o preço de venda.
- Compreender as relações custo *versus* volume *versus* lucro.
- Entender os conceitos de preço de venda a prazo e preço de venda à vista.

16.1 Conceitos

O atual mercado industrial pode ser caracterizado de grande competitividade, uma vez que o preço e a qualidade dos produtos exercem grande influência na decisão dos consumidores.

Considerando-se que hoje já não vale mais a premissa de que é possível repassar os custos de ineficiências para os consumidores, torna-se necessário que as empresas maximizem seus custos de produção, de forma que o preço a ser oferecido aos seus consumidores seja competitivo.

Seja pelo advento de novas tecnologias que capturaram parcelas significativas do mercado de determinados segmentos, seja pela criação e/ou entrada de novas empresas, seja pela visão equivocada e distorcida de muitos empresários e executivos que superdimensionaram o potencial do mercado, vultosos investimentos em novos equipamentos foram feitos e acabaram gerando excesso de capacidade instalada ou ainda pela migração de valor provocada por novas soluções que atenderam melhor às necessidades das empresas-clientes. A verdade é que, de maneira geral, a indústria está entre os setores que apresentam os maiores níveis de concorrência, incentivando e levando muitos gestores à prática de preços inconseqüentes que culminam, em muitas ocasiões, na destruição dessas organizações.

Muitas vezes, pode-se questionar se uma política de preços baixos é a melhor solução para uma empresa se manter no mercado, reconquistar clientes perdidos, ser lucrativa, dispor de capital de giro próprio e gerar caixa operacional suficiente para novos investimentos e crescimento.

A história apresenta inúmeros exemplos em que o preço foi fator decisivo para a implementação bem-sucedida de determinadas estratégias mercadológicas. Nesse sentido, vale lembrar a estratégia adotada em meados dos anos 90 por um dos maiores fabricantes de papéis de nosso país, o qual, para entrar no mercado do *cut-size* (guerra de preços) – até então dominado por outros dois tradicionais fabricantes –, simplesmente derrubou o preço vigente, marcou sua presença e rapidamente conquistou parcela expressiva desse mercado. Em outras palavras, a empresa "comprou" uma fatia do mercado.

Se uma estratégia baseada no preço foi decisiva para aquela situação, não se deve considerar que isso seja regra. Daí, a necessidade de uma apreciação mais detalhada na formação dos preços dos produtos, de forma que se tenha maior sustentabilidade no mercado-alvo que se quer atingir.

16.2 Estrutura, custos, despesas e margens

De modo geral, deve-se reconhecer que as diferenças tecnológicas existentes entre as empresas concorrentes nos vários segmentos industriais foram substancialmente reduzidas nos últimos anos. Entretanto, é sabido que as estruturas internas, custos de produção, despesas operacionais e margens requeridas individualmente podem apresentar grandes diferenças, o que por si são fatores suficientes para não permitir que ninguém fixe ou determine o "seu preço".

É comum ouvir, entre outras observações, que "o mercado só compra preço", ou "eles têm condição de fazer esse preço porque possuem uma estrutura enxuta", ou então, "eles compram grande quantidade de insumos e, por isso, conseguem custos melhores que os nossos", ou ainda, "eles trabalham meio na informalidade". A verdade é que cada empresa tem a sua realidade e, por mais parecidas que sejam tecnologicamente, diferenças importantes sempre existirão. Saliente-se ainda que, muito embora o mercado crie um referencial limitador, uma empresa nunca deve ter no preço seu principal argumento de vendas.

Portanto, apesar do elevado nível de competição, o grande desafio dos gestores está não na busca da destruição da concorrência, mas sim no sucesso das estratégias de posicionamento no mercado. Cada empresa deve desenvolver e dispor de mecanismos gerenciais internos para não se deixar levar pela tentação de ter o "preço" como principal estratégia de venda ou tábua de salvação.

16.2.1 Estratégia da formação de preço

Pode-se dizer que a fixação de preços de venda dos produtos e serviços é uma questão estratégica, que afeta diariamente a vida de uma empresa, independentemente de seu tamanho, da natureza de seus produtos ou de seu setor econômico. Essa dificuldade de formar preços pode atingir toda uma cadeia produtiva, desde o fornecedor de matéria-prima, passando pelo fabricante, distribuidores, varejistas até o consumidor final.

Outrossim, a atividade de fixação de preços de venda deve levar em consideração inúmeros fatores internos e externos, entre os quais destacam-se: a demanda esperada do produto; a capacidade e disponibilidade financeira dos consumidores; a qualidade e tecnologia do produto ofertado em relação às necessidades do mercado comprador; a existência e disponibilidade de produtos substitutos a preços competitivos; a legislação que regulamenta os aspectos jurídicos e éticos de determinação de preços; a estrutura de custos e despesas da empresa; o nível de investimentos realizados; e os objetivos gerais e funcionais da organização.

Nos dias de hoje, o ritmo dos negócios exige que as empresas sejam competitivas em qualidade, no atendimento aos clientes e também no preço dos seus produtos e serviços. Sendo assim, as decisões de preço devem estar integradas à sua estratégia global de negócios, exigindo atenção especial ao processo de gestão das atividades a ele relacionadas, especialmente aquelas relativas à fixação de preço, de fundamental importância, quando a empresa está lançando um novo produto.

Diante desses aspectos, vários fatores decisivos podem estabelecer o preço de um produto, que será ofertado pela empresa por diferentes técnicas e abordagens que orientam sua decisão final. Entre elas, as mais conhecidas são as baseadas:[1] na teoria econômica, nos custos, na demanda e na concorrência. Na realidade, esses enfoques são modelos de decisão que têm por finalidade auxiliar e guiar os gestores de preços na escolha da melhor alternativa de preço para a empresa.

Entre os diversos métodos existentes de formação de preço de venda, destacam-se aqueles que têm por base os custos de fabricação e comercialização dos produtos para seu cálculo, conhecidos como[2] *cost plus pricing* ou *mark up* e *target ROI pricing* ou taxa de retorno-alvo.

O *mark up* consiste em se somar ao custo unitário do produto uma margem fixa para obter o preço de venda. Essa margem, geralmente percentual, deve cobrir todos os custos e despesas e propiciar determinado nível de lucro. Esse método pode apresentar variações em sua aplicabilidade, dependendo da base de custo escolhida, que pode incluir só os custos diretos, ou os custos diretos mais os indiretos; somente os custos variáveis, ou os custos variáveis mais os fixos rateados; apenas os custos de produção, ou os custos de produção mais as despesas de vendas, distribuição e administração.

Mark up = Custo unitário + Margem

A taxa de retorno-alvo tem como objetivo fixar um preço de venda que proporcione, a dado volume de vendas, uma taxa específica de retorno sobre o investimento realizado pela empresa. Essa taxa de retorno-alvo depende da estimativa de um nível normal esperado de produção, bem como dos custos correspondentes para o produto e para a empresa como um todo, dado esse volume de vendas e produção. Implicitamente, ela contém o conceito de custo de oportunidade, por considerar a remuneração mínima desejada pelo investidor no negócio.

$$Taxa\ retorno\text{-}alvo = 1 - \frac{Custo\ de\ produção}{Vendas\ esperadas}$$

Na verdade, verifica-se que os gestores de preço devem desenvolver um método de fixação de preços que considere também os custos de oportunidade de gerar os produtos, uma vez que são fabricados com recursos alternativos, ou seja, têm diferentes usos. Durante o processo produtivo, os produtos consomem recursos que são estocados na empresa, suportando os custos de financiamento desse capital investido. Sendo assim, a empresa poderia ter obtido um rendimento alternativo, caso tivesse aplicado esses recursos em outra atividade, desde o início da fabricação do produto até o momento da entrega ao cliente. Esse custo de estocagem dos insumos é calculado multiplicando-se o custo do recurso por uma taxa de

---

[1] C. T. Horngren, e G. Foster. *Cost accounting: a managerial emphasis*. 7. ed. Englewood Cliffs: Pearson Prentice Hall, 1991, p. 396-397.

[2] Robert S. Kaplan. *Advanced management accounting*. Englewood Cliffs: Pearson Prentice Hall, 1982. p. 227-235.

remuneração alternativa (custo de oportunidade), capitalizada pelo período que o produto permaneceu imobilizado até o momento da entrega ao cliente.

Custo de estocagem = Custo produção × Taxa de remuneração

16.3 Fixação do preço de venda

A fixação do preço de venda deve refletir os objetivos e estratégias determinados pela empresa, que, por sua vez, se orienta pelo mercado para estabelecê-lo, buscando, no entanto, um valor que permita, no longo prazo, o maior lucro possível, possibilite atender às vendas desejadas àquele preço, permita a otimização da capacidade produtiva e do capital investido.

Considerando-se a influência de determinados fatores na fixação do preço de vendas, como qualidade, demanda, mercado, tecnologia, poder de compra do consumidor, capacidade de produção, custos de fabricação etc., o cálculo do preço de vendas deve ser fundamentado no custo do produto e pode ser representado pela expressão:

Preço de venda = Custo × Mark up [3]

A formação do preço de venda, baseada no custo mais margem de lucro, tem sido muito utilizada para balizar os preços necessários, ou mesmo para estabelecer o nível de custo máximo aceitável. Sendo assim, pode-se utilizar a fórmula convencional para mensuração dos preços, dada pela seguinte expressão:

$$PV = \frac{(CD + CIF)}{(1 - \%DO - \%ML)}$$

Onde

PV = preço de venda
CD = custo direto
CIF = custo indireto de fabricação
DO = despesa operacional
ML = margem de lucro

Considere-se o seguinte exemplo apresentado na Tabela 16-1.

Tabela 16-1 Demonstração do preço de venda

	Produto A	Produto B
Custo unitário direto	$ 122,00	$ 168,00
Custo unitário indireto	$ 98,00	$ 110,00
Despesa operacional (%)	33,3%	33,3%
Margem de lucro desejável (%)	16,0%	12,0%
Preço de venda	**$ 433,93**	**$ 508,23**

---

[3] Como vimos, pode-se concluir que o *mark up* é um índice que, aplicado ao custo do produto, fornece o preço de vendas, podendo ser multiplicador ou divisor.

Analisando essa fórmula, percebe-se a presença de dois pontos fracos: 1. cálculo do CIF por produto, baseado em rateios; 2. inclusão das despesas operacionais com um percentual comum a todos os produtos.

Alternativamente, a fórmula do preço de venda viável pode ser utilizada com base nas informações do custeio ABC, demonstrada pela seguinte expressão:

$$PV = \frac{(CD + CIA)}{(1 - \%ML)}$$

Onde

PV = preço de venda
CD = custo direto
CIA = custo indireto (fabricação, administração e vendas) alocados pelas atividades

Veja-se o seguinte exemplo apresentado na Tabela 16-2.

Tabela 16-2 Demonstração do preço de venda

	Produto A	Produto B
Custo unitário direto	$ 122,00	$ 168,00
Custo unitário indireto por atividade	$ 254,00	$ 265,00
Margem de lucro desejável (%)	16,0%	12,0%
Preço de venda	**$ 447,62**	**$ 492,05**

Comparando os preços calculados pelos dois métodos, verifica-se uma significativa diferença no produto B, em virtude da alocação de custos indiretos pelo custo de atividades. Assim, pode-se concluir que, no cenário atual de alta competitividade, não há mais possibilidade de formar preço de venda via

Preço de venda = Custo + Lucro

Na verdade, o custo é função do preço de venda, normalmente balizado pelo mercado, sendo a margem de lucro cuidadosamente planejada pela empresa.

16.4 Análise das relações custo-volume-lucro[4]

Por meio da análise conjugada do custo e do volume de produção, em relação à margem de lucro desejada, é possível projetar resultados em diversos níveis de produção e vendas, assim como realizar uma análise mais apurada do impacto sobre esses resultados quando das modificações no preço ou nos custos da empresa.

Essa análise está focada, especialmente, nos custos variáveis e possibilita à empresa estabelecer a quantidade mínima de produção e vendas para se manter em equilíbrio. Está

---

[4] Esse assunto está amplamente abordado no Capítulo 12 do livro de José Antonio Stark Ferreira, *Finanças corporativas: conceitos e aplicações*. São Paulo: Pearson Prentice-Hall, 2005.

ainda diretamente relacionada à margem de contribuição unitária, bem como à razão de contribuição dos produtos fabricados pela empresa. Sendo assim, pode ser obtida pelo preço de venda menos os custos e despesas variáveis do produto, e sua razão à margem de contribuição dividida pelo preço do produto.

$$\text{Margem de contribuição} = \text{Preço} - \text{Custos variáveis}$$

$$\text{Razão de contribuição} = \frac{\text{Margem de contribuição}}{\text{Preço}}$$

Devem-se considerar ainda os seguintes fatores:

Ponto de equilíbrio (*break-even point*)

O ponto de equilíbrio é representado pela quantidade mínima de produção para que a empresa não tenha prejuízo. Pode ser calculado em quantidade e em unidade monetária. Esse assunto foi abordado no Capítulo 9.

Margem de segurança

A margem de segurança é um conceito gerencial de fundamental importância para o gestor do orçamento de uma empresa. Trata-se do percentual máximo de redução de vendas sem que haja prejuízo para a companhia. Pode ser mensurado pela seguinte expressão:

$$\text{Margem de segurança (\%)} = \frac{(\text{Vendas} - \text{Ponto de equilíbrio})}{\text{Vendas}}$$

Influência do capital de giro nos custos de produção

A administração de capital de giro contempla a administração dos níveis dos ativos circulantes (caixa, estoques, duplicatas a receber) e passivos circulantes (fornecedores, empréstimos de curto prazo, impostos). Por estarem diretamente relacionados com o fluxo financeiro de uma empresa, esses itens circulantes são geradores de custos para uma empresa.

16.4.1 Custos sobre o ativo circulante

Os custos incidentes sobre o caixa são geralmente conhecidos como custos de oportunidade, pois o recurso disponível em caixa deixa de render juros para a empresa.

Os custos sobre duplicatas a receber são as concessões de crédito ao cliente para o aumento das vendas. Sobre as vendas a prazo incidem os custos do financiamento ao cliente, quando a empresa, para concedê-lo, precisa recorrer a empréstimos de instituições financeiras. Incidem também custos administrativos de controle do contas a receber, taxas bancárias para cobrança dos títulos e custos sobre eventuais perdas pelo não-pagamento do cliente.

Com relação aos custos dos estoques, nota-se que, de maneira geral, os sistemas de controle atuais objetivam a garantia de que os estoques necessários estejam disponíveis para atender à demanda da produção e, ao mesmo tempo, sejam mantidos os mais baixos possíveis, para não onerar o financeiro da empresa, pois é caro manter estoques. Os custos típicos de estoques são: custos de estocagem, de encomendas e recebimentos e custos de falta de estoques.

16.4.2 Custos sobre o passivo circulante

O custo de crédito de fornecedores é uma fonte espontânea de financiamento. Constitui a maior categoria individual entre as dívidas de curto prazo, pois está diretamente relacionado ao giro de produção da fábrica. Para que seja concedido o crédito, os fornecedores cobram um custo adicional pelo financiamento de seu fornecimento a prazo. Incidem também sobre essa conta custos implícitos pelo não-aproveitamento de descontos obtidos para a compra à vista.

Os custos sobre empréstimos de curto prazo são o segundo item em importância como fonte de financiamento, isso porque as indústrias tendem a utilizar capital de terceiros para financiar suas atividades operacionais. Os empréstimos bancários e de terceiros são considerados contas não espontâneas. Os custos de empréstimos bancários variam em relação ao tempo e ao tipo dos tomadores. Solidez financeira da empresa tomadora, montante de empréstimos tomados, condições econômicas do país e política do Banco Central são fatores definidores das taxas sobre empréstimos bancários, importando maiores ou menores custos para as empresas.

Ainda, os financiamentos sobre contas a receber envolvem a caução dos valores a receber ou sua venda (*factoring*). Esses procedimentos envolvem custos financeiros por meio da cobrança de taxas de juros sobre o montante a ser descontado, que, geralmente, são acima das taxas preferenciais e incidem sobre o saldo dos valores não pagos pelos clientes dos fundos adiantados.

Como ficou demonstrado, a gestão do capital de giro, por meio da administração das contas do circulante, de forma direta e indireta, gera custos para a empresa, influenciando, portanto, em seu resultado operacional.

16.5 Preço de venda a prazo

Os preços de venda encontrados com base nas fórmulas anteriores foram calculados para pagamento à vista. Quando se trata de preço para venda a prazo, deve-se considerar, além dos custos de produção e da margem de lucro, o custo financeiro de carregamento (financiamento) do cliente.

Considere os preços à vista dos produtos "A" e "B" apresentados na Tabela 16-2. O cálculo do preço a prazo estaria errado se simplesmente fosse aplicada a taxa de juros sobre o preço à vista pelo prazo de pagamento.

Por que está errado? O valor presente do preço de venda, líquido de impostos, calculado a prazo, ficará menor do que à vista, o que acarretaria perda para a empresa.

O valor presente do preço de venda líquido de impostos pode ser calculado por meio da seguinte expressão:

$$VPVL = \frac{PV}{(1 + i)^{pp/30}} - \frac{Impostos}{(1 + i)^{pi/30}}$$

Onde

VPVL = valor presente de venda líquido de impostos
PV = preço de venda
Impostos = valor a pagar de impostos sobre vendas
i = taxa de juros mensal
pp = prazo médio de recebimento dos clientes
pi = prazo médio de pagamento de impostos

Por dedução, o preço de venda que deverá ser cobrado na hipótese de venda a prazo para clientes (preço de venda equivalente), sendo considerados os impostos incidentes, e de forma que se receba o mesmo valor líquido de uma venda à vista, poderá ser obtido pela seguinte expressão:

$$PV_E = PVL\,(1 + i)^{pp/30} + \frac{Impostos}{(1 + i)^{pi/30}}$$

Onde

PV_E = preço de venda equivalente, contemplando os impostos a serem cobrados na fatura ao cliente
PVL = preço de venda líquido dos impostos
Impostos = Valor a pagar de impostos sobre vendas
i = Taxa de juros mensal
pp = Prazo médio de recebimento dos clientes
pi = Prazo médio de pagamento de impostos

Considerando-se as expressões mencionadas, o Quadro 16-1 mostra as hipóteses de cálculo do preço de venda a prazo a ser faturado ao cliente, tomando-se por base o preço à vista desejado. Pelo Quadro 16-1, percebe-se claramente que a aplicação pura e simples de um fator de atualização para a venda a prazo pode levar à perda de uma venda ou até mesmo do cliente. Nesse caso, definindo simplesmente a atualização das vendas pelo prazo de financiamento do cliente, o preço a ser faturado seria de US$ 459,57 para o produto A e de US$ 506,43 para o produto B.

Tendo em conta o impacto dos impostos, observa-se que ocorreria perda financeira de US$ 10,49 para o produto A e de US$ 12,62 para o produto B. Essa perda seria decorrente da diferença entre os prazos de pagamento dos impostos (12 dias) e de carregamento do cliente (32 dias).

Para calcular corretamente o preço a prazo, deve-se considerar o preço de venda líquido dos impostos, mensurando-se o preço de venda equivalente (PV_E). Nesse caso, estaria contemplado tão-somente o custo de carregamento líquido de 20 dias, ou seja, a diferença entre os 12 dias para pagamento dos impostos e os 32 dias para recebimento do cliente, sendo este o preço justo a ser faturado ao cliente. No exemplo do Quadro 16-1, esse preço seria maior em US$ 7,70 e US$ 9,00, para os produtos A e B, respectivamente, em relação ao preço à vista, mas US$ 4,25 e US$ 5,38 menor que mera aplicação de fator de atualização.

16.6 Aplicação do custo de oportunidade às decisões de preço

Considerando-se os conceitos analisados no Capítulo 14, é preciso que os responsáveis pela elaboração de preços de uma indústria desenvolvam um modelo de decisão de preço de venda que leve em conta o conceito de custo de oportunidade, que poderá ser aplicado em duas diferentes situações:

1. na apuração do custo do objeto de custeio; e
2. na remuneração dos investimentos realizados pelos acionistas na empresa.

Quadro 16-1 Preço de venda a prazo

	Produto A	Produto B
Impostos (% vendas)	26,0%	28,0%
Taxa mensal juros financiamento	2,5%	2,5%
Prazo médio recebimento clientes	32 dias	35 dias
Prazo médio pagamento impostos	12 dias	12 dias
Cálculo sem considerar os impostos		
Preço de venda à vista	$ 447,62	$ 492,05
Fator de juros do período	1,02669	1,02923
Preço de venda a prazo	**$ 459,57**	**$ 506,43**
Cálculo considerando impacto dos impostos		
Preço de venda à vista	$ 447,62	$ 492,05
Impostos sobre vendas	$ 116,38	$ 137,77
Preço de venda sem impostos	**$ 331,24**	**$ 354,27**
Valor presente venda líquido	$ 320,75	$ 341,65
Perda no preço venda líquido	–$ 10,49	–$ 12,62
Cálculo do preço de venda líquido equivalente		
Preço de venda sem impostos	$ 331,24	$ 354,27
Preço de venda equivalente	**$ 455,32**	**$ 501,05**
Diferença para o preço à vista	$ 7,70	$ 9,00
Diferença para preço sem considerar impostos	–$ 4,25	–$ 5,38

A apuração do custo do produto deve considerar os custos de oportunidade de gerar os produtos, pois estes são fabricados com recursos alternativos, ou seja, têm diferentes usos. Assim, os chamados custos explícitos, que envolvem os desembolsos realizados, são também custos de oportunidade. Por exemplo, os dispêndios com mão-de-obra, materiais, aluguéis de imóveis representam uma quantia que poderia ter sido despendida de forma útil em outra operação. Sendo assim, pode-se dizer que os custos explícitos são valorizados a preço de mercado, a preços correntes de reposição, em sua condição à vista, representando os valores dos insumos em seu melhor uso alternativo, isto é, a alternativa de decisão abandonada seria uma possível venda ao mercado. Além desse aspecto, os custos dos produtos devem considerar os chamados custos implícitos do produto ou do negócio.

Pindyck e Rubinfeld (1994, p. 257) conceituam os custos implícitos com o seguinte exemplo: "Considere uma empresa que possua um edifício, portanto, que não pague aluguel pelo espaço ocupado por seus escritórios. Será que isso estaria significando que o custo do espaço ocupado pelos escritórios seria zero para a empresa? Um economista observaria que a empresa poderia ter recebido aluguéis por tal espaço, caso o tivesse alugado a outra companhia. Esse aluguel não realizado corresponde ao custo de oportunidade de utilização do espaço dos escritórios, devendo ser inserido como parte dos custos econômicos das atividades da empresa".

Com esse conceito, pode-se dizer que o custo do aluguel do espaço ocupado, no exemplo de Pindyck e Rubinfeld, corresponde aos custos implícitos que incluem custos como o retorno normal sobre o investimento e os custos de recursos próprios empregados. Assim, o custo implícito de uma máquina instalada seria o aluguel que poderia ter sido cobrado por ela ou o eventual valor obtido por sua venda.

Semelhantemente, deve ser considerado o custo de estocagem envolvido em cada elemento de custo do produto, que é a remuneração devida à empresa pela imobilização de recursos no processo produtivo. O desenvolvimento do processo produtivo consome determinado período, que vai do momento que a empresa recebe a matéria-prima para industrialização de um produto até o momento que este é entregue ao cliente.

No decorrer desse período, todos os insumos agregados ao produto permanecem estocados na empresa, que suporta os custos de financiá-los até a venda do produto. Conforme definido no Capítulo 14, esse custo de estocagem é calculado multiplicando-se o custo do insumo por uma taxa de remuneração capitalizada pelo período que permaneceu imobilizado na empresa. Essa taxa de remuneração é o custo de oportunidade, isto é, o rendimento alternativo máximo que a empresa obteria se tivesse aplicado seus recursos em outra atividade, como no mercado financeiro. Do ponto de vista do método de custeio direto/variável, esses custos devem ser identificados individualmente, para cada um dos elementos de custos dos produtos.

Por outro lado, existe o custo de oportunidade dos capitais aplicados pelos acionistas na empresa, que corresponde à remuneração mínima exigida por eles sobre o montante investido na empresa. Sob o enfoque econômico, os investimentos realizados pelos donos da empresa necessitam ser remunerados, no mínimo, pelo custo de oportunidade das quantias investidas no negócio. Nesse caso, o custo de oportunidade para os proprietários corresponde à remuneração dos recursos aplicados na companhia em vez de em outra opção de investimento, com equivalente risco e grau de satisfação.

Na verdade, deve ser considerado o custo de oportunidade do negócio como um todo, contemplando investimentos realizados em terrenos, edifícios, equipamentos, instalações, móveis, comuns a todos os produtos da empresa, bem como investimentos realizados em ativos que somente beneficiam determinados produtos.

Sendo assim, as taxas ideais a serem utilizadas no cálculo do custo de oportunidade dos investimentos realizados seriam, alternativamente, o retorno exigido pela empresa ou seu custo de capital. Considerando-se razões operacionais e de disponibilidade de informações, é comum a utilização de taxas médias de captação de recursos no mercado financeiro, ou taxas de captação conseguidas pela empresa no mercado financeiro.

Por sua vez, os investimentos realizados devem estar mensurados segundo critérios econômicos adequados, de modo que reflitam a respectiva capacidade potencial de geração de benefícios ou serviços futuros. Esses investimentos realizados pela empresa correspondem ao conceito de ativo, segundo a ciência contábil.

16.6.1 Modelo para simulação de resultados de preços de venda

Do ponto de vista do custeio direto/variável, a obtenção da alternativa de preço mais favorável para a empresa é conseguida por meio de modelo de simulação da demonstração de resultado da decisão de preço, uma vez que permite ao responsável avaliar o impacto no resultado econômico das diversas alternativas de negócios.

Para simular o resultado econômico com base nesse modelo de decisão, o administrador de preços pode utilizar um preço de mercado ou um preço baseado nos custos, obtendo pela simulação do resultado gerencial uma margem de contribuição gerada ou calculada, que, ao ser somada às demais margens geradas pelos outros produtos da empresa, deve apurar um valor suficiente para cobrir os custos e as despesas fixas diretamente relacionados aos produtos, aos custos e despesas estruturais da companhia, aos custos de oportunidade específicos e do negócio, o imposto de renda e, certamente, propiciar um lucro planejado que remunere os fatores de capital (acionistas e terceiros).

Sendo assim, utilizando os dados apresentados no Quadro 16-2, supõe-se um exemplo de demonstração do resultado gerencial, em que é ressaltada a apropriação dos custos de oportunidade do negócio e específicos de cada produto apresentado na Tabela 16-1. Para fins de exemplificação, será utilizada como taxa de oportunidade do negócio aquela calculada no Capítulo 15 (demonstrada na Figura 15-1) sobre o investimento em máquinas e equipamentos para a fabricação de cada um dos produtos. As taxas de oportunidade específicas, nesse caso, são proporcionais aos investimentos realizados.

Como demonstrado no Quadro 16-1, o produto A parece mais atrativo que o produto B. Todavia, no total, ainda apresenta sinergia, contribuindo para aumentar o retorno dos investimentos realizados pelos proprietários da empresa.

Quadro 16-2 Demonstração gerencial do resultado

	Produtos		
	A	B	Total
Taxas de oportunidade – específicas	5,1%	6,3%	
Taxa de oportunidade – negócio	11,4%	11,4%	
Custos e despesas variáveis	45,0%	55,0%	100,0%
Quantidade vendida (unidades)	2.500	4.200	6.700
Investimentos (máquinas e equipamentos)	$ 1.200.000,00	$ 1.500.000,00	$ 2.700.000,00
Receita bruta de vendas	$ 1.119.047,62	$ 2.066.590,91	$ 3.185.638,53
Impostos sobre vendas	–$ 290.952,38	–$ 578.645,45	–$ 869.597,84
Receita líquida de vendas	**$ 828.095,24**	**$ 1.487.945,45**	**$ 2.316.040,69**
Custos e despesas variáveis	–$ 503.571,43	–$ 1.136.625,00	–$ 1.640.196,43
Margem de contribuição	**$ 324.523,81**	**$ 351.320,45**	**$ 675.844,26**
Custos e despesas fixas diretas	–$ 48.678,57	–$ 52.698,07	–$ 101.376,64
Custos de oportunidade específicos	–$ 60.650,67	–$ 94.766,67	–$ 155.417,33
Margem direta	**$ 215.194,57**	**$ 203.855,72**	**$ 419.050,29**
Custo de oportunidade do negócio	–$ 136.464,00	–$ 170.580,00	–$ 307.044,00
Demais custos e despesas fixas	–$ 19.471,43	–$ 21.079,23	–$ 40.550,66
Resultado antes imposto de renda	**$ 59.259,14**	**$ 12.196,49**	**$ 71.455,64**
Retorno sobre a margem contribuição	18,3%	3,5%	10,6%

Resumo

A atividade de fixação de preços de venda deve considerar inúmeros fatores internos e externos, destacando-se: a demanda esperada do produto; a capacidade e disponibilidade financeira dos consumidores; a qualidade e tecnologia do produto ofertado em relação às necessidades do mercado comprador; a existência e disponibilidade de produtos substitutos a preços competitivos; a legislação que regulamenta os aspectos jurídicos e éticos de determinação de preços; a estrutura de custos e despesas da empresa; o nível de investimentos realizados; e os objetivos gerais e funcionais da organização.

Levando em conta os diversos métodos existentes de formação de preço de venda, ressaltam-se aqueles que têm por base os custos de fabricação e comercialização dos produtos para seu cálculo, conhecidos como *Cost plus pricing* ou *mark up* e *target ROI pricing* ou taxa de retorno-alvo.

A fixação do preço de venda deve refletir os objetivos e estratégias determinados pela empresa, a qual se orienta pelo mercado para estabelecê-lo, buscando, todavia, um valor que permita, no longo prazo, o maior lucro possível, possibilite atender às vendas desejadas àquele preço, e permita a otimização da capacidade produtiva e do capital investido.

Por meio da análise conjugada do custo e do volume de produção, em relação à margem de lucro desejada, é possível projetar resultados em diversos níveis de produção e vendas, bem como realizar uma análise mais apurada do impacto sobre esses resultados quando das modificações no preço ou nos custos da empresa.

Essa análise está diretamente relacionada à margem de contribuição unitária, bem como à razão de contribuição dos produtos fabricados pela empresa, podendo ser obtida pelo preço de venda menos os custos e despesas variáveis do produto, sendo sua razão a margem de contribuição dividida pelo preço do produto.

O ponto de equilíbrio é a quantidade mínima de produção para que a empresa não tenha prejuízo.

A margem de segurança é um conceito gerencial de fundamental importância para o gestor do orçamento de uma empresa. Trata-se do percentual máximo de redução de vendas sem que haja prejuízo.

A administração de capital de giro contempla a administração dos níveis dos ativos circulantes (caixa, estoques, duplicatas a receber) e passivos circulantes (fornecedores, empréstimos de curto prazo, impostos). Por estarem diretamente relacionados com o fluxo financeiro de uma empresa, esses circulantes são geradores de custo.

A apuração do custo do produto deve considerar os custos de oportunidade de gerar os produtos, pois estes são fabricados com recursos alternativos, ou seja, têm diferentes usos. Portanto, os chamados custos explícitos, que envolvem os desembolsos realizados, são também custos de oportunidade, como os dispêndios com mão-de-obra, materiais, aluguéis de imóveis, que representam uma quantia que poderia ter sido despendida de forma útil em outra operação. Portanto, pode-se dizer que os custos explícitos são valorizados a preço de mercado, a preços correntes de reposição, em sua condição à vista, representando os valores dos insumos em seu melhor uso alternativo, isto é, a alternativa de decisão abandonada seria uma possível venda ao mercado. Além desse aspecto, os custos dos produtos devem considerar os chamados custos implícitos do produto ou do negócio.

Na verdade, o custo de oportunidade do negócio deve ser considerado como um todo, contemplando investimentos realizados em terrenos, edifícios, equipamentos, instalações, móveis, comuns a todos os produtos da empresa, bem como investimentos realizados em ativos que somente beneficiam determinados produtos. Sendo assim, as taxas ideais a serem utilizadas no cálculo do custo de oportunidade dos investimentos realizados seriam, alternativamente, o retorno exigido pela empresa, ou o seu custo de capital. Considerando-se razões operacionais e de disponibilidade de informações, é comum a utilização de taxas médias de captação de recursos no mercado financeiro, ou taxas de captação conseguidas pela empresa no mercado financeiro.

Por sua vez, os investimentos realizados devem estar mensurados segundo critérios econômicos adequados, de forma que reflitam a respectiva capacidade potencial de geração de benefícios ou serviços futuros. Esses investimentos realizados pela empresa correspondem ao conceito de ativo, conforme a ciência contábil.

Exercícios propostos

1. Disserte sobre a seguinte afirmação: "A história apresenta inúmeros exemplos em que o preço foi fator decisivo para implementação bem-sucedida de determinadas estratégias mercadológicas".

2. Conceitue e caracterize os seguintes métodos para a formação de preço de venda:
   1. Mark up (*cost plus pricing*).
   2. Taxa de retorno-alvo (*target ROI pricing*).

3. Mencione os principais critérios para a fixação do preço de venda.

4. Considerando-se os dados da Tabela E-1:
   1. Calcule os preços de venda dos produtos A e B.
   2. O que se pode dizer acerca desse critério para cálculo do preço de venda de um produto?

Tabela E-1 Custos, despesas e margem

	Produto A	Produto B
Custo unitário direto	$ 154,00	$ 175,00
Custo unitário indireto	$ 104,00	$ 122,00
Despesa operacional (%)	42,0%	42,0%
Margem de lucro desejável (%)	15,0%	13,0%

5. Com base no custo unitário e na margem de lucro desejável, mas contemplando o custo distribuído pelas atividades na fabricação dos produtos, apresentados na Tabela E-2:
   1. Calcule o novo preço de vendas dos produtos A e B.
   2. Aponte as diferenças desse critério para o critério anterior no cálculo dos respectivos preços de vendas.
   3. Que conclusões se pode mencionar acerca desse critério?
   4. Pode-se afirmar que o preço de venda de um produto se resume na fórmula tradicional de "**custo + lucro**"?

Tabela E-2 Custo unitário e margem desejável

	Produto A	Produto B
Custo unitário direto	$ 154,00	$ 175,00
Custo unitário indireto por atividade	$ 322,00	$ 347,00
Margem de lucro desejável (%)	15,0%	13,0%

6. A empresa J vende seu produto ao preço de US$ 12 a unidade. A companhia tem a opção de dois métodos de produção: o método A, com custos variáveis de US$ 6,75 por unidade e custos operacionais

fixos de US$ 675 mil; e o método B, com custos variáveis de US$ 8,25 por unidade e custos operacionais fixos de US$ 401.250. Para sustentar as operações sob qualquer método de produção, a empresa necessita de US$ 2,25 milhões em ativos, tendo ainda estabelecido um índice de endividamento de 40%. O custo de captação é $K_C = 10\%$ e o retorno desejado no financiamento, $K_M = 13\%$. O coeficiente β do método A seria de 0,75 e do método B de 1,15. O imposto de renda, nesse caso, não será considerado, uma vez que a empresa J possui prejuízos fiscais de anos anteriores para serem compensados.

1. A previsão de vendas para o próximo ano é de 200 mil unidades. Sob qual método o Lajir seria mais negativamente afetado, se as vendas não atingissem os níveis esperados?
2. Considerando-se a dívida atual da empresa, que método produziria o maior aumento percentual nos lucros por ação para dado aumento no Lajir?
3. Calcule os pontos de equilíbrio para cada método, levando-se em conta que o custo de capital da empresa J seja de US$ 90 mil e a despesa com depreciação seja de US$ 50 mil. A seguir, avalie o risco total da empresa sob cada um deles.
4. Avalie o risco total da empresa para cada um dos métodos. E qual seria a estrutura ótima de capital* da empresa J, considerando-se que o CMPC = 14%?

7. Uma indústria está estudando a possibilidade de estabelecer sua nova fábrica. O terreno será cedido pelo município onde a fábrica será implantada, por um prazo de dez anos. A fábrica estará isenta de todos os impostos, exceto o imposto de renda cuja alíquota é de 25%. O valor presente dos investimentos diretos para a implantação estão orçados em US$ 150 milhões, sendo todos os investimentos totalmente depreciáveis. Após dez anos, a fábrica deverá comprar o terreno ou ser desativada e devolver o terreno ao governo local. O preço de venda de cada produto está estimado em US$ 3.800,00. O *market share*** é de 10 milhões de unidades vendidas por ano. A intenção é obter um *market share* de 1% desse mercado. Os custos variáveis por unidade são estimados em US$ 3 mil. Os custos fixos serão de US$ 32 milhões por ano. A depreciação é linear e a taxa de retorno que os investidores esperam obter com os investimentos é 12% ao ano. Considere que não haverá crescimento nas vendas durante esses dez anos. O investimento será financiado 50% pelos sócios e 50% com financiamento bancário. A taxa $K_S = 23,20\%$ e a taxa $K_d = 20,328\%$. Com base nessas premissas (valores em dólares), calcule:

1. O VPL desse projeto.***
2. O *break-even* operacional.
3. O *break-even* contábil.
4. O *break-even* econômico.
5. A margem de segurança, considerando-se os três pontos de equilíbrio.

---

* O objetivo da estrutura de capital é demonstrar aos administradores de uma companhia a variação da estrutura de capital em relação ao índice de endividamento da empresa e os respectivos efeitos sobre as ações dos seus acionistas. Este é um conceito conhecido como *debt/equit*. Sendo assim, o valor da empresa é maximizado quando o custo de capital é minimizado. A estrutura ótima de capital pode ser calculada com a seguinte fórmula: $V = \dfrac{Lajir \times (1 - T)}{K_W}$, onde K_W é o custo médio ponderado de capital.

** *Market share* significa a participação no mercado que a empresa terá nas vendas totais de seus produtos.

*** O valor presente líquido considera o valor do dinheiro no tempo, desconta os fluxos de caixa da empresa a uma taxa determinada (chamada taxa de desconto, custo de oportunidade ou custo de capital). O VPL é obtido subtraindo-se o investimento inicial (*II*) do valor das entradas de caixa (*FC$_t$*), descontadas a uma taxa igual ao custo de capital da empresa (*K*), e pode ser calculado pela fórmula: $VLP = \Sigma FC_i \times (1 + k)^{-i} - II$

8. Determinada empresa fabrica os produtos A e B. Seu gerente administrativo está preocupado com o preço de venda a prazo que vem sendo praticado atualmente, pois seu *feeling* demonstra que está perdendo dinheiro com essas vendas. Com base nos dados da Tabela E-3, ele solicita que você calcule:

   1. O preço ideal de venda a prazo, considerando-se os encargos financeiros de financiamento dos clientes.
   2. O preço de venda à vista líquido dos impostos.
   3. O valor presente de venda líquido dos impostos.
   4. O ganho ou perda no preço de venda líquido.
   5. O preço de venda equivalente.
   6. A diferença sobre o preço de venda à vista.
   7. A diferença sobre o preço de venda a prazo sem considerar os impostos.

Tabela E-3 Preço a prazo/preço à vista

	Produto A	Produto B
Impostos (% vendas)	22,0%	30,0%
Taxa mensal juros financiamento	1,9%	1,9%
Prazo médio recebimento de clientes	42 dias	35 dias
Prazo médio pagamento de impostos	18 dias	12 dias
Preço de venda à vista	$ 430,00	$ 580,00

9. A empresa CD fabrica os produtos C e D. Com base nos dados da Tabela E-4, o presidente da empresa solicitou que você apresentasse uma demonstração gerencial do resultado esperado para 20X5, visando a reunião do conselho de administração na próxima semana, focando os seguintes aspectos:

   1. Receita líquida de vendas, total e por produto.
   2. Margem de contribuição, total e por produto.
   3. Margem direta, total e por produto.
   4. Resultado antes do imposto de renda, total e por produto.
   5. Retorno sobre a margem de contribuição, total e por produto.
   6. Que conclusões se pode mencionar sobre a demonstração apresentada?

Tabela E-4 Empresa CD

	Produto C	Produto D
Taxa de oportunidade – específica	4,8%	10,2%
Taxa de oportunidade – negócio	12,6%	12,6%
Preço de venda à vista	$ 430,00	$ 580,00
Impostos (% vendas)	22,0%	30,0%
Custos e despesas variáveis (% vendas)	46,0%	51,0%
Custos e despesas fixas diretas (% margem contribuição)	15,0%	15,0%
Outros custos e despesas fixas (% margem direta)	8,0%	6,0%
Quantidade vendida (unidades)	3.200	4.300
Investimentos (máquinas e equipamentos)	$ 1.150.200,00	$ 1.830.500,00

10. A Cia. XYZ, renomada indústria farmacêutica, está pesquisando uma nova droga que poderá revolucionar o tratamento e a cura da Aids. Contudo, os investimentos têm-se apresentado significativos, conforme mostra a Tabela E-5 (demonstração dos gastos gerais com a pesquisa)

Tabela E-5 Demonstração dos gastos com a pesquisa

ano	gasto
2X00	$ 155.350
2X01	$ 147.280
2X02	$ 325.790
2X03	$ 678.920
2X04	$ 568.250
2X05	$ 465.480
Total	$ 2.341.070

Ao final de 2X05, após a realização de todos os testes com a nova droga, a pesquisa foi concluída e aprovada para comercialização. Diante desse resultado favorável, os administradores resolveram investir na fabricação e venda do produto. Para tanto, elaboraram um orçamento de quanto seria necessário investir em instalações, máquinas, equipamentos e mão-de-obra para a industrialização e comercialização do produto cujo orçamento está baseado nas seguintes premissas:

- A estimativa de investimentos diretos necessários para a implantação da fábrica está demonstrada na Tabela E-6.

Tabela E-6 Investimentos diretos

Ano	Instalações	Máquinas	Equipamentos	Total
2X06	$ 16.705.400	$ 6.954.600	$ 3.261.500	$ 26.921.500
2X07	$ 8.906.300	$ 9.742.300	$ 6.657.100	$ 25.305.700
Total	$ 25.611.700	$ 16.696.900	$ 9.918.600	$ 52.227.200

- A fábrica estará isenta de todos os impostos, exceto imposto de renda cuja alíquota é de 25%.
- Estima-se que após três anos haverá outros concorrentes no mercado produzindo a mesma droga e, por essa razão, o preço deverá cair após o terceiro ano em 10% ao ano, estabilizando-se no 10º ano, quando todos os concorrentes estiverem no mercado.
- Com o objetivo de sempre considerar o valor atualizado (VPL) dos gastos e investimentos para a fabricação do produto, a Cia. XYZ considerou as taxas de custo médio ponderado de capital, para os respectivos exercícios, conforme apresentadas na Tabela E-7:
- A Cia. XYZ pretende amortizar os gastos e investimentos no período compreendido entre 2X08 e 2X17.
- Suponha que o *market share* seja de 10 milhões de unidades vendidas por ano, mantendo-se constante até 2X17. A intenção é obter um *market share* inicial de 100% desse mercado, que será reduzido, assim como o preço, à medida que os concorrentes forem entrando no mercado.

Tabela E-7 Taxas

Ano	CMPC
2X00	11,50%
2X01	11,75%
2X02	12,25%
2X03	14,00%
2X04	14,50%
2X05	14,75%
2X06	16,50%
2X07	16,75%
2X08	19,00%

- Após estudos realizados pelo departamento de orçamento da empresa, concluiu-se que os custos permanecerão constantes no período de 2X8 a 2X17. Os custos variáveis unitários estimados serão de US$ 6,35 e os custos fixos anuais de produção serão de US$ 13.752.600.
- A empresa espera manter, a partir de 2X17, quando todos os concorrentes estiverem no mercado, uma margem de lucro nas vendas de 10%.
- Conforme pesquisa realizada pela Cia. XYZ, estima-se que o preço-limite que as pessoas estão dispostas a pagar pelo produto, em seu lançamento, é US$ 18,00.

Diante da complexidade dos cálculos, a Cia. XYZ decidiu contratar sua empresa de consultoria para iniciar os estudos visando à formação de preço de lançamento do produto, para o que você deverá responder às seguintes questões:

1. Elabore um gráfico da curva de preço do produto. Que conclusões se pode tirar desse gráfico?
2. Elabore uma demonstração do valor presente dos gastos e investimentos do projeto até a sua conclusão.
3. Qual é o preço de lançamento do produto? (Dica: Utilize como parâmetro para formação do preço a escala invertida de redução de preço, partindo do preço-base em 2X17.)
4. Qual é o VPL desse projeto?
5. Qual é o *break-even* operacional?
6. Qual é o *break-even* contábil? (Dica: Nesse caso, pode-se considerar o valor da depreciação como as amortizações do principal relativas aos gastos e investimentos realizados durante a fase de pré-operação.)
7. Qual é o *break-even* econômico? (Dica: Nesse caso, pode-se considerar o valor do custo de capital como os encargos de juros relativos aos gastos e investimentos realizados durante a fase de pré-operação.)
8. Qual é a margem de segurança, considerando-se os três pontos de equilíbrio?
9. Apresente a demonstração do resultado para os períodos compreendidos entre 2X08 e 2X17
10. O projeto é viável? Por quê?

CAPÍTULO 17

Gestão do sistema de custos

Objetivos de aprendizagem

Após estudar este capítulo, você deverá:

- Explicar os passos para a implantação de um sistema de custeio.
- Estabelecer a importância da mensuração do lote econômico.
- Compreender a importância e a aplicabilidade do *balanced scorecard* para custos de produção.

17.1 Orçamento empresarial[1]

Com a redução das taxas de inflação e a maior competição no mercado, grande parte das empresas vem sentindo uma necessidade cada vez maior de implantar técnicas de orçamento empresarial. Porém, orçar receitas, custos e despesas e se comprometer com o nível de gasto aprovado não é simplesmente um exercício de analisar fatos ocorridos no passado. Esta seria a chamada análise de performance, nem sempre pode ser tomada como verdade absoluta, isto é, não se pode afirmar que os fatos ocorridos serão repetidos no futuro. Sendo assim, uma simples análise de performance poderá comprometer totalmente o orçamento de uma companhia. Na verdade, após o exercício de várias simulações, é necessário entender as causas e os efeitos do nível atual de receitas e gastos, projetando o futuro com base em premissas realizáveis.

A orçamentação de receitas é uma tarefa que exigirá longos exercícios de projeções de cenários, pois dependerá de vários fatores exógenos à empresa, como mudanças na economia, no perfil do consumidor, entre outros. Normalmente, o mais indicado nesses casos é a utilização de um instrumento matemático, como análise quantitativa.

Com relação ao gasto (custos e despesas), o sistema de custeio ABC pode ser um instrumento de grande valia na mensuração desses efeitos, pois permite gerar informações úteis

---

[1] Esse assunto pode ser complementado com a visão financeira apresentada nos capítulos 7 a 9 do livro de: José Antonio Stark Ferreira. *Finanças corporativas: conceitos e aplicações*. São Paulo: Pearson, Prentice Hall, 2005.

para a análise de gastos e sua projeção consistente, visto que possibilita um entendimento das causas gerais que afetam o nível dos gastos.

O custo de atividades não necessita ser calculado mensalmente, porque não tem finalidade contábil. O custeio ABC trabalha com valores orçados e procura analisar como os custos são formados, dentro de uma perspectiva de longo prazo. Se o volume de compras e, conseqüentemente, de ordens de compras a emitir, é reduzido a curto prazo, não significa que os recursos consumidos na atividade de emitir ordens de compra serão reduzidos. Mas, se no longo prazo ocorrer uma redução no volume de compras, provavelmente deverão ser reduzidos os recursos alocados à atividade de emitir ordens de compra.

O uso do custeio ABC como auxílio à orçamentação de gastos é, na verdade, uma aplicação do chamado Orçamento Base Zero. Essa técnica preconiza a análise e justificativa prévia de cada gasto à luz do que se espera que seja o nível ideal de operações de um departamento. Portanto, não se baseia em dados históricos como fonte exclusiva das projeções. Assim, o uso do ABC é muito mais uma questão cultural e de valorização do orçamento empresarial como efetiva ferramenta gerencial do que uma questão técnica de novas fórmulas matemáticas de projeção de gastos, embora considere, assim como a projeção das receitas, instrumentos matemáticos e estatísticos na mensuração dos valores.

Esse assunto será aprofundado nos capítulos 18 e 19.

17.2 Passos para implantação de um sistema de custos

A implantação de um sistema de custos será um passo inicial de grande importância para a determinação dos custos de produção de uma fábrica. A escolha deverá considerar as reais necessidades e objetivos de controle da empresa, seja do ponto de vista gerencial, seja da contabilidade. Em relação ao último, cabe destacar sua importância, uma vez que será responsável pela apuração do resultado do período e pelo resultado que será objeto de distribuição de dividendos aos acionistas.

Para que essa tarefa tenha pleno êxito, será necessário estabelecer algumas etapas preliminares, como as elencadas a seguir:

1. Criar o comitê de custos.
2. Implantar as estruturas de custos de produto.
3. Implantar os roteiros de fabricação.
4. Levantar os valores de compras históricos de matérias-primas e componentes comprados.
5. Definir os preços-padrão de matérias-primas e componentes comprados.
6. Listar todos os equipamentos produtivos (valor contábil e de reposição, vida útil, consumo de utilidades) por célula e outros setores produtivos.
7. Definir o quadro de pessoal das células e demais setores produtivos (com taxa salarial).
8. Definir a taxa de encargos sociais.
9. Definir os centros de custos da empresa.
10. Determinar as chaves de alocação e rateio de custos de GGF.
11. Listar valores históricos de despesas de GGF e orçar valores futuros.

Assim, para a implantação de um sistema de custos, será necessário observar alguns passos, tais como: 1) formação de equipe e treinamento; 2) estabelecimento dos objetivos;

3. construção da matriz atividades versus áreas funcionais; 4) determinação dos fatores de consumo; 5) cálculo dos custos das atividades; 6) determinação dos indutores de custo; e 7) cálculo dos objetos.

1. Formação da equipe e treinamento

- Divulgar; obter apoio de todos.
- O modelo do sistema não deve ser de responsabilidade exclusiva do *controller*, para evitar reações negativas.
- Uma estratégia para induzir à colaboração pode ser a inclusão de dados gerados nos relatórios de avaliação de desempenho dos programas de participação no lucro, por exemplo.

2. Estabelecimento dos objetivos

- Abrangência do projeto na empresa. Para isso, algumas perguntas deverão ser respondidas, como: toda a empresa? Uma fábrica, inicialmente?
- Os objetos definirão a ênfase do sistema. Serão detectados por meio dos seguintes questionamentos: custos altos de manufatura?; custos de administração altos?; problemas com diversidade de produtos/clientes/serviços?
- Os responsáveis pela gestão da fábrica podem concluir que basta apenas implementar a primeira etapa do ABC, que se refere ao cálculo do custo das atividades. Para isso, devem responder à seguinte pergunta: custo de atividades apenas?

3. Construção da matriz atividades *versus* áreas funcionais

- Este é um processo chamado ida-e-volta, pois exigirá um aperfeiçoamento que demanda tempo inicial maior, garantindo, porém, consenso futuro.
- Deve-se ter cuidado em definir uma lista de atividades muito detalhada, para que não sejam cometido erros de perda do foco, demandando tempo para cálculo de itens de materialidade e estratégia discutível, como o custo da atividade de servir café.

4. Determinação dos fatores de consumo

- Entrevistas com os diversos responsáveis pelas áreas funcionais.
- Na etapa de implantação, em empresas de grande porte, a segregação de atividades por departamento pode ser feita globalmente, não precisando especificar por funcionário.
- Após a implantação, deve-se aperfeiçoar a medição dos fatores de consumo de recursos por funcionário e por conta.
- Em empresas de pequeno e médio portes, a identificação dos fatores de consumo de recursos, já na etapa de implantação, deve ser feita por funcionário e por conta.
- A maior parte dos dados está disponível em sistemas contábeis e auxiliares.

5. Cálculo dos custos das atividades

- O sistema deve apresentar, também, demonstrativos de custos gerenciais, aproximando-se do sistema ABC.
- A vantagem de usar valores contábeis nesta etapa que garante conciliar (convencional e gerencial), gerando assim maior credibilidade ao sistema.

- O custo incorrido até essa etapa do projeto de implantação do sistema de custo é relativamente baixo, uma vez que os cálculos dos custos gerenciais podem ser feitos em planilhas eletrônicas, desde que um sistema de grande porte permita o *interface*.

6. Determinação dos indutores de custo

- Esta é a etapa mais complexa, pois envolve um levantamento muito grande de dados. Só é viável se a empresa operar com bons sistemas informatizados.

7. Cálculo dos objetos

- Cálculo do quanto cada objeto de custo consome em cada uma das etapas da apuração dos custos
- Nessa etapa, o volume e custo de processamento das informações é significativo, exigindo sistemas aplicativos sofisticados. Nesse estágio, o sistema deverá fornecer:
  - a base para o cálculo do preço de venda;
  - relatórios do custo da qualidade;
  - análise do custo dos clientes e/ou canais de distribuição.

17.3 Sistemas de informações de custos

Com a crescente utilização de sistemas integrados, a execução de tarefas de registro, a análise e o controle de informações de custos estão sendo repassados para as áreas de origem. A seguir, é apresentada a relação básica dos provedores de informações de custos da empresa:

1. Instituições financeiras

CUSTO CAPTAÇÃO	ADM.	VENDA

Em relação ao custo de captação, a contabilidade e tesouraria devem estabelecer:

- tipo de operação;
- valor, taxa de juros, prazo.

Quanto às despesas administrativas e comerciais, as respectivas áreas devem:

- elaborar seus *time-sheets*;
- classificar seus documentos contábeis (exceto salários e encargos);
- elaborar propostas orçamentárias.

2. Comércio

CUSTO MERCADORIA	ADM.	VENDA

No que se refere ao custo de mercadorias, os setores de compras, almoxarifado e controle de qualidade devem estabelecer:

- a margem de compra;
- o preço real de compra;
- a quantidade recebida.

Em relação às despesas administrativas e comerciais, as respectivas áreas devem:

- elaborar seus *time-sheets*;
- classificar seus documentos contábeis (exceto salários e encargos);
- elaborar propostas orçamentárias.

3. Indústria

MATÉRIA-PRIMA	MÃO-DE-OBRA DIRETA	CIF (PRINCIPAL)	CIF (AUXILIAR)	ADM.	VENDA

Quando se consideram as matérias-primas, os setores diretamente envolvidos como compras, almoxarifado, controle de qualidade, engenharia de produtos devem estabelecer:

- o preço-padrão;
- o consumo-padrão (ficha técnica);
- o preço real de compra;
- a quantidade recebida.

De maneira geral, a mão-de-obra direta envolve os setores de fabricação, engenharia de processo, que devem estabelecer:

- a ficha de apontamento de horas trabalhadas;
- as horas-padrão (ficha técnica);
- a produtividade/homem-hora;
- a produtividade/máquina-hora.

Os custos indiretos de fabricação abrangem as áreas de manutenção, engenharia, compras, controle de qualidade das respectivas áreas, que devem:

- elaborar seus *time-sheets*;
- enviar ordens de serviço de manutenção etc.;
- classificar seus documentos contábeis (exceto salários e encargos);
- elaborar propostas orçamentárias.

Quanto às despesas administrativas e comerciais, as respectivas áreas devem:

- elaborar seus *time-sheets*;
- classificar seus documentos contábeis (exceto salários e encargos);
- elaborar propostas orçamentárias.

4. Serviços

MATERIAL DIRETO	PESSOAL DIRETO	CI (PRINCIPAL)	CI (AUXILIAR)	ADM.	VENDA

O material direto envolve as áreas de compras, almoxarifado, controle de qualidade, que devem estabelecer:

- o preço-padrão;
- o consumo-padrão (ficha técnica);
- o preço real de compra;
- a quantidade recebida.

O pessoal direto terá como áreas afins a fabricação, engenharia de processo, devendo estabelecer:

- a ficha de apontamento de horas trabalhadas;
- as horas-padrão (ficha técnica);
- a produtividade/homem-hora;
- produtividade/máquina-hora.

Os custos indiretos contemplam as áreas de manutenção, engenharia, compras, controle de qualidade, que devem:

- elaborar seus *time-sheets*;
- enviar ordens de serviço de manutenção etc.;
- classificar seus documentos contábeis (exceto salários e encargos);
- elaborar propostas orçamentárias.

Habitualmente, as despesas administrativas e comerciais representam as demais áreas de uma empresa prestadora de serviços, que devem:

- elaborar seus *time-sheets*;
- classificar seus documentos contábeis (exceto salários e encargos);
- elaborar propostas orçamentárias.

Os aspectos mencionados representam apenas uma sugestão para desenvolvimento interno das atividades econômicas. No entanto, é recomendável que cada uma das rubricas citadas, bem como outras que se façam necessárias, sejam apresentadas de forma mais detalhada, sem desprezar o sistema contábil já existente. Para tanto, incorporam-se ao código contábil alguns dígitos referentes ao código da atividade, como no seguinte exemplo:

código contábil expandido para lançamento de atividades: XXXX.YYY.ZZZ

Sendo,

XXXX: tipo de despesa
YYY: centro de custos
ZZZ: atividade

Constata-se que esse procedimento tem a desvantagem de exigir que cada lançamento contábil especifique a atividade a que se refere, o que burocratiza o método. Ressalte-se, contudo, que o grande objetivo, nesse caso, é apresentar um sistema gerencial e não contábil.

A segunda etapa de implantação de um sistema de custos relaciona-se com o cálculo dos objetos de custo, necessitando de uma solução de informática mais complexa e estruturada que a defendida anteriormente, pelas seguintes razões:

1. deverá conter rotinas de cálculos e fórmulas de produtos; e
2. se apoiará em transações de consultas muito detalhadas em bancos de dados, que já devem estar disponíveis na empresa, como faturamento, compras, produção etc.

A título de exemplificação, para se apropriar a cada produto da empresa o custo da atividade comprar, com base no direcionador ordem de compras, é necessário consultar todos os registros de ordens de compras da empresa, listando as matérias-primas e associando-as aos itens de produto acabado a que elas se referem. Ressalte-se que antes de partir para uma solução de informática, mesmo que seja com um banco de dados simples, deve-se elaborar um modelo em Excel, para simular todo o cálculo dos indicadores gerenciais que se pretende controlar, em que:

- O demonstrativo 1 indique, em percentuais, a distribuição de custos de cada atividade nos diversos centros de custos da empresa.
- O demonstrativo 2 calcule o custo das atividades com base nos dados do demonstrativo 1.
- O demonstrativo 3 relacione e associe a cada atividade um direcionador de custos e faça o cálculo do valor unitário de cada direcionador.
- O demonstrativo 4 elabore o cálculo do custo de cada objeto de custos.

17.4 Custo da qualidade

Em 1986, a ASQC – American Society for Quality Control – emitiu um parecer no qual menciona que: "Os sistemas contábeis não captam todas as atividades de garantia da qualidade. Quando há captação parcial, não há comunicação adequada, metódica e sistemática para a tomada de decisões".

O sistema de custos da qualidade ganha maior importância dentro do contexto do sistema ABC. Na Tabela 17-1 estão representados os três tipos de perdas que podem ocorrer em um processo industrial ou de características industriais. Também são mostrados os custos necessários para obter um produto de qualidade e os custos de reprocessar unidades defeituosas.

Tabela 17-1 Perdas em processos industriais (em $ mil)

Itens de custos	Inutilizado na linha	Vendido como sucata	Vendido recuperado
Matéria-prima			
• Perda de processo	22	17	
Custo hora/máquina Variável (MOD, energia) Fixo (depreciação, aluguel)			
• Perda de processo	18	32	
• Retrabalho			29
Custos indiretos da perda			
• Inspeção, manutenção preventiva/corretiva, administração da sucata, replanejamento da produção, administração de vendas e administração financeira	15	8	12
• Frete de retorno	4	7	3
• Preço de venda da sucata – ganho		−6	4
TOTAL	59	58	48

Por **inutilizado na linha** entende-se que o produto apresentou defeito durante o processo de fabricação e não pode ser vendido nem como sucata. O produto **vendido como sucata** está com defeito, sendo possível dar-lhe esse fim. Já o produto **vendido recuperado** foi devolvido pelo cliente, por estar com defeito, podendo ser recuperado.

A Tabela 17-1 mostra que os custos diretos normalmente são associados ao cálculo dos custos da qualidade, como matéria-prima e mão-de-obra gasta em *setup*, retrabalho, entre outros, traz também custos que, geralmente, ficam ocultos, como o custo das atividades incorridas como conseqüência de a empresa produzir peças com defeitos. Esses custos foram denominados custos indiretos da perda.

Somente efetuando esse cálculo é que se determina, de forma completa e consistente, o custo total provocado pelas perdas. A elaboração desse tipo de controle envolve uma rastreabilidade cuidadosa das informações, estando perfeitamente adaptado às necessidades especificadas nas normas ISO.

17.5 Lote econômico

Vamos discutir, agora, um dos assuntos mais discutidos na literatura técnica: o lote econômico. Inúmeros artigos abordam esse tema e a maioria chega às mesmas conclusões, apresentando apenas algumas pequenas diferenças. Vamos conhecer os princípios dessa técnica.

17.5.1 Conceitos gerais

Seu objetivo é encontrar um tamanho de lote que minimize os custos de produção.

De um lado, têm-se os custos de *setup*. Se este durar várias horas e só produzir uma peça, essa peça terá de arcar com todo o custo desse *setup*. Então, para minimizar o custo por peça, deve-se tirar o máximo de peças em uma única preparação de máquina, isto é, deve-se aumentar o tamanho do lote.

Na Figura 17-1, é apresentada a curva do custo de *setup* por unidade, que é esse custo dividido pelo número de unidades que são produzidas nesse processo:

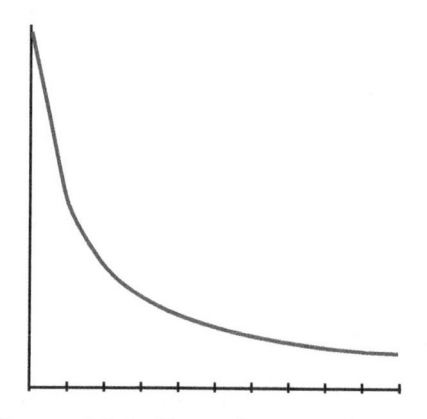

Figura 17-1 Curva de custo do *setup*.

Mas o tamanho do lote não impacta só o custo de *setup* por unidade. Quanto maior for o lote, mais tempo ele ficará dentro da empresa, o que quer dizer que a ela terá mais custos de manter esse inventário. E a intenção usual não é aumentar os custos de carregamento desse inventário, mas sim diminuir o tamanho do lote.

Na Figura 17-2, demonstra-se a curva do custo de carregamento por unidade, que constitui um aumento linear.

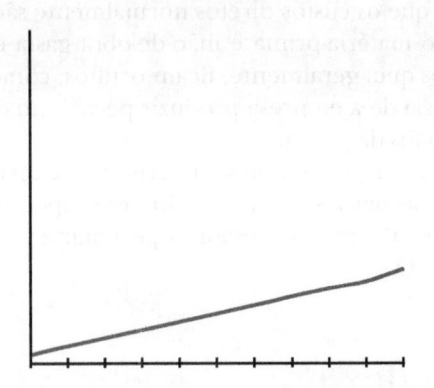

Figura 17-2 Custo de carregamento por unidade.

Se por um lado pretende-se aumentar o tamanho do lote para diminuir o custo de *setup* por unidade, por outro, almeja-se diminuir o tamanho do lote para diminuir o custo de carregamento do inventário. Assim, o que a técnica do lote econômico faz é encontrar o tamanho de lote que minimize o custo total por unidade, levando-se em conta que se quer diminuir os custos de *setup* e de carregamento, como mostra a Figura 17-3.

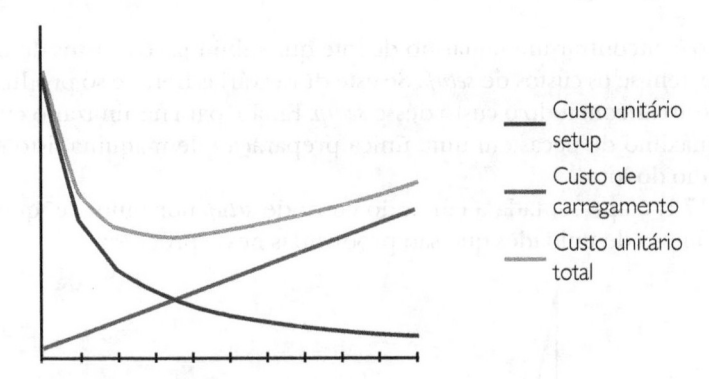

Figura 17-3 Curvas de custo de set up e de custo de carregamento por unidade.

Na Figura 17-3, apresentam-se duas curvas: a do custo de *setup* por unidade e a do custo de carregamento por unidade. É mostrada, ainda, uma terceira curva, a do custo unitário total, que é a soma das outras duas. O lote econômico é aquele em que o custo unitário total é menor, isto é, a curva do custo unitário total atinge o seu mínimo, o que indica o tamanho de lote que minimiza os custos unitários.

Nesse caso, o principal objetivo é reduzir o custo por unidade. Para isso, é necessário reduzir os custos de *setup* por unidade e os custos de carregamento também por unidade. Porém, para reduzir o primeiro, é necessário aumentar o tamanho do lote, e para reduzir o segundo, há que se reduzir o tamanho do lote. Assim, deve-se aumentar e diminuir o tamanho do lote ao mesmo tempo, o que se consegue aplicando-se a técnica do lote econômico, para encontrar um meio-termo.

O cálculo do lote econômico tem como finalidade apurar quanto se pode sacrificar de cada lado, para que o impacto no custo unitário seja o menor possível. Observe-se, ainda, que a curva do custo unitário total é plana perto do mínimo, o que quer dizer que não é tão importante assim o tamanho do lote, desde que esteja nessa região plana da curva.

Inicialmente, cabe analisar a necessidade de se reduzir o custo por unidade. Para tal, deve-se comparar esse objetivo secundário com o objetivo da empresa, que é ganhar recurso hoje e no futuro. Com isso, o gestor de custos deve-se perguntar se reduzindo o custo por unidade estará aumentando a lucratividade da empresa. Considerando-se que sim, deve prosseguir nos passos seguintes.

Para reduzir o custo por unidade, é necessário aumentar o tamanho do lote, esse raciocínio considera o *setup* como algo normal, ou seja, pressupõe-se que seu custo é fixo e não pode ser reduzido. Essa não é uma verdade absoluta, pois o *Just-in-Time* (JIT), por exemplo, preconiza que é possível realizar reduções significativas de *setup* em um curto espaço de tempo, isto é, pode-se conseguir uma redução de horas para apenas alguns minutos. Dessa forma, o JIT "quebrou o raciocínio" do lote econômico, pois não é mais necessário ter grandes lotes para reduzir o custo de *setup* por unidade, já que esse custo não é mais significativo.

Mas essa não é a única solução para a questão do lote econômico. Considerando o mesmo raciocínio, verifica-se que nele está implícito que um *setup* custa recurso para a empresa. Será, então, que um *setup* adicional em qualquer recurso aumentará as despesas da empresa? Isso fará que a empresa gaste mais recursos?

Para responder a essas indagações, será necessário entender a relação entre os recursos em uma fábrica. Isto é, qualquer que seja o fluxo do processo, toda fábrica terá recursos que limitam o volume de produção como um todo. É como uma corrente, em que o elo mais fraco limita a resistência de todos os outros. Logo, para que seja conhecida a capacidade máxima de uma fábrica, é necessário saber quais são os elos fracos ou quais recursos limitam a capacidade de produção da fábrica inteira.

Considere que na Figura 17-4 estão representados os quatro recursos de determinada fábrica.

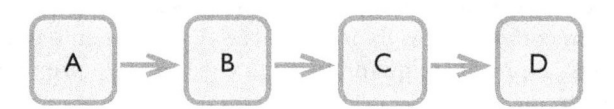

A → B → C → D

Figura 17-4 Fluxo de recursos.

O recurso C é o elo mais fraco dessa fábrica, pois tem uma capacidade média de cinco peças por hora, enquanto os outros três têm capacidade média maior que isso, o quer dizer que se o mercado quer comprar mais que cinco peças por hora, a restrição desse sistema é o recurso C. Qualquer tempo perdido nesse recurso faz que a empresa perca faturamento. Se ele ficar parado por uma hora, por exemplo, a empresa vai deixar de vender cinco peças, não recuperando mais essa venda.

Os demais recursos não restritivos não têm importância, pois a perda de tempo com eles não ocasiona perda nas vendas, já que todos têm capacidade maior que a restrição, e por isso têm condições para acompanhar o ritmo de produção com folga, já que este é imposto pela restrição.

Sendo assim, pode-se pensar na resposta a três perguntas: 1) Será que um *setup* adicional em qualquer recurso aumentará as despesas da empresa? 2) Isso fará com que a empresa gaste mais recurso? 3) Que despesa da empresa variará com o tamanho dos lotes de produção? O pressuposto, nesse caso, é que quanto menores os lotes, mais preparações de máquinas terão de ser feitas e, conseqüentemente, maiores os custos da empresa. Mas esse pressuposto não é válido.

Nesse exemplo, o recurso C é a restrição. O tamanho dos lotes de produção realmente vão fazer que haja mais preparações de máquinas, mas isso não leva a um aumento nas despesas da empresa. Suponha que a política de lotes de produção da empresa faça que a média de preparações no recurso A seja de três por semana. Se essa política for mudada para sete preparações por semana, as despesas não variariam, já que o recurso A é um recurso não restritivo, ou seja, não será necessária a contratação de mais uma pessoa para fazer essas preparações extras.

O local onde o número de preparações teria um impacto nos resultados finais é na restrição. Todavia um aumento no número de preparações na restrição não ocasionaria um aumento nas despesas, mas sim uma redução nas vendas, já que haveria menos minutos disponíveis para produção, isso é o que comumente se chama de custo de oportunidade.[2]

Sendo assim, pode-se dizer que o *setup* não influencia os custos da empresa, mas a restrição. Nos recursos não-restritivos, não interessa o tamanho dos lotes, pode-se fazer um *setup* de horas e produzir apenas uma peça que não haverá um impacto negativo no resultado da empresa.

Contudo, deve-se reconhecer que um dispêndio de tempo maior ocasionará um custo de carregamento de recursos maior. Como todo aumento no cronograma inicial gera mais consumo de recursos, que têm um custo financeiro, uma redução nas vendas ou, por outro lado, um aumento no tempo no preparo de máquinas será considerado, de forma indireta, um aumento dos custos de produção de uma fábrica.

17.5.2 Lote econômico de compra

O modelo do lote econômico de compra (LEC) é uma técnica de administração de estoques utilizada para se determinar a quantidade ótima de compra que minimiza o custo total de estocagem. Leva em conta os vários custos operacionais e financeiros envolvidos, com o objetivo de determinar a quantidade do pedido que minimiza os custos totais de estocagem.

A metodologia do LEC é também aplicada nos casos em que a empresa deseja minimizar um custo total com componentes fixos e variáveis. É comumente usada para determinar as quantidades ótimas de produção quando há um custo fixo de preparação de máquinas e um custo variável de operação.

Os custos relacionados aos estoques podem ser divididos em três grupos:

1. custos de emissão de pedidos;
2. custo de manutenção dos estoques; e
3. custo total.

O lote econômico de compra pode ser apurado pela fórmula:

$$LEC = \sqrt{\frac{2 \times S \times O}{C}}$$

Onde

S = demanda, em unidades por período
O = custo de pedir, por pedido
C = custo de manter estoque, por unidade e por período

---

[2] Sobre esse assunto, consulte o Capítulo 15.

Exemplo: Considere que a Cia. XYZ utilize 20 mil unidades de determinado item por ano. Seu custo para esse item é US$ 60 por pedido e o custo de manter cada unidade em estoque é US$ 3 por ano. Com base nesses dados, o lote econômico da empresa pode ser assim demonstrado

$$LEC = \sqrt{\frac{2 \times 20.000 \times 60}{3}} = 894\ unidades$$

Conforme é possível observar, no caso da Cia. XYZ, o lote econômico de compra que minimiza o custo de estocagem é de 894 unidades. Vale ressaltar que esse exemplo serve para determinado item do custo dos produtos fabricados pela Cia. XYZ.

Outro aspecto merecedor de atenção pela administração da empresa prende-se ao fato de que na apuração do lote econômico de compra deverá ser considerado, também, o aspecto estratégico do insumo, ou seja, há insumos cujo fornecimento está concentrado em poucos fornecedores ou sua aquisição é difícil ou sujeita a uma série de restrições, como os insumos do tipo *commodities* (volatilidade de preço), que dependam de fatores políticos para o estabelecimento de seu preço (petróleo no Brasil), ou de exames fitoterápicos e barreiras alfandegárias, entre outros.

Nesses casos, a técnica do lote econômico de compra deverá ser aplicada após severa análise por parte da administração da empresa.

17.6 *Balanced scorecard*

O atual ambiente globalizado de alta competitividade e acirrada concorrência fez que as empresas buscassem novas formas de gerenciamento de suas operações. O *Balanced Scorecard* – BSC surge dentro desses cenários econômicos em constantes mutações, sendo utilizado por empresas que busquem aperfeiçoar suas estratégias de curto, médio e longo prazos, melhorando assim sua situação no futuro, revelando-se, ainda, como uma ferramenta capaz de atender às novas exigências de gerenciamento dentro dos cenários econômicos em permanente mudança. O BSC complementa as medições baseadas apenas em indicadores financeiros, com outros três componentes chamados perspectivas: 1) clientes; 2) processos internos e aprendizado; e 3) crescimento. Ressalte-se que, à medida que foi sendo utilizado, o BSC deixou de ser um sistema de medição aperfeiçoado para se transformar em um sistema gerencial. O sistema de informação gerencial deve contribuir como suporte às estratégias adotadas para que possam ser acompanhadas e venham a produzir retornos positivos para a empresa.

17.6.1 Conceito

Em um ambiente como o atual, em que a excelência empresarial é exigida continuamente, o grande desafio do sistema de informação gerencial, em face da competitividade, está em fornecer informações corretas e oportunas para que seus administradores possam tomar decisões acertadas.

Assim, o BSC surge como uma ferramenta organizacional que pode ser utilizada para gerenciar importantes processos gerenciais, como o estabelecimento de metas individuais e de equipe, remuneração, alocação de recursos, planejamento e orçamento, *feedback* e aprendizado estratégico.

O BSC surgiu da iniciativa de Kaplan e Norton de criar um novo modelo de medição de desempenho, já que, na opinião desses autores, os modelos de avaliação de desempenho, até então existentes, baseavam-se intensamente em indicadores contábeis e financeiros.

Dentro desse novo conceito de gerenciamento, destaca-se, como instrumento da maior importância, a construção de uma estrutura de indicadores estratégicos que possua abrangência e coerência compatível com a nova era do conhecimento e que permita, sobretudo, considerar a importância crescente dos valores intangíveis diante dos tradicionais valores físicos.

De maneira geral, pode-se dizer que o BSC é um sistema de gestão baseado em indicadores que impulsionam o desempenho operacional, proporcionando à organização uma visão de negócio abrangente, atual e futura. Essa nova filosofia gerencial procura traduzir a missão, a visão e estratégia da organização em objetivos e metas diferenciados de acordo com estas quatro perspectivas: 1) financeiras; 2) do cliente; 3) dos processos internos; e 4) de aprendizado e crescimento. O BSC funciona como um painel de controle para a empresa. Com ele, é possível visualizar a organização dessas várias perspectivas de uma só vez. Nesse painel, uma série de informações estratégicas são organizadas em um conjunto de indicadores que permitem localizar problemas, definir rumos, prever turbulências e entender para onde caminha a empresa.

Assim, o BSC é uma ferramenta de grande valia para a contabilidade, pois está voltada às questões gerenciais da empresa e utiliza essa abordagem baseada em atividades e processos inter-relacionados funcionalmente, propiciando aos contadores transmitir à administração informações qualificadas sobre o desempenho dos processos produtivos da organização, que possibilitarão identificar os pontos-chave nesses processos, influenciando direta ou indiretamente os objetivos e metas da empresa, dirigindo esforços para melhorá-los e, conseqüentemente, melhorar seus resultados.

17.6.2 Filosofia do *balanced scorecard*

Percebe-se que até bem pouco tempo o sucesso das empresas era determinado pela maneira como elas se aproveitavam dos benefícios das economias de escala, em função das quais sistemas de controle financeiro foram desenvolvidos para facilitar e monitorar alocação eficiente dos recursos gerados pelas organizações. Contudo, nas últimas décadas, o advento da era da informação tornou obsoletas muitas das premissas fundamentais da concorrência industrial, uma vez que as empresas não conseguem mais obter vantagens competitivas sustentáveis apenas com a rápida alocação de novas tecnologias a ativos físicos e com a excelência da gestão dos ativos e passivos financeiros.

Kaplan e Norton (1997) ressaltam que as empresas da era da informação estão baseadas em um novo conjunto de premissas operacionais: processos interfuncionais; ligação com clientes e fornecedores; segmentação de clientes; escala global; inovação e trabalhadores do conhecimento.

Sendo assim, o processo de gestão em relatórios financeiros se mostra inadequado, pois está atrelado a um modelo contábil desenvolvido há séculos para um ambiente de transações isoladas entre entidades independentes. Uma das formas de adequar esse modelo da contabilidade financeira é ampliá-lo de modo que incorpore a avaliação dos ativos intangíveis e intelectuais, de uma empresa, como produtos e serviços de alta qualidade, funcionários motivados e habilitados, processos internos eficientes e consistentes e clientes satisfeitos e fiéis. Levar em consideração os ativos intangíveis no momento de avaliar a performance das empresas é imprescindível, uma vez que eles têm maior importância para as empresas da atualidade do que os ativos físicos e tangíveis.

Na década de 1990, os Estados Unidos tinham como meta principal medir a performance das organizações, pois os métodos existentes para avaliação do desempenho empresarial, que era então apoiado nos indicadores contábeis e financeiros, estavam se tornando obsoletos. Foi desenvolvido um novo modelo que considera os objetivos em curto e longo prazos, medidas financeiras e não financeiras, indicadores de performance e as perspectivas interna e externa do desempenho empresarial. A síntese foi feita por Robert S. Kaplan, professor da Harvard Business School, e David P. Norton, presidente da Renaissance Solutions, em 1992, no artigo "The balanced scorecard – measures that drive perfomance" ("Balanced scorecard – medidas que impulsionam o desempenho"), publicado na conceituada revista *Harvard Business Review*. Nesse artigo, o objetivo principal era mostrar as desvantagens de usar apenas medidas financeiras para julgar o desempenho empresarial, incentivando as empresas a medir também fatores como qualidade e satisfação do cliente.

O conceito que os autores chamaram *balanced scorecard* ("cenário balanceado") vem sendo muito utilizado nos Estados Unidos como uma ferramenta adequada para medir o desempenho das organizações, tornando-se a marca de uma empresa bem administrada. Hoje, muitas empresas dizem que é a base sobre a qual se assenta seu sistema de gestão.

A denominação "cenário balanceado" decorre do fato de que uma organização só deverá ser considerada no caminho do sucesso se os quatro conjuntos de indicadores estiverem devidamente "balanceados", ou seja, aplicados com graus de importância relativa, porém eqüitativa, de forma a possibilitar um desenvolvimento real e equilibrado. Por exemplo, se em determinado exercício, uma empresa for muito bem financeiramente, mas com indicadores de atendimento aos clientes avaliados como abaixo do esperado, muito provavelmente, em médio prazo, apresentará problemas de sobrevivência.

A metodologia criada por Kaplan e Norton não é mais do que o conjunto de indicadores (medidas) e mostradores (gráficos) de um 'painel de controle' da empresa, seria algo como o painel de instrumento de um veículo, ou seja, cada automóvel, avião ou navio tem um painel de controle próprio, com alguns medidores obrigatórios, como velocidade, pressão de óleo, nível de combustível e outros indicadores específicos, talvez semelhantes, mas nem sempre idênticos. Alguns se referem a esse painel como 'painel de guerra', uma vez que consideram que, no mercado, as empresas estão em guerra pela sua perpetuação.

Por sua apresentação gráfica e fácil análise, o conjunto de medidas do cenário permite aos gerentes uma rápida e abrangente visão da situação dos negócios. A apresentação gráfica dos resultados financeiros resultantes de ações já tomadas é complementada pelas medidas operacionais de satisfação dos clientes, dos processos internos e do crescimento e aprendizado, ou seja, dos elementos básicos que conduzem a empresa para o futuro desempenho financeiro do negócio.

Para Kaplan e Norton (1997), o BSC capta as atividades críticas de geração do valor criadas por funcionários e executivos capazes e motivados da empresa.

A metodologia do *balanced scorecard* procura preservar o interesse no desempenho em curto prazo, por meio da perspectiva financeira, indicando claramente os vetores de valor para um desempenho financeiro competitivo superior em longo prazo.

Os mesmos autores dizem que, para a aplicação do BSC nas organizações, três aspectos são de fundamental importância: 1) a integração entre as quatro perspectivas, para que não se tornem isoladas dentro do contexto; 2) o balanceamento entre os graus de importância das perspectivas do BSC; e 3) que o BSC seja visto pela organização como um sistema de gestão estratégica e não somente gestão financeira.

Assim, o BSC, além de ser um sistema de medidas, constitui também um instrumento que tem o objetivo de traduzir a visão e a estratégia de uma unidade de negócios em objetivos e medidas tangíveis, que representam o equilíbrio entre indicadores externos voltados para acionistas e clientes, bem como medidas internas dos processos críticos, de inovação, aprendizado e crescimento. O importante é o equilíbrio entre as medidas de resultado, que traduzem as conseqüências dos esforços do passado, e os vetores de desempenho futuro.

17.6.3 Indicadores de desempenho

O BSC reconhece na organização quatro perspectivas:

1. perspectiva financeira;
2. perspectiva do cliente;
3. perspectiva dos processos de aprendizagem de negócios (ou processos internos);
4. perspectiva de evolução organizacional (ou aprendizado e crescimento).

Cada perspectiva é constituída por um conjunto equilibrado de indicadores financeiros e não financeiros que procuram traduzir o desempenho e as ações necessárias para realização dos objetivos.

As medidas de desempenho devem englobar os 'valores' que a empresa considera vitais para sua sobrevivência e crescimento. As medidas de desempenho em cada uma das perspectivas do "cenário balanceado" são:

- **financeira:** valor agregado e retorno do investimento;
- **clientes:** satisfação, retenção, mercado e participação;
- **processos internos:** qualidade, tempo de resposta, custo e introdução de novos produtos;
- **aprendizado e crescimento:** satisfação dos colaboradores e disponibilidade dos sistemas de informação.

Perspectiva financeira

A elaboração do BSC deve pressupor como objetivo principal que as unidades de negócios vinculem seus objetivos financeiros à estratégia da empresa, servindo como foco para os outros objetivos e medidas das outras perspectivas, compondo uma relação causa e efeito.

O BSC deve contar a história de estratégia, começando pelos objetivos financeiros de longo prazo, relacionando-os às ações que precisam ser tomadas em relação aos processos financeiros, internos, dos clientes e do desempenho econômico desejado.

Na perspectiva financeira, as medidas devem indicar se a empresa está obtendo êxito com as estratégias definidas, implementadas e executadas. Em geral, esse êxito é medido pela lucratividade, pelo crescimento e incremento do valor para o acionista (*shareholder value*). Se os indicadores financeiros não mostram o esperado, pode haver problemas na execução, na implementação ou até mesmo na definição das estratégias.

Kaplan e Norton (1997) identificaram três diferentes estágios do negócio, para os quais devem ser definidos diferentes conjuntos de medidas, pois os objetivos são também diferentes: 1) rápido crescimento (rapid growth); 2) sustentação (sustain); e 3) colheita (harvest).

No estágio de rápido crescimento (rapid growth), os objetivos enfatizarão o crescimento das vendas, os novos mercados e novos consumidores, os novos produtos e novos canais de marketing, vendas e distribuição, mantendo um nível adequado de gastos com desenvolvimento de produtos e processos.

No estágio de sustentação (*sustain*), os objetivos enfatizarão as medidas financeiras tradicionais, tais como retorno sobre o capital investido, lucro operacional e margem bruta. Os investimentos em projetos nesse estágio serão avaliados por análises de padrões, fluxo de caixa descontado e orçamento de capital. Alguns podem incorporar o valor econômico agregado (EVA) e o incremento de valor para o acionista (*shareholder value*). Essas medidas representam o objetivo financeiro clássico: excelente retorno sobre o capital investido.

No estágio de colheita (*harvest*), a ênfase recairá sobre o fluxo de caixa. Qualquer investimento deverá prover retorno em caixa (*cash pay back*) certo e imediato, pois o objetivo não é maximizar o retorno sobre o investimento. Os gastos com pesquisa e desenvolvimento escasseiam, pois o ciclo de vida do negócio está em estágio final. Nesse caso, variáveis que possam comprometer o desfecho planejado (uma venda, uma liquidação, por exemplo) devem ser monitoradas. Essas variáveis podem ser o endividamento crescente, contaminação ambiental, insatisfação de clientes etc.

Na prática, percebe-se que os temas mais focados pelas empresas para realizar a estratégia são: crescimento e mix de receita; redução de custo, aumento de produtividade, e utilização de ativos e estratégia de investimento, que podem ser usados em qualquer um daqueles três estágios estratégicos. As medidas financeiras, no entanto, é que serão diferentes de acordo com o caso. Os objetivos financeiros em longo prazo devem nortear as ações relacionadas aos quatro diferentes processos. Assim, não se deve gerir os indicadores operacionais sem ter em conta os reflexos que geram nos indicadores financeiros.

Perspectiva do cliente

Segundo Kaplan e Norton (1997), a perspectiva do cliente permite aos administradores da empresa identificar segmentos de clientes e de mercado nos quais as unidades de negócio possam competir, bem como definir as medidas de desempenho das unidades nos seus segmentos-alvo.

Os mesmos autores propõem que a perspectiva do cliente seja montada visando os seguintes pontos-chave: participação de mercado, retenção, captação, satisfação e lucratividade dos clientes. Esse conjunto de critérios é denominado pelos autores medidas essenciais dos clientes cujos conceitos podem ser assim resumidos:

- **Participação de mercado:** representação da proporção de vendas da unidade de negócio no mercado em que a empresa atua em termos de número de clientes, capital investido, unidades vendidas ou instaladas.
- **Retenção de clientes:** acompanhamento, em números absolutos ou relativos, do percentual de clientes com os quais a unidade de negócio continua mantendo relações comerciais.
- **Captação de clientes:** medição, em termos absolutos ou relativos, do percentual de clientes novos ou de novos negócios ganhos pela organização.
- **Satisfação dos clientes:** registro do nível de satisfação dos clientes em relação a critérios preestabelecidos de desempenho ou de valor agregado.
- **Lucratividade do cliente:** medição da lucratividade da empresa no negócio ou nos negócios com um cliente, ou com um segmento de mercado, depois de levantar as despesas específicas requeridas para atender a esse cliente ou a esse mercado.

Perspectiva dos processos de aprendizagem de negócios (processos internos)

Nessa perspectiva, os administradores da corporação identificam os processos internos críticos nos quais a empresa deve alcançar a excelência. Cada empresa usa um conjunto específico de processos a fim de criar valor para os clientes e produzir resultados financeiros, entretanto, uma cadeia de valor genérica serve de modelo para que as empresas possam adaptar e construir as perspectivas de processo interno. Esses processos permitem que a unidade de negócios: ofereça as propostas de valor, capazes de atrair e reter clientes em segmentos-alvo de mercado e satisfaça as expectativas que os acionistas têm de excelentes retornos financeiros.

As medidas de processo interno, segundo Kaplan (1997), devem ser voltadas para aqueles que terão maior impacto na satisfação do cliente e na consecução dos objetivos financeiros da empresa. Esse modelo inclui três processos principais:

- **Inovação:** durante esse processo devem ser pesquisadas as necessidades reais e futuras dos clientes-alvos. Em seguida, são desenvolvidos os produtos e/ou serviços que deverão satisfazer às necessidades identificadas.
- **Operação:** as principais medidas operacionais genéricas são os custos, a qualidade e o tempo de resposta. É preciso se preocupar com a produção e disponibilização dos produtos e serviços desenvolvidos durante o processo de inovação. Tem início, nessa etapa, o recebimento de um pedido, terminando com a entrega do produto ou prestação de serviço.
- **Serviço pós-venda:** essa é uma etapa de grande influência no processo de criação de imagem e reputação da organização na cadeia de valor do cliente, incluindo treinamentos, garantias, consertos, devoluções e processamento de pagamentos.

Ressalte-se que as medidas convencionais focalizam apenas o controle e a melhoria dos processos atuais que afetam custos, qualidade e tempo. Já o BSC permite que a avaliação do desempenho derive das expectativas de interessados externos. Cabe aos administradores das corporações identificar os processos críticos e vitais nos quais sua empresa precisa se destacar para que os objetivos dos acionistas, dos clientes e dos interessados sejam plenamente atendidos.

Perspectiva de evolução organizacional (aprendizado e crescimento)

O aprendizado e o crescimento da organização vêm de três principais fontes: 1) pessoas; 2) sistemas; e 3) procedimentos organizacionais. Os objetivos traçados por meio do BSC, em geral, acusam grande defasagem entre as capacitações das pessoas, dos sistemas e dos procedimentos e aquela requerida para alcançar os objetivos, promovendo o desempenho. É necessário capacitar os funcionários, intensificar a tecnologia e os sistemas de informação e alinhar os procedimentos e rotinas organizacionais para eliminar essa defasagem.

As medidas, nessa perspectiva, são: 1) satisfação do funcionário; 2) retenção; 3) treinamento; e 4. habilidades e direcionadores específicos dessas medidas, como índices detalhados de habilidades específicas requeridas pelo novo ambiente competitivo.

17.6.4 Balanced scorecard como sistema de gestão estratégica

O BSC traduz a missão e a estratégia das empresas em um conjunto abrangente de medidas de desempenho que serve de base para um sistema de medição e gestão estratégica. É um novo instrumento que integra as medidas derivadas da estratégia, sem menosprezar as medidas financeiras do desempenho passado, medindo o desempenho organizacional pelas quatro perspectivas equilibradas, já citadas.

Ele considera os indicadores financeiros como a síntese final do desempenho gerencial e organizacional, mas incorpora um conjunto de medidas mais genéricas e integradas, que vinculam o desempenho pela ótica dos clientes, dos processos internos, dos funcionários e dos sistemas ao sucesso financeiro em longo prazo.

As empresas que utilizam o BSC como instrumento de gerenciamento estratégico têm duas tarefas: 1) precisam elaborar o scorecard; e 2) utilizar o scorecard.

O BSC introduz quatro novos processos que ajudam as empresas a conectar os objetivos de longo prazo às ações de curto prazo. São eles na visão de Kaplan e Norton (2000)

- **Tradução da visão:** ajuda os gerentes a desenvolver o consenso em torno da estratégia da empresa, expressando-a em termos que orientam a ação no nível local.
- **Comunicação e conexão:** permite que os gerentes comuniquem a estratégia para cima e para baixo na organização e a conectem às metas das unidades e dos indivíduos.
- **Planejamento de negócios:** permite que a empresa integre o plano de negócios e o plano financeiro.
- **Feedback e aprendizado:** proporciona à empresa a capacidade de aprendizado estratégico, que consiste em reunir feedback, testar as hipóteses em que se baseou a estratégia e efetuar os ajustamentos necessários.

Por meio do BSC, a empresa será capaz de monitorar os resultados de curto prazo pelas perspectivas preestabelecidas e avaliar a estratégia à luz do desempenho recente. Assim, o BSC cria condições para que as empresas modifiquem a estratégia em função do aprendizado em tempo real.

17.6.5 A contabilidade e o *balanced scorecard*

O BSC é uma alternativa aos sistemas de avaliação e gestão centrados quase exclusivamente, na perspectiva financeira. A visão administrativa deve ser estendida a outras perspectivas. Para a contabilidade, a perspectiva financeira é a usual e o desafio é agregar outras perspectivas. Diante do exposto, a contabilidade como fornecedora de informações vem sendo cada vez mais exigida, principalmente quanto a profundidade e abrangência dos informes que fornece, pois a ciência contábil é a linguagem dos negócios e se ocupa da avaliação, mensuração, demonstração e informação dos fatos econômicos, como satisfação dos clientes, produtividade dos processos internos e treinamento de funcionários determinantes que influenciam e influenciarão os resultados econômicos da entidade e, como tais, podem ser mensurados e registrados.

O BSC é um instrumento importante para a contabilidade voltada para as questões gerenciais das empresas. Por isso, é necessário que a contabilidade seja vista como um guia para ações futuras.

Para Kaplan (2000), "os sistemas de contabilidade, movidos pelos procedimentos e pelo ciclo do sistema de relatórios financeiros da organização, são demasiadamente tardios, agregados e distorcidos para terem relevância para as decisões de planejamento e controle dos gerentes. A utilização desses instrumentos é o mesmo que tentar guiar um carro orientado pelo retrovisor. Se a estrada for reta, tudo bem. Porém, a estrada em ambiente competitivo, é muito sinuosa, e a orientação pelo retrovisor não nos dá nenhuma indicação de quais manobras devem ser feitas para se manter dirigindo nessa estrada".

É nesse sentido que os gerentes precisam de um sistema de informação integrado com a estratégia, em vez de ferramentas individuais que proporcionem condições de análise e previsibilidade futura, não se atendo apenas no registro do passado. Portanto, espera-se que a contabilidade acompanhe o ambiente da empresa e se adapte às mudanças, auxiliando os gerentes nos processos de planejamento, execução e controle, já que o BSC é uma ferramenta imprescindível à contabilidade voltada para as questões gerenciais da empresa.

17.6.6 Visão da contabilidade gerencial

A contabilidade gerencial deve fazer a conexão entre as ações locais dos gerentes e a lucratividade da empresa, de forma que eles possam saber que direção tomar. Medindo corretamente o impacto de ações locais no desempenho global, ela também serve como o agente motivador, pois premia as pessoas que contribuem significativamente ao objetivo da empresa. A contabilidade gerencial tem como objetivo principal fornecer informações para que os gerentes possam decidir qual o melhor caminho para a empresa.

As informações financeiras, embora necessárias, não são mais suficientes para gerenciar o negócio, especialmente quando o administrador as utiliza para obter o maior lucro possível em curto prazo, sacrificando os resultados e a sobrevivência da empresa em longo prazo.

Assim, o BSC pode ser uma ferramenta gerencial de grande importância, formado por indicadores financeiros e não financeiros relacionados por meio de hipóteses de causa e efeito, norteados pelos objetivos e pela estratégia da organização.

O BSC não elimina o papel dos indicadores financeiros, mas os integra a um sistema gerencial mais equilibrado que vincula o desempenho operacional de curto prazo e os objetivos estratégicos de longo prazo.

Com isso, o BSC estará alinhado com as metas e compatibilizado com o orçamento, que é estruturado e consolidado em função de medidas que possibilitem o gerenciamento da empresa em um único instrumento, tendo como objetivo geral comunicar a estratégia corporativa a toda empresa; analisar os objetivos estratégicos e correlacionar com as recompensas pessoais; identificar; analisar os resultados obtidos em relação às metas estabelecidas e dar o feedback.

17.6.7 Aplicação estratégica do *balanced scorecard*

Atualmente, tem-se presente o entendimento de que as tradicionais medidas contábeis e financeiras necessitam de ajustes aos novos tempos, visando o desenvolvimento de um modelo de medidas de desempenho.

O ponto de partida foi o modelo usado pela Analog Devices para medir o índice de progresso em atividades de melhoria contínua e o seu *scorecard* que continha as medidas tradicionais financeiras e outras operacionais. O estudo foi direcionado para se chegar a um *scorecard* multidimensional. Posteriormente, para indicar a característica de equilíbrio (balanceamento) entre medidas de curto e longo prazos, financeiras e não financeiras, indicadores de tendências (*leading*) e de ocorrência (*lagging*), perspectivas internas e externas de desempenho, esse *scorecard* multidimensional passou a ser chamado *balanced scorecard*.

Foram realizados vários testes de viabilidade de implantação em alguns setores de empresas com esse sistema de medição e verificou-se que o BSC podia ser utilizado de maneira diferente da que vinha sendo proposta. Apesar de desenvolvido para ser um sistema de medição de desempenho, podia também ser utilizado para comunicar e alinhar a estratégia da empresa. A partir daí, os gestores perceberam que podiam utilizá-lo não só para comunicar a estratégia, mas, também, para gerenciá-la, passando a ser apresentado como um sistema gerencial essencial.

O uso do BSC como um instrumento de comunicação e alinhamento da estratégia da empresa explicitou uma série de deficiências nos sistemas gerenciais tradicionais, qual seja, a inabilidade para ligar a estratégia em longo prazo da empresa às suas ações em curto prazo.

Isso é corroborado por Kaplan e Norton (1997), ao dizer que muitas empresas pensam em mensuração como uma ferramenta para controlar comportamentos e avaliar desempenhos passados. Controles e sistemas de mensuração tradicionais pretendem manter unidades organizacionais de acordo com um plano preestabelecido. As medidas no BSC estão sendo usadas pelos executivos de forma diferente, para articular a estratégia do negócio, comunicá-la e ajudar a alinhar as iniciativas individuais, organizacionais e departamentais, para alcançar um objetivo comum. Esses executivos estão usando o *scorecard* como um sistema de comunicação, informação e aprendizado, não como um sistema tradicional de controle. Para que o BSC seja usado dessa maneira, entretanto, as medidas devem expressar claramente a estratégia em longo prazo da organização para o sucesso competitivo.

Portanto, o BSC revelou-se um importante instrumento de ajuda aos gestores no ambiente competitivo moderno, visto que as organizações situadas em ambiente em constante mudança precisam de um processo duplo de aprendizado, permitindo que o gestor questione as hipóteses traçadas e reflita se a teoria com a qual opera ainda está consistente com as evidências, observações e experiências correntes.

Fica patente que os gestores precisam saber se a estratégia planejada está sendo executada de acordo com o plano, um processo simples de aprendizado. Mais importante que isso, precisam saber se as hipóteses fundamentais traçadas quando do lançamento da estratégia permanecem válidas.

Na verdade, o BSC é uma inovação na teoria de contabilidade gerencial, pois reúne pontos simples, mas vitais que não estavam claramente articulados na literatura existente.

O primeiro aspecto merecedor de atenção no BSC refere-se à decodificação dos complexos processos de escolha aos quais os gestores estão sujeitos, consubstanciando na definição das quatro perspectivas de gestão. Essas perspectivas são definidas com base em uma concepção de gestão. A partir da estratégia, definem-se os objetivos financeiros, que vão orientar as escolhas relacionadas aos clientes, que, por sua vez, nortearão a identificação das mudanças necessárias nos processos internos, que indicarão as mudanças para a capacitação de recursos humanos e do sistema de informação.

As interligações existentes entre os processos gerencias de planejamento e orçamento se consubstanciam na elaboração de um relatório corporativo, do qual fazem parte apenas os objetivos e as medidas de cada dimensão que indicam a trajetória do cumprimento da estratégia. Esse relatório tem como objetivo fazer que os gestores reflitam sobre as relações de causa e efeito entre os objetivos financeiros e das outras dimensões. A confecção de um relatório corporativo eleva a gestão da vinculação dos objetivos táticos e operacionais com os estratégicos ao nível corporativo.

Diante do exposto, verifica-se que o BSC nesse novo ambiente competitivo da economia, tem contribuído para aumentar a compreensão da contabilidade gerencial, vinculando a estratégia e a operação.

Resumo

A implantação de um sistema de custos será um passo inicial de grande importância para a determinação dos custos de produção de uma fábrica. A escolha deverá considerar as reais necessidades e objetivos de controle da empresa, seja do ponto de vista gerencial, seja do ponto de vista da contabilidade. Em relação a esse último, cabe destacar sua importância, uma vez que será responsável pela apuração do resultado do período e pelo resultado que será objeto de distribuição de dividendos aos acionistas.

De maneira geral, o custeio por processo é utilizado como forma de mensuração dos estoques, quando há produção contínua em massa de unidades semelhantes, em contraposição à produção de bens únicos ou sob medida.

O custeio por ordem de serviço está relacionado com lotes ou com unidades individuais, enquanto o custeio por processo está relacionado à produção em escala de unidades semelhantes que têm como rotina passar por uma série de estágios de produção, denominados processos ou operações. O exemplo de custeio por processo são as indústrias. A indústria que opera sob encomendas, desde que não seja constante, poderia ser um exemplo de custeio por ordem de serviço

O conceito de unidades equivalentes está diretamente ligado ao conceito de produtos em processo. As unidades que estão acabadas serão, por razões óbvias, consideradas como produtos em estoque. Contudo, existem ainda as unidades que estão em processo de manufatura (produtos em processo). Nesse caso, deverão ser consideradas como unidades equivalentes. Assim, o estoque será composto dos produtos acabados mais aquelas unidades em processo consideradas como equivalentes, dependendo do seu estágio de acabamento.

Como regra, as estimativas do nível de acabamento de uma unidade contemplam um certo caráter de subjetividade. Contudo, mesmo considerando esses fatores, o critério de avaliação não será de todo preciso, pois a exatidão dessas estimativas dependerá do cuidado, da habilidade do estimador e da natureza do processo.

O método da média ponderada considera o estoque inicial de produtos em processo como se esses tivessem sido iniciados e terminados durante o mesmo período. O estoque inicial de produtos em processo é considerado como parte da produção do período, independentemente do fato de terem sido iniciados anteriormente ao período corrente. Dessa forma, os custos do estoque inicial são misturados aos custos dos estoques em formação no período corrente. Quando são calculadas as unidades equivalentes, o trabalho executado no passado é considerado como feito correntemente.

Ao contrário do método da média ponderada, o método FIFO considera o estoque inicial separadamente dos produtos acabados e distinto dos produtos iniciados e terminados dentro do mesmo período. Pode-se dizer que, na verdade, o método FIFO assemelha-se bastante ao custeio por ordem de serviço. A apuração dos custos pelo método FIFO tem como objetivo demonstrar separadamente os custos dos 1) produtos transferidos do estoque inicial de produtos em processamento e dos 2) produtos iniciados e terminados dentro do próprio mês. Nota-se que os custos unitários não são os mesmos, quando comparados com o método da média ponderada.

O lote econômico tem como objetivo encontrar um tamanho de lote que minimize os custos de produção. Para minimizar o custo por peça, deve-se tirar o máximo de peças em uma única preparação de máquina, isto é, deve-se aumentar o tamanho do lote. Mas o tamanho do lote não impacta só o custo de *setup* por unidade. Quanto maior for o lote, mais tempo ele ficará dentro da companhia, o que significa que a empresa terá mais custos de manter esse inventário e, obviamente, não se pretende aumentar os custos de carregamento desse inventário, mas diminuir o tamanho do lote.

O cálculo do lote econômico tem como finalidade apurar quanto se pode sacrificar de cada lado, para que o impacto no custo unitário seja o menor possível. Observe-se, ainda, que a curva do custo unitário total é plana perto do mínimo, o que quer dizer que não é tão importante assim o tamanho do lote, desde que esteja nessa região plana da curva.

O BSC é um sistema de gestão baseado em indicadores que impulsionam o desempenho operacional, proporcionando à organização uma visão de negócio abrangente, atual e futura. Essa nova filosofia gerencial procura traduzir a missão, a visão e a estratégia da organização em objetivos e metas diferenciadas de acordo com as quatro perspectivas: 1) financeiras; 2) do cliente; 3) dos processos internos; e 4) de aprendizado e crescimento.

O *balanced scorecard* (BSC) reconhece na organização quatro perspectivas:

1ª   financeira;
2ª   do cliente;
3ª   dos processos de aprendizagem de negócios (ou processos internos); e
4ª   de evolução organizacional (ou aprendizado e crescimento).

As medidas de desempenho devem englobar os 'valores' que a empresa considera vitais para a sua sobrevivência e crescimento. As medidas de desempenho em cada uma das perspectivas do '"cenário balanceado' são: financeira (valor agregado e retorno do investimento); clientes (satisfação, retenção, mercado e participação); processos internos (qualidade, tempo de resposta, custo e introdução de novos produtos); aprendizado e crescimento (satisfação dos colaboradores e disponibilidade dos sistemas de informação).

O BSC traduz a missão e a estratégia das empresas em um conjunto abrangente de medidas de desempenho que servem de base para um sistema de medição e gestão estratégica. É um novo instrumento que integra as medidas derivadas da estratégia, sem menosprezar as medidas financeiras do desempenho passado, medindo o desempenho organizacional de quatro perspectivas equilibradas.

Exercícios propostos

1. Conceitue orçamento empresarial e dê a sua aplicabilidade.
2. Quais são os principais aspectos que devem ser observados para a implantação de um sistema de custos?
3. Qual é o conceito de lote econômico e qual a sua aplicabilidade prática?
4. Como se pode caracterizar o *balanced scorecard*?
5. O que significam os indicadores de desempenho?
6. Disserte acerca da aplicação estratégica do *balanced*.
7. A empresa A compra e vende anualmente 2,6 milhões de sacas de trigo. O custo de fazer o pedido, é de US$ 1 mil por encomenda. Os custos anuais de manutenção são de 5% do preço de compra de US$ 50 por saca. A companhia mantém um estoque de segurança de 200 mil sacas.
   1. Qual é o LEC?
   2. Em que nível de estoque deveria ser feita uma encomenda para impedir que se usasse o estoque de segurança?
   3. Qual é o custo total de estocagem, incluindo-se os custos de manter o estoque de segurança?
8. Com base nos dados do problema anterior, considere as seguintes hipóteses:
   * As vendas da empresa A são constantes e iguais durante os meses do ano.
   * A empresa trabalha com uma margem bruta nas vendas de 20%.
   * O tempo de entrega é de dois meses e a liquidação das faturas ocorrem dois meses após a entrega.
   * A empresa A pretende reduzir à metade o tempo de entrega e o recebimento de seus clientes.
   * O custo de financiamento dos estoques é de 12% ao ano e o custo de financiamento de clientes é de 15% ao ano.

   Agora, calcule:
   1. O custo de manutenção médio em estoques e em contas a receber, atualmente praticado pela Empresa A.
   2. Compare o resultado obtido em "1" com a proposta de redução dos prazos.
9. A empresa C utiliza 1.250.000 m² de tecido em seu processo de produção. Os custos de cada encomenda são de US$ 2 mil. O preço do tecido é US$ 2,50 por m² e o custo anual de manter esse item de estoque é de 20% do preço. A companhia mantém um estoque de segurança de 125 mil m². A fornecedora do tecido requer um prazo de duas semanas entre a encomenda e a entrega.

1. Qual é o LEC?
2. Qual é o custo médio de estocagem?
3. Qual é o total do custo de pedidos e de manutenção do estoque de segurança?
4. Utilizando um ano de 52 semanas, a que nível dos estoques seria feita uma nova encomenda?*

10. Os seguintes dados do estoque foram estabelecidos para a empresa D:
    1. As vendas anuais são de 338 mil unidades.
    2. O preço de compra por unidade é de US$ 6.
    3. O custo de manutenção é de 2% do preço de compra dos produtos.
    4. O custo fixo da encomenda é de US$ 48.
    5. O estoque de segurança desejado é de 12 mil unidades.
    6. São necessárias três semanas para a entrega.

    a) Qual é o LEC?
    b) Quantas encomendas a Empresa D deveria fazer a cada ano?
    c) Em que nível do estoque uma encomenda deveria ser feita?.
    d) Calcule o custo total de encomendar e de manter estoques.

11. As seguintes relações dos custos de estoque foram estabelecidas para a empresa E:
    1. As vendas anuais são de 560 mil unidades.
    2. O preço de compra por unidade é de US$ 1,50.
    3. O custo de manutenção é de 15% do preço de compra dos produtos.
    4. O custo de encomendar é de US$ 35 por pedido.
    5. O estoque de segurança desejado é de 50 mil unidades.
    6. É necessário quatro semanas para a entrega.

    a) Qual é o lote econômico de compra? Qual é o custo anual das encomendas e o custo anual de manter estoques no nível do LEC?
    b) Em que nível de estoques a empresa E deveria fazer encomendas?
    c) Se as vendas anuais dobrarem, qual será o aumento porcentual no LEC? Qual será a elasticidade do LEC em relação às vendas (mudança porcentual no LEC/mudança porcentual nas vendas)?
    d) Se o custo de encomendar cada pedido dobrar, qual será a elasticidade em relação ao custo da encomenda?
    e) Se o custo de manutenção cair 50%, qual será a elasticidade do LEC em relação a essa mudança?
    f) Se o preço de compras cair em 50%, qual será a elasticidade do LEC em relação a essa mudança?

12. A empresa F vende anualmente 240 mil sacos de cimento. O estoque de segurança ótimo é de 12 mil sacos. Cada saco custa US$ 4 para a empresa, o custo de manter o estoque é de 20% e o custo de fazer uma encomenda ao fornecedor é US$ 25.

    1. Qual é a quantidade do lote econômico?
    2. Qual é o custo total de estocagem?
    3. Qual é o custo total de estocagem considerando-se a margem de segurança?
    4. Considerando-se que a empresa F demora em média duas semanas para entrega de seus produtos, qual é o ponto crítico para nova encomenda?

---

* *Ponto de nova encomenda* = [(*estoque demandado* + *estoque de segurança*) ÷ (*espaço de tempo entre a encomenda e a entrega* × *taxa de uso*)] − [*produtos em trânsito*]

Implantação de um sistema de custos ABC

CAPÍTULO 18

Objetivos de aprendizagem

Após estudar este capítulo, você deverá:

- Saber como caracterizar o modelo ABC.
- Conseguir identificar as dificuldades para sua implementação.
- Estar apto para determinar os indutores de custo.
- Ser capaz de calcular os custos por atividade.

18.1 Modelo ABC

Por meio da aplicação prática, constata-se que um modelo de custos ABC fundamenta-se em três pressupostos: 1) a escolha dos centros de custo; 2) a formação do modo de distribuição dos custos pelos centros de custo; e 3) a seleção dos indutores de custo para cada centro de custo. Na verdade, o modelo ABC tem como grande objetivo servir de instrumento de análise, controle e orçamento e, assim, tornar-se um objeto de apoio à tomada de decisão.

No Capítulo 12 mencionou-se que os processos, técnicas e métodos utilizados para a determinação do custo de um objeto de custo consubstanciam o que se definiu por contabilidade de custos, aproximando-se bastante de uma 'engenharia de custos'. Nesse caso, o sistema de custeio a implementar, baseado nas atividades, será um sistema que processa e acumula informação operacional e financeira em recursos, atividades e objetos de custo, imputando os custos às atividades e aos objetos.

A Figura 18-1 mostra os elementos que fazem parte do modelo ABC. Em uma primeira fase, distinguem-se os recursos, as atividades e os objetos de custo, relacionados por meio dos denominados indutores de custo, que podem ser indutores de atividade e de recurso.

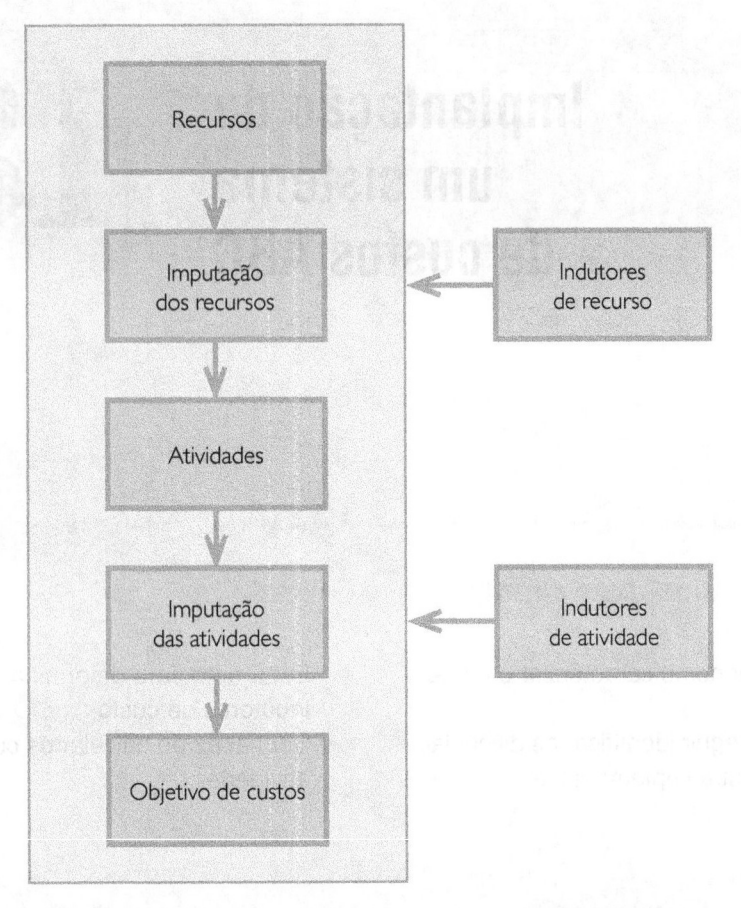

Figura 18-1 Apuração de custos no modelo ABC.

Conforme mencionado no Capítulo 10, as atividades podem ser hierarquizadas em cinco níveis diferentes: 1) nível unitário; 2) nível lote; 3) de suporte ao produto; 4) atividades conjuntas; e 5) atividades de estrutura. Ressalte-se que as atividades só podem ser agregadas se forem do mesmo nível.

Portanto, é importante descrever as atividades segundo suas características ou atributos. As atividades podem ser classificadas quanto aos seguintes atributos: de processo, de nível de atividade, do indutor de custo; e identificadas como de valor agregado (VA) ou sem valor agregado (SVA), como mostra o Quadro 18-1.

Quadro 18-1 Atributos das atividades

Atividade:	Recursos relacionados:	Processo:
Nível:		
Indutor:	*Output*:	VA ou SVA:

As atividades podem ser agrupadas em centros de custo ou de atividade, desde que tenham em comum três atributos: 1) nível de atividade; 2) processo; e 3) indutor de custo. Assim, simplifica-se o processo de cálculo, visto que, na fase de imputação do custo das atividades aos objetos de custo, apenas se utilizará um indutor de atividade em relação ao montante total.

O mesmo princípio se aplica ao conceito de macroatividade. Contudo, é preciso distinguir os centros de atividades das macroatividades. Aos dois associa-se um só indutor de atividade, mas, enquanto uma macroatividade contempla várias atividades e recebe o nível de recursos que lhe estão relacionados, em um centro de atividades, cada atividade isolada recebe uma parte dos recursos por meio de indutores de recurso diferentes. A Figura 18-2 apresenta esquematicamente o modelo ABC com seus elementos mais importantes explicitando, também, as relações que se estabelecem entre esses elementos.

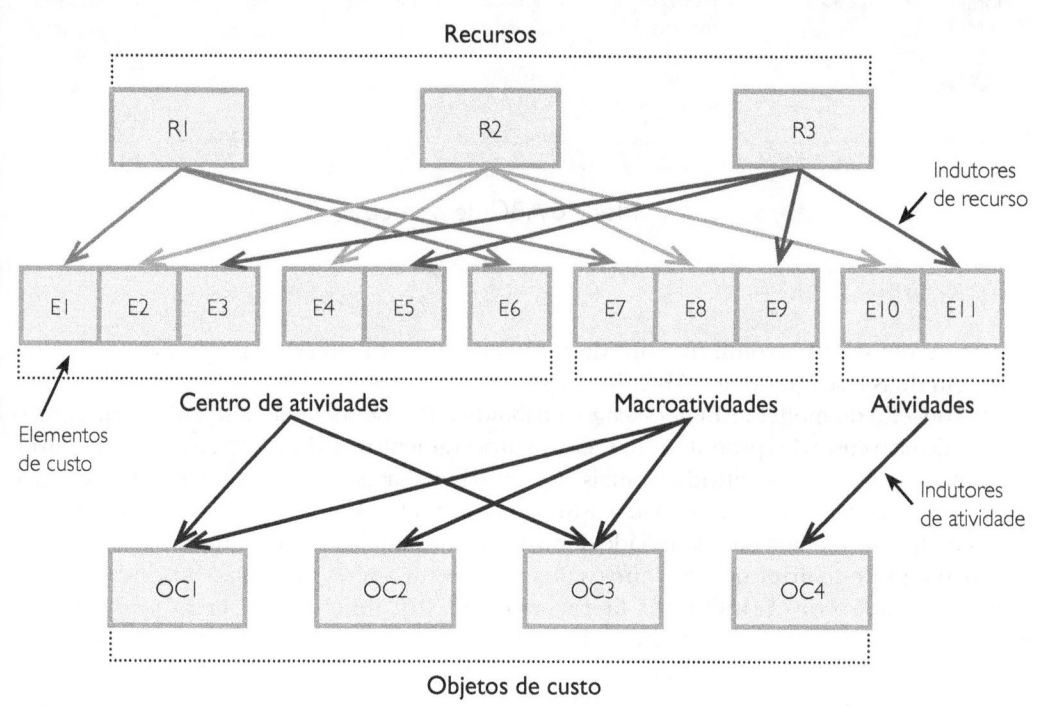

Figura 18-2 Esquema do modelo ABC.

18.1.1 Modelos iniciais

Inicialmente, os modelos ABC tinham como foco principal propósitos estratégicos, mesmo que de maneira bem superficial, que serviram para melhorar a obtenção de informação sobre o custo dos produtos, e apresentavam-se como alternativas aos modelos baseados em poucos indutores, na maior parte dos casos, associados a medidas de volume.

O objetivo principal dos primeiros modelos ABC foi a melhoria da precisão no cálculo dos custos dos produtos, focando essencialmente o custeio do produto.

Em relação aos custos indiretos, estes eram distribuídos por múltiplos centros de custo, aumentando assim o número de indutores de custo que, por sua vez, associavam os custos indiretos aos produtos. Com isso, a meta era utilizar mais indutores de custo, e por imputar os custos indiretos aos produtos, estabelecia uma relação de causalidade mais forte, como demonstrado na Figura 18-3.

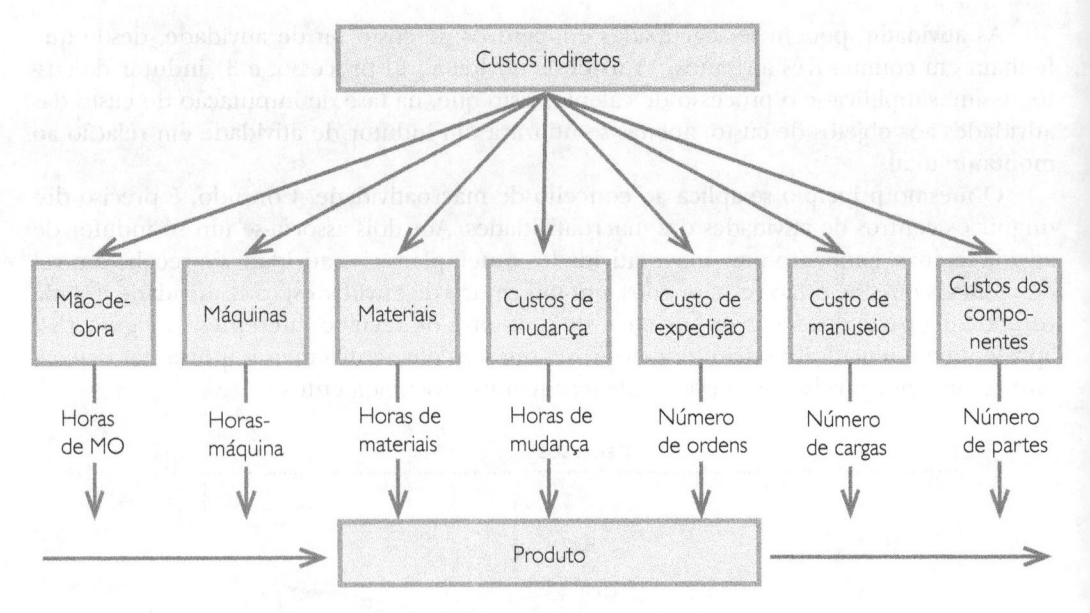

Figura 18-3 Modelo ABC de primeira geração.

18.1.2 Modelo *Two-stage*

Os modelos ABC evoluíram consideravelmente a partir do conceito de imputação dos custos em duas fases (modelos ABC *Two-stage*).

O conceito do modelo ABC *Two-stage* é atribuído a R. Cooper,[1] que descreve a forma como o ABC calcula o custo dos produtos por meio do procedimento em duas fases. No primeiro nível, os recursos são associados a atividades mais ou menos detalhadas, dependendo dos objetivos propostos no início. Na segunda fase, esses custos são distribuídos dos centros de custo aos produtos por meio de uma medida da quantidade de recursos consumidos por produto.

Assim, pode-se dizer que os centros de custos resultam da utilização dos indutores de custo de primeiro nível (**indutores de recurso**) que distribuem os recursos pelos centros de custo. Os recursos agrupados em cada centro são atribuídos aos produtos pelos indutores de custo de segundo nível (**indutores de atividade**).

Pode-se resumir dizendo que um modelo ABC desenvolve-se em duas fases: na primeira, os custos são agrupados e, na segunda, são imputados aos produtos. No entanto, existem diferenças importantes a salientar entre esses dois tipos de modelos: nos sistemas tradicionais, os custos são departamentalizados, havendo necessidade de fazer corresponder os custos a um departamento. Entretanto, essa correspondência a departamentos pode não ser possível, ou mesmo os departamentos podem não conferir homogeneidade aos custos que aí se inserem. A ausência de homogeneidade ao nível dos custos distribuídos pelos departamentos, associada à prática generalizada de se utilizar um só indutor por departamento, resultava em custos imprecisos. Como nos sistemas de custeio tradicionais, se utilizavam sobretudo bases de imputação relacionadas ao volume, a distorção foi aumentando à medida que cresciam os níveis de custos não relacionados com essa medida.

---

[1] R. Cooper. "Does your company need a new cost system". *Journal of Cost Management*, primavera 1987a, p. 45-49; "The two stage procedure in cost accounting: part one". *Journal of Cost Management*, v. 1, n.2, verão 1987b, p. 43-51; The two stage procedure in cost accounting: part two". *Journal of Cost Management*, outono 1987c, p. 39-45.

Assim, o modelo ABC veio permitir um refinamento ao nível do cálculo dos custos e da informação gerada pela contabilidade de custos que não era possível nos sistemas considerados tradicionais. Esse modelo se propõe a focar em dois aspectos fundamentais: 1) conseguir maior homogeneidade nos centros de custos; e 2) permitir uma elevada relação de causa e efeito entre as bases de absorção e o custo a que dizem respeito.

Em relação ao modelo *Two-stage*, sua implantação se dará com as seguintes etapas.

1. identificar os tipos de recursos e os montantes que lhes correspondem;
2. definir os centros de custo;
3. escolher os indutores de custo de primeiro nível; e
4. escolher os indutores de custo de segundo nível.

Os recursos e seus valores que alimentam o modelo serão obtidos com a contabilidade. Na Figura 18-4, encontra-se o modelo *Two-Stage*.[2]

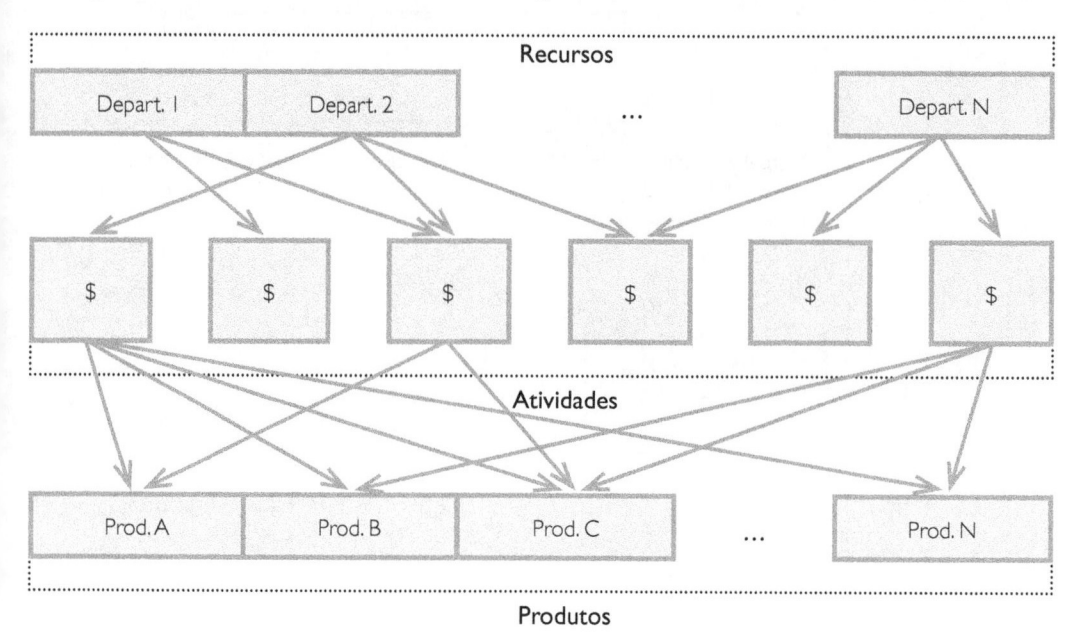

Figura 18-4 Modelo ABC *Two-Stage*.

Conforme a doutrina, esse modelo pode ser aplicado de duas maneiras distintas. A primeira, identificada como *cost decomposition*, foi inicialmente desenvolvida e aplicada aos casos da *Schrader Bellows* e *Northern Telecom*. Esse método consiste em imputar os custos às atividades e, delas, aos objetos de custo. A outra maneira é definida como *process analysis*. Nela, a ênfase é colocada no processo e encadeamento das atividades. O objetivo é a transparência do processo físico de construção do custo do produto e as relações que se estabelecem nesse processo. O fluxo produtivo é analisado com o intuito de perceber, em termos físicos, como os recursos são utilizados. Na *cost decomposition*, os recursos eram relacionados sem a necessidade de um estudo prévio. No *process analysis*, percebe-se a existência de vários níveis de atividades e, por isso mesmo, a necessidade de diferentes meios de imputação de primeiro nível, isto é, dos recursos às atividades. Esse princípio estabelece uma hierarquização de atividades.

---

[2] Figura extraída de Peter B. B. Turney e Alan T. Stratton. "Using ABC to support continuous improvement." *Management accounting*, v. 74, n.3.

Considerando-se a classificação das atividades em microatividades e macroatividades, o modelo *Two-stage* apresenta-se de forma diferente. No modelo *Two-stage*, denominado evoluído, o custo das microatividades não é imputado aos objetos de custo, mas às macroatividades que, por sua vez, são utilizadas para calcular o custo dos produtos. As microatividades permitem uma análise mais rigorosa dos custos e as macroatividades são uma forma mais rápida e eficaz de se obter o custo dos produtos, visto que reduzem o número de indutores de custo e os cálculos de apuração.

Na Figura 18-5,[3] as microatividades estão organizadas por departamento seguindo o exemplo do trabalho desenvolvido por Turney (1992a), na National Semiconductor Corporation, em 1991.

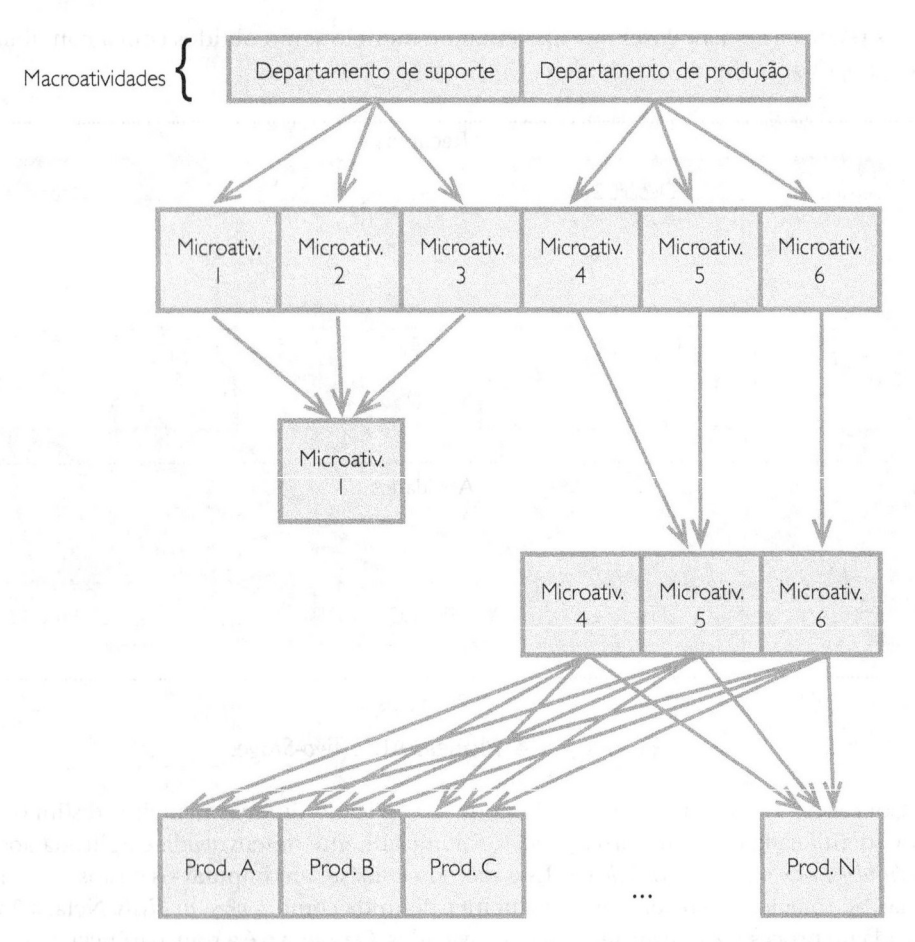

Figura 18-5 Modelo ABC utilizando micro e macroatividades.

18.1.3 Modelo bidimensional

O aumento da complexidade dos processos de produção e, conseqüentemente, da necessidade de mais informação culminou com o aparecimento de uma nova geração de mo-

---

[3] Figura extraída de Peter B. B. Turney e Alan T. Stratton. "Using ABC to support continuous improvement." *Management accounting*, v. 74, n.3.

delos ABC, que tinha como foco principal o fato de gerar informações para agentes internos e externos. Os primeiros modelos ABC tinham como objetivo apenas o cálculo do custo dos produtos, não sendo capazes de gerar informações sobre as atividades.

Já o modelo ABC bidimensional pode ser visto em duas perspectivas distintas: 1) a perspectiva da apuração dos custos (cost assignment view); e 2) a perspectiva do processo (*process view*). Esse modelo é mais completo que o anterior, permitindo também uma aplicação mais eficiente para empresas de serviços, enquanto o anterior era apropriado, essencialmente, para aplicação na indústria.

As duas vertentes em um modelo ABC moderno são, portanto, a do processo e da apuração dos custos, que se complementam entre si. Sendo assim, um sistema ABC terá uma finalidade dupla: 1) obter o custo dos produtos; e 2) gerar informação sobre a estrutura produtiva e sua capacidade em termos de criação de valor. Na Figura 18-6,[4] são encontradas as duas perspectivas de um modelo ABC bidimensional.

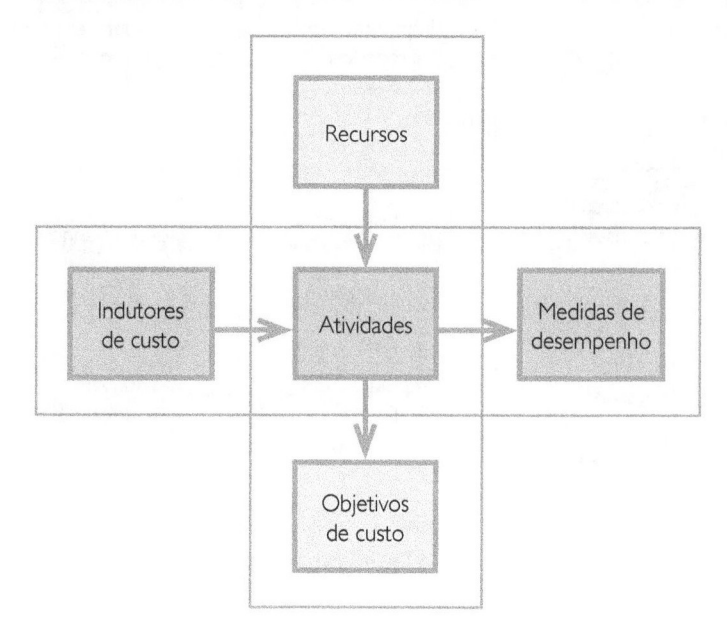

Figura 18-6 Modelo ABC bidimensional I (perspectiva de apuração dos custos).

No que se refere à imputação dos custos às atividades e aos objetos de custo, a informação recebida permite tomar decisões focando as estratégias de preços, o mix de produção, as possibilidades de subcontratação, a concepção do produto, bem como definir prioridades de melhoria. Nesse enfoque, o modelo bidimensional gera informações sobre os recursos, as atividades e os objetos de custo. Esse é o fundamento lógico do método ABC: os objetos de custo utilizam atividades e estas consomem recursos.

Assim, em relação ao nível da imputação e cálculo dos custos de produção, é possível detectar três questões cruciais: 1) quais atividades exigem mais recursos; 2) quais recursos são utilizados pelas diferentes atividades; e 3) quais oportunidades correspondem ao nível da redução de custos.

---

[4] Figura extraída de Peter B. B. Turney. *Activity-based costing – the performance breakthrough*. Londres: Kogan Page, 1996, p. 81.

Por sua vez, Turney (1992a) pormenorizou ainda mais o modelo ao nível da perspectiva da imputação dos custos, identificando aquilo que definiu como seus "pilares conceituais" (*building blocks*): os recursos, as atividades e os objetos de custo, conforme demonstrados na Figura 18-7.[5] Nesse caso, os recursos estão relacionados às atividades por meio dos indutores de recurso e as atividades relacionam-se aos objetos de custo por meio dos indutores de atividade. Os demais elementos são os centros de atividades e os elementos de custo.

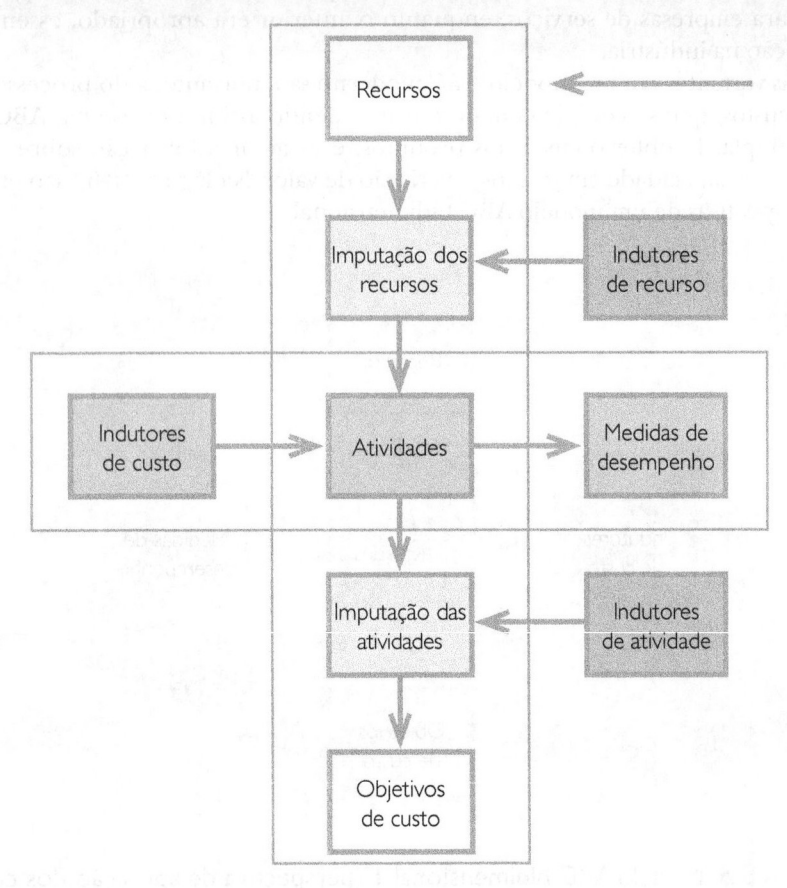

Figura 18-7 Modelo ABC bidimensional 2 (perspectiva de apuração dos custos).

Por outro lado, uma análise mais detida do processo de produção sinaliza a necessidade de um novo tipo de informação, voltada sobretudo ao que influencie o desempenho das atividades e possa ser usado para aprimorá-lo e ao valor gerado e recebido pelos clientes. De modo mais profundo, a dimensão do processo engloba informação sobre os indutores de custo e sobre as medidas de desempenho, como a duração e a qualidade.

Nessa perspectiva, as atividades são vistas como uma cadeia, ou seja, cada atividade é, simultaneamente, cliente e fornecedora. Sendo assim, pode-se dizer que um processo é uma série de atividades relacionadas, com o intuito de atingir um objetivo específico. Assim, a perspectiva do processo centra-se em três elementos: 1) indutores de custo; 2) atividades; e 3) medidas de desempenho. Esses conceitos serão demonstrados em um caso prático no Capítulo 18.

---

[5] Figura extraída de Peter B. B. Turney. *Activity-based costing – the performance breakthrough.* Londres: Kogan Page, 1996, p. 96.

18.2 Dificuldades para implementação

Conforme trabalho realizado no Reino Unido, em 1990, pelo British Chartered Institute of Management Accountants (CIMA), das 187 empresas pesquisadas, apenas 6% haviam implementado o ABC.

Em 1995, um trabalho semelhante realizado na Austrália (Corrigan, 1996) envolvendo 213 empresas de diversos ramos de atividade, revelou que apenas 12% delas haviam adotado o ABC. Adicionalmente, 51% das restantes não chegaram sequer a considerar a hipótese de o adotar.

Entre os vários problemas mencionados pelas empresas que ponderavam a implementação do ABC, alguns mereceram destaque. Em primeiro lugar, o tempo necessário para a implementação era tido como elevado, sobretudo para as empresas de menor porte. Também foram constatadas dificuldades relacionadas à qualificação de pessoal e disponibilidade para fazer uma tarefa desse teor. A limitação de recursos para informatização também foi mencionada. Outro fator considerado foi a dificuldade para a escolha dos indutores, pois exigiam muito tempo, recursos e formação para a fase de concepção do modelo.

Por meio de pesquisa realizada por Gunasekaran et al. (1999),[6] constatou-se que os sistemas ABC implementados foram, na sua maior parte, bastante caros, demandando muito tempo para estar completamente implementados, sendo responsáveis pelo aumento da complexidade do sistema de custeio existente. Alguns desses problemas poderiam ser evitados ou minimizados se a implementação fosse precedida de uma análise detida das condicionantes existentes.

Aos problemas e entraves apontados em pesquisas,[7] pode-se agregar outro fator que ocorre, pelo menos no Brasil, e talvez em outros países, especialmente naqueles em desenvolvimento, que é a dificuldade de elaboração dos cálculos para uma boa implantação do sistema ABC.

Em contrapartida, há trabalhos que mencionam aspectos positivos associados à implementação do ABC. Shields e McEwen (1996) fazem referência a uma pesquisa desenvolvida em 1993,[8] envolvendo 143 empresas, na qual 75% afirmavam ter retirado benefícios financeiros da implementação de um sistema ABC.[9] Nesse trabalho, 35% das empresas justificaram a implementação do ABC com a obtenção de melhor informação sobre os custos e 16% destacaram a informação sobre o custo dos processos. Igualmente, outra vantagem reconhecida no sistema ABC está relacionada a maior transparência e visibilidade para o processo produtivo.

---

[6] A investigação foi conduzida na Holanda e na Bélgica e, das empresas consideradas, apenas 4% utilizavam o ABC.

[7] Infelizmente, o Brasil não tem uma tradição sistematizada na realização de pesquisas. Exceto aquelas voltadas para fins eleitorais, de gostos populares (ligadas mais ao marketing), aquelas voltadas para fins científicos são raras e, principalmente, as de divulgação. Cabe lembrar que a pesquisa é uma forma de se detectar erros e de aumentar conhecimento sobre determinado assunto.

[8] Essa pesquisa foi enviada a empresas que implementaram o ABC, tendo em vista aferir o sucesso dessa iniciativa e os fatores que estariam mais associados a esse sucesso. Foi desenvolvida com o apoio do CAM-I, de empresas de software ABC e de grandes empresas de consultoria.

[9] A maior parte dos responsáveis pela resposta às pesquisas eram da área da contabilidade e de custos (80%), seguidos por responsáveis pela produção (14%) e pessoal da área financeira (7%). Deve-se destacar a pouca importância que normalmente a área financeira dá a esse tipo de informação e, inversamente, o grande interesse que desperta nos responsáveis por custos e produção.

Por sua vez, Turney (1990b) relaciona alguns dos problemas detectados no sistema ABC, que ele classifica como mitos, causadores de entraves à sua implementação:

1. a dificuldade de implementação e de utilização;
2. a opção pela melhoria dos sistemas tradicionais;
3. a idéia de que a obtenção de custos mais precisos é desnecessária;
4. a assunção da pouca relevância dos sistemas de custeio no processo de melhoria contínua.

Essas observações podem ser apresentadas de forma esquemática, como aparece no Figura 18-8, a seguir.

Em verdade, todos esses aspectos negativos, entraves e dificuldades de implementação podem resultar da ausência de informação adequada. Por essa razão, no Estudo de caso, que está no Companion Website, estrutura-se uma metodologia de implementação baseada em quatro etapas: 1) tomada de decisão; 2) planejamento; 3) concepção do modelo; e 4) implementação.

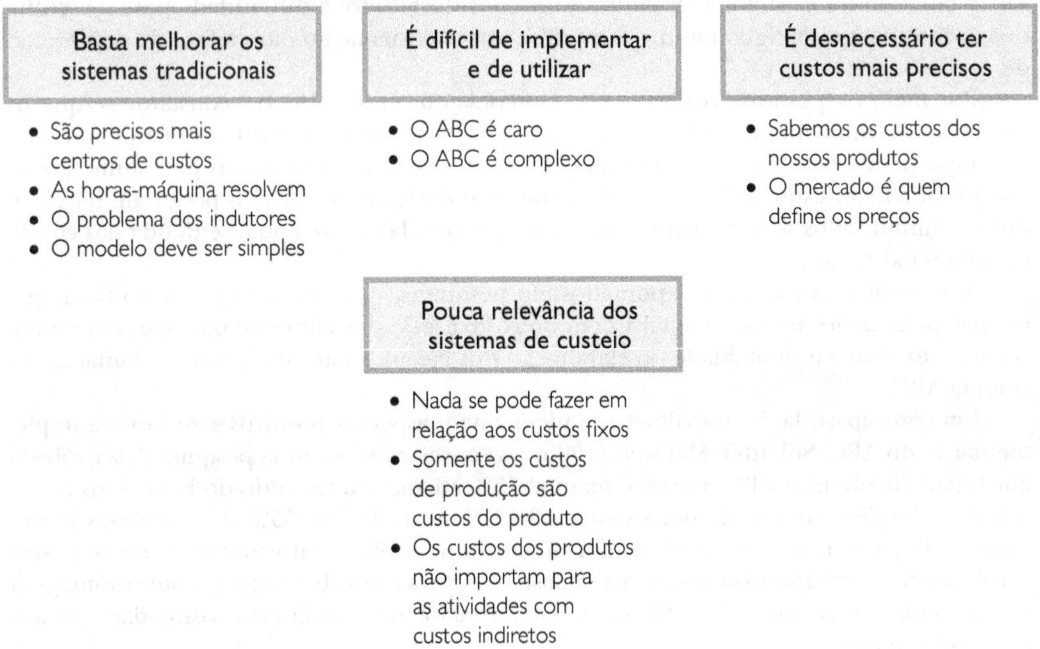

Basta melhorar os sistemas tradicionais
- São precisos mais centros de custos
- As horas-máquina resolvem
- O problema dos indutores
- O modelo deve ser simples

É difícil de implementar e de utilizar
- O ABC é caro
- O ABC é complexo

É desnecessário ter custos mais precisos
- Sabemos os custos dos nossos produtos
- O mercado é quem define os preços

Pouca relevância dos sistemas de custeio
- Nada se pode fazer em relação aos custos fixos
- Somente os custos de produção são custos do produto
- Os custos dos produtos não importam para as atividades com custos indiretos

Figura 18-8 Os dez mitos da implementação do ABC.

18.2.1 Decisão de implementar

A tomada de decisão sobre a implementação do ABC e a constatação das vantagens e desvantagens que daí possam advir é, sem dúvida, o primeiro passo a tomar.

As empresas que mais podem ser beneficiadas com a implementação de um sistema ABC são aquelas que têm poucos custos com a obtenção dos dados adicionais necessários, notadamente, aquelas que já têm um sistema de informação implementado. Também as empresas que operam em mercados muito competitivos e as que têm uma grande diversidade de produtos podem retirar benefícios da adoção do ABC.

Entretanto, cabe ressaltar que o mercado de softwares oferece uma gama bastante grande de sistemas de informação, compatíveis com todos os tipos de empresas, por preços razoáveis, além do fato de que sua utilização é cada vez mais um imperativo de uma boa gestão do processo produtivo. Por outro lado, a elevada competitividade e a necessidade de estruturas produtivas flexíveis são outras das características das empresas modernas. Portanto, os sistemas ABC ganharam mais importância atualmente do que tinham há uma ou duas décadas, constituindo um instrumento fundamental na gestão das empresas.

Na Figura 18-9[10] é mostrado um fluxograma do modelo conceitual para tomada de decisão de implementação do sistema ABC.

A adoção de um sistema ABC necessita contar com o envolvimento dos funcionários e o apoio da administração. Se aqueles não estiverem preparados e esta não acreditar no valor do projeto, este estará fadado ao insucesso. Conseguido o apoio e o envolvimento das pessoas, é preciso ponderar o ABC em uma perspectiva de custobenefício.

A implantação de um modelo ABC pode ser precedida de um projeto piloto para testar sua aplicabilidade e seus benefícios. Por servir apenas para testar o potencial do ABC, esse projeto piloto restringe-se, na maior parte das vezes, a um produto apenas ou a uma parte do processo produtivo e não a todo ele.

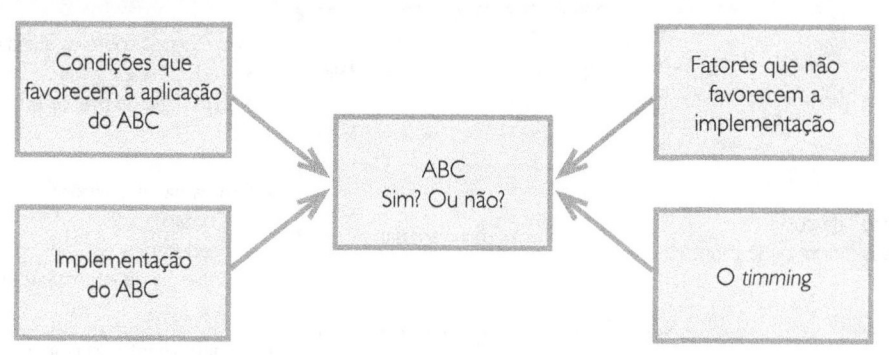

Figura 18-9 Modelo conceitual para decisão de implementar o ABC.

18.3 Planejamento

O planejamento do processo de concepção e implantação de um sistema ABC variará de caso para caso, estando baseado em duas etapas.

Em primeiro lugar, devem ser formulados os objetivos que o sistema pretende cumprir, definindo a extensão e o detalhamento do modelo a ser implementado, isto é, definir os objetos de custo e as atividades. Em uma segunda etapa, são identificadas e descritas as informações necessárias para a satisfação dos objetivos de produção.

O principal objetivo de um sistema ABC é gerar informação sobre as atividades, que, por sua vez, pode ser utilizada para analisar a cadeia de valor, diminuir custos, servir de suporte às estratégias de preços, permitindo a análises de rentabilidade.

O planejamento serve também para identificar as diversas fontes de informação que alimentarão o modelo de custos ABC, entre elas, e talvez a mais importante, a contabilidade.

A informação sobre as atividades encontra-se com aqueles que participam diretamente na produção. No que se refere aos objetos de custo, aos indutores e às medidas de desempenho pode-se recorrer aos diversos sistemas de informação da empresa.

Como mencionado, a informação pode ser conseguida de diversas formas: pela observação direta, utilizando questionários ou realizando entrevistas. Completadas as primeiras

---

[10] Figura adaptada de A. Gunasekaran H. B. Marri e Y. Y. Yusuf. "Application of activity-based costing: some case experiences". *Managerial Auditing Journal*, v. 14, n. 6, 1999, p. 289.

etapas que permitem o enquadramento do modelo de custos no contexto da empresa, deve-se estruturar o programa de trabalho.

Nessa fase, será necessário criar uma equipe de trabalho que reúna os conhecimentos e formação exigidos para um projeto dessa natureza, identificando-se as tarefas a serem desenvolvidas e os tempos de duração (*timing*), estimando os custos inerentes ao projeto.

A equipe que desenvolver o ABC deve ser multidisciplinar e composta por pelo menos quatro pessoas: 1) o líder do grupo que deverá ser um engenheiro conhecedor do planejamento estratégico; 2) um auxiliar, responsável pela contabilidade; 3) um responsável pela produção; e 4) um engenheiro de produção com conhecimentos do processo de produção.

Baseando-se em estudos de casos, Sohal e Chung (1998b) identificaram um conjunto de fatores de sucesso a serem considerados na concepção e implementação do ABC, que, na sua maior parte, dizem respeito precisamente à equipe escolhida. Eles mencionam a importância da multidisciplinaridade e da experiência. A Figura 18-10 sintetiza os aspectos mais relevantes da fase do planejamento.

	Objetivos e âmbito do modelo	Informações sobre as atividades: • Redução de custos • Estratégia de preços e custeio
• Objetos de custo • Custos indiretos de clientes	Informação necessária	Fontes da informação: • Contabilidade • Produção • Sistemas de informação internos
• Experiência e conhecimento multidisciplinar	Equipamento de trabalho	• Conhecimento do planejamento estratégico • Conhecimento da produção • Conhecimento dos custos e da produção

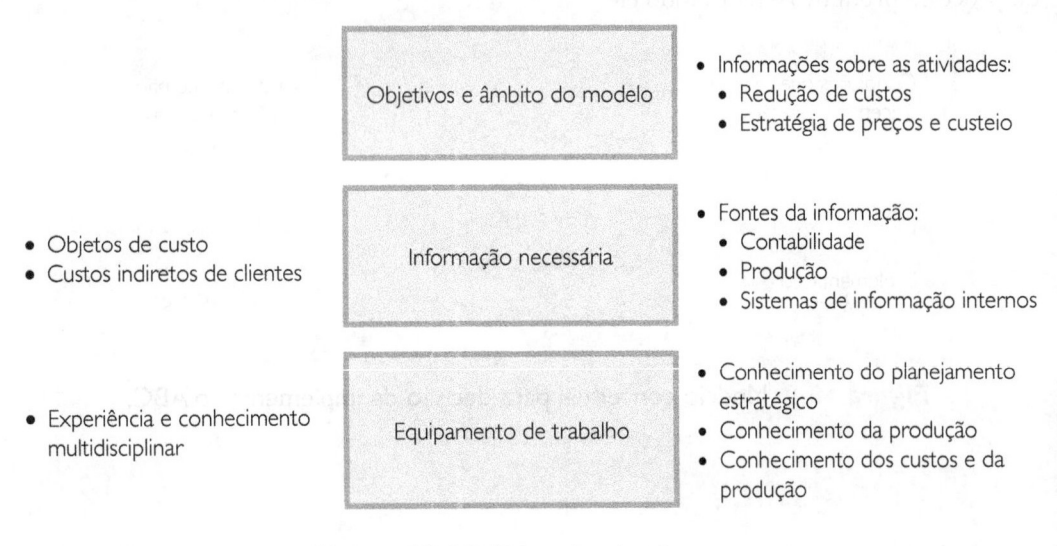

Figura 18-10 Fases do planejamento.

18.4 Concepção do modelo

Pode-se dizer que para a concepção de um modelo ABC, é necessário que, inicialmente, sejam identificadas as operações, e estas agregadas em atividades. Posteriormente, serão identificados os centros de atividades e os indutores de custo. Uma concepção de um sistema ABC pode ser estruturada em quatro etapas:

1. Determinar os objetos de custo, as atividades principais, os recursos e os indutores que lhes estão relacionados.
2. A informação obtida no passo anterior deve ser representada por meio de um mapa, um fluxograma ou matriz, de modo que se compreenda as atividades, os recursos e as suas interdependências.
3. Coleta da informação sobre os indutores de custo, de modo que seja possível o cálculo dos custos por objeto.
4. Interpretar a informação gerada pelo modelo para executar as devidas correções e ajustes.

As atividades devem ser caracterizadas de acordo com seus atributos e identificadas com os processos a que dizem respeito. Os indutores são escolhidos com base em dois critérios fundamentais: um deve atender ao grau de causa e efeito e o outro à disponibilidade de obtenção dos dados sobre esses mesmos indutores.

O processo de identificação das atividades deve ser feito de forma metódica e organizada. Nesse sentido, devem ser respeitadas algumas regras. Em primeiro lugar, há que atender o detalhamento que foi decidido imprimir ao modelo. Uma segunda regra importante passa pela agregação das atividades em macroatividades, sempre que surjam situações de conflito.

Considerando-se que uma macroatividade é o resultado do agrupamento de várias atividades do mesmo nível, todas têm de ser medidas pelo mesmo indutor e cada recurso será imputado à macroatividade por meio de um só indutor de recurso.

As atividades devem ser descritas sempre de forma clara e consistente, evitando sobreposições e dificuldades na obtenção e tratamento da informação.

Os indutores de atividade, por sua vez, devem estar relacionados com o tipo de atividade em questão, possuindo uma boa correlação com o consumo das atividades. Sempre que possível deve-se procurar minimizar o número de indutores, reduzindo, assim, os custos na obtenção dos dados, e utilizando também indutores de custo conhecidos e já disponíveis pela empresa.

Na Figura 18-11 é apresentado um modelo de concepção e implementação de um sistema ABC.[11]

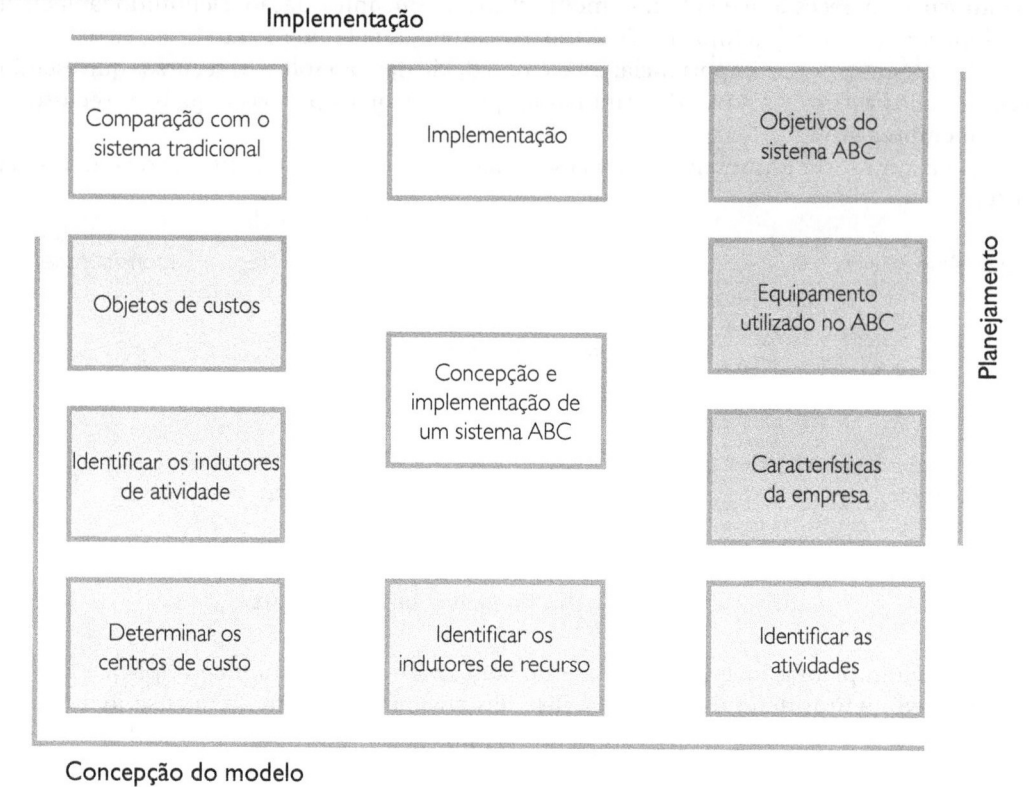

Figura 18-11 Concepção e implementação do sistema ABC.

---

[11] Figura adaptada de A. Gunasekaran. "A framework for the design and audit of an activity-based costing system". Managerial Auditig Journal, v. 14, n. 3, 1999, p. 121.

18.4.1 Implementação do modelo

Há vários autores que abordam a concepção e implementação de sistemas ABC, entre os quais destacam-se, especialmente, Zhuang e Burns (1992), Lyne e Friedman (1996), Coskins (1997), Schneeweis (1998) e Sohal e Chung (1998). Todos evidenciam as vantagens e tratam das dificuldades que foram sendo encontradas na aplicação prática desses conceitos. Mas deve-se considerar que a maior parte dos trabalhos, se não todos, dizem respeito a pesquisas realizadas em grandes empresas norte-americanas.

As pequenas e médias empresas podem apresentar algumas dificuldades, que se tornam obstáculos à implementação de um sistema ABC, principalmente no que se refere aos seus reduzidos recursos técnicos e financeiros e a uma ineficiente informatização e controle das operações. Assim, um sistema ABC para empresas de menor porte deve ser simples no que se refere ao cálculo, não necessitando de software específico, devendo ainda apresentar flexibilidade e dinamismo, assegurados por um conjunto reduzido de recursos, podendo ficar sob a responsabilidade de apenas uma ou duas pessoas.

Pode-se dizer, então, que a implantação de um sistema ABC depende da dimensão da empresa e dos recursos de que dispõe, demandando, por isso mesmo, mais ou menos tempo de implementação. Haverá ainda que assegurar a responsabilidade pela coleta sistemática da informação necessária e pelo tratamento dessa mesma informação. Definindo também a periodicidade com que a informação é tratada e quem tem acesso a ela.

No mesmo grau de importância, está a tomada de decisão sobre os recursos que estarão relacionados ao sistema ABC, determinando quantas e quais pessoas e quais os recursos a serem empregados.

Na Figura 18-12 é apresentada uma esquematização para implementação de um sistema ABC.

Que recursos utilizar?   Assegurar responsabilidades

**Implementação de
um sistema ABC**

Tratamento e disponibilização   Periodicidade e coleta
da informação   das informações

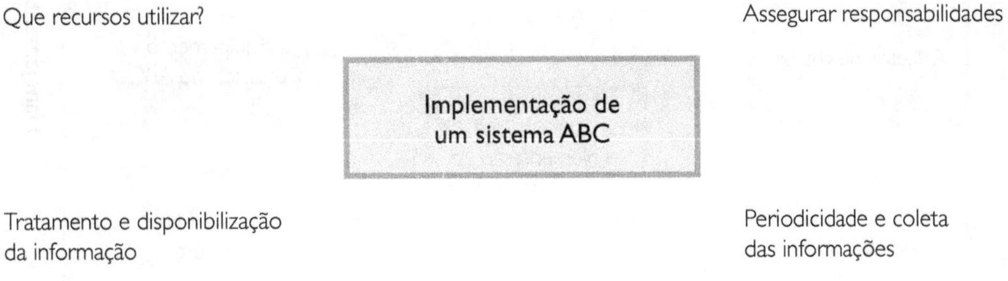

Figura 18-12 Como implantar um modelo ABC.

Após a implantação, segue-se a fase de concepção do modelo, que implica a adoção dos procedimentos definidos como análise das atividades, durante a qual se identificam os recursos, as atividades, os produtos e os respectivos indutores de custo. A Figura 18-13 apresenta todos esses passos.

A informação necessária pode ser obtida por meio de entrevistas com os responsáveis de cada departamento, pela utilização de questionários, ou observação direta no local de trabalho. O questionário deve incluir perguntas que permitam identificar os recursos, as atividades e os indutores de custo. A linguagem deve ser adequada às especificidades da empresa e aos próprios entrevistados. No Anexo 6, que está no Companion Website, há um modelo de questionário a ser utilizado nessas circunstâncias.

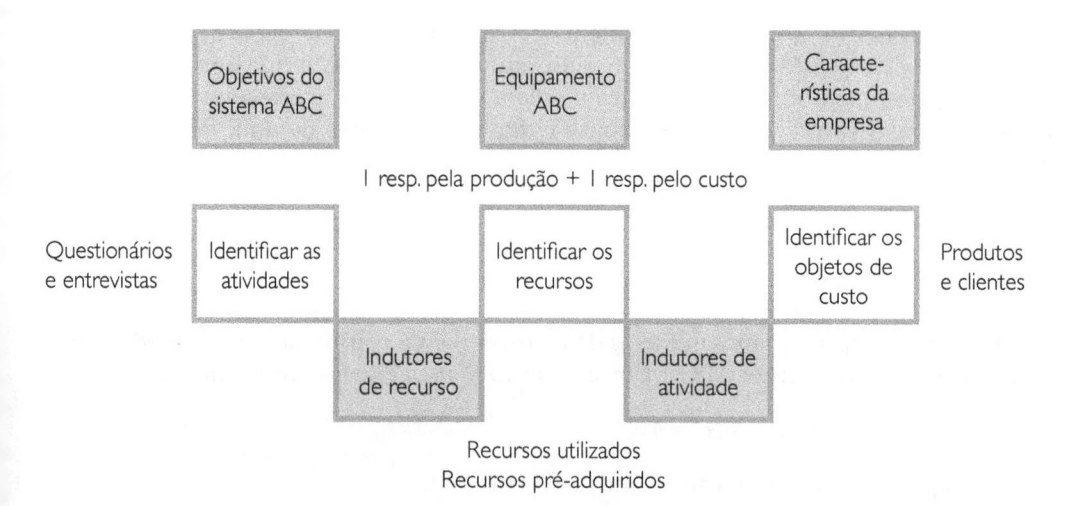

Capítulo 18 Implantação de um sistema de custos ABC

Figura 18-13 Planejamento e concepção do modelo.

Os dados referentes aos recursos, às atividades, aos objetos de custo e aos indutores podem ser apresentados de acordo com o trabalho de Roztocki et al. (1999), exemplificado nos quadros 18-2 e 18-3,[12] por meio das matrizes recurso-atividade e atividade-produto.

Quadro 18-2 Matriz recurso-atividade.

	Rec. 1	Rec. 2	Rec. 3	...	Rec. N
Atividade 1	✓		✓		
Atividade 2	✓	✓			✓
...					
Atividade M		✓			

Quadro 18-3 Matriz atividade-produto.

	Ativ. 1	Ativ. 2	Ativ. 3	...	Ativ. N
Produto 1			✓		✓
Produto 2	✓	✓			
...					
Produto M	✓	✓	✓		✓

Nesse caso, por exemplo, o recurso 1 está relacionado às atividades 1 e 2, enquanto o recurso 3 apenas é utilizado para a primeira atividade. O mesmo tipo de raciocínio se faz na matriz atividade-produto.

---

[12] Quadros adaptados de Roztocki Narcyz e Kim Needy. "Integrating activity-based costing and economic value added in manufacturing". *Enginnering Management Journal*, v. 11, n. 2, jun. 1999. Nessas matrizes, o símbolo **V** significa que determinados recursos ou atividades estão relacionados à atividade ou ao produto correspondente.

Nessas matrizes, os símbolos podem ser substituídos pela repartição percentual dos recursos/atividades e, finalmente, pelo valor imputado. A implementação propriamente dita de um sistema ABC implica a coleta de informação e o seu tratamento por meio de um algoritmo que, nesse caso, se resume à utilização de uma simples planilha eletrônica (Excel).

18.5 Cômputo dos custos

A seguir, são apresentados modelos de matrizes para a construção de um modelo matemático de cálculo dos custos ABC.[13] Considerando-se uma equação linear do tipo

$$a_1 x_1 + a_2 x_2 + a_3 x_3 + \ldots + a_n x_n = b$$

Sua representação, em termos matriciais, será

$$[a_1 \quad a_2 \quad a_3 \quad \ldots \quad a_n] \times \begin{bmatrix} x_1 \\ x_2 \\ x_3 \\ \vdots \\ x_n \end{bmatrix} = b$$

Um sistema de m *versus* n equações na forma

$$a_{11} x_1 + a_{12} x_2 + a_{13} x_3 + \ldots + a_{1n} x_n = b_1$$
$$a_{21} x_1 + a_{22} x_2 + a_{23} x_3 + \ldots + a_{2n} x_n = b_2$$
$$\vdots$$
$$a_{m1} x_1 + a_{m2} x_2 + a_{m3} x_3 + \ldots + a_{mn} x_n = b_m$$

Pode ser representado pelas matrizes

$$AX = B$$

Sendo A a matriz de m por n equações e X e B, vetores coluna

$$\begin{bmatrix} a_{11} & a_{12} & \ldots & a_{1n} \\ a_{21} & a_{22} & \ldots & a_{2n} \\ \vdots & \vdots & \vdots & \vdots \\ a_{m1} & a_{m2} & \ldots & a_{mn} \end{bmatrix} \div \begin{bmatrix} x_1 \\ x_2 \\ \vdots \\ x_n \end{bmatrix} = \begin{bmatrix} b_1 \\ b_2 \\ \vdots \\ b_n \end{bmatrix}$$

18.5.1 Cálculo dos custos por atividade

Os custos por atividade resultam da multiplicação da matriz recurso-atividade pela matriz coluna dos recursos envolvidos.

---

[13] Esses modelos matemáticos são sugeridos por Roztocki, Narcyz, Needy e Kim Integrating activity-based costing and economic value added in manufacturing". *Enginnering Management Journal*, v. 11, n. 2, jun. 1999, para facilitar o cálculo dos custos de produção no modelo ABC. Esses modelos matemáticos também poderão ser de grande utilidade para simulação de resultados na hipótese de elaboração de orçamentos. Uma breve descrição dos conceitos de operação com matrizes encontra-se no Anexo 20, no Companion Website.

	n recursos		
m atividades	r_{ij} ×	r_j =	a_i
	matriz recurso-ativ.	matriz recursos	matriz atividades

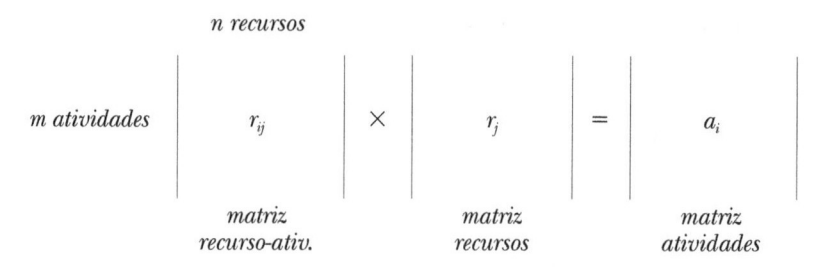

Na matriz de recursos de n linhas, que são tantas quantos são os recursos envolvidos, o elemento r_j representa o montante total do recurso j. Por sua vez, na matriz de atividades, o elemento a_i representa o montante de custos atribuídos à atividade i.

Na matriz recurso-atividade, cada elemento r_{ij} significa a proporção do indutor de recurso j relacionado à atividade i e resulta do quociente entre o nível do indutor de recurso j relacionado à atividade i e o montante total do indutor de recurso j.

O custo imputado a cada atividade será então dado por:

$$a_i = \sum_{j=1}^{n} r_{ij} \times r_j \qquad (1)$$

Se r^*_{ij} representar o montante do recurso j atribuído à atividade i, r^*_{ij} é definido por:

$$r^*_{ij} = r_{ij} \times r_j$$

Então a expressão (1) poderá ser representada como:

$$a_i = \sum_{j=1}^{n} r^*_{ij} \qquad (2)$$

18.5.2 Cálculo dos custos por objeto de custo

Os custos por objeto de custo resultarão da multiplicação da matriz atividade-produto pela matriz coluna dos custos por atividade.

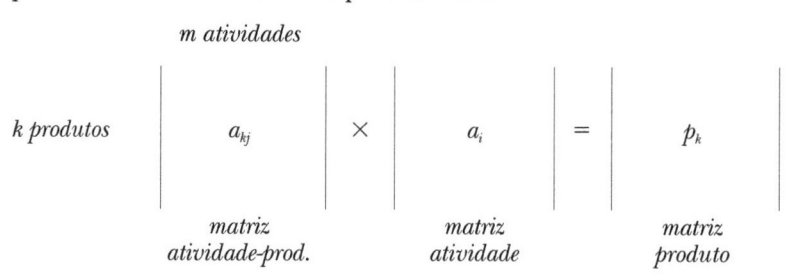

	m atividades		
k produtos	a_{kj} ×	a_i =	p_k
	matriz atividade-prod.	matriz atividade	matriz produto

Na matriz atividade-produto, cada elemento a_{ki} significa a proporção do indutor de atividade i relacionado ao produto k e resulta do quociente entre o nível do indutor de atividade i correspondente ao produto $k(\overline{a}_{ki})$ e ao montante total do indutor de atividade i.

$$a_{ki} = \frac{\overline{a}_{ki}}{a_i}$$

O custo imputado a cada produto será:

$$p_k = \sum_{j=1}^{m} a_{ki} \times a_i \qquad (3)$$

Se a^*_{ki} representar o custo da atividade **i** atribuído ao produto **k**, a^*_{ki} é definido por:

$$a^*_{ki} = a_{ki} \times a_i$$

Então a expressão (3) será:

$$p_k = \sum_{j=1}^{m} a^*_{ki} \qquad (4)$$

18.6 Indutor de recurso-produto

O cálculo da matriz de produtos que se processou anteriormente em duas etapas, pode ser realizado em apenas um passo. Substituindo-se a matriz de atividades pelo produto entre a matriz de recurso-atividade, a matriz de recursos ficará como se demonstra a seguir.

| k produtos | m atividades a_{ki} | × | m atividades r_{ij} | × | n recursos r_j | = | p_k |

Como a matriz recurso-atividade tem tantas linhas quantas são as colunas da matriz atividade-produto, as duas primeiras matrizes (matrizes de coeficientes) podem dar lugar a uma nova matriz de **k** linhas e **n** colunas, isto é, à matriz recurso-produto.

| k produtos | n recursos x_{kj} | × | r_j | = | p_k |

Nessa matriz, cada elemento que a compõe (x_{kj}) representa o montante de cada recurso consumido por produto, reconhecendo-se que, em uma primeira fase, os recursos são relacionados às atividades e só depois aos produtos, x_{kj} significa a parcela do recurso **j** que foi distribuída pelas diferentes atividades que, por sua vez, contribuíram para o custo do produto **k**.

$$x_{kj} = \sum_{j=1}^{m} a_{ki} \times r_{ij}$$

Assim, p_k poderá então ser reescrito como:

$$p_k = \sum_{j=1}^{n} x_{ki} \times r \qquad (5)$$

Tal como antes, se:

$$x^*_{kj} = x_{kj} \times r_j$$

Então (5), pode ser:

$$p_k = \sum_{j=1}^{n} x_{kj}^*$$

Por outro lado, substituindo x_{kj} em (5), tem-se:

$$p_k = \sum_{j=1}^{n}\sum_{i=1}^{m} a_{ki} \times r_{ij} \times r_j$$

Substituindo a_{ki} e r_{ij} em (6), obtém-se:

$$p_k = \sum_{j=1}^{n}\sum_{i=1}^{m} \frac{\overline{a}_{ki}}{a_i} \times \frac{\overline{r}_{ij}}{r_j} \times r_i$$

Como o montante total de recursos é identificado no início do processo, assim como os níveis dos indutores de atividade e de recurso para o período em análise, o que fará funcionar o modelo são os níveis de indutor registrados para as diferentes atividades e produtos em cada momento, isto é, $\overline{a}_{ki}$ e $\overline{r}_{ij}$. Portanto, construído o modelo e estabelecidas as relações entre os recursos e as atividades e entre estas e os produtos, será necessário coletar os dados sobre a atividade produtiva, ou seja, o volume dos indutores.

18.6.1 Exemplo

Os processos de cálculos apresentados podem ser compreendidos por meio do exemplo a seguir.

Considerando-se que em determinado departamento existam duas máquinas (R1 e R2) e três operários (R3). O trabalho é desenvolvido com três atividades diferentes (A1, A2 e A3). Além dos recursos referentes às máquinas e à mão-de-obra, ainda devem ser contemplados nos cálculos os custos de estrutura. Os indutores de recurso foram identificados e calculadas as devidas proporções. O mesmo acontecendo para a imputação dos custos das atividades aos objetos de custo (P1 e P2). As respectivas matrizes estão representadas nas tabelas 18-1 e 18-2.

Tabela 18-1 Cálculo do custo por atividade

	R1	R2	R3						
A1	0,10	0,90	1,00		R1	100		A1	345
A2	0,60			×	R2	150	=	A2	60
A3	0,30	0,10			R3	200		A3	45
	1,00	1,00	1,00			450			450

Tabela 18-2 Cálculo do custo por objeto de custo

	A1	A2	A3		A1	345			
P1	0,80	1,00	0,20					P1	345
				×	A2	60	=		
P2	0,20		0,80					P2	105
					A3	45			
	1,00	1,00	1,00			450			450

Pode-se ainda considerar a matriz recurso-produto, demonstrada nos Tabelas 18-3 e 18-4.

Tabela 18-3 Indutor de recurso-produto

	A1	A2	A3			R1	R2	R3			A1	A2	A3
P1	0,80	1,00	0,20		A1	0,10	0,90	1,00		P1	0,74	0,74	0,80
				×	A2	0,60	0,00	0,00	=				
P2	0,20	0,00	0,80							P2	0,26	0,26	0,20
					A3	0,30	0,10	0,00					
	1,00	1,00	1,00			1,00	1,00	1,00			1,00	1,00	1,00

Tabela 18-4 Matriz de recurso-produto

	R1	R2	R3		R1	100			
P1	0,74	0,74	0,80					P1	345
				×	R2	150	=		
P2	0,26	0,26	0,20					P2	105
					R3	200			
	1,00	1,00	1,00			450			450

Nesse caso, o custo do produto P1 seria US$ 345, e o custo do produto P2, US$ 105. Conforme apresentado na Tabela 18-2, o produto P2 consome 80% dos recursos da atividade 3. Por sua vez, observando a Tabela 18-4, o coeficiente 0,74 para o produto 1, na matriz recurso-produto, significa que esse produto consome 74% do recurso 1, em função da utilização que faz das atividades que recebem esse recurso.

No Estudo de caso, que está no Companion Website, descreve-se a aplicação desse modelo e da metodologia ABC em um caso prático. Dessa forma, o estudo de caso pretendeu validar o modelo apresentado neste capítulo e explicar detalhadamente os passos desenvolvidos na sua concepção e implementação.

Resumo

Constata-se, na prática, que um modelo de custos ABC fundamenta-se em três pressupostos: 1) a escolha dos centros de custo; 2) a forma de distribuição dos custos pelos centros de custo; e 3) a seleção dos indutores de custo para cada centro. Na verdade, o modelo ABC tem como objetivo principal servir de instrumento de análise, de controle e de orçamento e, assim, tornar-se um instrumento de apoio à tomada de decisão.

As atividades podem ser hierarquizadas em cinco níveis diferentes: 1) nível unitário; 2) nível lote; 3) de suporte ao produto; 4) atividades conjuntas; e 5) atividades de estrutura. Ressalte-se que as atividades só podem ser agregadas se forem do mesmo nível.

Os centros de custo resultam da utilização dos indutores de custo de primeiro nível (**indutores de recurso**) que distribuem os recursos pelos centros de custo. Os recursos agrupados em cada centro são atribuídos aos produtos por meio de indutores de custo de segundo nível (**indutores de atividade**).

Um modelo ABC desenvolve-se em duas fases. Na primeira, os custos são agrupados e, na segunda, são imputados aos produtos. No entanto, existem diferenças importantes a salientar entre esses dois tipos de modelos. Nos sistemas tradicionais, os custos são departamentalizados, havendo necessidade de fazer corresponder os custos a um departamento.

Entre os vários problemas mencionados pelas empresas que ponderavam a implementação do ABC, em primeiro lugar, considera-se o tempo necessário para a implantação que era tido como elevado, sobretudo para as empresas de menor porte. Também foram constatadas dificuldades relacionadas à qualificação de pessoal e disponibilidade para fazer uma tarefa dessas. A limitação de recursos para informatização também era o mencionada. Outro fator foi a dificuldade no processo de escolha dos indutores, pois se exigiam muito tempo, recursos e formação para a fase de concepção do modelo.

A tomada de decisão sobre a implementação do ABC e a constatação das vantagens e desvantagens que daí possam advir são o primeiro passo a tomar. As empresas que mais podem se beneficiar com o sistema ABC são as que têm poucos custos com a obtenção dos dados adicionais necessários, notadamente, as que já têm um sistema de informação funcionando. Isso também vale para as empresas que operam em mercados muito competitivos e as que têm uma grande diversidade de produtos.

Para a concepção de um modelo ABC, é necessário identificar as operações e agregá-las em atividades. Posteriormente, deverão ser identificados os centros de atividades e os indutores de custo. Em resumo, há quatro etapas para a concepção de um sistema ABC:

1. Determinar os objetos de custo, as atividades principais, os recursos e os indutores que lhes estão relacionados.
2. A informação obtida no passo anterior deve ser representada por meio de um mapa, um fluxograma ou matriz, de modo que se compreenda as atividades, os recursos e as suas interdependências.
3. Coleta da informação sobre os indutores de custo, de modo que seja possível o cálculo dos custos por objeto de custo.
4. Interpretar a informação gerada pelo modelo para executar as devidas correções e ajustes.

Exercícios propostos

1. Disserte acerca do modelo de custos ABC apresentado nas figuras 18-1 e 18-2

2. Caracterize o modelo *Two-stage* representado na Figura 18-4. Trate da distribuição dos recursos nas diversas atividades. Qual é a importância na detecção das macro e das microatividades?

3. O que caracteriza o modelo bidimensional? Disserte sobre as figuras 18-6 e 18-7. Qual é a diferença desse modelo para os demais modelos de custos ABC?

4. Quais são as principais dificuldades na implementação do modelo ABC?

5. Exponha os pontos críticos a serem observados na implantação de um sistema de custos ABC. Caracterize a importância dos benefícios na sua correta utilização.

6. Discorra sobre a concepção e implementação do modelo apresentado na Figura 18-11.

7. Qual é a importância da definição da matriz recurso-atividade e da matriz atividade-produto na concepção do modelo ABC?

8. Conceitue e dê exemplos, mostrando a aplicabilidade prática da caracterização dos seguintes elementos: 1) atividade; 2) objeto de custo; 3) indutor de recurso-produto.

Bibliografia

AIYATHURAI, G.; Cooper, W. W. "Note on activity accounting". *Accounting Horizons.* v. 5, nº. 4, 1991, p. 60-68.

ALLORA, V.; GANTZEL, G. *Revolução nos custos: os métodos ABC e UP e a gestão estratégica de custos como ferramenta para a competitividade.* 1 ed. Salvador: Casa da Qualidade, 1996.

ANTUNES Júnior, J. A. V.; KLIEMANN Neto, F. J.; MARTINS, S. S. *Planejamento e controle de processos de fabricação pelo método das unidades de esforço de produção* (UEP's). In: III Congresso Brasileiro de Tecnologia de Calçados, 1988, Novo Hamburgo. Anais, 1988.

BABAD, Y.; BALACHANDRAN, B. "Cost driver optimization in activity based costing". *The Accounting Review.* v. 6, nº 3, jul. 1993, p. 563-575. .

BAKER, M.; JACOBSEN, L. E. *Contabilidade de custos: uma abordagem gerencial.* 2 ed. São Paulo: McGraw-Hill, 1984.

BAKER, William M. "Understanding activity-based costing". *Industrial Management.* Norcross, v. 36, nº 2, mar./abr. 1994, p. 28-30. .

BARFIELD, Jesse T.; RAIBORN, Cecily A.; KINNEY, Michael R. *Cost accounting, traditions and innovations.* Belmont: Thomson Learning, 1998.

BEAUJON, G. J.; SINGHAL, V. R. "Understanding the activity costs in a activity-based cost system". *Journal of Cost Management,* v. 4, nº 1, 1990, p. 51-72..

BERLINER, C.; BRIMSON, J. A. *Gerenciamento de custos em indústrias avançadas: base conceitual CAM-I.* São Paulo: T. A. Queiroz, 1992.

BEULKE, R.; BERTÓ, D. J. *Custo e estratégias de resultado.* Porto Alegre: Sagra, 1982.

BEUREN, I. M. "Evolução histórica da contabilidade de custos". *Contabilidade Vista e Revista,* v. 5, nº 1, fev. 1993, p. 61-66.

BHARARA, A.; LEE, C. "Implementation of an activity-based costing system in a small manufacturing company". *International Journal of Production Research,* v. 34, nº 4, 1996, p. 1109-1130..

BITTAR Júnior, M; DOMENICO, G. B.; LIMA, P. C. "Decisões de controle de custos no chão de fábrica a partir da implantação do sistema de custeio baseado em atividades". In: I Congresso Brasileiro de Gestão Estratégica de Custos. São Leopoldo, 1994. Anais. São Leopoldo, Unisinos, 1994, p. 210-25.

BOOTH, R. "Manifesto for ABM". *Management Accounting,* v. 74, nº 2, fev. 1996, p. 32.

BORDEN, James P. "Review of literature on activity-based costing". *Journal of Cost Management,* v. 4, nº 1, 1990, p. 5-12.

BORNIA, A. C. "A teoria das restrições e o custo". In: I Congresso Brasileiro de Gestão Estratégica de Custos. São Leopoldo, 1994. Anais. São Leopoldo, Unisinos, 1994, p. 370-79.

BRIMSON, J. A. *Activity cccounting: an activity-based costing approach.* Nova York: John Wiley & Sons, 1991.

BRIMSON, James A. *Contabilidade por atividades: uma abordagem de custeio baseado em atividades.* São Paulo: Atlas, 1996.

BUDNICK, Frank S. *Applied mathematics for business, economics and the social sciences.* Singapura: McGraw-Hill, 1993.

CALLADO, A. A. C.; CALLADO, A. L. C. Custos na tomada de decisões em empresas rurais. In: V Congresso Brasileiro de Gestão Estratégica de Custos. 1998. Anais. Fortaleza, Sebrae/CE, 1998. v. 1, p. 467-82.

CARVALHO, José Manuel de Matos. "Sistemas de Custeio: Tradicionais versus Contemporâneos". *Jornal da APOTEC,* dez. 1999.

CATELLI, A.; GUERREIRO R.; SANTOS R. V. As críticas da teoria das restrições à contabilidade de custos: uma resposta. *Revista de Contabilidade do Conselho Regional de Contabilidade de São Paulo,* ano I, nº 1, abr. 1997, p. 45-52.

CERTO, S.; PETER J. P. *Administração estratégica:* planejamento e implantação da estratégia. Rio de Janeiro: Makron Books, 1993.

CHENHALL, R. H., Langfield-Smith, K. "Adoption and benefits of Management Accounting practices: an Australian study". Artigo não publicado. *Departamento de Contabilidade e Finanças.* Clayton, Austrália: Monash University, 1996.

CHEVITARESE, S. *Contabilidade industrial.* 5. ed. Rio de Janeiro: Fundação Getúlio Vargas, 1983.

CHIAVENATO, I. *Teoria geral da administração.* 5. ed. Rio de Janeiro: Makron Books, 1998.

CHING, H. Y. *Gestão baseada em custeio por atividades: Activity based management.* 1. ed. São Paulo: Atlas, 1995.

CLARKE, P. J. "Management Accounting Practices in Irish Manufacturing Business: a Pilot Study". *The Irish Accounting and Finance Association Proceedings of the Annual Conference.* Galway: University College, 1992. p. 17-34.

CLARKE, P. J. "Management Accounting Practices in Large Irish Manufacturing Firms". *Irish Business and Administrative Research,* v. 18, 1997, p. 136-152.

COBERTT Neto, T. Uma comparação entre *Activity-based costing* e a Teoria das Restrições, no contexto da contabilidade gerencial. 1996. Dissertação (Mestrado) – Fundação Getúlio Vargas.

COBERTT Neto, T. *Contabilidade de ganhos: a nova contabilidade gerencial de acordo com a Teoria das Restrições.* São Paulo: Nobel, 1997.

COBURN, S. "Benchmarking with ABCM". *Management Accounting,* v. 76, nº 7, 1995, p. 56-60.

COGAN, S. *Modelos de ABC/ABM.* Rio de Janeiro: Qualitymark, 1997.

COOB, I.; INNES, J.; MITCHELL, F. Activity-Based Costing: Problems in Practice, Chartered Institute of Management Accountants, Londres, 1992.

COOPER, R.; KAPLAN, R. S. "How cost accounting systematically distorts product costs". *Management Accounting,* p. 20-27, 1988a April.

COOPER, R.; KAPLAN, R. S. "Measure costs right: make the right decisions". *Harvard Business Review,* v. 66, nº 5, set./out. 1988b.p. 96-103.

COOPER, R. "Does your company need a new cost system". *Journal of Cost Management,* p. 45-49, 1987a Spring.

COOPER, R. "The two stage procedure in cost accounting: part one". *Journal of Cost Management,* v. 1, nº 2, p. 43-51, verão, 1987b.

COOPER, R. "The two stage procedure in cost accounting: part two". *Journal of Cost Management,* p. 39-45, outono, 1987.

COOPER, R. "The rise of activity-based costing. Part one: What is an activity-based cost system?" *Journal of Cost Management,* v. 2, nº 2, 1988a, p. 45-54.

COOPER, R. "The rise of activity-based costing. Part two: When do I need an activity-based cost system?" *Journal of Cost Management,* v. 2, nº 3, 1988b, p. 41-58.

COOPER, R. "Unit-based versus activity-based manufacturing cost systems". *Working paper*, Harvard University, abr. 1989a.

COOPER, R. "You need a new cost system". *Harvard Business Review*, jan./fev. 1989b p. 77-82.

COOPER, R. "The rise of activity-based costing. Part three: How many cost drivers do you need, and how do you select them?" *Journal of Cost Management*, v. 2, nº 4, 1989c, p. 34-46.

COOPER, R. "The rise of activity-based costing. Part four: What do activity-based cost systems look like?" *Journal of Cost Management*, v. 3, nº 1, primavera 1989d, p. 38-49.

COOPER, R. "A comparison of product costs reported by volume. Based and activity-based cost systems". *Working paper*. Harvard Business School, 1989e.

COOPER, R. "Implementing an activity-based cost system". *Journal of Cost Management*, v. 4, nº 1, 1990a, p. 33-41.

COOPER, R. "Cost classification in unit-based and activity-based manufacturing cost systems". *Journal of Cost Management*, v. 4, nº 3, 1990b, p. 4-14.

COOPER, R. "A structured approach to implementing ABC". *Accountancy*, v. 107, nº 1174, jun. 1991, p. 78-80.

COOPER, R. "Activity Based Costing for Improved Product Costing". In: BRINKER, B.; WARREN, GORHAM; LAMONT (Eds.). *A Handbook of Cost Management*, 1994.

COOPER, R.; KAPLAN, R. S. "Profit priorities from activity-based costing". *Harvard Business Review*, v. 69, nº 3, mai./jun. 1991, p. 130-135.

COOPER, R.; KAPLAN, R. S. *The design of cost management systems*. Englewood Cliffs: Prentice-Hall, 1992a.

COOPER, R.; KAPLAN, R. S. "Activity-based systems: measuring the cost of resource usage". *Accounting Horizons*, v. 6, nº 3, 1992b, p. 1-12.

COOPER, R.; SLAGMULDER, R. "Develop profitable new products with target costing". *Sloan Management Review*, verão, 1999a p. 23-33.

COOPER, R.; SLAGMULDER, R. "Integrating activity-based costing and economic value added". *Management Accounting*, jan. 1999b, p. 16-17.

COOPER, R.; SLAGMULDER, R. "Definir preço com rentabilidade". *Revista HSM*, nº 18, 1998, p. 57-58

CORASTAN, J. T. "Integração do método ABC à técnica BPA". *Revista de Contabilidade do Conselho Regional de Contabilidade do Estado de São Paulo*, ano II, nº 4, mar. 1998, p. 5-10.

CORRIGAN, J. "ABC not easy in Australia: survey". *Australian Accountant*, nov. 1996, p. 51-52.

COSKINS, G. "If activity based costing is the answer, what is the question?" *IIE Solutions*, v. 29, nº 8, 1997, p. 38-42.

COUTINHO, L. G.; FERRAZ, J. C. *Estudo da competitividade da indústria brasileira*. Campinas: Papirus; Unicamp, 1995.

DAMANPOUR, F.; GOPALAKRISHNAN, S. "Theories of organizational structure and innovation adoption: the role of environmental change". *Journal of Engeneering and Technology Management*, nº 15, 1998.

DEVELIN, N. *Gerenciamento de custo baseado em atividades: ABCM*. 2. ed. São Paulo: IMAM, 1995.

DILWORTH, J. B. *Operations management*. 2. ed. New Baskerville: McGraw-Hill, 1996.

DRUMHELLER Jr.; HAROLD, K. "Making activity-based costing practical". *Journal of Cost Management*, v. 7, nº 2, 1993, p. 21-27.

DRURY, C. "Activity Based Costing". *Management Accounting*, set. 1989, p. 60-66.

DRURY, C. "Product costing in the 1990s". *Accountancy*, mai. 1990, p. 122-6.

DUTRA, R. G. *Custos: apropriação e análise*. Rio de Janeiro: Assemp, 1980.

FAYOL, H. *Administração industrial e geral*. 10. ed. São Paulo: Atlas, 1990.

FERRARA, W. "Cost/Management accounting. The 21st century". *Management Accounting*, dez. 1995, p. 30-36.

FERNANDES, M. S. *Modelo de contabilidade analítica nos SMAS: aplicação do método ABC (Activity Based Costing)*. Braga: Universidade do Minho, 1995.

FLORENTINO, A. M. *Custos: princípios, cálculos e contabilização*. 9. ed. Rio de Janeiro: Fundação Getúlio Vargas, 1984.

FRITZSCH, R. "Activity based costing and the theory of constraints: using time horizons to resolve two alternative concepts of product costs". *Journal of Applied Business Research*, v. 14, nº 1, 1998, p. 83-89.

GLAD, E.; BECKER, H. *Activity based costing and management*. Chichester: John Wiley and Sons, 1996.

GOLDRATT, E. *A síndrome do palheiro*. São Paulo: Educador, 1991. p. 16.

GONÇALVES, R. C. M. G.; PROCÓPIO, A. M.; CONCENZA, V. A. "Diferentes métodos de custeio e a utilidade, confiabilidade e valor de *feedback* da informação de custo". *Revista de Contabilidade do Conselho Regional de Contabilidade do Estado de São Paulo*, ano II, nº 4, mar. 1998, p. 5-10.

GOODWIN, H. B. Barreiras organizacionais à inovação. In: MAXIMIANO, A. C. A. et al. (Org.). *Administração do processo de inovação tecnológica*. São Paulo: Atlas, 1980.

GUNASEKARAN, A. "A framework for the design and audit of an activity-based costing system". *Managerial Auditing Journal*, v. 14, nº 3, 1999, p. 118-126.

GUNASEKARAN, A.; MARRI, H. B.; YUSUF, Y. Y. "Application of activity-based costing: some case experiences". *Managerial Auditing Journal*, v. 14, nº 6, 1999, p. 283-293.

GUROWKA, J. "Activity-based costing software, the market explodes". *CMA Magazine*, mai. 1997, p. 13-19.

HALL, R. H. *Empresas: estrutura e processos*. 3. ed. Rio de Janeiro: Prentice Hall, 1984.

HAMPTON, D. R. *Administração contemporânea: teoria, prática e casos*. São Paulo: McGraw-Hill, 1981.

HANSEN, D.; MOWEN, M. *Cost management: accounting and control*. 2. ed. Cincinati: South-Western College Publishing, 1997.

HARRISON, D. S.; SULLIVAN, W. G. "Activity-based accounting for improved product costing". *Journal of Engineering Valuation and Cost Analysis*, v. 1, nº 1, 1996, p. 55-64.

HARWOOD, M. D. *Guia Ernest & Young para gestão total dos custos*. Rio de Janeiro: Record, 1993.

HEITGER, L.; Ogan, P.; MATULICH, S.. *Cost accounting*. 2. ed. Cincinati: South-Western Publishing, 1992.

HEIZER, J.; RENDER, B. *Productions and operations management: strategies and tactics*. 3. ed. Nova Jersey: Prentice Hall, 1993.

HELBERG, C.; GALLERY, J. E.; BICHENO, J. R. "Simulating Activity-Based Costing". *Industrial Management & Data Systems*, v. 94, nº 9, 1994, p. 3-8.

HILL, C.; GRIFFITHS, W.; JUDJE, G. *Econometria*. São Paulo: Saraiva, 1999.

HIXON, M. "Activity-based management: its purpose and benefit". *Management Accounting*. (UK), v. 73, nº 6, 1995, p. 30-32.

HOLMEN, J. "ABC vs TOC: it's a matter of time". *Management Accounting*, v. 76, nº 7, jan. 1995, p. 37-40.

HORGREN, C. T.; SUNDEM, G. L.; STRATTON, W. O. *Introduction to management accounting*. 11. ed. Nova Jersey: Prentice Hall, 1999.

HORGREN, C.; FOSTER, C.; DATAR, S. *Cost accounting: a managerial emphasis.* 9. ed. Nova Jersey: Prentice Hall, 1997.

HORNGREN, C. T. *Contabilidade de custos: um enfoque administrativo.* São Paulo: Atlas, 1978.

HORNGREN, C. T.; FOSTER, G. *Cost accounting: a managerial emphasis.* 7. ed. Englewood Cliffs: Pearson Prentice Hall, 1991, p. 396-397.

HOWELL, R.; SOUCY, S. "Cost accounting in the new manufacturing environment". *Management Accounting*, v. 69, nº 2, ago. 1987, p. 42-49.

INNES, J.; MITCHELL, F. "Activity Based Costing: a review with case studies". *Chartered Institute of Management Accountants.* Londres, 1990.

INNES, John; MITCHELL, Falconer. "A survey of activity-based costing in the UK's largest companies", Management Accounting Research, vol. 6, nº 2, 1995, p. 137-153.

JEANS, M.; MORROW, M. "The practicalities of using activity-based costing". *Management Accounting*, (UK), v. 67, nº 10, 1989, p. 42-44.

JENSEN, M. C.; WRUCK, K. H. "Science, Specific Knowledge, and Total Quality Management". *Journal of Accounting and Economics*, nº 18, 1994, p. 247- 287.

JOHNSON, H. T.; KAPLAN, R. S. *Relevance lost: the rise and fall of management accounting.* Boston: Harvard Business School Press, 1987.

JOHNSON, H. T.; KAPLAN, R. S. *Contabilidade gerencial: a restauração da relevância da contabilidade nas empresas.* Rio de Janeiro: Campus, 1993.

JURAS, P; DIERKS, P. "Building activity-flow cost models in spreadsheets". *Journal of Cost Management*, v. 10, nº 1, 1996, p. 70-79.

KAPLAN, R. S.; COOPER, R. *Custo e desempenho: administre seus custos para ser mais competitivo.* São Paulo: Futura, 1998.

KAPLAN, R. S. "Accounting lag: the obsolescence of cost accounting systems". *California Management Review*, v. 28, nº 2, 1986, p. 174-199.

KAPLAN, R. S. *Advanced management accounting.* Englewood Cliffs: Pearson Prentice Hall, 1982. p. 227-235.

KAPLAN, R. S. "One cost system isn't enough". *Harvard Business Review*, jan./fev. 1988, p. 61-66.

KAPLAN, R. S. "The four stage model of cost systems design". *Management Accounting*, v. 71, nº 8, 1990, p. 22-26.

KAPLAN, R. S.; NORTON, D. P. *A estratégia em ação: balanced scorecard.* São Paulo: Campus, 1997.

KAPLAN, R. S.; ATKINSON, A. A. *Contabilidade gerencial.* São Paulo: Atlas, 2000.

KAPLAN, R.; JOHNSON, H. *Contabilidade gerencial: a restauração da relevância da contabilidade nas empresas.* Rio de Janeiro: Campus, 1993.

KAPLAN, R. S.; NORTON, D. P. Utilizando o *balanced scorecard* como sistema gerencial estratégico. In: *Medindo o desempenho empresarial.* São Paulo: Campus, 2000.

KEE, R. "Integrating Activity-Based Costing with the theory of constraints to enhance production-related decisions". *Accounting Horizons*, v. 9, nº 4, dez. 1995, p. 48-61.

KING, M.; LAPSLEY, F.; MOYES, J. "Activity-based costing in hospitals". *Chartered Institute of Managements Accountants*, 1994.

KLEIN, J. A. "The Human Costs of Manufacturing Reform". *Harvard Business Review*, v. 67, nº 2, mar./abr. 1989, p. 60-64.

KLIEMANN NETO, F. J. "Gerenciamento e controle da produção pelo método das unidades de esforço de produção". In: *Congresso brasileiro de gestão estratégica de custos*, I.. São Leopoldo, 1994. Anais, São Leopoldo: Ed. Unisinos, 1994. p.53-83.

KRUMWIEDE, K.; ROTH, H. "Implementing information tecnology innovations: the activity-based costing example". *SAM Advanced Management Journal*, outono, 1997, p. 4-12.

LAWRENCE, W. B.; RUSWINCKEL, J. W. *Contabilidade de custos*. São Paulo: Ibrasa, 1975.

LEONE, G. S. G. *Curso de contabilidade de custos*. São Paulo: Atlas, 1997.

LEONE, G. S. G. *Custos: planejamento, implantação e controle*. São Paulo: Atlas, 1989.

LYNE, S.; FRIEDMAN, A. (1996), "Activity based techniques and the new management accountant", Management Accounting, jul./ago., pp. 41-53.

MACARTHUR, J. B. "The ABC/JIT costing continuum". *Journal of Cost Management*, v. 5, nº 4, 1992, .p. 61-63.

MARTINS, E. *Contabilidade de custos: inclui o ABC*. 6. ed. São Paulo: Atlas, 1996.

MATOS, O. C. de. *Econometria básica*. 2. ed. São Paulo: Atlas, 1997.

MATZ, A.; CURRY, O. J.; FRANK, G. W. *Contabilidade de custos*. 2. ed. São Paulo: Atlas, 1987.

MILLER, A. J. "Designing and implementing a new cost management system". *Cost Management*, inverno, 1992, p. 41-53.

MILLER, J. G.; VOLLMAN, T. E. "The hidden factory". *Harvard Business Review*, v. 63, nº 5, 1985, p. 142-150.

MILLER, J. G.; VOLLMAN, T. E. "The hidden factory". *Harvard Business Review*, set./out. 1985, p. 142-150.

MONDEN, Y. *Sistemas de redução de custos: custo-alvo e custo kaizen*. Porto Alegre: Bookman, 1999.

NAKAGAWA, M. *Gestão estratégica de custos: conceitos, sistemas e implementação*. São Paulo: Atlas, 1993.

NAKAGAWA, M. *ABC: custeio baseado em atividades*. São Paulo: Atlas, 1995.

NAKAGAWA, M. *Gestão estratégica de custos: conceitos, sistemas e implementação*. São Paulo: Atlas, 1991.

NOREEN, E.; SMITH, D.; MACKEY, J. "The Theory of Constraints and Its Implication for Management Accounting". Nova Jersey: IMA, 1995.

PARTRIDGE, Mike; PERREN, Lew . "An integrated framework for activitybased decision making". *Management Decision*, v. 36, nº 9, 1998, pp. 580-588.

PEREZ Jr., J. H.; OLIVEIRA, L. M. de; COSTA, R. G. *Gestão estratégica de custos*. São Paulo: Atlas, 1999.

PEREZ Jr., J. H.; PESTANA, A. O.; FRANCO, S. P. C. *Controladoria de gestão: teoria e prática*. São Paulo: Atlas, 1995.

PEROSSI, J. O. *Custo industrial*. São Paulo: Atlas, 1982.

ROMANO, P. L. "Activity accounting – an update. Part I". *Management Accounting*, mai. 1989a, p. 65-66.

ROMANO, P. L. "Activity accounting – an update. Part II". *Management Accounting*, jun. 1989b, p. 65-66.

ROTCH, W. "Activity-based costing in service industries". *Journal of Cost Management*, verão, 1990, p. 4-14.

ROTH, H.; BORTHICK, A.; FAYE "Getting Closer to Real Product Costs". *Management Accounting*, v. 70, nº 11, 1989, p. 28-33.

ROZTOCKI, N.; Needy, K. "Integrating activity-based costing and economic value added in manufacturing". *Engineering Management Journal*, v. 11, nº 2, jun. 1999, p. 17-22.

RUHL, J. M. "Activity-based variance analysis". *Journal of Cost Management*, v. 8, nº 4, 1995, p. 38-47..

RUPP, A. "ABC: a pilot approach". *Management Accounting*, v. 76, nº 7, 1995, p. 50-55.

SAKURAI, M. *Gerenciamento integrado de custos*. 1. ed. São Paulo: Atlas, 1997.

SANTOS, J. J. *Análise de custos: um enfoque gerencial*. 1. ed. São Paulo: Atlas, 1987.

SANTOS, R. V. "Modelagem de sistemas de custeio". *Revista de Contabilidade do Conselho Regional de Contabilidade do Estado de São Paulo*, ano II, nº 4, mar. 1998, p. 62-74.

SCHNEEWEISS, C. "On the applicability of activity-based costing as planning instrument". *International Journal of Production Economics*, v. 54, nº 3, 1998, p. 277-284.

SCHWAN, E. S. "Activity-based costing: something old, something new". *The Mid-Atlantic Journal of Business*, v. 30, nº 3, 1993, p. 295-298.

SEED, A. H. "Cost accounting in the Age of Robotics". *Management Accounting*, v. 66, nº 4, 1984, p. 39-43.

SHANK, J. K.; GOVINDARAJAN, V. *Gestão estratégica de custos: a nova ferramenta para a vantagem competitiva*. 1. ed. Rio de Janeiro: Campus, 1995.

SHANK, J. K.; GOVINDARAJAN, V. *A revolução dos custos*. 2. ed. Rio de Janeiro: Campus, 1997.

SHARMAN, P. "Activity-based costing: a practitioner's update". *CMA Magazine*, v. 65, nº 6, jul./ago. 1991, p. 22-25.

SHIELDS, M. D.; McEWEN, M. E. "Implementing activity-based costing systems successfully". *Journal of Cost Management*, nº 4, 1996, p. 15-22.

SHIELDS, M. D. "An empirical analysis of firms implementation experiences whith activity-nased costing". *Journal of Management Accounting Research*, v. 7, 1995, p. 148-166.

SILVA, F. V. Gonçalves da. *Contabilidade industrial*, 9.ed. Lisboa: Livraria Sá da Costa Editora, 1991.

SILVESTRO, R.; FITZGERALD, L.; JONHSON, R.; VOSS, C. "Towards a classification of service processes". *International Journal of Service Industry Management*, v. 3, nº 3, 1992, p. 62-75.

SÍMON, C. C. "Deficiencias e imperfecciones del modelo ABC". *Revista Interamericana de Contabilidad*. nº 66, abr./jun. 1997.

SLACK, N.; CHAMBERS, S.; HARLAND, C.; HARRISON, A.; JOHNSTON, R. *Administração da produção*. São Paulo: Atlas, 1997.

SOHAL, A. S.; Chung, W. W. C. "Activity based costing in manufacturing: two case studies on implementation". *Integrated Manufacturing Systems*, v. 9, nº 3, 1998a, p. 137-147.

SOHAL, A. S.; CHUNG, W. W. C. "Activity-based costing model for joint products". *International Journal of Computers and Industrial Engineering*, v. 31, nº 3-4, 1998b, p. 725-729.

SOUZA, A.; CLEMENTE, A. Contextos, paradigmas e sistemas de custeio. In: *Congresso Brasileiro de Gestão Estratégica de Custos*. 1998. Anais. Fortaleza: Sebrae/CE, 1998. v. 1.

SOUZA, F. B. Fundamentos de teoria das restrições e uma aplicação em uma metodologia de integração da empresa. 1997. Dissertação (Mestrado) – Escola de Engenharia de São Carlos, Universidade de São Paulo, São Carlos.

SRINIDHI, B. "The hidden costs of specialty products". *Journal of Cost Management*, verão, 1992, p. 3-6.

STARK, J. A. F. *Finanças corporativas: conceitos e aplicações*. São Paulo: Pearson Prentice Hall, 2005.

SWEENEY, R. B.; MAYS, J. W. "ABM". *Management Accounting*, v. 78, nº 9, mar. 1997, p. 20-24.

SWENSON, D. "The benefits of activity-based cost management to the manufacturing industry". *Journal of Management Accounting Research*, v. 7, 1995, p. 167-180.

TACHINAZAWA, T.; SCAICO, O. *Empresa flexível: qualidade na gestão por processos*. São Paulo: Atlas, 1997.

TIPPETT, D. "Activity-based costing: a manufacturing Management Decision-aid". *Engineering Management Journal*, v. 5, nº 2, 1993, p. 37-42,.

TURNEY, P. B. B. *Common cents: the ABC performance breaktrough (how to succed with activity based costing)*. Hillsboro: Cost Technology, 1992.

TURNEY, P. B. B. "Activity-Based Management: ABM puts ABC information to work". *Management Accounting*, v. 73, nº 7, 1992a, p. 20-25.

TURNEY, P. B. B. "What an activity-based cost model looks like". *Journal of Cost Management*, v. 5, nº 4, 1992b, p. 54-60.

TURNEY, P. B. B. *Activity based costing. The Performance Breakthrough*. Londres: Kogan Page, 1996.

TURNEY, P. B. B.; STRATTON, A. J. "Using ABC to Support Continuous Improvement". *Management Accounting*, v. 74, nº 3, 1992, p. 46-50.

TURNEY, P. B. B. "What is the scope of activity-based costing?" *Journal of Cost Management*, v. 3, n° 4, 1990a, p. 40-42.

TURNEY, P. B. B. "How activity-based costing helps reduce cost". *Journal of Cost Management*, v. 4, n° 4, 1991, p. 29-35.

ZADEH, M. Y. "Product mix decisions under activity-based costing with resource constraints and non-proportional activity costs". *The Journal of Applied Business Research*, v. 14, n° 4, 1998, p. 39-45.

ZHUANG, L.; BURNS, G. "Activity-based costing in non-standard route manufacturing". *International Journal of Operations & Production Management*, v. 12, n° 3, 1992, p. 38-60.

ZUCCHI, Alberto L. *Contabilidade de custos : uma introdução*. São Paulo: Scipione, 1992.

Documentos em meio eletrônico

BNDES. Disponível em: <http://www.bndes.gov.br> Acesso em: 10 fev. 2005.

IBGE. Disponível em: <http://www.ibge.gov.br> Acesso em: 25 nov. 2004.

ILO. Disponível em: <http://www.ilo.gov >Acesso em: 22 jun. 2006.

OECD. Disponível em: <http://www.oecd.org> Acesso em: 15 mai. 2005.

SEBRAE Nacional. Disponível em: <http://www.sebrae.org.br> Acesso em: 12 ago. 2005.

TOC. Disponível em: <http://www.corbett-toc.com> Acesso em: 27 jul 2006.

Índice remissivo

A

ABC (*activity-based costing*), 8
ABM (*activity-based management*), 7
Accounting Principles Board, 20
Administração tributária, 133
alocação dos custos indiretos fixos, 160
análise crítica, 238-239
análise das atividades no ABM, 204
análise das relações custo-volume-lucro, 309-310
análise dos objetos de custo, 203
análises das atividades, 200-201
aplicação do custo de oportunidade às decisões de preços, 312-314
aplicação dos custos indiretos, 84-88
aplicação prática corporativa, 233-238
apropriação dos custos diretos, 160
apropriação dos custos indiretos, 160
Associação de Empresas Brasileiras para Integração do Mercosul (Adebim), 111

B

backflush costing, 15
Balanced Scorecard – BSC, 333
    aplicação estratégica, 340
    como sistema de gestão estratégica, 338
    contabilidade, 339
    concito, 333
    filosofia, 334
    indicadores de desempenho, 336
balanço patrimonial, 87
base para rateio dos custos indiretos, 89
base para rateio dos custos, 74
bases de imputação, 98
bases de rateio primárias, 272
bases de rateio secundárias, 273

C

CAD (*computer-aided-design*), 12
cálculo das transferências interdepartamentais, 247-250
cálculo dos custos por atividade, 360-361
cálculo dos custos por objeto de custo, 361-362
cálculo utilizando o custo-padrão, 251-252
CAM (*computer-aided-manufacturing*), 12
capacidade normal de produção, 88
carga tributária brasileira, 135-137
carga tributária sobre vendas de bens e serviços, 149-152
centros de custo, 97-108
    principais, 162
    e de apoio, 162
ciclo de vida do produto, 12
CIM (*computerintegrated manufacturing*), 12
classificação dos custos, 43-56
coeficiente de acabamento, 36-37
Comissão de Valores Monetários (CVM), 290
competências tributárias, 125-130
cômputo dos custos, 360
conceito de unidades equivalentes, 246-247
concepção do modelo, 356-357
Conselho Federal de Contabilidade (CFC), 21
contabilidade de custos indiretos, 79
contabilidade
    de custos, 6, 9, 25-27, 63
    de ganhos, 229
    de gestão, 29-30
    ex-ante, 26
    ex-post, 26
contabilização dos custos indiretos de fabricação, 63
contas de fabricação, 37-38
contextualização, 284-290
Contribuição sobre o Lucro Líquido, 136
correção monetária de balanço, 145
cotas reais, 98
cotas teóricas, 98
crítica à contabilidade de ganhos, 230-232
crítica à contabilidade gerencial, 230
curvas de custos em forma de "U", 212
custeamento de ordens de serviço, 251
custeio baseado em atividades (ABC — *activity-based costing*), 6, 186-210, 229
    características, 187-190
    conceito, 186-187
    convencional, 157

de objetos baseado em atividades, 206
de processo baseado em atividades, 205-206
global, 157
integral, 157
pelo ciclo de vida do produto, 16
pleno, 157
por absorção moderado, 159
por absorção, 157-165 (esquema, 164)
por ordem de serviço, 245
racional, 159
tradicional, 157
Custo da matéria-prima aplicada (CMP), 55
custo da qualidade, 328
custo da venda perdida, 293
custo de crédito de fornecedores, 311
custo de distribuição, 52
custo de fabricação dos produtos, 160
  utilizando o rateio por coeficientes, 160-161
custo de material, 97-99, 100-102
custo de oportunidade, 283-304
  aplicação do conceito, 297-300
  conceito, 283, 284
  enfoque contábil e econômico, 286-290
custo de pessoal, 109-124
  conceito, 109
  classificação, 112
Custo de Transformação (CTR), 55
Custo do excesso versus custo da falha, 293-294
Custo dos produtos fabricados (CPF), 56
Custo dos produtos vendidos (CPV), 56
custo específico, 104-105
Custo Fabril (CFA), 55
custo financeiro de estoque, 290
  aspectos a serem considerados, 292-293
  cálculo, 291-292
custo identificado, 21
custo *kaizen*, 211-223
custo marginal médio, 34
custo médio, 21
custo, 18, 19, 24
custo-alvo, 211-223
Custos, 306
  conjuntos, 33, 35
  de departamentos de serviço, 73
  de produção, 26, 51
  desnecessários, 52
  diretos de fabricação, 64, 65
  diretos, 51, 53
  explícitos, 313
  financeiros, 43
  fixos, 5, 50, 54, 166
  indiretos (*overhead*), 6, 10
  indiretos de fabricação, 64, 65
  indiretos fixos, 160
  indiretos, 51, 53-54
  necessários, 52
  semifixos, 50

sobre duplicatas a receber, 310
sobre empréstimos de curto prazo, 311
sobre o ativo circulante, 310
sobre o passivo circulante, 311
totalmente variáveis (CTV), 225, 230
variáveis, 5, 50-51, 54-55

D

Delegacia Especial de Assuntos Internacionais (Deain), 135
Delegacias da Receita Federal de Julgamento (DRJ), 134
Delegacias Especiais de Instituições Financeiras (Deinf), 134
departamentos de serviço administrativos, 73, 74
departamentos de serviço técnicos, 73
depreciação, 79, 87
desembolso, 24
desempenho mercadológico, 63
despesa operacional (DO), 225, 230
despesas departamentais indiretas, 24, 70-73, 306
diferença entre TOC e ABC, 232
dificuldades para implementação do ABC, 353
dimensão temporal dos custos, 48-49
direcionadores de custo, 239
distribuição
  das despesas administrativas, 276
  dos custos aos produtos, 163
  dos custos indiretos, 71
  por bases de incidência, 141-149
  primária, 99
  secundária, 99
downsizing, 9

E

elementos de um sistema ABC, 192-193
encargos sociais, 113-115
encargos trabalhistas, 115-118
erro das repartições, 98
esquema de custeio direto, 183-184
estabilização econômica, 138
estimativa do nível de acabamento, 247
estratégia da formação de preços, 306-308
estrutura administrativa da SRF, 134
estrutura, 306
evolução e composição da carga fiscal, 139-141

F

fabricação em escala, 38
fatores determinantes em cada metodologia, 239
fixação de preços de venda, 306, 308-309
formação dos preços, 43-44
formulário de controle e apuração, 102-103
formulários de controle e apuração, 112
Fundo Especial para o Desenvolvimento e Aperfeiçoamento das Atividades de Fiscalização (Fundap), 135

G

ganho total da empresa, 225
gasto, 24
gastos gerais de fabricação, 97-108
    conceito, 97-98
gastos públicos, 139
gestão baseada nas atividades (ABM – *activity-based management*), 187, 190, 201, 203
gestão de estoque, 296
gestão do sistema de custo, 322-344
gestão pela qualidade total (TQM – *total quality management*), 12, 13
grupo Cami (*computer-aided manufacturing international*), 6

H-I

hierarquização das atividades, 197-199
identificação das atividades, 196-197
identificação do custo por departamento, 243
impacto do estoque no modelo estratégico de resultado, 296
implantação de um sistema de custo ABC, 345-366
    cálculo dos custos das atividades, 324
    cálculo dos objetos, 325
    construção da matriz atividades versus áreas funcionais, 324
    determinação dos fatores de consumo, 324
    determinação dos indutores de custo, 325
    estabelecimento dos objetivos, 324
    formação da equipe e treinamento, 324
implementação do modelo, 358-360
indicadores financeiros, 296
Indutor de custo, 193
indutor de primeiro nível (*first stage driver*), 193
indutor de recurso-produto, 362-363
indutores de segundo nível (*second stage driver*), 193
indutores primários e secundários (*primary e secondary cost drivers*), 193
influência do capital de giro nos custos de produção, 310
Instituto Brasileiro dos Contadores (ibracon), 290
instrumentos de política fiscal, 138-139
investimento, 24

J-L

JIT (*Just-in-Time*), 12, 13
lançamentos contábeis, 250
lote econômico, 329
    conceito, 329
    de compra, 332
lucro puro, 44

M

macroatividades, 199-200
margem de contribuição, 170-171
margem de segurança, 310
margem operacional, 3
margens, 306
markup, 29-30, 307
matriz atividade-produto, 361
matriz de recurso-atividade, 362
mensuração dos custos com pessoal, 118-121
Mercosul, 111
método da contabilidade de ganho, 224-242
    características, 226-228
    conceito, 224-226
    vantagens e desvantagens, 228
método da média ponderada, 247
método da unidade esforço de produção (UEP), 274-278
    cálculo de custeio de produção, 278
    característica, 275
    conceito, 275-276
    implementação, 276
    vantagens e desvantagens, 275-276
método
    das seções homogêneas, 100
    de acumulação de custos por ordem de produção, 269
    de custeio ABC, 188
    de custeio da contabilidade de ganhos, 7
    de custeio por encomenda, 269-271
    de rateio gradual, 75, 77
    do custeio pleno ou integral, 272
método de custeio por processo, 243-263
    características, 245-247
    conceito, 243-245
método do custo *kaizen, 220*
    departamentalizado, 222
    para produtos específicos, 220
método do custo-alvo, 213-220
    características, 213-215
    conceito, 230
    objetivos, 216-218
    metodologia, 218-220
método dos centros de custo, 271-274
    características, 272-273
    conceito, 271-272
    vantagens, desvantagens e recomendação para aplicação, 273-274
método FIFO, 253
metodologia de cálculo, 77
metodologia de rateio, 77
métodos alternativos de rateio, 78
métodos de valorização dos estoques, 103
Modelo ABC, 345-353
    modelos iniciais, 347
    modelo *Two-stage, 348-350*
    modelo bidimensional, 350-352

modelo estratégico de lucro, 296
MRP II (*manufacturing resources planning*), 12

O

objeto de custeio, 18
orçamento baseado em atividades (ABB – *activity-based budgeting*), 201, 202
orçamento empresarial, 322-323
Organização Internacional do Trabalho (OIT), 110
outros sistemas de custeio, 264-280

P

perda, 24
perspectiva de evolução organizacional, 338
perspectiva do cliente, 337
perspectiva dos processos de aprendizagem de negócios, 337
perspectiva financeira, 336
planejamento do processo de implantação de um sistema ABC, 355-356
Plano Real, 151
ponto de equilíbrio (breakeven point), 171, 310
    análise comparativa, 181-183
        contábil, 174-177
        financeiro, 177-181
        operacional, 171-174
práticas contábeis, 21
preço de venda a prazo, 24, 25, 311-312
prestação de serviços públicos, 138
Primeiro que Entra, Primeiro que Sai (*First In First Out* – FIFO), 21, 44
Princípio do Denominador Comum Monetário, 290
princípios contábeis, 20
Princípios Fundamentais de Contabilidade, 21, 22
processo de contabilização dos custos, 15
processo de elaboração do custo, 44
produção homogeneizada, 37
produção múltipla conjunta, 32-36
Produto Interno Bruto (PIB), 109
produtos compostos, 31
produtos simples, 31
Promoção do desenvolvimento econômico, 138

R

rateio de custos indiretos, 66-70
rateio direto, 75-76, 80
rateio por centro de custos, 161-162
redistribuição da renda, 138
redução do nível de estoque, 296
resultado na venda de produtos, 305-321
    conceito, 305
resultados de preços de venda, 314-316

S

salário-educação, 110
Secretaria da Receita Federal (SRF), 134
sistema das UEP (unidades de esforço de produção), 7
sistema de acumulação de custos, 27
sistema de avaliação dos estoques, 23
sistema de custeio moderno, 11-12
sistema de custeio por absorção, 159
    vantagens e desvantagens do sistema de custeio por absorção, 160
sistema de custeio-padrão, 4
Sistema de custo-padrão, 264-269
    aplicabilidade, 268-269
    cálculo, 267-268
    conceito, 264-266
sistema de valorização dos estoques, 45, 46-47
sistema tributário nacional, 125-152
sistemas de contabilidade por atividades, 28-29, 201
sistemas de controle de estoques, 105
sistemas de custeio tradicionais, 9-10
Sistemas de informações de custos, 325-328
    comércio, 325
    indústria, 326
    instituições financeiras, 325
    serviços, 326
subsistemas de custos, 27

T

taxa de oportunidade, 285, 290-291
taxa de retorno-alvo, 307
taxas departamentais, 70-71
taxas duplas para o rateio, 80, 81
teoria das restrições (TOC – *Theory of Constraints*), 7, 14-15, 224, 229
    e o enfoque sistêmico, 229-230
    metodologia da, 229
TQM (*total quality management*), 12
transferências intergovernamentais, 130-133
tratamento da mão-de-obra direta, 121
tributos sobre vendas gerais, 150

U

Último que Entra Primeiro que Sai (*Last In First Out* – LIFO), 21, 44
utilização de medidas de previsão, 245-246

V

valor econômico agregado (EVA – *economic value added*), 12, 15
valorização da produção, 44-47
vantagens e desvantagens do ABC, 191-192
visão da contabilidade gerencial, 340

Sobre o autor

José Antônio Stark Ferreira é formado em Administração de Empresas e Ciências Contábeis, mestre e doutor em finanças, com diversos cursos de especialização nas áreas de Controladoria, Finanças e Engenharia Industrial no Brasil e no exterior. É professor das disciplinas de Administração Financeira e Orçamentária, Finanças Corporativas, Matemática Financeira, Econometria, Administração da Produção, Análise de Balanços, Princípios Contábeis Norte-Americanos (US-GAAP) e Gestão de Custos Industriais. Desde 1979, vem trabalhando na área financeira de empresas de renome internacional. Durante dez anos ocupou cargo de Gerência Geral de Controle e Finanças em um grande conglomerado internacional. Atualmente, é professor dos cursos de Pós-Graduação da Fundação Getúlio Vargas – FGV, coordenador dos Cursos de Graduação e de Pós-Graduação em Administração de Empresas da Universidade Católica de Petrópolis e consultor de empresas, notadamente, em elaboração de planejamento financeiro e societário, estruturação de operações visando aquisição estratégica de investimentos, gestão de custos industriais e formação de preços. Autor do livro *Finanças corporativas conceitos e aplicações* (Pearson Prentice Hall) e de diversos artigos nas áreas financeira, de produção e custos.